MARCELO ALTOÉ

Marcus Abraham
Prefácio

PLANEJAMENTO TRIBUTÁRIO E ELUSÃO FISCAL

Belo Horizonte

2021

© 2021 Editora Fórum Ltda.

É proibida a reprodução total ou parcial desta obra, por qualquer meio eletrônico, inclusive por processos xerográficos, sem autorização expressa do Editor.

Conselho Editorial

Adilson Abreu Dallari	Floriano de Azevedo Marques Neto
Alécia Paolucci Nogueira Bicalho	Gustavo Justino de Oliveira
Alexandre Coutinho Pagliarini	Inês Virgínia Prado Soares
André Ramos Tavares	Jorge Ulisses Jacoby Fernandes
Carlos Ayres Britto	Juarez Freitas
Carlos Mário da Silva Velloso	Luciano Ferraz
Cármen Lúcia Antunes Rocha	Lúcio Delfino
Cesar Augusto Guimarães Pereira	Marcia Carla Pereira Ribeiro
Clovis Beznos	Márcio Cammarosano
Cristiana Fortini	Marcos Ehrhardt Jr.
Dinorá Adelaide Musetti Grotti	Maria Sylvia Zanella Di Pietro
Diogo de Figueiredo Moreira Neto (*in memoriam*)	Ney José de Freitas
Egon Bockmann Moreira	Oswaldo Othon de Pontes Saraiva Filho
Emerson Gabardo	Paulo Modesto
Fabrício Motta	Romeu Felipe Bacellar Filho
Fernando Rossi	Sérgio Guerra
Flávio Henrique Unes Pereira	Walber de Moura Agra

Luís Cláudio Rodrigues Ferreira
Presidente e Editor

Coordenação editorial: Leonardo Eustáquio Siqueira Araújo
Aline Sobreira de Oliveira

Av. Afonso Pena, 2770 – 15º andar – Savassi – CEP 30130-012
Belo Horizonte – Minas Gerais – Tel.: (31) 2121.4900 / 2121.4949
www.editoraforum.com.br – editorial@editoraforum.com.br

Técnica. Empenho. Zelo. Esses foram alguns dos cuidados aplicados na edição desta obra. No entanto, podem ocorrer erros de impressão, digitação ou mesmo restar alguma dúvida conceitual. Caso se constate algo assim, solicitamos a gentileza de nos comunicar através do *e-mail* editorial@editoraforum.com.br para que possamos esclarecer, no que couber. A sua contribuição é muito importante para mantermos a excelência editorial. A Editora Fórum agradece a sua contribuição.

Dados Internacionais de Catalogação na Publicação (CIP) de acordo com a AACR2

AL469p	Altoé, Marcelo
	Planejamento tributário e elusão fiscal/ Marcelo Altoé.– Belo Horizonte : Fórum, 2021.
	506 p.; 17cm x 24cm
	ISBN: 978-65-5518-254-5
	1. Direito Tributário. 2. Direito Constitucional. I. Título.
	CDD 341.39
	CDU 336.2

Elaborado por Daniela Lopes Duarte - CRB-6/3500

Informação bibliográfica deste livro, conforme a NBR 6023:2018 da Associação Brasileira de Normas Técnicas (ABNT):

ALTOÉ, Marcelo. *Planejamento tributário e elusão fiscal*. Belo Horizonte: Fórum, 2021. 506 p. ISBN 978-65-5518-254-5.

Dedico este trabalho aos meus grandes amores da vida: Carol, minha esposa amada; Luana, minha eterna princesa; e Mateus, meu pequeno grande guerreiro.

AGRADECIMENTOS

A Deus inauguro meu agradecimento; com muita fé e resiliência, entrego em suas mãos cada etapa da minha vida e esta vitória é uma verdadeira bênção.

Agradeço à "Família FDV"! Tenho absoluta convicção de que a união, interação e pertencimento do corpo docente e diretivo com a instituição constituem fator determinante para o seu sucesso. Fazer parte, há mais de 15 anos, desta família é motivo de enorme alegria, satisfação e renovação. Em nome do Diretor-Geral, Antônio José Ferreira Abikair, agradeço a todos os professores, à Coordenação e à Direção.

Agradeço ao meu orientador e amigo, Américo Bedê, que sempre transmitiu confiança e segurança em todas as etapas do trabalho.

Registro meu agradecimento aos professores Alexandre Coura e Adriano Pedra, não só pelo aprendizado nas disciplinas do doutoramento, mas pelos precisos apontamentos na banca de qualificação.

Agradeço, igualmente, aos professores Marcus Abraham e Sérgio André Rocha, pelo gentil aceite ao convite para composição da banca final, abrilhantando-a com suas lições e permitindo o aprimoramento do trabalho com seus apontamentos críticos.

Agradeço aos meus queridos amigos Rodrigo Cardoso, Rodrigo Mazzei e Marcelo Zenkner, pelos debates e aprimoramentos sugeridos no curso da tese, bem como a Thiago Fabres de Carvalho (*in memoriam*), pela felicidade de desfrutar de sua amizade em sua breve, mas intensa, passagem pela Terra.

Agradeço à minha mãe, Luciene, aos meus irmãos, Verimar e Luciana, e a meu saudoso pai, Verimar (*in memoriam*), que tanto sofreram quanto apoiaram o desenvolvimento deste trabalho.

Por último e em especial, quero agradecer à Carol, minha esposa, e à Luana e ao Mateus, meus filhos. Em homenagem a todas as dificuldades, sacrifícios, dores e lágrimas que enfrentamos unidos em todos esses anos, na luta pela vida, dedico-lhes a sublime poesia de João Cabral de Melo Neto, que retrata um pouco da história de nossa família:

[...] E não há melhor resposta
que o espetáculo da vida:
vê-la desfiar seu fio,
que também se chama vida,
ver a fábrica que ela mesma,
teimosamente, se fabrica,
vê-la brotar como há pouco

em nova vida explodida;
mesmo quando é assim pequena
a explosão, como a ocorrida;
mesmo quando é uma explosão
como a de há pouco, franzina;
mesmo quando é a explosão
de uma vida severina.
(Versos finais de *Morte e Vida Severina*)

Espera no Senhor, anima-te, e ele fortalecerá o teu coração; espera no Senhor.
(Salmos 27:14)

SUMÁRIO

PREFÁCIO
Marcus Abraham 15

APRESENTAÇÃO 17

CONSIDERAÇÕES INICIAIS 25

CAPÍTULO 1
OS DEVERES FUNDAMENTAIS NO DIREITO BRASILEIRO 41
1.1   Fundamentalidade formal e material dos deveres constitucionais e o princípio da solidariedade 48
1.2   Conceito de deveres fundamentais 56
1.3   O papel do legislador ordinário na implementação dos deveres fundamentais 64
1.4   Breve tipologia dos deveres fundamentais 69
1.5   O caráter principiológico das normas de deveres fundamentais e suas restrições a direitos fundamentais 73
1.5.1 Diferenciação entre regras e princípios: um ponto de partida necessário 74
1.5.2 Direitos fundamentais: teorias dos limites e/ou restrições, âmbito de proteção e suporte fático 80
1.5.3 Teorias externa e interna dos limites e/ou restrições a direitos fundamentais 83
1.5.4 Âmbito de proteção e suporte fático dos direitos fundamentais 85
1.5.5 A garantia do conteúdo essencial dos direitos fundamentais no Direito brasileiro 92
1.5.6 O caráter principiológico das normas de deveres fundamentais e suas restrições a direitos fundamentais 104

CAPÍTULO 2
O DEVER FUNDAMENTAL DE PAGAR TRIBUTOS NA ORDEM CONSTITUCIONAL BRASILEIRA 115
2.1   Dever fundamental de pagar impostos ou dever fundamental de pagar tributos? 119
2.2   Os custos dos direitos e a fisionomia fiscal do Estado brasileiro 123
2.3   Fontes e fundamentos de legitimação do poder tributário e do dever fundamental de pagar tributos no Estado Democrático de Direito 133
2.4   O dever fundamental de pagar tributos na Constituição Federal de 1988 139
2.4.1 O dever fundamental de pagar tributos e o princípio constitucional da solidariedade 147
2.4.2 O dever fundamental de pagar tributos e os princípios constitucionais da isonomia e da capacidade contributiva 154
2.4.3 O dever fundamental de pagar tributos e os limites constitucionais ao poder de tributar 163
2.5   Consequências jurídicas e práticas do reconhecimento do dever fundamental de pagar tributos como preceito constitucional autônomo 170
2.6   O dever fundamental de pagar tributos na jurisprudência do Supremo Tribunal Federal: análise e balanço crítico 176

CAPÍTULO 3
O DIREITO FUNDAMENTAL DE LIBERDADE E O DIREITO TRIBUTÁRIO: AUTONOMIA PRIVADA E LIBERDADE FISCAL NO ESTADO DEMOCRÁTICO DE DIREITO 189

3.1 Prolegômenos sobre a ideia de liberdade 199
3.2 Liberdades econômicas fundamentais na Constituição Federal de 1988 e o princípio da autonomia privada no Estado Democrático de Direito 205
3.3 O direito fundamental de liberdade fiscal no ordenamento jurídico brasileiro 221
3.4 As liberdades contratuais e a importância do critério da causa dos negócios jurídicos para o Direito Tributário 228

CAPÍTULO 4
PLANEJAMENTO TRIBUTÁRIO E ELUSÃO FISCAL: DELINEAMENTOS CONCEITUAIS E ANÁLISE DAS PRINCIPAIS EXPERIÊNCIAS DE COMBATE A PLANEJAMENTOS TRIBUTÁRIOS ABUSIVOS NO DIREITO COMPARADO 241

4.1 Conceito de planejamento tributário 242
4.2 Evasão, elisão e elusão fiscais: delineamentos conceituais 249
4.3 As transformações do princípio da legalidade tributária sob a égide do Estado Democrático de Direito 257
4.4 A incorporação da categoria de ilícitos atípicos no Direito Tributário brasileiro 269
4.5 Principais experiências de combate a planejamentos tributários abusivos no Direito Comparado 273
4.5.1 Experiência francesa: o abuso de direito como matriz de reação a planejamentos tributários abusivos 277
4.5.2 Experiência alemã: o abuso de formas jurídicas como matriz de reação a planejamentos tributários abusivos 285
4.5.3 Experiência espanhola: a fraude à lei tributária como matriz de reação a planejamentos tributários abusivos 293
4.5.4 Experiência norte-americana: a ausência de propósito negocial como matriz de reação a planejamentos tributários abusivos 306

CAPÍTULO 5
A NORMA GERAL ANTIELUSIVA BRASILEIRA: O PARÁGRAFO ÚNICO DO ARTIGO 116 DO CTN E OS LIMITES DO PLANEJAMENTO TRIBUTÁRIO 313

5.1 Natureza jurídica e constitucionalidade do parágrafo único do artigo 116 do CTN ... 316
5.2 Campo de aplicação do parágrafo único do artigo 116 do CTN 325
5.2.1 Notas preliminares sobre teoria geral da simulação 326
5.2.2 A autonomia (re)qualificadora do Direito Tributário e a não equivalência dos conceitos civilistas e tributários de simulação e de dissimulação 330
5.2.3 O conceito de dissimulação no parágrafo único do artigo 116 do CTN 343
5.2.4 A matriz de reação a planejamentos tributários abusivos consagrada pelo parágrafo único do artigo 116 do CTN: atos e negócios jurídicos praticados em fraude à lei tributária (abuso de formas jurídicas e ausência de propósito negocial como espécies) 348
5.2.4.1 A fraude à lei tributária como gênero 354
5.2.4.2 O abuso de formas jurídicas e a ausência de propósito negocial como espécies de fraude à lei tributária 358
5.2.4.3 Conclusão parcial acerca da matriz de reação a planejamentos tributários abusivos consagrada no parágrafo único do artigo 116 do CTN 367

5.2.5   O parágrafo único do artigo 116 do CTN e outras questões polêmicas relacionadas à sua aplicação 370
5.2.5.1   O parágrafo único do artigo 116 do CTN e o paradigma da interpretação econômica do Direito Tributário 370
5.2.5.2   O parágrafo único do artigo 116 do CTN e a tributação por analogia ou por ficção jurídica (presunção de ocorrência do fato gerador) 372
5.2.5.3   O parágrafo único do artigo 116 do CTN e a questão do ônus da prova 374
5.2.5.4   O parágrafo único do artigo 116 do CTN e a punibilidade das condutas elusivas 380
5.3   Eficácia do parágrafo único do artigo 116 do CTN 383

CAPÍTULO 6
LIMITES DO PLANEJAMENTO TRIBUTÁRIO NA JURISPRUDÊNCIA FISCAL BRASILEIRA 389

6.1   Jurisprudência do CARF: análise e balanço crítico 392
6.1.1   As fases do desenvolvimento histórico da jurisprudência do CARF: do formalismo ao substancialismo na análise dos planejamentos tributários 392
6.1.2   A evolução do conceito de simulação na jurisprudência do CARF 399
6.1.3   A questão da autoaplicabilidade do parágrafo único do artigo 116 do CTN na jurisprudência do CARF 404
6.1.4   O abuso de direito, o abuso de formas e a fraude à lei na jurisprudência do CARF ... 409
6.1.5   Análise de julgados recentes do CARF: prevalência do critério da ausência de propósito negocial 416
6.1.5.1   Caso "Alencar Araripe" (Acórdão nº 2402-006.696) 419
6.1.5.2   Caso "Tinto Holding" (Acórdão nº 9101-004.382) 422
6.1.6   Balanço crítico da jurisprudência do CARF 425
6.2   Jurisprudência dos tribunais brasileiros: análise e balanço crítico 432
6.2.1   Esboço de uma evolução histórica da questão dos limites do planejamento tributário na jurisprudência dos Tribunais brasileiros 432
6.2.2   O "Caso Transpinho Madeiras" e o refluxo do paradigma formalista na análise dos limites do planejamento tributário: contradições dos entendimentos recentes na jurisprudência do Tribunal Regional Federal da 4ª Região 448
6.2.3   O (parcial) julgamento da ADI nº 2.446 pelo Supremo Tribunal Federal: constitucionalidade, natureza e eficácia do parágrafo único do artigo 116 do CTN 456
6.2.4   Análise e balanço crítico da jurisprudência dos Tribunais brasileiros: o futuro do controle de planejamentos tributários abusivos e do combate à elusão fiscal no Brasil 467

CONSIDERAÇÕES FINAIS 473

REFERÊNCIAS 485

PREFÁCIO

Marcelo Altoé honrou-me com o convite para compor o prefácio de sua obra *Planejamento tributário e elusão fiscal*, fruto de sua Tese de Doutorado defendida perante a Faculdade de Direito da Vitória — com brilhantismo, diga-se de passagem. Posso atestá-lo por ter sido membro da Banca Examinadora de Doutorado e, nessa condição, leitor e crítico antecipado e privilegiado do texto agora trazido a público.

Alegro-me, aqui, em poder prefaciar este "filho querido" do autor, que vem a lume ao grande público pela Editora Fórum de Belo Horizonte.

A obra logrou traçar com competência, inicialmente, reflexões altamente abstratas e teóricas sobre a natureza do Estado Democrático de Direito e acerca dos deveres fundamentais como categoria constitucional a ser resgatada, com um bosquejo das ideias dos principais teóricos nacionais e estrangeiros sobre o tema.

No segundo capítulo, o autor dedicou-se a tratar do dever fundamental de pagar tributos no direito brasileiro, entendendo-o como "princípio constitucional estruturante do Sistema Tributário Nacional" e "vetor de conformação e de interpretação da legislação tributária", tecendo uma série de considerações sobre seus contornos e relação com os princípios constitucionais da solidariedade, isonomia, capacidade contributiva e com os limites constitucionais ao poder de tributar. Efetuou também uma análise prática da presença deste dever fundamental na jurisprudência do Supremo Tribunal Federal.

No terceiro capítulo, versou sobre os temas da autonomia privada e liberdade fiscal no Estado Democrático de Direito, identificando a tensão entre tais princípios e propondo um caminho de via média capaz de superar o formalismo clássico na interpretação da autonomia privada em matéria tributária.

O capítulo quarto delimita didaticamente os conceitos tributários de evasão, elusão e elisão, diferenciando-os; apresenta a discussão acirrada entre os partidários de uma tipicidade tributária aberta ou fechada; disserta sobre a existência de ilícitos tributários atípicos e, por fim, trata do planejamento tributário abusivo no direito comparado.

Por sua vez, o capítulo quinto dedica-se integralmente, de modo bastante completo, à temática do art. 116, parágrafo único, do Código Tributário Nacional e todas as diversas controvérsias que envolvem sua aplicação, analisando também os conceitos de simulação, dissimulação, fraude à lei tributária, abuso de formas jurídicas e ausência de propósito negocial.

Por fim, no capítulo sexto, o autor se dispõe a fazer uma análise de alguns dos principais casos envolvendo planejamentos tributários da jurisprudência administrativa do Conselho Administrativo de Recurso Fiscais (CARF) e da jurisprudência dos tribunais, demonstrando como as divergências doutrinárias sobre evasão, elusão e elisão tributárias se manifestam nos julgamentos concretos. Nesse capítulo, um dos principais méritos está em alertar para uma tendência da jurisprudência pátria, inclusive da Suprema Corte brasileira, que parece se inclinar (sobretudo pelos rumos tomados no julgamento da ADI nº 2.446, ainda em curso no STF) a uma revitalização do paradigma formalista no campo do controle judicial dos planejamentos tributários.

Em conclusão, podemos dizer que a obra que o leitor tem em mãos ostenta por mote principal a preocupação de se buscar, nas palavras de Marcelo Altoé, um "sistema tributário justo, solidário, equilibrado, democrático e coerente com os eixos estruturantes de um autêntico Estado Democrático de Direito, atributos inseparáveis do objetivo precípuo da Nova República de construir uma sociedade mais livre, justa, fraterna, solidária e, por conseguinte, menos desigual".

Boa leitura!

Rio de Janeiro, 8 de abril de 2021.

Prof. Dr. Marcus Abraham
Professor Titular de Direito Financeiro e Tributário – Universidade do Estado do Rio de Janeiro. Desembargador Federal – Tribunal Regional Federal da 2ª Região.

APRESENTAÇÃO

A questão dos "limites do planejamento tributário" é tema que sempre atraiu a minha atenção enquanto pesquisador e profissional do Direito Tributário atuante desde 1999, sobretudo em razão das profundas complicações teóricas e práticas por ele suscitadas e com que muitas vezes tive de me defrontar. O interesse em aprofundar o estudo motivou meu ingresso no curso de doutoramento, no marco do Programa de Pós-Graduação em Direito da Faculdade de Direito de Vitória (FDV), em 2016, havendo sido esta a temática por mim escolhida para ocupar minhas reflexões no laborioso quadriênio que naquele instante principiava.

Ao desafiadoramente assumir este como meu objeto de pesquisa, ocorreu-me que a investigação acerca dos limites do planejamento tributário no ordenamento jurídico brasileiro deveria ser empreendida sob uma chave de leitura específica — que me pareceu particularmente profícua —, a saber, a tensão existente entre o direito fundamental de liberdade fiscal e o dever fundamental de pagar tributos, à qual se deveria agregar, como categoria nuclear de análise dessa dinâmica relação, a controvertida figura da "elusão fiscal". A opção por esse *framing* teórico logo exigiu que toda a problemática concernente ao planejamento tributário e suas restrições fosse, antes de qualquer outra providência metodológica, posicionada no terreno do Direito Constitucional, donde deveriam ser extraídas as premissas e os fundamentos que condicionariam um enfrentamento mais rigoroso, do ponto de vista científico, dos nós controversos que se situavam na órbita da dogmática tributária.

O primeiro desafio, num tal enquadramento, foi o de compreender, em todos os seus aspectos, a categoria de "dever fundamental", bem como as razões históricas que levaram as doutrinas nacional e estrangeira a lhe imporem um verdadeiro ostracismo desde o processo de reconstitucionalização do mundo ocidental, testemunhado na segunda metade do século XX. O passo subsequente, num movimento de afunilamento analítico, foi o de assimilar a figura do "dever fundamental de pagar tributos" e, semelhantemente, entender os motivos da resistência da doutrina especializada em absorvê-la ao arsenal categorial do Direito Constitucional Tributário brasileiro. Preocupou-me, sobretudo, compreender quais eram as implicações práticas do reconhecimento de um tal dever como categoria jurídica autônoma, existente e integrante, ainda que implicitamente, da Constituição de 1988. Maior relevo ganharia a abordagem quando confrontadas essas implicações práticas com os efeitos concretos projetados na esfera de ação dos contribuintes ao exercerem o direito fundamental de liberdade fiscal, igualmente extraído da Carta Republicana vigente.

Acentuou-se o desafio quando concluí, após um longo caminho de leituras, que a mais adequada solução ao problema de pesquisa que eu assimilara como ponto de partida de meus trabalhos perpassava uma conciliação de bases teóricas que, sob muitos aspectos, ao menos no nível das aparências, se antagonizavam. Refiro-me às obras de José Casalta Nabais e Robert Alexy, as quais assumi como faróis a iluminar minhas tomadas de posição teórico-metodológicas no plano das dogmáticas dos deveres e dos direitos fundamentais, especialmente no quadro de suas inter-relações. De Nabais, recolhi os fundamentos principais no campo da teoria geral dos deveres fundamentais, em especial o seu conceito, a sua base normativo-axiológica, a sua tipologia e o papel desempenhado pelo legislador ordinário na conformação de seus conteúdos. De Alexy, absorvi os alicerces teórico-metodológicos no âmbito da teoria dos direitos fundamentais, máxime a distinção entre regras e princípios, a natureza das normas de direitos fundamentais e as bases explicativas dos limites ou restrições incidentes sobre essa classe de direitos.

Essa interlocução entre os autores propiciou-me uma importante conclusão, que haveria de matrizar as análises restantes do trabalho: a existência do que chamei de "homologia" entre as normas de direitos fundamentais e as normas que positivam deveres fundamentais. Dessa equivalência teorético-estrutural de ambas as espécies normativas, deduzi o caráter principiológico destas últimas, a elas estendendo, *mutatis mutandis*, as propriedades que o modelo teórico de Alexy atribui às normas de direitos fundamentais: a estrutura *prima facie* de seus conteúdos, a sua intelecção como mandamentos de otimização e a sua suscetibilidade à disciplina da colisão entre bens e valores constitucionais. Consectário de relevo desse quadro derivado foi o reconhecimento da possibilidade, em tese, de se conceber uma colisão entre direitos fundamentais e deveres fundamentais, a solucionar-se segundo a técnica da ponderação/sopesamento, hipótese que, demonstrei no texto, já tem encontrado lugar na jurisprudência do Supremo Tribunal Federal.

Cuidei de observar, contudo, que nem sempre a contraposição de valores constitucionais vinculados às categorias de direitos e deveres fundamentais carecerá de ser solucionada pela ponderação. Em se tratando de um antagonismo entre um princípio pelo qual se exprime um direito fundamental e uma regra que assenta sobre um dever fundamental dotado de caráter principiológico, concluí — recorrendo aos ensinamentos de Virgílio Afonso da Silva — que não haverá ponderação a ser realizada pelo intérprete, visto que, nesses casos, o próprio legislador se encarrega de realizar um sopesamento *in abstracto* dos dois preceitos constitucionais em confrontação, cujo produto é uma regra de direito ordinário de cariz restritivo incidente sobre um deles. Entre esta regra amparada em um dever fundamental e o princípio que alberga o direito fundamental posto em xeque, forma-se uma relação de restrição, e não de colisão, devendo ser a regra em tela aplicada segundo o método da subsunção. Esta inferência, talvez de importância secundária num primeiro olhar, viria a se aplicar com milimétrica precisão ao parágrafo único do artigo 116 do Código Tributário Nacional (CTN), fundamento normativo crucial para a solução da problemática atinente aos limites do planejamento tributário.

A concepção do dever fundamental de pagar tributos como norma constitucional investida de natureza principiológica permitiu-me integrá-la num arcabouço composto por outros princípios inscritos na Constituição de 1988 com os quais aquele dever mantém ativa interação. A alusão, aqui, é aos princípios da solidariedade, da isonomia e da capacidade contributiva. A afinidade eletiva existente entre todos esses preceitos de extração constitucional configura um bloco principiológico que se pode considerar estruturante do Sistema Tributário Nacional, cujas bases aparecem delineadas no próprio texto da Constituição, conquanto somente se aperfeiçoe a sua conformação de conteúdo com a *interpositio legislatoris*, isto é, com a intervenção regulamentadora do legislador ordinário.

A afirmação da existência do dever fundamental de pagar tributos na ordem constitucional brasileira, todavia, a contrariar olhares demasiado precipitados, não quer significar a obliteração do direito fundamental de liberdade fiscal, inequivocamente outorgado a todos os contribuintes e cuja forma de expressão e de exercício mais característica é a formulação de planejamentos tributários. Os limites constitucionais ao poder de tributar permanecem tão rígidos quanto pretendeu o constituinte estabelecê-los. Daí por que o dever fundamental de pagar tributos não pode funcionar como um salvo-conduto ou uma cláusula de autolegitimação mobilizada pelo Fisco para perpetrar arbitrariedades em detrimento do que se poderia chamar de "estatuto constitucional do contribuinte", consistente no conjunto de direitos e garantias por ele titularizados em face da potestade do Estado. Procurei destacar, nesse passo, que, antes de conflitarem, entre os limites constitucionais ao poder de tributar e o dever fundamental de pagar tributos se verifica, sob uma ótica de unidade sistêmica, uma relação de complementaridade e de condicionamento recíproco, sendo certo que aquele dever, ao revés de subverter os alicerces constitucionais da tributação, se compenetra em assimilá-los como o seu autêntico e insubstituível fundamento.

Não obstante, vista sob outro ângulo a questão, há de se notar que é, também, o dever fundamental de pagar tributos que se ergue como sólido obstáculo à utilização de estratégias abusivas de evitação fiscal. Esse é o cenário que abre passagem à figura da elusão fiscal, admitida no texto como o fenômeno que exprime violações oblíquas à legislação tributária, levadas a efeito por intermédio de condutas, *a priori*, lícitas, porém destituídas de causa jurídica legítima, as quais são praticadas por métodos artificiosos com o exclusivo propósito de repelir a incidência de normas tributárias ou de garantir ao contribuinte a adesão a regime fiscal mais favorável. É o que a doutrina classicamente identifica como ações praticadas "em conformidade com a letra da lei para violar o seu espírito", dado o objetivo de evitar, mediante ardilosas manobras, a subsunção de determinado ato ou negócio jurídico ao fato típico encerrado numa norma tributária impositiva, a obstar a imputação da obrigação tributária que dela normalmente decorreria.

A despeito da licitude — em tese — dos meios empregados para perpetrá-la, donde a sua caracterização como "ilícito atípico", concluí que a elusão fiscal é fenômeno proscrito pelo ordenamento jurídico. Diversa não poderia ser a interpretação, porquanto seus efeitos se afiguram por demais nocivos ao sistema tributário: ao propiciarem o insidioso contorno do dever fundamental de pagar tributos, as práticas elusivas desalinham engrenagens arrecadatórias que se pretendem isonômicas, solapam os fundamentos de justiça fiscal e desagregam as bases democráticas da tributação. No entanto, a opacidade que caracteriza as estratégias potencialmente elusivas na prática tributária torna, com frequência, demasiado tênues as linhas que a separam da elisão fiscal. Reside, aí, com efeito, a necessidade de se delinear com clareza e objetividade, mediante a elaboração de critérios rigorosos, os limites jurídicos a que se submetem os planejamentos tributários. Em tal cenário, assimilei — primeiro como hipótese e, depois, como princípio de análise — a ideia de que, ao funcionar como um anteparo do equilíbrio e da integridade do Sistema Tributário Nacional, o dever fundamental de pagar tributos, justaposto àqueles outros princípios alhures citados (solidariedade, isonomia e capacidade contributiva), logra conferir *legitimidade constitucional* ao combate à elusão fiscal.

Opondo-me, neste tópico, à compreensão hegemônica na doutrina brasileira — ainda vincada por uma anacrônica veneração à literalidade dos textos legais, nos lindes de um paradigma acentuadamente formalista, condensado nas ideias de "estrita legalidade tributária" e "tipicidade cerrada" —, sustentei que a missão de fomentar o dever fundamental de pagar tributos na órbita dos planejamentos tributários foi incumbida à Lei Complementar nº 104/2001, por intermédio da qual se acresceu ao artigo 116 do CTN um controverso parágrafo único, cujo conteúdo preceptivo autoriza a autoridade administrativa a "desconsiderar atos ou negócios jurídicos praticados com a finalidade de dissimular a ocorrência do fato gerador do tributo ou a natureza dos elementos constitutivos da obrigação tributária, observados os procedimentos a serem estabelecidos em lei ordinária". Claro para mim se fez que o legislador brasileiro buscou, ao editar esse novo dispositivo, sintonizar-se a uma tendência global de enfrentamento à elusão fiscal. Daí por que caracterizei a referida norma — em linha com poucos, mas eminentes nomes da doutrina nacional — como uma "norma geral antielusiva", cujo amparo constitucional se deixa descobrir no dever fundamental de pagar tributos e nos princípios a ele correlatos.

A fim de promover uma completa intelecção dessa relevante disposição do ordenamento justributário brasileiro, pareceu-me de singular importância reconstituir, preliminarmente, o processo de gênese e consolidação das ferramentas de controle de planejamentos tributários abusivos no Direito Comparado, especialmente entre aqueles países que se tornaram verdadeiros estandartes globais no mister de coibição da elusão fiscal. Nesse sentido, empenhei-me em examinar, com algum grau de detalhamento, as normas gerais antielusivas edificadas nas experiências francesa, alemã, espanhola e norte-americana, nas quais se lançou mão, respectivamente, das figuras do abuso de direito, do abuso de formas jurídicas, da fraude à lei e da ausência de propósito negocial. Esse estudo contribuiu significativamente para iluminar a exegese da norma geral antiabuso consagrada na legislação brasileira.

Pavimentado o terreno para tanto, concentrei os maiores esforços da pesquisa em elaborar um modelo de interpretação do parágrafo único do artigo 116 do CTN. A chave hermenêutica desse modelo consistiu na atribuição de sentido à categoria de "dissimulação", eleita pelo legislador como fundamento a justificar o exercício da nova competência administrativa instituída pelo dispositivo. A mais relevante providência, nesse ponto, foi demonstrar, com zelo argumentativo, que a definição de dissimulação tributária não se confunde com os conceitos civilistas de simulação absoluta ou relativa. A meu juízo, em coerência com a natureza da norma, deve-se cogitar por ato ou negócio dissimulatório aquele que, ordenado sem causa jurídica hábil a motivá-lo, obedece ao desiderato exclusivo (e não apenas "preponderante") de eludir o pagamento de tributo, ao contribuinte afiançando uma sorrateira via de ação que lhe possibilita eximir-se, ardilosamente, à constituição e à imputação de obrigação tributária. O critério decisivo, por conseguinte, para a avaliação da legitimidade de um planejamento tributário é a existência de uma *causa jurídica* — distinta da mera auferição de economia fiscal — apta a justificar a prática dos atos ou negócios que o compõem.

Uma tal configuração conceitual levou-me a concluir que a LC nº 104/2001 consagrou como matriz de reação a planejamentos tributários abusivos a figura da fraude à lei tributária, traduzida na conduta do particular de, amparando-se numa norma dita de "cobertura" ou de "camuflagem", contornar a aplicação de norma cogente e, assim, frustrar a eficácia da legislação tributária. Subsumem-se a tal definição, enquanto espécies de fraude à lei tributária, ao menos segundo os moldes conceituais que adotei, as categorias de "abuso de formas jurídicas" e de "ausência de propósito negocial", importantes parâmetros de aferição da abusividade de um planejamento tributário. Desse modo, toda vez que o contribuinte desnatura a função típica de uma forma de direito privado e prescinde de uma finalidade extrafiscal ao celebrar uma transação tendente a lhe reconduzir ao pagamento de menor tributo, legitimada estará a reação do Fisco de desconsiderar o ato ou negócio jurídico praticado e de cobrar o tributo que se pretendeu eludir, inocuizando, com isso, os efeitos do planejamento tributário. Nestes marcos emergiram, com maior objetividade, os limites à ordenação metódica e racional de atividades com o objetivo de suprimir, atenuar ou postergar o pagamento de tributos, a saber, a imprescindibilidade de os atos e negócios jurídicos propiciadores de economia tributária serem dotados de uma *causa jurídica legítima* à luz do ordenamento positivo.

Com isso, aclarou-se para mim a compreensão de que o legislador brasileiro pretendeu demarcar duas zonas normativas distintas e inconfundíveis: uma de coibição à *evasão tributária* (ilícitos típicos), matrizada no artigo 149 do CTN; e outra de combate à *elusão fiscal* (ilícitos atípicos), ancorada no artigo 116, parágrafo único, do mesmo diploma. Com efeito, por possuírem objetos, objetivos e métodos diversos, sustentei que essas duas zonas normativas não são fungíveis ou intercambiáveis entre si: a primeira ataca os planejamentos tributários centrados em atos e negócios jurídicos incursos em simulação, dolo, fraude, conluio e sonegação, ensejando *diretamente* o lançamento tributário ou sua revisão; a segunda investe contra planejamentos tributários abusivos, isto é, elaborados em fraude à lei tributária, mediante abuso de formas jurídicas ou ausência de propósito negocial, mas que somente pode ser operada se submetida ao *procedimento especial* exigido pelo parágrafo único do artigo 116 do CTN, ainda pendente de regulamentação. Uma tal interpretação, em meu conceito, tratou de dirimir a antiga controvérsia acerca da eficácia do dispositivo: até que editado o rito especial a que fez explícita alusão o legislador, o parágrafo único do artigo 116 do CTN carecerá de um elemento indispensável à produção de seus efeitos, despenhando-se em irremediável ilegalidade o ato administrativo de desconsideração que, entrementes, dele pretender socorrer-se.

A inferência prevalecente ao cabo de meus esforços de pesquisa foi a de que, do sopesamento entre o direito fundamental de liberdade fiscal e o dever fundamental de pagar tributos, efetuado *in abstracto* pelo próprio legislador, resultou a norma geral antielusiva gravada no parágrafo único do artigo 116 do CTN, uma regra de direito ordinário que impõe legítimas (leia-se: constitucionais) restrições àquele direito fundamental. É, pois, por essa regra legal de índole restritiva — lastreada no dever fundamental de pagar tributos consoante sua natureza principiológica —, a ser aplicada por subsunção, que se devem inteligir os limites do planejamento tributário no ordenamento jurídico brasileiro, o que, em meu estudo, busquei realizar por intermédio da construção de um modelo hermenêutico do dispositivo em tela, nos moldes segundo acima laconicamente pronunciei.

No capítulo final, uma vez solucionado o problema de pesquisa eleito, o trabalho assumiu uma dimensão eminentemente empírica, ao passo que decidi pôr à prova as conclusões a que acabara de chegar, investigando se encontravam elas beneplácito na jurisprudência fiscal brasileira. Para tanto, tracei um longo panorama histórico das jurisprudências do Conselho Administrativo de Recursos Fiscais (CARF) e dos tribunais pátrios, a contemplar as suas diferentes fases de desenvolvimento nas últimas três décadas. A reconstituição de um amplo painel de decisões do CARF revelou-me o paulatino trânsito de um paradigma formalista a outro marcado pelo que designei de "substancialismo" no controle de legalidade dos planejamentos tributários. Constatei, todavia, muito em razão da híbrida composição do órgão, uma ostensiva heterogeneidade de fundamentações e conclusões nos precedentes, malgrado tenha sido possível indicar as tendências e inclinações majoritárias, hoje, em voga no Conselho. Esse quadro — marcado pelo caráter heteróclito e, muitas vezes, inconciliável dos julgados registrados —, certamente constitui, nos tempos que correm, o principal fator a inabilitar o CARF a oferecer a segurança jurídica que tanto se tem ansiado no campo dos planejamentos tributários.

No âmbito dos tribunais, de outra parte, a relativa escassez de precedentes — que só nos últimos anos se tem deixado suprir — compeliu-me a proceder a análises de cariz mais qualitativo que quantitativo. De toda forma, as oscilações, inflexões e contradições de entendimentos vazados nas decisões esquadrinhadas no texto igualmente se mostraram fatores impeditivos da estabilidade jurisprudencial que ainda se está a procurar. Encerrei o trabalho com uma pormenorizada análise do julgamento parcial da Ação Direta de Inconstitucionalidade nº 2.446, principiado pelo Supremo Tribunal Federal em junho de 2020, cujo objeto consiste justamente na análise da compatibilidade do parágrafo único do artigo 116 do CTN com a Constituição Federal. Ao examinar os votos até a finalização da pesquisa proferidos, busquei traçar criticamente uma projeção do futuro do controle de planejamentos tributários abusivos e do combate à elusão fiscal no Brasil.

A obra que o leitor tem em mãos, portanto, ora publicada sem substanciais alterações em cotejo ao texto original de minha tese de doutoramento, pretende se constituir como um contributo ao estudo das limitações de ordem jurídica a que se encontram sujeitos os contribuintes quando da formulação de planejamentos tributários, ao oferecer uma proposição hermenêutica original acerca do parágrafo único do artigo 116 do CTN, cujas bases analíticas busquei lapidar em permanente diálogo crítico com os fundamentos legais, doutrinários e jurisprudenciais já assentados sobre o tema. Se bem-sucedido fui em meu intento, poderá o leitor melhor do que eu julgar. Em todo caso — e isto afirmo respaldado pela copiosa extensão do trabalho —, posso assegurar que a pesquisa que nesta oportunidade se apresenta ao público foi guiada por inegociáveis pretensões de completude e de aprofundamento, assumindo por imperativos metodológicos o rigor científico e a convergência entre saber teórico e análise empírica numa indissociável unidade.

Expecto, assim, que a presente obra logre auxiliar, em alguma medida — no exercício de seus distintos misteres —, acadêmicos, profissionais do Direito e da área fiscal e quem mais possa aceitar o enorme desafio de laborar com a tão complexa quanto fascinante temática dos planejamentos tributários.

Marcelo Altoé
Vitória/ES, 09 de abril de 2021

CONSIDERAÇÕES INICIAIS

O vagaroso e atribulado processo de redemocratização do Brasil, consumado com a promulgação da Constituição Federal de 1988, resultou na celebração de um pacto social sensível aos flagelos que, historicamente, sempre supliciaram a sociedade brasileira. Expressão lapidar desse compromisso com a edificação de um *autêntico* Estado Democrático de Direito, baseado na ampla garantia e no livre exercício dos direitos fundamentais, delineou-se com maior clareza nos objetivos primordiais da Nova República, pronunciados no artigo 3º da Carta, em especial naqueles instituídos pelos seus incisos I e III: "construir uma sociedade livre, justa e solidária" e "erradicar a pobreza e a marginalização e reduzir as desigualdades sociais e regionais".

Sacramentou-se, então, com a fixação dessas diretrizes programáticas, o imperativo constitucional de combate à miséria e às profundas assimetrias sociais e regionais que sempre contrastaram com as exuberantes riquezas do Brasil. Ciente estava o legislador constituinte de que a modelagem de uma ordem democrática sob tais injunções axiológicas impunha o incontornável desafio de arquitetar um sistema tributário que correspondesse àqueles ideais, haja vista traduzir fenômeno universal o fato de os mecanismos de tributação constituírem uma das forças conformadoras decisivas das estruturas de sociedades assentes numa economia de livre mercado.

Somam-se a isso os significativos encargos atribuídos ao Estado brasileiro face a um farto catálogo de direitos sociais previsto ao longo do texto constitucional, ínsitos a uma sociedade que se pretenda — como anuncia o preâmbulo da Carta — "fraterna, pluralista, sem preconceitos e harmônica" e que tome "a liberdade, a segurança, o bem-estar, o desenvolvimento, a igualdade e a justiça como valores supremos".

Decerto foram essas algumas das razões que conduziram o constituinte brasileiro a destoar da hodierna tendência internacional de adstringir à disciplina constitucional somente o núcleo principiológico ordenador do sistema tributário em suas diversas esferas, delegando ao legislador ordinário a tarefa de concretização dos moldes específicos em que devem ser exercidos a soberania fiscal do Estado — sempre ancorada no princípio constitucional da dignidade humana e nos postulados democráticos — e, seu corolário imediato, o poder tributário.

Na Constituição Federal de 1988, é conspícua a prolixidade com que foi desenhado o "Sistema Tributário Nacional" (Título VI, Capítulo I, artigos 145 a 162), o qual, sob uma arquitetura normativa deveras complexa, se estende desde (1) a distribuição de competências tributárias (atribuição de poderes às pessoas políticas da Federação) até (2) a positivação de um estatuto de defesa do contribuinte (consagração de direitos e garantias fundamentais, sobretudo a partir da demarcação dos limites ao poder de tributar) e (3) a definição do regime de destinação das receitas tributárias (partilha do produto fiscal arrecadado). Fala-se, portanto, em três zonas normativas complementares que dão corpo ao que parte da doutrina denomina "(sub)Constituição Fiscal".

No entanto, com o correr dos anos, foi esmaecendo a atmosfera cívica de semiconsenso em que fora gestada a Carta Republicana de 1988, propiciada pelo inexorável ocaso de um regime militar que, a todas as luzes, já se despenhava em ostensiva decrepitude. Pouco durou o consórcio entre os mais diversos setores da sociedade brasileira que houvera dinamizado a transição democrática. A emergência de agudas crises econômicas, por vezes acompanhadas de períodos de hiperinflação e de recessões perenes, foi pondo em xeque a pujança do Estado brasileiro, facilmente aferível em sua formatação original, máxime em face do crescimento infrene da carga tributária e do aumento exponencial do endividamento público interno e externo.

No cenário internacional, ademais, convém sempre lembrar, hegemonizava-se gradativamente, desde o segundo lustro da década de 1970, o ideário liberal, num acelerado processo de desmanche dos Estados de Bem-Estar Social na Europa e nos Estados Unidos. Ante um ciclo de crises sistêmicas do capitalismo, de globais proporções, ganhou força em todo o mundo ocidental a agenda de austeridade fiscal — sob os auspícios de organismos internacionais como o Fundo Monetário Internacional (FMI) e o Banco Mundial, que se incumbiram de convertê-la numa "ortodoxia econômica" —, receituário que com maior potência chegou ao Brasil no desfecho dos anos 1990.

Na segunda década do novo milênio, o país experimentaria um agravamento de suas tensões políticas internas, cujo sintoma mais expressivo foram as impressionantes "Jornadas de Junho de 2013", maior onda de manifestações cívicas da história nacional contemporânea. A inflamável combinação entre uma nova debacle econômica — aprofundada entre os anos de 2014 e 2016, interregno em que se registraram retrações colossais do PIB — e sucessivos escândalos de corrupção pariu uma conjuntura de polarização ainda mais radicalizada, cenário em que velhas questões como o tamanho do Estado, suas intervenções no domínio econômico, carga tributária, asfixia dos contribuintes e estrangulamento da iniciativa privada tiveram sobre si projetadas novas luzes, ganhando um novo e, talvez, inédito relevo no debate público brasileiro.

Nesse novo quadro de referências históricas, produto de um ambiente de conflagração que até os dias atuais persiste, os tributos, longe de serem encarados como uma legítima fonte de financiamento da efetivação de direitos, passam a ser concebidos, no imaginário social, apenas como travas ao desenvolvimento econômico e, no limite, face aos exorbitantes níveis de corrupção que seviciam o Estado brasileiro, até como uma espoliação infligida contra os cidadãos.

Assim, num tal contexto histórico, repleto de adversidades conjunturais e estruturais, os caracteres da compulsoriedade dos tributos e da coercitividade de sua cobrança, visto que inteiramente alheados dos ideais democráticos de que se deveriam revestir no constitucionalismo do Estado Democrático de Direito, têm estimulado a compreensão dos expedientes de tributação, conduzidos por um Poder Público cada vez mais desmoralizado, como ilegítimas restrições ao mais caro sustentáculo axiológico das sociedades modernas: a liberdade.

Com efeito, foi (e é) invocando justamente a liberdade, consagrada como direito fundamental inalienável em todas as ordens democráticas do mundo, que os particulares sempre buscaram desenvolver métodos e estratégias — por vezes lícitas, por vezes clandestinas — de se esquivarem dos tentáculos pelos quais o Estado exerce os seus ímpetos fiscais, a pretexto de sustentar-se, reproduzir-se e levar a cabo, em tese, as missões que lhe foram confiadas pelas Constituições.

Contra qualquer distorcida representação, é prudente logo advertir que perfeitamente legítimas se afiguram as pretensões tributárias que repousam à base de qualquer noção de Poder Público, contanto que realizadas segundo os limites e desideratos constitucionais. Isto porque, no mundo democrático, o arquétipo institucional triunfante é o do, assim epitetado por José Casalta Nabais, *Estado Fiscal*, cuja perpetuação fundamenta-se, indispensavelmente, na cobrança de tributos,[1] neles vendo um preço a pagar pela garantia da própria liberdade e pela manutenção de uma sociedade civilizada.

É, pois, num tal cenário que se insere a ferramenta do "planejamento tributário", categoria central do presente trabalho. Em linha preambular, por planejamento tributário se compreende a técnica de estruturação preventiva de negócios por intermédio da qual os contribuintes procedem à ordenação e à sistematização racionais de suas atividades econômicas objetivando suprimir, reduzir ou diferir a carga tributária sobre elas incidente. Isto é, a partir de um criterioso procedimento de interpretação sistemática da legislação tributária, os particulares formulam uma estratégia de ação que, mediante

---

[1] A rigor, Nabais refere-se apenas ao pagamento de *impostos* para caracterizar o pressuposto de existência do que identifica como "Estado Fiscal", modelo teórico, contudo, que, ao ser transposto ao caso brasileiro, requer a adaptação/expansão efetuada no texto, consistente na alusão ao pagamento de *tributos* (e não só de *impostos*), por razões que, no tempo certo, serão esclarecidas nesta obra.

composições negociais e patrimoniais metodicamente elaboradas, lhes proporcione economias fiscais no curso regular de suas atividades privadas.

Na tradição anglo-saxônica, por exemplo, essa prática reflete-se no conhecido "free choice of the least taxed route principle", cuja tradução aproximada seria "princípio da livre escolha da rota menos tributada", considerado um baluarte de sistemas tributários justos e equilibrados. Nos países europeus, é igualmente assegurada aos agentes econômicos a prerrogativa, respeitadas as balizas legais, de livre conformação negocial e patrimonial visando a atenuar o pagamento de tributos. Para citar um exemplo, fala-se, em Portugal, em "liberdade fundamental de planejamento tributário" enquanto apanágio da chamada "liberdade constitucional de gestão fiscal ou empresarial".

Não se desviou dessa regra o ordenamento jurídico brasileiro. Também aqui não há dúvida de que a Constituição Federal de 1988, como corolário do direito fundamental de liberdade e do princípio da livre iniciativa (que óbvios rebatimentos produzem no âmbito tributário), garantiu aos agentes econômicos (pessoas físicas e jurídicas) as prerrogativas de auto-organização patrimonial e de livre conformação negocial, traduzidos na autonomia (privada) de, observados os marcos legais vigentes, selecionarem os meios, os modos e os métodos que lhes pareçam mais adequados para garantirem o êxito, inclusive sob o ponto de vista fiscal, de seus empreendimentos.

A finalidade de aliviar as pressões fiscais às quais está sujeito o contribuinte, portanto, não é, em si mesma, antijurídica. Resta somente clarificar os limites em que tais prerrogativas podem ser legitimamente exercidas à luz do ordenamento positivo. E este — limites do planejamento tributário — é tema que há muito satura de controvérsias a doutrina tributarista e a jurisprudência fiscal nacionais.

Parece óbvia a observação de que os planejamentos fiscais adquirem uma relevância ainda maior em países reputados "subdesenvolvidos" ou "emergentes", nos quais, a exemplo do Brasil, verificam-se, com ponderável frequência, graves deficiências na prestação dos serviços públicos, a evidenciar a inoperância do Estado e um retorno insatisfatório dos tributos adimplidos pelos particulares. Não é casual, neste sentido, que sempre que se põe em pauta, por exemplo, a instituição do imposto sobre grandes fortunas, ainda que apoiada em autorização constitucional expressa, logo se discutam os riscos da imediata "fuga de capitais". A pretensão de minimizar o pagamento de tributos se exacerba nessas circunstâncias de maior adversidade e de déficit acentuado na consecução de serviços essenciais pelos Poderes constituídos.

Outro fator, já tangenciado, que intensifica sobremaneira a esquiva aos mecanismos de tributação — e que acaba por reforçar a importância dos planejamentos tributários — é o quadro patológico de corrupção endêmica que flagela o Estado brasileiro. Como menciona Casalta Nabais, "algum discurso inclusive acadêmico, no Brasil, parece fazer este raciocínio, sendo os impostos tendencialmente um roubo, porque exigidos pelo Estado ladrão, então, seguindo o ditado 'ladrão que rouba ladrão tem cem anos de perdão', a fuga aos impostos seria legítima".[2] Trata-se, todavia, apenas de um álibi discursivo frequentemente invocado por aqueles a quem o autor chama ironicamente de "fugitivos fiscais" para justificarem o seu comportamento e furtarem-se ao impreterível dever de contribuir para o suporte financeiro dos Poderes Públicos.

No entanto, não é apenas nos países ainda em vias de desenvolvimento que o objetivo de redução de carga tributária se manifesta com regularidade. Mesmo nos países de elevado Índice de Desenvolvimento Humano (IDH), como os da tradição anglo-saxônica (máxime os Estados Unidos e a Inglaterra) e outros pertencentes à Europa Ocidental (entre eles a França, a Alemanha e a Espanha), é ancestral o debate acerca das divisas de contenção ao poder de tributar e das liberdades negociais inalienáveis dos agentes econômicos. Nesse sentido, pode-se, com segurança, considerar a ordenação de estratégias para repelir o pagamento de tributos prática longeva e atemporal, supondo-a existente, sob variadas formas históricas, desde as mais embrionárias configurações sociais assentadas em engrenagens de tributação.

É fato que os processos de globalização e desenvolvimento tecnológico, experimentados com extraordinária intensidade nas últimas décadas, têm fomentado a sofisticação e a internacionalização das técnicas conformadoras dos planejamentos tributários no plano do exercício do que neste trabalho se nominará "liberdade fiscal" — entendida como projeção específica do direito fundamental de liberdade no âmbito tributário —, cuja fonte normativo-hermenêutica derradeira é a própria Constituição.

Exemplo superlativo dessa progressiva tendência de instrumentalização das operações transnacionais com finalidades fiscais se testemunha na formulação de planejamentos tributários que envolvam os assim chamados "paraísos fiscais", como lócus privilegiado da celebração de negócios vocacionados à redução de carga tributária. Fenômeno esse que, ao ensejar guerras fiscais internacionais e até conflitos de natureza diplomática, tem demandado soluções igualmente internacionais para opor obstáculos e restrições ao preocupante processo de rarefação das bases tributáveis, propiciado pelos chamados "planejamentos tributários agressivos".[3] Alude-se a isso apenas para salientar que o tema dos limites do planejamento tributário assume, nos tempos que correm, dimensão e protagonismo globais, não se confinando, pois, às circunscrições dos debates que tomam por referência o direito positivo nacional.

É de notar que o principal fator a potencializar a complexidade da matéria é o fato de a estruturação de planejamentos tributários pressupor um antagonismo tópico

---

[2] A afirmação em destaque foi proferida em entrevista concedida a Sérgio André Rocha, em setembro de 2017, e que se encontra ao final da obra *O dever fundamental de pagar impostos: o que realmente significa e como vem influenciando nossa jurisprudência*, organizada por Marciano Godoi e Sérgio André Rocha (GODOI; ROCHA, 2017).

[3] Esclareça-se que o termo "planejamento tributário *agressivo*" é utilizado no âmbito internacional, em especial no contexto do chamado *Plano de Ação BEPS (Base Erosion and Profit Shifting)*, elaborado pela OCDE para remediar o fenômeno, aludido no texto, de erosão das bases tributáveis, decorrente das acentuadas assimetrias fiscais globais que têm ensejado, segundo alguns analistas, uma espécie de "dumping fiscal" ("tax dumping"). Em nível nacional, porém, dá-se preferência ao termo "planejamento tributário abusivo", consoante se explanará oportunamente nesta obra.

entre distintos preceitos constitucionais: se, de um lado, são inegáveis, conforme dito, o direito fundamental de liberdade fiscal e a prerrogativa de auto-organização patrimonial do contribuinte, exercidos sob a fórmula da autonomia privada; tem-se, de outra parte, de maneira igualmente inequívoca, a força de princípios tributários como os da solidariedade, da igualdade e da capacidade contributiva, posto que não desborda as raias do truísmo a afirmação da disparidade das condições de possibilidade de que dispõem os diferentes contribuintes para lançar mão de planejamentos fiscais efetivos.

É preciso observar, porém, que não são apenas os preceitos constitucionais enunciados no parágrafo anterior que balizam as relações entre Administração e contribuinte nos processos de tributação: há um outro, ainda subestimado no Direito brasileiro — não é exagero dizer —, que deve ser adicionado a essa tensa e dinâmica equação dos direitos e liberdades individuais em face do poder tributário do Estado. Como dantes referido, incluiu-se no texto constitucional de 1988 um amplo conjunto de disciplinamentos conformadores do sistema tributário nacional, do qual exsurge outra categoria essencial proposta neste trabalho e que toca diretamente a matéria dos limites dos planejamentos tributários, a saber, o *dever fundamental de pagar tributos*.

Não se ignora a relativa escassez de produções bibliográficas acerca da temática dos deveres fundamentais. Qualquer superficial avaliação das doutrinas constitucionalistas produzidas desde a segunda metade do século XX explicita uma dedicação quase que exclusiva dos autores brasileiros e estrangeiros a concepções teóricas subjacentes aos direitos fundamentais.

Não se cuida, porém, de fenômeno de difícil explicação quando ponderados os múltiplos episódios de barbárie testemunhados no processo histórico recente — sobretudo associados às duas grandes guerras e ao que se convencionou designar de "totalitarismo" —, fatos que compreensivelmente tornaram os juristas muito mais propensos a pensarem mecanismos de defesa da dignidade humana e dos direitos fundamentais do que desenvolverem teorias dos deveres fundamentais imputáveis aos indivíduos.

Entretanto, o transcurso de mais de meio século desde aqueles catastróficos eventos — findou-se em 1945 a Segunda Guerra e com ela o terror Nacional-Socialista — trata de realçar os claros sinais de exaurimento do paradigma constitucional centrado em regimes unilaterais de direitos.

As condições de vida contemporâneas, com efeito, qualificadas pela extrema e crescente complexidade de que se revestem as sociedades humanas nos tempos correntes, tornam inepta qualquer ordem jurídica que prescinda da instituição de deveres fundamentais no escopo de regulação da vida social. O constitucionalismo do século XXI, indissoluvelmente vinculado às bases do Estado Democrático de Direito, já evidencia não ser possível falar em plena fruição de direitos fundamentais sem cogitar de deveres igualmente fundamentais que a eles se conjuguem para dar forma e conteúdo a um programa constitucional dotado de completude.

Por conseguinte, uma das pretensões a dinamizar a elaboração do presente estudo consiste em contribuir, em alguma proporção, para a superação desse hiato verificado no trato teórico-doutrinário dos deveres fundamentais. Com a particularidade — é importante logo esclarecer — de todas as discussões concernentes aos deveres fundamentais serem canalizadas, ao final, à esfera do dever fundamental de pagar tributos. Parte-se da premissa — a ser fundamentada em capítulo próprio — de que a ausência de expressa previsão na Constituição de 1988 não obsta o reconhecimento, à luz de uma interpretação sistemática de seus preceitos, da existência de um dever fundamental de pagar tributos no Direito brasileiro.

As peculiaridades conjunturais expostas nas linhas iniciais deste prólogo — sintetizadas na atual hegemonia das concepções minimalistas de Estado — tornam ainda mais árdua a tarefa de sustentar esse raciocínio nos dias presentes: considerando-se que a desvalorização social da tributação corre *pari passu* com a desmoralização do Poder Público, as tendências históricas atualmente vivenciadas dificultam substantivamente a incorporação do dever fundamental de pagar tributos à consciência constitucional dos brasileiros, a despeito de o próprio Supremo Tribunal Federal (STF) vir fazendo reiteradas alusões a tal categoria em muitas de suas decisões.

Em todo caso, é inquestionável que a Carta Magna vigente, a todas as luzes, cuidou de instituir o Estado Democrático de Direito como epicentro da institucionalidade política brasileira, segundo consta textualmente em seu preâmbulo. Assim, não importa o quão plurais e heterogêneas sejam as forças ideológicas em concorrência na arena democrática: o fato é que todas elas devem imperativamente se curvar à soberania da Constituição; e, da atenta leitura desta, assoma cristalina a existência de um dever fundamental de pagar tributos imponível aos cidadãos brasileiros.

Assim, certo é que, enquanto subsistir o Estado como fonte legítima de autoridade e como sustentáculo de uma ordem constitucional democrática, igualmente subsistirá o dever fundamental de pagar tributos, pressuposto insuprimível de sua existência e funcionamento. Disso decorre que este dever constitucional emerge como um crucial fator de balanceamento, isto é, como um contrapeso ao exercício de certas facetas das liberdades públicas, entre elas a liberdade fiscal, cuja invocação, associada ao princípio da autonomia privada, abrange, até certa medida, a realização de condutas de resistência ao pagamento de tributos por meio dos planejamentos tributários.

Não obstante, é imperioso discernir e realçar a face reversa dessa questão. O dever fundamental de pagar tributos — cuja existência, como pontuado, há de ser reconhecida — não pode ser tomado como um "trunfo constitucional" que autorize a Administração a proceder como bem queira na cobrança de tributos, como se se tratasse de uma "cláusula geral de legitimação" no contexto das múltiplas formas de exercício do poder tributário. A tributação, supérfluo dizer, constitui-se como atividade demasiado sensível, posto que potencialmente agressiva a direitos e garantias fundamentais, razão pela qual jamais pode se descurar da lei e dos mandamentos constitucionais. Seu exercício, por isso, há de se efetuar sempre cercado de rigorosas cautelas.

É fácil perceber, todavia, que, hodiernamente, ante a ausência de clareza quanto aos limites do planejamento tributário, a jurisprudência administrativa fiscal, mormente a do Conselho Administrativo de Recursos Fiscais (CARF), tem promovido, a pretexto de coibir condutas abusivas perpetradas pelo contribuinte, em muitos de seus julgados, um verdadeiro atropelo dos direitos e garantias constitucionais, desconsiderando atos e negócios jurídicos à revelia de escorreitos critérios e ao arrepio da lei. O paradoxo jurisprudencial, aqui, se escancara sem pudores: frequentemente, põem-se as Cortes a combater *abusivamente* os *abusos* em que julgam incorrer os contribuintes.

É consabido que as soluções de antagonismos entre bens e valores constitucionais — nesse caso, entre direitos e deveres fundamentais —, tanto no plano de sua concretização prática quanto no de sua formulação normativa, se efetivam pela dinâmica da ponderação, a qual, por sua própria natureza, interdita o triunfo absoluto e invariável, na órbita do Direito Tributário, do Fisco em detrimento do contribuinte ou deste em detrimento daquele. Em direção oposta, dá-se lugar à busca por soluções harmonizadas, segundo a lógica da *otimização prática*, à luz — neste trabalho em particular — da clássica teoria dos princípios meritoriamente elaborada por Robert Alexy. O que, entretanto, não quer dizer — e este estudo exemplificará essa assertiva — que toda contraposição de preceitos constitucionais deva ser solucionada pelo método da colisão de princípios, tendo em conta a existência de fundamentações teóricas alternativas.

Significa, então, asseverar que a existência do direito fundamental de liberdade fiscal desautoriza uma vedação total e peremptória da efetuação de todo e qualquer negócio jurídico destinado a reconduzir o contribuinte ao pagamento de menor tributo. E, sob o prisma reverso, o reconhecimento de um dever fundamental de pagar tributos impede que o contribuinte exerça essa sua prerrogativa de auto-organização de maneira irrestrita, imune a qualquer controle de legalidade, como se absoluta fosse.

O âmago da problemática de pesquisa assimilada neste estudo assume, neste ponto, mais vívidos matizes: trata-se de *clarificar* — o mais objetivamente quanto possível — *os limites do planejamento tributário no ordenamento jurídico brasileiro*, propósito que, visto por outro ângulo, se exprime no desafio de definir o alcance e as divisas do exercício do direito fundamental de liberdade fiscal em face do dever fundamental de pagar tributos e de outros princípios constitucionais correlatos, no que tange à conformação de arranjos negociais e patrimoniais com a finalidade de economia tributária.

Ao enfrentamento de uma tal problemática, um relevante óbice, de plano, se impõe. A tradição doutrinária e jurisprudencial imperante no país permanece adstrita à clássica bipartição das ações de resistência ao pagamento de tributos em "elisão" e "evasão" fiscais, a despeito da sua já manifesta obsolescência para regular as dinâmicas econômicas contemporâneas. Quanto a elas nenhuma dubiedade subsiste. A *elisão* traduz o fenômeno da auferição de vantagem fiscal pelo contribuinte mediante utilização de estratégias consonantes com a legislação tributária, em legítimo exercício do direito de liberdade fiscal, a partir da formulação de *planejamentos tributários lícitos*. A *evasão* fiscal, por sua vez, consuma-se em sentido diametralmente oposto, isto é, como economia tributária obtida ilegalmente, por mecanismos que implicam transgressões frontais à lei, decorrentes da ordenação de *planejamentos fiscais ilícitos*.

Entretanto, as maiores dificuldades, hoje, em termos de definição dos limites do planejamento tributário, gravitam em derredor do fenômeno da "elusão fiscal". Esta categoria, embora consagrada nas principais experiências do Direito Comparado, ainda não foi devidamente incorporada ao Direito Tributário brasileiro, constatação que vale, igualmente, para os planos do direito positivo, da doutrina e da jurisprudência.

Na linha argumentativa a ser desenvolvida neste estudo, parte-se do pressuposto de que uma apreciação teoricamente adequada dos denominados "planejamentos tributários abusivos" — que significativos embaraços trazem ao exame de sua legalidade — está afiançada à assimilação da figura da *elusão fiscal* ao léxico dogmático-tributário brasileiro, num urgente esforço de atualização do arsenal terminológico e categorial mobilizado pela maioria da doutrina e jurisprudência nacionais. É, pois, sobre esta complexa categoria que se debruçará mais detidamente o presente trabalho.

Em definição preliminar, a elusão pode ser compreendida, na esteira da sofisticada doutrina minoritária que se ocupa de tematizá-la, como a conduta de realizar atos e negócios desprovidos de causa jurídica legítima, segundo métodos artificiosos, para escapar à aplicação de normas tributárias cogentes e auferir economias fiscais indesejadas pelo ordenamento jurídico positivo. Cogita-se, pois, não de violações diretas e imediatas, mas de *vulnerações indiretas* e *oblíquas* à lei.

O componente de singular complexidade das condutas elusivas reside no fato de serem elas perpetradas, insidiosamente, por meios *a priori lícitos* (coadunados com a *literalidade da legislação*) para perseguir *finalidades ilícitas* (lesivas ao *conjunto do sistema jurídico*), o que acaba por tornar demasiado tênues as linhas que as separam da evasão e da elisão tributárias, com as quais, todavia, a elusão sob nenhuma ótica pode ser confundida.

Para explanar essa peculiar figura, costuma se referir a doutrina a comportamentos praticados em conformidade com a *letra da lei* para violar o seu *espírito*, numa acepção, segundo os termos acima enunciados, de uso de expedientes *prima facie* legítimos para lograr fins contrários aos da ordem jurídica vigente. Tais atributos fazem com que a elusão fiscal seja incorporada à classe dos *ilícitos atípicos*, associando-se usualmente às figuras do abuso de direito, do abuso de formas jurídicas, da fraude à lei e da ausência de propósito negocial. Trata-se a elusão, portanto, não há dúvida, de espécie de ato ilícito, mas que se situa em posição intermediária à evasão e à elisão tributárias, sem ser por qualquer delas absorvida, dada a atipicidade que lhe constitui enquanto categoria jurídica *autônoma* e *sui generis*.

Parece trivial a assertiva de que, tanto quanto a evasão, a elusão fiscal acarreta efeitos por demais nocivos ao equilíbrio e à justiça do Sistema Tributário Nacional. Não obstante, dada a leniência com que grande parte da doutrina se propõe a enfrentar o tema, erguendo às propostas de controle de planejamentos tributários abusivos um hipergarantismo formalista do qual só pode resultar o esmorecimento dos princípios constitucionais que visam a garantir a equidade da ordem tributária brasileira (solidariedade, igualdade, capacidade contributiva e o próprio dever fundamental de pagar tributos), não seria exagero dizer que uma tal obviedade — a potencialização das assimetrias do Sistema Tributário provocada pelo fenômeno da elusão fiscal — ou tem sido escamoteada ou não tem sido levada suficientemente a sério em seus efeitos.

Nesse sentido, mormente num país chagado por tão profundas desigualdades, tem-se que, no cenário atual, sem embargo de toda a perversão que maculou os ideais republicanos no trato da coisa pública no Brasil nos últimos anos, postos estão na ordem do dia os inadiáveis objetivos de combate à elusão fiscal e de engendramento de mecanismos efetivos de controle de planejamentos tributários abusivos. Afinal, são de hierarquia constitucional os suportes de legitimação de um tal proceder.

No caso brasileiro, o eixo normativo de mediação entre o exercício do direito fundamental de liberdade fiscal e os preceitos constitucionais vocacionados a assegurar a higidez do sistema tributário se encontra positivado no polêmico parágrafo único do artigo 116 do Código Tributário Nacional (CTN), introduzido no ordenamento pátrio pela Lei Complementar nº 104/2001. Prevê o dispositivo, que ocupa lugar central na reflexão proposta nesta pesquisa, que: "A autoridade administrativa poderá desconsiderar atos ou negócios jurídicos praticados com a finalidade de dissimular a ocorrência do fato gerador do tributo ou a natureza dos elementos constitutivos da obrigação tributária, observados os procedimentos a serem estabelecidos em lei ordinária".

Desde a edição do dispositivo, vicejaram, na doutrina e na jurisprudência nacionais, inúmeras controvérsias sobre quase todos os aspectos da norma, em especial quanto à sua natureza jurídica, à sua constitucionalidade, ao seu campo material de aplicação e à sua eficácia.

Logo que iniciada a vigência do parágrafo único do artigo 116 do CTN, a maior parte da doutrina brasileira sustentou que a recém-aprovada norma estabeleceu uma *nova regra antissimulação* na legislação pátria. Compreendeu-se que a pretensão do legislador com tal dispositivo — supérfluamente na opinião de alguns — foi reforçar o *regime de combate à simulação* já previsto no artigo 149, inciso VII, do CTN. A única novidade introduzida pelo parágrafo único do artigo 116 teria sido, então, uma textual menção ao termo "dissimulação", amparando-se na conceituação já delineada pelo artigo 167 do Código Civil, segundo a acepção de "simulação relativa". Nesse passo, reafirmou-se a tradicional posição segundo a qual o Fisco somente pode proceder à desconsideração de atos e negócios jurídicos praticados pelo contribuinte em casos de *infrações frontais* à lei (dolo, fraude, simulação, conluio e sonegação).

De outro lado, uma corrente minoritária postulou a interpretação de que o legislador, sintonizado com uma tendência global de combate à elusão tributária, teria introduzido no ordenamento brasileiro uma inédita "norma geral antielusiva". Um dos argumentos mais reiterativamente invocados remetia à Exposição de Motivos do Projeto de Lei Complementar, na qual se lia que a referida norma configuraria "um instrumento eficaz para o combate aos procedimentos de planejamento tributário praticados com abuso de forma ou de direito". Nessa segunda linha hermenêutica, a *ratio legis* do parágrafo único do artigo 116 do CTN consistiria em materializar uma ferramenta de *coibição à ilicitude atípica* (atos e negócios artificiosos, conformadores de *planejamentos fiscais abusivos*), a exemplo do que já haviam feito as principais ordens jurídicas europeias e, também, a norte-americana desde meados do século XX.

No interior desta última corrente, oscilavam as opiniões apenas no que tange a qual teria sido a inspiração estrangeira decisiva na consagração da matriz de reação a planejamentos tributários abusivos na lei brasileira: se francesa, com a opção pelo abuso de direito; se alemã, com a escolha do abuso de formas; se espanhola, com a eleição da fraude à lei tributária; se norte-americana, com a acolhida da teoria da ausência de propósito negocial; ou mesmo se mais de uma delas, de maneira combinada, a partir de relações de gênero e espécie ou de mútua complementaridade. Essas discussões, como se verá ao longo do trabalho, originaram um caos terminológico, tanto na doutrina quanto entre os tribunais, que ainda hoje rende babélicos e intermináveis debates conceituais e classificatórios das categorias postas em causa.

Desse dissenso original rapidamente derivaram outros. Em relação à constitucionalidade do dispositivo, a doutrina majoritária considerou que a única interpretação que guardaria conformidade com a Constituição de 1988 seria a de que o parágrafo único do artigo 116 do CTN consubstancia uma norma antissimulação, sob o argumento de que a previsão de uma norma geral antiabuso violaria, entre outros, os princípios da estrita legalidade tributária, da tipicidade fechada e da segurança jurídica.

A doutrina minoritária, por sua vez, entendeu que a positivação de uma norma geral antielusiva não apenas é compatível com a Constituição como é por ela estimulada, na medida em que fomenta princípios como os da solidariedade, da isonomia, da capacidade contributiva e — acresça-se — o dever fundamental de pagar tributos.

Também se discutiu, embora com menor margem de dissenso, se o parágrafo único do artigo 116 do CTN seria autoaplicável ou se demandaria a edição de um procedimento especial, dada a exigência de regulamentação legal referida na parte final do dispositivo, sem se haver chegado a uma posição definitiva até os dias atuais.

No entanto, esses debates foram perdendo importância, uma vez que a jurisprudência administrativa fiscal, durante aproximadamente uma década e meia, fez do parágrafo único do artigo 116 do CTN letra morta, o qual restou praticamente inaplicado. Ocorreu que o CARF — ainda sob a estrutura dos antigos Conselhos de Contribuintes, órgão que até o final da década de 1990 partilhava do viés formalista da doutrina majoritária ao entender como passíveis de requalificação pelo Fisco apenas os atos e negócios incursos em agressão frontal à lei, iniciou uma virada de entendimento para, paulatinamente, passar a desconsiderar planejamentos fiscais considerados abusivos.

A via eleita pelo Conselho, entretanto, foi não a aplicação do parágrafo único do artigo 116 do CTN, mas a invocação de um conceito ampliado de simulação, de legalidade duvidosa, que lhe permite desconstituir, para fins fiscais, operações consideradas artificiosas por intermédio da aplicação direta do artigo 149, inciso VII, daquele diploma. O alicerce dessa mutação semântico-hermenêutica da categoria da simulação foi a adoção da *teoria causalista*, aparentemente perfilhada pelo Código Civil de 2002, que concebe a simulação como um *vício de causa do negócio jurídico*, consubstanciado na distorção do perfil objetivo e da finalidade do tipo negocial, e não mais como um *defeito* aferido a partir de *elementos subjetivos*, como a vontade do agente, na condição de *vício de consentimento*, segundo se lia no Código de 1916.

Essas circunstâncias levaram parte da doutrina a concluir que vigora, hoje, no Brasil, uma norma geral antielusiva construída jurisprudencialmente, cujo fundamento reside não numa cláusula antiabuso prevista em lei, mas numa expansão hermenêutica da categoria de simulação, operada autonomamente pelas próprias Cortes administrativas. De toda sorte, reacenderam-se recentemente os debates em torno do artigo 116, parágrafo único, do CTN, visto que alguns órgãos fracionários do CARF — aproximadamente a partir de 2014 — passaram a aplicá-lo em alguns de seus julgados, associando-o a preceitos como o dever fundamental de pagar tributos e os princípios da solidariedade, da isonomia, da capacidade contributiva e da verdade material.

Outrossim, malgrado seja historicamente escasso o acesso ao Poder Judiciário para dirimir controvérsias atinentes aos limites do planejamento tributário, encetou-se nos últimos dois anos uma tendência de crescimento do número de precedentes judiciais que apreciaram a matéria, sobretudo no âmbito dos Tribunais Regionais Federais. O ainda pouco numeroso arcabouço de decisões revela-se, todavia, tão instável e contraditório quanto o do CARF, em pouco ou nada contribuindo para assegurar à questão em tela o grau de razoável segurança jurídica que há muito se anseia.

Dado de crucial importância, ademais, é que se registrou, em junho de 2020, o início do julgamento, pelo STF, da Ação Direta de Inconstitucionalidade (ADI) nº 2.446, ajuizada, ainda em 2001, pela Confederação Nacional do Comércio (CNC), para questionar a compatibilidade do parágrafo único do artigo 116 do CTN com a Constituição Federal. Até o encerramento desta pesquisa, cinco votos haviam sido proferidos:[4] os Ministros Marco Aurélio Mello, Edson Fachin, Alexandre de Moraes e Gilmar Mendes acompanharam na íntegra o voto da Ministra Relatora Cármen Lúcia, que se posicionou pela constitucionalidade do dispositivo impugnado, porém sob fundamentos bastante questionáveis, que significativas repercussões projetam no campo do controle de legalidade/abusividade dos planejamentos tributários.

O fato é que, a despeito de todas essas celeumas ainda não pacificadas, o parágrafo único do artigo 116 do CTN se afigura peça-chave no equacionamento dos direitos e deveres fundamentais em matéria tributária, inclusive e sobretudo no tocante à legitimidade jurídica da celebração, no bojo de planejamentos fiscais, de atos e negócios jurídicos sob o desígnio de evitar, reduzir ou postergar a incidência tributária.

---

[4] O julgamento foi interrompido por um pedido de vista do Ministro Ricardo Lewandowski e prossegue sem data definida para sua retomada.

Estruturando, enfim, na forma de uma pergunta o problema de pesquisa eleito, pode-se assim formulá-lo: *considerando-se a existência e a força normativa do dever fundamental de pagar tributos, quais são os limites jurídicos, à luz do parágrafo único do artigo 116 do CTN, ao direito fundamental de liberdade fiscal no contexto de conformação de planejamentos tributários*?

Desse questionamento primacial, derivam outros, acessórios e complementares: o combate à elusão fiscal encontra legítimo fundamento na Constituição Federal brasileira? Quais são os critérios para definição de planejamentos tributários abusivos? A celebração de atos e negócios jurídicos com a finalidade exclusiva ou preponderante de economia fiscal, a título de planejamento tributário, transgride o dever fundamental de pagar tributos? A que métodos e parâmetros se devem subordinar a aplicação, pela Administração, do artigo 116, parágrafo único, do CTN para fins de desconsideração de atos e negócios jurídicos praticados com a finalidade de dissimular a ocorrência do fato gerador do tributo ou a natureza dos elementos constitutivos da obrigação tributária? A jurisprudência fiscal brasileira — administrativa e judicial — tem sustentado compreensões compatíveis com o ordenamento positivo vigente ao apreciar a matéria dos limites do planejamento tributário e do enfrentamento à elusão fiscal?

A hipótese central assimilada como ponto de partida deste trabalho é a de que o parágrafo único do artigo 116 do CTN consubstancia uma *norma geral antielusiva* — editada pelo legislador para fomentar o dever fundamental de pagar tributos e os princípios da solidariedade, da igualdade e da capacidade contributiva — que consagrou a figura da *fraude à lei tributária* como matriz de reação a planejamentos tributários abusivos, destinada a coibir condutas artificiosas praticadas pelo contribuinte com o objetivo de contornar a aplicação de normas tributárias imperativas.

Por conseguinte, descobre-se no dispositivo em questão uma regra que estabelece restrições, alicerçadas em preceitos constitucionais — garantidores, pois, da legitimidade constitucional do combate à elusão tributária —, ao exercício do direito fundamental de liberdade fiscal mediante a vedação à celebração de atos e negócios jurídicos com a *finalidade exclusiva* de reduzir, evitar ou postergar o pagamento de tributo. Disso decorre a fixação de limites de natureza constitucional à estruturação, pelo contribuinte, no exercício de sua prerrogativa de auto-organização patrimonial, de planejamentos fiscais fundados em operações tendentes a fraudar a aplicação da lei tributária, por meio do abuso de formas jurídicas e/ou da ausência de propósito negocial (violações indiretas e oblíquas à lei).

Com efeito, autorizada estará a Administração Fiscal a desconsiderar, com fulcro no parágrafo único do artigo 116 do CTN, *somente após* a regulamentação em lei ordinária do procedimento especial exigido pelo dispositivo, os atos e negócios jurídicos realizados que se mostrem dissimulatórios (elusivos), assim compreendidos aqueles cuja *motivação única* seja a atenuação de carga tributária mediante a frustração e a esterilização da efetividade da legislação tributária.

Visando à resposta do conjunto de questionamentos supradelineados, conformadores do problema de pesquisa que impulsiona a elaboração deste estudo, será subdividido o presente trabalho em seis capítulos.

O primeiro deles se concentrará sobre a dogmática ou teoria dos deveres fundamentais. Em função da mencionada escassez bibliográfica produzida acerca desse tema — não só no seio da doutrina nacional, é válido reiterar, mas também da estrangeira —, torna-se imperativo um exame mais detalhado dos fundamentos teóricos que lhe conferem suporte. Nesse sentido, integrará o escopo dessa seção do trabalho o estudo do conceito de deveres fundamentais, das fontes axiológicas e normativas das quais eles promanam, do papel desempenhado pelo legislador ordinário na sua conformação e, ainda, da tipologia pela qual eles se exprimem juridicamente. Até este ponto, serão profusos os diálogos não só com a obra de Casalta Nabais, mas também com a moderna doutrina brasileira que tem cerrado fileiras com o autor lusitano no mister de desenvolver a matéria dos deveres fundamentais no constitucionalismo contemporâneo. No desfecho do capítulo, buscar-se-á promover a incorporação de um ângulo analítico inovador e original à temática, traduzido na sustentação do *caráter principiológico das normas de deveres fundamentais*. Uma das aspirações dessa parte do texto consistirá em oferecer um contributo doutrinário — até onde se sabe — inédito, ainda que modesto, a uma teoria dos deveres fundamentais.

Na sequência, no segundo capítulo, a análise se afunilará na compreensão daquele que é o dever nuclear da pesquisa, a saber, o dever fundamental de pagar tributos. Além do esquadrinhamento da anatomia teórica dessa categoria à luz do magistério da doutrina, o desafio consistirá em demonstrar fundamentadamente que, sem embargo de não se verificar na Constituição Federal de 1988 qualquer positivação expressa nesse sentido, é possível extrair hermeneuticamente, do conjunto das disposições que a integram, a existência de um dever fundamental de pagar tributos. Assentada essa conclusão parcial, o restante do capítulo se dedicará ao exame da estrutura dogmática e da configuração de conteúdo que a Carta Magna brasileira lhe outorga, especialmente em sua ativa interação com os princípios constitucionais da solidariedade, da igualdade e da capacidade contributiva. Será, ainda, acrescida ao capítulo uma seção final empenhada em avaliar a recepção e a incorporação do dever fundamental em tela à jurisprudência do STF. Um dos objetivos medulares desta etapa do texto, portanto, será delinear as bases constitutivas do dever fundamental de pagar tributos no ordenamento jurídico nacional e acentuar o seu papel de — junto ao arcabouço principiológico citado acima — deferir legitimidade constitucional ao combate à elusão fiscal e, consequentemente, aos planejamentos tributários abusivos.

O terceiro capítulo, a seu turno, centrar-se-á na abordagem do direito fundamental de liberdade fiscal e sua aplicação no Direito Tributário brasileiro. Inicialmente, serão tecidas algumas considerações gerais sobre o conceito de liberdade, buscando amparo nas disciplinas propedêuticas que se ocupam do seu estudo, especialmente a filosofia, a sociologia e a ciência política. Em seguida, intentar-se-á delinear as múltiplas formas do princípio da liberdade na Constituição de 1988 (especialmente as liberdades econômicas fundamentais) e suas repercussões na seara tributária, onde se manifestam as íntimas conexões entre o direito fundamental de liberdade fiscal e o princípio da autonomia privada no contexto das relações entre Estado e contribuinte nos processos de tributação. Ao final do capítulo, abordar-se-ão, ainda, as liberdades negociais (contratuais) garantidas pela ordem jurídica pátria aos agentes econômicos e a relevância do critério da *causa jurídica* dos atos e negócios tendentes a reduzir, afastar ou diferir o pagamento de tributos, realçando a essencialidade desse critério — a causa jurídica — para a caracterização das condutas elusivas e, por conseguinte, para o controle dos planejamentos tributários abusivos.

No quarto capítulo, o foco se direcionará, com maiores minúcias, às figuras do planejamento tributário e da elusão fiscal. Preliminarmente, caberá fixar uma definição clara e objetiva de planejamento tributário que servirá de ponto de partida às análises empreendidas no restante do trabalho. Em sequência, o propósito será o de esmiuçar a categoria da elusão, distinguindo-a criteriosamente das noções de elisão e evasão tributárias. Nesse ponto, haverá que se abordar a teoria dos ilícitos atípicos e enfrentar a candente polêmica acerca da possibilidade jurídica de sua incorporação ao Direito Tributário brasileiro. A tarefa primordial, sob tal aspecto, será demonstrar, em respeitosa confrontação aos entendimentos consolidados pela doutrina tradicional, que o princípio da legalidade tributária já não pode mais se reduzir à literalidade dos textos legais e que a instituição de mecanismos de coibição à ilicitude atípica, ao revés de violar aquele princípio, implica potencializar a sua efetividade. Na parcela final do capítulo, serão dedicados específicos tópicos a análises das principais experiências de combate à elusão fiscal no direito comparado. Neste mister, serão examinadas as matrizes de reação a planejamentos tributários abusivos consagradas na França (abuso de direito), na Alemanha (abuso de formas jurídicas), na Espanha (fraude à lei tributária) e nos Estados Unidos (teoria do propósito negocial).

O capítulo quinto, em seguida, será exclusivamente dedicado ao estudo da norma geral antielusiva brasileira, positivada no parágrafo único do artigo 116 do CTN, por meio da Lei Complementar nº 104/2001. Serão enfrentadas, mediante um amplo e diversificado diálogo com a doutrina nacional, todas as grandes polêmicas àquele dispositivo relacionadas: natureza jurídica, constitucionalidade, campo de aplicação, alcance, eficácia e um conjunto de várias outras questões controversas relativas ao tema (potencial relação da norma com o paradigma da interpretação econômica do Direito Tributário, tributação por analogia, ônus da prova nos procedimentos de desconsideração de atos e negócios jurídicos reputados dissimulatórios e punibilidade das condutas elusivas). É neste ponto da obra que se buscará sustentar a hipótese de que o parágrafo único do artigo 116 do CTN consagrou a fraude à lei tributária como matriz de reação a planejamentos fiscais abusivos, dela derivando como espécies o abuso de formas jurídicas e a ausência de propósito negocial. Desses eixos será possível extrair respostas à "problemática dos limites" sob um duplo enfoque: prioritariamente, os limites jurídicos aos planejamentos tributários e, via reflexa, os limites do Fisco para desconstituí-los no plano do combate à elusão fiscal. Restarão, assim, esclarecidos os pressupostos de validade de atos e negócios celebrados com a finalidade de economia fiscal, bem como as repercussões do dever fundamental de pagar tributos (e de outros preceitos constitucionais) na delimitação do alcance e da abrangência do direito fundamental de liberdade fiscal, à luz do disposto no parágrafo único do artigo 116 do CTN.

Por fim, uma vez alinhavados os pressupostos teóricos e metodológicos subjacentes à problemática assumida como objeto de pesquisa e delineadas as suas respectivas respostas, o sexto e derradeiro capítulo se empenhará em traçar uma análise panorâmica e tecer um balanço crítico da jurisprudência fiscal nacional, a partir do exame — por vezes lacônico, por vezes mais exaustivo — de múltiplos precedentes do CARF e dos Tribunais brasileiros, com especial destaque, como dito, ao julgamento parcial da ADI nº 2.446 pelo STF. O desiderato dessa parcela final do trabalho será avaliar a evolução e o desenvolvimento históricos dos entendimentos atualmente perfilhados em sede jurisprudencial para, tomando-os como referência, esboçar brevemente algumas projeções relativas ao futuro do combate à elusão fiscal e, na mesma linha, ao controle de legalidade/abusividade de planejamentos tributários no Brasil.

Crê-se que essa estrutura, aliada à eleição de referenciais teóricos sólidos e coerentemente alinhados, propiciará uma solução satisfatoriamente embasada ao problema de pesquisa assimilado como elemento propulsor do presente trabalho de investigação. Ao final, a pretensão decisiva deste trabalho consiste em oferecer, sob um enfoque original e inovador, uma contribuição que ajude a iluminar as numerosas obscuridades e incertezas que ainda pairam sobre a questão dos limites do planejamento tributário no Direito brasileiro, ademais de auxiliar, em alguma medida, no desenvolvimento da temática do dever fundamental de pagar tributos na Constituição de 1988.

CAPÍTULO 1

OS DEVERES FUNDAMENTAIS
NO DIREITO BRASILEIRO

As condições históricas que, em níveis nacional e internacional, matrizaram o desenvolvimento do constitucionalismo contemporâneo acarretaram a secundarização de uma importante dimensão das Constituições hodiernas, expressa na figura dos *deveres fundamentais*. O século XX, lucidamente adjetivado por Eric Hobsbawm (1995) como a "era dos extremos", em função das profundas radicalizações ideológicas observadas em seu decurso, ofereceu à humanidade sucessivos episódios de barbárie, cujas catastróficas consequências trataram de aniquilar a vetusta crença iluminista de que é guiada a história universal por uma inexorável lei de aperfeiçoamento contínuo.[5]

Além das duas grandes guerras mundiais (1914-1918 e 1939-1945), registrou-se, no aludido interregno, a dramática multiplicação de crimes lesa-humanidade perpetrados sob o tacão genocida de regimes totalitários vinculados aos mais variados matizes ideológicos, de que são os mais emblemáticos exemplos o fascismo italiano, o nazismo alemão e o socialismo real soviético.

No processo histórico brasileiro, a seu turno, os 21 anos de governos autocráticos, experimentados sob a égide do regime militar, refletiram, internamente, as tendências antidemocráticas vislumbradas em escala mundial também na segunda metade do século XX, em especial na Península Ibérica — ditadura militar comandada por Francisco

---

[5] Era de marcante presença no imaginário iluminista a ideia de que a razão, uma vez emancipada dos jugos religiosos, propiciaria às sociedades humanas uma dinâmica de evolução permanente, constituindo-se o "progresso" numa lei inevitável que as conduziria a um novo mundo, estreme das manchas de origem teocrática acumuladas durante o medievo. Com efeito, esse postulado filosófico centrado na "teleologia do progresso" se fez largamente presente no pensamento social do século XIX.

Franco na Espanha e regime autoritário liderado por António Salazar em Portugal — e no ciclo de ditaduras militares que infestaram a América Latina entre as décadas de 1950 e 1980. O fato é que, tanto no plano nacional quanto no internacional, sobrelevou-se um sombrio período marcado pela violência mortífera e pelo vilipêndio a direitos humanos.

Das lições históricas legadas por esses traumáticos eventos, resultou uma remodelagem constitucional nos países ocidentais cujo epicentro consistiu (1) na afirmação da dignidade humana como substrato axiológico das ordens jurídicas contemporâneas[6] e (2) na garantia inflexível de direitos fundamentais. Concebidos como essenciais elementos de vertebração dos Estados Democráticos de Direito e como eficazes instrumentos de prevenção às atrocidades sistematicamente engendradas pelo exercício abusivo do poder político, esses dois fundamentos — dignidade humana e direitos fundamentais — tiveram sobre si projetados os holofotes que iluminaram a gênese, a evolução e a consolidação do constitucionalismo democrático do segundo pós-guerra.

Impõe-se assinalar, nesse contexto, em retorno à afirmação exordial do capítulo, que essa nova configuração jurídico-constitucional desencadeou, como efeito colateral de relevo, o ofuscamento do que uma certa doutrina contemporânea tem denominado de "deveres fundamentais". Como corretamente observa Adriano Pedra (2013, p. 296), nos seus usos correntes no campo jurídico, "o vocábulo 'dever' ainda remete à ideia de limitação de direitos, castração de liberdades individuais e autoritarismo estatal". Não é casual, nesse sentido, malgrado sejam crescentes os estudos relacionados ao tema, que ainda escasseiem na doutrina, em especial na brasileira, elaborações teóricas capazes de fornecer sólidas bases a uma *teoria dos deveres fundamentais*.

A exceção por excelência a tal afirmação, como se verá neste capítulo e no próximo, é a seminal obra de José Casalta Nabais, autor que não deixa de sublinhar o "esquecimento dos deveres" na doutrina europeia do segundo pós-guerra. Em sua perspectiva, ao menos entre os doutrinadores europeus, o assunto dos deveres, em geral, e dos deveres fundamentais, em particular, foi objeto "de um verdadeiro pacto de silêncio, de um verdadeiro desprezo" (NABAIS, 2004, p. 12).

Sustenta o catedrático lusitano que esse desdém pelo tema assoma com contornos ainda mais nítidos quando cotejado com a atenção dispensada aos direitos fundamentais, objeto ao qual — com incontroversa justificação, dada a vinculação congênita e funcional

---

[6] A custosa superação dos regimes de exceção e dos cenários de guerra trouxe à tona, novamente, a ideia de dignidade humana como fundamento valorativo imemorial das sociedades civilizadas, embora tantas vezes posta em suspenso pelos ímpetos funestos e genocidas que insistem em retornar, ciclicamente, à história dos homens. Uma tal constatação faz recordar a reflexão do saudoso professor Thiago Fabres de Carvalho (2014, p. 30) acerca dessa atemporal questão no universo da filosofia política e do Direito: "É extremamente revelador o fato de que, desde a Antiguidade Clássica, a dignidade humana emerge como um tecido de significações que estabelece as condições de possibilidade da instituição da sociedade. Tanto no cenário antigo quanto no moderno, esse valor, indiscutivelmente, gera a rede simbólica que confere sentido ao mundo social. Inscreve-se ele, pois, na gênese da imaginação criadora, na qual reside, como ressalta Castoriadis, a fonte da constituição, antes mesmo de qualquer racionalidade explícita, de um universo de significações imaginárias sociais. E a partir de tal valor fundante, ao emergir como fonte da imaginação criadora, que germina o imaginário efetivo, cumpridor da função primordial de conferir unidade e legitimidade às ações coletivas".

entre Estado Democrático de Direito e direitos fundamentais — foram dedicados rios de tinta desde o nascedouro do constitucionalismo moderno.

A Constituição brasileira de 1988, por exemplo, batizou o Capítulo I do seu Título II de "Dos Direitos e Deveres Individuais e Coletivos". Não obstante, a referência ao termo "deveres" é mais formal do que conteudística, haja vista que, da leitura dos 78 incisos integrantes do artigo 5º (único pertencente ao aludido Capítulo I), observa-se a positivação textual dos chamados "direitos e garantias individuais", desacompanhados de qualquer elenco de deveres fundamentais que pudesse justificar o emprego da expressão na designação do Capítulo. Aliás, em nenhuma parte do texto constitucional se visualiza uma sistematização de deveres fundamentais, encontrando-se os mesmos esparsos (e, por vezes, até implícitos) ao longo do diploma, constatação que se apresenta como sintomático exemplo do esquecimento ou, ao menos, da marginalidade temática constatada historicamente por Nabais.

Um dos poucos autores de relevo que se debruçou sobre a questão do esquecimento dos deveres fundamentais no constitucionalismo do século XX, centrando sua análise sobre a Constituição de Weimar, de 1919, foi Carl Schmitt (1996). A hipótese levantada por ele como explicação medular desse fenômeno consistiu no destaque às finalidades últimas do "Estado capitalista-liberal" (designativo escolhido pelo autor para identificar o Estado de Direito burguês), a saber, impor limites à atuação dos Poderes Públicos e garantir margens acentuadas de livre ação dos indivíduos, desideratos com o qual se incompatibilizaria frontalmente qualquer propósito de estabelecer deveres fundamentais em prol de interesses coletivos (DIMOULIS; MARTINS, 2011, p. 325).

Para Nabais (2004, p. 13-14), são duas as razões históricas a explicar essa relegação da matéria dos deveres. A primeira, já assinalada, remete à conjuntura sociopolítica e cultural emergente no período que sucedeu as duas grandes guerras. A fundação de regimes constitucionais sólidos, assentados sobre a dignidade humana e sobre a consagração intransigente de direitos fundamentais,[7] constituiu o principal antídoto contra as ameaças totalitárias que aboliram o Estado de Direito por décadas a fio em diversos países do Ocidente. Buscou-se, com isso, exorcizar o fantasma do autoritarismo, mediante a firme oposição a qualquer tentativa de regresso a um passado polarizado por "deveres, ou melhor, por deveres sem direitos"[8] (NABAIS, 2004, p. 13).

A segunda razão, diretamente conectada à primeira, foi a restauração de uma visão marcadamente liberal acerca do Estado e dos direitos fundamentais, embora

---

[7] Para Carlos Alexandre Campos (2017, p. 139), "esse novo modelo constitucional possui como marcas o estabelecimento, ao lado de normas sobre a estrutura do poder político, de catálogos de direitos fundamentais de caráter liberal e social, e a instituição de cortes constitucionais independentes e com fortes poderes para controlar a constitucionalidade dos atos legislativos e do Executivo".

[8] Dimoulis e Martins (2011, p. 340) citam, como exemplos desse fenômeno histórico, alguns dispositivos da Constituição da União Soviética de 1936 que, ao estipularem a unidade entre direitos e deveres, serviram de modelo às ulteriores Constituições outorgadas sob a égide do "socialismo real". A despeito da explícita alusão a direitos, sabe-se, pela historiografia do período, que, concretamente, a perpetuação do regime soviético, máxime sob a "hegemonia stalinista" (1922-1953), centrou-se sobre a obliteração das liberdades individuais, fato histórico que ilustra a afirmação destacada por Nabais.

progressivamente mitigada, até certa medida, pela importância e pela conquista de direitos sociais. É sabido que o pensamento liberal foi o grande baluarte do constitucionalismo clássico, orientando ideologicamente o processo de fundação do Estado moderno. O êxito das revoluções burguesas, experimentadas pioneiramente na Europa e nos Estados Unidos nas décadas finais dos séculos XVII e XVIII, pariu toda uma nova institucionalidade organicamente voltada à limitação do poder do Estado, a qual encontrou na afirmação de direitos fundamentais o seu principal balizador.

Outro traço característico das Constituições modernas exprimiu-se na previsão de um plexo normativo destinado a organizar funcionalmente o Estado, atendendo ao mesmo imperativo de determinar com clareza os seus limites de ação. Baseava-se tal postulado jurídico-político na necessidade de sistematizar racionalmente as funções estatais mediante o estabelecimento de mecanismos de controle recíproco no interior do próprio Poder Público ("le pouvoir arrête le pouvoir"), de maneira a evitar uma hipertrofia em qualquer de suas dimensões. A melhor expressão deste desiderato se identificou na clássica teoria da tripartição de poderes — estruturação dos Poderes Executivo, Legislativo e Judiciário em regime de harmonia, cooperação, equilíbrio e interação democrática —, arquitetada por Montesquieu (1979) no final do século XVIII e adotada pela maioria das Constituições modernas.

O fato é que, depois de séculos feridos pelo arbítrio e pelo despotismo que caracterizavam o exercício do poder político no Antigo Regime, as burguesias heroicas trataram de estabelecer freios e modulações à soberania do Poder Público. Por essa razão, após o advento do Estado de Direito, a compreensão dos direitos fundamentais permaneceu adstrita às funções de assegurar uma posição meramente abstencionista daquele, visando a preservar as novas e valiosas noções de esfera privada e de liberdades individuais, corolários do triunfo do liberalismo enquanto nova expressão cultural, política e jurídica hegemônica.

Consumou-se, num tal cenário, o que Norberto Bobbio (2004, p. 8) qualificou como uma "radical inversão de perspectiva" (proporcionada exatamente por esse avanço do pensamento liberal), a saber, a incontornável primazia do indivíduo sobre o Estado. Inaugurou-se, segundo o mesmo autor, a "era dos direitos". Convergente leitura preconiza Paulo Gonet Branco (2017, p. 134) ao pontuar que, naquele instante histórico, os direitos fundamentais assumiram posição de intangível realce nas sociedades ocidentais e, de par com a inversão da tradicional relação entre Estado e indivíduo, deu-se o reconhecimento de que "o indivíduo tem, primeiro, direitos, e, depois, deveres perante o Estado, e que os direitos que o Estado tem em relação aos indivíduos se ordenam ao objetivo de melhor cuidar das necessidades dos cidadãos".

Posteriormente, já em meados do século XX, ressignificou-se o conceito de direitos fundamentais, a fim de se expandir o seu escopo: transcendida a concepção liberal clássica, a qual se centrara exclusivamente sobre a tutela do indivíduo em face da potestade do Estado, a nova e mais abrangente definição do termo passou a postular a realização de prestações positivas do Poder Público, insuflando a conquista dos assim chamados "direitos sociais" (saúde, educação, trabalho, moradia, segurança etc.). Em estágio ulterior desse processo,[9] avançou-se, passadas algumas décadas, à garantia de outros direitos, ancorados num princípio geral de fraternidade ou solidariedade, a exemplo dos direitos fundamentais a um meio ambiente ecologicamente equilibrado e ao patrimônio histórico e cultural comum da humanidade.

Supérfluo assinalar que mormente estes últimos direitos — os de segunda e de terceira gerações —, por suas próprias naturezas, pressupõem a observância de deveres fundamentais por parte dos indivíduos-membros de um Estado Nacional. Entretanto, o que Nabais está a sublinhar é que a revitalização dos fundamentos ideológicos do liberalismo, refratários à fixação de deveres,[10] porquanto precipuamente vocacionados a limitar o poder do Estado, dificultou a incorporação dessa dimensão dos deveres fundamentais nas ordens democráticas constitucionais que se foram reinstalando ou regenerando a partir do segundo lustro da década de 1940.[11] Assevera crer o autor que esse ideário liberal, ressurreto na imediata conjuntura do segundo pós-guerra, "esteve na base da omissão de qualquer previsão de deveres no tratado da União Europeia e, mais recentemente, na Carta dos Direitos Fundamentais da União Europeia" (NABAIS, 2004, p. 13).

Expressão maior desse processo viria a ser o colapso do chamado *Welfare State*, testemunhado no desfecho dos 1970 e no curso da década de 1980, nem sempre de maneira sincrônica, nos vários quadrantes do mundo ocidental. A crise sistêmica global que acometeu o modo de produção capitalista naquele período pôs em questão

---

[9] Exprime-se o caráter evolutivo desse processo pelas categorias, propostas pela doutrina constitucionalista, das "gerações" ou "dimensões" dos direitos fundamentais. Em primeiro plano do desenvolvimento histórico, emergiram os direitos de primeira dimensão, de cariz tipicamente liberal, calcados no princípio da liberdade, e que, consoante já pontuado, propugnavam a limitação das ingerências do Estado na esfera individual (direitos civis e políticos). Foram seguidos pelos direitos de segunda dimensão, lastreados no princípio da igualdade, fonte primária (axiológica e, hoje, normativa) dos direitos sociais. Por fim, cristalizam-se os direitos fundamentais de terceira dimensão, extraídos do princípio da fraternidade ou solidariedade e cujos traços definidores principais são sublinhados no parágrafo de referência do texto. Advirta-se, contudo, que não se cogita aqui de um critério classificatório universal, havendo autores que preferem desdobrar os direitos fundamentais, por exemplo, em quatro gerações.

[10] A fim de ilustrar tal assertiva, Nabais (2004, p. 10) menciona o fato de a emblemática Declaração dos Direitos do Homem e do Cidadão, proclamada em 1789, na imediata esteira da Revolução Francesa, haver rejeitado a integração de qualquer elenco de deveres. O rechaço da proposta, que houvera sido formulada no seio da própria Assembleia Constituinte, se fez com base no argumento de que, "numa comunidade liberal, os deveres se identificam com os direitos" (NABAIS, 2004, p. 11).

[11] Como exemplos dessa tendência histórica, Nabais (2004, p. 11) cita as Constituições italiana (1947), alemã (1949), grega (1975), portuguesa (1976), espanhola (1978) e brasileira (1988). A segunda delas — a chamada Lei Fundamental de Bonn — é citada pelo autor como o mais simbólico exemplo do desprezo dos deveres fundamentais no período assinalado: em nenhum de seus mais de 140 artigos são mencionadas as palavras "dever" ou "deveres" (dirigidas aos particulares). Todavia, ponderando essa constatação, Nabais (2015, p. 19) esclarece: "Naturalmente que esta renúncia a uma menção expressa ou desconsideração constitucional dos deveres está longe de significar a sua recusa ou rejeição por parte da Lei Fundamental, mas antes um certo cuidado e discrição a seu respeito. Desde logo, porque constituindo os deveres fundamentais uma exigência estrutural de qualquer constituição, essa desconsideração pode ser explicada com base na ideia de que as normas constitucionais relativas aos deveres, mais do que visarem aos comportamentos dos particulares, constituem a legitimação para a intervenção dos poderes públicos em determinadas relações sociais ou em certos âmbitos da autonomia pessoal dos cidadãos [...]", providência que não deixava de suscitar intensos receios ao tocar os nervos ainda expostos da sociedade alemã num contexto histórico de reação ao terror nacional-socialista.

a sustentabilidade da faceta provedora do Estado, haja vista que a desaceleração econômica e o incremento dos processos inflacionários ameaçaram "a perenidade do modo de pacificação das relações sociais que pusera fim aos conflitos do pós-guerra" (STREECK, 2015, p. 20). Um tal colapso foi politicamente catalisado nos Estados Unidos e na Inglaterra, sob regimes (ultra)liberais, o que acabou por solapar as bases éticas solidaristas e coletivistas[12] subjacentes à ideia de deveres fundamentais em prol de uma obstinada apologia de concepções minimalistas de Estado.

A confluência dos dois fatores sumariados — aspectos conjunturais do pós-guerra e o regresso aos alicerces do constitucionalismo liberal (ainda que paulatinamente relativizados, em algum grau, por demandas e garantias de direitos sociais) —, sustenta o doutrinador lusitano, propiciou "um verdadeiro fundamentalismo pelo lado dos direitos fundamentais, que tem dominado as constituições e a dogmática constitucional" contemporâneas (NABAIS, 2004, p. 14). Conquanto já se vão quase 25 anos da principal obra do autor — sua tese de doutoramento foi escrita entre 1993 e 1996 —, o diagnóstico traçado permanece atual. E quem o atesta é o próprio Nabais. Em 2017, ao retornar a essa crucial temática de sua obra, afirmou o autor que:

> De facto, dei-me conta do domínio avassalador do discurso jusfundamental — com laivos de verdadeiro jusfundamentalismo — e da correspondente ausência total da temática dos deveres. Eu próprio na leccionação dos direitos fundamentais, acompanhando, de resto, a literatura (com destaque para os manuais) sobre direitos fundamentais também não falava praticamente dos deveres. O que, é bom que se diga, em larga medida continua presentemente, já que os deveres fundamentais mantêm-se como algo marginal (NABAIS, 2017, p. 265).

Sobre a extensibilidade ao processo histórico brasileiro desse diagnóstico do ofuscamento dos deveres fundamentais como consequência do autoritarismo político e da inclinação liberal que marcou o constitucionalismo do pós-guerra, aduz Pedra:

> As constituições geralmente preveem a existência de deveres fundamentais em seu texto. Todavia, durante bastante tempo, os estudos ocuparam-se precipuamente dos direitos fundamentais e houve certo esquecimento das questões relativas aos deveres fundamentais da pessoa humana, e isso ocorreu especialmente em razão da influência liberal, com o desprezo da solidariedade, bem como em razão do temor de que os deveres servissem a regimes autoritários, como forma de reação aos horrores praticados contra a humanidade. No Brasil, o momento constituinte que sucedeu a ditadura militar fez com que o

---

[12] Foi emblemática desse processo de desmonte do *Welfare State* a famigerada afirmação proferida por Margareth Thatcher de que "a sociedade não existe", a qual se converteu num estandarte do pensamento liberal e da sacralização da figura do indivíduo. Foram estas as suas palavras: "Acho que atravessamos um período no qual muitas crianças e pessoas foram levadas a acreditar que, se tenho um problema, é a missão do governo resolvê-lo ou que conseguirei uma subvenção para lidar com ele ou que, se sou um sem teto, o governo deve me dar moradia — de tal modo que essas pessoas estão arremessando seus problemas sobre a sociedade. Mas, o que é a sociedade? Não existe essa coisa. O que existe são homens e mulheres, indivíduos, e famílias [...]". Excerto retirado de matéria do jornal *O Globo*, intitulada "Essa coisa de sociedade não existe", redigida por Demétrio Magnoli, em 11 de abril de 2013. Disponível em: https://oglobo.globo.com/opiniao/essa-coisa-de-sociedade-nao-existe-8080595. Acesso em: 12 maio 2020.

texto constitucional de 1988 fosse rico na previsão de direitos e pobre na abordagem de deveres (PEDRA, 2013, p. 281).

O advento do novo milênio e o conjunto de transformações socioeconômicas que nele tem, hoje, lugar terminaram por sentenciar o exaurimento do paradigma constitucional amparado no prestígio unilateral dos direitos fundamentais. O sucesso da edificação do Estado Social Democrático no Ocidente, excitado por um notável desenvolvimento econômico que, como se vem de dizer, só se estagnaria nas últimas duas décadas do século XX, viabilizou, como herança histórica, uma consciência constitucional atenta apenas ao reconhecimento e à fruição de direitos.

No entanto, as condições sociopolíticas e econômicas — vincadas pela prosperidade material, visível nos "Anos Dourados" (1945-1973)[13] — que suportaram uma tal cultura constitucional estão em franco processo de liquefação: os novos ciclos de crises sistêmicas do capitalismo em nível global e a desaceleração econômica em todo o mundo exigem que se lance um novo olhar sobre a realidade hodierna. Para Nabais:

> Mas todo esse quadro [de desenvolvimento econômico] desapareceu com a entrada do século XXI. É que perante um crescimento econômico fraco, nulo ou até negativo, não se pode esperar que no futuro haja dinheiro para satisfazer a crescente constituição e aquisição de direitos ou a progressiva protecção da confiança ancorada na actuação do Estado em época de prosperidade. Num tal quadro de desenvolvimento económico, as perspectivas para o futuro não podem deixar de ser no sentido de uma certa desconsideração dos direitos constituídos ou adquiridos, de um lado, e de diminuição das expectativas quanto à protecção da confiança, de outro. É que, num tal quadro económico, a presente e tão celebrada solidariedade ou justiça intergeracional já não pode limitar-se a uma redistribuição das gerações futuras para a presente e passadas, antes implica também a redistribuição das gerações passadas e presente para as futuras. O que nos fornece um ambiente em que, como facilmente se compreenderá, o tema dos deveres já não cause a estranheza dos tempos em que a prosperidade nos permitia o luxo de pensar apenas em direitos e mais direitos e de os considerar adquiridos ad aeternum para as gerações vindouras (NABAIS, 2017, p. 267).

Nessa nova ambiência constituída pelo processo histórico, é chegado o tempo de resgatar ou mesmo de fundar uma perspectiva que realce *os deveres fundamentais em aliança com os direitos fundamentais*, como dois elementos correlacionados e que equilibradamente integrem o que Nabais chama "estatuto constitucional do indivíduo". Não se cuida, é mister esclarecer, de subtrair dos direitos fundamentais o estado de centro de gravitação das ordens constitucionais contemporâneas, tampouco de sustentar, como apanágio dos deveres fundamentais, o mero papel de subordinar ou de restringir os direitos de igual natureza. O eixo estruturante da proposição reveste-se, aqui, acompanhando a melhor doutrina contemporânea, de um caráter inovador: conceber os *deveres fundamentais como instrumentos de promoção dos direitos fundamentais*.

---

[13] Para mais detalhes dessa abordagem, cf. o artigo de Fernando Mansor de Mattos (2005), intitulado "Elementos Explicativos da Expansão Econômica Virtuosa dos Anos Dourados (1945-1973)".

E há de se reconhecer, neste ponto, a magnificência da obra de José Casalta Nabais, que tem revolucionado a compreensão do — já se pode assim chamá-lo — constitucionalismo do século XXI, exatamente por incluir em seu escopo a matéria dos deveres fundamentais. É de se lembrar, nesse tópico, que o autor frequentemente destaca que o ocaso do *século XX político e jurídico* não coincide com o encerramento do *século XX em termos cronológicos* (NABAIS, 2017, p. 266).

Em sua percepção, sob o prisma da compreensão política e jurídica das sociedades e do Estado, o século XX se inicia com a promulgação da Constituição de Weimar, em 1919, e se finda com a queda do Muro de Berlim e a implosão da União Soviética em 1989. A partir deste momento, principia-se um novo marco de compreensão sociopolítica e jurídica das sociedades ocidentais, que se reflete nesse novo constitucionalismo do século XXI, no qual hão de ter lugar de relativo protagonismo, ao lado dos direitos, os deveres fundamentais.

Sob esse escopo, nos limites deste capítulo, buscar-se-á recolher, nas doutrinas brasileira e estrangeira, elementos que permitam abordar os aspectos teóricos e metodológicos principais acerca de uma *teoria dos deveres fundamentais*. Serão abordados: (1) as fundamentalidades formal e material dos deveres fundamentais; (2) o conceito de dever fundamental; (3) o papel do legislador infraconstitucional no processo de implementação dos deveres fundamentais; (4) a tipologia dos deveres fundamentais; e (5) as relações entre direitos fundamentais e deveres fundamentais no plano constitucional em termos de limites/restrições, tópico no qual se buscará sustentar — em contraposição à obra de Nabais, nesse particular —, com fundamento na teoria de Robert Alexy,[14] o caráter principiológico das normas de deveres fundamentais.

1.1 Fundamentalidade formal e material dos deveres constitucionais e o princípio da solidariedade

Não é estranha à doutrina a percepção de que a origem do conceito de dever guarda íntima conexão com as esferas da ética e da moralidade, fenômeno derivado, acima de qualquer outro fator, das indeléveis marcas que o cristianismo imprimiu na cultura ocidental. Nesse sentido, embora os usos correntes da noção de "dever" no campo jurídico ainda evidenciem, em alguma proporção, as afinidades entre Direito e moral,[15]

---

[14] Anote-se, desde logo, que o recurso à obra de Alexy neste trabalho concentra-se medularmente na tarefa de elaborar uma teoria da natureza das normas de deveres fundamentais, fundada na ideia de sua homologia (ou isomorfismo) em relação aos preceitos de direitos fundamentais (caráter principiológico). O objetivo, portanto, não é o de pavimentar veredas para a colisão entre direitos e deveres fundamentais, o que, todavia, como se verá, constitui caminho teoricamente viável nos marcos de uma análise macroscópica da teoria geral dos direitos e dos deveres fundamentais. Isso se deve ao fato de que a específica problemática de pesquisa eleita neste estudo (elusão fiscal e limites do planejamento tributário) se resolve, por fundamentos teóricos bem definidos, pela via da aplicação do parágrafo único do artigo 116 do CTN, por subsunção, e não pela ponderação entre valores constitucionais.

[15] Nessa mesma linha, cf. Siqueira (2016).

fortemente revitalizadas pelo que se convencionou chamar de "neoconstitucionalismo", o fato é que o advento da modernidade catalisou um processo de secularização dos deveres, os quais, incorporados ao Direito, despiram-se de suas roupagens originárias e, de categorias ético-morais, converteram-se em autênticas *categorias jurídicas*, ao passo que diretamente determinadas e fundamentadas por normas dessa natureza.[16]

Nesse sentido, a juridicização dos deveres, se não preteriu, ao menos secundarizou a sua caracterização como "deveres morais", assim compreendidos aqueles impostos apenas pela consciência individual ou provenientes de acordos intersubjetivos engendrados no nível da cultura (NABAIS, 2015, p. 36). Os deveres, agora jurídicos, integram a ordem coativa e heterônoma em que se exprime o Direito, e não mais se dissolvem nos pressupostos ético-morais que invariavelmente empolgam a edificação de um ordenamento positivo. Observa-se, com efeito, uma ponderável ressignificação da noção de "deveres", cujo traço típico consubstancia-se no enfraquecimento ou na obnubilação de sua gênese metajurídica.[17]

Assumindo-se, pois, em definitivo, essa ótica, tem-se que a noção jurídica de dever remete, no seu fundamento, às denominadas "situações jurídicas passivas", traduzidas nas sujeições ou obrigações que vinculam os particulares à autoridade do Estado ou à prevalência tópica de interesses comunitários. Não é despiciendo notar que os deveres fundamentais, em tal aspecto, consubstanciam uma espécie particular do gênero "deveres", cujo atributo distintivo é a base constitucional de sua previsão. Dito doutra maneira, segundo os parâmetros terminológicos perfilhados, o vocábulo "deveres fundamentais" equipara-se ao de "deveres constitucionais", definindo-se essencialmente como os deveres jurídicos estabelecidos na Constituição.

Dessa asserção não sucede, é prudente advertir, a necessidade de *expressa previsão* dos deveres no texto constitucional. É plenamente possível que a Constituição estabeleça deveres fundamentais implícitos, cujo reconhecimento resulte de uma exegese sistemática de seus preceitos. No mesmo passo, reforça Sérgio André Rocha (2017a, p. 19) que "não existem deveres fundamentais extraconstitucionais", posto que todos devem estar, *explícita ou implicitamente*, previstos na Lei Maior.

Significa dizer que os deveres fundamentais, ao revés do que se passa com os direitos fundamentais, subordinam-se ao princípio da taxatividade: apenas se deve considerar como tais os que a Constituição, em catálogo *numerus clausus*, logrou consagrar. Sobre essa reserva constitucional dos deveres fundamentais, aduz Nabais.

---

[16] Satisfaz-se, desse modo, a advertência de Gregorio Paces-Barba Martínez (1987, p. 335), consoante a qual o dever jurídico, para consolidar-se enquanto tal, "tem que estar reconhecido por uma norma pertencente ao ordenamento".

[17] Em parcial contraponto a essa afirmação, Nabais (2015, p. 36) assevera que, apesar da prioritária caracterização jurídica dos deveres, "nada impede que, para além de deveres jurídicos-constitucionais, eles continuem a ser o que, por via de regra, já eram antes de sua integração no direito (e portanto na constituição), deveres morais". Julga-se, no entanto, que o mister de sedimentar os deveres fundamentais como categoria integrante da dogmática constitucional supõe reforçar discursivamente não o divórcio, mas a notória independência de tal categoria em relação ao âmbito da filosofia moral.

Enfim, deveres fundamentais são de considerar apenas os que, e na medida em que, tiverem na constituição uma consagração expressa ou implícita, podendo afirmar-se com K. Stern, face à Lei Fundamental Alemã, que a esta não subjaz um sistema amplo e sem lacunas de deveres fundamentais que, analogamente ao que sucede com os direitos fundamentais, exija do indivíduo — na totalidade da sua pessoa — uma quota-parte de deveres, mas antes deveres fundamentais que, estando sob a reserva da lei constitucional, se apresentam como pontuais. Pelo que dos deveres são de excluir os deveres que se assemelhem, do ponto de vista material ou substancial, aos deveres constitucionais, como são os enumerados pela doutrina — por exemplo, o dever de registro civil, os deveres de colaboração na administração da justiça, o dever de depor perante o Provedor da Justiça e em inquéritos parlamentares, etc., e, bem assim, os restantes deveres legais, na medida em que não sejam concretizações de deveres constitucionais (NABAIS, 2015, p. 95).

Constitui consequência inafastável dessa exigência a impossibilidade de se referir, em raciocínio análogo ao proposto pelas filosofias jusnaturalistas de todos os matizes, a "deveres humanos", na acepção de "deveres naturais", preexistentes ao Estado. Os deveres fundamentais, aqui se tem dito, apresentam como pressuposto de sua existência a positivação por normas jurídicas constitucionais, o que significa afirmar que eles só podem existir enquanto tais se efetivamente reconhecidos pelo Estado.

Mais que isso, leciona José Casalta Nabais (2015, p. 31), só pode o Estado instituir deveres fundamentais se observados determinados limites de ordem interna (identificados no corpo da própria Constituição) e externa (extraíveis das normas de direito internacional de que seja signatário o respectivo país), os quais invariavelmente reconduzem às "justas exigências da moral, da ordem pública e do bem estar numa sociedade democrática".

Evidencia-se, nesse cenário, uma primeira dimensão que emoldura a concepção dos deveres fundamentais: a *fundamentalidade formal*. Trata-se, basicamente, da exigência de que tais deveres sejam consagrados por normas dotadas da força jurídica própria da supremacia do texto constitucional (PEDRA, 2013, p. 285). Nessa afirmação consiste o eixo da discrepância entre os deveres fundamentais e os deveres meramente legais, porquanto a positivação de posições jurídicas passivas na legislação ordinária não tem o condão de votar a tais deveres o estatuto de fundamentalidade que apenas a previsão constitucional está habilitada a conferir.

Essa primeira dimensão dos deveres fundamentais — fundamentalidade formal —, portanto, reconduz-se, conforme o magistério de Adriano Pedra (2013, p. 286), "ao fundamento lógico, de inserção no texto constitucional, criado pelo poder constituinte (originário ou derivado) e decorrente da expressão da soberania popular".

Advirta-se, contudo, que essa não é uma observação unânime. Parte da doutrina europeia advoga que as Constituições espanhola[18] e italiana,[19] em seus artigos 9º e 2º,

---

[18] Artigo 9.1, Constituição espanhola de 1978: "Os cidadãos e os poderes públicos estão sujeitos à Constituição e ao restante do ordenamento jurídico".

[19] Artigo 2º, Constituição italiana de 1948: "A República reconhece e garante os direitos invioláveis do homem, quer como ser individual quer nas formações sociais onde se desenvolve a sua personalidade, e requer o cumprimento dos deveres inderrogáveis de solidariedade política, econômica e social".

respectivamente, estipularam uma "cláusula geral deverosidade social", o que implicaria a possibilidade de serem reconhecidos, no seio da ordem jurídica, deveres fundamentais sem direta expressão no texto constitucional, à exata medida em que fossem emergindo no nível da consciência comunitária ou da chamada "constituição material" (NABAIS, 2015, p. 61). Estar-se-ia em face, caso triunfante uma tal interpretação — existência de uma cláusula geral de deverosidade social —, de um princípio assemelhado ao da abertura ou da não tipicidade do catálogo de direitos fundamentais, nos moldes do artigo 5º, §2º, da Constituição brasileira de 1988.

Não obstante, por versar esta hipótese sobre potenciais constrangimentos a pesarem sobre as liberdades individuais (efeito inexorável da imposição de deveres fundamentais), não aparenta ser essa a proposição hermenêutica mais aconselhável para dirimir a controvérsia. A incontornável exigência de preceituação constitucional dos deveres fundamentais aflora, em tal cenário, como solução mais prudente, ao passo que evita uma legitimação automática e apriorística de toda sorte de intervenções estatais, ainda que inominadas, na esfera jurídica de proteção das liberdades dos indivíduos.[20]

Sob angulação diversa, tem-se, como segunda dimensão dos deveres constitucionais, a *fundamentalidade material*, a qual se articula em torno da relevância gozada pelos mesmos para assegurar aos indivíduos e à comunidade as necessidades reputadas essenciais à consecução de uma vida digna (PEDRA, 2013, p. 286). É essa a perspectiva que melhor alumia a vocação dos deveres fundamentais para salvaguardar e promover os direitos fundamentais: a dignidade humana é o elo que cuida de atar essas duas categorias constitucionais — antagônicas só na aparência — em torno da finalidade comum de satisfazer os objetivos compartilhados pela coletividade.

Nesse sentido, a dignidade humana consubstancia-se como fonte e fundamento não somente dos direitos materialmente fundamentais, mas também dos deveres de idêntica natureza, dada a *conexão funcional* entre ambos:

> Em suma, os direitos e os deveres fundamentais não constituem categorias totalmente separadas nem domínios sobrepostos, encontrando-se antes numa relação de 'conexão funcional' que, por um lado, impede o exclusivismo ou a unilateralidade dos direitos fundamentais, como em larga medida aconteceu durante a vigência do estado de direito liberal em que um tal entendimento tinha subjacente a concepção dualista do estado então dominante e, por outro lado, não constitui obstáculo à garantia da primazia ou primacidade dos direitos fundamentais ou da liberdade face aos deveres fundamentais, uma vez que estes ainda serve, se bem que indirectamente, o objetivo constitucional da liberdade (NABAIS, 2015, p. 120).

É, aliás, justamente esse viés comunitário dos deveres fundamentais que trata de explicitar o princípio da solidariedade como importante fonte axiológica e normativa de

---

[20] Desse ponto de vista, a rejeição de uma possível cláusula geral de deverosidade social autoriza, inclusive, outorgar aos deveres fundamentais a paradoxal função de limitar, pela via negativa, as ações do Estado, tendo em conta que um de seus consectários mais visíveis seria a deslegitimação das exigências impostas aos cidadãos que se mostrem desprovidas de amparo no arcabouço normativo delineado pelo texto constitucional.

sua consagração. O Estado, enquanto comunidade política organizada, em quaisquer de suas variáveis configurações históricas, dá forma a um corpo social que tem ínsito um vínculo de solidariedade entre todos os membros que o compõem.

É decorrência desse vínculo, axioma do Estado moderno, a concepção dos deveres fundamentais como "posições que traduzam a quota parte constitucionalmente exigida a cada um e, consequentemente, ao conjunto dos cidadãos para o bem comum" (NABAIS, 2015, p. 73). Por isso, explicita-se a dimensão objetiva dos deveres fundamentais como uma forma de "tutela da comunidade e de seus valores" ou, sob outro prisma, como "o direito [dos indivíduos] à igual repartição dos encargos comunitários, que a existência e o funcionamento do Estado implicam" (NABAIS, 2015, p. 97).

No caso brasileiro, a instituição do objetivo fundamental da República de "construir uma sociedade livre, justa e solidária" (artigo 3º, inciso I, CF/1988) faz emergir a necessidade de sujeição de todos os membros do Estado-Nação a certos deveres que se mostrem capazes de minimizar os individualismos exacerbados em favor do bem comum. Por outras palavras, dada a necessidade de superação de concepções estritamente individualistas de cidadania, têm-se os deveres fundamentais como o elemento normativo vital que viabiliza a conformação e a solidificação dos laços de solidariedade que devem, à luz dos próprios mandamentos constitucionais, coesionar a sociedade brasileira.[21]

Nos marcos de um Estado Democrático, o princípio da liberdade — ou da autonomia privada — "não corresponde a uma emancipação absoluta ou anárquica, mas a uma liberdade acompanhada da correspondente responsabilidade social ou comunitária" (NABAIS, 2015, p. 62). Sob esta ótica, a dogmática dos deveres fundamentais coloca-se, então, como um anteparo da cidadania e da solidariedade — esta última enquanto autêntico valor constitucional, e não apenas como virtude particularista —, erguendo barreiras ao ultraindividualismo corrosivo que tem distinguido as sociedades constituídas sob a égide do capitalismo tardio ou, se se preferir, da "modernidade líquida" (BAUMAN, 2001).

Em vista disso, pode-se afirmar que, na perspectiva de Nabais (2004, p. 15), os deveres fundamentais aperfeiçoam uma concepção constitucional da pessoa humana que busca harmonizar e equilibrar dois atributos essenciais: liberdade individual e responsabilidade comunitária. Nota-se, pois, que, na visão do autor, o binômio indivíduo/comunidade corresponde simetricamente a outro: liberdade/responsabilidade, cuja síntese representa uma noção de sujeito de direito mais consentânea com o princípio da dignidade da pessoa humana e com o Estado de Direito: "se em certo sentido, o indivíduo está antes da sociedade e do Estado, também é igualmente certo que ele não se realiza sem integrar uma comunidade organizada, uma comunidade política"

---

[21] Tratando da Constituição portuguesa promulgada em 1976, Canotilho (2003, p. 536) chega a idêntica conclusão ao afirmar que "as ideias de 'solidariedade' e de 'fraternidade' apontam para deveres fundamentais entre cidadãos".

(NABAIS, 2017, p. 270). E aquela que mais exitosa até hoje se revelou foi a do Estado Moderno, sob a fisionomia do Estado Democrático Social de Direito.

É sabido que essa tensão entre indivíduo e comunidade fornece os contornos de um dos mais candentes debates travados no âmbito da filosofia política contemporânea, debate este que faz defrontarem-se as correntes teóricas do liberalismo e do comunitarismo. Entre os liberais, prevalece uma concepção de pluralismo centrada na multiplicidade de projetos individuais que orbitam em torno da noção de vida digna, ao passo que os comunitaristas postulam uma concepção de boa vida fincada na conformação de um consenso ético oriundo de valores compartilhados (GARGARELLA, 2008). Cogita-se, pois, de duas óticas antagônicas e cujos eixos de análise diretamente atravessam a matéria dos deveres fundamentais, os quais restam fragilizados entre os primeiros (liberais) e acentuados entre os segundos (comunitaristas).

Embora as doutrinas jurídicas não cheguem, usualmente, a tangenciar essa celeuma, parece evidente que uma compreensão coerente com os fundamentos de um Estado Democrático de Direito repudia a visão estritamente liberal da dialética relação entre indivíduo e comunidade. No caso brasileiro, reflete-se tal assertiva no já aludido objetivo republicano de se erigir uma sociedade livre, justa e solidária, pedra angular da Constituição de 1988. Com esse preceito definitivamente não se compatibiliza o ideal de deixar ao exclusivo arbítrio da famigerada "mão invisível do mercado", de que classicamente falava Adam Smith (1996, p. 438), a tarefa de equacionar os interesses egoísticos e contraditórios ostentados pelos indivíduos num sistema de livres trocas, a fim de que sejam eles natural e espontaneamente convertidos em bem geral.[22]

A solução, como de costume, parece situar-se num ponto de equilíbrio, que rechaça radicalismos de lado a lado. Como precisamente sustenta Carolina Cantarelle Ferraro (2017, p. 45), a teoria dos deveres fundamentais deve rejeitar tanto os "extremismos de um liberalismo, que só reconhece os direitos e esquece a responsabilidade comunitária dos indivíduos, como também os extremismos de um comunitarismo, que apenas conhece deveres, decompondo a liberdade numa teia de deveres".

Nas sociedades contemporâneas, qualificadas pela extrema heterogeneidade de sua composição e pela extraordinária densidade populacional, prescindir dos

---

[22] Exemplo superlativo do que ulteriormente se denominaria, sob a pena de um dos expoentes da Escola Austríaca de Economia — Friedrich Hayek (1976, p. 107), de "catalaxia do mercado" (isto é, uma ordem espontânea e autodinâmica originada do ajuste recíproco de múltiplas "economias individuais" em um mercado), encontra-se na célebre passagem de Adam Smith (1996, p. 74) sobre o egoísmo, e não a benevolência, como motor das trocas econômicas: "No caso de quase todas as outras raças de animais, cada indivíduo, ao atingir a maturidade, é totalmente independente e, em seu estado natural, não tem necessidade da ajuda de nenhuma outra criatura vivente. O homem, entretanto, tem necessidade quase constante da ajuda dos semelhantes, e é inútil esperar esta ajuda simplesmente da benevolência alheia. Ele terá maior probabilidade de obter o que quer, se conseguir interessar a seu favor a auto-estima dos outros, mostrando-lhes que é vantajoso para eles fazer-lhe ou dar-lhe aquilo de que ele precisa. E isto o que faz toda pessoa que propõe um negócio a outra. Dê-me aquilo que eu quero, e você terá isto aqui, que você quer – esse é o significado de qualquer oferta desse tipo; e é dessa forma que obtemos uns dos outros a grande maioria dos serviços de que necessitamos. Não é da benevolência do açougueiro, do cervejeiro ou do padeiro que esperamos nosso jantar, mas da consideração que eles têm pelo seu próprio interesse. Dirigimo-nos não à sua humanidade, mas à sua auto-estima, e nunca lhes falamos das nossas próprias necessidades, mas das vantagens que advirão para eles".

deveres fundamentais implica, necessariamente, fulminar as possibilidades fáticas de garantia dos direitos de igual estirpe. Isso porque tais deveres fundamentais, além de se constituírem como pressuposto geral da existência e do funcionamento do Estado, apresentam-se, quando singularmente considerados, "como específicos pressupostos da proteção da vida, da liberdade e da propriedade dos indivíduos", isto é, como condição de possibilidade da aspirada emancipação humana (NABAIS, 2015, p. 59). A efetividade dos direitos fundamentais descobre, então, na sujeição dos demais indivíduos aos deveres correspondentes, uma condição *sine qua non* de sua garantia e fruição.

Sobre essas conexões entre direitos e deveres, disserta José Casalta Nabais:

> [...] no estado democrático os direitos e os deveres se apresentam em larga medida como categorias inseparáveis, inseparáveis em termos da célebre fórmula de que "não há direitos sem deveres nem deveres sem direitos" com o sentido, quanto ao primeiro vector, de que não há garantia jurídica e real dos direitos fundamentais sem o cumprimento de um mínimo de deveres do homem e do cidadão e, quanto ao segundo vector, de impedir um regime estritamente unilateral dos deveres, ou seja, um regime sem reflexo nos direitos [...] Como um outro limite à instituição constitucional de deveres fundamentais no actual estado social aponta-se a necessidade, perante a qual está colocado o legislador constituinte, de se moderar o excessivo individualismo e o carácter demasiado liberal tradicionalmente imputado à ideia de estado de direito, acentuando assim os elementos sociais e os deveres fundamentais, mormente os de cariz econômico, social e cultural (NABAIS, 2015, p. 59).

Do que até aqui se tem dito, há de perseverar a inferência segundo a qual, aos deveres fundamentais, tal como se observa em relação aos direitos, subjaz, em primeiro plano, a problemática da articulação do indivíduo com a comunidade (CANOTILHO, 2003, p. 531). Assim, a ênfase coletivista que frequentemente distingue a abordagem dos deveres poderia reconduzir à errônea percepção de que o resgate desse tema do ostracismo que a doutrina hodierna lhe votou tenciona a ele atribuir uma condição equiparada ou mesmo de precedência em relação aos direitos fundamentais, suposição essa que, evidentemente, não se sustenta.

Afinal, mesmo os autores que, a exemplo de Nabais, acentuam a relevância da matéria dos deveres fundamentais nos enquadramentos teóricos delineados pela dogmática constitucional contemporânea não hesitam em afiançar o primado lógico, ontológico e ético-político da liberdade face à responsabilidade, o que equivale a asseverar, por palavras diversas, a primazia dos direitos fundamentais sobre os deveres fundamentais.

É que, em se tratando de uma permanente tensão entre o poder (cuja tendência autodinâmica é sempre a dominação sem peias nem fronteiras) e o Direito (que tem por função precípua impor, ao exercício do poder, freios e limites), sob o escopo de assegurar aos indivíduos margens consideráveis de autonomia e liberdade, não se poderia deixar de reconhecer prevalência à luta por direitos[23] (NABAIS, 2015, p. 16).

Na leitura de Campos (2017, p. 149), sem embargo de haver uma relação de condicionamento recíproco e equilibrado entre direitos e deveres fundamentais, mediante uma conexão funcional que os interliga, da instrumentalidade destes em favor daqueles sobressai a superioridade normativa e axiológica dos direitos fundamentais na ordem constitucional.

Com efeito, a aspiração focalizada pelo reposicionamento do tema dos deveres fundamentais no seio do debate constitucional, não é, definitivamente, sobrepô-los aos direitos fundamentais, dos quais ninguém logra subtrair o estado de núcleo substancial dos ordenamentos jurídicos. Trata-se apenas de realçar que os sistemas jurídicos modernos, ainda que alicerçados no primado dos direitos, não lhes conferem exclusividade, devotando aos deveres fundamentais significativa importância no processo de consumação dos fins constitucionais, mormente porque, como já frisado alhures, uma vez concebidos como figuras díspares, porém correlativas e complementares, os direitos e os deveres fundamentais entrelaçam-se sob o objetivo comum de garantir a concretização do princípio da dignidade humana.

Entretanto, assumi-los como figuras correlacionadas não significa interpretá-los como categorias desprovidas de autonomia conceitual. Nesse diapasão, embora reconheça que os deveres fundamentais se inserem na matéria *lato sensu* dos direitos fundamentais, Casalta Nabais (2015, p. 16) salienta que, por muito tempo, triunfou a oblíqua leitura de que o conceito de deveres fundamentais tenderia a diluir-se no âmbito residual da noção de supremacia do Estado. Daí por que o esforço prioritário de sua obra, ver-se-á a seguir, passou a ser a afirmação dos deveres fundamentais como categoria jurídico-constitucional autônoma (NABAIS, 2015, p. 35-41), premissa que não deixou de encontrar ressonância em importantes segmentos doutrinários[24] (PEDRA, 2013; MENEZES, 2003; ROCHA, 2017a; GODOI, 2017; CAMPOS; 2017).

Casalta Nabais propõe uma compreensão quadripartida do texto constitucional português, cujas subdivisões aparecem em sua obra nomeadas ora como "subconstituições" (designação prioritária), ora como "zonas normativas". Seriam elas a (1) subconstituição econômica ou social (composta pelas normas que promovem a organização econômica da sociedade portuguesa); (2) a subconstituição do Estado

---

[23] Ideias essas corroboradas por Canotilho (2003, p. 533) quando afirma este outro autor lusitano que, entre os direitos fundamentais e os deveres fundamentais, não se estabelece uma correspectividade estrita, vigorando, nas relações entre ambas as categorias constitucionais, o princípio da assinalagmaticidade ou da assimetria, eis que a primazia dos direitos fundamentais figura como uma condição inelíminável do "estado de liberdade".

[24] Em vereda aparentemente oposta, Marcus Abraham (2007, p. 60), no que tange à autonomia categorial dos deveres fundamentais, disserta: "Consequentemente, entendemos que a concreção destes deveres fundamentais se daria, *não pela consideração de uma categoria autônoma de normas*, mas sim através de deveres correlatos a direitos, vale dizer, pelo respeito aos direitos fundamentais dos homens e pelo Estado, assim como pela implementação de todos os comandos de solidariedade expressamente arrolados na Constituição Federal, tais como aqueles encontrados no artigo 1º, que ao fundamentar o Estado Democrático de Direito brasileiro, o faz com base, dentre outros princípios, na dignidade da pessoa humana" (grifos acrescidos).

ou política (preceitos que consagram a formatação político-institucional do Estado português); (3) a subconstituição da Constituição (normas que positivam as garantias do próprio texto constitucional); e, finalmente, (4) a subconstituição do indivíduo, que o autor também identifica como estatuto constitucional do indivíduo (composta pelo conjunto dos direitos e deveres fundamentais estipulados pela Carta lusitana) (NABAIS, 2015, p. 22).

Desse enquadramento sugerido por Nabais, o contributo — plenamente transponível ao caso brasileiro — que melhor aproveita a esta obra é a última subdivisão citada: a noção de "estatuto constitucional do indivíduo". Em consonância com o que se tem asseverado até aqui, o ponto focal da argumentação do autor consiste em afirmar que a zona normativa constitucional que rege a esfera de ação dos cidadãos não pode resumir-se à previsão de um regime unilateral de direitos, carecendo igualmente da consagração e do reconhecimento de deveres fundamentais. Somente a combinação desses preceitos pode propiciar a construção de um estatuto constitucional do indivíduo que não padeça de incompletudes e debilidades.

É, pois, desse quadro de referências, inspirado na obra de José Casalta Nabais, que se partirá para delinear, neste trabalho, um conceito de deveres fundamentais.

1.2 Conceito de deveres fundamentais

Não há, na doutrina nacional ou estrangeira, uma definição consensual de deveres fundamentais. As notas conceituais geralmente invocadas para explicar tal categoria são extraídas, prioritariamente, da obra de Casalta Nabais (2015), acompanhadas de considerações teóricas complementares tecidas por José Joaquim Gomes Canotilho (2003), Peces-Barba Martínez (1987) e Cristina Chulvi (2001). Entre os autores brasileiros, é possível lançar mão das contribuições de Dimitri Dimoulis e Leonardo Martins (2011), José Lima de Menezes (2003), Sérgio André Rocha (2017a) e Adriano Pedra (2013), entre as quais se faz possível estabelecer um profícuo diálogo.

Em conceituação preliminar, Nabais (2015, p. 64) refere-se aos deveres fundamentais como "deveres jurídicos do homem e do cidadão que, por determinarem a posição fundamental do indivíduo, têm especial significado para a comunidade e podem ser por esta exigidos".

Em sentido similar, Peces-Barba Martínez concebe os deveres fundamentais como:

> [...] deveres jurídicos que se referem a dimensões básicas da vida do homem em sociedade, a bens de primordial importância, à satisfação de necessidades básicas ou que afetam a setores especialmente importantes para a organização e o funcionamento das instituições públicas, ou ao exercício de direitos fundamentais, geralmente no âmbito constitucional (MARTÍNEZ, 1987, p. 336).

Chulvi (2001, p. 45), a seu turno, apresenta os deveres fundamentais como "elementos essenciais à conformação da ordem jurídico política, na medida em que contribuem para a consecução de alguns fins do Estado social e democrático de direito".

Wagner de Oliveira e Ana Lúcia de Oliveira (2002, p. 914), de outra parte, cuidam de conectar os deveres fundamentais ao processo de fundação do Estado moderno, pontuando que este se encontra necessariamente ancorado naqueles. Exemplificam o argumento com os deveres de defesa da pátria, de sufrágio universal, de participação política e de subscrição de um sistema de segurança e concluem que os deveres fundamentais remetem essencialmente aos "custos para existência e funcionamento de uma comunidade organizada" (OLIVEIRA; OLIVEIRA, 2002, p. 914).

Sob enfoque ligeiramente diverso, Dimoulis e Martins (2011, p. 75) sustentam que os deveres fundamentais consubstanciam deveres de ação ou omissão, estatuídos na Constituição, cujos sujeitos ativos e passivos, frequentemente difusos, são pronunciados em cada norma ou podem ser delas hermeneuticamente inferidos.

Pode-se, também, reproduzir a definição proposta por Duque e Pedra (2013, p. 151), notoriamente inspirada na obra de Nabais, para quem os deveres fundamentais constituem deveres jurídicos titularizados por pessoas físicas e jurídicas, os quais, "por determinarem a posição fundamental do indivíduo, apresentam um significado para determinado grupo ou sociedade e, assim, podem ser exigidos numa perspectiva pública, privada, política, econômica e social".

Desse sucinto panorama doutrinário, observa-se, entre os intérpretes, uma clara tendência a enfatizar como traços típicos dos deveres fundamentais (1) as situações jurídicas passivas, (2) imputadas aos indivíduos por normas constitucionais, (3) que visam a assegurar dimensões reputadas indispensáveis à noção de vida digna (incluída, nesse escopo, a promoção de direitos fundamentais) e (4) que se afiguram pressupostos de existência e funcionamento do Estado.

Em face desses elementos, integrantes dos conceitos de deveres fundamentais inventariados na doutrina, assomam claras duas características amiúde salientadas no tópico anterior: a positivação dos deveres fundamentais pelo Estado por meio de normas jurídicas (que devem possuir estatura constitucional) e a salvaguarda da dignidade humana como seu principal apanágio.

Embora todas as proposições conceituais acima aludidas contribuam, em alguma medida, para iluminar a compreensão dos deveres fundamentais, é nos trabalhos de Nabais (2015) e de Pedra (2013) que se pode visualizar uma abordagem mais detalhada e abrangente da matéria.

Propugnando uma conceituação que guarde certo paralelismo com a dos direitos fundamentais, Nabais (2015, p. 64) define os deveres fundamentais como "posições jurídicas passivas, autónomas, subjectivas, individuais, universais e permanentes e essenciais". O suposto elementar dessa definição, além da multicitada reserva constitucional da positivação dos deveres fundamentais, é a concepção dos mesmos como uma *categoria jurídico-constitucional própria, relativamente autônoma*, isto é, que não se dilui nem se exaure na figura dos direitos fundamentais, mas que ao seu lado se põe correlativamente, de modo a consubstanciar as duas dimensões (a ativa e a passiva) do estatuto constitucional do indivíduo.[25]

O autor, ao asseverar o primado dos direitos no âmbito de um Estado Democrático, não deixa de reconhecer que os deveres fundamentais integram a matéria *lato sensu* dos direitos fundamentais, mas sempre reforçando que a autonomia categorial se reveste como traço definidor de sua conceituação. Daí a sua afirmação de que "o tema dos deveres fundamentais [é] inerente ao próprio tema dos direitos fundamentais, uma vez que, para além de aqueles integrarem a matéria dos direitos fundamentais, não há direitos sem deveres nem deveres sem direitos", de sorte que a relativa independência conceitual dos deveres fundamentais permite que sejam os mesmos invocados, por exemplo, como fundamentos em decisões judiciais (NABAIS, 2017, p. 267).

Nessa mesma esteira, Sérgio André Rocha (2017a, p. 17) aduz que os deveres fundamentais não são apenas "o anverso dos direitos fundamentais", porquanto se configuram como "categoria jurídica com natureza própria".

É esse quadro de referências que leva Carlos Alexandre Campos (2017, p. 137-143) a se referir a um aparente "paradoxo metodológico", expresso nessa "autonomia dependente" entre direitos e deveres fundamentais a partir de um "jogo dialético de implicações recíprocas". Nesse pormenor, convém transcrever a reflexão do autor:

> Casalta Nabais construiu um conceito de deveres fundamentais buscando, portanto, um ponto de equilíbrio: a ordem constitucional de referência deve ser 'uma ordem de liberdade limitada pela responsabilidade'; o sistema normativo, aquele 'que confere primazia, mas não exclusividade, aos direitos face aos deveres fundamentais; e o homem — titular de direitos e destinatários de deveres — deve ser tido não como 'mero indivíduo isolado ou solitário, mas sim uma pessoa solidária em termos sociais'. É nesse balanço que procurou trabalhar os deveres fundamentais como 'categoria constitucional própria', dotada de autonomia jurídico-dogmática, mas que ainda integra 'a matéria dos direitos fundamentais', seja porque delimita o próprio conceito de direitos fundamentais, seja porque a realização desses direitos passa necessariamente pela existência da categoria dos deveres fundamentais (CAMPOS, 2017, p. 142).

Postas as considerações preambulares, passa-se, então, ao exame de cada um dos traços constitutivos dos deveres fundamentais pronunciados por Nabais. Em primeiro plano, referir-se aos mesmos como *posições jurídicas de caráter passivo* significa realçar o aspecto da dependência e da sujeição dos indivíduos face ao Estado e à comunidade (MENEZES, 2003, p. 94-95).

---

[25] Aqui se impõe a necessidade de declinar, em seu cerne, a conhecida formulação de Bodo Pieroth e Benhard Sch*link* (2012), acerca da Constituição de Bonn, segundo a qual um dever fundamental consiste apenas na outra face de um direito ou garantia fundamental a que se encontra invariavelmente subordinado, apresentando-se tão somente como o "reflexo do direito fundamental no espelho". É justamente para a emancipação dos deveres fundamentais enquanto categoria constitucional autônoma, resgatando-lhes da condição de meros apêndices dos direitos, que se concentram os esforços argumentativos de Nabais (2015, p. 37).

Trata-se, nesse aspecto, de configuração antípoda à dos direitos fundamentais, eis que estes se colocam como posições ativas — no sentido de "prerrogativas" oponíveis ao Estado — que credenciam os cidadãos a exigirem do Poder Público certas prestações, sejam elas negativas (abstencionistas) ou positivas (concretizadoras de bens jurídicos constitucionalmente tutelados).

Disso não decorre, no entanto, a caracterização dos deveres fundamentais como situações práticas de simples inação, posto que a sua observância frequentemente reclama um comportamento comissivo por parte de seus destinatários (a exemplo do pagamento de tributos, objeto deste trabalho). Com efeito, a alusão aos deveres fundamentais como posições passivas denota basicamente o fato "de eles constituírem a expressão do lado ou aspecto passivo da respectiva relação jurídica encabeçada no seu titular passivo" (NABAIS, 2015, p. 65).

Em segundo plano, tomam-se os deveres fundamentais como *posições jurídicas subjetivas*, qualificação que exprime constituírem-se os mesmos como posições imputadas subjetivamente aos indivíduos pela Constituição, e não posições precipuamente objetivas derivadas da previsão constitucional dos poderes e competências estatais e das condições de validade do seu pleno exercício (NABAIS, 2015, p. 67).

Noutro dizer, em recurso às lições de José Lima de Menezes (2003, p. 94-95), tem-se por equivocada a interpretação dos deveres fundamentais como meros reflexos dos poderes públicos instituídos. Cuida-se, antes de tudo, de situações de sujeição impostas aos indivíduos (pessoas humanas ou pessoas jurídicas) por força de comandos constitucionais, donde se conclui que, não importando o lugar ocupado por eles na Constituição formal, os deveres fundamentais investem os cidadãos em posições subjetivas (NABAIS, 2015, p. 69).

Em seguida, a alusão aos deveres fundamentais enquanto *posições individuais* justifica-se pelo fato de serem eles direcionados, prioritariamente, a pessoas humanas (nacionais, estrangeiras ou apátridas[26]) e só por analogia e excepcionalmente a pessoas jurídicas (organizações coletivas) (NABAIS, 2004, p. 17). Extrai-se dessa sentença a *nuance* mais relevante dos deveres fundamentais sob o prisma dos seus destinatários passivos: os moldes dogmáticos sob os quais eles se constituem tornam o seu endereçamento aos indivíduos/cidadãos a hipótese mais recorrente, embora não exclusiva (o melhor exemplo, aqui, é novamente o dever fundamental de pagar tributos, que obviamente abrange as empresas, sejam elas nacionais ou estrangeiras).

Questão polêmica que viceja no seio da doutrina diz respeito à possibilidade de entes públicos serem destinatários de deveres fundamentais. Casalta Nabais (2015,

---

[26] Evidentemente, a indicação dessas três categorias de pessoas (nacionais, estrangeiros e apátridas) assume por fundamento a potencialidade, apenas em abstrato, de figurarem todas elas como destinatárias de deveres fundamentais. Isso porque a definição da destinação efetiva (concreta) dos deveres varia de acordo com cada uma de suas espécies. O dever fundamental de pagar tributos, por exemplo, não se adstringe aos brasileiros, estendendo-se igualmente aos estrangeiros e apátridas que possuam rendas no Brasil, em situação diversa dos deveres fundamentais de votar e de prestar serviço militar, os quais, a princípio, somente podem ser imputados aos nacionais (GIANNETTI, 2011, p. 70).

p. 110), por exemplo, é partidário do entendimento de que nenhuma incompatibilidade há entre a natureza das entidades públicas e a condição de responsáveis (sujeitos passivos) pela execução de deveres oriundos de normas previstas constitucionalmente.

Não parece ser essa, no entanto, a interpretação mais adequada. Nesse particular, Leonardo Varella Giannetti (2011, p. 70) propõe uma distinção que se apresenta mais congruente com as premissas em que repousa a dogmática dos deveres fundamentais: as entidades da Administração Pública Indireta que exercem atividade econômica (sociedades de economia mista e empresas públicas), por estarem em posição equiparável à das pessoas jurídicas de direito privado, podem figurar como destinatárias passivas de deveres constitucionais.

Situação diametralmente oposta, porém, é a dos entes públicos dotados de personalidade jurídica de direito público, os quais, a rigor, põem-se como destinatários não de deveres fundamentais, mas de competências ou atribuições constitucionais. Assim, quando a Carta Magna de 1988 impõe ao Estado as tarefas de garantir e promover direitos sociais como saúde e segurança, não são deveres fundamentais que está o legislador constituinte a positivar, mas sim competências ao Poder Público confiadas e dele exigíveis por parte dos administrados.

Cogita-se, aqui, de compreensão melhor alinhada com a ideia de que os deveres fundamentais são uma criação do Estado e, por conseguinte, expressão de sua soberania fundada na Constituição, o que reconduz à exclusão das posições jurídicas passivas atribuídas ao Estado de qualquer enquadramento tipológico dos deveres fundamentais[27] (GIANNETTI, 2011, p. 70).

Igualmente configura importante atributo conceitual dos deveres fundamentais a sua *universalidade*. Isso porque traduzem-se tais deveres na participação de todos os indivíduos no suporte da existência e da conservação da comunidade, revestindo-se, pois, da condição de repartição universal e igualitária dos encargos comunitários que a perpetuação e o funcionamento do Estado — enquanto comunidade política organizada — implicam (NABAIS, 2015, p. 139). Consectário disso é a proscrição, na imposição de deveres fundamentais, de quaisquer formas discriminatórias desprovidas de motivação racional e objetiva.

Nesse passo, a dogmática dos deveres fundamentais, à semelhança da dos direitos, subordina-os ao princípio da igualdade, o qual, sob o aspecto em exame, anda pareado com o traço da universalidade: sua disciplina não comporta diferenciações desarrazoadas, de modo que todos os cidadãos devem se encontrar, à partida, sujeitos

---

[27] Condição que o Estado inegavelmente ostenta em relação aos deveres fundamentais — e, isto sim, é objeto de intocável consenso — é a de titular ativo, haja vista ser um dos sujeitos habilitados a exigir o seu cumprimento. É o que sucede, por exemplo, com os deveres fundamentais que se consubstanciam como pressupostos de sua existência e de seu funcionamento, como os deveres de pagar tributos e de prestação do serviço militar: é ao Poder Público que imediatamente aproveita a consecução de tais obrigações jurídicas extraídas do texto constitucional. Advirta-se, entretanto, que a condição de titular ativo dos deveres fundamentais não é exclusiva do Estado. Há outros deveres cuja execução se endereça em prol de grupos específicos de pessoas (caso dos filhos no dever de manutenção de sua educação pelos genitores) ou mesmo à coletividade (hipótese dos deveres de conteúdo social, cultural e econômico) (GIANNETTI, 2011, p. 71-72).

aos mesmos deveres fundamentais textualmente consignados ou hermeneuticamente extraídos das normas constitucionais.

Supérfluo acrescentar que o fato de alguns deveres fundamentais, por singularidades de conteúdo, não se revelarem indistintamente extensíveis a todos os indivíduos, mas apenas a certas categorias de pessoas reunidas sob pressupostos objetivos específicos, não dissolve o predicado geral da universalidade que integra o seu sentido enquanto categoria jurídico-constitucional autônoma. É o que se observa, analogamente, na hipótese dos "direitos da criança e do adolescente", "direitos do idoso", "direitos do trabalhador" e congêneres. Convém, neste ponto, dar novamente a palavra a Nabais:

> Como já referimos, tal [o princípio da universalidade] não significa que todos os deveres fundamentais incidam sobre todos os cidadãos. O que eles têm, isso sim, é de impor-se a todos os cidadãos do mesmo grupo ou categoria objectiva, ou seja, a todos aqueles relativamente aos quais se verifiquem os correspondentes pressupostos objectivos, não havendo, pois, lugar a quaisquer excepções, a menos que as mesmas tenham por base um fundamento lógico ou racional suficiente. Nestes termos, não causa qualquer estranheza o facto de haver deveres fundamentais que apenas impendem sobre certa categoria de pessoas como os militares (dever de isenção político-partidária), os funcionários (dever de obediência hierárquica), os pais (dever de manutenção e educação dos respectivos filhos), etc. (NABAIS, 2015, p. 140).

Por fim, há que se acentuar os caracteres, mutuamente implicados, da *permanência* e da *essencialidade* das posições jurídicas que os deveres fundamentais exprimem.

Esta segunda (essencialidade) remete diretamente ao que, no tópico anterior, denominou-se fundamentalidade material dos deveres: cogita-se da relevância dos mesmos para preservar bens jurídicos de estatura constitucional e garantir necessidades consideradas primordiais à concretização da dignidade humana, ao passo que por eles — deveres fundamentais — expressam-se os valores e posições que gozam do mais prestigioso significado para a comunidade política organizada (NABAIS, 2015, p. 72-73). Nesse sentido, é válida a afirmação de que os deveres estatuídos na Constituição também servem de fonte exegética para identificação e irradiação dos alicerces axiológicos em que se estriba o ordenamento jurídico.

Para Campos (2017, p. 143), "os deveres fundamentais encerram a participação do indivíduo na existência e manutenção da comunidade política, configuram condições da própria cidadania". Assim, há uma vinculação inextrincável entre tais deveres, os valores cultivados pela comunidade e os objetivos constitucionais que guiam as ações do Estado, composição que materializa a primordialidade dos conteúdos preceptivos abrigados nas normas que consagram os deveres fundamentais.

E, justamente por se tratar de posições jurídicas essenciais à ordem constitucional que as consagra, as sujeições refletidas nos deveres fundamentais desfrutam de perenidade e resiliência similares às dos direitos de equivalente natureza: seu exercício não se interrompe e tampouco se exaure instantaneamente, mas, ao revés, prolonga-se indefinidamente no tempo. Reside, aí, um dos fundamentos da afirmação de Nabais na direção de que os deveres fundamentais consubstanciam uma "exigência estrutural" de qualquer Constituição, na medida em que, além de assegurarem a consecução de direitos fundamentais, são eles que legitimam e medeiam as intervenções do Poder Público no campo das relações sociais e da autonomia privada dos sujeitos de direito.

É por envolver, então, a efetividade de bens jurídicos e vetores axiológicos albergados pelo texto constitucional que se pode sustentar, segundo Marco Aurélio Greco (2005, p. 253), que "a ideia de dever fundamental não se esgota em si; ao revés, dela emana a responsabilidade que o próprio Estado tem perante a sociedade na busca dos objetivos e fins por ela consagrados".

Com efeito, os deveres fundamentais, enquanto suportes da estabilidade da Constituição e do próprio Estado, não poderiam degenerar-se efemeramente, pondo em xeque as condições fáticas e jurídicas que viabilizam a própria reprodução da comunidade política organizada. Pela própria função desempenhada por tal espécie de deveres, a permanência afigura-se como propriedade intrínseca à sua conformação dogmática, donde se deduz, inclusive, a irrenunciabilidade dos mesmos tanto para o legislador ordinário quanto para o poder constituinte derivado (NABAIS, 2015, p. 72).

As aprimoradas e abrangentes reflexões de Nabais podem ser somadas, já em vias de epílogo, a algumas considerações complementares tecidas por Adriano Pedra, autor que, em suas respeitáveis produções acerca do tema dos deveres fundamentais, usualmente parte da seguinte proposição conceitual:

> Dever fundamental é uma categoria jurídico-constitucional, fundada na solidariedade, que impõe condutas ponderadas àqueles submetidos a uma determinada ordem política, passíveis ou não de sanção, com a finalidade de assegurar direitos fundamentais a ele correlacionados[28] (PEDRA, 2013, p. 287).

Como se vê, a definição utilizada por Pedra converge, ao menos parcialmente, com aquela sustentada por Nabais, sobretudo na compreensão dos deveres fundamentais como (1) categoria jurídico-constitucional, (2) lastreados no princípio da solidariedade e (3) teleologicamente vocacionados a garantir direitos fundamentais, elementos conceituais já abordados nas linhas acima. A eles, Pedra acrescenta outros dois traços típicos dos deveres fundamentais: a imposição de *condutas ponderadas* aos destinatários e a *prescindibilidade da previsão de sanções*. Pelo exame de ambos, pode-se finalizar o panorama conceitual desenvolvido no presente tópico.

Nas palavras de Pedra (2013, p. 286), "o dever [fundamental] imposto a alguém não pode corresponder a um esforço exorbitante para essa pessoa", máxime em função

---

[28] Consoante esclarece o próprio autor, trata-se de "conceito cunhado coletivamente pelos membros do Grupo de Pesquisa 'Estado, Democracia Constitucional e Direitos Fundamentais', coordenado pelos professores Adriano Sant'Ana Pedra e Daury Cesar Fabriz, do Programa de Pós-Graduação Stricto Sensu — Mestrado e Doutorado — em Direitos e Garantias Fundamentais da Faculdade de Direito de Vitória" (PEDRA, 2013, p. 287). Para uma análise do processo de construção da aludida definição no contexto das reuniões do grupo, cf. Gonçalves e Fabriz (2013).

da sua direta vinculação ao princípio da solidariedade. Daí parte da doutrina referir-se a "sacrifícios triviais" para qualificar os ônus e condutas atribuídos aos indivíduos por força de preceitos de deveres fundamentais (VALDÉS, 1986, p. 17). Erige-se, portanto, uma vedação apriorística do excesso dos deveres, sob pena de desvirtuação de sua precípua finalidade, consistente em fomentar a consecução dos direitos fundamentais e das condições fáticas que suportam a reprodução das institucionalidades indispensáveis à configuração de um Estado Democrático de Direito.

Delineando alguns didáticos exemplos de mais esse atributo dos deveres fundamentais, Adriano Pedra preleciona:

> Em geral, é possível exigir que alguém salve uma criança que esteja se afogando à sua frente, em uma piscina rasa, mas isso não pode exigir se o afogamento ocorre em um mar revolto, porque, nesse caso, o sujeito do dever seria colocado em risco. O crime de omissão de socorro (artigo 135 do Código Penal) deve ponderar a situação concreta. Dessa forma, quando houver uma situação de extrema pobreza e ausência de condições para cumprir o dever fundamental de assegurar a educação dos filhos (artigos 205, 227 e 229 da Constituição), não se poderá condenar criminalmente os pais que deixarem de prover a instrução primária dos filhos em idade escolar, o que poderia constituir, em situação diversa, crime de abandono intelectual (artigo 246 do Código Penal). No âmbito tributário, o princípio da capacidade contributiva é um corolário que decorre da vedação de onerosidade excessiva — ou exorbitante — do sujeito do dever (PEDRA, 2013, p. 288).

Observa-se, com efeito, que a situação de fato também auxilia na determinação concreta do âmbito de conteúdo de um dever fundamental. Explicita-se, aqui, a mesma gradação, vislumbrada nos marcos da teoria alexyana dos direitos fundamentais, entre deveres *prima facie* e deveres definitivos, questão melhor abordada no tópico seguinte, versado sobre o caráter principiológico das normas de deveres fundamentais.

Nesse ponto, cumpre apenas antecipar que a concretização do conteúdo de um dever fundamental subordina-se às balizas fixadas pelo princípio da proporcionalidade — do qual a mencionada vedação do excesso figura como corolário imediato —, devendo a sua imposição, por isso, sujeitar-se sempre a um processo hermenêutico de dupla ponderação: subjetiva (avaliação das capacidades do destinatário para o cumprimento do dever) e objetiva (exame das circunstâncias fáticas em que o dever há de ser executado), prevenindo que o dever fundamental não venha a degenerar-se em pura determinação tirânica.

Exemplifica Pedra (2013, p. 288), quanto ao dever fundamental de pagar tributos, que "uma carga tributária pode ser excessiva ou não, dependendo da capacidade do sujeito contribuinte (ponderação subjetiva) ou de haver uma situação de guerra ou paz (ponderação objetiva)". Em todo caso, o ponto nevrálgico da análise consiste na garantia da equidade da onerosidade atribuída ao destinatário do dever fundamental, evitando-se, assim, como se tem dito sob distintas formas até aqui, a desnaturação do caráter instrumental dos deveres fundamentais insculpidos no texto constitucional.

Por derradeiro, o conceito assumido por Adriano Pedra (2013) rejeita a cominação de sanções como exigência impreterível para configuração de um dever fundamental.

Já se realçou que as normas constitucionais que estabelecem deveres notabilizam-se por um grau de generalidade e abstração mais elevados, de sorte a tornar protagonista o legislador ordinário na tarefa de outorgar-lhes conteúdos e alcances melhor definidos. Sob este propósito, um dos campos de atuação que podem vir a ser explorados é a fixação de penalidades para as condutas omissivas ou comissivas que importem na transgressão de deveres fundamentais. Lançou-se, então, a reflexão, no seio da doutrina, se a prescrição de sanções se afiguraria um pressuposto constitutivo dos deveres fundamentais (MARTÍNEZ, 1987, p. 335).

A resposta prevalecente é a de que a previsão de reprimendas jurídicas em face da inobservância de deveres instituídos por preceitos constitucionais, conquanto recomendável para potencializar a sua efetividade, não consubstancia uma condição de existência dos deveres fundamentais (GONÇALVES; FABRIZ, 2013, p. 90). Nos termos de Pedra (2013, p. 295), "a sanção é importante, porque é um elemento coercitivo, mas não é imprescindível para a eficácia de um dever fundamental", razão pela qual a definição preconizada pelo autor faz alusão à mera passibilidade — e não obrigatoriedade — de cominação de punições às condutas que infrinjam as normas que estipulam deveres fundamentais.

Fecha-se, com isso, um delineamento conceitual dos deveres constitucionais que há de servir de sustentáculo às demais análises a serem desenvolvidas neste trabalho.

1.3 O papel do legislador ordinário na implementação dos deveres fundamentais

Outra questão de relevo nos marcos de uma dogmática dos deveres fundamentais diz respeito ao papel do legislador ordinário na implementação dos mesmos. Debate-se, na doutrina, se as normas constitucionais que instituem deveres destinados às pessoas físicas e jurídicas são autoaplicáveis ou se reclamam, como pressuposto de sua eficácia, uma atuação do legislador na regulamentação de seus conteúdos.

Não obstante as diversificadas e colidentes leituras propugnadas pelos diferentes autores quanto à matéria dos deveres fundamentais, identifica-se, quando o assunto é a função do legislador ordinário, um raro ponto de consenso: a todas as luzes, prevalece a ideia de que a intermediação legislativa é fator impreterível à garantia de satisfatória efetividade das normas de deveres fundamentais.

A principal razão a suportar essa afirmação reside na *atenuada densidade normativa* que singulariza os preceitos de deveres fundamentais inscritos no texto constitucional (DIMOULIS; MARTINS, 2011, p. 330). Exprime-se tal atributo, sobretudo, pelo que Nabais (2015, p. 150) denomina "indeterminação conteudística dos deveres fundamentais", o que se dá pelo fato de as normas que os estabelecem limitarem-se a promover um delineamento mais geral de seu conteúdo, sem as pretensões de concretizá-lo ou de exauri-lo na própria Constituição. A própria possibilidade de se cogitar de deveres fundamentais implícitos faz prova dessa asserção.

É exatamente nesse cenário que exsurge a necessidade de disciplinamento infraconstitucional para que se aperfeiçoem os deveres fundamentais, atraindo-lhes a qualificação de *normas mediatamente aplicáveis*. Nas lições de Dimitri Dimoulis e Leonardo Martins, lê-se o seguinte:

> As normas que estabelecem deveres autônomos dos particulares costumam ter baixa densidade normativa. No nosso exemplo, a Constituição não indica o que a 'família' deve fazer para promover a educação de seus membros, quais integrantes da família devem assumir essa obrigação e como, se a família deve se limitar a cuidar da formação de seus integrantes, se é suficiente matricular os jovens em instituições de ensino ou se a própria família deve lhes propiciar conhecimentos etc. Enquanto essas dúvidas não são respondidas mediante legislação específica, o dever permanece mero apelo político-constitucional ou moral sem relevância normativa, como bem observam os críticos dos deveres fundamentais mencionados no início do nosso texto. Dito de outra maneira, torna-se necessária a intermediação do legislador que é o primeiro e crucial destinatário das normas definidoras de deveres fundamentais (DIMOULIS; MARTINS, 2011, p. 330).

Compartilhando dessas premissas, Nabais (2015, p. 149-150) extrai a conclusão de que os comandos constitucionais que estipulam deveres fundamentais assemelham-se a "autorizações" conferidas ao legislador para que sejam legalmente concretizados os seus conteúdos. Não se trata, propriamente, de uma imposição legiferante, a exemplo do que se visualiza na hipótese dos direitos fundamentais sociais, os quais igualmente carecem de regulamentação via legislação ordinária. Leciona o autor:

> Ao contrário do que acontece com os preceitos constitucionais relativos aos direitos, liberdades e garantias, que são directamente aplicáveis (ainda que nem sempre exequíveis), os preceitos relativos aos deveres fundamentais apenas são indirecta ou mediatamente aplicáveis. Isto é, enquanto os direitos, liberdades e garantias têm o seu conteúdo concretizado politicamente (enquanto opções políticas) na própria constituição (feitas, portanto, pelo legislador constituinte) impondo-se directamente aos operadores jurídicos concretos (juiz, administração e os próprios particulares), que devem aplicá-los mesmo sem lei ou mesmo contra a lei se esta claramente os violar, os deveres fundamentais não têm o seu conteúdo concretizado ou totalmente concretizado na constituição ou, mesmo que os tenham, não são directamente aplicáveis. Por isso, os preceitos que os consagram ou disciplinam são preceitos dirigidos primordialmente ao legislador ordinário a fim de este lhes dar conteúdo ou concretizar em conformidade com as opções políticas que vierem a ser feitas, ou de os tornar aplicáveis se e na medida em que estas opções estiverem concretizadas na constituição (NABAIS, 2015, p. 148-149).

Portanto, no caso dos deveres fundamentais, cuida-se, em verdade, de uma habilitação votada ao legislador para que ele, com maior margem de autonomia,[29]

---

[29] Valendo-se de raciocínio convergente ao de Nabais, André Tavares (2012, p. 534) aduz: "Evidentemente a previsão desses deveres é sempre genérica o suficiente para sobre eles pairarem as mesmas dificuldades que se opuseram quanto a uma exigibilidade maior em relação ao Estado. Há de ser entendida como uma autorização

delineie o alcance das posições jurídicas passivas em que aqueles se traduzem, tomando sempre por referência a primazia das liberdades públicas que a Constituição necessariamente assegura aos cidadãos no perímetro de um Estado Democrático de Direito. Nas palavras do catedrático lusitano, as quais calha novamente reproduzir, tem-se que:

> [...] Uma fenomenologia que, por via de regra, se não verifica em sede de concretização dos deveres fundamentais, cuja indeterminação constitucional assenta noutras razões ou noutros factores. Em nossa opinião, essa indeterminação prende-se com o tantas vezes invocado princípio da liberdade por que se guiou o nosso legislador constituinte: é que, materializando-se os deveres em limitações da esfera de liberdade dos indivíduos e suas organizações e devendo tais limitações, segundo esse princípio, ser as menos e menores possíveis, a sua completa e única concretização constitucional sempre podia traduzir-se numa concretização mais gravosa para a liberdade do que a necessária em cada momento. Daí que se deixe ao legislador essa concretização, a qual assim será mais compatível com a liberdade dos indivíduos. Trata-se, pois, de deixar mais liberdade ao legislador para ele a usar no sentido da maior liberdade possível do cidadão (NABAIS, 2015, p. 151-152).

Trilhando similar vereda, Pedra (2013, p. 290) realça a "textura aberta" como aspecto constitutivo dos preceitos de deveres fundamentais, circunstância que não deixa de provocar uma "necessidade (relativa) de integração legislativa", a tornar "necessário que o legislador interprete as normas constitucionais que versam sobre deveres fundamentais, mesmo aquelas normas com aparência de clareza". Em sua visão, essa imprescindibilidade da ação legislativa complementar se justifica porque o sistema jurídico "não contém ainda qualquer decisão sobre qual dos interesses em jogo é o de maior valor, mas deixa a decisão de determinação da posição relativa dos interesses a um ato de produção normativa que ainda será posto" (PEDRA, 2013, p. 293).

Tais considerações fornecem o sustentáculo do raciocínio desenvolvido por Dimoulis e Martins (2011, p. 335), no sentido de que a positivação genérica dos deveres fundamentais na Constituição desempenha uma dupla função: de um lado, orienta o legislador para que, pelo exercício de sua atividade regulamentadora, seja operacionalizada e viabilizada a aplicação dos deveres; e, por outro lado, estabelece, com a exigência de normatização ordinária dos mesmos, simultaneamente, um fundamento e um parâmetro para o exame da constitucionalidade dessa legislação. Forja-se aí, nas palavras dos próprios autores, uma estrutura bifásica dos deveres fundamentais: "a Constituição enuncia e a lei concretiza" (DIMOULIS; MARTINS, 2011, p. 335).

Essas funções reconduzem à ideia de que, mesmo carecendo da atividade do legislador para disciplinar os conteúdos dos deveres fundamentais, as normas constitucionais que os estatuem não são destituídas de eficácia normativa (GIANNETTI,

---

para que, por meio de lei, se esclareçam e estabeleçam com maior concretude tais deveres". Também Moreira e Canotilho (1991, p. 149) reivindicam similar interpretação: "Uma análise das normas impositivas de deveres parece mostrar que elas não são directamente aplicáveis, carecendo em todos os casos de concretização legal, embora nem sempre a Constituição faça uma explícita remissão para a lei".

2011, p. 76). Ao servirem de referência para o controle de constitucionalidade da legislação ordinária, os preceitos constitucionais que veiculam os deveres não só vinculam hermeneuticamente os juízes e tribunais na aplicação do Direito, como autorizam a declaração de inconstitucionalidade de leis que venham a contrariar os seus comandos.

Seria o caso, por exemplo, de uma lei que previsse a desobrigação dos pais em relação à educação dos filhos, disposição que afrontaria gravemente o dever fundamental estabelecido no artigo 229 da Constituição Federal. Complementando esse raciocínio, referido autor consigna que:

> [...] a norma jurídica que trata de um dever fundamental gera efeitos não só quanto à validade do ordenamento jurídico em vigor antes da vigência do texto constitucional (fenômeno da recepção) como também serve de parâmetro para se aferir a constitucionalidade de determinada lei. No plano da eficácia, portanto, o preceito de dever fundamental age tal como qualquer outro dispositivo constitucional, devendo ser utilizado e observado pelo juiz ao decidir uma questão (GIANNETTI, 2011, p. 77).

Ingo Sarlet (2008, p. 44), a seu turno, pondera que, a despeito de essa estrutura bifásica de fato configurar uma regra geral, não se pode excluir peremptoriamente a possibilidade de um dever fundamental gozar de eficácia e aplicabilidade imediatas. Tudo depende, esclarece, do caráter da norma constitucional que lhe serve de base.

Conceber essa possibilidade em termos de uma (rara) exceção à regra da aplicabilidade mediata dos deveres fundamentais não parece contrastar com o essencial das teses de Nabais, haja vista que o próprio doutrinador lusitano reconhece a existência de um único dever previsto na Constituição portuguesa de 1976 cuja eficácia independe de ulterior mediação do legislador ordinário: o dever fundamental de cumprimento dos serviços militares e cívicos obrigatórios como condição à obtenção ou à conservação de empregos no Poder Público (artigo 267, nº 6). Trata-se, contudo, como é usual dizer em Direito, de uma exceção que finda por confirmar a regra.

Em todo caso, convém, aqui, não perder de vista a elementar lição, amiúde repisada nas linhas anteriores, de que os deveres fundamentais, segundo a concepção dogmática neste capítulo defendida, jamais consubstanciam fins em si mesmos, ao passo que se revelam invariavelmente vocacionados a promoverem um ou mais direitos fundamentais, traço que lhes acentua, nos termos apregoados por Chulvi (2001, p. 51), um caráter eminentemente instrumental.

Disso deriva a conclusão de que a eventual inércia do legislador em disciplinar os seus conteúdos produz repercussões que não se adstringem ao estrito plano dos próprios deveres, estendendo-se, também, à efetividade dos direitos fundamentais que seriam por eles fomentados (PEDRA, 2013, p. 294). Exponencia-se, pois, considerados tais aspectos, a nocividade das omissões legislativas na indispensável tarefa de regulamentar e concretizar normativamente os deveres fundamentais.

Essa conformação teórica que estruturalmente desenha os deveres fundamentais leva parte da doutrina a reconhecer no legislador o "destinatário primordial" das normas constitucionais que os dispõem. Mais preciso seria dizer, porém, que figura o legislador, em expressão cunhada por Casalta Nabais, como um "destinatário de passagem" dos deveres fundamentais, haja vista que os "destinatários finais" (e, sob tal ponto de vista, os "destinatários precípuos") serão sempre os indivíduos ou pessoas jurídicas que devem suportar o seu cumprimento (GIANNETTI, 2011, p. 77).

Daquilo que o legislador efetivamente emerge como destinatário é apenas da missão de regulamentá-los: como se asseverou, em tal tarefa é que se credita a ele uma maior margem de manobra para definir os modos de execução dos deveres fundamentais e, ainda, eventuais sancionamentos decorrentes de seu descumprimento.

José Casalta Nabais (2015, p. 165-170) rememora, ademais, que nem sempre o disciplinamento infraconstitucional deverá ser feito mediante a edição de lei: naqueles casos em que inexista reserva de lei formal, o desenho do conteúdo do dever fundamental pode ser incumbido até à Administração, mediante a prática de atos administrativos, nas hipóteses em que lhe seja dado atuar sem uma *interpositio legislatoris*.

Sobre este último tópico relacionado às sanções, aliás, já se deixou assentada, noutro instante deste capítulo, a compreensão de que a cominação de penalidades não configura um pressuposto constitutivo dos deveres fundamentais. Isso, todavia, não repele o fato de a previsão de punições à sua violação afigurar-se um importante flanco a ser explorado pelo legislador quando da regulamentação legal dos deveres.

Sem a previsão de reprimendas sob o intento de dissuadir ou intimidar os destinatários de transgredirem os deveres fundamentais a que se encontram sujeitos, pontua Nabais (2015, p. 171), restam relegadas as normas constitucionais que os veiculam ao precário estado de *leges imperfectae*, máxime em razão da natural tendência de inexecução dos encargos e obrigações que se mostrem desacompanhados de qualquer consequência jurídica para o potencial infrator.

Por fim, calha trazer à baila um pertinente apontamento feito por Adriano Pedra no sentido de que, hodiernamente, sob o paradigma do neoconstitucionalismo, é possível que principiem a soprar ventos de mudança sobre os posicionamentos que aqui se buscou examinar acerca da eficácia dos preceitos de deveres fundamentais. Isso porque tem vigorado, com cada vez mais força, o postulado segundo o qual, "mesmo as normas constitucionais que veiculam deveres fundamentais, devem ter aplicação direta, sem intermediação do legislador ordinário, tanto quanto necessário e possível" (PEDRA, 2013, p. 295).

A prevalecer tal interpretação, restariam fortemente relativizadas as premissas teórico-metodológicas hoje em voga no seio da doutrina. De toda sorte, em face do dinamismo cambiante da hermenêutica jurídica, nenhuma opinião em Direito pode jazer imune à ação do tempo, o que torna as potenciais mudanças pelo autor vislumbradas fenômeno ainda a se averiguar.

1.4 Breve tipologia dos deveres fundamentais

Para o exame teórico de qualquer categoria ou instituto jurídico, é recorrente a utilização, pela doutrina, do denominado método tipológico, fundado na elaboração de classificações que permitam decompor o objeto em distintas partes e sistematizar as suas características determinantes, com a finalidade de facilitar a sua intelecção. No caso dos deveres fundamentais, são vários os critérios de classificação inventariados pelos diversos autores dedicados ao seu estudo, alguns dos quais, contudo, saturados de complicações teóricas, em nada contribuem para a prossecução do seu real escopo.

Desse modo, visando a repelir quaisquer embaraços na explanação dos deveres fundamentais, serão selecionados, nos estreitos limites deste tópico, apenas os principais e mais úteis parâmetros de classificação do objeto, em atenção ao propósito de oferecer uma contribuição, ainda que modesta, a uma teoria dos deveres fundamentais. Cuida-se, outrossim, de opção metodológica mais consentânea com o caráter nitidamente acessório que ora se atribui a uma abordagem taxonômica dos deveres fundamentais positivados na Constituição brasileira.

Nesse sentido, é novamente na obra de Nabais (2013) que se identifica o principal núcleo da produção teórica relacionada às possíveis categorizações dos deveres fundamentais. Dela se pode recolher, fundamentalmente, três critérios que mais diretamente auxiliam na compreensão das variadas espécies de deveres: (1) quanto ao conteúdo dos mesmos; (2) quanto aos titulares ativos; e (3) quanto aos destinatários passivos. O autor menciona, ainda, outras subclassificações dos deveres fundamentais quanto às relações entre si, quanto às relações com os direitos fundamentais e quanto à evolução histórica, as quais, todavia, não serão aqui enfocadas.

Principiando, pois, pela classificação dos deveres fundamentais quanto ao conteúdo, Nabais sustenta a existência de (1) deveres negativos e positivos; (2) deveres mediata e imediatamente aplicáveis; (3) deveres autônomos e não autônomos; (4) deveres de conteúdo cívico-político e de conteúdo econômico, social ou cultural.[30]

Os deveres fundamentais negativos definem-se pela atribuição, a seus destinatários, de posições jurídicas de abstenção (*non facere*), cujos principais exemplos são os deveres de isenção político-partidária e de adesão a entidades sindicais e movimentos grevistas, imputados aos militares no artigo 142, §3º, incisos IV e V, da

---

[30] O autor, inspirado no texto constitucional português atualmente vigente, também alude a uma quinta possível subclassificação dos deveres fundamentais, que se expressaria no dualismo "deveres cívicos" e "deveres jurídicos" (NABAIS, 2015, p. 114-115). Entretanto, observa-se aqui um critério que contraria frontalmente a caracterização conceitual proposta anteriormente, que apregoa a natureza estritamente jurídica de todos os deveres insculpidos em uma Constituição. Não surpreende, portanto, que o próprio Nabais (2015, p. 115) relativize a força e o alcance desse parâmetro tipológico de compreensão dos deveres fundamentais ao asseverar que "o direito (e naturalmente também o direito constitucional), enquanto ordem heterônoma e coactiva, entraria em contradição insanável consigo próprio se pretendesse impor deveres éticos, isto é, deveres que, por natureza, apenas são impostos pela consciência individual". Por esses fatores é que, à luz das premissas conceituais assentadas alhures, optou-se por suprimir esse quinto critério classificatório dos deveres fundamentais no tópico em desenvolvimento.

Constituição Federal de 1988. Em direção idêntica, rememora Mendonça (2002, p. 188) que aos magistrados igualmente se impõe o dever de não dedicação a atividades político-partidárias, visualizável no artigo 95, parágrafo único, inciso III, da Carta Magna de 1988.

Os deveres fundamentais positivos, a seu turno, refletem-se em prestações pessoais a serem executadas pelos indivíduos, como são os deveres de pagar tributos e de votar: o primeiro com base implícita no texto constitucional brasileiro e o segundo positivado no seu artigo 14, §1º, inciso I.

Noutro plano, sob a ótica da determinação constitucional de seu conteúdo, distinguem-se os deveres fundamentais em dois tipos: os mediatamente aplicáveis e os imediatamente aplicáveis. Explicam-se estes últimos por uma determinação exaustiva no próprio texto da Constituição, que torna dispensáveis quaisquer regulamentações posteriores, via legislação ordinária, como condição de eficácia do dever instituído. São, por assim dizer, deveres fundamentais autoaplicáveis, posto que suficientemente delineados pelas normas constitucionais que os estabelecem.

Como dito alhures, para Nabais (2015, p. 113), cuida-se de espécie excepcionalíssima, que, na Constituição portuguesa, segundo sua análise, encontra guarida em uma exclusiva hipótese: o dever de cumprimento dos serviços militares e cívicos obrigatórios para se obter ou conservar empregos no Estado (artigo 267, nº 6).

De outra parte, os deveres fundamentais mediatamente aplicáveis consubstanciam a regra (quase) absoluta, compreendendo-se nessa categoria aqueles cuja eficácia carece da intervenção do legislador ordinário para conferir-lhe mais clara fisionomia e conformar-lhe com maior precisão o conteúdo. Significa dizer que, sem a atuação do legislador, tais deveres permanecem, em termos práticos, estéreis no texto constitucional, desprovidos de aplicação no plano concreto e de efeito vinculativo em relação aos particulares. Daí a afirmação de ser apenas mediata (ou diferida) a sua aplicação. Cite-se, para ilustrar mais essa espécie de deveres fundamentais, os deveres de pagar tributos e de prover a educação dos filhos.

No par tipológico subsequente, repousam os deveres fundamentais autônomos e não autônomos. Entende-se, pelos segundos, os deveres que "têm um conteúdo constitucional que integra a exclusão da liberdade negativa (ou de não exercício) dos direitos a que se encontram associados" (NABAIS, 2015, p. 113). Ou seja, em mais simples palavras, o conteúdo dos deveres fundamentais não autônomos queda-se coincidente com o dos direitos fundamentais com os quais guardam direta conexão. Por essa razão, tais deveres configuram autênticos direitos-deveres ou deveres-direitos, a depender de qual dessas categorias goze de primazia na específica hipótese enfocada (NABAIS, 2015, p. 113). Exemplifica tal estirpe de deveres fundamentais o de preservar e de garantir um meio ambiente ecologicamente equilibrado (artigo 225, CF/1988[31]).

---

[31] Tal dispositivo constitucional exprime com clareza a face dos direitos-deveres ou dos deveres-direitos ao enunciar que "Todos têm *direito* ao meio ambiente ecologicamente equilibrado, bem de uso comum do povo e essencial à sadia qualidade de vida, impondo-se ao Poder Público e à coletividade o *dever* de defendê-lo e preservá-lo para as presentes e futuras gerações" (grifos acrescidos).

Os deveres fundamentais autônomos,[32] por sua vez, consistem em posições jurídicas passivas cujos conteúdos constitucionais se põem excluídos do âmbito de proteção imediato de qualquer direito fundamental específico (NABAIS, 2015, p. 114). Disso não decorre, entretanto, a inferência de que tal espécie de deveres não conserva nenhum ponto de contato com a matéria dos direitos fundamentais em geral. Quer isto significar apenas que não possuem tais deveres uma relação de integração diretamente verificável com aqueles direitos. A essa conceituação se amolda, por exemplo, o dever fundamental de prestar o serviço militar obrigatório (artigo 143, CF/1988).

Na sequência, identifica-se a contraposição dos deveres fundamentais de conteúdo cívico-político aos deveres fundamentais de conteúdo econômico, social e cultural. Os primeiros expressam o compromisso e a responsabilidade dos indivíduos com o funcionamento do Poder Público e a conservação da ordem constitucional, traduzindo-se como um contrapeso ao conjunto de liberdades e prerrogativas inerentes ao Estado Democrático de Direito (NABAIS, 2015, p. 114). Inserem-se em tal quadro conceitual os deveres fundamentais de pagar tributos e de votar, sem a observância dos quais não podem as estruturas do Estado reproduzirem-se materialmente e segundo parâmetros democrático-participativos.

Os segundos, de outra parte, são deveres cujo polo aglutinador se concentra nos direitos econômicos, sociais ou culturais — aos quais se encontram associados — e que expressam o compromisso de todos os agentes sociais (individuais ou coletivos) de preservarem e de fomentarem um determinado modelo de sociedade idealizado constitucionalmente, segundo os padrões econômicos e culturais triunfantes no cerne do pacto social celebrado (NABAIS, 2015, p. 114).

É desses deveres que mais intensamente se nutrem os autoproclamados "Estados sociais", assim rotulados por dispensarem maior atenção aos direitos de segunda dimensão, sob o desígnio de assegurar aos indivíduos em geral, por meio de uma pujante atuação do Poder Público, as múltiplas facetas que integram a noção de vida digna. Como exemplo dessa modalidade de deveres fundamentais, pode-se citar aquele positivado pelo artigo 227 da CF/1988:

> Art. 227. É dever da família, da sociedade e do Estado assegurar à criança, ao adolescente e ao jovem, com absoluta prioridade, o direito à vida, à saúde, à alimentação, à educação, ao lazer, à profissionalização, à cultura, à dignidade, ao respeito, à liberdade e à convivência familiar e comunitária, além de colocá-los a salvo de toda forma de negligência, discriminação, exploração, violência, crueldade e opressão.

Expostas as diferentes subclassificações lastreadas no critério do conteúdo dos deveres fundamentais, passa-se, agora, à categorização dos mesmos segundo a

---

[32] Essa categoria — deveres fundamentais autônomos — possui uma importância particular para a análise das relações de limitação/restrição recíprocas entre direitos e deveres fundamentais, matéria que será minuciosamente analisada no próximo tópico.

perspectiva de seus titulares, isto é, dos sujeitos ativos que devem cumpri-los. Sobre esse eixo de análise, leciona Nabais (2015, p. 115):

> Do ponto de vista dos seus titulares ou sujeitos activos, os deveres fundamentais podem ser: 1) deveres que vinculam os cidadãos nas suas relações directas com o estado, como são os deveres de carácter cívico-político ou os deveres clássicos; 2) deveres que obrigam os indivíduos principalmente nas suas relações com a colectividade em geral, como são os deveres de carácter económico, social ou cultural ou os deveres modernos; 3) deveres que se impõem às pessoas nas suas relações com outras pessoas, como é o dever dos pais de manutenção e educação dos filhos; e 4) deveres até para consigo próprio, como é o dever de defender e promover a saúde própria.

Na esteira dessa proposição tipológica, tem-se que as duas primeiras espécies configuram deveres do cidadão enquanto membro de uma comunidade política organizada, o qual — exatamente em função dessa qualificação — deve suportar certas posições jurídicas passivas sem as quais a comunidade por ele integrada não poderia sobreviver, pelo menos não de maneira sustentável no tempo (NABAIS, 2015, p. 115).

Em contrapartida, as duas últimas hipóteses exprimem deveres fundamentais assentes na condição de pessoa humana do titular, posto que derivados não do poder de império do Estado ou da positividade da lei, mas da dignidade pessoal e da autonomia ética dos indivíduos (NABAIS, 2015, p. 115-116).

Também, aqui, perfectibiliza-se a amálgama entre duas perspectivas complementares — vinculação à comunidade estatal e afirmação de direitos fundamentais e da dignidade humana —, amálgama essa que, como já se argumentou, figura como dado constitutivo da hodierna noção de deveres fundamentais.

Resta, por fim, em conformidade com o recorte metodológico proposto, a classificação dos deveres fundamentais sob o ângulo de seus destinatários. Opõem-se, aqui, como polos antagônicos dessa dualidade tipológica, os deveres gerais, de um lado, e, de outro, os deveres vinculados a circunstâncias particulares. Ao passo que aqueles se revelam extensíveis indistintamente a todos os cidadãos (leia-se, a todos os titulares passivos, em potencial, de deveres fundamentais), estes últimos aplicam-se apenas aos integrantes de um determinado estatuto pessoal (membros de um grupo identificado a partir de características objetivas específicas) (NABAIS, 2015, p. 116).

Como a universalidade consubstancia um atributo conceitual dos deveres fundamentais, não é incorreto dizer que os deveres gerais se erguem sob a condição de regra geral, relegando os deveres subordinados a circunstâncias particulares a hipóteses excepcionais (como se vislumbra no caso do dever de isenção político-partidária dos militares e magistrados).

É digno de nota, à guisa de conclusão, que são múltiplas as formas de expressão desse último critério classificatório, das quais Nabais (2005, p. 116) cita duas: (1) os deveres fundamentais exclusivos dos indivíduos e os deveres imputáveis indistintamente a pessoas físicas e jurídicas; e (2) os deveres fundamentais exclusivos dos nacionais e os deveres atribuíveis, também, aos estrangeiros e apátridas residentes ou que se encontrem transitoriamente no território nacional.

Independentemente dessas variantes, o dado fundamental que peculiariza esse parâmetro tipológico em relação aos demais é a possibilidade de categorização dos deveres fundamentais de acordo com as características dos universos de destinatários em face dos quais incidem os seus respectivos comandos.

1.5 O caráter principiológico das normas de deveres fundamentais e suas restrições a direitos fundamentais

Questão de extrema relevância na matéria dos deveres fundamentais diz respeito às suas relações limitativas com os direitos fundamentais. Praticamente toda a doutrina, brasileira e estrangeira, na esteira dos entendimentos de Nabais, concebe os deveres fundamentais autônomos como *limites imanentes* aos direitos fundamentais, isto é, como elementos que participam da definição dos contornos internos do próprio âmbito de conteúdo do direito, liberdade ou garantia constitucional examinado.

Em contrapartida, o doutrinador português afirma a existência de um *núcleo essencial absoluto dos direitos fundamentais*, que até certo ponto, sob sua ótica, pode ser cogitado em termos abstratos, como *limite intransponível* às intervenções do Estado na esfera particular, ainda que amparadas em deveres fundamentais previstos na Constituição.

Essa posição, obviamente, não monopoliza o debate. A teoria dos direitos fundamentais desenvolvida por Alexy (2017), por exemplo, pode apresentar convergências imediatas com a temática dos deveres fundamentais, com ela compartilhando muitas premissas, métodos e conclusões. Neste caso, ao alinhar-se a análise aos postulados sustentados pelo catedrático alemão, queda-se inviável falar em limites imanentes ou em núcleo essencial absoluto (abstrato) dos direitos fundamentais. Em Alexy, os deveres fundamentais somente poderiam ser encarados como *restrições externas* àqueles direitos, cujos *conteúdos essenciais apenas seriam passíveis de definição em termos relativo*s, isto é, em casos concretos.

Note-se que é o próprio Nabais (2017, p. 271) quem assevera a viabilidade teórica dessa leitura alternativa, ao admitir que "a relação dos direitos fundamentais com os deveres fundamentais autônomos possa ter outros entendimentos (diversos do de limites imanentes) como o de Robert Alexy".

A hipótese sustentada no presente trabalho assenta nessa possibilidade de se explorar veios explicativos distintos daqueles que acabaram por consubstanciar, já se pode assim dizer, a ortodoxia da compreensão das relações limitativas entre direitos e deveres fundamentais, baseada na teoria dos limites imanentes. A proposta a ser aqui desenvolvida toma por suporte exatamente o modelo teórico de Alexy e a sua extensão, *mutatis mutandis*, à matéria dos deveres fundamentais.

A síntese elementar de tal proposta exprime-se na afirmação do *caráter principiológico das normas que positivam deveres fundamentais* e, por conseguinte, das *restrições externas* que as mesmas podem impor — preservado um *núcleo essencial relativo* (isto é, definido somente no caso concreto) inviolável — aos direitos, liberdades e garantias constitucionais.

Para fundar e fundamentar esse novo posicionamento, há que se percorrer um itinerário expositivo composto pelas seguintes etapas: (1) diferenciação entre regras e princípios na obra de Alexy; (2) teorias dos limites e/ou restrições dos direitos fundamentais; (3) teorias explicativas da garantia do núcleo ou conteúdo essencial dos direitos fundamentais; (4) caráter principiológico das normas de deveres fundamentais e suas restrições a direitos fundamentais.

No curso do texto, buscar-se-á delinear com clareza as divergências do caminho teórico-metodológico aqui trilhado, inspirado na teoria de Alexy, em relação aos entendimentos defendidos por Nabais, tendo em vista que a obra deste último autor foi tomada, até este ponto do capítulo, como o principal referencial teórico a guiar a compreensão da dogmática dos deveres fundamentais.

1.5.1 Diferenciação entre regras e princípios: um ponto de partida necessário

Toda abordagem que envolva a temática dos direitos fundamentais necessariamente supõe, em sua base, a estruturante distinção entre regras e princípios. Segundo Robert Alexy (2004, p. 161-167), a rigorosa e adequada diferenciação entre essas duas espécies normativas constitui o mais decisivo vetor para tornar um determinado ordenamento jurídico mais propenso a um modelo de constitucionalismo legalista ou moderado.[33] Trata-se, destarte, de uma questão que não pode ser secundarizada, dado se afigurar a principal linha divisória entre os dois grandes paradigmas constitucionais

---

[33] Num sistema jurídico legalista, assinala o autor, triunfam as concepções positivistas de Direito, segundo as quais os dados axiológicos, essencialmente metajurídicos, devem ser removidos da esfera da ciência do Direito, relegando-se o seu estudo a outros domínios especializados, tais como a política, a filosofia e as ciências sociais. Em tal perspectiva, assentada sobre a intransigente separação entre direito e moral, postulado inerente às filosofias positivistas de todos os matizes, prevalecem as normas positivadas sobre os valores e prevalecem as técnicas da subsunção formal (regras) sobre as da ponderação (princípios). Além disso, no modelo legalista, a Constituição exerce um papel mais figurativo (leia-se: menos normativo) de carta política delineadora das diretrizes que orientam a organização da sociedade civil e o funcionamento do Estado. De outro lado, no sistema que Alexy designa como "constitucionalismo moderado", o Direito deixa de ser composto exclusivamente por fatos sociais e aparece norteado por uma inelimínavel "pretensão de correção", a qual se reveste da função de bússola da própria estruturação do ordenamento jurídico. Nesses moldes, queda-se indisfarçável a reaproximação entre Direito e moral, uma vez que "o elemento central da correção é a justiça" e a missão mais elementar do Direito — promover a referida pretensão geral de correção — assume contornos nitidamente éticos (ALEXY, 2007, p. 9). A centralidade e a efetividade da Constituição são, também, importantes elementos integrantes do paradigma jurídico pós-positivista, outorgando-se aos princípios papel de protagonismo na estruturação da ordem jurídica.

que estiveram em entrechoque desde a segunda metade do século XX, sob o manto do debate "positivismo x pós-positivismo". É esta a exortação do autor:

> [...] para a teoria dos direitos fundamentais, a mais importante delas [diferenciações teorético-estruturais] é a distinção entre regras e princípios. Essa distinção é a base da teoria da fundamentação no âmbito dos direitos fundamentais e uma chave para a solução de problemas centrais da dogmática dos direitos fundamentais. Sem ela não pode haver nem uma teoria adequada sobre as restrições a direitos fundamentais, nem uma doutrina satisfatória sobre colisões, nem uma teoria suficiente sobre o papel dos direitos fundamentais no sistema jurídico. Essa distinção constitui um elemento fundamental não somente da dogmática dos direitos de liberdade e de igualdade, mas também dos direitos a proteção, a organização e procedimento e a prestações em sentido estrito. Com sua ajuda, problemas como os efeitos dos direitos fundamentais perante terceiros e a repartição de competências entre tribunal constitucional e parlamento podem ser mais bem esclarecidos. A distinção entre regras e princípios constitui, além disso, a estrutura de uma teoria normativo-material dos direitos fundamentais e, com isso, um ponto de partida para a resposta à pergunta acerca da possibilidade e dos limites da racionalidade no âmbito dos direitos fundamentais. Nesse sentido, a distinção entre regras e princípios é uma das colunas-mestras do edifício da teoria dos direitos fundamentais (ALEXY, 2017, p. 85).

Corrobora tais argumentos a assertiva metodológica de Virgílio Afonso da Silva (2009, p. 43) na direção de que a maioria das conclusões acerca (1) do conceito e da delimitação do conteúdo essencial dos direitos fundamentais, (2) da forma de definição do âmbito de proteção de cada direito fundamental e (3) da reconstrução da relação entre os direitos e suas restrições é diretamente determinada pelo pressuposto teórico assumido no terreno das diferenças entre regras e princípios.

Desse modo, ainda que este estudo não se dedique precipuamente a destrinchar essa conhecida questão,[34] é imprescindível que se estabeleça um conjunto de elementares premissas a ela vinculadas, de maneira que a formulação de algumas breves considerações preambulares concernentes à velha controvérsia das distinções entre regras e princípios apresenta-se, aqui, como um ponto de partida estritamente necessário.

Perfaz-se hegemônica, hodiernamente, a compreensão de que as normas jurídicas[35] configuram um gênero do qual derivam duas distintas espécies: as regras e

---

[34] Nos estreitos limites deste subtópico, o objetivo, como já se anunciou no corpo do texto, é tracejar apenas os pontos fulcrais da extensa problemática concernente às distinções entre regras e princípios, deixando adstrita a abordagem tão somente àquilo que interessa para o posterior desenvolvimento das análises. Por essa razão, utilizar-se-ao os espaços das notas de rodapé para remeter o leitor a textos outros que se debruçam de modo mais aprofundado sobre essa e outras complexas questões. Crê-se que essa estratégia cumpre à risca dois importantes objetivos: torna mais fluida a leitura da obra — ao diminuir a extensão das inflexões — e oferece ao leitor indicações bibliográficas competentes para cobrir todos os pontos aludidos do decurso desta seção do texto.

[35] Para conferir maior precisão aos termos mobilizados no texto, um importante esclarecimento teórico-conceitual impõe-se neste particular. É já consolidado, entre os mais abalizados segmentos doutrinários, o entendimento de que as normas jurídicas representam os significados extraídos dos enunciados normativos pelos seus intérpretes. Ou seja, nas palavras de Humberto Ávila (2004a, p. 22), "as normas não são textos nem o conjunto deles, mas os sentidos construídos a partir da interpretação sistemática de textos normativos", donde se pode asseverar que "os dispositivos se constituem no objeto da interpretação; as normas, no seu resultado". Na mesma direção, José Joaquim Gomes Canotilho (1993, p. 43) aponta que o recurso ao texto para retirar o conteúdo semântico da norma não implica, propriamente, a identidade entre "texto e norma", haja vista que, em termos linguísticos, "o texto da norma é o 'sinal linguístico'; a norma é o que se revela, [o que se] designa".

os princípios. Não é, pois, na natureza jurídica que se concentra propriamente o fator de diferenciação entre elas: apesar de suas diferenças qualitativas e estruturais (logo a seguir explicitadas), tanto as regras quanto os princípios — e é este o dado fundamental — constituem-se como normas jurídicas.

O sustentáculo dessa leitura é que ambas as espécies normativas exprimem juízos concretos do dever-ser e podem ser formuladas por meio dos modais deônticos básicos da obrigação, da permissão e da proibição (ALEXY, 2017, p. 87). Não é casual, neste sentido, a constatação de que, contemporaneamente, já não se ponha em questão a eficácia normativa dos princípios e a sua consequente aptidão para fundamentarem decisões judiciais.

O que, todavia, não é objeto de qualquer consenso, seja na doutrina pátria, seja na doutrina estrangeira, são os critérios mobilizados para a definição de uma e outra espécies normativas. Não são poucos os doutrinadores a sustentar que entre regras e princípios subsiste uma diferença de grau. Para alguns, reside tal disparidade no grau de generalidade e abstração: constituiriam regras as normas jurídicas mais concretas e aplicáveis a situações de fato específicas, enquanto que as normas que consagram orientações de comportamento mais genéricas e abstratas, de maior e mais plástico alcance hermenêutico, seriam classificadas como princípios. Este é o entendimento de insignes autores brasileiros, a exemplo de Humberto Ávila (2004a).[36]

De outra parte, também não escasseiam os autores a defender que a diferenciação entre ambas as espécies de normas consiste no grau de importância (nível de fundamentalidade) atribuído a cada uma delas pelo ordenamento: seriam os princípios normas mais importantes, posto que estruturantes de todo o sistema jurídico (por informarem os sustentáculos axiológicos em que assenta o conjunto do ordenamento), ao passo que as regras gozariam de uma menor relevância, sendo-lhes reservada a função de, à vista de sua mais limitada abrangência interpretativa, concretizar os princípios aos quais se encontrariam subordinadas. Cuida-se, aqui, de compreensão doutrinária cujos pressupostos são abordados nas obras de Karl Larenz (1997) e Aleksander Peczenik (1971).

Citaram-se, de passagem, esses dois critérios[37] de conceituação de regras e princípios apenas para ilustrar a variedade de opções teórico-metodológicas identificada nas copiosas produções bibliográficas dedicadas a esse inesgotável tema. Não obstante, crê-se que em nenhum deles se encontra o melhor fundamento para proceder às diferenciações entre regras e princípios. Neste estudo, a exemplo do que se buscou fazer em trabalho pretérito,[38] o referencial teórico invocado para o enfrentamento

---

[36] Para o aprofundamento dessa questão, cf. os debates travados entre Humberto Ávila (2004a) e Virgílio Afonso da Silva (2003).

[37] Alexy (2017, p. 88) cita, ainda, os seguintes critérios de diferenciação entre regras e princípios identificados na doutrina: determinabilidade dos casos de aplicação, forma de surgimento, caráter explícito do conteúdo axiológico e referência à ideia de direito ou a uma lei jurídica suprema.

[38] Neste sentido, cf. Altoé (2009), especialmente o capítulo 2, dedicado ao tema da colisão de direitos fundamentais, em que se buscou tecer uma detalhada abordagem acerca das diferenciações entre princípios e regras.

da questão será a teoria dos princípios desenvolvida por Robert Alexy (2017), cujos fundamentos constituem um dos pilares da edificação de uma mais ampla teoria dos direitos fundamentais, igualmente elaborada pelo jusfilósofo alemão.

Para Alexy, a caracterização de um princípio enquanto tal toma por decisivo parâmetro não o seu grau de fundamentalidade ou de abstração, mas a *estrutura da norma*, do que decorre a afirmação de que, em sua perspectiva, a distinção entre princípios e regras é de *natureza teorético-estrutural* (ALEXY, 2017, p. 85). Entretanto, é válido o destaque, tal premissa não está a indicar que os princípios não consubstanciam, por assim dizer, "normas fundamentais" do sistema jurídico; tem-se tão somente que, para o autor, não poderá ser este grau de fundamentalidade concebido, *per si*, como a sua característica determinante.

Segundo a teoria dos princípios, o critério realmente decisivo para diferenciá-los das regras consiste na estrutura dos direitos instituídos por cada uma dessas normas. Nas palavras de Virgílio Afonso da Silva (2009, p. 45), um dos mais autorizados intérpretes brasileiros da obra de Alexy, "no caso das regras, garantem-se direitos (ou se impõem deveres) definitivos, ao passo que no caso dos princípios são garantidos direitos (ou são impostos deveres) *prima facie*". Essa é a sua crucial dessemelhança.

Referir-se ao caráter definitivo de um direito assegurado por uma regra significa que a sua realização, caso seja a norma aplicável a uma determinada situação de fato, deverá ser total. Isto é, não são admitidas gradações ou relativizações no processo hermenêutico de aplicação dos direitos positivados por normas dotadas da estrutura de regras.

Situação oposta é a dos direitos garantidos por princípios: a natureza *prima facie* que lhe qualifica exprime que a sua efetivação, a depender das particularidades do caso concreto, poderá comportar variações, inclusive de modo a coarctar os seus alcance e amplitude. Ao oposto do que se observa com os direitos expressados pelas regras, portanto, aqueles estatuídos por normas jurídicas de caráter principiológico nem sempre serão concretizados nos exatos moldes em que são prescritos.

Dessa distinção deriva a característica central da teoria dos princípios preconizada por Alexy, qual seja, a definição dos princípios como mandamentos de otimização.[39] Segundo as lições do catedrático alemão, os princípios se constituem como normas que ordenam a sua realização na mais elevada medida do possível, em conformidade com as possibilidades fáticas e jurídicas do caso apreciado, donde a inferência de que, ao revés do que se observa no processo de aplicação das regras, os princípios podem ser realizados em variados graus (cumprimento gradual).

Por suposto, o objetivo é sempre a concretização máxima das normas principiológicas, o que somente pode se consumar, contudo, se as condições fáticas e jurídicas forem ideais, hipótese raramente vislumbrada nos *hard cases* (SILVA, 2009, p. 46).

---

[39] Para uma análise mais detalhada do conceito de princípio na teoria dos direitos fundamentais de Robert Alexy, cf. Jeveaux (2004) e Heck (2003).

Tal ocorre em função, sobretudo, da maior abrangência hermenêutica dos princípios, fazendo com que a efetivação integral de um sempre descubra obstáculos no arco de proteção de outros. Por isso é que, postas tais peculiaridades, os métodos de aplicação de uma e outra espécies de normas distinguem-se substantivamente entre si: subsunção, no caso das regras, e sopesamento, no dos princípios (ALEXY, 2017, p. 93).

Desdobramentos de relevo deste enquadramento teórico se verificam no campo da solução de conflitos normativos, manifestados nas hipóteses em que se quedam incindíveis, num mesmo caso concreto, simultaneamente, duas ou mais normas que estabelecem consequências jurídicas (em alguma medida) incompatíveis. Em se tratando de conflito de regras e sendo total a incompatibilidade de seus conteúdos, somente poderá ser dirimido o impasse pela declaração de invalidade de uma delas, resultando na exclusão do ordenamento jurídico daquela que vier a ser preterida.

Em hipóteses desse jaez, a decisão se dá sempre no terreno da validade. A rigidez na resolução desse tipo de conflito se explica pelo fato de as regras, como já se assinalou, instituírem direitos definitivos, insuscetíveis de limitações quando de sua realização.

Se, porém, for apenas parcial a incompatibilidade das consequências jurídicas afixadas por duas ou mais regras concomitantemente aplicáveis a uma mesma situação, poderá ser superado o antagonismo normativo por intermédio da mera introdução de uma cláusula de exceção em uma delas, conservando a validade de ambas.

Neste sentido, explana Alexy que:

> Regras são normas que ordenam, proíbem ou permite algo definitivamente ou autorizam algo definitivamente. Elas contêm um dever definitivo. Quando os seus pressupostos estão cumpridos, produz-se a consequência jurídica. Se não se quer aceitar esta, deve ou declarar-se a regra como inválida e, com isso, despedi-la do ordenamento jurídico, ou, então, inserir-se uma exceção na regra e, nesse sentido, criar uma nova regra. A forma de aplicação de regras é a subsunção (ALEXY, 2007, p. 37).

Por consubstanciarem normas de distinta estrutura, os princípios, quando incursos em situação de colisão, demandam resoluções fundadas em método diverso.[40] Tal como se pontuou, a sua caracterização como mandamentos de otimização exige do intérprete, em caso de antagonismos normativos, a busca por conciliar os seus conteúdos até a máxima medida do possível, legitimando-se o sacrifício — total ou, preferencialmente, parcial — de um deles, via sopesamento, somente após o esgotamento desse esforço de compatibilização.

Com efeito, a peculiaridade da colisão entre princípios é que, diferentemente do que se passa na oposição entre regras, mesmo após a solução do conflito, ambos os princípios colidentes, inclusive aquele que acabou preterido no sopesamento realizado, conservam integralmente a sua validade, sem que se imponha a supressão de qualquer deles do conjunto do ordenamento.

---

[40] Para uma pormenorizada abordagem desse e de outros temas relacionados aos princípios, cf. Leite (2003).

Isso porque a prevalência de um princípio em detrimento de outro não pode ser afirmada abstratamente, mas apenas sob circunstâncias concretas. É o que Alexy (2017, p. 96) denomina de "relações condicionadas de precedência", isto é, relações de primazia sempre condicionadas ao caso concreto. Por esse mesmo motivo, acresce Virgílio Afonso da Silva (2009, p. 50), tampouco se poderá considerar que um princípio instituiu "uma exceção ao outro, já que as vezes prevalecerá um, às vezes o outro, ao contrário do que acontece no caso das regras".

Na didática e bem elaborada síntese de Marcus Abraham:

> [...] quando ocorrer colisão entre princípios, um deles deverá ceder em relação ao outro, num processo de ponderação entre pesos e valores, sem que haja qualquer declaração de invalidade de um ou de outro, mas sim prevalecendo a afirmação de que um deles é mais adequado àquele determinado caso concreto. Portanto, havendo conflito entre regras, estas se excluirão mutuamente. Havendo colisão entre princípios, estes coexistirão e será utilizada a denominada ponderação de valores ou ponderação de interesses para solucionar o respectivo conflito (ABRAHAM, 2007, p. 111-112).

Há, na obra de Alexy, uma lacuna importante sobre a possibilidade de colisões entre regras e princípios, a qual é habilmente colmatada por Virgílio Afonso da Silva. Erige-se, neste eixo, um impasse. De um lado, inviável se mostra o método do sopesamento, posto se tratar de método que supõe normas dotadas da *dimensão do peso*, propriedade da qual não são providas as regras. De outro lado, igualmente inapto se revela o método da subsunção, a ser operado no plano da validade, porquanto dessa solução decorreria, como corolário inevitável, a exclusão de um princípio da ordem jurídica sempre que o caso concreto recomendasse que o mesmo deveria ceder em favor da regra, providência incompatível e inconciliável com a teoria dos princípios.

Habitualmente, tende a doutrina, com base em algumas afirmações esparsas extraídas nos textos de Alexy, a indicar uma solução: na hipótese de colisão entre um princípio e uma regra suportada por outro princípio, procede-se a um sopesamento; mas não entre o princípio e a regra (por não ser esta última sopesável), mas sim entre o princípio em colisão e o princípio em que assenta a regra conflitante.

Essa, contudo, é uma solução problemática "porque dá a entender que o aplicador do direito está sempre livre, em qualquer caso e em qualquer situação, para afastar a aplicação de uma regra por entender que há um princípio mais importante que justifica esse afastamento" (SILVA, 2009, p. 52). Esse cenário leva à inocuização da principal função outorgada às regras num ordenamento jurídico positivo: potencializar e garantir segurança jurídica.

Em um tal quadro, Virgílio Afonso da Silva oferece a melhor alternativa à hipótese de antagonismo entre um princípio e uma regra lastreada noutro princípio. Para ele, não há que se falar em colisão nesses casos. O que se visualiza é apenas uma *restrição legal* imposta a um dos princípios a partir de um *sopesamento, realizado pelo próprio legislador*, entre dois princípios garantidores de direitos fundamentais, cujo produto é uma *regra de direito ordinário de caráter restritivo*. A relação que se estabelece entre a regra e um dos princípios, com efeito, não é de colisão, mas sim de restrição, materializada na norma infraconstitucional que, desde que subsistente ao crivo do controle de constitucionalidade, deverá ser aplicada segundo o método da subsunção.

São estas as lapidares lições de Virgílio Afonso da Silva:

> Esse é um ponto que é muitas vezes ignorado quando se pensa em colisão entre regras e princípios. Em geral, não se pode falar em uma colisão propriamente dita. O que há é simplesmente o produto de um sopesamento, *feito pelo legislador*, entre dois princípios que garantem direitos fundamentais, e cujo resultado é uma regra de direito ordinário. A relação entre a regra e um dos princípios não é, portanto, uma relação de colisão, mas uma relação de restrição. A regra é a expressão dessa restrição. Essa regra deve, portanto, ser simplesmente aplicada por *subsunção* (SILVA, 2009, p. 52).

Traçados laconicamente os mais relevantes pontos de diferenciação entre regras e princípios, cumpre acrescentar um último dado ao conjunto de premissas conceituais de que se partirá no restante do capítulo. Seguindo-se, mais uma vez, o magistério de Alexy (2017, p. 588), considera-se que os direitos fundamentais — e, mais à frente, em inovação proposta neste estudo, também os deveres fundamentais —, em função de sua estrutura semanticamente aberta, possuem caráter principiológico.[41] Ou, de modo teoricamente mais preciso, parte-se do entendimento de que as normas que instituem direitos — e deveres — fundamentais traduzem normas de natureza principiológica, sujeitas, por isso, à caracterização como mandamentos de otimização.

Significa dizer, enfim, que a colisão entre direitos fundamentais (e a consequente análise de suas restrições) deve sempre observar os parâmetros de resolução do sopesamento (ou ponderação) entre princípios, à luz da máxima da proporcionalidade. No entanto, se o antagonismo se expressar entre um princípio e uma regra assentada noutro princípio, como se disse, deve-se compreender esta regra como uma restrição, presumidamente constitucional, a ser aplicada segundo o método da subsunção nos casos concretos. Trata-se de premissa teórico-metodológica crucial, que balizará, ao final do trabalho, a resposta aos problemas de pesquisa delineados na sua introdução.

1.5.2 Direitos fundamentais: teorias dos limites e/ou restrições, âmbito de proteção e suporte fático

Ao revés do que se visualiza na maioria das Constituições estrangeiras, a Carta brasileira de 1988 não disciplinou o tema dos limites ou restrições a direitos fundamentais.

---

[41] Nas palavras do próprio autor: "Esse conceito [otimização] decorre da própria definição de princípios. Princípios são normas que ordenam que algo seja realizado na maior medida possível dentro das possibilidades jurídicas e fáticas existentes. Uma das teses centrais da 'Teoria dos Direitos Fundamentais' é a de que essa definição implica a máxima da proporcionalidade, com suas três máximas parciais — as máximas da adequação, da necessidade e da proporcionalidade em sentido estrito —, e que a recíproca também é válida, ou seja, que da máxima da proporcionalidade decorre logicamente o caráter principiológico dos direitos fundamentais" (ALEXY, 2017, p. 588).

Pela opção ou omissão do Constituinte, ficou a cargo exclusivo da doutrina e da jurisprudência pátrias a tarefa de elaborar e lapidar teoricamente essa relevante questão. Nesse sentido, embora pareça já consensual a noção de restringibilidade dos direitos fundamentais, os termos em que ela se expressa ainda evocam tortuosas controvérsias, o que impede prosseguir na abordagem proposta sem antes apreciar as teorias dos limites ou restrições a direitos fundamentais vigorantes no Direito brasileiro.[42]

Num primeiro passo, impõe-se observar que os direitos fundamentais, enquanto colunas-mestras da Constituição e do ordenamento jurídico, são concebidos a partir de uma dupla angulação: a material e a formal.

Pensá-los sob a sua dimensão substantiva (material) significa interpretá-los como um conjunto de prerrogativas titularizadas pelos cidadãos, oponíveis ao Estado e aos demais particulares,[43] que se mostram indispensáveis para assegurar-lhes uma vida digna (PEDRA, 2012, p. 115). Evidencia-se, aqui, a existência, nas palavras de Perez-Luño (1995, p. 19), de "um nexo de interdependência genético e funcional entre o Estado de Direito e os direitos fundamentais, uma vez que o Estado de Direito exige e implica, para sê-lo, a garantia dos direitos fundamentais, ao passo que estes exigem e implicam, para sua realização, o reconhecimento e a garantia do Estado de direito".

De outra parte, a perspectiva formal dos direitos fundamentais os enfoca e os caracteriza como a matriz de todos os demais direitos previstos no sistema jurídico positivo, conferindo-lhes firmes suporte e fundamento (PEDRA, 2012, p. 115). Reluz, também neste particular, o preceito da dignidade da pessoa humana, não como direito fundamental em si, mas como, na voz de Barroso (2014, p. 213), fonte ou núcleo substancial constitucional a partir do qual se irradiam todos os direitos materialmente fundamentais que cimentam o ordenamento jurídico em seu conjunto.

Sobre essa dupla dimensão em que se manifesta a "fundamentalidade" que informa e justifica a designação dos "direitos fundamentais", Marinoni assinala:

> Os direitos fundamentais estão ligados, como parece óbvio, a sua fundamentalidade, que pode ser vista nos sentidos material e formal. Essa última está vinculada ao sistema constitucional positivo. A Constituição confere dignidade e proteção especiais aos direitos fundamentais, seja deixando claro que as normas definidoras de direitos e garantias fundamentais têm aplicação imediata (art. 5º, §1º, da CF), seja permitindo a conclusão de que os direitos fundamentais estão protegidos nao apenas diante do legislador ordinário, mas também contra o poder constituinte reformador — por integrarem o rol das denominadas cláusulas pétreas (art. 60, CF) (MARINONI, 2004, p. 166).

Entretanto, dessa dignidade e proteção especiais, inclusive em relação ao poder constituinte reformador, não decorre o caráter irrestringível dos direitos fundamentais.

---

[42] Reforça a relevância dessa avaliação a assertiva de Gilmar Mendes (2017, p. 190) na direção de que as restrições aos direitos fundamentais se afiguram, hoje, tema central não só da específica dogmática dos direitos fundamentais como, também, de todo o Direito Constitucional contemporâneo.

[43] Sobre essa questão da chamada "eficácia horizontal dos direitos fundamentais", cf. Virgílio Afonso da Silva (2008) e Wilson Steimentz (2004), esta última obra especialmente dedicada ao tema.

Ante o numeroso repertório de direitos fundamentais previsto na Constituição de 1988 e a plasticidade hermenêutica que os singulariza (derivada da sua natureza principiológica), queda-se impraticável o seu amplo exercício sem que em algum momento entrem em rota de colisão com outros direitos de igual natureza ostentados por terceiros.

Dessa maneira, não se dispõe de fórmula diversa para conciliar os múltiplos direitos fundamentais, em homenagem ao imperativo de coexistência harmônica que os rege, senão estabelecendo certas (e moderadas) restrições aos seus conteúdos. Sob este prisma, paradoxalmente, a teoria das restrições a direitos fundamentais se apresenta como uma incontornável condição para se exponenciar, no plano concreto, intensiva e extensivamente, a fruição simultânea e permanente daqueles direitos.

Fortes nessas premissas, a doutrina e a jurisprudência brasileiras têm reafirmado continuamente (nem sempre da mesma forma, todavia) a possibilidade de se restringirem os direitos fundamentais. Esclareça-se que, por "restrição",[44] deseja-se indicar, nas palavras de José Joaquim Gomes Canotilho (1993, p. 194), a "afetação desvantajosa de direitos ou liberdades juridicamente protegidos", a qual implica uma relativização de seus conteúdos, seja por meio de regras de direito ordinário, seja por outros preceitos constitucionais (como, por exemplo, os próprios deveres fundamentais).

Nesse diapasão, André Ramos Tavares (2012, p. 460) assevera que nenhum direito humano pode ser reputado "absoluto, no sentido de sempre valer como máxima a ser aplicada aos casos concretos, independentemente da consideração de outras circunstâncias e valores constitucionais". Para o autor, existe uma gama de hipóteses que autorizam e legitimam a restrição do alcance dos direitos fundamentais, atraindo a incidência do que tradicionalmente se designa de "máxima da cedência recíproca", igualmente denominada "princípio da convivência das liberdades" quando aplicada no campo dos direitos fundamentais (TAVARES, 2012, p. 460).

Em idêntica direção, na jurisprudência do Supremo Tribunal Federal, jaz pacificada a premissa segundo a qual não existem direitos fundamentais absolutos. Para ilustrar o argumento, pode-se transcrever trecho de célebre julgado da Corte, em voto da lavra do Ministro Relator Celso de Mello, amiúde referenciado pelos demais Tribunais de inferior jurisdição, em que é abordada em detalhes essa questão:

> OS DIREITOS E GARANTIAS INDIVIDUAIS NÃO TÊM CARÁTER ABSOLUTO
> Não há, no sistema constitucional brasileiro, direitos ou garantias que se revistam de caráter absoluto, mesmo porque razões de relevante interesse público ou exigências derivadas

---

[44] Ao lado da categoria de "restrição", Gilmar Mendes menciona outra, portadora de carga semântica distinta, qual seja, a de "conformação". Esta ocorre quando o preceito de direito fundamental "confia ao legislador, primordialmente, o mister de definir, em essência, o próprio conteúdo do direito regulado", sendo que as normas legais relativas a esse instituto não se prestam, prioritariamente, a restringir os direitos fundamentais, mas sim a concretizá-los ou conformá-los (MENDES, 2017, p. 194). Adverte o autor que, em alguns casos, o constituinte outorga ao legislador ordinário um "amplo poder de conformação", o que não significa, todavia, uma "livre disposição sobre a matéria", haja vista a sua inafastável subordinação ao princípio da proporcionalidade e, acrescente-se, ao dever de preservar o núcleo essencial do direito fundamental conformado (MENDES, 2017, p. 194-195). Como exemplo de tal hipótese de atuação do legislador infraconstitucional, objetivando efetivar direitos não autoexequíveis, citem-se os incisos XXIX e XXXII do artigo 5º da Carta Magna de 1988.

do princípio de convivência das liberdades legitimam, ainda que excepcionalmente, a adoção, por parte dos órgãos estatais, de medidas restritivas das prerrogativas individuais ou coletivas, desde que respeitados os termos estabelecidos pela própria Constituição. O estatuto constitucional das liberdades públicas, ao delinear o regime jurídico a que estão sujeitas — e considerado o substrato ético que as informa — permite que sobre elas incidam limitações de ordem jurídica, destinadas, de um lado a proteger a integridade do interesse social e, de outro, a assegurar a coexistência harmoniosa das liberdades, pois nenhum direito ou garantia pode ser exercido em detrimento da ordem pública ou com desrespeito aos direitos e garantias de terceiros. [...]. (BRASIL, 2000)

Por conseguinte, mesmo quando os enunciados das normas constitucionais que positivam direitos fundamentais apelam a expressões que, em sua literalidade, sugerem a existência de posições absolutas ("inviolabilidade", "é assegurado a todos" etc.), deverá triunfar o entendimento de que, sob certas circunstâncias e observados determinados parâmetros, todo e qualquer direito fundamental poderá vir a ser restringido em seu conteúdo.

Lembre-se, nesse sentido, que o postulado segundo o qual os direitos são passíveis de restrição se encontrava já na Declaração do Homem e do Cidadão de 1789, em cujo artigo 4º se lia que "[...] o exercício dos direitos naturais de cada homem não tem por limites senão aqueles que asseguram aos outros membros da sociedade o gozo dos mesmos direitos", dispositivo arrematado com a previsão de que "estes limites apenas podem ser determinados pela lei".

1.5.3 Teorias externa e interna dos limites e/ou restrições a direitos fundamentais

Embora partam de uma premissa comum (restringibilidade dos direitos fundamentais), os vários autores dedicados ao estudo do tema divergem quanto a aspectos elementares de sua caracterização. Um dos principais dissensos centra-se na definição e na natureza das relações entre os direitos fundamentais e suas restrições.

Defrontam-se, neste campo, duas correntes classicamente identificadas como "teoria externa" e "teoria interna", as quais propugnam explicações diametralmente antagônicas à problemática posta. Destaque-se que o perfilhamento dos pressupostos teóricos de uma ou outra corrente condiciona decisivamente os subsequentes raciocínios operados no processo hermenêutico de limitação ou restrição dos direitos fundamentais, em especial aqueles vinculados ao *âmbito de proteção* e ao *suporte fático* desses direitos, ambas categorias (âmbito de proteção e suporte fático) abordadas adiante.

Segundo a teoria externa, o conceito de restrição implica a existência de dois distintos e inconfundíveis elementos: o direito e a restrição (ALEXY, 2017, p. 277). Isto é, em primeiro plano, há o direito em si (não restringido), e, num segundo plano, aquilo que sobra dele após a incidência de uma restrição que lhe é, por natureza, exógena. Sob essa perspectiva, entre o direito e a restrição não existe uma relação necessária, impreterível. Tal relação só se justifica pelo legítimo pretexto de compatibilização concreta entre as diversas espécies de direitos fundamentais (MENDES, 2017, p. 196).

Nota-se, aqui, uma consequência de relevo a partir do paradigma da teoria externa, sublinhada com precisão por Virgílio Afonso da Silva (2009, p. 138), a saber, "as restrições, qualquer que seja sua natureza, não têm qualquer influência no *conteúdo* [abstrato] do direito, podendo apenas, no caso concreto, restringir o seu *exercício*", o que configura expediente de natureza nitidamente diversa.

Noutro giro, a teoria interna preconiza a "inexistência dos conceitos de direito e de restrição como categorias autônomas", sustentando haver um único elemento: o direito com determinado (leia-se: reduzido) conteúdo (MENDES, 2017, p. 196). Informa Alexy (2017, p. 277) que, sob a égide dessa corrente, *o conceito de restrição é substituído pelo de limite*, que aparece vinculado ao conteúdo do direito em questão. Ou seja, aduz Bedê Jr. (2006, p. 56), o que se chama de "restrições a direitos fundamentais não são na verdade restrições, mas sim limites que configuram o próprio direito".

Daí referir-se a doutrina à noção de "limites imanentes" dos direitos fundamentais, no sentido de haver uma delimitação apriorística e abstrata de seus conteúdos. Na esteira dessa leitura, a vocação do legislador ordinário deixa de ser a de "criar" ou "implementar", por meio de regras legais, restrições aos direitos, passando a ser tão somente a de identificar ou revelar os seus limites, sempre em coerência com os moldes positivados pelo constituinte. Por isso, leciona Carlos Pulido (2007, p. 448) que a teoria interna poderia ser também designada de "teoria do conteúdo reduzido".

A atribuição de primazia a uma ou outra teoria é tarefa que deflui diretamente do pressuposto sedimentado no campo da natureza das normas de direitos fundamentais. Se concebidas como regras, não há como se preterir a interpretação de que os seus limites se encontram inseridos no próprio âmbito de conteúdo do direito apreciado. Dito de mais clara maneira, definir, do ponto de vista da estrutura normativa, os direitos fundamentais como regras jurídicas implica, necessariamente, adotar a teoria interna.

E a razão é cristalina: "se a definição do conteúdo do direito é feita de antemão, isso significa [...] que a norma que o garante tem validade estrita" (SILVA, 2009, p. 129), submetendo-se, pois, a sua aplicação ao raciocínio do "tudo ou nada", dada a sua insuscetibilidade a qualquer processo de sopesamento ou de cumprimento gradual. É dizer, enfim, que são logicamente incompatíveis as opções teórico-metodológicas de considerar as normas de direitos fundamentais como institutivas de posições *prima-facie* (não definitivas) e entender que as restrições que sobre elas se abatem se afiguram não exteriores, mas endógenas ao próprio conteúdo dos direitos.

Portanto, em coerência com a teoria dos princípios assumida, no subtópico anterior, como premissa deste estudo, compreende-se que a assimilação da teoria externa é a única vereda viável para se apreciar adequadamente as restrições a direitos fundamentais. A caracterização destes últimos como normas de natureza principiológica e mandamentos de otimização indica que o seu conteúdo não pode ser fixado *a priori, de modo definitivo*, mas apenas em casos concretos, sempre sujeito a restrições quando contrapostos a outros direitos (ou deveres) igualmente fundamentais por meio de um processo de sopesamento à luz da máxima da proporcionalidade.

Observa-se, pois, que o delineamento *definitivo* do conteúdo dos direitos fundamentais é realizado a partir de elementos externos, a saber, as condições fáticas e jurídicas identificadas na situação concreta, donde a conclusão de que as restrições não apresentam como efeito a modificação do conteúdo, da validade e da extensão (abstratamente considerados) de um direito fundamental, mas apenas a sua conformação aplicada no seio de um caso concreto.

Além disso, a adesão à teoria externa produz significativos reflexos no campo da fundamentação das restrições a direitos fundamentais. Por razões didáticas, contudo, é adequado reservar o aprofundamento dessa questão ao instante em que for trazido à baila o conceito de suporte fático, diretamente vinculado ao tema da restringibilidade dos direitos fundamentais.

1.5.4 Âmbito de proteção e suporte fático dos direitos fundamentais

Avançando na análise do tema, destaca Mendes (2017, p. 190-191) que o exame das restrições aos direitos fundamentais supõe a identificação do chamado *âmbito de proteção* do direito, conceito que "abrange os diferentes pressupostos fáticos e jurídicos contemplados na norma" e a consequência primária de sua previsão, a saber, a proteção fundamental. Em mais assertiva definição, Silva (2009, p. 72) sustenta ser o âmbito de proteção de um direito fundamental definido pelos "atos, fatos, estados ou posições jurídicas [...] protegidos pela norma que garante o referido direito".

Pieroth e Schlink (2012, p. 116), a seu turno, qualificam o mesmo conceito como o "domínio que a norma jurídico-fundamental recorta da realidade" como objeto de proteção, ou, por diferentes palavras, a "fração da vida" preservada por uma garantia de natureza constitucional. Por último, Martin Borowski (1998, p. 184) considera que a noção de âmbito de proteção corresponde ao "âmbito dos bens [ações, estados ou posições jurídicas] protegidos por um direito fundamental".

Independentemente do esmiuçamento conceitual de que se parta,[45] invariável será a compreensão de que, na maioria das vezes, somente poderá ser definido o

---

[45] Ao abordar a categoria de "intervenções restritivas" sobre direitos fundamentais, Canotilho (1993, p. 198-199) promove uma distinção conceitual entre "âmbito de proteção de um direito" (*schutzbereich*) e "âmbito de garantia efetiva" (*garantiebereich*), lançando mão dos seguintes termos: "[...] o simples reconhecimento de uma intervenção restritiva pode não dizer nada quanto ao resultado da ponderação ou balanceamento entre os direitos conflitantes em sua presença. Não há, com efeito, identidade entre o chamado âmbito ou domínio de bens protegidos por um direito fundamental (âmbito de protecção, âmbito normativo) e o chamado âmbito de protecção efectivamente garantido. O âmbito de proteção significa que um bem é protegido, mas nesse âmbito podem intervir medidas desvantajosas de entes públicos ou de entes privados, que, mesmo sendo lícitos, carecem de justificação e de limites. O âmbito de garantia efectiva é o domínio dentro do qual qualquer ingerência, pública ou privada, é ilícita". Claro está que o que o autor denomina "âmbito de protecção ou normativo de um direito" dispõe de sentido equiparado àquele atribuído ao termo homônimo neste trabalho, enquanto

âmbito de proteção de um direito fundamental por intermédio de uma interpretação sistemática, que valore conjuntamente outros direitos fundamentais e demais preceitos constitucionais vigentes (como os deveres fundamentais) (PIEROTH; SCHLINK, 2012, p. 127).

Ademais, tal definição deverá observar não só os bens jurídicos tutelados pela norma e a consequente amplitude dessa proteção, como também as possíveis restrições expressamente gravadas na Constituição e as — assim nominadas por Canotilho (1993, p. 1222-1223) — "reservas legais de índole restritiva".[46] Nota-se, pois, que o processo de caracterização do âmbito de proteção de cada direito fundamental demanda um permanente e laborioso esforço hermenêutico que tome por referência o conjunto do ordenamento positivo.

Posiciona-se, ao lado da noção de âmbito de proteção, um outro conceito primordial para o estudo das restrições a direitos fundamentais, a saber, o de *suporte fático*. Por ele se identifica o conjunto de "pressupostos materiais para a ocorrência da consequência jurídica *prima facie*" (ALEXY, 2017, p. 305). Ou, noutras palavras, cuida-se dos elementos cujo preenchimento desencadeia o efeito (em geral, a proteção jurídica) previsto pela norma institutiva do direito fundamental. Leciona Virgílio Afonso da Silva que o conceito de suporte fático pode ser apreciado concreta ou abstratamente, assim explanando a sua configuração teórica:

> Suporte fático abstrato é o formado, em linhas ainda gerais, por aqueles fatos ou atos do mundo que são descritos por determinada norma e para cuja realização ou ocorrência se prevê determinada consequência jurídica: preenchido o suporte fático, ativa-se a consequência jurídica. Suporte fático concreto, intimamente ligado ao abstrato, é a ocorrência concreta, no mundo da vida, dos fatos ou atos que a norma jurídica, em abstrato, juridicizou (SILVA, 2009, p. 66).

Sustentam Alexy (2017) e Borowski (1998, p. 188) que a composição do suporte fático dos direitos fundamentais se aperfeiçoa com a conjugação de dois elementos: âmbito de proteção e intervenção estatal. Virgílio Afonso da Silva (2009, p. 74-75), atento a uma relevante lacuna identificada nessa composição dual, adiciona um terceiro elemento à equação definidora do suporte fático dos direitos fundamentais, qual seja, a ausência de fundamentação constitucional adequada.

Desenvolve-se, então, o modelo teórico-metodológico proposto pelo autor brasileiro da seguinte maneira: se um determinado bem jurídico encontra-se inserto no *âmbito de proteção* de um direito fundamental e acaba afetado por uma *intervenção estatal* destituída de *fundamentação constitucional* idônea, queda-se preenchido o suporte fático do referido direito, de modo a ensejar a realização do preceito da norma que o consagra, o qual, neste caso, traduz-se na cessação imediata da interferência indevida (SILVA,

---

que a noção de "âmbito de garantia efetiva", invocada na obra do constitucionalista português, descobre seu equivalente no que se tem aqui designado de "conteúdo essencial dos direitos fundamentais".

[46] A essa questão das reservas constitucionais se volverá ainda neste subtópico, parágrafos adiante.

2009, p. 74-75). Por meio desse conjunto articulado de categorias, pode-se definir com maior precisão os parâmetros que condicionam o processo hermenêutico de restrição aos direitos fundamentais.

A grande divergência que grassa na doutrina acerca da categoria de suporte fático diz respeito não propriamente à sua conceituação, mas ao delineamento da sua amplitude. É, com efeito, na contraposição entre as noções de suporte fático restrito e de suporte fático amplo que consiste a polêmica crucial.

Alguns autores defendem uma concepção restrita de suporte fático, assim entendida aquela que se baseia na exclusão *a priori* de "algumas ações, estados ou posições jurídicas que, em tese, poderiam ser subsumidas no âmbito de proteção" de uma norma de direito fundamental (SILVA, 2009, p. 79-81).

A ela se opõe, como alternativa antagônica, a interpretação que preconiza sempre a definição mais alargada quanto possível do suporte fático dos direitos fundamentais, incluindo em seu escopo todos os atos, estados e posições jurídicas que, em abstrato, guardam alguma pertinência com o âmbito temático do direito apreciado.

Não se trata de discussão supérflua, tendo em vista os seus rebatimentos imediatos no contexto da atividade jurisdicional, notadamente, no campo da fundamentação das restrições a direitos fundamentais.

Visando a prevenir a banalização de direitos fundamentais, Pieroth e Schlink (2012) argumentam a inadequação da teoria do suporte fático amplo, pois, segundo os autores, a sua adoção traria como contrapartida a necessidade de motivação de praticamente todas as ações estatais, o que poderia atravancar em demasia o exercício das atividades dos Poderes Públicos, inclusive as de natureza meramente regulatória.

Em direção similar, José Casalta Nabais rejeita o que chama de teorias do *Tatbestand* (suporte fático) alargado, como a propugnada por Alexy, sob o fundamento de que dão elas ensejo a toda sorte de *conflitos aparentes de direitos fundamentais*, à medida que consideram seus conteúdos em marcos abusivos, isto é, abarcando termos que visivelmente extrapolam o correspondente conteúdo das normas constitucionais. Objeta a tais teorias, por um lado, "a expansão quase até o infinito do domínio dos conflitos de direitos, nele incluindo boa parte do domínio dos conflitos aparentes ou dos limites imanentes, e, por outro, de não obter, em contrapartida, como era sua intenção, mais direitos definitivos, mas tão-só direitos prima facie"[47] (NABAIS, 2015, p. 25-26).

---

[47] Na mesma nota de rodapé, Casalta Nabais (2017, p. 26) alerta que, sem embargo de o esquema por ele proposto se aproximar das teorias do *Tatbestand* restrito, é preciso sustentá-lo sem cair em teorias como a de Peter Häberle, "que reconduz todos os limites legais (constitucionalmente admissíveis) dos direitos fundamentais aos limites imanentes, não deixando assim qualquer lugar para a figura das restrições e integrando todos os bens jurídicos de igual valor igual ou superior a um dado direito fundamental no respectivo conteúdo essencial". Dessa afirmação, embora desacompanhada de maiores desenvolvimentos teóricos, dessume-se que Nabais abraça, em verdade, uma posição intermediária, traduzida numa espécie de teoria mitigada dos limites imanentes. Para ele, parte-se sempre do raciocínio dos limites imanentes dos direitos fundamentais — é nesses moldes que encara, por exemplo, os deveres fundamentais autônomos —, mas reservando a possibilidade de haver restrições (externas), autorizadas constitucionalmente, incidentes sobre o conteúdo real daqueles direitos.

Entre os autores que partem da teoria do suporte fático restrito, é comum visualizar a adoção de uma distinção defendida por José Carlos Vieira de Andrade (2004, p. 294) entre "conflitos de direitos fundamentais" e "exclusão do âmbito de proteção". Dela se infere que, assumindo-se a perspectiva de suporte fático restrito, "não há que se falar em *restrição* a direitos fundamentais e, sobretudo, não há espaço para se falar em sopesamento entre princípios" (SILVA, 2009, p. 80-81).

Como exemplos que iluminam tal interpretação, Vieira de Andrade cita, entre outras hipóteses, (1) a invocação da liberdade religiosa para efetuar sacrifícios humanos; (2) a menção à liberdade artística para legitimar a morte de um ator no palco ou o furto de materiais necessários à execução de uma obra de arte; (3) e a alusão à liberdade de reunião para utilizar um edifício privado sem autorização. Em todos esses casos, explana o autor, não se está diante de hipótese de conflito entre direitos fundamentais, pois "é o próprio preceito constitucional que não protege essas formas de exercício do direito fundamental, é a própria Constituição que, ao enunciar os direitos, exclui da respectiva esfera normativa esse tipo de situações" (ANDRADE, 2004, p. 294-295).

Neste marco se explicitam as estreitas relações entre a teoria interna dos limites e a concepção do suporte fático restrito: ambas se fundam na subtração antecipada de certas ações e posições jurídicas do âmbito de conteúdo dos direitos fundamentais, a partir da suposição de limites imanentes que de antemão configuram tais direitos.

Virgílio Afonso da Silva (2009, p. 80) rememora que esse foi o entendimento perfilhado pelo STF em muitos de seus julgados: no HC nº 70.814, por exemplo, o Ministro Celso de Mello consignou em seu voto que "a cláusula tutelar da inviolabilidade do sigilo epistolar não pode constituir instrumento de salvaguarda de práticas ilícitas"; já no HC nº 82.424, o Ministro Maurício Corrêa sustentou que "um direito individual não pode servir de salvaguarda de práticas ilícitas, tal como ocorre, por exemplo, com os delitos contra a honra". Naqueles casos, sob a regência dos postulados das teorias interna e do suporte fático restrito, os ministros procederam à exclusão *a priori* de certas condutas do âmbito de proteção dos direitos fundamentais de sigilo de correspondência (artigo 5º, inciso XII, CF) e de liberdade de expressão (artigo 5º, inciso IV, CF).

Não obstante, a adesão anterior aos pressupostos da teoria dos princípios e da teoria externa das restrições torna inexorável, neste trabalho, *assimilar a concepção do suporte fático amplo dos direitos fundamentais*, em entendimento oposto ao do STF. Não por critério de conveniência prática, mas de simetria de premissas e de congruência teórico-metodológica.

Isso significa que se deve sempre partir do mais elástico quanto possível âmbito de proteção dos direitos fundamentais, procedendo-se às relativizações de conteúdo somente *a posteriori*, por intermédio de processos de sopesamento à luz da máxima da proporcionalidade, com o propósito de filtrar as restrições impostas a tais direitos. Nos termos de Virgílio Afonso da Silva (2009, p. 94), consuma-se, com isso, o "deslocamento do foco da argumentação: ao invés de um foco no momento da definição daquilo que é protegido e daquilo que caracteriza uma intervenção estatal, há uma concentração da argumentação no momento da fundamentação da intervenção".

Aqui reside a consequência cardeal da concepção do suporte fático amplo dos direitos fundamentais: a ampliação e o recrudescimento do dever estatal de fundamentar as intervenções sobre direitos fundamentais. Quando se toma por ponto de arranque a ideia de que uma determinada situação fática não está abarcada pela esfera normativa de um direito fundamental, cujo conteúdo resta reduzido aprioristicamente (como nos exemplos mencionados por Vieira de Andrade), não se impõe ao Estado o ônus de motivar o provimento de não outorga de proteção no caso concreto.

Porém, se a relativização do direito é interpretada como imposição de uma carga coativa (restrição) que pesa sobre o seu conteúdo, somente será reputada legítima essa relativização de seu alcance se devidamente fundamentada do ponto de vista constitucional. E a isso se segue que, quanto mais desabrida for a intervenção estatal sobre um direito fundamental, mais robusta e detalhada deverá ser a sua justificação.

Daí a razão da adesão às teorias externa e do suporte fático amplo: seus efeitos sobre o ônus de fundamentação constitucional das restrições a direitos fundamentais são da mais elevada importância, como explana Jane Pereira:

> Há, ainda, um último aspecto que evidencia ser a teoria externa mais profícua e adequada do que a teoria interna. Pelo fato de aquela operar com um raciocínio de duas etapas — que compreendem i) a identificação do âmbito de proteção inicial do direito com base em critérios flexíveis, e ii) a posterior determinação do âmbito de proteção definitivo a partir do sopesamento do direito com as restrições impostas pela necessidade de tutelar outros direitos e bens — são estabelecidas diferentes "cargas de argumentação" conforme o grau de intervenção operado no direito fundamental.
>
> Essas cargas de argumentação defluem da combinação dialética do princípio da presunção de constitucionalidade das leis — que é apanágio do princípio democrático —, com a noção de supremacia dos direitos fundamentais. Quanto mais intensa a intervenção legislativa nos direitos fundamentais, maior será o ônus de argumentação imposto ao legislador para justificar a constitucionalidade da lei. É que quanto mais intensa a restrição ao direito, mais fortes hão de ser as razões em favor dos bens e direitos que amparam a restrição (princípio da proporcionalidade). Assim, nos casos de intervenções severas em que não seja possível identificar com segurança motivos que as justifiquem, há de prevalecer o direito, com a declaração de inconstitucionalidade da lei restritiva. Diversamente, nos casos de intervenções leves nos direitos, entre em jogo o princípio da presunção de constitucionalidade, impondo-se, assim, cargas de argumentação menos severas para a imposição de restrições aos direitos.
>
> Do que foi dito, conclui-se que a teoria externa, além de comportar mais recursos de hermenêutica do que a teoria interna — pois que não exclui a subsunção, mas apenas aponta sua insuficiência para resolver conflitos envolvendo direitos fundamentais — implica uma maior vinculação do Judiciário, que fica obrigado a sopesar todos os bens jurídicos em jogo, orientado pela máxima da proporcionalidade (PEREIRA, 2006, p. 46-47).

Nos exemplos acima citados em que o STF lançou mão da metodologia subjacente à teoria do suporte fático restrito, só aparentam ser de atenuada magnitude os seus efeitos porque as condutas excluídas de antemão do âmbito de proteção dos direitos fundamentais ao sigilo epistolar e à liberdade de expressão padeciam de ilicitude flagrante. No entanto, como adverte Virgílio Afonso da Silva (2009, p. 80), há casos em que essa solução se revela extremamente dificultosa. Cita, como exemplo, o RE nº 418.416, no qual o Ministro Sepúlveda Pertence sentenciou que o sigilo bancário não é assegurado pela "intimidade protegida no inciso X do art. 5º da CF".

Dessa exclusão *a priori* promovida no voto deriva a conclusão de que o sigilo bancário não tem estatura constitucional, podendo ser abolido pela legislação ordinária a qualquer tempo ou ser afastado por um qualquer julgador sem uma fundamentação amparada em preceitos constitucionais. Na lição do supracitado autor:

> No entanto, nem sempre isso é assim tão simples. Quando o Min. Sepulveda Pertence afirma que o sigilo bancário não é garantido pela "intimidade protegida no inciso X do art. 5º da Constituição Federal", está ele, da mesma forma que ocorre nos exemplos do parágrafo anterior, excluindo de antemão uma conduta, um estado ou uma posição jurídica do âmbito de proteção de um direito fundamental. A consequência dessa exclusão não é pequena: de acordo com ela, *não importa que interesses haja na proteção do sigilo bancário dos indivíduos*, essa é uma proteção que a lei ordinária criou e que, portanto, *poderá abolir quando quiser*. E, o que é mais importante: para isso não é necessária nenhuma fundamentação constitucional. Bastam juízos de conveniência e oportunidade. Em outras palavras: se o sigilo não é protegido pelo direito à privacidade – ou por qualquer outra norma de direito fundamental -, isso significa que intervenções nesse sigilo, ou a sua total abolição, são questões meramente legais e excluídas, portanto, do controle de constitucionalidade (SILVA, 2009, p. 80).

Pode haver dúvida, então, se condutas aparente ou visivelmente abusivas devem ser consideradas, *prima facie*, no âmbito de proteção do direito fundamental apreciado. A resposta, sob a égide da teoria de Alexy, só pode ser positiva. As restrições e mesmo a coibição dos potenciais abusos deverão ser operadas no processo hermenêutico de sopesamento, mediante fundamentação constitucional balizada pela máxima da proporcionalidade, processo pelo qual se demarca o trânsito daquilo que se protege *prima facie* até a configuração definitiva do direito no plano concreto. Tomando por exemplo o direito à livre manifestação do pensamento (artigo 5º, inciso IV, CF), Silva explica:

> [...] É por isso que a pergunta sobre "o que faz parte do âmbito de proteção de um determinado direito fundamental" tem consequências menos drástica aqui, e poderia ser substituída pela pergunta: "o que é protegido prima facie por esse direito?". Essa pergunta deve ser respondida da seguinte forma: toda ação, estado ou posição jurídica que tenha alguma característica que, isoladamente considerada, faça parte do "âmbito temático" de um determinado direito fundamental deve ser considerada como abrangida por seu âmbito de proteção, *independentemente da consideração de outras variáveis*. A definição é propositalmente aberta, já que é justamente essa abertura que caracteriza a amplitude da proteção. Também a resposta individualizada à mesma questão — o que é protegido *prima facie*? — segue o mesmo caráter aberto. Exemplo: o que é protegido pelo direito à

livre manifestação do pensamento (constituição, art. 5º, IV)? Toda e qualquer manifestação de pensamento, não importa o conteúdo (ofensivo ou não), não importa a forma, não importa o local, não importa o dia e o horário. O mesmo vale para todos os direitos fundamentais (SILVA, 2009, p. 109-110).

A indagação que daí surge é se tal modelo teórico-metodológico não implicaria a existência de direitos absolutos. A resposta, desta feita, é negativa porque a "definição do âmbito de proteção é apenas a definição daquilo que é protegido *prima facie*, ou seja, de algo que poderá sofrer restrições posteriores" (SILVA, 2009, p. 110).

Delinear, partindo-se da premissa do suporte fático amplo, o âmbito de proteção de um direito fundamental consubstancia apenas a primeira etapa do método, visto que as ações, posições e estados nele englobados ainda estarão sujeitos a sopesamentos nos casos concretos, dos quais poderão resultar restrições que coarctem o conteúdo protegido em definitivo.

Raciocínio diverso — alicerçado da delimitação antecipada do âmbito de proteção dos direitos fundamentais — significaria "uma garantia menos eficaz desses direitos nas atividades legislativa e jurisdicional, por excluir da exigência de fundamentação uma série de atos que inegavelmente restringem direitos" (SILVA, 2009, p. 125).

Conclui-se, por conseguinte, que a combinação da teoria externa e do suporte fático amplo dos direitos fundamentais revela-se mais consentânea às bases de um Estado Democrático de Direito, porque apta a assegurar, nas palavras de Sarlet (2010, p. 390), uma maior "transparência metodológica [...], além de implicar que o ônus da justificação de uma restrição recaia sobre o intérprete que a invoca", de sorte a garantir parâmetros mais claros e seguros para o "controle de todo o procedimento".

Ao exigir que seja percorrido todo o caminho hermenêutico para a conversão de uma posição *prima facie* em um direito definitivo, tal combinação propicia a "reconstrução argumentativa das colisões de direitos fundamentais", suprimindo ou minimizando as possibilidades de o Estado ou mesmo outros particulares promoverem restrições arbitrárias ou investidas abusivas, posto que despidas de fundamentação pormenorizada,[48] contra as liberdades básicas titularizadas por todos os cidadãos (SARLET, 2010, p. 412).

Por derradeiro, uma vez assentados esses pontos de partida (natureza principiológica dos direitos fundamentais, teoria externa das restrições e suporte fático amplo), quadra registrar, ainda, uma breve menção à chamada "teoria da reserva de

---

[48] Virgílio Afonso da Silva (2009, p. 41) enfoca essa mesma vantagem do ônus argumentativo incumbido àquele que postula a relativização de direitos fundamentais como o principal fundamento das opções teórico-metodológicos expostas em sua obra: "O modelo aqui defendido, por alargar o âmbito de proteção dos direitos fundamentais ao máximo e considerar toda e qualquer regulamentação como uma potencial — ou real — restrição, ao mesmo tempo em que coloca os termos do problema às claras — *direitos fundamentais são restringíveis* -, impõe um ônus argumentativo àquele responsável pela restrição, que não está presente em modelos que escamoteiam essas restrições por meio de definições de limites quase jusnaturalistas aos direitos fundamentais ou que escondem restrições atrás do conceito de regulamentação".

Constituição", indispensável para garantir a completude da apreciação do tema das restrições a direitos fundamentais.

Neste ponto, acaba-se apenas por explicitar um pressuposto subentendido nas linhas pretéritas, reforçado nas reflexões de Konrad Hesse (1988, p. 250): as restrições aos direitos fundamentais devem necessariamente encontrar-se expressas na Constituição, quer com restrições impostas por outros preceitos constitucionais (reserva absoluta),[49] quer prevendo que a legislação ordinária o fará, observados os estritos marcos normativos da própria Constituição (reserva relativa).[50] Significa dizer o óbvio: "em todo caso de restrição de um direito fundamental por via de uma regra legal, esta tem que estar sustentada por princípios constitucionais", exigência derivada da hierarquia e da rigidez da Constituição (BOROWSKI, 2000, p. 41-42).

Portanto, se os direitos fundamentais não são absolutos, certo é que as restrições que eventualmente sobre eles recaiam também não podem ser desprovidas de limites. Eis mais um consectário da caracterização dos direitos fundamentais como normas de natureza princiológica.[51] Para utilizar a clássica expressão empregada pela doutrina, há que se fixar os "limites dos limites" (*schranken-schranken*) aos direitos fundamentais, dos quais a garantia do núcleo essencial assoma como a principal categoria.

Alcança-se, então, a principal conclusão inferida nesta parte do trabalho: a imposição de restrições a direitos fundamentais por meio de regras jurídicas, ainda que operadas pelo legislador ordinário, é definitivamente possível, desde que se mostrem, em qualquer caso, compatíveis com e alicerçadas no conjunto das disposições da Constituição,[52] entre as quais figuram as normas que consagram deveres fundamentais.

1.5.5 A garantia do conteúdo essencial dos direitos fundamentais no Direito brasileiro

Situou-se a gênese do debate acerca da teoria do núcleo essencial[53] dos direitos fundamentais no contexto histórico da República de Weimar, na Alemanha, em princípios

---

[49] Citam-se como exemplos de reserva absoluta os incisos VIII, XII, XVI, XIII, LXI e LXVII do artigo 5º da Constituição Federal de 1988.

[50] Está-se diante de hipóteses de reserva relativa quando os dispositivos constitucionais empregam expressões como "nos termos da lei", "na forma da lei", "a lei assegurará" etc. Pode-se mencionar exemplificativamente os incisos XIII, LVIII e LX do artigo 5º da Carta Magna brasileira de 1988.

[51] Nesse sentido, Alexy (2017, p. 195-196) sentencia que "da natureza principiológica das normas de direitos fundamentais decorrem não apenas a restrição e a restringibilidade dos direitos fundamentais em face de princípios colidentes, mas também que sua restrição e sua restringibilidade têm limites".

[52] Rememore-se que já se havia buscado cristalizar tal postulado em trabalho pretérito, ocasião em que se afirmou que: "Não podemos olvidar que as restrições por meio de regras previstas em legislações infraconstitucionais devem, para limitar direitos fundamentais, estar fundamentadas em princípios constitucionais que a sustentam. Isso porque há proibição *prima facie* ao legislador para não interferir na esfera protetiva dos direitos fundamentais. Entretanto, se tal possibilidade estiver de acordo com os preceitos formais e materiais da Constituição, a interferência é permitida" (ALTOÉ, 2009, p. 94-95).

[53] Américo Bedê Júnior (2015, p. 55) registra que a expressão "núcleo essencial", apesar de largamente utilizada, é criticada por alguns segmentos doutrinários por se revelar pleonástica e por criar a ideia, aparentemente

do século XX, no qual, em face da inexistência de um efetivo mecanismo jurisdicional de controle de constitucionalidade das leis, o Poder Legislativo frequentemente esvaziava, do ponto de vista prático, o conteúdo dos direitos fundamentais quando se propunha a restringi-los ou a regulamentá-los no plano infraconstitucional (LOPES, 2004, p. 13). Foi, então, na necessidade de se evitarem os riscos de reduzir os direitos fundamentais a meros enunciados decorativos, inscritos apenas formalmente no texto constitucional, que se buscaram, originalmente entre os doutrinadores alemães, os estímulos para a elaboração teórica dessa garantia de proteção daqueles direitos.

A explicitação desse fundamento histórico de criação da teoria do conteúdo essencial dos direitos fundamentais esclarece, pois, a sua natureza e o seu objetivo: trata-se de uma cláusula de garantia (ou de um princípio constitucional[54]) que visa a estabelecer certas divisas de contenção à atividade limitadora dos direitos fundamentais — primariamente — pelo legislador ordinário (LOPES, 2004, p. 13).

Daí a referência, amplamente difundida na doutrina alemã, a uma teoria dos "limites dos limites" (*schranken-schranken*) ou dos "limites ao poder de limitar", com vistas a salvaguardar a integridade dos direitos fundamentais. Sobre o tema, pontua Mendes (2009, p. 19) que:

> [...] da análise dos direitos individuais pode-se extrair a conclusão errônea de que direitos, liberdades, poderes e garantias são passíveis de [imoderada] limitação ou restrição. É preciso não perder de vista, porém, que tais restrições são limitadas. Cogita-se aqui dos chamados limites imanentes ou 'limites dos limites' (*Schranken-Schranken*), que balizam a ação do legislador quando restringe direitos individuais. Esses limites, que decorrem da própria Constituição, referem-se tanto à necessidade de proteção de um núcleo essencial do direito fundamental, quanto à clareza, determinação, generalidade e proporcionalidade das restrições impostas.

Falar, então, em um conteúdo essencial dos direitos fundamentais significa referir-se, nos termos de Sarmento (2001, p. 60), a um "núcleo essencial [que] traduz o 'limite dos limites', ao demarcar um reduto inexpugnável, protegido de qualquer espécie de restrição" por parte do Poder Público, de sorte que qualquer intervenção legislativa que desborde as fronteiras definidoras deste mínimo conteúdo implicará a desnaturação do próprio direito e, portanto, a inconstitucionalidade do ato normativo elaborado.

---

desacertada, de um "conteúdo não essencial". Ainda assim, informa o autor que também a utiliza, alternadamente com a locução "conteúdo essencial", pelo fato de ser mobilizada pela parcela majoritária da doutrina e também pelo Supremo Tribunal Federal como tradução mais exata da palavra alemã *Wesensgehalt*. Doravante, nesta obra, serão utilizados ambos os vocábulos, sem maiores preciosismos, por se compreender inexistentes as supostas impropriedades terminológicas apontadas para interditar o regular emprego de qualquer uma delas.

[54] Consoante se tangenciou acima, Mendes (2017, p. 211) — tanto em suas decisões jurisprudenciais enquanto ministro do STF quanto em suas produções doutrinárias — refere-se expressamente à garantia em tela como "princípio da proteção do núcleo essencial", cuja destinação precípua seria "evitar o esvaziamento do conteúdo do direito fundamental decorrente de restrições descabidas, desmesuradas ou desproporcionais". Nesta acepção, talvez pudesse ser compreendida tal cláusula de garantia, face à ausência de expressa previsão no texto da Carta Magna de 1988, como um princípio constitucional implícito, caracterização que, em nível de hipótese, demandaria, entretanto, um maior esforço argumentativo e cujos aprofundamentos teóricos esta nota definitivamente não comporta.

A pioneira previsão dessa garantia no Direito estrangeiro visualizou-se na Lei Fundamental da República Federal da Alemanha, promulgada em 1949, na cidade de Bonn. O artigo 19.2, destinado ao disciplinamento das restrições e regulamentações de direitos fundamentais, estabeleceu expressamente que "Em nenhum caso pode um direito fundamental ser afetado em seu conteúdo essencial".

Inspirada no exemplo alemão, a Constituição portuguesa de 1976 estatuiu, em seu artigo 18º, nº 3, que "As leis restritivas de direitos, liberdades e garantias têm de revestir carácter geral e abstrato e não podem ter efeito retroativo nem diminuir a extensão e o alcance do conteúdo essencial dos preceitos constitucionais".

Insuflada pelo mesmo ideal de salvaguarda dos direitos fundamentais, a Constituição espanhola de 1978, no artigo 53, nº 1, após sedimentar que os direitos e liberdades elencados em seu texto vinculam todos os Poderes Públicos, determinou: "Somente por lei, que, em qualquer caso, deverá respeitar seu conteúdo essencial, poderá ser regulado o exercício de tais direitos e liberdades".

Similar disposição também restou consagrada, lembra Américo Bedê Jr. (2015, p. 56), no artigo 52 da Carta Europeia de Direitos Humanos, aprovada no ano de 2000, o qual prevê que "Qualquer restrição ao exercício dos direitos e liberdades reconhecidos pela presente Carta deve ser prevista por lei e respeitar o conteúdo essencial desses direitos e liberdades".

Peter Häberle (2003, p. 37) acrescenta, outrossim, que a firme tendência de positivação da garantia em ordenamentos jurídicos de todo o mundo estendeu-se até a Constituição sul-africana de 1996 e a Constituição polonesa de 1997, as quais previram, em cláusula própria, a compulsória preservação dos direitos fundamentais em seus respectivos conteúdos essenciais.

Sobre o último caso — o polonês —, Silva (2009, p. 25) complementa informando que a influência do constitucionalismo alemão, idealizador da cláusula de garantia do conteúdo essencial, não se confinou à Europa Ocidental, tendo se feito sentir com notória intensidade no processo de redemocratização do Leste Europeu. Assevera que a maior parte das Constituições do antigo bloco socialista referiu-se, explicitamente, à incontornável proteção do conteúdo essencial dos direitos fundamentais, a exemplo — além da já citada Carta polonesa — das Constituições da Estônia (artigo 11), da Romênia (artigo 53, nº 2), da Hungria (artigo 8, nº 2) e da Eslováquia (artigo 13, nº 4).

O caso brasileiro demanda maior reflexão, porquanto não houve previsão expressa, na nova ordem jurídica inaugurada em 1988, da garantia de proteção do conteúdo essencial dos direitos fundamentais. O mais próximo disso foi a vedação, instituída no artigo 60, §4º, da Constituição Federal, de propostas de emendas constitucionais tendentes a abolir direitos e garantias individuais.

Mas nela, ao contrário do que se vislumbra nas experiências constitucionais retrocitadas, não se faz notar qualquer distinção entre o núcleo essencial dos direitos fundamentais e parcelas outras de conteúdo que poderiam, em tese, admitir a justificada intervenção limitadora por parte do legislador ordinário. Ainda assim, com cada vez maior frequência têm a doutrina brasileira e o STF recorrido aos termos que classicamente estruturam os debates acerca do conteúdo essencial dos direitos fundamentais para tutelar a integridade da ordem constitucional vigente.

Sobre este aparente impasse, Mendes (2017, p. 213) sustenta que, "embora omissa no texto constitucional brasileiro, a ideia de um núcleo essencial decorre do próprio modelo garantístico utilizado pelo constituinte", posto que "a não admissão de um limite ao afazer legislativo tornaria inócua qualquer proteção fundamental".

Lopes (2015, p. 97), por também não visualizar óbice na ausência de previsão constitucional expressa, pontua a importância do estudo das tipificações constitucionais da garantia do conteúdo essencial no direito comparado "como forma de contribuir na sua compreensão e possível incorporação no ordenamento jurídico brasileiro".

Não outra é a orientação de Virgílio Afonso da Silva (2009, p. 37), autor que, em monografia sobre o tema, concentra-se na elaboração de um modelo teórico de interpretação e análise da garantia do conteúdo essencial guiada pelo objetivo prático de "fornecer subsídios para a atividade jurisprudencial, especialmente a atividade do STF".

Nessa perspectiva, a lacuna identificada na Carta Magna vigente não constituiria um obstáculo instransponível à absorção da garantia em análise à prática jurisprudencial brasileira. Sinaliza nessa mesma direção Biagi (2005, p. 102), ao registrar que outras legislações silentes sobre a garantia do conteúdo essencial solucionaram semelhante omissão pelas vias jurisprudenciais, a exemplo do Conselho Constitucional francês, do Tribunal Constitucional austríaco e da Corte Constitucional italiana.

Trata-se, aliás, da consecução de conhecida advertência formulada por Peter Häberle (1997, p. 357-358), para quem, "ali onde falte de todo uma garantia do conteúdo essencial, a jurisprudência deve, antes de tudo, se refugiar na cláusula judicial do conteúdo essencial".

É fácil notar que tem sido essa a senda trilhada pela jurisprudência constitucional brasileira. Do repertório de decisões acumuladas pelo STF nas últimas décadas,[55] é possível colher múltiplos precedentes em que a garantia do conteúdo essencial dos direitos fundamentais foi invocada como razão de decidir. Um desses precedentes, deveras emblemático, foi o célebre *Caso Ellwanger*, julgado em 2003, pela Suprema Corte, nos autos do HC nº 82.424/RS (BRASIL, 2003b).

Sigfried Ellwanger, escritor brasileiro, preconizava em suas obras um polêmico revisionismo histórico acerca do holocausto. Negava veementemente que os judeus foram vítimas de políticas eugenistas de extermínio durante o período de hegemonia nazista na Alemanha, argumentando que os "campos de concentração" e as "câmaras de gás" constituíam uma grave falsificação operada por vertentes historiográficas que

---

[55] Além das duas decisões abordadas no texto, pode-se também citar os seguintes julgados integrantes do acervo jurisprudencial do STF acerca da temática do núcleo essencial dos direitos fundamentais: HC nº 82.959, RTJ nº 188/858 (912); Inq. nº 1.957; MS nº 24.369; HC nº 84/862; HC nº 82.959; HC nº 85.687; MS nº 24.045; ADI nº 1.969; RE nº 427.339; RE nº 431.121; RE nº 345.580; RE nº 266.397; RE nº 255.397; ADPF nº 45; RCL nº 30.634.

desejavam distorcer e conspurcar a memória do regime. O seu mais afamado livro intitulava-se: Holocausto judeu ou alemão — nos bastidores da mentira do século.

No final da década de 1980, Ellwanger foi denunciado pelo Ministério Público gaúcho pela prática do crime de racismo (antissemitismo). Foi absolvido em primeira instância e condenado pelo Tribunal de Justiça do Rio Grande do Sul (TJRS) em 1996, ocasião em que a edição e a venda de seus livros sobre o holocausto foram proibidas. Dias após a condenação, o escritor afrontou a autoridade da decisão e expôs à venda as suas obras em uma feira de livros na cidade de Porto Alegre.

Oferecida segunda denúncia pelo *Parquet*, Ellwanger sofreu nova condenação, tendo sido a sua pena privativa de liberdade comutada em restritiva de direitos. O caso foi levado à apreciação do STF via *habeas corpus*, no qual foi proposta pela defesa do autor a tese de que os judeus não constituíam uma "raça", e sim um "povo", motivo porque as afirmações não se podiam enquadrar na tipificação do delito de racismo.

Um dos eixos da discussão daquele julgamento foi a colisão entre direitos fundamentais: de um lado, o direito de informar, albergado nos princípios constitucionais das liberdades de expressão e de imprensa, e, de outro, os postulados fundamentais da dignidade humana e da integridade da honra e da imagem, abrangidos pelos chamados direitos de personalidade. O *writ* acabou denegado por maioria de votos. Em consistente voto da lavra do Ministro Celso de Mello,[56] pôde-se ler a seguinte explanação sobre o antagonismo de direitos fundamentais e a questão do conteúdo essencial:

> Entendo que a superação dos antagonismos existentes entre princípios constitucionais há de resultar da utilização, pelo STF, de critérios que lhe permitam ponderar e avaliar, *hic et nunc*, em função de determinado contexto e sob uma perspectiva axiológica concreta, qual deva ser o direito a preponderar no caso, considerada a situação de conflito ocorrente, *desde que, no entanto, a utilização do método da ponderação de bens e interesses não importe em esvaziamento do conteúdo essencial dos direitos fundamentais,* tal como o adverte o magistério da doutrina (BRASIL, 2003b, p. 631).

Outro mais recente julgado, datado de 2018, que retomou a questão do conteúdo essencial dos direitos fundamentais no âmbito da Suprema Corte versou sobre uma reclamação constitucional (RCL nº 30.634/SP) proposta pelo Município de Itapetininga em face de decisão judicial prolatada por turma do Tribunal Regional do Trabalho da 15ª Região, na qual se determinou, com fulcro na Súmula nº 331, item V, do Tribunal Superior do Trabalho (TST),[57] a responsabilização subsidiária e, consequentemente,

---

[56] Tal como prenunciado no parágrafo inaugural do presente capítulo, os dois primeiros julgados (HC nº 82.959/SP e HC nº 82.424/RS), referenciados no texto, foram extraídos de pesquisa jurisprudencial efetuada por Virgílio Afonso da Silva (2009). Já os dois outros votos, logo em seguida mencionados, resultam de uma atualização e complementação, propostas nesta obra, da pesquisa realizada pelo autor. Investigou-se o acervo de decisões do STF com o fito de verificar as mais recentes abordagens da teoria do conteúdo essencial dos direitos fundamentais nos julgamentos levados a cabo pela Corte.

[57] Súmula nº 331 do TST — CONTRATO DE PRESTAÇÃO DE SERVIÇOS. LEGALIDADE — V – Os entes integrantes da Administração Pública direta e indireta respondem subsidiariamente, nas mesmas condições do item IV, caso evidenciada a sua conduta culposa no cumprimento das obrigações da Lei n.º 8.666, de 21.06.1993, especialmente na fiscalização do cumprimento das obrigações contratuais e legais da prestadora

a condenação da Administração Municipal ao pagamento de créditos trabalhistas inadimplidos por empresa terceirizada que havia sido pelo Poder Público contratada (BRASIL, 2018d).

O Município Reclamante suscitou potencial afronta à autoridade da decisão proferida pelo Plenário da Corte nos autos da Ação Direta de Constitucionalidade (ADC) nº 16 (BRASIL, 2001c), em que foi declarada a constitucionalidade do artigo 71 da Lei nº 8.666/1993,[58] por se entender que a mera inadimplência de empresa contratada não implica, automaticamente, a transferência à Administração Pública da responsabilidade pelo pagamento de encargos trabalhistas, fiscais, previdenciários e comerciais decorrentes da execução do contrato.

Naquele julgamento, levado a cabo em sede de controle concentrado de constitucionalidade, triunfou o entendimento de que só se aperfeiçoa a atração da responsabilidade pela Administração Pública se suficientemente comprovada a sua culpa *in vigilando* no curso da execução contratual, traduzida em indevida omissão quanto ao dever de fiscalizar os deveres e obrigações da empresa contratada.

Na fundamentação da decisão que julgou improcedente a reclamação proposta pelo ente público, de autoria do Ministro Relator Ricardo Lewandowski, visualizou-se nova referência ao conceito de conteúdo essencial dos direitos fundamentais:

> Ao reconhecer a constitucionalidade do artigo 71 da Lei 8.666/93 e a possibilidade da imputação de responsabilidade subjetiva à Administração Pública, quando configurada sua conduta culposa, o julgamento proferido pelo STF na ADC 16 confirma essa diretriz, no sentido de que o fato de ter ocorrido um processo formal de licitação não se constitui em excludente desta responsabilidade, nem desonera, por si só, a Administração Pública. O marco normativo constitucional e legal em vigor exige que o ente público acompanhe e fiscalize se estão sendo cumpridas as obrigações trabalhistas, **a fim de preservar o conteúdo essencial dos direitos fundamentais da Carta Política de 1988, dentre os quais se insere a preservação da intimidade, vida privada, honra e imagem das pessoas (art. 5º V e X da CF/88)**, assim respaldando a responsabilidade subsidiária (BRASIL, 2018d, p. 06-07, grifos acrescidos).

Dessume-se, com efeito, da leitura das decisões exemplificativamente abordadas, que não é estranho à jurisprudência constitucional brasileira o recurso à noção de *núcleo essencial* para solução de litígios envolvendo direitos fundamentais, conceito do qual o STF tem sistematicamente lançado mão em seus julgamentos há aproximadamente duas décadas.[59] É de notar, ademais, que a utilização da teoria do *conteúdo essencial* na

---

de serviço como empregadora. A aludida responsabilidade não decorre de mero inadimplemento das obrigações trabalhistas assumidas pela empresa regularmente contratada (BRASIL, 2020h, p. A-99).

[58] Art. 71, Lei nº 8.666/1993: O contratado é responsável pelos encargos trabalhistas, previdenciários, fiscais e comerciais resultantes da execução do contrato.

[59] Virgílio Afonso da Silva (2009, p. 21) chama a atenção, ainda, para o fato de existir um sem-número de julgados do STF em que, a despeito de não serem expressamente empregados os vocábulos "conteúdo essencial" ou "núcleo essencial" dos direitos fundamentais, transparecem as premissas teóricas subjacentes à questão. Cita, para ilustrar sua assertiva, três decisões. Na primeira, é ressaltado que "na ponderação de valores contrapostos, [...] a restrição imposta nunca pode chegar à inviabilização de um deles" (ADI nº 1.969 — Ementário STF 2.142,

motivação de decisões judiciais durante esse interregno não permaneceu adstrita ao domínio da Suprema Corte, tendo sido amiúde invocada pelos Tribunais de inferior jurisdição em diversos casos que concerniam à colisão de direitos fundamentais.[60]

O fato é que qualquer superficial pesquisa no conjunto da doutrina e da jurisprudência brasileiras, em especial a do STF, revela que firmes e pródigas se mostram as razões pelas quais a ausência de normatização da garantia na Constituição de 1988 não teve o condão de interditar os debates sobre a sua incorporação no Direito brasileiro.

Superado esse aparente obstáculo, parte-se ao estudo das distintas posições doutrinárias que informam o debate acerca da melhor conformação teórica da garantia do núcleo essencial para, em seguida, explicitar as tomadas de posição que, nesta obra, alicerçarão a análise das relações limitativas entre direitos e deveres fundamentais.

Em primeiro plano, a garantia do conteúdo essencial dos direitos fundamentais pode ser divisada sob uma dupla dimensão: a objetiva e a subjetiva.

Sob a ótica objetiva, a aludida garantia se apresenta como sustentáculo de preservação dos direitos fundamentais e do seu sentido para a vida social. Trata-se de indicação inspirada nas palavras de Friedrich Klein (1957), para quem se deve sempre evitar "que a validade de uma disposição de direito fundamental seja de tal forma reduzida que se torne insignificante para todos os indivíduos ou para a maior parte deles" (*apud* ALEXY, 2017, p. 297). O enfoque objetivo da garantia do conteúdo essencial, portanto, assume como alvo a *tutela abstrata da estabilidade do sistema jurídico positivo*.

A dimensão subjetiva da garantia, a seu turno, privilegia a função de promover a *defesa de situações concretas*. Esse é, sem dúvida, o aspecto mais importante da questão, porquanto os "direitos fundamentais são primariamente posições individuais", absolutamente inócuos se reduzidos à mera afirmação de sua centralidade no plano objetivo (ALEXY, 2017, p. 297). Afinal, é possível que a anulação de um direito fundamental num determinado caso concreto não implique a subtração de sua relevância para o conjunto do ordenamento, mas se traduza na vulneração ao seu conteúdo essencial em prejuízo de sujeitos específicos e determinados (SILVA, 2009, p. 186). Há, pois, um primado da dimensão subjetiva da garantia, haja vista que é sob esse ângulo que se pode focalizar a efetiva salvaguarda dos direitos fundamentais no plano real.

A despeito da importância que deve ser votada à questão do conteúdo essencial dos direitos fundamentais, não são unânimes os parâmetros usualmente cogitados pela doutrina e pela jurisprudência para sua definição. Em verdade, não há consenso sequer quanto à existência, à relevância teórica ou à utilidade prática da garantia.

282-319). Na segunda, assoma a ideia segundo a qual "a garantia constitucional da ampla defesa tem, por força direta da Constituição, um conteúdo mínimo essencial, que independe da interpretação da lei ordinária que a discipline" (RE nº 427.339 — *DJU*, 27.05.2005). E na terceira, por fim, destaca-se a existência, no tocante aos direitos fundamentais, de um inalienável direito titularizado por todos os indivíduos ao que se convencionou chamar, no magistério da doutrina pátria, de "mínimo existencial" (ADPF nº 45).

[60] Cf., por exemplo, os precedentes: ED/REsp nº 1484415 (STJ); AC nº 0004206-80.2013.8.07.0018 (TJDF); AI/AC nº 0030378-88.2015.8.07.0018 (TJDF); ACP nº 0588401-70.2013.815.0000 (TJPB); AC nº 0015030-13.2015.8.17.1130 (TJPE); AC nº 5012766-53.2012.4.04.7009 (TRF-4).

São conhecidas as críticas formuladas pelo constitucionalista italiano Costantino Mortati (1969, p. 1127) na direção de que a proclamação da inviolabilidade do conteúdo essencial dos direitos fundamentais em face da legislação infraconstitucional não encontra razão de ser, haja vista que a Constituição, por sua própria natureza e hierarquia, já se revela intangível ao legislador ordinário. O próprio Gilmar Mendes (1999, p. 39), em edições primitivas de uma de suas obras, já chegou a fazer coro a tal interpretação desfavorável à relevância da garantia em questão, tendo em vista que a proteção do conteúdo (essencial ou não) dos direitos fundamentais, tal como enfatizado por Mortati, já derivaria da supremacia e da rigidez da Constituição.

Em similar direção, Dimitri Dimoulis e Leonardo Martins defendem a inexistência da garantia do conteúdo essencial no Direito brasileiro, tanto pela ausência de expressa previsão na Constituição Federal de 1988, quanto pela "particular dificuldade" de se delimitar o conteúdo nuclear de um direito fundamental. Conforme os autores, toda e qualquer restrição imposta a direitos fundamentais deve satisfazer o critério da proporcionalidade, mas disso não decorre a consubstanciação de um "dever autônomo de preservar um suposto núcleo que aumentaria o risco de avaliações subjetivas da constitucionalidade de leis regulamentadoras" (DIMOULIS; MARTINS, 2014, p. 168).

Virgílio Afonso da Silva (2009, p. 23-24), opondo-se a tais interpretações, entende que realçar a existência de um conteúdo essencial dos direitos fundamentais a ser preservado pelo legislador não representa contrassenso algum, pois se está a tratar de uma cláusula de proteção vocacionada a evitar que possíveis reformas constitucionais ou legais venham a afetar a configuração desses direitos. Para ele, o real desafio consiste em formular uma adequada acepção conceitual da garantia, bem como estabelecer parâmetros objetivos de definição do núcleo essencial dos direitos fundamentais.

Nesse mister, confrontam-se dois entendimentos diametralmente opostos, identificados nas teorias que se convencionou designar, doutrinária e jurisprudencialmente, de "absoluta" e de "relativa". Em linhas gerais, o ponto de dissídio que as separa consiste na (im)possibilidade de se delinear o núcleo essencial de um direito fundamental fora de casos concretos, dado crucial para conferir eficácia e utilidade práticas à discussão.

Sustentam os adeptos da teoria absoluta que o núcleo essencial dos direitos fundamentais configura uma "unidade substancial autônoma que, independentemente de qualquer situação concreta, estaria a salvo de eventual decisão legislativa" (MENDES, 2017, p. 210). Ou seja, segundo tal perspectiva, queda-se possível definir, *in abstracto*, no interior dos limites normativos de determinado direito fundamental, um espaço absolutamente insuscetível de qualquer restrição, ainda que mínima, por parte do legislador, espaço esse que funcionaria como uma blindagem aplicável a rigorosamente qualquer situação, independentemente de variantes fáticas concretas.

Um dos consectários teóricos dessa premissa é o de que seria possível distinguir, de antemão, no interior do conteúdo dos direitos, uma parcela essencial e outra periférica, sendo que apenas esta última admitiria limitações normativas impostas pelo Estado, desde que, em qualquer caso, devidamente justificadas à luz da Constituição.

Sucede que a teoria absoluta dos direitos fundamentais não se apresenta na doutrina como um bloco homogêneo, mas comporta, entre os seus diversos adeptos, algumas importantes variações que a tornam mais matizada do que ordinariamente se costuma descrever. Nomeando as gradações internas da teoria absoluta, Silva (2009, p. 188-189), inspirado pela tipologia proposta por Claudia Drews (2005, p. 65-66), subdivide-a em duas subcorrentes parcialmente antagônicas, a saber, a do conteúdo essencial absoluto-dinâmico e a do conteúdo essencial absoluto-estático.

Nesta última, interpreta-se o núcleo essencial de um direito fundamental como atemporal e totalmente imutável, posto que imune a qualquer ação do tempo. Isto é, nem mesmo as transformações históricas socialmente operadas mostram-se capazes de alterar a área absolutamente intransponível caracterizada como o conteúdo essencial de um direito. Flerta-se aqui, é patente, com uma concepção jusnaturalista dos direitos fundamentais: independentemente da época ou das circunstâncias históricas, um núcleo substancial pré-concebido se imporá sobre quaisquer outras injunções, desimportando a natureza das mesmas. A noção de núcleo essencial absoluto-estático, em tal ordenação, aparece sintetizada na sentença formulada por Manfred Stelzer (1991, p. 49), segundo a qual se deve sempre definir e aceitar "um conteúdo mínimo ou residual de cada direito fundamental que resiste ao tempo e a todas as situações sociais".

Perfilhando compreensão diversa, os partidários da subcorrente do conteúdo essencial absoluto-dinâmico, embora reconheçam a necessidade de se pontilhar, no âmbito dos direitos fundamentais, um reduto intransigentemente refratário a intervenções de qualquer espécie, sustentam que o núcleo substantivo de um direito é sempre sensível às metamorfoses verificadas no processo histórico. Afinal, se é pretensão reivindicada pela Constituição promover a regulação da vida social, sendo esta cambiante e sujeita a mudanças, deve a ordem jurídica acompanhar o seu dinamismo e demonstrar continuamente as relativas abertura e elasticidade que condicionam o exercício de sua vocação deontológica, isto é, conformadora de comportamentos. Inteligindo, pois, a historicidade como uma determinante ineliminável dos sentidos de cada direito fundamental e da própria Constituição, enfatizam os defensores desta subcorrente, a exemplo de Georg Herbert (1985), que não se pode tomar por sinônimas as noções de "conteúdo essencial absoluto" e "conteúdo essencial imutável" (SILVA, 2009, p. 188).

Na outra extremidade da querela, triunfa, entre os defensores da teoria relativa, o entendimento de que o conteúdo essencial de qualquer direito fundamental só pode ser definido casuisticamente, avaliando-se *in concreto* as finalidades perseguidas pelas normas de caráter restritivo (MENDES, 2017, p. 211), de maneira que a aferição da substância básica do direito só se faria cognoscível se submetida a um rigoroso processo de ponderação entre meios e fins, albergado nos fundamentos do princípio da proporcionalidade. Isto é, "o núcleo essencial seria aquele mínimo insuscetível de restrição ou redução com base nesse processo de ponderação" (MENDES, 2017, p. 212).

A constatação central oferecida pela teoria relativa é a de que consubstancia tarefa impossível determinar abstrata e aprioristicamente o conteúdo essencial de qualquer direito, porquanto esse conteúdo substancial sequer existe de maneira estática ou absoluta, fora das múltiplas condicionantes do mundo da vida. Em suma, somente nos casos concretos seria possível definir o núcleo essencial dos direitos fundamentais.

A discussão é complexa e, por isso mesmo, nenhuma das teorias atingiu um nível de aperfeiçoamento tal que lhes assegurasse uma completa imunidade a críticas razoáveis. À teoria absoluta, por exemplo, pode-se opor o argumento de que a subdivisão *a priori* do conteúdo de um direito fundamental em elementos centrais (essenciais) e periféricos (não essenciais) implica o sacrifício da sua unidade e a indicação de uma parcela que estaria relativamente vulnerável a interferências normativas de inferior hierarquia, o que não deixa de erigir complicações teóricas e práticas de relevo (MARTÍNEZ-PUJALTE, 1997, p. 31). Além, obviamente, da já assinalada dificuldade (ou mesmo impossibilidade) de se antecipar abstratamente todas as peculiaridades que o âmbito de proteção de um direito fundamental deve contemplar, a qual evoca o risco de se degenerar a garantia numa fórmula vazia.

De outra parte, explicita-se como uma debilidade da teoria relativa um certo grau de insegurança jurídica produzida pela flexibilidade atinente à determinação somente casuística do núcleo essencial dos direitos fundamentais, o que acaba por fragilizar, em alguma medida, a previsibilidade exigida para minimizar, tanto quanto possível, as potencialidades de conflito. Assinala Américo Bedê Júnior (2015, p. 63) que a teoria relativa apresenta o "defeito de parecer uma *cadenza* constitucional", cujo principal risco evocado é o de relegar ao alvedrio do exegeta as definições daquilo que se vai reputar essencial ou não no conteúdo dos direitos. Alerta, então, o autor que, em sua leitura, "por mais talentoso que seja o intérprete, não se deve deixar, inteiramente, ao improviso a aplicação de direitos fundamentais" (BEDÊ JÚNIOR, 2015, p. 63).

Talvez por essa razão tenha Konrad Hesse (1988, p. 149) proposto uma alternativa conciliatória entre as duas teorias, propugnando pelo reconhecimento do princípio da proporcionalidade como um filtro de proteção contra as restrições arbitrárias ou injustificadas do Poder Público (provimento típico da teoria relativa), mas também contra a vulneração de um núcleo essencial dos direitos fundamentais parcialmente concebido de antemão (opção teórico-metodológica que encontra ancoragem na teoria absoluta).

Note-se que essa fórmula híbrida encontrou ressonância, inclusive, na jurisprudência do Tribunal Constitucional espanhol, o qual tem entendido pela possibilidade, num primeiro momento, de se determinar genérica e abstratamente o conteúdo essencial de um direito fundamental, complementando-o, porém, num segundo instante, com os traços particulares do caso concreto (LOPES, 2015, p. 99).

Ambas as linhas de fundamentação se mostram consistentes. Não obstante, parecem gozar de maior peso argumentativo os apontamentos críticos endereçados às teorias absolutas do conteúdo essencial dos direitos fundamentais ao revelarem, com acerto, a faceta inoperante das mesmas, ante a impossibilidade prática de se afixar — antecipada, objetiva e categoricamente — os elementos nucleares de um dado direito fundamental, como sustenta Gilmar Mendes:

> É verdade que a teoria absoluta, ao acolher uma noção material do núcleo essencial, insuscetível de redução por parte do legislador, pode converter-se, em muitos casos, numa fórmula vazia, dada a dificuldade ou até mesmo a impossibilidade de se demonstrar ou caracterizar *in abstracto* a existência desse mínimo essencial. É certo, outrossim, que a ideia de uma proteção ao núcleo essencial do direito fundamental, de difícil identificação, pode ensejar o sacrifício do objeto que se pretende proteger (MENDES, 2017, p. 212).

Por tais razões, o recurso a uma concepção relativa da referida garantia apresenta-se como medida mais adequada à sua plena aplicabilidade na dinâmica da vida social. A teoria relativa, conforme aclarado linhas acima, propicia a salvaguarda do núcleo essencial de determinado direito fundamental em toda e qualquer situação, justamente por respeitar as particularidades que distinguem e singularizam os casos concretos (tanto em decorrência da substância propriamente do direito quanto dos efeitos a serem produzidos pelas normas que eventualmente o restrinjam).

Conquanto seja um traço de notável valor, a adesão à corrente teórica de designação relativa do conteúdo essencial dos direitos fundamentais não se legitima apenas pelo atributo do pragmatismo. Em benefício de sua predileção, constam dois outros fatores de igual relevância, os quais logram suavizar a principal crítica — atenuada segurança jurídica — que corriqueiramente se opõe à sua invocação: (1) a sujeição à máxima da proporcionalidade e (2) o caráter cumulativo e evolutivo do arcabouço jurisprudencial da Suprema Corte brasileira.

O primeiro predicado — submissão da fundamentação à máxima da proporcionalidade — informa os resolutos parâmetros sobre os quais se assenta o exame de quaisquer restrições a direitos fundamentais. Ainda que tal assertiva não estabeleça um receituário capaz de produzir sempre o mesmo desfecho — visto que cada julgador conserva idiossincrasias que influenciam a prolação de seus veredictos, ônus da opção do legislador brasileiro pelo sistema de livre convencimento nas decisões judiciais —, anuncia ela — a máxima da proporcionalidade — um rito específico, que, caso perseguido de forma escorreita, se não elimina, ao menos atenua do campo jurídico o improviso exegético e os apetites de paladar discricionário a que alude criticamente parte da doutrina.

Nesse sentido, o apelo à máxima da proporcionalidade dá forma a um método que, a despeito de preservar uma margem inelimínavel de liberdade do julgador, permite um maior e mais transparente controle da racionalidade da fundamentação das restrições a direitos fundamentais e, consequentemente, da definição de seus respectivos conteúdos essenciais caso a caso.

Da aplicação desse método deriva a conclusão de que *aquilo que sobrevive aos filtros da adequação, da necessidade e da proporcionalidade em sentido estrito* — critérios identificados por Alexy (2017, p. 116-120) quando da formulação da máxima da proporcionalidade[61] — *não infringe o núcleo essencial do direito fundamental* implicado no caso em escrutínio. A máxima em referência ajusta-se perfeitamente ao conceito de conteúdo essencial segundo sua dimensão subjetiva, vez que é de seu empenho que se identifica a substância inviolável de um direito fundamental no caso concreto.

Ou seja, ao passo que a proporcionalidade demarca tanto o equívoco como o acerto, no caso concreto, da imposição de uma restrição ao exercício de um direito fundamental, ela também define a parcela de conteúdo a ser protegida de qualquer intervenção sob o signo da garantia do núcleo essencial.

Neste sentido, pode-se dizer que o conteúdo essencial de um direito fundamental consiste, sempre, na *porção de conteúdo que sobra do processo de ponderação*, isto é, as frações que restam após a aplicação da máxima da proporcionalidade.

Com efeito, se a constitucionalidade das restrições a direitos fundamentais garantidos por princípios está afiançada, sobretudo, à sua fundamentação constitucional, e se tal fundamentação constitucional é passível de controle a partir da máxima da proporcionalidade, conclui Silva (2009, p. 206) "que toda restrição proporcional é constitucional"; ou, noutras palavras, "se é inimaginável considerar como constitucional uma restrição que invada o conteúdo essencial de algum direito, *então, o proporcional respeita sempre o conteúdo essencial*".

É exatamente essa a síntese preconizada por Alexy:

> [...] o conteúdo essencial é aquilo que resta após o sopesamento. Restrições que respeitem a máxima da proporcionalidade não violam a garantia do conteúdo essencial nem mesmo se, no caso concreto, nada restar do direito fundamental. A garantia do conteúdo essencial é reduzida à máxima da proporcionalidade (ALEXY, 2017, p. 297-298).

Em sequência, a jurisprudência do STF relacionada à temática das restrições ao núcleo essencial de direitos fundamentais pode apresentar-se — ao lado da supracitada questão do método — como o segundo fator a minimizar a potencial insegurança jurídica decorrente da adesão aos pressupostos da teoria relativa. Para além da constatação de ser o STF o órgão máximo de defesa da ordem constitucional (e, por conseguinte, de proteção dos direitos fundamentais), seus posicionamentos ganham maior importância na medida em que acolham e apliquem reiteradamente a concepção relativa da garantia do conteúdo essencial dos direitos fundamentais.

Ao projetar, em caráter cumulativo e evolutivo, um conjunto reiterado de decisões dedicadas à salvaguarda dos elementos substantivos desses direitos, a Corte Constitucional brasileira é capaz, além de sufragar os fundamentos metodológicos

---

[61] Para um maior aprofundamento teórico acerca da máxima da proporcionalidade, cf. Marcelo Altoé (2009), Robert Alexy (2017), Virgílio Afonso da Silva (2009) e Wilson Steinmetz (2004).

de aferição do núcleo essencial dos direitos fundamentais, de oferecer aos demais intérpretes do Direito firmes referências, critérios e diretrizes de entendimento a serem mobilizados em cada caso. Por suposto, tal serventia não acarreta a petrificação das compreensões firmadas pelo Tribunal em cada julgado concernente à garantia do núcleo essencial, consoante apregoado pela teoria absoluta.

O proveito que aqui se pretende enfatizar é tão somente o da extração de um tom informativo e orientativo do resultado de suas deliberações, acompanhando os ventos de mudança que têm paulatinamente reforçado, no Brasil, a tendência de uniformização jurisprudencial — mediante a garantia de atributos como estabilidade, integridade e coerência —, expressa, por exemplo, na introdução de um sistema de precedentes no novo Código de Processo Civil (CPC), em seus artigos 926 a 928.

Em verdade, a acolhida da teoria relativa do núcleo essencial dos direitos fundamentais, como registrado nas correntes páginas, não corresponde a uma predileção aleatória. Ela advém, noutro sentido, do próprio eixo de estruturação deste trabalho. Tendo em vista o reconhecimento da natureza principiológica das normas de direitos fundamentais, a validação da teoria externa das restrições, a adoção de um suporte fático amplo e a admissão do primado da dimensão subjetiva da garantia do conteúdo essencial, outra teoria não encontraria, em relação a tais opções, respaldo ou congruência metodológica.

É, pois, a simetria teórica das premissas aqui perfilhadas, conforme se buscou proceder em obra pretérita (ALTOÉ, 2009, p. 95), a chave de compreensão que reconduz à assimilação da teoria relativa do conteúdo essencial dos direitos fundamentais para apreciar as suas relações limitativas com os deveres fundamentais.

1.5.6 O caráter principiológico das normas de deveres fundamentais e suas restrições a direitos fundamentais

Estabeleceu-se como axioma deste trabalho a ideia de que as normas constitucionais que consagram direitos fundamentais são dotadas de natureza principiológica, haja vista que os direitos por elas garantidos apresentam um caráter *prima facie* (não definitivo). Nos limites dessa arquitetura teórica, modelada por Alexy (2017), os princípios e, por consequência, as normas de direitos fundamentais exsurgem como mandamentos de otimização, isto é, como normas que ordenam a realização de seus conteúdos na mais elevada medida do possível, de acordo com as possibilidades fáticas e jurídicas constitutivas dos casos concretos.

Como prenunciado alhures, busca-se sustentar, nesta etapa final do capítulo, a hipótese de que a maioria das conclusões sacadas no terreno da teoria dos direitos fundamentais se revelam extensíveis, *mutatis mutandis*, à matéria dos deveres fundamentais. O eixo principal desta hipótese consiste na afirmação do *caráter principiológico das normas que positivam deveres fundamentais* e da *natureza de restrições externas* de que se revestem as mesmas quando entram em rota de colisão com direitos fundamentais.

Abre-se, com tal proposta, uma importante distensão em referência à obra de Casalta Nabais, na medida em que o autor lusitano, partindo de premissas antagônicas às perfilhadas por Alexy, concebe os deveres fundamentais autônomos como *limites imanentes* aos direitos fundamentais, sem tomá-los, via de regra, como cargas coativas externas que incidem sobre os conteúdos dos mesmos. Além disso, Nabais adota a perspectiva que privilegia uma noção absolutista da garantia do núcleo essencial dos direitos fundamentais, ao abrir passagem para a sua formulação, pelo menos num primeiro plano, em termos abstratos, independentemente de variações fáticas dos casos concretos.

Como a larga maioria da doutrina que opera com a categoria de "dever fundamental" compartilha das premissas sedimentadas por Casalta Nabais, a proposição de elaborar um modelo teórico-metodológico centrado na natureza principiológica dos deveres fundamentais e pensar as suas relações limitativas com os direitos fundamentais à luz da teoria externa das restrições, perfilhando a teoria relativa do núcleo essencial, configura o principal traço de inovação oferecido neste estudo ao plano de uma teoria geral dos deveres fundamentais. A construção desse modelo servirá, ao final do trabalho, como um dos pilares para solucionar a problemática atinente aos limites dos planejamentos tributários em face do dever fundamental de pagar tributos nos termos da Constituição de 1988.

Pois bem. Ao tratar das conexões entre os deveres fundamentais e os princípios constitucionais, o dado primeiro que a doutrina busca acentuar são os seus pontos de contato, traduzidos, primordialmente, numa relação de condicionamento recíproco entre ambas as figuras constitucionais. Nessa esteira, deveres e princípios aparecem como categorias jurídicas distintas, conquanto integrantes da dogmática constitucional. Para Nabais (2015, p. 130), é inevitável que "todos os princípios constitucionais, na medida em que limitem a *extensio* ou a *intensio* do poder legislativo ou condicionem o seu exercício, acabem de algum modo também por balizarem os deveres fundamentais".

Noutro trecho ainda mais preciso, aduz que os "deveres fundamentais são expressão de valores constitucionais afirmados por princípios constitucionais" (NABAIS, 2015, p. 129). Em exemplos fornecidos pelo próprio autor dessa conexão axiológica entre princípios e deveres fundamentais, tem-se que os deveres de participação política se encontram intrinsecamente vinculados ao princípio democrático; os deveres econômicos, sociais e culturais associam-se ao princípio do Estado Social; os deveres de defesa da pátria conectam-se ao princípio da independência nacional; e, acrescenta-se, o dever fundamental de pagar tributos encontra suporte e justificação — entre outros, ver-se-á no próximo capítulo — no princípio da solidariedade.

O outro modo de expressão dessa relação entre deveres e princípios, consoante essa mesma linhagem doutrinária, consiste nos limites que os segundos, por sua natureza, necessariamente impõem aos primeiros. Na medida em que os deveres fundamentais se exprimem como posições jurídicas passivas, que constrangem os indivíduos a assumirem determinados comportamentos, invariavelmente os comandos por eles veiculados coarctam os âmbitos de conteúdo dos princípios constitucionais, mormente do princípio da liberdade e seus sucedâneos. Segundo Casalta Nabais (2015, p. 122), "todos eles [deveres fundamentais], independentemente ou para além da eventual associação ou coligação específica que tenham com determinados direitos, acabam por afectar ou restringir o conteúdo das liberdades individuais".

É essa a dimensão que demarca as dissonâncias da interpretação trilhada neste trabalho em relação às compreensões postuladas por Nabais. Para ele, os deveres fundamentais autônomos participam da *delimitação* do conteúdo dos direitos fundamentais, isto é, condicionam o tracejamento dos contornos do próprio âmbito de conteúdo do direito examinado. O autor está claramente a referir a teoria dos limites imanentes, como tratou de explicitar noutra oportunidade: "Pois considero que os deveres fundamentais, todos os deveres fundamentais autônomos, constituem limites imanentes ao conteúdo constitucional dos direitos, liberdades e garantias fundamentais, concretizado na constituição ou concretizável a partir da própria constituição pelo legislador em termos estritamente vinculados ao referido conteúdo" (NABAIS, 2017, p. 271).

A posição adotada neste estudo, como se vem de dizer, parte de premissas distintas, que transcendem as reflexões tecidas por Nabais acerca das relações entre os deveres fundamentais e os princípios inscritos na Constituição. O âmago dessa outra interpretação funda-se no reconhecimento de uma homologia — leia-se, de uma identidade estrutural, de um isomorfismo — entre as normas de direitos fundamentais e as normas que estatuem deveres fundamentais, atribuindo a ambas um caráter eminentemente principiológico.

Com efeito, dessa tese da homologia ou do isomorfismo normativo entre direitos e deveres fundamentais, colhem-se, no trato teórico destes últimos, os mesmos consectários jurídicos trabalhados anteriormente: a estrutura *prima facie* (não definitiva) dos seus conteúdos e a sua compreensão, essencialmente, como mandamentos de otimização.

Não parece difícil visualizar que os deveres fundamentais raramente podem ser realizados de maneira total, isto é, sem admitir gradações ou relativizações durante as operações hermenêuticas que abrem caminho à sua aplicação em casos concretos. Isso porque todos os deveres fundamentais necessariamente implicam, de um modo ou de outro, restrições ou afetações aos conteúdos de direitos fundamentais.

Como dito acima, ao passo que se materializam como posições jurídicas passivas consubstanciadas em comportamentos a serem compulsoriamente adotados pelos seus destinatários, não se pode inteligir tais deveres senão como comandos que relativizam, em maior ou menor grau, as liberdades individuais, ainda que seu sentido último, paradoxalmente, seja o de fomentar os direitos fundamentais por intermédio dos quais aquelas liberdades juridicamente se exprimem.

São múltiplos os exemplos a serem citados dessa relação potencialmente conflituosa entre direitos e deveres fundamentais. Nabais (2015, p. 123) menciona, entre outros, a inevitável contraposição dos deveres de defesa (com destaque para a prestação do serviço militar obrigatório) com inúmeras variantes do direito fundamental à liberdade, como as liberdades de deslocamento e fixação no território nacional, de emigrar, de escolha profissional e até de crença e/ou intelectual (mitigada, no caso brasileiro, pela possibilidade de se opor, em tempos de paz, a chamada exceção de consciência, nos termos do artigo 143, §3º, CF/88).

Pode-se cogitar, também, de uma colisão entre o dever fundamental de pagar tributos e, novamente, o direito fundamental à liberdade, nessa ótica aplicado à seara tributária (liberdade fiscal), sob a forma da estruturação de planejamentos tributários para redução de carga tributária.

Posta em tais contornos a análise, da interpretação dos deveres fundamentais como normas dotadas da estrutura de regras, inapelavelmente decorreria o aniquilamento dos direitos fundamentais cujos conteúdos a eles se opusessem no seio de um caso concreto. A razão é cristalina: uma vez concebidos como regras, os deveres inscritos na Constituição deveriam ser realizados segundo o método da subsunção — na forma do "tudo ou nada", para novamente invocar a afamada expressão de Ronald Dworkin (2007, p. 39) —, não importando que outras normas, ainda que qualificadas por idêntica envergadura constitucional, pudessem com eles colidir no contexto de uma dada situação fática. Acentua-se, aí, a incompatibilidade de um tal raciocínio com os sustentáculos de um Estado Democrático, em que o primado das liberdades e da dignidade humana vigora como dogma insuprimível.

Nesse passo, afigura-se incoercível a compreensão dos deveres fundamentais como mandamentos de otimização, ou seja, como normas que devem ser realizadas pelo intérprete na maior medida possível, conforme as circunstâncias do caso concreto. Quer isso significar que os comandos por elas estabelecidos, máxime quando confrontados com direitos fundamentais, admitem uma gradação entre deveres *prima facie* e deveres definitivos, delineados após um cuidadoso processo de sopesamento à luz da máxima da proporcionalidade.

Aqui se pode novamente reproduzir a lição de Virgílio Afonso da Silva (2009, p. 45) acerca da distinção entre regras e princípios, fundada em competente exegese da obra de Alexy (2017), com especial atenção para as despretensiosas indicações lidas entre os parênteses: "no caso das regras, garantem-se direitos (*ou se impõem deveres*) definitivos, ao passo que no caso dos princípios são garantidos direitos (***ou são impostos deveres***) *prima facie*" (grifos acrescidos).

O axioma, então, está dado: posto que dotados de natureza principiológica, em raciocínio análogo ao desenvolvido por Alexy no tocante aos direitos fundamentais, os deveres fundamentais consubstanciam categorias autônomas *sujeitas à disciplina da colisão de bens e valores constitucionais*. Parece ser tal interpretação, inclusive, se comparada com a ideia de limites imanentes, mais sintonizada com o propósito, cultivado por Casalta

Nabais, de sublinhar, como postulado cardeal da teoria dos deveres fundamentais, a autonomia destes últimos enquanto categorias constitucionais.

Recorde-se, outrossim, que já havia sido tangenciada essa perspectiva do cumprimento gradual dos deveres fundamentais quando se discutiu, a partir da proposição conceitual formulada na obra de Pedra (2013), a imprescindibilidade de os mesmos atribuírem aos seus destinatários "sacrifícios triviais", sempre sujeitos a ponderações objetivas e subjetivas segundo as submáximas da adequação, da necessidade e da proporcionalidade em sentido estrito.

Nesse sentido, um dos principais parâmetros a balancear as operações hermenêuticas componentes do método do sopesamento é a intransigente preservação, à luz da máxima da proporcionalidade, do conteúdo essencial dos direitos fundamentais que, em cada caso concreto, venham a ser restringidos por deveres igualmente fundamentais extraídos do texto constitucional.

Por conseguinte, no campo das relações limitativas com os direitos fundamentais, os deveres fundamentais assomam não como limites imanentes daqueles, mas como restrições (cargas coativas) externas que recaem sobre os conteúdos dos primeiros. Distinguem-se, nesse escopo, duas fases complementares do processo interpretativo que fundamenta a aplicação das normas de deveres fundamentais: (1) a identificação do âmbito normativo do dever invocado, a partir da sua configuração dogmática abstratamente prevista na ordem jurídica (dever *prima facie*); e (2) a identificação do que dele resta após o sopesamento com outras normas constitucionais de cariz principiológico (no caso, direitos fundamentais), levando-se em consideração as condicionantes do caso concreto e a aplicação da máxima da proporcionalidade (dever definitivo).

Assim, tomando-se de empréstimo um dos exemplos citados por Pedra (2013, p. 286), na hipótese de uma família em situação de pobreza, a avaliação do (des)cumprimento do dever fundamental de assegurar a educação dos filhos (resultante da interpretação conjunta dos artigos 205, 227 e 229 da CF) não pode se dar sumariamente — como se de uma regra se tratasse — a partir apenas da extensão da norma em abstrato. Essa é somente a primeira etapa da análise, dedicada a estabelecer o dever *prima facie*.

Carecem de ser, também, apreciadas as condições concretas em que poderiam ter os pais buscado prover a educação dos filhos, em confrontação com o direito fundamental à digna subsistência familiar. Só após essa aferição *in concreto* (identificando-se o dever definitivo), subsidiada por um juízo de proporcionalidade, é que se poderia cogitar de qualquer sancionamento, inclusive criminal (*vide* o artigo 246 do Código Penal), dos pais por eventual violação a um dever fundamental gravado na Constituição.

Ressalte-se, ademais, que a estrutura *prima facie* dos deveres fundamentais, aliada à sua concepção como mandamentos de otimização, não constitui o único fator a amparar a tese que aqui se tem apregoado. Em tópico anterior, assinalou-se que constitui traço típico dos deveres fundamentais a atenuada densidade normativa dos preceitos que os consagram, fato que torna indispensável a atuação do legislador ordinário com vistas a conferir-lhes concretude e mais clara fisionomia.

Desse panorama decorre a constatação de que as normas de deveres fundamentais se distinguem por um mais acentuado grau de generalidade e abstração, qualidade que igualmente reforça o argumento de que a tais normas pode ser reconhecido, a exemplo do que se verifica com os preceitos de direitos fundamentais, um caráter essencialmente principiológico.

Nesse sentido, também sob essa perspectiva — a da "textura aberta" dos preceitos de deveres fundamentais — alumia-se a incompatibilidade dos mesmos com os traços singulares das normas com estrutura de regra: a elevada margem de manobra legada ao legislador ordinário, outorgando-lhe maior liberdade na regulamentação e no aperfeiçoamento dos deveres constitucionais, definitivamente inviabiliza, do ponto de vista prático, a aplicação do método da subsunção, dada a relativa indeterminação de seus conteúdos.

Esse amplo e mais plástico alcance hermenêutico dos deveres fundamentais, somado à inelimin´vel antinomia em que eles permanentemente incorrem em relação aos direitos fundamentais, exige que sejam os mesmos concebidos como normas principiológicas e, enquanto tais, sujeitas aos métodos da ponderação e do sopesamento, até mesmo como uma condição *sine qua non* à consecução do imperativo de coexistência harmônica dos múltiplos e diversificados valores constitucionais.

No campo tributário, essa classe de conflitos verifica-se com demasiada frequência — como faz crer o objeto de pesquisa desta obra — e quase sempre envolvendo o direito fundamental de liberdade do contribuinte, traduzido, por exemplo, no direito de auto-organização patrimonial por meio de planejamentos tributários, e o dever fundamental de pagar tributos, materializado no exercício, pela Administração, do poder-dever de conferir efetividade aos mecanismos coercitivos de tributação.

A concepção dessas normas (direito fundamental à liberdade e dever fundamental de pagar tributos) como princípios e, portanto, como mandamentos de otimização viabiliza as tentativas de harmonização de tão relevantes valores constitucionais, vedando o sacrifício total e peremptório de qualquer deles ao livre alvedrio do intérprete ou do julgador. Curiosamente, é o próprio Nabais quem destaca a importância da ponderação nesse contexto:

> Ora, como é sabido, as soluções do direito (e é de direito tributário que estamos a falar), tanto na sua formulação normativa como na sua concretização prática, são, pela sua própria natureza, soluções suportadas em ponderações de valores, bens ou interesses jurídicos, soluções harmonizadas ou harmónicas portanto. O que obsta a que, no direito tributário, possa haver soluções que se traduzam no triunfo absoluto dos contribuintes face ao Estado ou deste em face àqueles. Naturalmente que a específica harmonização a promover e realizar pela ordem jurídica varia de época para época e até de país para país. O que, por certo, ela não comporta são soluções radicais [...] (NABAIS, 2017, p. 269-270).

Antes, porém, que açodadamente se impute a Nabais uma contradição insanável em suas compreensões, é de se recordar, em consonância com o que se sedimentou na nota nº 46, que o autor adota uma teoria moderada ou mitigada dos limites imanentes, a qual, conquanto deles parta para examinar as relações limitativas entre direitos e deveres fundamentais, não fecha as portas, num segundo plano, à incidência de potenciais restrições ao âmbito de conteúdo real (não aparente) dos direitos.

O que neste trabalho se diferencia de tal posição é a rejeição à partida da teoria dos limites imanentes, a qual cede lugar, já de início, ao modelo teórico-metodológico delineado nos subtópicos anteriores, baseado num encadeamento de premissas inspiradas nas obras de Alexy (2017) e de Virgílio Afonso da Silva (2009) — caráter principiológico das normas de direitos (e deveres) fundamentais, teoria externa das restrições, teoria relativa do núcleo essencial e primado da dimensão subjetiva desta última garantia — que impõem sempre ao julgador um ônus rigoroso de fundamentação constitucional das restrições a direitos fundamentais, regida pela máxima da proporcionalidade e pelo imperativo de preservação do núcleo essencial dos mesmos.

Com isso, assegura-se uma mais efetiva proteção dos preceitos constitucionais sensíveis, uma maior possibilidade de controle racional das fundamentações das decisões judiciais e, com efeito, um incremento da legitimidade da atividade jurisdicional (mormente em nível de jurisdição constitucional).

Em algumas esparsas decisões do STF, têm comparecido, vez ou outra, embora sem maiores desenvolvimentos, alguns indicativos que apontam para tal possibilidade de ponderação entre direitos e deveres fundamentais. No julgamento do RE nº 601.314 (BRASIL, 2016a), por exemplo, no bojo do qual se estabeleceu a possibilidade de quebra de sigilo bancário pela Administração Fiscal sem autorização judicial, vários Ministros invocaram o dever fundamental de pagar tributos como razão de decidir.

O Ministro Luís Roberto Barroso, em excerto do seu voto, além de mencionar a garantia do núcleo essencial, referiu-se a um "juízo de ponderação racional" entre o direito de sigilo fiscal[62] (corolário dos direitos fundamentais à privacidade e à intimidade) e o dever fundamental de pagar tributos, acrescentando, em sequência, que a constitucionalidade das restrições a direitos fundamentais só pode ser aferida nos casos concretos, à luz da máxima da proporcionalidade, a qual deve conduzir o processo decisório. *Ipsis litteris*:

> 25. De todo modo, ainda que se considere o sigilo fiscal como uma decorrência do art. 5º, X, da CF/88 e, portanto, merecedor de algum nível de proteção constitucional, é preciso reconhecer que se trata de uma dimensão eminentemente patrimonial desse direito, que, além de não ser absoluto, comporta um nível ainda maior de compressão. Assim, *em um juízo de ponderação racional com o dever fundamental de pagar tributos e com o princípio da isonomia, materializado na esfera fiscal como dever de todos os contribuintes de contribuírem de forma equânime para o financiamento do Estado, tal direito pode e deve ceder.*

---

[62] Apesar da expressa alusão ao "juízo de ponderação racional" entre direitos e deveres fundamentais, visualiza-se no voto em apreço uma ambiguidade ou, melhor, um sincretismo insanável, na medida em que, no parágrafo de nº 27, o Ministro Luís Roberto Barroso assevera considerar que a oposição de sigilo bancário à Administração não tem relação direta com as garantias constitucionais da intimidade e da proteção à vida privada, o que sugere a sua exclusão *a priori* do âmbito de proteção dos direitos fundamentais mencionados, providência típica da teoria dos limites imanentes e da premissa do suporte fático restrito.

26. Mesmo porque, como se observa dos dispositivos que são aqui atacados, a obrigação acessória imposta às instituições financeiras é a de entrega daquelas informações que voluntariamente o contribuinte deveria ter fornecido e não forneceu, com o objetivo de embasar o lançamento tributário. E mais: informações que a absoluta maioria das pessoas efetivamente entrega e que compõem o dia a dia dos dados fiscais sigilosos sob a guarda da Administração Tributária. Portanto, o que está sendo tratado aqui, a rigor, é se existe ou não um direito constitucionalmente protegido a se recusar a oferecer à tributação valores sob a guarda de instituições financeiras.

27. Não tenho dúvidas que o direto à intimidade e à proteção da vida privada dos indivíduos são direitos fundamentais de extrema relevância, já que se ligam diretamente aos valores da liberdade e da dignidade humana, pilares de qualquer Estado que se pretenda Democrático e de Direito. *Todavia, considero que a oposição de sigilo bancário à Administração Tributária não tem relação direta com tais garantias constitucionais. Ou, ainda que tenha, não estão no seu núcleo essencial a ponto de apresentarem a eficácia jurídica de regra, como pretendem os defensores de uma concepção quase absoluta de sigilo bancário.*

28. *Em outros termos, o que se quer dizer com isso é algo absolutamente trivial em matéria de direito constitucional: os direitos fundamentais, aí incluídos a intimidade e a vida privada, podem sofrer restrições e o grau aceitável de compressão desses direitos varia também de acordo com circunstâncias e os demais direitos em jogo, sem que isso, prima facie, possa ser considerada uma violação à Constituição. Sendo assim, somente através de uma análise à luz do caso concreto será possível definir se a restrição promovida a um determinado direito fundamental respeitou ou não o princípio da proporcionalidade, postulado que irá conduzir o processo de decisão* (BRASIL, 2016a, peça 42, p. 64-65, grifos acrescidos).

Esse mesmo excerto viria a ser transcrito pelo Ministro Relator Ricardo Lewandowski no bojo do julgamento do AgR-ARE nº 1.023.465, em 2018, que tratou de matéria similar, cuja ementa, no seu item I, indicou: "A ponderação entre o direito ao sigilo bancário e o dever de pagar tributos foi feita no julgamento de *leading case* de repercussão geral (Tema 225 – RE 601.314/SP)" (BRASIL, 2018i, p. 01). No parágrafo da fundamentação que antecedeu a reprodução do trecho do voto do Ministro Luís Roberto Barroso, leu-se que:

Da transcrição acima, percebe-se que o Tema 225, a despeito de ser mais amplo, abrangeu o cerne da matéria tratada neste recurso extraordinário, qual seja, *a ponderação entre o direito ao sigilo bancário e o dever de pagar tributos*, na qual este foi elevado, pois é de interesse público que todo contribuinte coopere com a Administração Tributária, na medida de sua capacidade econômica, como bem dispõe o princípio constitucional da capacidade contributiva (BRASIL, 2018i, p. 08, grifos acrescidos).

Como se vê, trata-se de uma abordagem ainda muito embrionária, sem grande detalhamento teórico-metodológico, mas que, apesar de suas ambiguidades, sinaliza um alinhamento entre a jurisprudência do STF[63] e os postulados ora defendidos.

---

[63] Na jurisprudência do STJ, por outro lado, colhe-se um precedente que parece dar prevalência à teoria dos limites imanentes. Trata-se do AgRg no HC nº 366.495, julgado em 2017 pela 6ª Turma da Corte. Num trecho da fundamentação, o Ministro Relator Rogério Schietti refere-se aos deveres fundamentais como um "contraponto"

Atente-se que também na doutrina há indicações, embora igualmente incipientes, dos encaminhamentos analíticos propostos neste capítulo. Nos termos de Rocha:

> [...] De outro lado, um ordenamento jurídico onde se reconhece que o dever de pagar tributos é um dever fundamental deverá ponderar o direito de proteção do patrimônio privado com o dever de contribuir. Um tal ordenamento, como o brasileiro, conviverá com regras antielusiva e limites ao planejamento tributário, reconhecendo que o direito de se organizar para não pagar tributos deve ser ponderado com o dever de contribuir (ROCHA, 2017a, p. 40).

Posto está o quadro de compreensão que avaliza a assertiva segundo a qual as normas de deveres fundamentais partilham das mesmas propriedades teórico-dogmáticas dos preceitos constitucionais que positivam os direitos fundamentais. É essa simetria ou equivalência estrutural que justifica um dos pontos nevrálgicos do posicionamento que aqui se sustenta: a homologia ou isomorfismo normativo entre os direitos e os deveres fundamentais, de maneira a calcar o entendimento de que estes últimos respondem, ainda que sob uma interpretação analógica ou extensiva da obra de Alexy, ao caráter principiológico que distingue os primeiros na arquitetura teórica da dogmática constitucional.

Convém aqui rememorar, no entanto, à guisa de conclusão, uma advertência alhures formulada que revela cardeal importância para o presente trabalho. Nem todo antagonismo entre direitos e deveres fundamentais traduz uma colisão entre princípios. Isso porque é possível que tal antagonismo se exprima entre um *princípio* que abriga um *direito fundamental* e uma *regra* que assente sobre um *dever fundamental* com caráter de princípio.

Nessa hipótese, como alerta Virgílio Afonso da Silva (2009, p. 52), é inapropriado referir-se a uma colisão: não há ponderação a ser efetuada pelo intérprete, dado que o próprio legislador já se encarregou de realizar um sopesamento, em abstrato, entre os dois princípios constitucionais — o direito e o dever fundamentais — em entrechoque, cujo resultado foi uma regra de direito ordinário de cariz restritivo. A relação estabelecida entre o princípio que alberga o direito fundamental e a regra que se ampara no dever fundamental, lembra Silva, é uma *relação de restrição*, e não de colisão, devendo a citada regra ser aplicada segundo o *método da subsunção*.

Essa proposta de resolução de conflitos entre regras e princípios envolvendo valores constitucionais esmaece a recorrente crítica endereçada à obra de Alexy de supostamente reconduzir todo antagonismo entre preceitos constitucionais ao movediço

---

que participa da "limitação do alcance e do conteúdo dos direitos fundamentais". Consta no item II da ementa do julgado, versado sobre a execução provisória da pena privativa de liberdade, a seguinte inscrição: "Sob tal perspectiva, é possível assimilar o novo posicionamento da Suprema Corte, forte na necessidade de se empreender, na interpretação e aplicação de qualquer norma jurídica que interfira com a liberdade, uma visão também objetiva dos direitos fundamentais, a qual não somente legitima eventuais e necessárias restrições às liberdades públicas do indivíduo, em nome de um interesse comunitário prevalente, *mas também a própria limitação do conteúdo e do alcance dos direitos fundamentais — preservando-se, evidentemente, o núcleo essencial de cada direito, que passam a ter, como contraponto, correspondentes deveres fundamentais*" (grifos acrescidos).

terreno da ponderação e do sopesamento, além de satisfazer a exigência, realçada por Martin Borowski (2000, p. 41-42), de toda restrição a direitos fundamentais instituída por regras de direito ordinário estar ancorada em princípios constitucionais (natureza de que se revestem os preceitos de deveres fundamentais), como consectário imediato dos atributos da superior hierarquia e da rigidez da Constituição.

CAPÍTULO 2

O DEVER FUNDAMENTAL DE PAGAR TRIBUTOS NA ORDEM CONSTITUCIONAL BRASILEIRA

Neste alvorecer de século XXI, tem-se observado, em nível sociológico, o aprofundamento de uma tendência histórica de substantiva reconfiguração das relações entre Estado e sociedade civil, polarizada, notadamente, na revitalização e no fortalecimento dos fundamentos teórico-políticos e econômicos do pensamento liberal. A rigor, como dito no capítulo antecedente, a gênese desse processo remonta à imediata conjuntura do pós-guerra, sendo catalisada pelo ciclo de crises sistêmicas do capitalismo testemunhadas a partir do primeiro lustro da década de 1970.[64]

No cenário político internacional, tal tendência foi capitaneada pelos Estados Unidos e pela Inglaterra — historicamente considerados o núcleo de vanguarda do capitalismo — sob a regência, respectivamente, de Ronald Reagan e Margareth Thatcher, expandindo-se de maneira retardatária nas periferias da geopolítica global, via de regra, no desfecho dos anos 1980 e, fundamentalmente, no curso dos anos 1990.

Em meio a análises laudatórias e críticas incendiárias, esse fenômeno histórico, objeto de narrativas políticas frontalmente antagônicas e de disputas terminológicas intermináveis ("neoliberalismo", num timbre mais pejorativo, ou simplesmente

---

[64] O evento histórico decisivo, neste marco, foi a chamada "Crise do Petróleo", em 1973, cujo principal efeito foi a elevação astronômica dos preços do barril, resultando em prolongadas recessões na Europa e nos Estados Unidos e numa aguda desestabilização da economia mundial. À crise — que, segundo alguns analistas, marcou o fim dos "Anos Dourados" (1949-1973) do capitalismo — se seguiu uma redução geral das taxas de crescimento e de lucro em todo o mundo, ensejadores dum alongado período de "estagflação", o que motivou uma ampla revisão dos paradigmas de economia política então vigentes. Foram essas algumas das principais mudanças que abriram passagem e impulsionaram a restauração dos princípios liberais em detrimento dos ideais solidaristas enfeixados sob a fórmula institucional do *Welfare State*.

"liberalismo", como reivindicação de uma tradição teórico-política e econômica), caracterizou-se historicamente pela erosão dos alicerces do Estado de Bem-Estar Social.

Nestes decênios inaugurais do novo milênio, embora se tenham constituído obstinados núcleos de resistência — sobretudo na América Latina, por um bloco de governos progressistas erguidos, a maioria deles, sob a bandeira do "bolivarianismo" —, um novo circuito de crises estruturais do capitalismo global, cuja expressão maior foi o "*Crack* de 2008", tem fomentado a marcha avassaladora do *tsunami* liberal. Recorde-se que é nesse quadro geral de recessão e desaceleração econômica que Nabais decreta o fim da "era (somente) dos direitos" e propõe um novo paradigma constitucionalista — dito do século XXI — para reafirmar a imprescindibilidade dos deveres fundamentais.

O fundamento ideológico desse movimento centra-se na convicção de que o mercado, deixado à sua própria dinâmica, consubstancia a esfera da vida social mais eficiente para proporcionar — intensiva e extensivamente — o desenvolvimento econômico e a prosperidade geral, figurando, por consequência, como a ferramenta mais hábil para equacionar as contradições sociais e solucionar as deformidades — sobretudo a pobreza — que não deixaram de flagelar as sociedades humanas mesmo após o advento da modernidade e a consolidação do modo de produção capitalista. Exprime-se tal fundamento na defesa de que o mercado — enquanto espaço abstrato de produção e de livres trocas — deve ser o único ou, ao menos, o principal regulador da vida social.

Os métodos e estratégias que servem de suporte a essa nova prática política e econômica consistem, nuclearmente, em substantivos programas de privatizações, desregulações e flexibilizações, vocacionados a intensificar o protagonismo do mercado como arena de maior proeminência social. Dessa nova conjuntura necessariamente decorre, enquanto reflexo político imediato, uma retração do papel e da importância do Estado na dinâmica da vida social. Estado esse, aliás, cuja hipertrofia é identificada como o principal fator da aludida epidemia de crises econômicas sucessivamente deflagradas nas últimas cinco décadas em todos os quadrantes do mundo ocidental.

O principal alvo de ataque dessas revigoradas forças liberais é a questão da *tributação*. A crescente absorção, pelo mercado, de serviços e funções cuja titularidade preteritamente, sob a égide do *Welfare State*, era atribuída aos Poderes Públicos, desatou um processo de energização do célebre diagnóstico que uma certa doutrina faz dos tributos como "normas de rejeição social".[65]

Noutros termos, os tributos, antes admitidos como fonte legítima de financiamento das atividades de promoção de direitos, passam a ser concebidos, essencialmente, como entraves ao desenvolvimento econômico e como fatores de estrangulamento das iniciativas individuais. É significativo notar que essa concepção ideológica radical, que vê os tributos apenas como "normas odiosas", as quais perturbam o fluxo espontâneo

---

[65] O prócere dessa corrente doutrinária, responsável por popularizar a rotulação das normas tributárias como de "rejeição social", foi, certamente, Ives Gandra Martins (2007).

da autorregulação do mercado, se expressa particularmente em dado segmento da doutrina tributarista, desenvolvendo-se, segundo alguns estudiosos, sob o signo do "libertarismo fiscal".[66]

Esse remodelamento da correlação de forças políticas e ideológicas tem posicionado a redução da carga tributária — interpretada como um fardo a pesar sobre aqueles que se dedicam a produzir a riqueza social — no centro das reivindicações de amplos grupos sociais que fazem coro às acentuadas transformações que se vêm operando contemporaneamente. Essa torrente liberal, em seus extremos, tem parido inclusive movimentos radicalizados, que assimilam, como emblemas de luta, táticas de desobediência civil, proclamando as palavras de ordem de que "imposto é roubo"[67] e "sonegação é legítima defesa",[68] as quais ganham ainda maior força em face dos elevados níveis de corrupção que assolam o Estado brasileiro e da grave crise econômica que há alguns anos se abate sobre o país.

Nesse sentido, o descrédito que hoje tem frontalmente alvejado o Poder Público, minimizando de maneira inadvertida as suas funções e a sua importância na arquitetura institucional consagrada em 1988, fragiliza sobremaneira a compreensão da legitimidade e, mais, da indispensabilidade das atividades tributantes para a consecução dos preceitos inscritos na Carta Magna vigente. É, pois, nessa conjuntura repleta de adversidades que se insere o objeto do presente capítulo, o qual responde não só ao desafio de delinear a anatomia teórica do dever fundamental de pagar tributos, como também de sustentar a sua existência perante a ordem jurídica nacional e de reforçar a importância da sua incorporação à consciência constitucional dos brasileiros.

Trata-se, noutros termos, de endossar a tese que toma o pagamento de tributos, nos moldes preconizados por Nabais (2015, p. 185), como "um dever fundamental, isto é, um instituto jurídico que tem a sua disciplina traçada no mais alto nível — ao nível

---

[66] Para uma análise crítica detalhada do libertarismo fiscal, cujo principal alvo é a supracitada obra de Ives Gandra Martins, cf. Godoi (2012b).

[67] Na literatura internacional (mormente norte-americana), igualmente se encontram, no chamado pensamento libertário, concepções desse gênero. Cite-se, por exemplo, a obra de Eric Mack (2006, p. 109), autor que se baseia na teoria de John Locke e nos fundamentos morais do jusnaturalismo para defender o caráter (quase) absoluto do direito de propriedade. Num de seus mais conhecidos estudos, afirma: "Insofar as individuals acquire (and retain) genuine property rights, all taxation is theft" (Tradução livre: "Na medida em que os indivíduos adquirem (e retêm) direitos de propriedade genuínos, toda tributação é roubo"). No entanto, embora se confesse partidário dessa leitura libertária dos tributos, o autor cogita no artigo em referência algumas excepcionais e extremas situações em que a tributação pode, potencialmente, se afigurar legítima. Para mais detalhes deste ponto de vista, cf. Mack (2006).

[68] Na onda de protestos favoráveis ao *impeachment* da então Presidente Dilma Rousseff, que tomaram as ruas brasileiras nos anos de 2015 e 2016 — numa das maiores manifestações da história política contemporânea do país (superadas apenas pelas *Jornadas de Junho* de 2013) —, eram numerosos os cartazes erguidos pelos manifestantes contendo os dizeres assinalados no texto. Nesse passo, convém rememorar que aquela série de protestos, em larga medida, foi catalisada e organizada por movimentos e entidades da sociedade civil autodeclarados "liberais" ou "libertários", com forte presença e em franco crescimento nas redes sociais. Muitos desses grupos — que reivindicam como marcos teóricos de suas ações políticas autores associados ao pensamento (neo)liberal do século XX, como Friedrich Hayek, Milton Friedman, Ludwig von Mises e Murray Rothbard — frequentemente reforçam, em suas manifestações públicas (virtuais ou presenciais) a questão da ilegitimidade dos tributos e a apologia da sonegação como tática de desobediência civil e de resistência justificada aos "abusos fiscais" (confiscatórios) perpetrados pelo Estado.

constitucional —, onde integra a '[sub]constituição do indivíduo'". Esse dever traduz-se como uma expressão do poder tributário, decorrente da soberania fiscal do Estado assente na Constituição, mas que nem por isso pode ser exercido ilimitadamente, visto que se encontra rigidamente subordinado às normas constitucionais que o disciplinam e que tem a sua fonte de legitimidade vinculada aos propósitos de garantir o Estado Democrático de Direito, a dignidade humana e os direitos e garantias fundamentais.

A questão da existência de tal dever, aliás — na contramão do que, talvez, se poderia intuitivamente supor —, é controversa. Há na doutrina quem se oponha resolutamente à admissão de um dever fundamental de pagar tributos inferido da Constituição Federal de 1988. É signatária dessa interpretação, por exemplo, Martha Leão (2018, p. 195), para quem o texto constitucional brasileiro não prevê um dever fundamental de pagar tributos, mas um "dever *legal* de pagar tributos conforme a Constituição". Em sentido contrário, afirma a autora, da Constituição hoje vigente é possível extrair um "direito fundamental de economizar tributos".

Somente por essa indicação, expressiva das divergências teórico-doutrinárias que circundam o objeto do presente capítulo, já se nota não ser supérfluo o esforço de sustentar argumentativamente a existência do dever fundamental de pagar tributos, deduzido de uma exegese sistemática da Carta Republicana de 1988, esforço ao qual se têm dedicado insignes pesquisadores brasileiros.

Num primeiro plano, em que pese o enfoque da análise tomar por centro de referência o direito positivo nacional, será de relevante auxílio, neste capítulo, o recurso às substanciosas contribuições oferecidas pela doutrina lusitana acerca da matéria (em consonância, aliás, com a tradição notadamente lusófila que caracteriza a doutrina constitucionalista brasileira). Além da já multicitada obra de Nabais (2015), há importantes estudos elaborados por Vieira de Andrade (2004), Vitor Faveiro (2002), João Ricardo Catarino (2009) e Canotilho (2003) que tangenciam a temática do dever fundamental de pagar impostos[69] e que não deixarão de ser mencionados.

Na doutrina brasileira, o tema do dever fundamental de pagar tributos foi incorporado como objeto de relevo acadêmico de maneira retardatária. O crédito do pioneirismo da recepção dessa categoria e de sua compatibilidade com a Constituição de 1988 é devido a Ricardo Lobo Torres (1998), autor que pavimentou os caminhos para os estudos do dever fundamental de pagar tributos à luz do ordenamento jurídico nacional.

Posteriormente, a partir dos anos 2000, outros autores agregaram essa temática às suas reflexões, seja para asseverar a existência desse dever fundamental, seja para negá-la. Entre os primeiros, destacam-se as obras de Maria Luíza Mendonça (2002), Marcus Abraham (2007), Marciano Buffon (2007), Leonardo Varella Gianetti (2011)

---

[69] Verifica-se, neste ponto, uma relevante diferença terminológica vigente nas doutrinas portuguesa e brasileira, lastreada nas singularidades dos respectivos ordenamentos jurídicos sobre os quais cada uma se debruça. Em Portugal, é pacífica a caracterização do dever em tela como "dever fundamental de pagar *impostos*", em oposição do que se nota no Brasil, em que prevalece a nomenclatura do "dever fundamental de pagar *tributos*". As razões em que se ampara essa distinção terminológica serão abordadas no primeiro tópico do corrente capítulo.

e Marco Aurélio Greco (2005). Entre os segundos, Ives Gandra Martins (2005), Sacha Calmon Navarro Coelho (2006b), Luís Flávio Neto (2011), Heleno Tôrres (2012), Luis Eduardo Schoueri (2017) e Martha Leão (2018).

A problemática do dever fundamental de pagar tributos foi também tomada como objeto de estudo em recente obra coletiva organizada por Sérgio André Rocha e Marciano Godoi (2017), cuja linha mestra consistiu em examinar os conceitos, os fundamentos e o conteúdo do dever fundamental de pagar tributos — num constante paralelo entre Brasil e Portugal — e avaliar como esse preceito constitucional vem influenciando a jurisprudência nacional, especialmente a do STF, que dele se tem valido nas fundamentações de suas decisões com uma cada vez maior frequência.

Com efeito, ainda que sob diferentes óticas, o fato é que vem ganhando força o debate relacionado à figura do dever fundamental de pagar tributos na doutrina brasileira. Em linhas gerais, o estudo dessas divergências doutrinárias servirá ao esquadrinhamento das funções desempenhadas pelo pagamento de tributos — na condição de um dever fundamental — no âmbito de um Estado Democrático de Direito, o que pressuporá uma atilada investigação de sua configuração teórico-dogmática à luz da Carta de 1988.

O percurso do capítulo, em vista desses objetivos, abrangerá as seguintes etapas: (1) o esclarecimento terminológico do dever fundamental em tela: se de pagar impostos, como em Portugal, ou se de pagar tributos, como nomeia a doutrina brasileira; (2) a análise dos custos dos direitos fundamentais e do caráter fiscal do Estado brasileiro, que Casalta Nabais toma como pressuposto da existência do dever fundamental de pagar impostos/tributos; (3) o estudo das fontes e fundamentos de legitimação da tributação e do dever fundamental de pagar tributos no Estado Democrático de Direito; (4) o exame da configuração teórico-dogmática do dever fundamental de pagar tributos na Constituição brasileira, seção na qual será abordada a interação daquele dever fundamental com outros princípios constitucionais (como os da solidariedade, da isonomia e da capacidade contributiva) e com os limites constitucionais ao poder de tributar; (5) a investigação das consequências jurídicas e práticas do reconhecimento do dever fundamental de pagar tributos como preceito constitucional autônomo na ordem jurídica nacional; e, por fim, (6) uma breve abordagem da aplicação do dever fundamental de pagar tributos na jurisprudência do STF.

2.1 Dever fundamental de pagar impostos ou dever fundamental de pagar tributos?

O estudo do dever fundamental de pagar tributos no Brasil perpassa uma importante questão preliminar de natureza terminológica. É que em Portugal, nascedouro da doutrina que trouxe a lume esse tema, fala-se em "dever fundamental de pagar *impostos*", e não de "pagar *tributos*". A base dessa opção metodológica somente poderá ser plenamente compreendida no decurso do capítulo, mas alguns de seus aspectos podem ser já antecipados. O primeiro deles é que, originalmente, um dos caracteres constitutivos do dever fundamental em exame é a *unilateralidade* da(s) espécie(s) tributárias em que consiste o seu objeto. E, como sabido, é no imposto que se descobre a clássica figura em que se exprime tal propriedade teórico-dogmática.

Ao escoliar a principal obra de Casalta Nabais, Sergio André Rocha (2017a, p. 30) é taxativo: sua teoria "não pode ser reconduzida à existência de um dever fundamental de pagar tributos". Isso porque um dos pressupostos do modelo teórico edificado por Nabais é a relação direta entre o dever fundamental em tela e a configuração do que ele designa por "Estado Fiscal", tipo ideal dos Estados Modernos que se estruturam financeiramente a partir, principalmente, da arrecadação de *impostos*, à diferença do que o mesmo autor qualifica de "Estado Tributário", lastreados, de maneira primordial, no recolhimento de tributos bilaterais, como taxas e contribuições especiais. Certo é que, neste último modelo — o do Estado Tributário —, espaço não há para um dever fundamental nos moldes apregoados por Nabais.

Sucede que o ordenamento jurídico-tributário brasileiro apresenta singularidades relevantes quando comparado ao português. A Constituição Federal de 1988 conferiu notória ênfase às chamadas "contribuições especiais", usualmente subdivididas em quatro espécies: (a) sociais, (b) contribuições de intervenção no domínio econômico (CIDE), (c) contribuições de interesse de categorias profissionais ou econômicas[70] e (d) iluminação pública. Várias delas, entretanto, não possuem o caráter sinalagmático que, a rigor teórico, distingue a contribuição enquanto espécie tributária.

Assim, ao observar o "agigantamento da figura das contribuições sociais" sob a égide do texto constitucional hoje em vigor, Sérgio André Rocha (2017a, p. 49) entende que não se pode reduzir o objeto do dever fundamental em apreço ao pagamento de impostos apenas, visto que muitas dessas "contribuições hoje previstas no ordenamento brasileiro seriam verdadeiros impostos disfarçados de contribuição". Funda, então, o seu raciocínio na premissa de que "o conceito de impostos não é formal, mas substancial" (ROCHA, 2017a, p. 30).

Percorrendo esta mesma senda, Carlos Alexandre Campos (2017, p. 157) afirma que, "no Brasil, após a Constituição de 1988, o Estado Social Fiscal não é apenas o Estado de Impostos, mas também o Estado de Contribuições não retributivas, que passaram a integrar a fiscalidade do Estado". E acrescenta que várias delas ostentam todas as características de imposto, em especial as contribuições sociais de seguridade social dos empregadores. Ao analisar dados oficiais de 2015, o autor constatou que 34,95% de toda a arrecadação da União naquele ano correspondeu ao orçamento da seguridade social. Ante tais estatísticas, arremata o raciocínio: "não revertendo em qualquer benefício ao destinatário do dever, essas contribuições assumem a nota da unilateralidade, sendo

---

[70] Em relação a esta modalidade, deve-se lembrar que a Lei nº 13.467/2017, epitetada "Reforma Trabalhista", extinguiu a contribuição sindical obrigatória, providência cuja constitucionalidade foi confirmada pelo STF no bojo do julgamento da ADI nº 5.794, ocorrido em junho de 2018.

exigidas com suporte na solidariedade social e conforme a capacidade econômica dos contribuintes" (CAMPOS, 2017, p. 158).

Também Leonardo Gianetti (2017, p. 230), mediante cuidadosas análises estatísticas, afirma que uma particularidade importante do sistema tributário brasileiro "é a existência das contribuições como espécie tributária autônoma e distinta dos impostos, sendo certo que as contribuições sociais de competência privativa da União são presentes e relevantes no cenário brasileiro, especialmente em termos orçamentários", razão pela qual "não é adequado, no Brasil, limitarmos o dever fundamental aos impostos, tal qual é tratado em Portugal".

Ademais, é preciso rememorar que, no sistema tributário português, na contramão do que se divisa no brasileiro, as taxas e contribuições não estão sujeitas ao mesmo regime jurídico dos impostos, o que justifica o movimento de Casalta Nabais de excluí-las do seio do que chama de (sub)Constituição fiscal, peculiaridade que não pode ser desprezada quando cotejados ambos os sistemas.

Note-se, outrossim, que não só em Portugal como em outros países, a tendência aqui delineada parece ganhar corpo, visto que é do próprio Nabais (2017, p. 276) a afirmação, proferida em 2017, de que, "além da procura das mencionadas novas manifestações de capacidade contributiva a que os impostos possam atrelar-se, assistimos ao recurso à multiplicação de figuras tributárias que, embora geralmente designadas por taxas ou contribuições, não passam de impostos que não ousam dizer seu nome". O autor assinala que, nesses casos, nos quais ausente se faça o aspecto da retributividade, deve-se reconduzir essas exóticas figuras tributárias ao *conceito constitucional de imposto* (referindo-se, evidentemente, em tal contexto, ao caso português).

Não se pode deixar de registrar que a doutrina tem admoestado duramente o legislador brasileiro por deformar a técnica e a dogmática jurídico-tributária ao engendrar tais categorias híbridas. Lobo Torres (2007, p. 518), em suas diatribes dirigidas às contribuições sociais incidentes sobre faturamento e lucro das empresas, fala em "figuras anômalas incompatíveis com o verdadeiro conceito de contribuição", tendo em conta faltar às mesmas a "característica contraprestacional típica das contribuições especiais", o que permite tratá-las como "impostos com destinação especial".

As razões geralmente apontadas para o uso e abuso dessas figuras são o fato de as contribuições sociais previdenciárias não se sujeitarem ao princípio da anterioridade, por força do artigo 195, §6º, CF, e, também, a "falta de previsão constitucional da partilha do produto da arrecadação dessas contribuições com os demais entes federativos" (CAMPOS, 2017, p. 173).

Com efeito, dada a ausência de bilateralidade de várias das contribuições sociais previstas na Constituição Federal, reforçada e legitimada por mecanismos jurídicos insólitos como a chamada Desvinculação de Receitas da União (DRU), Sergio André Rocha conclui que tais tributos, por possuírem uma típica feição de impostos, devem ser integrados ao escopo do dever fundamental estudado. Em seus argumentos:

A principal diferença existente entre o ordenamento pátrio e o português — analisado pela obra de Nabais — se dá pelo fato de a Constituição lusa de 1976 não ter dado ênfase exacerbada às contribuições sociais verificadas na Constituição brasileira de 1988 e suas posteriores emendas. Assim, ao invés de falarmos em dever fundamental de pagar impostos como contrapartida às prestações positivas oferecidas pelo Estado em favor da sociedade, no Brasil há que se falar em dever fundamental de pagar tributos, haja vista que grande parte das atividades tradicionalmente atribuídas ao Estado são financiadas pelo produto da arrecadação das contribuições sociais (ROCHA, 2017a, p. 62).

Ademais, não se pode tergiversar a percepção de que os princípios da solidariedade, da isonomia e da capacidade contributiva não assomam como fonte de uma espécie particular de tributo — na hipótese, o imposto —, mas de todas as espécies tributárias tipificadas no Sistema Tributário Nacional consagrado na Constituição de 1988. Interpretação diversa — ao menos no caso brasileiro —, que pretendesse reduzir o conteúdo do dever fundamental de pagar tributos a uma espécie tributária única, culminaria na ruptura da coesão sistêmica que a Carta Republicana buscou conferir às atividades fiscais desempenhadas pelo Estado. Nesse passo, pode-se considerar que mesmo as taxas, sem embargo de sua faceta contraprestacional, pela mera potencialidade de originar prestação de serviços, já denotam, em algum grau, um ideal de solidariedade.[71]

Assim, como todos os tributos estão sujeitos, via de regra, a um mesmo regime jurídico constitucional, conceber apenas o pagamento de *impostos* como objeto do dever fundamental em questão implicaria, como efeito colateral aparente, o estabelecimento de uma gradação/diferenciação no grau de compulsoriedade ou mesmo de fundamentalidade do recolhimento das diversas espécies de tributo, compreensão que sob nenhuma ótica poderia prosperar.

Ainda que os impostos se afigurem o elemento central do Sistema Tributário brasileiro, máxime em termos arrecadatórios e orçamentários, é imperioso reconhecer que todos os demais tributos, independentemente do caráter de unilateralidade, igualmente integram o escopo e o conteúdo de um dever fundamental intimamente associado ao ideal de cidadania fiscal, motivo pelo qual não podem ter subtraído o seu nivelamento em termos de fundamentalidade constitucional.

Saliente-se que tais reflexões, as quais representam uma inovação em relação à obra de Casalta Nabais no contexto de sua transposição à ordem jurídica brasileira, encontram fiel reflexo, uma vez mais, no competente magistério de Sérgio André Rocha:

> Ademais, parece-nos possível dar um passo adiante na teoria de Casalta Nabais para considerar que todos os tributos, mesmo aqueles que a doutrina normalmente considera contraprestacionais, como é o caso das taxas, refletem um dever fundamental do contribuinte, especialmente diante da posição que vai se consolidando na doutrina brasileira e das decisões do Supremo Tribunal Federal no sentido de que todos os tributos são informados pelo princípio da capacidade contributiva. Mesmo que os impostos tenham

---

[71] Cite-se, como exemplo, o pagamento de taxas pelo poder de polícia, regulado no artigo 78 do CTN.

um papel central no financiamento das despesas indivisíveis no Estado Fiscal, o dever fundamental de pagar tributos vinculados ao financiamento de despesas divisíveis não parece ser menos fundamental. Trata-se igualmente de um dever de cidadania fiscal, de modo que não parece equivocada a referência a um dever fundamental de pagar tributos (ROCHA, 2017a, p. 39).

Assentado tal parâmetro terminológico, tem-se que, nalgumas partes do texto, far-se-á presente uma inelimínavel ambiguidade, posto que a obra que servirá de principal referencial teórico ao desenvolvimento do capítulo coarcta o âmbito de conteúdo do dever fundamental de pagar tributos, o qual, contrariamente, aqui se buscará alargar. Desse modo, embora em muitas alusões, textuais ou não, à obra de Casalta Nabais (2015) conste, de maneira privilegiada, a figura dos impostos, é preciso ter em conta a clareza dos axiomas terminológicos ora fixados: se o referido autor trata de um dever fundamental de pagar impostos, a categoria que há de balizar todas as análises deste trabalho é, consciente e motivadamente, a do *dever fundamental de pagar tributos*.

2.2 Os custos dos direitos e a fisionomia fiscal do Estado brasileiro

A formulação teórica de Nabais acerca do dever fundamental de pagar impostos assume como importante premissa a empírica constatação de que todos os direitos acarretam custos para sua concretização. Conquanto seja possível cogitar — num espectro *lato sensu* — a existência de custos não financeiros para a manutenção e o funcionamento do Estado (eis que todo cumprimento de deveres fundamentais implica custos pessoais àqueles que figuram como seus destinatários), em se tratando do dever fundamental de pagar tributos, não há figura mais relevante que a dos custos de natureza econômica, denominados por Nabais (2004, p. 19) de "custos em sentido estrito".

Essa é, certamente, a mais visível dimensão dos dispêndios imprescindíveis à sobrevivência e à efetividade do Estado Democrático de Direito, enquanto comunidade política organizada, arquétipo ao qual se pretendem amoldar praticamente todos os Estados contemporâneos, ao menos no Ocidente. Ergue-se, aqui, a relação-base que há de matrizar todas as análises que compõem o presente capítulo: os custos dos direitos e o dever fundamental de pagar tributos.

As substanciais metamorfoses históricas experimentadas pelo mundo ocidental no último século provocaram um deslocamento do centro de gravitação do célebre conceito, invocado por Max Weber (1997, p. 42-43), do Estado moderno como a instituição que titulariza o monopólio da violência legítima. Se este último atributo (monopólio da violência legítima), seguramente, continua a ser um traço constitutivo dos Estados modernos — e isso não se põe em questão —, após toda sorte de abusos e autoritarismos já referidos alhures, os seus aspectos realmente decisivos, sob o ponto de vista funcional, passaram a ser a afirmação/concretização de direitos fundamentais e, mais contemporaneamente, a positivação/exigência (segundo parâmetros constitucionais objetivamente estabelecidos) de deveres também fundamentais.

Nessa linha, sob pena de sacrifício da racionalidade e do senso prático da abordagem, não se pode descolar da advertência de Nabais (2004, p. 19): todos os direitos, por não serem "produtos da natureza ou dádivas divinas", carecem de cooperação social e da satisfação das responsabilidades individuais, não podendo ser suficientemente protegidos e efetivados por um Estado claudicante e debilitado. Com efeito, insiste o autor, é desde logo imperativo destruir o mito da autorrealização dos direitos: todos eles — mesmo as mais clássicas liberdades individuais (as chamadas liberdades negativas) — pressupõem custos públicos e comunitários cuja satisfação condiciona decisivamente a consecução dos objetivos e diretrizes traçados no texto constitucional.

Põe-se em causa, então, a necessidade de desvelar a "face oculta dos direitos fundamentais", rompendo o invólucro místico, consubstanciado nas concepções de "gratuidade" ou de "direitos sem custos", em que algumas anacrônicas compreensões ainda insistem em enclausurá-los. Conferindo ao autor a palavra, lê-se que:

> Em conclusão, a outra face ou a face oculta dos direitos fundamentais revela-se nos deveres fundamentais ou custos *lato* sensu dos direitos. Os deveres ou custos dos direitos outra coisa não são senão a responsabilidade comunitária que os indivíduos assumem ao integrar uma comunidade organizada, mormente uma comunidade organizada no estado (moderno), o que faz os indivíduos verdadeiras pessoas, ou seja, membros ao mesmo tempo livres e responsáveis da sua comunidade.
>
> [...]
>
> Uma ideia que, transitando do plano geral dos deveres fundamentais ou custos *lato* sensu dos direitos para o plano mais particular dos custos financeiros públicos dos direitos, nos conduz forçosamente à conclusão de que *todos* os direitos fundamentais têm custos financeiros públicos. Por isso, do ponto de vista dos custos comunitários, que o mesmo é dizer do ponto de vista dos custos para os contribuintes tradicional e arreigada distinção dicotômica, quando não mesmo maniqueísta, entre direitos negativos ou direitos de liberdade e direitos positivos ou direitos de prestações, não faz o menor sentido (NABAIS, 2004, p. 26).

A assimilação das lições de Nabais (2004, p. 29) reconduz, pois, à necessidade de se perquirir uma teoria dos direitos fundamentais que "pretenda naturalmente espelhar a realidade jusfundamental com um mínimo de rigor", o que não se pode fazer prescindindo da dimensão dos custos (notadamente os materiais) que a concretização de tais direitos necessariamente demanda. Como alerta Marco Aurélio Greco (2005, p. 182), se não há como raciocinar sobre direitos fundamentais sem examinar os equivalentes deveres, "isso coloca em pauta o tema do dever fundamental de pagar tributos, como condição necessária da própria existência do Estado querido pela sociedade".

Nesse sentido, descartadas fórmulas nefelibáticas nos planos da edificação e do aprimoramento do Estado Democrático de Direito idealizado pela Constituição Federal de 1988, não se pode supor qualquer via alternativa à tributação, sustentáculo essencial de reprodução e funcionamento dos Poderes constituídos e, por conseguinte, da promoção de direitos. Ao se pôr em questão o dever fundamental de pagar tributos, o que está em jogo, portanto, é o próprio ideal de autogoverno coletivo, conquista democrática histórica dos povos do Ocidente, do qual decorre a constatação de que só estará apto o Estado à execução das substanciais tarefas de que se encontra incumbido se se socorrer dos recursos materiais produzidos coletivamente pelos particulares, sempre segundo os rígidos regramentos jurídicos insculpidos no texto constitucional.

Sobre esse aspecto, explicam Gilmar Medes e Paulo Gustavo Gonet Branco que:

> A construção do Estado Democrático de Direito, anunciado pelo art. 1º, passa por custos e estratégias que vão além da declaração de direitos. Não há Estado Social sem que haja também Estado Fiscal, são como duas faces da mesma moeda. Se todos os direitos fundamentais têm, em alguma medida, dimensão positiva todos implicam custos [...]. O tributo, principal forma de receita pública do Estado Moderno, revela-se componente fundamental de sua estrutura, bem como do modelo econômico adotado no país. A efetivação dos direitos fundamentais, declarados e assegurados na Constituição, não se faz sem o dispêndio de recursos, fato que não se limita aos direitos prestacionais. Dessa forma, o tema de tributação conecta-se com o próprio cerne da Constituição, os direitos e as garantias fundamentais (MENDES; BRANCO, 2016, p. 1423-1424).

Não podem subsistir, destarte, formulações teóricas da tributação que a tomem como um fim em si mesma (leia-se: como um objetivo primário), porquanto só pode ela se constituir legitimamente como meio (isto é, como instrumento) para que o Estado disponha das condições de cumprir os objetivos, missões e valores pactuados na Constituição. É partindo da premissa dos custos dos direitos que Vinhosa aduz:

> A conclusão que decorre dessa abordagem é intuitiva: se a construção da República é uma tarefa atribuída a todos e a tributação representa a principal forma de financiamento do Estado Fiscal, torna-se absolutamente impossível conceber-se, tanto no aspecto estrutural quando no aspecto substancial, um Estado que implemente valores, objetivos e direitos sem que haja o pagamento de tributos (VINHOSA, 2017, p. 113).

Há no trecho transcrito uma alusão que traduz um dos conceitos centrais na teoria de Nabais: o Estado Fiscal. Não se trata, propriamente, de um modelo sociopolítico de Estado, que figure como uma alternativa, por exemplo, ao Estado Liberal, ao Estado Social ou aos Estados Autoritários em qualquer de seus matizes. A faceta fiscal de um Estado diz respeito a categorização diversa, que toma por polo de referência as *formas de financiamento* das atividades públicas por ele levadas a cabo.

Em um tal quadro de compreensão, os arquétipos dos quais o Estado Fiscal, em verdade, se aparta são os que Nabais denomina "Estado Proprietário" (ou "Patrimonial"), "Estado Produtor" e "Estado Empresarial", logo adiante sumariados. O fato é que, sem a existência de um Estado com semblante fiscal, não há que se falar em dever fundamental de pagar impostos/tributos, motivo pelo qual a doutrina afirma-o — o Estado Fiscal — como um autêntico pressuposto de existência daquele dever.

Por Estado Fiscal se concebe "aquele cujas necessidades financeiras são essencialmente cobertas por impostos", donde "facilmente se compreende que ele tem sido (e é) a regra do estado moderno" (NABAIS, 2015, p. 191-192). Seu atributo distintivo consiste, pois, na primordialidade do imposto — destacada a sua natureza de tributo unilateral — enquanto fonte de custeio das tarefas estatais. Formulando por via negativa a mesma ideia, tem-se que o assento do Estado em fontes materiais de sustento diversas dos impostos — seja tributos bilaterais (de que são exemplo maior as taxas), seja atividades econômicas objeto de exploração direta pelo Poder Público — finda por dele subtrair a fisionomia fiscal e, consequentemente, a aptidão para viabilizar a existência de um dever fundamental de pagar impostos/tributos na ordem jurídica.

Esta última afirmação fornece a pista que permite distinguir o Estado Fiscal dos outros três arquétipos institucionais, mencionados linhas atrás, sob a ótica da modalidade de financiamento das atividades públicas (Estados Proprietário, Produtor e Empresarial).

Reputa-se "Proprietário" o Estado cuja fonte de custeio principal consiste em recursos integrantes do próprio patrimônio público, e não de receitas oriundas das atividades privadas, como se viu ocorrer com o protótipo do Estado moderno — o Estado absoluto (dinástico) iluminista —, o qual se embasou fundamentalmente em riquezas acumuladas durante a era medieval e, na sequência, em receitas oriundas de atividades mercantis (no caso lusitano, o comércio ultramarino e a exploração mineral nas colônias) hegemonizadas pela própria Coroa.

O Estado Produtor, de outra parte, caracteriza-se pelo monopólio público das atividades produtivas, as quais são controladas pelo Poder Público mediante a supressão da propriedade privada (estatização da economia), fenômeno testemunhado nas múltiplas experiências do socialismo real no curso do século XX.

Derradeiramente, por Estado Empresarial se concebe aquele cuja base financeira deriva da exploração direta de produtos primários e matérias-primas (petróleo, ouro, gás natural etc.) pelo Poder Público, dispensando os cidadãos de custearem com o pagamento de impostos o essencial das atividades públicas (NABAIS, 2015, p. 193).

O Estado Fiscal, então, estrutura-se sob alicerces diversos. Se nos outros arquétipos institucionais lastreados em economias de Estado se verifica um financiamento autônomo (ou seja, pelo próprio ente público), no Estado Fiscal o financiamento é heterônomo, posto que a arrecadação se opera incidindo sobre as atividades e empreendimentos exercidos pelos particulares, donde advém o dinheiro administrado e aplicado para cobrir as suas necessidades materiais e executar as missões constitucionais que lhe competem (NABAIS, 2017, p. 270).

Ricardo Lobo Torres (1991, p. 14), valendo-se de classificação menos complexa, propõe uma dicotomia que antagoniza o Estado Fiscal ao Estado Patrimonial, assinalando sobre este último que a sua "dimensão principal — que lhe marca o próprio nome — consiste em se basear no *patrimonialismo financeiro*, ou seja, em viver fundamentalmente das *rendas patrimoniais* ou dominiais do príncipe, só secundariamente se apoiando na *receita extrapatrimonial de tributos*".

Na leitura de Lobo Torres (2009, p. 520-521), o Estado Fiscal, do ponto de vista histórico, é produto da modernidade e coincide com o próprio Estado de Direito,[72] de modo que não se pode achar nenhuma configuração político-institucional congênere em eras pretéritas da história humana. O Estado Fiscal, em sua primitiva forma, exprimiu-se sob as vestes do Estado Liberal e, mesmo em suas mutações ulteriores, necessariamente pressupõe a *liberdade de mercado*.

Essa análise encontra fiel reflexo na lição de Casalta Nabais. Este último sublinha que foram dois os tipos principais de Estado Fiscal ao longo de sua evolução: consolidou-se, primeiramente, o Estado Fiscal Liberal, atento aos escrúpulos de neutralidade econômica e social, donde a sua dimensão miniatural, em que a arrecadação tributária, de estreitas medidas, punha-se a serviço, essencialmente, da defesa dos direitos de propriedade e liberdade (individual e de mercado); a ele sucedeu, historicamente, o Estado Fiscal Social, já este marcado por uma preocupação com o funcionamento global da sociedade e da economia, cuja faceta assistencialista (daí a designação "Estado-providência") demanda(va) uma tributação alargada, capaz de corresponder à concretização de direitos sociais (NABAIS, 2015, p. 194).

Disso se nota que a caracterização do Estado Fiscal não se esteia em traços propriamente políticos. Tanto o Estado liberal quanto o Estado social — e também assim qualquer outra conformação político-institucional alternativa —, se se sustentarem precipuamente na arrecadação de impostos para reproduzirem-se, terão caracterizada a sua feição fiscal e em todos eles poderá potencialmente vigorar, no plano jurídico-constitucional, um dever fundamental de pagar impostos/tributos, conquanto em extensão e intensidade variáveis, à direta proporção dos encargos sociais atribuídos pela Constituição ao Poder Público e, consequentemente, do peso e da dimensão deste Poder no conjunto da sociedade. O eixo constitutivo do Estado Fiscal, portanto, como dito acima, diz respeito somente aos mecanismos centrais de seu custeio material, isto é, se consistentes na arrecadação de impostos ou se em bases econômicas alternativas.

Se há, com efeito, uma relação genética entre liberdade e Estado Fiscal, põe-se como axioma desta equação uma irredutível e essencial *separação entre Estado e sociedade* (NABAIS, 2015, p. 195). É dizer: não pode existir Estado Fiscal sem liberdade de mercado e iniciativa privada, pois a alternativa diversa seria concentrar as potencialidades econômicas e produtivas nas mãos do Estado, o que, como se vem de dizer, desnatura o próprio atributo da "fiscalidade".

Não se trata, contudo, sublinha o autor, de uma separação absoluta ou uma oposição total entre ambas as esferas, como era moda apregoar nos tempos da hegemonia

---

[72] Explica Lobo Torres (2009, p. 522) que "só o Estado que cultiva a igualdade e a legalidade, no qual o poder tributário já nasce limitado pela liberdade, e que, ao mesmo tempo, necessita de recursos provenientes da economia privada, mais abundante que os da polis e das comunidades medievais, é que se pode classificar como Estado Fiscal".

liberal oitocentista, mas de uma separação que distribua com clareza as funções sociais: ao Estado cabe a preocupação com a política e as suas dinâmicas peculiares; à sociedade civil incumbe o protagonismo na realização das atividades econômicas produtivas[73] (NABAIS, 2015, p. 195).

É evidente que a positivação de tal dualismo não logra a interdição das intervenções do Estado nos domínios particulares, ordenação que implicaria mesmo a suplantação de sua soberania política. Certamente subsiste um ponto de interseção entre ambas as esferas, afinal as próprias tendências macroeconômicas de uma nação são diretamente mediadas pelas lutas políticas e a sua condução há de ser insubstituivelmente comandada pelo Estado. O que tal exigência cuida de delinear é o *princípio da subsidiariedade* (ou *supletividade*), segundo o qual não pode o Estado, a pretexto de regular a economia, substituir os particulares na tarefa de protagonizar o exercício de empreendimentos e atividades produtivas, obliterando o primado das liberdades individuais e de iniciativa e introduzindo tendências de travagem da própria lógica econômica.

Significa por outras palavras afirmar que as ações — leia-se: intervenções — do Estado no campo econômico só se justificam constitucionalmente quando dirigidas a preservar ou fomentar o equilíbrio global das dinâmicas socioeconômicas, dado o seu caráter excepcional ou, melhor, subsidiário.

Evidentemente, não poderia ser suprimida tal possibilidade interventiva — como defendem algumas correntes radicalizadas, as quais pretendem, em última instância, a própria abolição do Estado —, visto haver provas empíricas sobrantes no processo histórico de que o mercado autorregulado, unilateralmente regido pelos apetites selvagens do lucro, tende à concentração brutal de riquezas, o que finda por esterilizar ou debilitar a própria lógica da concorrência (capitalismo monopolista); à produção de desigualdades sociais em níveis colossais, que eliminam qualquer veleidade de estabilidade comunitária; à degradação aniquiladora do meio ambiente, que põe em risco, senão o gênero humano, a saudável existência das gerações atuais e futuras; e à exploração predatória da força de trabalho, que rompe qualquer equilíbrio possível da relação entre capital e trabalho.

Em um tal quadro, a separação entre Estado e sociedade civil preconizada por Casalta Nabais (2015, p. 197), ao repousar como pressuposto de existência do Estado Fiscal, não obsta a que o Poder Público aja positivamente para "controlar e corrigir o próprio processo da atividade econômica, de modo que o mesmo não ponha em perigo outras atividades (daí a acção do estado traduzida na inspecção empresarial, na protecção do ambiente, etc.)"; para impedir "desenvolvimentos culturalmente indesejáveis (daí a acção estadual de planeamento e ordenamento do território, de

---

[73] Casalta Nabais lembra que essa "divisão de tarefas" se expressa na ordem constitucional portuguesa pelo princípio da subordinação dos poderes econômicos ao poder político, previsto no artigo 80º, alínea "a", da Carta Portuguesa, cujo significado é o de garantir a prevalência do poder democraticamente legitimado sobre o poder fático invariavelmente acumulado pelos grupos economicamente dominantes.

proteção do património cultural, etc.)"; ou para "corrigir os resultados da repartição dos rendimentos e patrimónios decorrentes do processo económico, quando os mesmos sejam indefensáveis do ponto de vista da justiça" (NABAIS, 2015, p. 197).

Em suma, a divisão entre Estado e sociedade em dois polos paralelos e relativamente autônomos atende a um propósito fundamental: vedar que o Poder Público usurpe da sociedade civil o protagonismo na produção de riquezas — desfigurando-se enquanto Estado Fiscal ao asfixiar a iniciativa privada e as liberdades individuais —, de maneira a prevenir a subversão da ordem econômica constitucional e evitar a indução de debacles econômicas que acabem por solapar as próprias fontes e bases materiais de sua existência. Concedendo novamente a palavra ao autor português, tem-se que:

> A separação em causa não só permite a realização estadual dos interesses gerais, como impede automaticamente que a sua realização subverta o sistema económico autónomo (ou livre). É que, tendo o estado fiscal um interesse próprio, se bem que indirecto, nas receitas da economia, ele não pode, a título das suas tarefas de controlo e correcção ou a qualquer outro, afectar inteiramente a produtividade da economia. É que as suas missões de ordenação e providência, assim como os seus objectivos sociais e culturais, apenas podem ser prosseguidos se e na medida em que o sector produtivo se mantenha duradouramente numa situação de propiciar os meios necessários às tarefas comunitárias. Pois um estado que, através da regula(menta)ção exacerbada ou de impostos exagerados, estorve, paralize [sic] ou destrua a produtividade da economia, destroi-se como estado fiscal, pois que, ao minar a sua base, mina, ao fim e ao cabo, automaticamente a sua própria capacidade financeira (NABAIS, 2015, p. 198).

Essa confluência entre fiscalidade e liberdade de mercado dá conta porque a maioria esmagadora dos Estados Democráticos são hoje Estados Fiscais: com ela se cria um equilíbrio dinâmico entre Estado e sociedade civil, tanto do ponto de vista dos poderes quanto da divisão funcional de tarefas sociais, equilíbrio tal que os sistemas monistas dificilmente logram atingir exitosamente. Nesse passo, conclui sinteticamente o autor que a estatalidade fiscal traduz apenas essa "separação fundamental entre estado e economia e a consequente sustentação financeira daquele através da sua participação nas receitas da economia produtiva pela via do imposto" (NABAIS, 2015, p. 186).

No entanto, pontua não ser essa a única arquitetura institucional possível dos Estados contemporâneos que se valem de mecanismos de tributação, dada a improvável, mas potencial hipótese de se edificar o que ele designa de "Estado Tributário", assim identificado aquele que, em termos financeiros, estriba-se predominantemente em tributos bilaterais, como as taxas, as contribuições especiais etc. (NABAIS, 2015, p. 199). Não obstante, a regra quase absoluta nos tempos que correm prossegue sendo, não por acaso, o Estado Fiscal, haja vista que a maior parte dos bens e serviços que se espera dos Poderes Públicos é insuscetível de individualização de seus utentes (saúde, educação, defesa etc.), tal qual a habitualidade indica nos casos de tributação bilateral.

Não triunfa na doutrina nacional qualquer dúvida de que o Estado brasileiro, modelado pela Constituição de 1988, amolda-se ao tipo ideal do Estado Fiscal. São três os fundamentos que suportam essa afirmação. O primeiro, formulado por Gianetti (2017,

p. 245), mediante atilada análise dos dados estatísticos oficiais, é o de que "as receitas tributárias são muito superiores às demais, advindas da exploração de bens e ativos da União". O segundo exprime-se na constatação de que, entre tais receitas tributárias, os valores arrecadados a título de impostos e de contribuições com características de impostos superam em muito aqueles obtidos com o recolhimento de tributos bilaterais. E, por fim, o terceiro reside na insofismável consagração constitucional do princípio da subsidiariedade estatal na economia, tendo em conta a fixação da livre iniciativa e do livre exercício profissional como fundamentos da ordem econômica (artigo 170, *caput* e parágrafo único) e na explícita afirmação de que, ressalvados os casos previstos na própria Constituição, "a exploração direta de atividade econômica pelo Estado só será permitida quando necessária aos imperativos da segurança nacional ou a relevante interesse coletivo, conforme definidos em lei"[74] (artigo 173).

Em idêntica conclusão, ao comparar o texto da Carta de 1988 com as Constituições de Portugal e da Espanha, dois Estados Fiscais bastante consolidados, Leonardo Giannetti aduz que:

> As semelhanças no texto constitucional mostram que não há dúvida que o Estado brasileiro é um Estado Fiscal social. Isso porque o Estado é financiado prioritariamente com receitas advindas do patrimônio de pessoas e não com o patrimônio próprio. Além disso, como condição necessária para tal modelo, é assegurado o direito de propriedade e de livre iniciativa. Todas estas características do texto constitucional, comparadas com os textos da Carta portuguesa e espanhola — reconhecidamente Estados Fiscais e que acolhem o dever fundamental em debate — comprovam que o Brasil é um Estado Fiscal preocupado com a transformação da sociedade, que necessita de recursos advindos das pessoas (físicas e jurídicas) para custear o cumprimento das diversas tarefas a ele imputadas pelo texto constitucional.
>
> E o Estado fiscal brasileiro, apesar de possuir o papel de interventor e regulador, observará sempre o princípio da subsidiariedade ou supletividade de sua atuação no domínio econômico. O que poderá variar, segundo o contexto e a política pública necessária, será um maior ou menor grau de intervenção, sempre respeitando a primazia da liberdade dos indivíduos. Esse é o caso da maioria dos países atuais, conforme demonstrou Casalta Nabais em sua obra, e na qual se inclui o Brasil (GIANNETTI, 2017, p. 239).

Não se pode finalizar este tópico sem algumas considerações críticas acerca das distorções de que tem sido alvo, muitas vezes, a obra de Nabais em função do seu título e das categorias nela mobilizadas. Em geral, a caracterização de um Estado Fiscal e, seguido a ela, o reconhecimento de um dever fundamental de pagar tributos são lidos por muitos de seus críticos como uma apologia a um Estado agigantado, provedor ou até paternalista.

---

[74] Sobre tal aspecto, Nabais (2015, p. 212) explana que "é certo que o estado não está impedido de, ele próprio, ser titular de empresas públicas ou de capitais públicos, e de constituir um sector público de economia maior ou menor [...] O que lhe está vedado, porém, é esse sector se tornar dominante no conjunto da economia".

Trata-se, contudo, de leitura oblíqua, inapta a apreender o cerne das posições sustentadas pelo autor. Como destaca Rocha (2017a, p. 26), não há relação de causalidade entre a postulação da existência do dever fundamental de pagar tributos — e, consequentemente, o atributo da fiscalidade do Estado — e a possível dimensão maximizada deste último. Tampouco implica a assunção de tais postulados a defesa de uma tributação escorchante e destituída de rígidos limites constitucionais.

A longa argumentação até aqui tecida já dá conta de evidenciar a inépcia de tais críticas: quer no Estado liberal, quer no Estado social — ou, se se preferir, quer no Estado mínimo, quer num Estado mais pujante[75] —, a fiscalidade estatal e o dever fundamental de pagar tributos consubstanciam-se por fatores bastante específicos e que não pressupõem a defesa de qualquer modelo político-institucional específico (dentro do espectro democrático, obviamente, e baseado na liberdade de mercado): a primeira (fiscalidade) deriva do fato de o suporte financeiro principal dos Poderes Públicos se concentrar na arrecadação de impostos; o segundo (dever fundamental de pagar tributos) decorre da sua consagração na Constituição, a depender da essencialidade do recolhimento de impostos para a reprodução da ordem estatal e da comunidade política.

Não se ignora que o debate concernente ao tamanho do Estado e ao nível economicamente saudável dos seus poderes de intervenção é daqueles que maiores controvérsias políticas suscita. Todo analista, ao defender um maior ou menor protagonismo do Estado na vida socioeconômica de uma nação, à moda keynesiana ou (neo)liberal, ainda que não o reconheça, consciente ou inconscientemente, desenvolve uma argumentação vinculada a um *parti pris* ideológico que não pode deixar de condicioná-la.

No entanto — e é esse o dado que se quer assinalar — o *exame jurídico* da feição fiscal de um Estado ou da existência do dever fundamental de pagar tributos não perpassa esse conflagrado terreno político. Ambas as categorias existirão ou inexistirão, *prima facie*, independentemente do peso atribuído ao Estado na ordem social escrutinada.

Não quer indicar tal constatação, todavia, que Nabais não tenha se expressado sobre a problemática do tamanho do Estado contemporâneo e das crises fiscais a ele associadas. Ao contrário, não apenas em sua tese de doutoramento, produzida no desfecho dos anos 1990, mas também — e principalmente — em seus mais recentes textos e intervenções públicas,[76] o autor tem repetidamente manifestado suas preocupações

---

[75] Nesse sentido, José Casalta Nabais (2017, p. 270) explana: "Por conseguinte, o dever fundamental de pagar impostos tanto existe num Estado Fiscal mínimo, como num Estado Fiscal médio, como num Estado Fiscal máximo. Naturalmente que a extensão e a intensidade desse dever fundamental variarão na razão directa da correspondente dimensão e peso do Estado. Embora haja um limite que tem a ver com a própria subsistência de um Estado Fiscal e, por conseguinte, com a própria subsistência de uma economia de livre mercado".

[76] Cite-se, como exemplo, a obra coletiva intitulada *Sustentabilidade fiscal em tempos de crise*, coordenada por Nabais em parceria com Suzana Tavares da Silva (NABAIS; SILVA, 2011). Nela consta o artigo "Da sustentabilidade do Estado Fiscal", escrito pelo autor português justamente para abordar a questão do desequilíbrio decorrente das crises fiscais dos Estados contemporâneos (NABAIS, 2011).

com a insustentabilidade e o superendividamento dos Estados nacionais[77] em tempos de desaceleração ou recessão econômica. E, ao oposto do que supõem os seus críticos, seu pensamento e suas recomendações se inclinam à redução da dimensão do Estado, de modo a ajustá-lo à realidade econômica e fiscal que hoje já não goza dos ares de prosperidade que outrora se contemplou. Em sua visão:

> Depois, torna-se cada vez mais claro que o problema da actual dimensão do estado, mera decorrência do crescimento da sua actuação económico-social, apenas pode solucionar-se (*rectius*, atenuar-se) através da moderação desse intervencionismo, moderação que implicará, quer o recuo na assunção das modernas tarefas sociais (realização dos direitos económicos, sociais e culturais), quer mesmo o abandono parcial de algumas tarefas tradicionais. Com efeito, a crise do actual estado, diagnosticada e explicada sob as mais diversas teorias, passa sobretudo pela redefinição do papel do Estado, não com a pretensão de o fazer regredir ao estado mínimo do liberalismo oitocentista, actualmente de todo inviável, mas para o compatibilizar com os princípios da liberdade dos indivíduos e da operacionalidade do sistema económico, procurando evitar que o estado fiscal se agigante ao ponto de não ser senão um invólucro de um estado sem substância dono (absoluto) da economia e da sociedade pela via (pretensamente fiscal) (NABAIS, 2015, p. 202-203).

A preocupação com o equilíbrio fiscal, destarte, ocupa posição de realce no conjunto das reflexões de Nabais (2011). Nesse sentido, o que faz o autor, em termos puramente teóricos — leia-se: não políticos —, no aspecto em consideração, é estabelecer limites mínimo e máximo do Estado Fiscal, sob pena de este anular-se enquanto tal.

Como limite mínimo, tem-se a existência de um nível de gastos abaixo do qual os Poderes Públicos seriam incapazes de executar as suas funções mais elementares; daí a imprescindibilidade da cobrança de um patamar, ainda que atenuado, de impostos para cobrir as despesas correspondentes e garantir "um mínimo de subsistência estatal" (NABAIS, 2015, p. 216). Lado outro, como limite máximo, Nabais refere-se a um *level* não confiscatório de tributação, o qual está hoje muito próximo de ser desbordado em vários países do mundo desenvolvido, cuja carga fiscal chega a rondar a casa dos 30% a 50% do PIB, dando formas a um protótipo de "Leviatã Fiscal".

A fixação de tais limites mínimo e máximo do Estado Fiscal, cuja extrapolação redunda na sua própria desfiguração, decorre da sujeição à máxima da proporcionalidade não apenas da noção de fiscalidade, como do próprio dever fundamental de pagar tributos (segundo adiante se verá). De resto, o que se descobre na obra do autor em referência é não a defesa de um Estado ciclópico, mas sim o simétrico oposto, a saber, o anúncio da urgente necessidade de *redimensionamento para menos* do Estado

---

[77] O autor chega a mencionar o seu receio, diante da multiplicação de taxas e contribuições no sistema tributário português, de se operar uma duplicação do Estado Fiscal (NABAIS, 2011, p. 40-43). Em sua leitura do processo histórico, "reconstruir o Estado de direito democrático e social neste quadro de sustentabilidade que se não impõe austeridade, exige certamente sobriedade, implica reformar a sociedade antes de reformar o Estado e abrir este aos limites do endividamento público e ao ajustamento das políticas públicas. Daí que a sustentabilidade do Estado actual não dispunha de outra alternativa efectiva senão a da redução significativa da despesa pública de modo a restabelecer um equilíbrio adequado tanto às forças correspondentes da economia de mercado para gerar resultados tributáveis, como à capacidade contributiva dos contribuintes no quadro de um Estado que possa ainda ser tido como um Estado Social" (NABAIS, 2015, p. 241).

contemporâneo, mediante a contenção rigorosa de despesas públicas, com vistas a garantir um Estado Fiscal equilibrado e evitar a sua subliminar metamorfose num Estado Proprietário encapuçado pelas vias da (super)tributação (NABAIS, 2015, p. 194).

Dito em termos alegóricos, o catedrático português, atento à tática política marxista evocada por Karl Kautsky e também aos alertas formulados por Albert Hensel e Karl Hettlage, pretende obstar que a tributação se converta no "Cavalo de Troia do socialismo no Estado de Direito burguês", apta a propiciar uma "socialização a frio", que sutil mas revolucionariamente subverta a ordem jurídico-constitucional posta, a fim de promover, pela instituição de um "imposto fortemente progressivo",[78] a abolição da propriedade privada e a "expropriação dos expropriadores" (NABAIS, 2015, p. 195).

Em suma, o fato é que, prevalecendo um Estado mais ou menos interventor, nos moldes liberais ou sociais clássicos (ambos contraindicados por Nabais, como se vem de dizer), não importa: o atributo da fiscalidade e o dever fundamental de pagar tributos estarão ambos aptos a subsistirem, desde que, em dada configuração jurídico-política, (1) sejam asseguradas as liberdades individuais e de mercado; (2) seja estabelecido o princípio da subsidiariedade ou supletividade da ação do Estado no domínio econômico; (3) seja o custeio das atividades dos Poderes Públicos efetuado primordialmente pela arrecadação de tributos unilaterais; e (4) sejam observados os limites que balizam a conformação do Estado Fiscal, a evitar tanto a sua atrofia quanto a sua hipertrofia, na forma da Constituição vigente.

2.3 Fontes e fundamentos de legitimação do poder tributário e do dever fundamental de pagar tributos no Estado Democrático de Direito

Historicamente, a tributação quase sempre teve a si associado o labéu da espoliação. Nos tempos bíblicos, na província da Judeia, ainda no século primeiro, sob o jugo do Império Romano, era imputada aos publicanos — designação conferida aos coletores de impostos, muitas vezes judeus, investidos de poder pelas autoridades imperiais — a pecha de ladrões, corruptos e traidores, dada a recorrente prática de exação escorchante de tributos contra o próprio povo judeu em favor do inimigo externo.

No Brasil Colônia, na transição do século XVII para o XVIII, na capitania de Minas Gerais, para saciar as suas ávidas ambições fiscais, valia-se a Coroa portuguesa da temida "derrama", cobrança de imposto relativo à quinta parte da extração aurífera,

---

[78] Marx e Engels (2005, p. 58), no Manifesto do Partido Comunista, anunciavam que a consolidação da revolução proletária somente poderia se aperfeiçoar, num primeiro momento — caracterizado pela elevação do proletariado à condição de classe dominante e pela conquista violenta do Estado —, mediante "intervenções despóticas no direito de propriedade e nas relações de produção burguesas", prescrevendo, em sequência, dez medidas práticas para orientar o processo de transição socialista, entre as quais constava a "instituição de um imposto fortemente progressivo".

a qual, devido aos métodos violentos que não raro mobilizava e ao seu caráter extorsivo, constituiu motivação decisiva da Inconfidência Mineira (1789),[79] uma das mais emblemáticas e significativas revoltas populares da agitada história política brasileira.

À luz da mais abalizada historiografia, e tomando por ilustração esses dois exemplos históricos, há de se convir que esses estigmas da rapinagem e até da corrupção, tradicionalmente carregados pelas atividades tributantes no transcurso de séculos, não são de todo injustos. Mesmo nas auroras do Estado Moderno, ainda sob a primitiva forma dos Estados dinásticos, o poder tributário conservou-se à margem de qualquer ideia de juridicidade, entendida como a existência de uma ordem jurídica autônoma que subordinasse e controlasse diretamente o exercício daquele poder.

A problemática da tributação e de sua legitimidade põe em causa a questão da soberania. Esta, como se sabe, remonta a Nicolau Maquiavel (2010) e à mais clássica obra da ciência política moderna — *O Príncipe*, publicada em 1532 —, responsável por lançar pioneiramente algumas das bases do que posteriormente se viria a consolidar como Estado Moderno.

Nos exórdios da era moderna, a noção de soberania assomou como a sucessão ou, melhor dito, a metamorfose da *plenitudo potestatis* (expressão que, no Medievo, designava a extensão do poder e da jurisdição papais), em linha com a advertência de Carl Schmitt (2006) de se tratar, como a maioria das categorias políticas modernas, de um "conceito teológico secularizado".[80]

Começa a sedimentar-se, nesse contexto histórico, a soberania como essência definidora do poder político e, por derivação, do próprio Estado, enquanto nova figura central e centralizadora que absorvia ou usurpava os poderes dantes partilhados com a Igreja e com os senhores feudais.

Sob a égide das configurações absolutistas do Estado — os Estados Absolutistas iluministas —, em certo período identificadas no fenômeno do despotismo esclarecido, a soberania constituía-se como conceito exclusivamente político, afigurando-se atributo de um poder que, absoluto, não reconhecia limites de qualquer ordem e cuja dinâmica só se podia lastrear na *autopoiesis*.

Nessa quadra histórica, lembra Nabais (2015, p. 293), nenhum sentido fazia a distinção entre a titularidade e o exercício da soberania, dada a identidade entre o Estado e a figura do monarca, expressa na célebre frase proferida por Luís XIV: "*L'État*

---

[79] Para maior aprofundamento dessa questão, cf. artigo de Tarcísio de Souza Gaspar (2010), intitulado "Derrama, boatos e historiografia: o problema da revolta popular na Inconfidência Mineira".

[80] Na tão célebre quanto polêmica teoria de Schmitt (2006), é proposto um paralelo imediato entre a teologia e a política, no sentido de que todas as categorias significativas da teoria moderna do Estado são emulações, em verdade, das categorias teológicas. Para ele, a teoria política moderna está para o Estado assim como a teologia está para Deus. É, também, nessa obra, notadamente influenciada pelo pensamento católico, que Schmitt explicita o *decisionismo* como traço fundamental de sua teoria, ao sustentar a clássica definição do soberano como aquele que decide sobre o Estado de Exceção. Essa seria uma das premissas fundamentais do autor a balizar o afamado debate com Kelsen acerca de quem deve ser o guardião da Constituição: se o soberano ou se um Tribunal Constitucional. Para mais detalhado estudo dessa clássica questão da teoria constitucional, cf. Schmitt (2007) e Kelsen (2013).

c'est moi". Buscar uma tal diferenciação — entre titularidade e exercício — implicava, naquele quadro de referências políticas, a própria anulação da soberania enquanto essência do poder político, pois suporia negar essa fusão indissociável entre a pessoa do soberano e as estruturas estatais que ele tangia.

O poder tributário, especificamente, inseria-se nessa mesma moldura política. Se na Idade Média a tributação exercia-se a partir de relações pessoais em referência aos estamentos feudais dominantes — realeza, clero e senhor feudal, nesta exata hierarquia —, nos Estados absolutistas o poder de tributar, tal qual a própria soberania, encontrava-se personificado pelo monarca, sem se submeter, como se anotou acima, a uma ordem jurídica que regesse imperativamente as atividades tributantes, muito embora estas últimas, é valido lembrar, sob tal conformação política, ainda ostentassem diminuta importância, dada a feição patrimonial do Estado, a qual subordinava a sua sobrevivência e o seu funcionamento muito mais às rendas e riquezas dominiais do príncipe do que às rendas extrapatrimoniais, cujo exemplo máximo são os impostos.

Mesmo constituindo tal fato histórico um contrapeso à afirmação do arbítrio fiscal engendrado no *Ancien Régime*, que se explica também pelos estágios — senão embrionários — pouco avançados do desenvolvimento capitalista, não há como tergiversar a percepção de que o poder de tributar nenhum freio descobria além da livre (e não raro abusiva) vontade do soberano. Assim é que, até o advento do Estado Fiscal — correspondente, como dito, ao próprio Estado de Direito — a tributação possuiu um único e intocável suporte legitimador: o *poder de Império do Estado* decorrente de sua intangível *soberania política*.

Só mudariam de figura tais estruturas políticas com o triunfo das revoluções liberais, as quais conferiram forma e substância ao Estado de Direito, que traz em seu âmago, como propriedade congênita, a divisão funcional de poderes, a serem exercidos consoante as predefinidas competências dos órgãos de Estado. Principia a edificar-se, então, ao menos no plano teórico-formal, a noção de soberania popular, operando-se, aqui sim, a separação entre *titularidade* e *exercício* da mesma: o *titular* irrevogável da soberania é o povo, que o *exerce* por intermédio de representantes democraticamente eleitos. É daí advinda a compreensão do Parlamento como santuário das democracias liberais e da lei como expressão da vontade geral.

Ao esquadrinhar esse longo processo histórico, Casalta Nabais aduz que:

> Todavia, com o estabelecimento do estado constitucional, facilmente se constatou que nem todas as funções do estado dispunham dessa qualidade [soberania]. Daí que a soberania tenha começado a ser focada, já não tanto um estado, mas antes como característica de tudo quanto emana do órgão estadual que se considera mais próximo do povo ou da nação (conforme prevaleça a ideia de soberania popular ou a ideia de soberania nacional) — a instituição parlamentar. O que veio a ter como consequência a soberania passar a exprimir-se fundamentalmente na função legislativa. Ideia esta que, a nossa ver, é presentemente de partilhar, se ao conceito de soberania se pretender atribuir um sentido e uma utilidade que quadrem com o estado de direito dos nossos dias (NABAIS, 2015, p. 295).

Não é casual, neste sentido, que o conceito de Sistema Tributário, como alusão a um direito positivo dos tributos e suas respectivas limitações (sistema interno) ou como Ciência do Direito (sistema externo), somente tenha sido elaborado, à luz da recém-construída teoria dos sistemas e ao abrigo do princípio do Estado de Direito, no final do século XIX, pela pena de Adolf Wagner (TÔRRES, 2012, p. 400). Na mesma direção, Hans Nawiasky (1982, p. 07) pontua que a formulação de um pensamento sistemático do Direito Tributário só se fez possível após o surgimento do Estado de Direito e da instituição de divisas de contenção ao poder político, originando a versão primitiva de um conjunto articulado de princípios, regras, conceitos e relações específicas de Direito Tributário, que conformaria a hodierna ideia de dogmática tributária.

O fato é que, a partir deste marco histórico-cronológico, não mais vigora um conceito de soberania matrizado num poder autogenético, sem peias nem raízes, tampouco se dilui a soberania no estrito âmbito da política, posto que limitada passou a estar por uma nova força: a juridicidade.

A ressemantizada noção de soberania ostenta, agora, *natureza político-jurídica*, eis que ainda se consubstancia como propriedade do poder e da autoridade do Estado — se bem que emanada originariamente do povo, na forma de um Poder Constituinte originário — (componente político), mas subordinada a uma ordem jurídica imperativa (componente jurídico). Daí a fórmula institucional polarizada no "Estado (Constitucional) de Direito". A tributação, sob a égide dessa nova formatação do poder, prossegue encontrando seu suporte legitimador na noção de soberania, entretanto, desta feita, balizada pelos recém-instituídos limites ao poder de tributar.

O debate acerca da legitimidade enquanto atributo qualificador da soberania — traduzida nesse poder político-jurídico — é largo e pode buscar fundamento em distintas formulações dos teóricos da modernidade. Vê-se em Max Weber (1997), por exemplo, a legitimidade da dominação política associada à consensualidade — ou aceitação — do pacto social estabelecido, cuja forma melhor acabada se descobre no que chamou aquele autor de "dominação racional legal", vocacionada a garantir — exatamente pela via jurídica — racionalidade, previsibilidade e segurança no exercício do poder.

Em Hans Kelsen (2006), a análise da legitimidade — restrita, em sua obra, ao sistema de Direito positivo — rejeita elementos metajurídicos, posto que pertencentes a esferas sociais outras (política, religião, filosofia etc.) —, terminando por dissolver-se, positivisticamente, na própria noção de legalidade, sob a ideia de supremacia de competências como esteio do Estado Constitucional.

A seu turno, em Jürgen Habermas (1997), a legitimidade das normas jurídicas reside na possibilidade de sua justificação racional, supondo a criação de procedimentos racionais de formação da vontade coletiva que permitam a participação democrática dos concernidos na gênese da juridicidade normativa que regulará as suas vidas, nos marcos do que o autor denomina de "teoria discursiva do direito e da democracia".

No entanto, tampouco a transmutação da natureza da tributação, nas raias do Estado Constitucional de Direito, de uma simples relação de poder em uma autêntica *relação jurídica* (isto é, relação mediada por normas jurídicas dotadas de aptidão para submeter o próprio Poder Público) foi suficiente para eliminar — sem embargo do fundamental delineamento de limites ao poder de tributar e, por consequência, de direitos e garantias individuais (legalidade, isonomia etc.) — o recurso ao *ius imperii* como fonte importante de legitimidade dos tributos. Em última análise, mesmo no Estado Liberal, a potestade do Poder Público, embora sensivelmente mitigada, permaneceu como fundamento crucial da instituição e da cobrança de tributos em face dos particulares.

Como exemplo dessa orientação, costuma a doutrina referir a obra de Ernst Blumenstein, para quem a ideia de *soberania territorial* (o poder material e jurídico exercido por um ente público no âmbito de um território determinado) configura a base legitimadora da exigência coercitiva de tributos, desde que observados os limites preestabelecidos pelo direito positivo (TÔRRES, 2012, p. 409). Para o autor, os tributos constituem-se como prestações pecuniárias que o Estado ou órgão público por ele autorizado, fundado na sua soberania territorial, exige dos agentes econômicos a ele subordinados (BLUMENSTEIN, 1954, p. 01).

Vê-se, pois, que a legitimidade das pretensões tributárias decorre dessa sujeição dos indivíduos ao Estado em função da soberania por ele exercida, com alicerces constitucionais, num território demarcado. Permanece evidente, destarte, a força da noção de poder de império, tendo sido essa a tônica doutrinária típica do Estado de Direito durante a primeira metade do século XX.

O longo processo de *legitimação democrática dos tributos* somente se consumaria com a edificação do contemporâneo *Estado Democrático de Direito*, progressivamente desenhado no bojo do constitucionalismo do pós-guerra. Hodiernamente, "a tributação projeta-se como forma de relação constitucional democrática", dado que, no constitucionalismo do Estado Democrático de Direito, o conceito do poder de tributar não pode ser obtido por derivação automática de uma apriorística e absoluta ideia de soberania, havendo que se constituir democraticamente, segundo uma legalidade que consagre direitos e liberdades fundamentais como limitações efetivas ao exercício das competências constitucionais concernentes às atividades de tributação (TÔRRES, 2012, p. 412-413).

Tais competências, nesse novo *framing* constitucional, exprimem-se como atribuições funcionais de uma *soberania relativa* (e não mais absoluta, como outrora). Por isso mesmo Tôrres (2012, p. 405-406) propõe conceber-se contemporaneamente o poder tributário como o somatório de todas as competências constitucionais, "na medida em que a noção de competência é a expressão do poder no qual a soberania vê-se convertida, não sendo possível a qualquer órgão estatal alegar o seu exercício em potência, excetuada a parcela de poder conferida pela Constituição". Noutra mais pormenorizada descrição, logo adiante tecida, o autor sustenta:

> O poder de tributar é concebido, neste estudo, como parcela dos poderes constituídos, na forma de consolidação das competências tributárias, razão pela qual se nega cabimento à

existência de qualquer "poder de tributar" prévio ou superior à Constituição, ao tempo que se reconhece sua vinculação à soberania do Estado limitadamente ao poder distribuído pela Constituição entre os órgãos estatais, na forma de competências materiais típicas. Refuta-se, destarte, qualquer relação entre o Poder de Tributar como expressão de alguma forma de poder político, como "poder de império" ou "soberania do Estado" subordinada a algum valor absoluto e externo à Constituição. E isso porque a União, Estados ou Municípios recebem poder originário da Constituição, e não poder derivado, para instituírem o próprio sistema tributário, projetado a partir das atribuições constitucionais de competência e segundo as regras e princípios de proteção a direitos fundamentais estabelecidos pela Constituição. Em uma tributação conforme o Estado Democrático de Direito não há poder de império ou soberania como medida de poder político e fático que se exerça sobre os particulares (TÔRRES, 2012, p. 411-412).

Significa afirmar que, em última instância, é da própria *democracia* e de uma *juridicidade lastreada na dignidade da pessoa humana e na garantia constitucional de direitos e liberdades fundamentais* — e não mais do *ius imperii* — que o poder de tributar e, também, o dever fundamental de pagar tributos extraem o seu fundamento de legitimidade. Daí a vinculação inextrincável dos mesmos com os objetivos, valores e princípios gravados na Constituição, além da concepção dos deveres fundamentais como instrumentos de promoção dos direitos fundamentais.

Obviamente, a ideia de soberania ainda se afigura, em algum grau, propriedade indissolúvel da potestade do Estado, mas, sob a égide do Estado Democrático de Direito, encontra-se ela juridicamente submetida à Constituição e, mais que isso, indelevelmente vinculada ao princípio da dignidade humana — tomado como substrato axiológico e matriz normativa estruturante do ordenamento brasileiro —, sem mais gozar da aptidão de oferecer-se como suporte político legitimador, *per si*, do poder de tributar.

É num tal quadro que Nabais (2015, p. 298-299) alude à "soberania fiscal" como um "conceito jurídico não absoluto" que exprime o "poder jurídico supremo" (que não se confunde, sublinha, com "ilimitado") de instituir, cobrar e extinguir tributos, como competência e atribuição funcionais *constitucionalmente validadas*, e sempre nos termos da legalidade vigente. Para ele, os próprios deveres fundamentais — entre os quais, o de pagar tributos — são, de fato, expressão da soberania do Estado, mas de uma soberania necessariamente *assentada na dignidade humana* (NABAIS, 2015, p. 54).

Marciano Godoi (2017, p. 193), por sua vez, destaca que a doutrina do dever fundamental de pagar tributos toma como crucial premissa a negação de que, tal como se observava no século XIX, o tributo configura uma relação de império entre o Estado e o indivíduo: no contexto de surgimento e de afirmação do Estado Fiscal, este dever se põe como contrapartida da afirmação das liberdades — mormente, no aspecto em consideração, as liberdades econômicas — como pedra de toque do ordenamento jurídico, jamais podendo se descolar, por isso, do princípio da dignidade humana.

Ao desse mesmo tópico tratar, Maria Luíza Mendonça, em linha assemelhada, afirma:

O tributo hoje não é considerado mais, como o foi no século XIX e ainda no século XX, uma simples relação de poder por meio da qual o Estado faz exigências aos seus súditos e estes se sujeitam a ele em consequência dessa relação — um mero poder para o Estado, ilimitado, ou que, no máximo, se autolimita. Nem se considera mais o tributo simplesmente como um mero sacrifício para os indivíduos. A ideia que se tem hoje de tributo é de que ele constitui, isto sim, a contrapartida indispensável exigida do cidadão para financiar a existência e o funcionamento da comunidade estatal, possibilitando-se, assim, em razão dos recursos arrecadados com sua imposição, uma vida comum e harmoniosa dos membros dessa comunidade [...] (MENDONÇA, 2002, p. 248-249)

Competente súmula dessa questão novamente se encontra na obra de Tôrres:

Na atualidade o sistema tributário do Estado Democrático de Direito encontra-se pautado integralmente pela justiça funcional dos valores constitucionais, e está garantida pela segurança jurídica dos princípios, pelo compromisso com a concretização de todos os seus conteúdos. O sistema tributário do Estado Democrático de Direito tem como virtude o rompimento com a ideia secular de que o tributo seria expressão do *jus imperii* do Estado e que o seu conteúdo equivaleria unicamente ao exercício do "poder de tributar", enquanto poder soberano. No *constitucionalismo dos direitos*, o poder de tributar acomoda-se ao poder-dever de concretizar o catálogo de garantias constitucionais de proteção aos direitos e liberdades fundamentais dos contribuintes a cada aplicação do direito tributário, nas suas máximas possibilidades. Como acentua Klaus Tipke: "*En um Estado de Derecho debe actuarse con justicia em la medida de lo posible*". Esse dever de máxima realização dos princípios (*otimização*) é um traço marcante desse novo modelo de constitucionalismo (TÔRRES, 2012, p. 405).

Em suma, se não estiverem a serviço — em última e decisiva análise — da *democracia*, da reprodução do *Estado Democrático de Direito*, da afirmação da *dignidade da pessoa humana* e da preservação de *direitos e garantias fundamentais*, os tributos e o dever fundamental de pagá-los têm desnaturado o seu traço de legitimidade, visto que a noção de soberania, enquanto atributo constitutivo da potestade do Estado, não mais pode ser concebida como um poder material absoluto, pré ou supraconstitucional. Tampouco a soberania fiscal, por conseguinte, pode se traduzir em mera relação de sujeição, pois deve se amoldar ao quadro de um Estado que serve à sociedade nos termos da Constituição, e não de uma sociedade que serve a um Estado avassalador, como se testemunhou noutras eras da história humana.

2.4 O dever fundamental de pagar tributos na Constituição Federal de 1988

A Constituição brasileira de 1988, diferentemente da maioria das Constituições europeias, desenhou com prolixidade o que nela restou consagrado como "Sistema Tributário Nacional" (Título VI, Capítulo I, artigos 145 a 162). Em sua complexa arquitetura geral, podem-se distinguir neste Sistema três zonas normativas bastante claras que participam da definição dos contornos constitucionais do dever fundamental de pagar tributos no ordenamento brasileiro: distribuição de competências tributárias (atribuição de poderes aos entes federativos); positivação de um estatuto de defesa do contribuinte (consagração de direitos e garantias fundamentais, máxime a partir da definição dos limites ao poder de tributar); e destinação das receitas (partilha do produto arrecadado). Estão, pois, aí delineados os pontos de partida da afirmação da existência de um dever fundamental de pagar tributos na ordem constitucional pátria.[81]

De tudo quanto dito nos tópicos antecedentes, claro está que o poder de tributar, mediado por exigências de legitimidade democrática, configura o requisito indispensável de estruturação do Estado Fiscal, o qual, por sua vez, põe-se como pressuposto fático e jurídico da configuração constitucional do dever fundamental de pagar tributos.

Disso decorre a constatação de que um tal dever, "visto pelo lado do seu titular activo, consubstancia-se na atribuição ao legislador de um poder — o poder tributário (ou fiscal) para a criação, instituição ou estabelecimento de impostos, isto é, o poder tributário em sentido estrito ou técnico" (NABAIS, 2015, p. 269). Trata-se, noutro falar, de uma expressão da soberania fiscal do Estado, sempre subordinada, porém, aos postulados democráticos anteriormente assinalados (Estado Democrático de Direito, dignidade humana, direitos e liberdades fundamentais etc.).

Não obstante, se é esta a dimensão mais visível do poder tributário, deve-se observar que ele não se exaure no processo de criação de tributos, mas estende-se até o momento da exigência dos mesmos. Há que se distinguir, portanto, para a compreensão devida do poder tributário — enquanto pressuposto de existência do dever fundamental de pagar tributos — dois planos diferentes, em que pese complementares: o plano da instituição dos tributos, balizado pela Constituição e cujo veículo de concretização é a lei; e o plano da cobrança dos tributos, parametrizado pela lei (e pela própria Constituição) e cuja via de realização é o agir administrativo fazendário em suas variadas formas, mas sobretudo por intermédio de atos administrativos (NABAIS, 2015, p. 270).

De outra parte, visto sob o ângulo dos seus destinatários (sujeitos passivos), o dever fundamental de pagar tributos caracteriza-se como o "preço da liberdade", pois sem a existência de um Estado, limitado e guiado por mandamentos constitucionais, a civilização cederia lugar à barbárie, redundando na anulação geral da própria liberdade. Pode-se mesmo ir além e asseverar que, nos moldes teóricos ora apregoados, o dever fundamental de pagar tributos erige-se junto aos cidadãos como verdadeiros postulados de cidadania, em que cada um assume a quota-parte que lhe compete na repartição isonômica dos custos exigidos pela manutenção de uma sociedade civilizada.

Ressoam tais ideias na lapidar digressão de Ricardo Lobo Torres:

---

[81] Esse caráter multifacetado da Constituição Fiscal, do qual se extrai o dever fundamental de pagar tributos a partir de uma interpretação sistêmica, impõe reconhecer o seu caráter híbrido, o qual, não se resumindo à tutela do contribuinte (conquanto seja esta a sua mais importante dimensão), trata também de, como já assentou Abraham (2015, p. 53-57), estabelecer um modelo de conduta para o contribuinte, sob os imperativos de cidadania fiscal, que se mostre capaz de equilibrar as liberdades individuais com os valores sociais e éticos que o próprio texto constitucional buscou consagrar.

O dever de pagar tributos surge com a própria noção moderna de cidadania e é coextensivo à ideia de Estado de Direito. Tributo é dever fundamental estabelecido na Constituição no espaço aberto pela reserva da liberdade e pela declaração dos direitos fundamentais. Transcende o conceito de mera obrigação prevista em lei, posto que assume dimensão constitucional. O dever de pagar tributos é correspectivo à liberdade e aos direitos fundamentais: é por eles limitado e ao mesmo tempo lhes serve de garantia, sendo por isso o preço da liberdade (TORRES, 1999, p. 471-472).

Clássica obra que aborda essa problemática é a subscrita por Stephen Holmes e Cass Sunstein (1999), cujo título já indica seu alinhamento com as reflexões aqui desenvolvidas: *The cost of rights: why liberty depends on taxes*. Ao porem em perspectiva a relação entre os custos dos direitos e o pagamento de tributos, os autores chegam a conclusão idêntica à sustentada nestas linhas: perecem tanto o direito de liberdade quanto o de propriedade se inexistir uma estrutura governamental relativamente sólida, suportada pela tributação, capaz de protegê-los.

Por essa razão, mesmo as concepções liberais oitocentistas não prescindiam das forças de segurança pública para garantia da ordem interna e externa, precipuamente no escopo de proteção dos *property and liberty rights*,[82] ainda que se considerassem nocivas as suas interferências em quaisquer outras esferas sociais, mormente na economia. A tal configuração político-institucional a doutrina francesa qualificou como "Estado Gendarme" (Guarda-Noturno). A oposição entre Estado e liberdade, portanto, se projeta apenas num segundo plano, pois, na origem, certo é que, empiricamente, esta não sobrevive sem aquele.

É sabido, ademais, que, mesmo as correntes político-econômicas, em nível internacional, mais refratárias à ordenação de um Poder Público pujante e vigoroso, têm reconhecido no Estado um ente importante no equacionamento dos inumeráveis conflitos sociais emergentes nas sociedades estruturadas sob a égide da modernidade tardia: o revisionismo[83] proposto pelo Fundo Monetário Internacional (FMI), por exemplo, em

---

[82] Em vereda semelhante, Liam Murphy e Thomas Nagel (2005), na obra intitulada *O mito da propriedade*, argumentam que os tributos não devem ser concebidos como redutores do direito de propriedade, mas como pressupostos e condições de sua existência: "A natureza convencional da propriedade é ao mesmo tempo perfeitamente óbvia e facílima de ser esquecida. Todos nós nascemos no contexto de um sistema jurídico minuciosamente estruturado que rege a aquisição, o intercâmbio e a transmissão de direitos de propriedade; por isso, a propriedade ou posse pessoal de bens nos parece ser a coisa mais natural do mundo. Porém, a economia moderna na qual ganhamos o nosso salário, compramos a nossa casa, temos a nossa conta bancária, economizamos para a aposentadoria e acumulamos bens pessoais, e na qual usamos nossos recursos para consumir ou investir, seria impossível sem a estrutura fornecida pelo governo, que é sustentado pelos impostos. Isso não significa que o os impostos não devam ser objeto de avaliação — significa apenas que o alvo de avaliação deve ser o sistema de direitos de propriedade cuja existência eles possibilitam" (MURPHY; NAGEL, 2005, p. 11).

[83] O FMI foi, historicamente, o grande patrocinador do receituário (neo)liberal em nível global nas últimas décadas, ditando regras e imposições às políticas econômicas de vários países que a ele se encontravam submetidos por relações de dívidas oriundas de empréstimos e financiamentos concedidos pelo organismo internacional. No entanto, num artigo assinado por três de seus economistas e publicado em 2016, o FMI surpreendeu o mundo ao reconhecer que a agenda de austeridade dos gastos públicos e de enxugamento radical do Estado geravam custos sociais substanciais (principalmente em termos de desigualdade) e produziam efeitos nocivos em longo prazo. A mudança de posicionamento da instituição foi decisivamente motivada pelos efeitos devastadores da crise de 2008, a qual, segundo muitos analistas, descobriu nas políticas ultraliberais uma de suas causas motoras.

muitas de suas posições ortodoxas é cristalino sintoma de que o Poder Público não se afigura peça descartável na modelagem institucional hoje consagrada, de sorte que os tributos, cujo pagamento serve de condição *sine qua non* à sua existência, desempenham papel crucial na conformação de uma sociedade que privilegie a concretização da dignidade humana como seu referencial jurídico-axiológico determinante.

Dessa síntese do dever fundamental de pagar tributos sob os prismas de seu titular ativo e de seus destinatários resulta o anacronismo da compreensão do tributo como mera agressão arbitrária ao patrimônio particular. Como se tem sustentado, a concepção dos tributos, no Estado Democrático de Direito, não se pode descolar da axiomática afirmação de que direitos e deveres fundamentais compõem o mesmo programa constitucional, servindo estes últimos, em última instância, à promoção daqueles.[84]

Assim, o dever fundamental de pagar tributos dissociado se encontra da vetusta ideia de "financiamento de elites burocráticas", sob o signo das normas tributárias como "normas de rejeição social", que toma os tributos apenas como instrumentos de dominação a serviço dos "detentores do poder", estes que travestiriam de interesse público o que, a rigor, não passaria de seus interesses particularistas[85] (MARTINS, 1998, p. 129). Em sentido diverso, hodiernamente, prevalece a inteligência dos tributos como instrumentos não de dominação, mas de realização dos direitos e liberdades fundamentais e do princípio da dignidade humana, além de garantidores da própria reprodução do Estado Democrático de Direito, o que afasta a ideia da tributação como reles relação de sujeição, traduzida numa imposição vertical e autocrática que o Estado perpetra em face daqueles a quem só reconhece como "súditos".

A ressemantização a que se tem feito referência, operada no longo processo de legitimação democrática dos tributos, obriga a que não sejam mais eles encarados como "mero poder para o estado, nem simplesmente como um mero sacrifício para os cidadãos, mas antes como o contributo indispensável a uma vida em comum e próspera de todos os membros da comunidade organizada em estado" (NABAIS, 2015, p. 185).

Essa é, aliás, a linha de raciocínio, de viés marcadamente comunitarista, que vinca a leitura de quase toda a doutrina lusitana acerca do dever fundamental de pagar tributos. Acompanhando a análise de seu compatriota, Vitor Faveiro (2002, p. 87) assinala que um tal dever há de ser concebido como pressuposto constitucional de uma sociedade política que, por intermédio da figura do Estado, busca promover-se e realizar-se dignamente como ente coletivo.

---

[84] Esse fator leva Lobo Torres (2009, p. 312-313) a sustentar que a verdadeira sede do dever fundamental de pagar tributos na Constituição brasileira está na Declaração de Direitos Fundamentais (artigo 5º) e na sua equivalente fiscal, que é a Declaração dos Direitos do Contribuinte e de suas garantias (artigos 150 a 152). Mais especificamente, o autor conclui que as raízes constitucionais do dever fundamental de pagar tributos se encontram fincadas em especial nos incisos XXII e XXIII do artigo 5º da Carta da República, os quais "proclamam o direito de propriedade e a liberdade de iniciativa, fornecendo o substrato econômico por excelência para a imposição fiscal" (TORRES, 2009, p. 313).

[85] Ao dissecar criticamente os pressupostos ideológicos dessa concepção — a que nomeia, como dito alhures, "libertarismo fiscal" —, Godoi (2017, p. 206-207) chega a conclusão que aparenta ser clara e irrefutável: a da sua flagrante incompatibilidade com a ordem constitucional instaurada em 1988.

A seu turno, João Ricardo Catarino (2009, p. 413) assevera se constituir o pagamento de impostos como objeto de um dever fundamental atribuído a todos os cidadãos dotados de capacidade contributiva, segundo um objetivo universalmente compartilhado de contribuição para o bem geral, como decorrência da natureza gregária do ser humano.

Também José Joaquim Gomes Canotilho (2003, p. 553) não põe em dúvida a existência do dever fundamental de pagar impostos como um dever autônomo inferido hermeneuticamente dos preceitos consagrados na Carta lusitana e matrizador do lacônico sistema fiscal por ela diretamente instituído e disciplinado.

Foi esse e nenhum outro o caminho trilhado pelo constituinte brasileiro em 1988. Do núcleo político da Constituição Federal é facilmente extraído, numa exegese sistemática, que leve em consideração o Sistema Tributário Nacional em toda a sua extensão e completude,[86] o dever fundamental de pagar tributos como esteio do que a doutrina por vezes refere como "(sub)constituição fiscal brasileira". Mais do que isso — e considerando a premissa, fixada no capítulo anterior, do caráter principiológico dos preceitos de deveres fundamentais —, é preciso reconhecer no dever fundamental de pagar tributos um dos *princípios estruturantes do Sistema Tributário Nacional*, do que deriva a sua potência não somente de parametrizar a hermenêutica das normas constitucionais (especialmente as de cariz tributário), mas também de servir de vetor constitucional medular para o legislador na tarefa de edição da legislação ordinária.

O objeto do dever em questão, como já se discutiu em tópico próprio, é o tributo (e não apenas os impostos, como em Portugal). Passa-se, pois, pela conceituação legal de tributo, vazada no artigo 3º do CTN, a qual deve ser sempre (re)lida sob as lentes da Constituição de 1988, como "toda prestação pecuniária compulsória, em moeda ou cujo valor nela se possa exprimir, que não constitua sanção de ato ilícito, instituída em lei e cobrada mediante atividade administrativa plenamente vinculada". Nesse passo, o conteúdo do dever fundamental em análise deve abranger todos os tributos em espécie: impostos, taxas, empréstimos compulsórios, contribuições de melhoria e contribuições especiais. Pagá-los, portanto, sempre nos termos da lei e da própria Constituição, consubstancia a ação nuclear do dever fundamental de pagar tributos.

Definido o objeto, há que se delinear — na verdade, repisar — também os objetivos do dever em tela. Os objetivos imediatos, como se tem reiterado, são o de financiar as atividades dos Poderes Públicos, garantir a perpetuação do Estado Democrático de Direito e subvencionar a concretização de direitos e liberdades fundamentais.

---

[86] Há quem considere, no entanto, como Gilmar Mendes, que o dever fundamental de pagar tributos encontra-se expressamente — e não tacitamente — previsto na Carta de 1988: para o autor, consoante sugeriu em seu voto prolatado por ocasião do julgamento da ADI nº 1055/DF, o dispositivo constitucional que alberga tal preceito é o §1º do artigo 145 da Constituição Federal, o qual assim dispõe: "Sempre que possível, os impostos terão caráter pessoal e serão graduados segundo a capacidade econômica do contribuinte, facultado à administração tributária, especialmente para conferir efetividade a esses objetivos, identificar, respeitados os direitos individuais e nos termos da lei, o patrimônio, os rendimentos e as atividades econômicas do contribuinte". O excerto do voto em que o Ministro explicita tal alusão será abordado no tópico final deste capítulo, dedicado à análise da recepção do dever fundamental de pagar tributos na jurisprudência do STF.

Já os objetivos mediatos conectam-se com os próprios objetivos da República, estampados do artigo 3º da Constituição: construir uma sociedade livre justa e solidária (inciso I); garantir o desenvolvimento nacional (inciso II); erradicar a pobreza e a marginalização e reduzir as desigualdades sociais e regionais (inciso III); e promover o bem de todos, sem preconceitos de origem, raça, sexo, cor, idade e quaisquer outras formas de discriminação (inciso IV). O motivo é cristalino: a consecução de todos esses objetivos demanda a realização de direitos, os quais, por sua vez, supõem o pagamento de tributos.

É essa a base da afirmação da fundamentalidade material do dever fundamental de pagar tributos. Nas palavras de Campos (2017, p. 150), tem-se que "o dever de pagar imposto é fundamental porque, em última análise, cumpre uma função de viabilizar o exercício de direitos fundamentais, dos valores compartilhados pela comunidade e o atingimento dos objetivos constitucionalmente estabelecidos".

Trata essa reflexão de evidenciar o caráter instrumental da tributação,[87] que não se esgota teleologicamente em si própria ou no âmbito residual e abstrato da soberania estatal, mas estreitamente se vincula e subordina à efetivação dos princípios, valores e objetivos compartilhados, em sede constitucional, pela comunidade política organizada, a tornar o pagamento de tributos um indeclinável dever de cidadania. Em igual direção, Érico Vinhosa aduz:

> No aspecto substancial ou material, a tributação relaciona-se de forma direta e indireta com os valores, princípios e objetivos traçados pela Constituição. De forma direta, como instrumento para conferir efetividade a esses valores (justiça e igualdade), objetivos (redução da desigualdade, p. ex.) e princípios (igualdade e capacidade contributiva, p. ex.). De forma indireta, como meio que o Estado possui de obter recursos para prover os seus fins (VINHOSA, 2017, p. 115).

É de se recordar, neste ponto, que a teoria dos deveres fundamentais aponta que os preceitos constitucionais que os abrigam se caracterizam, em geral, por uma atenuada densidade normativa, a tornar necessária a intermediação do legislador ordinário para concretizar definitivamente os seus conteúdos. No caso do dever fundamental de pagar tributos, embora se verse sobre preceito com densidade normativa superior à média, dada a prolixidade e o detalhamento que o constituinte cuidou de lhe dispensar, não deixa de se fazer presente aquela descrição geral. Isto é, em que pese significativa medida de sua fisionomia material se encontrar delineada no texto constitucional, somente no plano da legislação ordinária é que o dever fundamental de pagar tributos se aperfeiçoa, com o detalhamento dos traços definitivos de seu âmbito de conteúdo.

---

[87] Em tal perspectiva, Marçal Justen Filho (1998, p. 222) destaca que: "A relação entre 'custo do Estado' e 'sistema tributário' produz outra ordem de considerações, sob o ponto de vista ideológico. É que a inexistência ou ineficácia da atividade tributária produz efeitos diretamente sobre a própria sociedade. Em uma consideração puramente teórica, o cidadão é o principal beneficiário da atividade tributária do Estado. É o bem-estar do cidadão que justifica a existência do sistema tributário".

Dito doutro modo, segundo explana Casalta Nabais, a Constituição não tem de (e nem pode) conter toda a disciplina jurídica concernente ao exercício do poder tributário e, consequentemente, ao conteúdo preceptivo do dever fundamental de pagar tributos. Em verdade, "face à evidente complexidade dos ordenamentos tributários dos nossos dias, foi-se reconhecendo um pouco por toda a parte a necessidade de as constituições se limitarem a recolher os princípios básicos ordenadores das diversas esferas do poder tributário" e confiar ao legislador a tarefa de concretizar o seu conteúdo definitivo, em todas as suas *nuances* (NABAIS, 2015, p. 299-300).

Uma das razões dessa exortação é que a legislação tributária, por sua própria natureza, é demasiado cambiante, podendo variar ao sabor das conjunturas político-econômicas com plasticidade maior do que se vislumbra nas demais searas do Direito. Não se poderia, por isso, engessar as suas mudanças submetendo-as aos (em geral) morosos e complexos ritos especiais de aprovação de emendas constitucionais, exigidos pelo atributo da rigidez da maioria das Constituições hodiernas.

Assim é que o conteúdo do dever fundamental de pagar tributos no ordenamento brasileiro só se aperfeiçoa de maneira escalonada, isto é, partindo das normas constitucionais até a extensa, copiosa e detalhada legislação tributária ordinária elaborada em níveis federal, estadual e municipal, e não raro complementadas por atos normativos infralegais em seus aspectos instrumentais e procedimentais.

Ademais, na parcela de seu conteúdo desenhada constitucionalmente, visualiza-se, em larga medida, uma formulação por via negativa, isto é, são definidos os limites constitucionais ao poder de tributar como as margens (bordas ou contornos) do dever fundamental de pagar tributos, de maneira que toda a substância normativa localizada no interior desses confins (leia-se: que se mostra consonante com aqueles limites) se considera integrante do conteúdo daquele dever. Ou ainda: tudo o que restar do poder tributário, moldado na própria Constituição, após sujeitar-se aos filtros estabelecidos pelos artigos 150 a 152 restará compreendido no âmbito de conteúdo do dever fundamental de pagar tributos.

Com efeito, escusado seria dizer, com Casalta Nabais (2015, p. 301), que o exercício do poder tributário "há de decorrer dentro de uma trama de princípios constitucionais que o limitam fortemente, os quais visam manter a estadualidade [estatalidade] dos nossos dias dentro de um quadro tolerável". Disso redunda que o dever fundamental de pagar tributos, enquanto princípio estruturante do Sistema Tributário Nacional, apenas pode ser adequadamente compreendido se inserto na tessitura principiológica, de extração constitucional, cuja função é balizar o poder tributário. Ao propor uma definição doutrinária do tributo como (objeto de um) dever fundamental, Lobo Torres aduz:

> Tributo é o dever fundamental, consistente em prestação pecuniária, que, limitado pelas liberdades fundamentais, sob a diretiva dos princípios constitucionais da capacidade contributiva, do custo/benefício ou da solidariedade do grupo e com a finalidade principal ou acessória de obtenção de receita para as necessidades públicas ou para atividades

protegidas pelo Estado, é exigido de quem tenha realizado o fato descrito em lei elaborada de acordo com a competência específica outorgada pela Constituição (TORRES, 2000, p. 320-321).

Sucede, pois, que o dever fundamental de pagar tributos não logra suplantar qualquer princípio constitucional vocacionado a limitar o poder de tributar, tampouco pode ser invocado como trunfo retórico para viabilizar atividades tributantes que desbordem os pressupostos e balizas estabelecidos na Constituição e na legislação tributária. O chamado "Estatuto do Contribuinte", composto pelo repertório de direitos e garantias fundamentais a ele assegurados, é de observância imperativa pelo Estado no exercício do poder tributário, sob pena de ilegitimidade de sua atuação no terreno da fiscalidade.

É por isso que o estudo do dever fundamental de pagar tributos na Constituição brasileira de 1988 tem de justapô-lo a todos os limites constitucionais ao poder de tributar — princípios da legalidade, da isonomia, da anterioridade, da irretroatividade, da capacidade contributiva e da vedação ao confisco, além das imunidades tributárias —, porquanto se sujeita, junto deles, a um regime jurídico de condicionamentos recíprocos, sempre no escopo de prevenir excessos ou abusos hermenêuticos de lado a lado (pró-contribuinte ou pró-Fisco).

E é a partir dessa configuração dinâmica, determinada pelo sistema de preceitos que conformam o texto constitucional vigente, que o dever fundamental de pagar tributos há de matrizar todo o ciclo da tributação: desde o exercício das competências tributárias até a arrecadação, a fiscalização e, enfim, a aplicação de recursos públicos provenientes do recolhimento de tributos (VINHOSA, 2017, p. 131).

Todavia, entre aqueles preceitos, há três princípios com os quais o dever fundamental de pagar tributos conserva uma interação mais ativa e que, por consequência, requerem uma atenção mais concentrada: a solidariedade, a isonomia e a capacidade contributiva. Não é casual, nesse contexto, que sejam esses os preceitos constitucionais sobre os quais a doutrina do dever fundamental de pagar tributos se detém com maior escrúpulo.

Isso porque a Constituição de 1988 claramente põe em evidência a questão da "justiça fiscal"[88] — ou, alguns já têm dito, da "democracia fiscal" (MARTINS, 2009) —, traduzida na problemática da repartição equitativa da carga tributária entre os membros de um Estado-Nacional. Nesse cenário, não é difícil deduzir — face aos objetivos fundamentais da República de construção de uma sociedade livre, justa e solidária e de erradicação da marginalização e da pobreza e redução das desigualdades sociais — a existência de conexões semânticas, estruturais, funcionais e valorativas entre o dever fundamental de pagar tributos e os princípios constitucionais da solidariedade, da

---

[88] Nos termos de Caliendo (2009a, p. 58), a justiça fiscal atua como "princípio estruturante do sistema jurídico-tributário e princípio hermenêutico fundamental de aplicação das normas jurídicas tributárias".

isonomia e da capacidade contributiva, posto que todos esses preceitos informam — ética e juridicamente — o ideal de justiça fiscal aspirado pela Carta Magna.[89]

Como ensina Marcus Abraham (2007, p. 396), na atual trilha evolutiva do Direito Tributário, decorrente de sua constitucionalização, "identificamos uma nova preocupação [...]: a implementação da justiça fiscal, que deixa de ser um mero instrumento protetivo do contribuinte para ganhar vida no debate sobre direitos humanos, como instrumento necessário do Estado Democrático de Direito [...]". Para o autor:

> O discurso sobre justiça fiscal passa necessariamente por três considerações fundamentais, que devem ser devidamente equacionadas, visto que refletem tanto a sua expressão fática, quanto a jurídica: i) a dimensão da carga fiscal, que se relaciona com o respeito ao princípio da capacidade contributiva; ii) as relações entre o Fisco e o contribuinte, que dependem da análise da equidade; iii) a harmonia e a estabilidade do sistema tributário, que se vincula à segurança jurídica nas relações fiscais (ABRAHAM, 2007, p. 397).

Isto dito, para prosseguir de maneira sistemática e organizada na abordagem do dever fundamental de pagar tributos na Constituição de 1988, será segmentado o presente tópico em três seções correspectivas, nas quais serão analisadas as relações entre o referido dever fundamental e, nesta ordem, (1) o princípio constitucional da solidariedade; (2) os princípios constitucionais da isonomia e da capacidade contributiva; e (3) os limites constitucionais ao poder de tributar.

2.4.1 O dever fundamental de pagar tributos e o princípio constitucional da solidariedade

Uma análise panorâmica das doutrinas que se ocupam do estudo do dever fundamental de pagar tributos permite inferir dois enfoques que são usualmente adotados para sustentar a existência daquele como preceito constitucional autônomo. Parte dos autores tende a conceber o dever fundamental de pagar tributos a partir do seu vínculo inextrincável com o princípio da solidariedade, ao destacar este último como seu suporte constitucional decisivo. Já a outra parcela doutrinária confere primazia à percepção do dever fundamental em questão como o "preço da liberdade", sem o qual não poderia subsistir o Estado e, por decorrência, uma sociedade civilizada.

Não parece haver, entre ambas as perspectivas, qualquer contradição ou antinomia: trata-se mesmo, como pontuado, apenas de uma questão de enfoque

---

[89] Marcus Abraham não se olvida de incluir nessa equação a segurança jurídica, ao abordar o que denomina "as três faces da justiça fiscal": "Falar de justiça em seara fiscal, nada mais é — ao nosso ver — do que discutir temas como a dimensão da carga fiscal, as relações entre fisco e contribuinte e a harmonia do sistema tributário. Tais assuntos ganham sua expressão no campo jurídico pelo debate da capacidade contributiva, no primeiro caso; sobre a igualdade e a equidade, no segundo caso; e finalmente, sobre a segurança jurídica nas relações fiscais. Harmonizar estes três fatores é o grande desafio de qualquer nação moderna constituída em Estado de Direito [...]" (ABRAHAM, 2007, p. 49).

analítico. Nesta pesquisa, tanto um quanto outro prismas são contemplados como eixos importantes do exame do dever fundamental de pagar tributos.

Esta ideia do pagamento de tributos como preço da liberdade já foi abordada no tópico antecedente, motivo pelo qual não será novamente apreciada nesta seção. Sobre ela, basta recordar a sua premissa basilar: "se há um direito, deve haver também um dever; se existe liberdade, haverá um custo para usufruí-la"; de sorte que o dever fundamental de pagar tributo é "um dever em favor de si mesmo, como cidadão contribuinte e elemento integrante de uma coletividade que lhe oferece toda uma estrutura para conduzir sua vida e sobrevivência com harmonia, liberdade e satisfação. O dever de pagar tributos é o preço deste sistema" (ABRAHAM, 2007, p. 58-59).

Nota-se um claro componente da filosofia hobbesiana numa leitura como a de Lobo Torres (2009),[90] à medida que parte da compreensão segundo a qual os indivíduos, ao celebrarem o contrato social que constituiu o Estado, renunciaram a parte de suas liberdades individuais exatamente para preservar a fruição daquela parcela de liberdade que a si reservaram. O suposto filosófico de fundo dessa interpretação é o da hipotética existência de um estado de natureza — pretérito à formação do Estado — marcado por um cenário de guerra de todos contra todos, em que a liberdade absoluta e anárquica termina por dissolver a liberdade real. Com efeito, a apologia do dever de pagar tributos sob um tal pressuposto finda por privilegiar o *enfoque do indivíduo*, isto é, de defesa, em derradeira instância, das liberdades individuais.

A ótica que matrizará o desenvolvimento deste subtópico, contudo, é outra — embora complementar à primeira — e busca *focalizar a questão comunitária ou coletiva*. Trata-se, em suma, de reconhecer que o dever fundamental de pagar tributos na Constituição brasileira e no Estado Democrático de Direito inaugurados em 1988 descobre no princípio da solidariedade — senão o principal — um de seus principais alicerces.

Em verdade, como visto no capítulo anterior, o princípio constitucional da solidariedade põe-se como a principal fonte axiológica e normativa dos deveres fundamentais em geral, eis que toda comunidade política organizada na forma do Estado moderno tem, entre os membros que a compõem, vínculos e laços que os unem sob a regência de uma ordem jurídica legítima. Mas, no caso do dever fundamental de pagar tributos, esse traço da solidariedade — como norma e valor constitucional, e não como virtude particular — se deixa entrever com ainda maior clareza, pois se está a tratar da própria sobrevivência de uma comunidade que abriga múltiplos indivíduos em posições sociais assimétricas.

---

[90] Naturalmente, como já restou subentendido no texto, os autores que optam, com maior ênfase, por uma ou outra vereda argumentativa não excluem a abordagem alternativa. A melhor ilustração dessa afirmação é a obra de Ricardo Lobo Torres, autor multirreferenciado pela tese dos tributos como preço da liberdade, mas que também efetua competentes análises acerca da matéria à luz do princípio da solidariedade, as quais serão, aliás, citadas logo em sequência no texto.

É essa a trajetória hermenêutica trilhada pela maioria da doutrina. Lobo Torres (1998, p. 301), por exemplo, registra que, "se a solidariedade exibe primordialmente a dimensão do dever, segue-se que não encontra melhor campo de aplicação do que o direito tributário, que regula o *dever fundamental* de pagar tributo". Os liames de solidariedade que mantêm viva uma sociedade tendem a diluir-se à medida que o senso de responsabilidade comunitária se debilita, cedendo lugar a uma liberdade egoística, da qual resulta a desimportância dos deveres fundamentais — máxime o de pagar tributos, em razão dos impactos econômicos imediatos sobre o patrimônio particular — e a inviabilização de objetivos constitucionais como o da garantia de justiça social.

Alessandro Cardoso (2017, p. 227), a seu turno, ao reforçar a necessidade de se repelir a compreensão das normas tributárias como "de rejeição social", assinala que "o dever de recolher tributos no Estado Democrático de Direito está solidamente fundado no princípio da solidariedade social, no qual busca sua justificação e conteúdo material". Para o autor, uma tal leitura logra sepultar o já suplantado paradigma da tributação como mera relação de poder ou sujeição para harmonizá-la ao constitucionalismo democrático, hegemônico nos dias atuais (CARDOSO, 2017, p. 226).

Idêntica reflexão desenvolve Marciano Buffon (2007, p. 99) quando assinala ser a solidariedade "o fundamento que justifica e legitima o dever fundamental de pagar tributos, haja vista que esse dever corresponde a uma decorrência inafastável de se pertencer a uma sociedade".

Para Ernani Contipelli (2010, p. 238), no mesmo passo, "a validação da instituição e cobrança do dever de colaboração de pagar tributo encontra-se sempre vinculada, em maior ou menor grau de especificação, às finalidades axiológicas ditadas pela solidariedade social que se pretende consagrar perante o plano social", de sorte que o Estado é compelido pela ordem jurídica a "exigir o cumprimento deste contributo em correspondência com o seu respectivo dever de redistribuição adequada de riquezas arrecadadas nos moldes propostos no âmbito normativo constitucional".

Daniel Giotti (2014, p. 142), por sua vez, recorda que, sem arrecadação tributária, há uma impossibilidade material de implementação de direitos fundamentais, do que deriva um dever fundamental de pagar tributos intimamente associado aos laços de solidariedade que interconectam os cidadãos de uma determinada sociedade. Conclui, então, que um tal dever constitucional, *calcado no princípio da solidariedade*, impõe aos cidadãos a justa repartição, conforme as suas respectivas capacidades econômicas, dos custos de realização de direitos e de políticas públicas.

Tão forte se revela, nesse sentido, o princípio da solidariedade que, segundo lembra Carolina Ferraro (2017, p. 54), repousa ele como fundamento dos "direitos de quarta geração" (ou terceira dimensão, a depender do critério classificatório), entre os quais enumera os direitos ecológicos, ao meio ambiente saudável e equilibrado e aos patrimônios genético e cultural, todos carecedores de custeios financeiros para que sejam efetivamente concretizados.

São igualmente valiosas as reflexões de Marciano Godoi, para quem, na mesma linha dos autores retrocitados, o dever fundamental de pagar tributos é, substancialmente, um dever de solidariedade. Em sua perspectiva, a relação entre Estado Fiscal e solidariedade apresenta como elo de significação o princípio da capacidade contributiva, haja vista que a própria ideia de uma tributação solidária pressupõe uma distribuição equitativa — leia-se: compatível com as capacidades econômicas de cada um — das obrigações tributárias entre os cidadãos (GODOI, 2005, p. 157).

Noutro mais recente texto, Godoi (2017, p. 186-187) argumenta que "a solidariedade social, tão presente no texto constitucional de 88, mas tão ausente na legislação tributária ordinária e das finanças públicas brasileiras, *é o esteio valorativo do dever fundamental de pagar tributos*". A partir disso, infere a estreita relação existente entre a efetivação dos direitos fundamentais, o objetivo de construir sociedade livre, justa e solidária e o caráter fundamental do dever de pagar tributos, todos extraídos da Constituição da República.

Ao efetuar um paralelo entre as Constituições brasileira, portuguesa e espanhola, Giannetti (2017, p. 238) identifica em todas elas que o valor da solidariedade figura como elemento necessário à coesão social e como importante suporte de exercício do poder tributário. Lembra, no caso brasileiro, que a Constituição estabeleceu uma Ordem Social que acentua o princípio da solidariedade como fonte do dever fundamental de pagar tributos, à medida que por ela são abrangidos diversos direitos que envolvem a saúde, a assistência social e a previdência, "cujos benefícios são custeados por várias fontes, entre as quais se destacam as decorrentes de contribuições sociais de natureza tributária e devidas em razão de um regime contributivo e solidário, no qual participam empresas e pessoas físicas" (GIANETTI, 2017, p. 238).

A alusão ao Direito Comparado é oportuna, porque também na experiência de países europeus o sistema tributário se encontra intimamente associado ao princípio da solidariedade. Como exemplo, pode-se recorrer ao magistério de Cristina Palmer Chulvi, que sobre o reconhecimento do dever fundamental de pagar tributos na ordem jurídica espanhola[91] explana magistralmente:

> O princípio da solidariedade pode, portanto, erigir-se como valor que inspira o modo pelo qual o dever de contribuir se executa em relação e em respeito aos valores que inspiram o Estado Social e Democrático de Direito que consagra a nossa Constituição: solidariamente. Graças a ele, o dever de contribuir à sustentação dos gastos públicos se beneficia de uma influência "quase ética" ou, melhor, de justiça, em primeiro lugar, no sentido de que os cidadãos sabem que com suas contribuições econômicas estão permitindo a manutenção e a sobrevivência de um Estado de que, por sua vez, obtém determinados serviços e, em segundo lugar, esse sentimento social de justiça se vê aumentado pela função redistributiva

---

[91] Acrescenta Godoi (2017, p. 185) que, "na Espanha, o Tribunal Constitucional, desde os albores da Constituição de 1978, passou a desenvolver uma compreensão do 'dever de contribuir ao sustento dos gastos públicos', que se assemelha bastante à ideia de dever fundamental".

que constitucionalmente se exige do sistema tributário no art. 31.2.CE, gerando um sistema de cooperação social baseado no princípio da solidariedade[92] (CHULVI, 2001, p. 73).

Também para Marcus Abraham (2007, p. 399), "o dever fundamental de pagar tributos decorre dos deveres de solidariedade previstos expressamente na Constituição Federal". O autor vê nessa relação democrática do contribuinte com o Estado, sob a ótica da tributação moderna, mediada pela garantia de direitos fundamentais e pela concretização da capacidade contributiva, o núcleo da ideia de "cidadania fiscal". É na obra de Abraham que se encontra a mais completa e apurada síntese das vinculações entre o dever fundamental de pagar tributos e o princípio da solidariedade:

> Elemento preponderante, imanente à ideia do dever fundamental de pagar tributos, é a concepção objetiva de solidariedade, que deriva dos valores sociais de responsabilidade e vínculo coletivo, materializados através dos objetivos estabelecidos na Constituição Federal, e que se fundamentam através da cidadania, da dignidade da pessoa humana, da valorização do trabalho e da livre iniciativa, acabando por influenciar sobremaneira a justificação da exigência fiscal, a criação normativa do sistema tributário nacional e a sua consequente interpretação, que confere os contornos, limites e parâmetros da atividade de organização e gestão econômica, financeira e patrimonial do contribuinte (ABRAHAM, 2007, p. 399).

É, pois, nesse amplo quadro de referências doutrinárias que o princípio da solidariedade se eleva como uma chave hermenêutica que permite compreender a Constituição enquanto um sistema harmônico, coeso, coerente e convergente de normas, que atribui a tal princípio o estatuto de valor fundamental subjacente ao conjunto dos seus preceitos e que, para além disso, se irradia por todo o ordenamento jurídico enquanto vetor informativo, conformativo e interpretativo relevante da legislação infraconstitucional (inclusive e, talvez, sobretudo a legislação tributária).

Ademais, como se verá no tópico final deste capítulo, é também sob o signo da solidariedade (enquanto princípio e valor constitucionais) e do consequente imperativo de repartição igualitária dos ônus fiscais da comunidade mediada pelo Estado que em muitos julgados o STF vem, paulatinamente, na última década, recepcionando o dever fundamental de pagar tributos.

E, aqui, quadra salientar uma vez mais que, nos lindes da ordem constitucional brasileira, a ideia de solidariedade não pode ser reduzida a um predicado pessoal positivo, restrita ao âmbito particular e individual, como aparentam supor aqueles

---

[92] No original: "El principio de solidaridad puede, por tanto, erigirse como valor que inspira el modo em el que el deber de contribuir se ejecuta em relación y com respeto de los valores que inspiran el Estado social y democratico de Derecho que consagra nuestra Constituición: solidariamente. Gracias a ello, el deber de contribuir al sostenimiento de los gastos publicos se beneficia de uma influencia "cuasi-ética" o, mejor, de justicia, en primer lugar, em el sentido de que los ciudadanos saben que con sus contribuiciones económicas están permitiendo el mantenimiento y la supervivencia de um Estado de que, a su vez, obtienen determinados servicios y, en segundo lugar, este sentimiento social de justicia se ve aumentado por la función redistributiva que constitucionalmente se exige del sistema tributario em el art. 31.2.CE, generando um sistema de cooperación social basado em el principio de solidaridad" (CHULVI, 2001, p. 73).

autores mais aferrados aos postulados liberais, que acabam por tomá-los como as lentes principais pelas quais deve ser lido e interpretado o direito positivo. Antes, deve a solidariedade, como se tem aqui sustentado, ser encarada como um autêntico princípio constitucional, dotado de força normativa e concebido como fundamento da edificação do projeto de sociedade inscrito no artigo 3º da Carta Magna, sobretudo em seus incisos I e III, donde promana mais diretamente o dever fundamental solidário de pagar tributos.

Este é o equívoco em que incorre parte dos autores que negam a existência do dever em questão. A pretexto de criticar os entendimentos jurisprudenciais do CARF, Leão (2018, p. 260) destaca a reiterada alusão a fundamentos como solidariedade, justiça fiscal e assemelhados — considerando-os "não institucionais" ou metajurídicos (éticos) —, como se tais fundamentos não houvessem sido juridicizados e normativamente incorporados pela Constituição.[93]

Esta é parte de sua argumentação para sustentar um "direito fundamental de economizar tributos", fórmula que não deixa de ser dotada de sentido, mas que se afigura mais como consectário do direito fundamental à liberdade fiscal (livre conformação patrimonial do contribuinte) — como projeção do princípio geral da liberdade no âmbito do Direito Tributário — do que como um direito fundamental autônomo extraído do texto constitucional. Sobre essa questão do "direito fundamental de não pagar ou economizar tributos", Nabais, em sua obra principal,[94] aduz:

> Não há lugar a um qualquer (pretenso) direito fundamental de não pagar imposto, como o radicalismo das reivindicações de algumas organizações de contribuintes ou a postura teórica de alguns jusfiscalistas mais inebriados pelo liberalismo econômico e mais empenhados na luta contra a opressão fiscal, que vem atingindo a carga fiscal nos países mais desenvolvidos, parecem dar a entender (NABAIS, 2015, p. 234).

---

[93] São vários os dispositivos que exibem essa dimensão axiológica da Constituição de 1988, alinhada com o constitucionalismo do pós-guerra e com os paradigmas pós-positivistas que lhe serviram de suporte. Cite-se apenas um exemplo, dado o seu caráter marcadamente simbólico, que é o *caput* do artigo 170 da Carta da República, definidor da ordem econômica nacional, que textualmente alude à necessidade de conformidade da mesma com "os ditames da justiça social". *In verbis*: "Art. 170, CF. A ordem econômica, fundada na valorização do trabalho humano e na livre iniciativa, tem por fim assegurar a todos existência digna, *conforme os ditames da justiça social* [...]".

[94] Entretanto, na já multicitada entrevista concedida pelo autor a Sérgio André Rocha, Nabais parece recuar nessa posição, incorrendo numa textual contradição: "Aliás, o título do meu livro podia ser, sem alterar uma linha do seu conteúdo, 'O Direito Fundamental a não Pagar Impostos: Contributo para a Compreensão Constitucional do Estado Fiscal Contemporâneo', para o qual há, de resto, uma base muito clara no nº 3 do artigo 103º da Constituição Portuguesa, em que se prescreve: "Ninguém pode ser obrigado a pagar impostos que não hajam sido criados nos termos da Constituição, que tenham natureza retroactiva ou cuja liquidação e cobrança se não façam nos termos da lei". De facto, na Constituição Portuguesa, encontramos o dever fundamental de pagar impostos formulado pela via negativa, ou seja, a partir do direito de não pagar impostos [...]" (NABAIS, 2017, p. 268-269). Esta reflexão, embora colidente com excerto reproduzido no texto, não se incompatibiliza com a teoria do dever fundamental de pagar tributos, visto que consubstancia um pressuposto deste último a observância aos limites constitucionais ao poder de tributar e à lei nos processos de instituição e cobrança de tributos, o que decerto garante o direito (fundamental ou não) ao contribuinte de não pagar tributos ilegais e de economizar tributos mediante planejamentos tributários harmônicos com o ordenamento jurídico positivo. De toda sorte, se antinômicos ambos os posicionamentos (o de 1998, na obra principal, e o de 2017, na entrevista), é de se subscrever o primeiro, porquanto mais consonante com a teoria do dever fundamental de pagar tributos e com o conjunto da obra do autor português.

Com efeito, como sugere a leitura articulada dos incisos I e III do artigo 3º, CF, não se pode cogitar de uma sociedade livre e justa, assente no postulado da solidariedade, se conviver tal sociedade com níveis de desigualdade social e de pobreza alarmantes, como é, historicamente, o caso da sociedade brasileira.

Em Relatório de Desenvolvimento Humano publicado pelo Programa das Nações Unidas para o Desenvolvimento (PNUD) em dezembro de 2019, mas baseado em dados coletados em 2017,[95] visualizou-se que o Brasil, com referência no coeficiente de Gini, é o sétimo país mais desigual do mundo. Segundo o mesmo levantamento, a parcela dos 10% mais abastados no Brasil concentra 41,9% da renda total, enquanto que a fração do 1% mais rico concentra 28,3% da renda nacional (o segundo pior no mundo nesse quesito — concentração de renda entre o 1% mais rico da população —, apenas atrás do Catar). Noutro estudo, este da Fundação Getúlio Vargas (FGV),[96] divulgado em março de 2020, vê-se uma série histórica que aponta uma tendência de aumento da concentração de renda e de incremento da extrema pobreza: entre 2014 e 2018, a renda da parcela dos 5% mais pobres do Brasil reduziu-se em 39% e, por decorrência, o contingente populacional em situação de extrema pobreza elevou-se em 71,8%.

É constatação empírica, insuscetível de questionamentos, que o sistema tributário de um país consubstancia um dos mais determinantes fatores na conformação de suas estruturas sociais. Pode estar um tal sistema a serviço tanto da crescente concentração de riquezas quanto da redução das assimetrias sociais.

Como realçou o Ministro Edson Fachin ao votar no julgamento do RE nº 601.314/DF (abordado no último tópico do corrente capítulo), o tributo é uma ferramenta humana com enorme aptidão para a atenuação das desigualdades jurídicas, econômicas e políticas entre os homens, e a interpretação mais harmônica com a axiologia da Constituição de 1988 é a que toma a tributação como um instrumento de produção de igualdades entre os cidadãos (BRASIL, 2016a). Não outra poderia ser a conclusão quando considerados princípios como os da isonomia e da solidariedade, os quais indubitavelmente realçam o ideal de justiça social e fiscal prevalecente na Carta hoje vigente.

Como lecionam Murphy e Nagel (2005, p. 5), em uma economia capitalista, os tributos não são "um simples método de pagamento pelos serviços públicos e governamentais: são também o instrumento mais importante por meio do qual o sistema político põe em prática uma determinada concepção de justiça econômica ou distributiva".

É, portanto, preciso acentuar, à luz do princípio da solidariedade, o que se pode chamar de "função social do tributo", consistente em remediar, nos estritos termos da lei e da Constituição, as distorções e assimetrias sociais, o que necessariamente perpassa o combate implacável à evasão e à elusão tributárias, a fim de assegurar um nível ao menos razoável de equidade fiscal.

---

[95] Referido Relatório, elaborado pelo PNUD (2019), intitula-se *Além do rendimento, além das médias, além do presente: desigualdades no desenvolvimento humano no século XXI* e encontra-se disponível no sítio oficial: http://hdr.undp.org/sites/default/files/hdr_2019_pt.pdf. Acesso em: 01 jun. 2020.

[96] O levantamento foi realizado pelo Centro de Políticas Sociais da FGV (2020) e se encontra detalhado no sítio oficial da instituição, no endereço eletrônico: https://cps.fgv.br/destaques/fgv-social-comenta-os-cortes-no-bolsa-familia-e-o-aumento-da-extrema-pobreza-no-brasil. Acesso em: 01 jun. 2020.

Daí a precisa reflexão de Campos (2017, p. 155) segundo a qual os tributos são um preço a pagar não só pela liberdade, mas também na busca pela redução das desigualdades e pela justiça social, consoante determina a Constituição.

No entanto, embora seja reconhecida em sede doutrinária essa faceta da tributação, medularmente vinculada ao princípio constitucional da solidariedade, não se pode deixar de destacar o caráter profundamente regressivo do sistema tributário brasileiro, o que turba a consecução dos desideratos ora cogitados.

Sobre tal ponto, Marciano Godoi (2013, p. 143) — autor que parece conciliar-se com uma concepção do Direito Tributário não restrita à ideia de escudo do contribuinte, mas também como uma ferramenta de transformação de estruturas fiscais injustas, segundo a Constituição — chama a atenção para o fato de que, no Brasil, o papel da tributação na redução da desigualdade, pelo menos até 2013 (ano de publicação do artigo em referência), mostrou-se ambíguo, porquanto se, por um lado, o crescimento contínuo da carga tributária serviu para ampliar arrecadação para expandir políticas sociais, por outro, "parte dos efeitos desconcentradores da expansão desses gastos sociais é revertida pela regressividade de um sistema tributário fortemente baseado na tributação do consumo de bens e serviços".[97]

Em suma, pode-se concluir, com Marçal Justen Filho, que os tributos consubstanciam um poderoso instrumento de justiça social e o meio mais efetivo para promover a redução das desigualdades sociais. É preciso, argumenta o autor, superar a concepção do Direito Tributário somente como um conjunto de normas repressivas que municiam a atuação estatal para reconhecer a sua "função promocional" (nos termos de Bobbio): "Apenas através da conjugação e efetivação de suas diversas funções é que se realizarão os desígnios constitucionais e nos aproximaremos da sociedade mais justa que nos comprometemos a produzir" (JUSTEN FILHO, 1998, p. 225).

Urge que se levem a sério no Brasil, mais que nunca, os ideais de solidariedade, de democracia fiscal e de progressividade do sistema tributário, sob pena de capitulação quanto à tarefa de concretizar as aspirações cívicas que insuflaram a celebração do pacto social de 1988.

2.4.2 O dever fundamental de pagar tributos e os princípios constitucionais da isonomia e da capacidade contributiva

O dever fundamental de pagar tributos não se pode constituir legitimamente, em coerência com os alicerces do Estado Democrático de Direito, sem atar-se firmemente aos princípios constitucionais da isonomia e da capacidade contributiva. É que, sem

---

[97] Na pesquisa, Godoi (2013, p. 143) destaca que, nos primeiros 25 anos de vigência da Constituição de 1988, as duas categorias de despesa pública que mais cresceram foram as despesas financeiras (pagamento de juros e amortizações da dívida pública) e as despesas sociais (*lato sensu*), principais impulsionadoras da acentuada elevação da carga tributária no período analisado (1988-2013).

observância das injunções derivadas desses dois preceitos, facilmente poderia o dever fundamental de pagar tributos se descolar dos pressupostos de configuração e de legitimidade antes abordados para servir, antiteticamente à sua natureza, à instituição de opressões fiscais pelo Estado ou discriminações injustificadas entre os contribuintes. A prevalecer tal desvio, obviamente, promover-se-ia uma grave e irreparável fratura no princípio constitucional da solidariedade, o qual, como se viu, há de matrizar o Sistema Tributário à luz dos objetivos fundamentais da República (artigo 3º, CF).

Há entre os princípios da isonomia e da capacidade contributiva uma afinidade eletiva, ao passo que os seus respectivos conteúdos se suplementam e se condicionam reciprocamente, numa interação que se poderia qualificar como simbiótica. Significa dizer que, embora não se confundam nem tenham subtraídas as suas autonomias categoriais, ambos os princípios são indissociáveis.

Afinal, como sintetiza Carolina Ferraro (2017, p. 46), "a exigência da tributação em conformidade com o princípio da capacidade contributiva trata-se de uma expressão específica do princípio da igualdade para o domínio dos impostos". Ou ainda, segundo Tipke e Casalta Nabais (2015, p. 444), não se trata, a despeito de suas convergências, de proceder a uma simples "justaposição cumulativa" dos princípios da igualdade e da capacidade contributiva, mas de compreender que este fornece o critério e a medida (o termo de comparação) da tributação para que aquele — sob as exigências do postulado de justiça fiscal — se aperfeiçoe no plano da fiscalidade.

Em preâmbulo, tem-se, então, que o princípio da isonomia tributária representa apenas uma expressão especializada do princípio geral da igualdade (art. 5º, *caput*, CF), que assume, em conformidade com o âmbito dogmático no qual toma assento, figurinos e critérios próprios. Já deveras distante do paradigma liberal-positivista, intangível entre os oitocentistas, que o reduzia à reles fórmula da igualdade perante a lei, o princípio da isonomia, hodiernamente, no Estado Democrático de Direito, supera — sem, contudo, sacrificá-la — aquela faceta (meramente) formalista para, agora, exigir uma igualdade substancial entre os sujeitos de direito, capaz de eliminar ou, ao menos, atenuar as desigualdades reais — e não as reproduzir — nos planos fático e legislativo.

Traduz-se um tal comando no imperativo de, por um lado, não criar discriminações ou equalizações arbitrárias, isto é, destituídas de fundamentos jurídicos racionais; e, por outro, de promover discriminações ou adotar tratamentos desiguais sempre que tal se faça necessário para assegurar a equiparação das posições de diferentes indivíduos sujeitos a uma mesma situação jurídica (*v.g.*, a tributação). Cuida-se, em síntese, de pôr em execução a tão célebre quanto acertada máxima aristotélica de tratar igualmente os iguais e desigualmente os desiguais na exata medida desta desigualdade, providência que, no campo do Direito Tributário, afigura-se imprescindível à consecução dos incontornáveis postulados constitucionais que diretamente o disciplinam.

O primeiro aspecto do princípio da isonomia fiscal a ser destacado é o da *generalidade* dos tributos, exprimido na ideia de que, *prima facie*, todos os cidadãos encontram-se adstritos ao dever de pagá-los, independentemente de qualquer condição de ordem subjetiva (ascendência, classe, raça, sexo, orientação sexual etc.). Generalidade esta que, em seu vetor subjetivo, determina que ninguém seja excluído desse dever, enquanto que, sob o vetor objetivo, obriga que todos os cidadãos sejam compelidos ao pagamento de tributos por todas as manifestações de capacidade contributiva que o legislador delibere tributar (NABAIS, 2015, p. 438-439). A exceção única às injunções da universalidade da tributação é exatamente a "situação econômica", lastreada no correlato princípio da capacidade contributiva (a ser abordado em sequência), critério eleito pela Constituição para proceder a legítimas diferenciações em matéria fiscal.

O segundo aspecto do princípio da isonomia fiscal expressa-se na noção de *uniformidade*, consoante a qual todos os indivíduos que se encontrem em condição de "tributabilidade" devem sofrer a incidência fiscal segundo um único e idêntico critério, o qual, no caso brasileiro, é o da capacidade contributiva (NABAIS, 2015, p. 440-441).

Constituindo-se como um autêntico dever fundamental, não poderia o pagamento de tributos atingir os seus destinatários a partir de critérios diferentes, dinâmica que implicaria uma irremediável entropia no sistema tributário, decorrente da inexistência da certeza e segurança jurídica exigidas a orientar os processos de tributação. Daí destacar Carlos Campos (2017, p. 161) que a dimensão substantiva do princípio da igualdade fiscal resulta na *afirmação da* normatividade do princípio da capacidade contributiva, simultaneamente considerado pressuposto e critério da tributação.

Para Abraham (2007, p. 70), esses dois aspectos — generalidade e uniformidade — do princípio da isonomia fiscal consubstanciam os fundamentos do próprio *dever fundamental de pagar tributos*, visto que todos os indivíduos que possuem capacidade contributiva devem tomar parte no custeio das atividades realizadas pelo Estado e que os contribuintes que manifestem um mesmo nível de capacidade contributiva devem suportar um mesmo ônus fiscal.

Ganha corpo, então, na formulação do próprio Nabais (2015, p. 442-443), a retrocitada máxima aristotélica transposta para o âmbito tributário: "o princípio da igualdade fiscal exige que o que é essencialmente igual, seja tributado igualmente, e o que é essencialmente desigual, seja tributado desigualmente na medida dessa desigualdade". E o termo que permite a comparação (*tertium comparationis*) do que é igual ou desigual é justamente a capacidade contributiva, alçada como princípio correlato ao da isonomia no artigo 145, §1º, da Constituição Federal de 1988:

> Artigo 145, §1º, CF. Sempre que possível, os impostos terão caráter pessoal e serão graduados segundo a capacidade econômica do contribuinte, facultado à administração tributária, especialmente para conferir efetividade a esses objetivos, identificar, respeitados os direitos individuais e nos termos da lei, o patrimônio, os rendimentos e as atividades econômicas do contribuinte.

Cabe, em relação a tal enunciado normativo, uma nota crítica à terminologia utilizada pelo constituinte. Mostra-se atécnica a alusão ao termo "capacidade econômica", porquanto se trata de um dado empírico pertencente ao campo da economia, situado, por isso, às margens da juridicidade. Melhor procederia o legislador se houvesse optado pelo termo que, não por acaso, restou consagrado na doutrina nacional e internacional — "capacidade contributiva" — o qual, a rigor teórico, não se confunde com o anterior.

A capacidade econômica, note-se, é mais ampla e abrangente que a capacidade contributiva, visto que se refere à *totalidade* da esfera econômica (*lato sensu*) do agente. De outro lado, a capacidade contributiva diz respeito apenas à *parcela* da capacidade econômica *suscetível de tributação*, isto é, revela-se a capacidade contributiva como a *fração tributável* de todo o conteúdo da esfera econômica do indivíduo, o que exclui, por suposto, as manifestações de natureza econômica não selecionadas pelo legislador como objetos de imposição fiscal e, também, o chamado mínimo existencial (imune à tributação, por fatalmente vincular-se à dignidade humana).

Com efeito, a categoria mais adequada, do ponto de vista técnico-dogmático, que verdadeiramente interessa ao Direito Tributário, é a de capacidade contributiva, e não a capacidade econômica, a despeito da censurável escolha redacional realizada pelo legislador constituinte.

De toda sorte, do §1º do artigo 145 da Constituição se depreende que a capacidade contributiva funciona, no ordenamento constitucional-tributário brasileiro, como o critério ou medida de graduação da exação fiscal em conformidade com a situação econômica do contribuinte, visando a assegurar uma tributação justa e proporcional.

Daí decorre o que a doutrina nomeia de princípio ou garantia da *pessoalidade* da tributação, traduzida exatamente nessa compatibilização da imposição fiscal com a capacidade contributiva do sujeito passivo. A garantia de pessoalidade, por consequência, mostra-se importante não somente para apurar a própria capacidade contributiva como também para afixar os limites dos tratamentos diferenciados que se façam eventualmente necessários, esforços imprescindíveis para assegurar a progressividade do sistema tributário, importante apanágio do postulado constitucional de justiça fiscal. Para exame de tais discriminações legítimas, aliás, é preciso justapor ao §1º do artigo 145 a disposição lida no artigo 150, inciso II, também da Carta Magna, que estabelece:

> Art. 150. Sem prejuízo de outras garantias asseguradas ao contribuinte, é vedado à União, aos Estados, ao Distrito Federal e aos Municípios:
> [...]
> II – instituir tratamento desigual entre contribuintes que se encontrem em situação equivalente, proibida qualquer distinção em razão de ocupação profissional ou função por eles exercida, independentemente da denominação jurídica dos rendimentos, títulos ou direitos;

Desse dispositivo se deduz outra garantia, usualmente identificada como "garantia da não discriminação", cujo conteúdo — antinômico à ideia de pessoalidade da tributação só na aparência — busca indicar somente o que já se antecipou: a impossibilidade de se dispensar tratamento desigual a contribuintes situados em posições idênticas. Cuida-se, em suma, de interditar a instituição de privilégios de qualquer natureza em matéria fiscal, especialmente, no caso desse dispositivo, em razão de ocupação profissional ou função desempenhada. As garantias da pessoalidade e da não discriminação, portanto, conjugam-se para oferecer racionalidade aos mecanismos ordinários de tributação, sob o escopo de compatibilizá-los com as injunções do princípio constitucional da isonomia tributária.

Em interpretação ligeiramente distinta, Heleno Tôrres vê no artigo 150, inciso II, a instituição de dois princípios: o da *não discriminação* e o da *vedação de privilégios*, sem embargo de este parecer estar contido no âmbito de conteúdo daquele, figurando mais como um corolário do que como um princípio ou garantia à parte. Sobre essa composição normativa, associada à garantia da pessoalidade, assim leciona o autor:

> O princípio da igualdade tributária é um típico direito fundamental e de há muito conhecido. Contudo, o que aparece no art. 150, II, da CF, sem precedente nas Constituições anteriores, é uma garantia expressa para assegurar os sujeitos passivos contra qualquer tipo de discriminação (i) ou de privilégios em matéria tributária (ii). Apesar de contemplados no mesmo texto, são normas-princípios de conteúdos bem demarcados. O princípio de não discriminação veda tratamento desigual entre contribuintes que se encontrem em situação equivalente (i); e o princípio da vedação de privilégios impede qualquer distinção em razão de ocupação profissional ou função por eles exercida, independentemente da denominação jurídica dos rendimentos, títulos ou direitos (ii). É logicamente coerente que um sistema garantista de uma tributação baseada na pessoalidade, sob o manto da isonomia, contemple regras e princípios contra discriminações e privilégios (TÔRRES, 2012, p. 605).

Como é fácil observar, a doutrina lança mão de diferentes categorias binárias para se referir aos mesmos imperativos de isonomia fiscal. Outra forma explicativa bastante conhecida exprime-se no par tipológico "igualdade horizontal/igualdade vertical". Pela primeira, entende-se a obrigatoriedade de contribuintes com idêntica capacidade contributiva de suportarem a mesma carga fiscal; pela segunda, tem-se a imperiosidade de sujeitos passivos com capacidades contributivas distintas suportarem cargas tributárias desiguais na exata medida de suas diferenças. A melhor explanação sob um tal prisma se deixa descobrir na obra de Nabais,[98] em excerto a seguir reproduzido:

> Pois bem, o princípio da igualdade de tributação, assente no princípio da capacidade contributiva, diz-nos que as pessoas são tributadas em conformidade com a respectiva capacidade contributiva, o que significa, de um lado, que ficarão excluídos do campo da incidência aquelas pessoas que não disponham dessa capacidade e, de outro lado, que face a detentores de capacidade contributiva, os contribuintes com a mesma capacidade pagarão o(s) mesmo(s) imposto(s) (igualdade horizontal) e os contribuintes com diferente capacidade pagarão diferentes impostos, seja em termos qualitativos, seja em termos

---

[98] Com diferentes termos, mas conteúdo idêntico, Sacha Calmon Coêlho (1996, p. 327) assinala que: "Sendo assim, o lado positivo da igualdade (dever de distinguir desigualdades) impõe seja o tributo quantificado segundo a capacidade contributiva de cada um, que é diversificada, e o lado negativo do princípio (dever de não discriminar) constrange o legislador a tributar, de forma idêntica, cidadãos de idêntica capacidade contributiva".

quantitativos (igualdade vertical). O que significa, como já referimos, que a exigência da tributação em conformidade com a capacidade contributiva mais não é do que uma expressão específica do princípio da igualdade para o domínio dos impostos (NABAIS, 2015, p. 443-444).

Há, ainda, uma outra dimensão importante do princípio da igualdade tributária que não se pode deixar de tangenciar: a isonomia nos *procedimentos* de gênese e aplicação do Direito, sob o signo — segundo Tipke e Lang (2008, p. 191) — da *igualdade funcional*. Trata-se da exigência de *regularidade dos procedimentos* adotados pelos órgãos de Estado para criação e aplicação nas normas tributárias, que devem ser iguais em face de todos os contribuintes (PÉREZ LUÑO, 2007, p. 19). É a fonte, lembra Tôrres (2012, p. 603), do que Luhmann qualificava de *legitimação pelo procedimento,* ideia que pode facilmente ser aproximada a Weber e à larga tradição positivista em que sua obra buscou importante inspiração.

Exprime-se, pois, o princípio da igualdade fiscal em três níveis distintos e complementares: isonomia perante a lei (igualdade formal), isonomia na lei (igualdade substancial) e isonomia nos procedimentos (igualdade funcional).

É sabido que o princípio da capacidade contributiva se constituiu historicamente, enquanto categoria da dogmática constitucional tributária, às voltas da tutela dos contribuintes em face da soberania fiscal do Estado. Nesse sentido, posto que vocacionado à proteção dos sujeitos passivos das relações tributárias (uma garantia, portanto), funciona tal princípio como um (de)limitador do poder de tributar. Entretanto, é acertada a observação de Casalta Nabais (2017, p. 278) segundo a qual, "na medida em que delimita negativamente esse poder, também, a seu modo, o delimita positivamente, ficando o Estado a saber até onde pode ir".

Ganha forma, então, o que Tôrres (2012, p. 611) chama de "paradoxo da capacidade contributiva", porquanto, "ao mesmo tempo que se presta como fundamento para autorizar o exercício da competência tributária (i), contempla em si mesma o gérmen da sua proibição, vedado o seu exercício em prejuízo da pessoalidade ou da quantificação segundo a capacidade contributiva do sujeito passivo (ii)". Assoma a capacidade contributiva, destarte, simultaneamente, como fundamento e limite do poder tributário do Estado, caracterização que vale "tanto para a criação do tributo quanto para sua cobrança [...], ou seja, manifestações de capacidade contributiva *in abstracto* (competência tributária) e *in concreto* (capacidade tributária ativa)" (TÔRRES, 2012, p. 611).

Se é essa a conformação clássica do princípio da capacidade contributiva, certo é que ela não mais é a sua única faceta. Ou, pelo menos, não é somente sob essa ótica que tal princípio tem sido encarado nos tempos que correm. É conhecida e polêmica a tese sustentada por Marco Aurélio Greco (2008) da "eficácia positiva da capacidade contributiva", segundo a qual este princípio constitucional irrigaria a interpretação das normas tributárias, com o escopo de potencializar a sua efetividade, e autorizaria tributar atos e fatos que a lei teria querido gravar, mas acabou por não o fazer — a título de exemplo — por deficiência redacional da norma tributária em referência.

Greco exemplifica essa outra face do princípio com um hipotético caso de uma lei que "visa tributar a renda obtida no mercado financeiro e, na sua formulação, tributa dez tipos de contratos que existem no mercado, deixando de prever um que tem feição semelhante e efeitos equivalentes" (GRECO, 2008, p. 336). Em um tal cenário, indaga se houve violação à isonomia e inconstitucionalidade por omissão por parte do legislador, tendo em conta que a manifestação de capacidade contributiva efetivamente existe nas onze operações, inclusive naquela não expressamente prevista. E emenda outro questionamento: "a legalidade estrita, a que se submete a tributação, significa que todos os fatos que ensejam incidência fiscal devem estar 'expressa e literalmente' previstos ou a legalidade estará atendida pelo fato de estar apenas 'previsto'?" (GRECO, 2008, p. 337).

A resposta do autor é afirmativa, na direção de que há, sim, uma quebra da isonomia em casos dessa natureza, e que a literalidade, em função dessa eficácia positiva do princípio da capacidade contributiva, não é exigida para que se aperfeiçoe a incidência tributária, bastando que haja previsão legal do núcleo do fato imponível, o que repeliria qualquer alegação de ruptura do princípio da legalidade. Em sua percepção, "viola a isonomia não apenas onerar quem não manifeste capacidade contributiva, como também não onerar quem a manifeste (GRECO, 2008, p. 337).

Casalta Nabais, instado a apreciar tal questão, haja vista que o dever fundamental de pagar tributos não raro se vê associado a essa dimensão do princípio da capacidade contributiva, manifesta simpatia pela possibilidade de se encarar este princípio sob o viés do poder tributário do Estado, sobretudo nestes tempos de rarefação das bases tributáveis decorrentes da globalização, em que soluções internacionais (como os Planos do BEPS) se mostram cada vez mais imperiosas. Para ele, se cautelosamente ponderada, a ideia de eficácia positiva pode contribuir para explorar, com os olhos voltados para a isonomia fiscal, todas as potencialidades do princípio da capacidade contributiva, consignando que:

> Todavia, não vejo nada de errado em que a capacidade contributiva seja encarada também pelo lado do poder tributário do Estado, mormente no sentido de este estar constitucionalmente obrigado a procurar todas as manifestações, sejam as clássicas, sejam aquelas outras que começam a ser consideradas, de modo a que todos contribuam segundo as suas reais capacidades ou capacitações para os encargos públicos. O que é particularmente imperioso nos tempos que correm, em que a mobilidade de pessoas e capitais, proporcionada pela globalização e internacionalização das relações tributárias, coloca significativas manifestações da capacidade contributiva dos mais capazes fora do alcance do poder tributário nacional (NABAIS, 2017, p. 279).

Conquanto não se negue a eficácia do princípio da capacidade contributiva de "irrigar" a interpretação e a aplicação de normas tributárias, entende-se que a proposição de Greco reconduz a um sutil alargamento das hipóteses de incidência de tributos à míngua de previsão legal específica, mediante o suprimento de imperfeições da legislação tributária por via hermenêutica. Isso porque, a pretexto de perquirir a "vontade da lei" ao examinar determinada norma tributária, acaba o intérprete/aplicador por usurpar a função do legislador ao incluir no antecedente normativo uma manifestação qualquer de capacidade contributiva que não foi contemplada no texto legal.

A divisão funcional no ordenamento jurídico-tributário é cristalina: ao legislador — e somente a ele — compete a seleção das expressões de capacidade contributiva que constituirão fatos imponíveis; ao jurista, por sua vez, cumpre apenas promover a aplicação da norma quando materializados, no plano concreto, os fatos geradores previstos em lei.

Nesse mesmo sentido, Tôrres (2012, p. 597) assinala que "cabe ao legislador realizar o postulado dos tributos ótimos com adequação destes à capacidade contributiva, não ao jurista", porquanto, "para este, a causa jurídica do tributo não é a capacidade contributiva, mas a fonte da obrigação, entendida como a ocorrência da situação abstratamente prevista na lei". Tampouco o dever fundamental de pagar tributos, sem embargo de sua força normativa constitucional, poderia ser invocado como trunfo para o que não deixaria de ser uma subversão da fenomenologia da incidência tributária.

Marco Aurélio Greco não se equivoca quando argumenta que a literalidade nem sempre é diretriz regente da aplicação do Direito Tributário. Decerto, o princípio da legalidade, desde as suas mais clássicas concepções, passou por importantes mutações hermenêuticas que atenuaram a extremada rigidez que outrora lhe votava a doutrina.

Isso se deixa perceber, por exemplo, no caso das chamadas normas gerais antielusivas, como a ditada no parágrafo único do artigo 116 do CTN, destinadas a combater planejamentos tributários abusivos, os quais, embora consonantes com a literalidade da lei, ofensivos se mostram ao seu espírito. No entanto, nessa hipótese, o que aparenta ser uma "flexibilização da legalidade" é, na realidade, a sua defesa, pois visa a coibir violações indiretas à legislação tributária, e não a colmatar hermeneuticamente eventuais deficiências de normas institutivas de tributos.

Em todo caso, inegável é que os princípios constitucionais da igualdade fiscal e da capacidade contributiva diretamente se articulam ao princípio da solidariedade na modelagem da fisionomia material do dever fundamental de pagar tributos. Para Herrera Molina (2004, p. 154), por exemplo, soa inequívoco que "a contribuição com base na capacidade contributiva é uma manifestação do princípio da solidariedade".[99]

Note-se que é essa a categoria — a capacidade contributiva — que possibilita a introdução da progressividade como parâmetro ordenador das dinâmicas do sistema tributário, apto a viabilizar a modulação da tributação em conformidade com as potências econômicas tributáveis de cada sujeito passivo, como uma inerência dos ideais constitucionais de solidariedade, isonomia e justiça e democracia fiscais.

---

[99] No original: "[...] la contribución con arreglo a la capacidad económica es una manifestación del *principio de solidariedade*" (HERRERA MOLINA, 2004, p. 154).

Ao percorrer vereda similar, Tôrres (2012, p. 613) sublinha que, na exigência dos tributos, "a progressividade concorre para a concretização dos princípios de justiça entre sujeitos que demonstram diferentes capacidades econômicas, como uma forma de discriminação positiva e autorizada constitucionalmente, em louvor ao princípio da solidariedade". Também Vinhosa (2017, p. 115) afirma que nítida se faz, nesse quadro, a relação da solidariedade e do dever fundamental de pagar tributos com os princípios da justiça e da isonomia tributária, a qual se manifesta, em seu aspecto substancial, na "instituição de tributos adequados à capacidade econômica dos contribuintes".

A compreensão dessa trama de princípios constitucionais e sua ação conformadora sobre o conteúdo, a extensão e o alcance do dever fundamental de pagar tributos traz à tona, inexoravelmente, uma reflexão de índole comunitária, a qual, aliás, como alhures pontuado, traduz premissa subjacente a toda a matéria dos deveres fundamentais.

À medida que o dever fundamental de pagar tributos se destina a instituir a repartição igualitária dos custos demandados pelo Estado Democrático de Direito, a violação sistemática desse dever — seja por meios diretos (evasão fiscal), seja por meios indiretos (elusão fiscal) — implica, a um só tempo, a agressão — além, evidentemente, da legalidade — aos princípios da solidariedade, da igualdade e da capacidade contributiva, os quais compõem, junto aos demais limites constitucionais ao poder de tributar, a espinha dorsal do sistema tributário brasileiro na arquitetura constitucional vigente.

Nesse sentido, práticas sonegatórias ou elusivas, mediante a adoção de planejamentos tributários lesivos à ordem jurídica, reconduzem à corrosão dos fundamentos legitimadores do Estado Democrático de Direito, ao passo que desequilibram a tributação e desigualam as bases de divisão isonômica do financiamento das atividades dos Poderes Públicos. Tais condutas anticívicas e anticidadãs, decorrentes da não assimilação do dever fundamental de pagar tributos à consciência constitucional de uma sociedade, terminam, no limite, por promover a dissolução do próprio pacto social constitutivo da comunidade política, expresso e consagrado na Constituição.

Reside justamente neste núcleo a importância do escrutínio jurídico dos pressupostos de validade dos planejamentos tributários, não para interditá-los, mas para controlar os (ab)usos. Como se sustentará nos capítulos subsequentes, a realização daqueles, *prima facie*, encontra-se acobertada pelo direito fundamental de liberdade fiscal, mas trata-se de conduta que deve ser exercida sob claros limites, pois é demasiado tênue a linha que a separa da transgressão ao dever fundamental de pagar tributos e aos princípios constitucionais da solidariedade, da igualdade e da capacidade contributiva.

Sobre o aumento progressivo das estratégias clandestinas de evitação fiscal e de seu crescente protagonismo no cenário global, Nabais pondera:

> Num tal quadro de cidadania fiscal, ou na versão mais recente de patriotismo fiscal, impõe-se que o sistema fiscal seja realista, revelando-se capaz de responder à crescente falta de civismo ou "incivismo" dos "fugitivos fiscais" que vêm aumentando muito com a mobilidade proporcionada pela globalização. E, sobretudo, que se preocupe em combater com eficácia o número de parasitas (*free riders*) que sem contribuírem para os serviços públicos deles beneficiam. O que é preocupante sobretudo se tivermos em conta que a

capacidade de ser parasita fiscal varia na razão directa da capacidade econômica. O que vem gerando uma verdadeira solidariedade invertida da classe média ou mesmo dos "remediados" para os mais ricos (NABAIS, 2017, p. 273).

Por isso é que o rigoroso cumprimento do dever fundamental de pagar tributos por todos os seus destinatários não consubstancia apenas um interesse arrecadatório do Estado, *per si*; antes se trata de um interesse de toda a sociedade, pois somente assim se faz possível preservar o equilíbrio, a isonomia e a equidade na repartição dos custos comunitários inexoravelmente engendrados pela existência de um Poder Público garantidor de uma sociedade civilizada, que não pode tolerar o "passageiro clandestino", nomenclatura dada por Rawls (2008, p. 635) ao particular que não contribui financeiramente para o custo social, mas goza e se beneficia do seu produto.

Daí a reflexão de Klaus Tipke (2002, p. 81) segundo a qual às autoridades fiscais não corresponde a função de assegurar um mero interesse da Fazenda, que em si mesmo se exaure, mas sim o interesse que cada contribuinte tem de que os demais também arquem regularmente com os seus tributos, de modo que, na execução de sua missão de garantir a higidez de um sistema tributário isonômico e democrático, a Administração Fiscal acaba por atuar como um "agente fiduciário" da comunidade solidária composta por todos os contribuintes.

2.4.3 O dever fundamental de pagar tributos e os limites constitucionais ao poder de tributar

Preocupa-se a doutrina do dever fundamental de pagar tributos em assinalar que, do reconhecimento deste último, não resulta, por óbvio, a dizimação dos direitos e garantias fundamentais dos contribuintes. Como lembra oportunamente Campos (2017, p. 150), a obra de Casalta Nabais não concilia com uma ideia de onipotência da imposição fiscal, de modo que a afirmação do dever fundamental de pagar tributos não implica romper com a lógica garantista que imperativamente rege o Direito Tributário.

No perímetro do Estado Democrático de Direito, segundo a clássica erudição de Aliomar Baleeiro (1998, p. 2), o sistema tributário há de movimentar-se sob uma complexa aparelhagem de freios e amortecedores, cuja expressão primacial se vê nos chamados "limites constitucionais ao poder de tributar", posto que a "soberania política" ou a "potestade do Estado", nesta quadra histórica, cedem lugar à dignidade humana e à tutela dos direitos fundamentais como fontes decisivas de legitimação da tributação.

Como se pontou alhures, os limites constitucionais ao poder de tributar delineiam as bordas, os confins, as extremidades do dever fundamental de pagar tributos, de sorte que apenas os atos, fatos, estados e posições que se encontrem circunscritos àqueles limites se revelam aptos a integrarem o âmbito de conteúdo daquele dever. Todas as ações do Estado praticadas sob o signo do "poder de tributar" que extrapolem tais limites não podem invocar o dever fundamental de pagar tributos como suporte constitucional válido, convertendo-o num manto legitimador para a arbitrariedade fiscal. Este e nenhum outro princípio constitucional pode ser assimilado como fundamento para "tributações exóticas", assim compreendidas aquelas que contornam as balizas constitucionais estabelecidas e, com isso, violam o estatuto de defesa do contribuinte.

Se, portanto, segundo Casalta Nabais, o poder tributário há de ser exercido segundo uma tessitura principiológica que fortemente o limita e no interior da qual se vê ele enredado, tem-se que parte do conteúdo do dever fundamental de pagar tributos é formulado por via negativa, isto é, a partir da desobrigação de pagar tributos que não tenham sido criados em conformidade com a Constituição.

Entre tais exigências, que juntas articulam um sistema de limitações ao poder de tributar, distinguem-se princípios — uns expressivos de direitos e garantias fundamentais do contribuinte e outros ligados ao pacto federativo — e imunidades, categorias que não se confundem na dogmática tributária brasileira. Para compreendê-los, pode-se promover uma subdivisão entre limites formais e limites materiais ao poder tributário, que, conjugados, disciplinam o exercício das competências tributárias de criação, majoração e cobrança de tributos.

Seguindo este critério, identificam-se dois limites formais — princípios da legalidade e da segurança jurídica (desdobrado nas regras da irretroatividade, da anterioridade e da anterioridade nonagesimal) — e cinco limites materiais — princípios da igualdade, da capacidade contributiva, da vedação ao confisco, da preservação da unidade político-econômica e as imunidades tributárias. Nem todos, entretanto, encontram-se dispostos explícita e textualmente entre os artigos 150 e 152 da Constituição — Seção II (Das Limitações do Poder de Tributar) do Capítulo I (Do Sistema Tributário Nacional) do Título VI (Da Tributação e do Orçamento) — alguns deles são deduzidos hermeneuticamente de seus preceitos ou do conjunto do texto constitucional. Sem pretensões de maior aprofundamento, convém sumariá-los um a um.

O princípio da legalidade (artigo 150, inciso I, CF), pedra de toque do garantismo sobre o qual se erigiu historicamente o Direito Tributário, exprime-se na proibição da exigência ou do aumento de tributos sem lei anterior que os estabeleça. Trata-se de mais uma projeção específica do princípio geral da legalidade, inerente ao Estado Democrático de Direito, no campo tributário, derivada da ideia de que ninguém pode ser compelido a fazer ou deixar de fazer qualquer coisa senão em virtude de lei (artigo 5º, inciso II, CF). Fala-se, então, em reserva de lei formal e material, postulado traduzido na obrigatoriedade de qualquer tributo ser instituído e disciplinado, em seus aspectos essenciais, por lei em sentido estrito, sob pena de ilegitimidade de sua cobrança.

Tradicionalmente, no Brasil, consolidou-se uma orientação doutrinária extremamente formalista, que sob o signo da estrita legalidade tributária não admite sequer a mínima flexibilização ou abertura da literalidade dos textos legais. Na pena de Alberto Xavier (2002), restou consignada essa mesma compreensão na noção de tipicidade fechada (ou cerrada) das normas tributárias, a exemplo do que se observa no trato do princípio da legalidade no plano do Direito Penal. Essa concepção hoje, embora ainda majoritária, vem sofrendo uma sensível mitigação, com ecos nas doutrinas tributaristas de todo o mundo,[100] dada a sua inaptidão para defender a ordem jurídica (e, portanto, a própria legalidade) de táticas abusivas de evitação fiscal (violações transversais à lei).

Nos tempos que correm, é praticamente inviável se cogitar um combate efetivo à elusão tributária sem as chamadas cláusulas gerais antiabuso, que não raro se revestem de um certo grau de abertura e flexibilidade inconcebíveis para os segmentos doutrinários tradicionais. Dada a sensível importância desse tema, reservar-se-á esta análise ao capítulo 5, dedicado exatamente à questão da elusão fiscal e dos planejamentos fiscais abusivos, os quais supõem uma abordagem criteriosa dessa tendência/necessidade de relativização do clássico paradigma de estrita legalidade tributária para proteger a própria ordem jurídica, vulnerabilizada por um "hipergarantismo formalista" que não tem deixado de abrir sensíveis brechas para agressões oblíquas à lei.

O segundo limite de ordem formal é o princípio da segurança jurídica (art. 150, inciso III, CF), voltado, precipuamente, nas relações jurídico-tributárias, à proteção da confiança legítima do contribuinte e da previsibilidade das atividades tributantes. Este é um princípio cujos efeitos se irradiam na operação de todas as outras limitações ao poder de tributar, gozando de ampla abrangência e guardando interação ativa com todos os demais princípios constitucionais tributários. Nesse sentido, explana Heleno Tôrres:

> Nesta seara [tributária], a segurança jurídica do Sistema Constitucional Tributário deve propiciar elevado grau de confiança legítima não somente quanto à forma ou aos efeitos da legalidade, mas também quanto à substância dos critérios adotados para efetivação de outros princípios imunidades e garantias, inclusive aqueles de justiça tributária (não discriminação, vedação de privilégios, capacidade contributiva, proteção do mínimo vital, não confisco, entre outros) (TÔRRES, 2012, p. 38-39).

Na Constituição de 1988, o princípio da segurança jurídica, em matéria tributária, desdobra-se em três regras — que a maioria da doutrina trabalha como princípios autônomos —, delineadas nas três alíneas do inciso III do artigo 5º: irretroatividade, anterioridade e anterioridade nonagesimal. O primeiro veda a cobrança de tributos cujos fatos geradores tenham ocorrido antes do princípio da vigência da lei que os haja

---

[100] Na própria obra de Nabais se encontra, por exemplo, uma apologia da utilização, com predefinidos limites, da analogia para integração da legislação tributária, providência que só se pode operar mediante uma relativa flexibilização da rigidez com a qual foi originariamente concebido o princípio da legalidade. Dando ao autor a palavra, lê-se: "Daí que a generalizada e, em larga medida, acrítica rejeição da analogia na aplicação das normas jurídico-fiscais de tributação ou de imposição, em que a doutrina e a jurisprudência, cá dentro como lá fora, continua a insistir, não tenha a nossa adesão. Desde logo, por detrás desta rejeição absoluta da analogia ou, mais em geral, da integração das lacunas, parecem estar, afinal de contas, os mesmos preconceitos da odiosidade do fisco e do carácter excepcional do direito fiscal que, durante muito tempo, serviram de suporte à exclusão da interpretação extensiva, até porque a distinção entre esta e a colmatação das lacunas por analogia é, nos tempos actuais, fortemente problemática, havendo uma parte significativa da doutrina que a rejeita" (NABAIS, 2015, p. 385). Convém apenas acrescentar que não tem lugar no Brasil uma tal discussão — admissibilidade da tributação analógica —, haja vista que o ordenamento pátrio, ao revés, do que se nota no português, veda expressamente a utilização deste expediente para fins de tributação (artigo 108, §1º, CTN).

instituído ou aumentado (alínea "a"); o segundo interdita, via de regra,[101] a cobrança de tributos no mesmo exercício financeiro em que haja sido publicada a lei que os criou ou elevou (alínea "b"); o terceiro proíbe, também via de regra,[102] a cobrança de tributos antes de transcorridos noventa dias da data em que haja sido publicada a lei que os instituiu ou majorou, sempre observado o previsto no dispositivo anterior (alínea "c").

Passando, então, aos limites materiais ao poder de tributar, visualiza-se que os dois primeiros — igualdade e capacidade contributiva (artigo 150, inciso II, e artigo 145, §1º, da CF) — já foram objeto de específica abordagem nos subtópicos anteriores, bastando aqui recordar que seus desideratos principais são os de assegurar uma tributação isonômica (com garantia a todos os contribuintes de igualdade formal, substancial e funcional); universal (sem discriminações desarrazoadas de qualquer natureza na definição dos destinatários da exação); uniforme (efetuada segundo um único critério para todos os contribuintes); pessoal (graduada em conformidade com a capacidade contributiva dos sujeitos passivos); e isenta de privilégios (evitando-se, assim, injustas assimetrias entre os contribuintes quando do exercício das competências tributárias).

O terceiro limite material ao poder tributário é o da proibição da instituição de tributos confiscatórios (artigo 150, inciso III, CF), assim compreendidos aqueles que se mostrem excessivamente onerosos, a ponto de absorver em grau desproporcional o patrimônio ou a propriedade do sujeito passivo, consubstanciando-se numa expropriação (confisco) dissimulada de tributação. Em adaptação do clássico magistério de Aliomar Baleeiro (1998, p. 566), pode-se dizer que o artigo 150, inciso III, do texto constitucional "vale de escudo contra o confisco, porque este é incompatível com o critério da graduação pela capacidade econômica do contribuinte". Como facilmente se nota, o princípio em questão conserva conexão imediata com a máxima da proporcionalidade, de maneira a exteriorizar "a necessidade de um limite máximo para a pretensão tributária"[103] (SCHOUERI, 2017, p. 363).

O quarto limite material ao poder de tributar ganha forma no princípio da preservação da unidade político-econômica do país[104] (artigo 151, inciso I; artigo 152;

---

[101] Por força do §1º do artigo 150 da Constituição, excepcionam a regra da anterioridade os seguintes tributos: empréstimo compulsório para atender a despesas extraordinárias, decorrentes de calamidade pública, de guerra externa ou sua iminência; imposto de importação; imposto de exportação; IOF; imposto extraordinário de guerra; IPI; e Contribuição para Seguridade Social.

[102] Por força do mesmo §1º do artigo 150 da Carta Magna, configuram exceção à regra da anterioridade nonagesimal os seguintes tributos: empréstimo compulsório para atender a despesas extraordinárias, decorrentes de calamidade pública, de guerra externa ou sua iminência; imposto de importação; imposto de exportação; IOF; imposto extraordinário de guerra; imposto de renda; e alteração da base de cálculo do IPTU e do IPVA.

[103] Sobre o mesmo tema, Sacha Calmon Navarro Coêlho (2006a, p. 236) leciona: "A teoria do confisco e especialmente do confisco tributário ou, noutro giro, do confisco através do tributo deve ser posta em face do direito de propriedade individual, garantido pela Constituição. Se não se admite a expropriação sem justa indenização, também se faz inadmissível a apropriação através da tributação abusiva [...]".

[104] Há na doutrina quem seccione um tal preceito em dois princípios distintos e autônomos: o princípio da livre circulação de pessoas e bens no território (artigo 150, inciso V, CF) e o princípio da uniformidade geográfica (artigos 151 e 152, CF). Neste ponto, porém, caminha-se neste trabalho com Luís Eduardo Schoueri (2017, p. 373), que reúne ambos sob o princípio da "unidade político-econômica do país".

artigo 150, V, CF), o qual se traduz no imperativo de proteção do pacto federativo, eleito como cláusula pétrea no artigo 60, §4º, inciso I, da Carta Magna. Depreende-se desses dispositivos, além da chamada liberdade de tráfego de pessoas ou bens, a interdição de conflagrações, em matéria fiscal, entre os entes federativos, com o fito de garantir a unidade nacional, reconhecendo o constituinte a potência entrópica e fragmentadora ostentada pelo poder tributário se exercido sem freios e modulações em nível político-institucional. Melhor que escoliá-los é transcrever os dispositivos em destaque:

> Art. 150, CF. Sem prejuízo de outras garantias asseguradas ao contribuinte, é vedado à União, aos Estados, ao Distrito Federal e aos Municípios:
> [...]
> V – estabelecer limitações ao tráfego de pessoas ou bens, por meio de tributos interestaduais ou intermunicipais, ressalvada a cobrança de pedágio pela utilização de vias conservadas pelo Poder Público;
> Art. 151, CF. É vedado à União:
> I – instituir tributo que não seja uniforme em todo o território nacional ou que implique distinção ou preferência em relação a Estado, ao Distrito Federal ou a Município, em detrimento de outro, admitida a concessão de incentivos fiscais destinados a promover o equilíbrio do desenvolvimento sócio-econômico entre as diferentes regiões do País;
> II – tributar a renda das obrigações da dívida pública dos Estados, do Distrito Federal e dos Municípios, bem como a remuneração e os proventos dos respectivos agentes públicos, em níveis superiores aos que fixar para suas obrigações e para seus agentes;
> III – instituir isenções de tributos da competência dos Estados, do Distrito Federal ou dos Municípios.
> Art. 152, CF. É vedado aos Estados, ao Distrito Federal e aos Municípios estabelecer diferença tributária entre bens e serviços, de qualquer natureza, em razão de sua procedência ou destino.

A tais disposições também se liga a chamada imunidade recíproca, prevista no artigo 150, inciso VI, alínea "a", da Constituição, que impede que os entes federativos instituam impostos sobre o patrimônio, a renda ou os serviços uns dos outros.[105] Sobre esse conjunto de dispositivos, vocacionados a salvaguardar o sistema federativo, Schoueri, adicionando à equação o artigo 155, §2º, inciso I, CF,[106] explica:

---

[105] A regra da imunidade recíproca entre os entes federativos deve ser conjugada com a cláusula de exceção introduzida no §3º do mesmo artigo 150 da Constituição, o qual assim estabelece: "§3º – As vedações do inciso VI, 'a', e do parágrafo anterior não se aplicam ao patrimônio, à renda e aos serviços, relacionados com exploração de atividades econômicas regidas pelas normas aplicáveis a empreendimentos privados, ou em que haja contraprestação ou pagamento de preços ou tarifas pelo usuário, nem exonera o promitente comprador da obrigação de pagar imposto relativamente ao bem imóvel".

[106] Art. 155, CF. Compete aos Estados e ao Distrito Federal instituir impostos sobre:
[...]
II – operações relativas à circulação de mercadorias e sobre prestações de serviços de transporte interestadual e intermunicipal e de comunicação, ainda que as operações e as prestações se iniciem no exterior;
[...]
§2º O imposto previsto no inciso II atenderá ao seguinte:
I – será não-cumulativo, compensando-se o que for devido em cada operação relativa à circulação de mercadorias ou prestação de serviços com o montante cobrado nas anteriores pelo mesmo ou outro Estado ou pelo Distrito Federal;

As referidas limitações devem ser compreendidas à luz do objetivo constitucional da unidade política do país. Refletem, em primeiro lugar, a liberdade de ir e vir e a liberdade do comércio, apoiada também no Princípio do Federalismo. Também estão em consonância com o art. 219 do texto constitucional, que assegura a proteção do mercado interno, enquanto patrimônio nacional, com a Soberania Econômica e com o Princípio da Livre Concorrência (art. 170, I e IV, da Constituição Federal). Enquanto estes Princípios asseguram, de um lado, um tratamento tributário diferenciado, visando à sua promoção, surgem simultaneamente, num caráter negativo, por meio das limitações acima (SCHOUERI, 2017, p. 373).

Chega-se, enfim, ao quinto e último limite material ao poder tributário, consistente nas imunidades tributárias (artigo 150, VI, alíneas "a" a "e"). Ao buscar uma conceituação para tal categoria, Baleeiro (1998, p. 225-226) afirma ser a figura da imunidade (1) "uma regra jurídica com sede constitucional"; (2) "delimitativa (no sentido negativo) da competência dos entes políticos da Federação, ou regra de incompetência"; e que (3) "obsta o exercício da atividade legislativa do ente estatal, pois nega competência para criar imposição em relação a certos fatos especiais e determinados". Com efeito, embora princípios e imunidades encontrem-se englobados na matéria "limites constitucionais ao poder de tributar", ambas as categorias não se confundem e preservam suas naturezas jurídicas próprias. É valiosa, nesse pormenor, a lição de Sacha Coêlho:

> Princípios e imunidades são institutos jurídicos diversos, embora certos princípios expressos façam brotar ou rebrotar imunidades (implícitas). Nem todo princípio, contudo, conduz a uma imunidade, como é o caso, *v.g.*, dos princípios da legalidade, anterioridade e irretroatividade. Princípios e imunidades, repita-se, são entes normativos diversos. O que, precisamente, os distingue? Os princípios constitucionais dizem como devem ser feitas as leis tributárias, condicionando o legislador sob o guante dos juízes, zeladores que são do texto dirigente da Constituição. As imunidades expressas dizem o que não pode ser tributado, proibindo ao legislador o exercício da sua competência tributária sobre certos fatos, pessoas ou situações por expressa determinação da Constituição (não-incidência constitucionalmente qualificada). Sobre as imunidades exerce o Judiciário, igualmente, a sua zeladoria (COÊLHO, 2006a, p. 171).

As imunidades, destarte, dizem respeito ao plano da *definição de competências*, ao oposto, por exemplo, das isenções, que pertinem ao plano do *exercício de competências*, por parte do legislador ordinário. As imunidades excepcionam determinados fatos ou situações que, não fossem elas, "quedariam dentro do campo de competências, mas, por força da norma de imunidade, permanecem *fora* do alcance do poder de tributar outorgado pela Constituição" (COÊLHO, 2006a, p. 135). Como antecipado, encontram-se dispostas nas alíneas do artigo 150, inciso VI, da Carta Magna as imunidades delineadas pelo legislador constituinte brasileiro:

> Art. 150. Sem prejuízo de outras garantias asseguradas ao contribuinte, é vedado à União, aos Estados, ao Distrito Federal e aos Municípios:
> [...]
> VI – instituir impostos sobre:

a) patrimônio, renda ou serviços, uns dos outros;

b) templos de qualquer culto;

c) patrimônio, renda ou serviços dos partidos políticos, inclusive suas fundações, das entidades sindicais dos trabalhadores, das instituições de educação e de assistência social, sem fins lucrativos, atendidos os requisitos da lei;

d) livros, jornais, periódicos e o papel destinado a sua impressão.

e) fonogramas e videofonogramas musicais produzidos no Brasil contendo obras musicais ou literomusicais de autores brasileiros e/ou obras em geral interpretadas por artistas brasileiros bem como os suportes materiais ou arquivos digitais que os contenham, salvo na etapa de replicação industrial de mídias ópticas de leitura a laser.

Na matéria das imunidades tributárias, há uma a ser brevemente destacada, tendo em conta a sua importância face à principiologia subjacente à Constituição de 1988 e que, embora não encontre explícita previsão no texto constitucional, é objeto de consenso na doutrina. Trata-se do já aludido "mínimo existencial", o qual "está fora de tributação, como típico caso de imunidade, dado o seu legítimo caráter de garantia material do direito à dignidade humana" (TÔRRES, 2012, p. 612).

Esta não é, contudo, uma regra fixa e universal, identicamente válida para todos os tributos: este mínimo vital comporta diferenciações de acordo com a espécie tributária em cogitação, isto é, mostra-se suscetível de graduação caso a caso, mediante a conjugação hermenêutica dos princípios da capacidade contributiva e da dignidade humana para delimitar o seu âmbito real. Em todo caso, o que justifica a qualificação desta hipótese como uma imunidade tributária, deduzida de uma interpretação sistemática dos preceitos constitucionais, é que a incidência fiscal sobre esse "reduto do mínimo existencial" implicaria exigir o pagamento de tributos onde não há capacidade contributiva.

Pode-se, por último, mencionar que Schoueri (2017, p. 433) ainda compreende como limites materiais ao poder de tributar os princípios da ordem econômica, gravados no artigo 170 da Constituição, o que equivale a dizer que o exercício daquele poder não pode reconduzir à inviabilização da soberania nacional (inciso I); da propriedade privada (inciso II); da função social da propriedade (inciso III); da livre concorrência (inciso IV); da defesa do consumidor (inciso V); da defesa do meio ambiente (inciso VI); da redução das desigualdades regionais e sociais (inciso VII); da busca do pleno emprego (inciso VIII); do tratamento favorecido para empresas de pequeno porte (inciso IX); e do livre exercício de qualquer atividade econômica (parágrafo único).

São estes, com efeito, os limites constitucionais que definem a moldura conceitual do dever fundamental de pagar tributos: só pode ser considerado parte de seu conteúdo normativo o que se insere dentro dessas margens definidas por aqueles limites. Como preleciona Regina Helena Costa (2014, p. 237), "os direitos fundamentais dão suporte à atividade tributante do Estado, ao mesmo tempo em que configuram limites intransponíveis a essa mesma atividade". Isso porque, consoante consignou o Justice Oliver Wendell Holmes no célebre julgamento do caso *Panhandle Oil Co. v. State of Mississippi Rel. Knox*, em 1928, pela Suprema Corte Norte-Americana, em que pese o fato de os impostos constituírem-se como um preço a pagar por uma sociedade civilizada, "o poder de tributar não significa o poder de destruir [...]".[107]

Portanto, a doutrina do dever fundamental de pagar tributos, ao revés do que supõem os seus detratores, não repousa sobre uma ruptura com a tradição — de origem liberal — das limitações formais e materiais ao poder de tributar; ela apenas põe em manifesto que, no Estado Democrático de Direito, a solidariedade — e, como síntese, a dignidade humana — assoma como um valor essencial, do que deriva uma faceta (re) distributiva e potencialmente transformadora com a qual a lógica (individual) garantista deve conviver e se compatibilizar (GODOI, 2017, p. 199).

Dessa maneira, antes de conflitarem, os limites constitucionais ao poder de tributar e o dever fundamental de pagar tributos se complementam e se condicionam reciprocamente, sendo certo que este último, em vez de subverter os alicerces constitucionais da tributação, se compenetra em assumi-los como o seu autêntico e insubstituível fundamento.

2.5 Consequências jurídicas e práticas do reconhecimento do dever fundamental de pagar tributos como preceito constitucional autônomo

Engana-se quem supõe ser puramente teoricista a discussão que circunda o reconhecimento da existência do dever fundamental de pagar tributos no ordenamento jurídico brasileiro. Autores há que argumentam a inocuidade desse debate teórico, porquanto, afinal de contas, a afirmação ou não de tal dever é nula em termos de efeitos práticos, restando-lhe apenas a reles condição de ornamento retórico em decisões judiciais ou administrativas favoráveis ao Fisco. Outros vão além e sustentam que a invocação de um *inexistente* dever fundamental de pagar tributos visa apenas à sua instrumentalização como um álibi discursivo legitimador da violação dos limites constitucionais ao poder de tributar e, por conseguinte, do atropelo dos direitos e garantias fundamentais do contribuinte.

À luz de tudo quanto aqui se tem dito, nenhuma dessas duas posições pode prosperar. Os segmentos doutrinários mais atuais, que recolhem da obra de José Casalta Nabais os seus principais referenciais teórico-metodológicos, já lograram demonstrar a importância e a utilidade práticas dessas análises.

A própria incorporação do dever fundamental de pagar tributos à jurisprudência do STF, abordada no tópico subsequente, já bastaria para explicitar a justificação acadêmica dos estudos voltados a essa temática. Buscando, pois, robustecer essa compreensão é que se dirige a presente seção deste trabalho, dedicada a sistematizar

---

[107] No original: "The power to tax is not the power to destroy while this Court sits" (277 U.S. 218 – "Panhandle Oil Co v. State of Mississippi Ex Rel. Knox", 1928).

e consolidar os consectários práticos do reconhecimento da existência do dever fundamental de pagar tributo como preceito constitucional autônomo no Direito brasileiro. E, nesse mister, faz-se possível enumerar ao menos sete consequências jurídicas de relevo decorrentes de tal posicionamento.

A primeira delas, enunciada por Sérgio André Rocha (2017a, p. 39), é que "o reconhecimento *do dever fundamental de contribuir deve ser levado em consideração no desenho da legislação tributária*". Como sublinha o próprio autor, trata-se de argumento suscetível de contestações de múltiplas ordens, dada a tradição doutrinária profundamente formalista que se consolidou, historicamente, no Brasil. No entanto, conceber o dever fundamental de pagar tributos como um preceito constitucional dotado de natureza principiológica e de eficácia normativa obriga a admitir a sua força conformadora — junto aos demais princípios constitucionais tributários — sobre a legislação ordinária.

Exemplo superlativo dessa importante influência exercida por tal dever na modelagem do arcabouço legislativo infraconstitucional se vê na autorização e no fomento — senão na obrigação — da edição de normas protetivas do Sistema Tributário Nacional. A referência óbvia, aqui, é às normas gerais antielusivas, dirigidas a blindar a ordem tributária de transgressões oblíquas, baseadas na manipulação hermenêutica da lei, frequentemente perpetradas pela estruturação de planejamentos fiscais abusivos.

A ostensiva disparidade de poderes entre os mais diversos contribuintes no exercício de seu direito de liberdade fiscal[108] — máxime em relação à possibilidade de ordenar planejamentos tributários que abranjam operações transnacionais em paraísos fiscais — acarreta assimetrias e desequilíbrios demasiado nocivos à garantia de um sistema tributário justo e democrático. Por tal razão, o reconhecimento do dever fundamental de pagar tributos — aliado aos princípios da solidariedade, da isonomia e da capacidade contributiva — reforça a importância da adoção de cláusulas gerais antiabuso e confere legitimidade constitucional ao combate à elusão fiscal.

A segunda consequência a mencionar consiste em tomar o *dever fundamental de pagar tributos como vetor hermenêutico da legislação tributária*. Seu caráter de norma principiológica faz com que, tal qual todos os demais princípios consagrados na Constituição, o dever fundamental de contribuir se revele apto a informar a compreensão e a interpretação das normas tributárias legalmente positivadas. Trata-se de providência que já encontra expressão na jurisprudência nacional. Como atesta Campos (2017, p. 164), os "nossos Tribunais Superiores, máxime o Supremo Tribunal Federal, têm utilizado o termo 'dever fundamental de pagar tributos' como argumento ou *vetor interpretativo* para decidir litígios tributários".

Lobo Torres sufraga este entendimento, em que pese referindo-se ao "princípio do Estado Fiscal". Para ele, tal princípio, intimamente associado ao dever fundamental

---

[108] Sobre este ponto, Casalta Nabais (2003, p. 488-489), em curiosa e — pode-se dizer — inusitada reflexão, afirma que "a fuga dos impostos nada traria de mal ao mundo se todos os contribuintes estivessem em condições de fugir e fugir em condições de igualdade. Mas isso é de todo inverificável, pois fugitivos só alguns estão em condições de o ser".

de pagar tributos, "possuindo a generalidade do princípio da igualdade, vai informar a elaboração do direito tributário positivo e a *sua interpretação*"[109] (TORRES, 2009, p. 536).

Há que se manifestar, neste ponto, um parcial dissídio em referência à leitura sustentada por Rocha (2017a, p. 40) quando afirma o autor que "o dever fundamental de pagar impostos não atua na interpretação/aplicação da legislação dos tributos", uma vez que o dever em comento "não é e não pode ser visto como um instrumento de maximização da tributação; não pode levar a uma visão de ampliação da incidência pela via hermenêutica, numa espécie de *in dubio pro fiscum*". Quanto a esta segunda parte do raciocínio, reparos não há a fazer. Tanto é assim que se rechaçou em tópico anterior a invocação da eficácia positiva da capacidade contributiva para estender a incidência fiscal a expressões de capacidade contributiva que teria querido o legislador gravar, mas que, na formulação legal da norma, acabou não o fazendo.

Não obstante, dessa constatação não decorre a conclusão de que o dever fundamental de pagar tributos não influencia a interpretação e a aplicação da legislação tributária. Enquanto um dos princípios estruturantes do Sistema Tributário Nacional, o dever em tela atua como referencial hermenêutico em múltiplas situações nos processos de aplicação da lei fiscal, como, por exemplo, na definição do alcance legítimo de normas gerais antielusivas (como o parágrafo único do artigo 116 do CTN) no plano da coibição de planejamentos tributários abusivos, no exame da extensão e dos limites de um determinado benefício fiscal consagrado em lei, entre outras. Mas está com a razão Rocha no que tange à impossibilidade de o dever fundamental de pagar tributos fazer as vezes de lei formal para expandir, por via hermenêutica, o âmbito da tributação.

O terceiro consectário prático reflete-se nas *relações limitativas entre direitos e deveres fundamentais, em que estes assomam como restrições aos conteúdos daqueles*. Quanto a este ponto, nada há a aprofundar, tendo em vista já haver sido abordado em detalhes ao final do capítulo anterior. Cabe, aqui, apenas rememorar a rejeição a concepções como a de Vieira de Andrade (2001, p. 165), autor que sentencia a existência do dever fundamental de pagar tributos como preceito autônomo da Constituição portuguesa, mas compreende-o como um limite imanente ao direito de propriedade.

Por se partir nesta obra das premissas sedimentadas na teoria de Robert Alexy, opera-se não com a ideia de limites imanentes dos direitos fundamentais, mas de restrições externas segundo a noção de suporte fático amplo. O que importa destacar na esteira deste raciocínio é que o dever fundamental de contribuir apto está a oferecer alicerce constitucional a medidas legislativas de cariz restritivo em face de direitos fundamentais, como é o caso, novamente, do parágrafo único do artigo 116 do CTN em relação ao direito fundamental de liberdade fiscal — em especial no contexto da

---

[109] Essa leitura leva Ricardo Lobo Torres a desenvolver suas compreensões sobre o tema do planejamento tributário e as liberdades do contribuinte sem olvidar-se das dimensões principiológicas e axiológicas consagradas na Constituição. Para uma abordagem detalhada da obra do autor sob uma tal angulação analítica, cf. Abraham (2018).

formulação de planejamentos tributários —, preservado sempre o núcleo essencial daquele direito.

A quarta consequência prática derivada do reconhecimento do dever fundamental de pagar tributos é a sua *aptidão para servir* — assim como qualquer outro dever de natureza fundamental — *de parâmetro para controle de constitucionalidade da legislação ordinária*. Cuida-se de uma imperiosa decorrência da afirmação da autonomia de um tal dever enquanto categoria constitucional e da sua eficácia normativa, capaz de vincular não só o legislador, como também os juízes, tribunais e a Administração Pública. Assim, caso editada uma lei, como é frequente no Brasil, concedendo benefícios fiscais em desconformidade com as injunções constitucionais que disciplinam o Direito Tributário, poderá ter esta lei declarada a sua inconstitucionalidade com base no dever fundamental de pagar tributos (como fundamento exclusivo ou não).

A quinta consequência jurídica a examinar diz respeito a uma *dimensão instrumental*, associada à efetividade das ferramentas de que dispõe a Administração para garantir a eficiência das suas atividades de fiscalização e cobrança de tributos.

Esta já é uma questão de marcada presença na jurisprudência do STF. Servindo-se de contribuições doutrinárias especializadas, a Corte já asseverou o dever fundamental de pagar tributos como fundamento implícito das normas que municiam a Administração de ferramentas eficientes de fiscalização.[110] Essa dimensão instrumental, baseada numa interação ativa do dever fundamental de pagar tributos com o princípio da capacidade contributiva, foi decisiva, por exemplo, nos julgamentos[111] que estabeleceram a possibilidade de quebra do sigilo bancário dos contribuintes pelo Fisco independentemente de autorização judicial.

É num tal cenário que Érico Vinhosa (2017, p. 119) assinala que do dever fundamental de pagar tributos devem ser inferidos reflexos não só materiais, como também instrumentais, que pressupõem "a criação de mecanismos eficazes de fiscalização, como o acesso às informações bancárias, e de cobrança, como a penhora on-line, sob pena de restarem frustradas a solidariedade e a isonomia" durante o largo trajeto que perfaz o ciclo integral da tributação, o qual compreende desde a instituição legal dos tributos até a efetiva arrecadação e a aplicação dos recursos públicos auferidos.

A sexta consequência é *a justiciabilidade do dever fundamental de pagar tributos*, isto é, a possibilidade de se recorrer à tutela judicial para garantir o seu cumprimento. Este fator revela particular importância no controle ao que Casalta Nabais (2013, p. 47-48) denomina "indústria dos benefícios fiscais",[112] verdadeiros regimes de privilégios concedidos a "grupos poderosos e influentes", que acarretam uma "retribuição invertida do rendimento e riqueza". As distorções propiciadas por estes "injustos e iníquos" regimes em favor de certas elites, a maioria deles baseados em incentivos fiscais sem a

---

[110] Ação Cautelar nº 33/PA, julgado em 24 de novembro de 2010 (BRASIL, 2011b).
[111] ADI nº 2390/DF e ADI nº 2386/DF (BRASIL, 2016h).
[112] Para uma atilada e exemplar análise da temática dos benefícios fiscais à luz do princípio da segurança jurídica, cf. a notável obra de Karoline Marchiori de Assis (2013).

"menor justificação", têm produzido o fenômeno que o autor qualifica de "apartheid fiscal"[113] (NABAIS, 2011, p. 36-40).

Em casos assim, o reconhecimento do dever fundamental de pagar tributos autoriza qualquer cidadão, via ação civil pública ou ação popular, a impugnar judicialmente a concessão ilegítima de benefícios fiscais, por violação frontal àquele preceito constitucional. Schwartz reforça essa percepção ao escoliar a obra de Buffon (2007, p. 129-130), doutrinador que sustenta a possibilidade de reivindicação judicial, por qualquer cidadão, do cumprimento do dever fundamental de pagar tributos, como corolário do postulado de cidadania fiscal. Nos termos empregados por aquele autor, existe:

> [...] a possibilidade de qualquer contribuinte questionar na justiça os benefícios fiscais ou isenções concedidas injusta ou ilegitimamente a um outro contribuinte, por meio de ação popular ou ação civil pública. Em verdade, [...] como todos os cidadãos têm o dever de contribuir com os gastos públicos na medida de sua capacidade contributiva, o benefício fiscal ou isenção concedidos de forma ilegítima constituem uma violação ao dever fundamental de pagar tributos, o que legitima os demais contribuintes a questionar judicialmente o ato do Poder Público que os instituiu (SCHWARTZ, 2017, p. 92).

A sétima e última consequência é evocada por Giannetti (2017, p. 253) como a *aproximação do estudo das receitas (arrecadação) com as despesas (gastos) públicas no escopo de controle social e democrático das atividades do Estado*. O dever de contribuir, na medida em que se constitui como um dever fundamental, reforça a já existente prerrogativa, em qualquer regime democrático orientado por princípios republicanos, de os cidadãos fiscalizarem atenta e efetivamente os próprios procedimentos arrecadatórios e a aplicação dos recursos por meio deles auferidos. Não se está a dizer que é o dever fundamental de pagar tributos que legitima o controle social das receitas e despesas públicas, mas que tal dever projeta uma *eficácia prática de fomento* a um exercício cada vez mais amplo e consciente desse primordial postulado da cidadania.

Nesse aspecto da inextrincável vinculação dos tributos com a despesa pública, Nabais enfatiza conceber o dever fundamental de pagar tributos como um "dever cercado de direitos", entre eles o *direito à eficiência da despesa pública*. É esta a sua lição:

> A propósito desta íntima ligação dos impostos com a despesa pública, permito-me referir o que ensino a respeito do dever fundamental de pagar imposto, que considero um dever cercado de direitos, em que temos: 1) o *direito de não pagar impostos* a não ser aqueles que

---

[113] Sobre este tema, o autor enfatiza que também o "deslocamento de fatos tributáveis", fenômeno verificado com a celebração de transações em paraísos fiscais, é causador da segregação de contribuintes que está a denunciar. Assim disserta ele: "O *apartheid fiscal*. Pois bem, quanto à distribuição dos múltiplos encargos fiscais pelos diversos grupos de contribuintes ou sujeitos passivos, é cada vez mais visível um certo *apartheid fiscal*. O qual, é de assinalar, se reporta não apenas à cada vez mais pesada carga fiscal, mas também aos numerosos e dispendiosos deveres que os contribuintes ou outros sujeitos passivos, mais especificamente as empresas, enquanto suportes da administração ou gestão da generalidade dos impostos, têm de suportar. Assim e no respeitante à distribuição da carga fiscal, um tal fenómeno é visível sobretudo em sede da tributação do rendimento e resulta em larga medida da proliferação de regimes fiscais de favor, decorram estes das limitações reais de tributação de alguns grupos de contribuintes, em virtude da possibilidade de deslocalização de certos factos tributáveis, quer da atribuição de benefícios fiscais" (NABAIS, 2011, p. 36-37).

hajam sido criados nos termos da Constituição, não tenham natureza retroactiva e cuja liquidação e cobrança se façam nos termos da lei; 2) o *direito de exigir* que os outros membros da comunidade também contribuam para o seu suporte financeiro, o que implica para o Estado que todos os membros da mesma sem constituídos em destinatários desse dever (tarefa do legislador) e, bem assim, que todos eles sejam efectivamente obrigados ao cumprimento do mesmo (tarefa da Administração Tributária e dos tribunais); 3) o *direito à eficiência da despesa pública*, o que significa que o dever fundamental de pagar impostos apenas se conterá dentro dos seus limites constitucionais se a despesa pública assegurar um adequado retorno à sociedade do montante dos impostos através da prestação, em quantidade e qualidade, dos correspondentes serviços públicos (NABAIS, 2017, p. 277-278).

O dever fundamental de pagar tributos, sob a ótica aqui considerada, guarda imediata relação com o que autores como Marcelo Zenkner (2019, p. 240-246) têm designado de "direito fundamental à boa administração", o qual, sufragado pela Carta de Direitos Fundamentais da União Europeia, no artigo 41º/1 do documento, decerto abriga, por constituir-se como seu corolário, o direito à eficiência da despesa pública de que fala Casalta Nabais.

A isso se pode acrescer que ao dever fundamental de pagar tributos também se conecta o imperativo de combate à corrupção, fator de extrema relevância nos tempos que correm, tendo em conta, segundo se tangenciou no preâmbulo deste capítulo, que a malversação sistemática de recursos públicos, num quadro de corrupção endêmica,[114] promove não apenas a desmoralização dos Poderes Públicos, como também a corrosão da legitimidade social da tributação.

No entanto, note-se que se está em "legitimidade social da tributação", ou seja, em termos de adesão social voluntária, autoconsentida e munida de consciência cívica ao dever fundamental de contribuir. Deve-se essa advertência ao fato de que a multiplicação de escândalos de corrupção, por maiores que sejam, ou mesmo de má utilização dos recursos arrecadados por opções políticas reprováveis, não tem o condão de descaracterizar a natureza fundamental/constitucional do dever de pagar tributos.

Consoante alerta Nabais (2017, p. 276), "se a pretexto de o Estado alimentar a corrupção, deixarmos de considerar fundamental contribuir financeiramente para ele, o Estado definhará". Todavia, é imperioso não deixar cair em olvido o fato histórico de que o Estado moderno, sobretudo em sua feição social e democrática, consubstancia uma das mais notáveis aquisições civilizacionais da história humana.

Completa um tal raciocínio a reflexão proposta por Érico Vinhosa (2017, p. 116), segundo a qual se pode constatar a *disfuncionalidade do sistema tributário* tanto nas hipóteses em que a tributação se desvia "de uma justa e igualitária distribuição dos ônus fiscais com base na capacidade contributiva, quanto nas hipóteses em que a tributação é adequada à capacidade contributiva, mas a aplicação dos recursos distancia-se das finalidades perseguidas pela Constituição". Por isso é que o reconhecimento do dever

---

[114] Para uma aprofundada análise da temática do combate à corrupção, cf. Zenkner (2019), em especial, nos aspectos mais relevantes para este trabalho, a seção em que o autor aborda o "direito fundamental da pessoa humana de viver em um ambiente livre de corrupção".

fundamental de pagar tributos logra reforçar as exigências cívico-cidadãs de controle social das atividades tributantes e de fiscalização diligente do emprego dos recursos públicos arrecadados a partir do cumprimento daquele dever por seus destinatários.

Ante um tal quadro é que não se pode subscrever a posição reivindicada por Heleno Tôrres (2012, p. 431-433), assente na alegação do "esvaziamento semântico" do dever fundamental de pagar tributos, por este supostamente possuir "mais um sentido pragmático do que algum efeito jurídico concreto", de sorte que "ou bem está-se diante de uma redundância falar em dever fundamental de pagar tributos, por ser efeito necessário da legalidade, ou bem este não existe enquanto categoria jurídica autônoma do constitucionalismo tributário".

Como se buscou demonstrar ao longo deste capítulo, e especialmente neste tópico, o dever fundamental de pagar tributos revela um conteúdo substantivo e autônomo à luz da Constituição e a ele se seguem efeitos jurídicos e práticos significativos, seja no plano hermenêutico da legislação tributária, seja na sua própria aplicação em situações concretas.

Enfim, por tudo quanto se argumentou, é de se concluir que a Constituição brasileira de 1988, ao instituir o modelo fiscal de Estado e ao estabelecer uma economia de livre mercado, abriga o dever fundamental de pagar tributos como categoria jurídica autônoma, inerente aos postulados de cidadania e justiça fiscais, cujo conteúdo se define a partir de uma interação permanente com os demais princípios constitucionais tributários (especialmente os da solidariedade, da isonomia e da capacidade contributiva) e se delimita, sem ultrajá-los, pelos limites constitucionais ao poder de tributar.

Disso decorre a projeção de consequências jurídicas e práticas de relevo na compreensão e na aplicação do Direito Tributário positivo, além de reclamar uma inamovível deferência aos objetivos fundamentais da República e, por conseguinte, à busca pela aceitação e legitimidade sociais das atividades tributantes.

2.6 O dever fundamental de pagar tributos na jurisprudência do Supremo Tribunal Federal: análise e balanço crítico

Delineados os fundamentos e o conteúdo do dever fundamental de pagar tributos na ordem jurídica brasileira, bem como as consequências jurídicas e práticas decorrentes de seu reconhecimento enquanto princípio constitucional estruturante do Sistema Tributário Nacional, convém examinar breve e panoramicamente como foi recepcionada tal categoria na jurisprudência do STF e como tem sido ela empregada nas fundamentações das decisões prolatadas pela Corte. Nesse esforço final do capítulo, será de privilegiado auxílio o excelente artigo de autoria de Érico Vinhosa (2017), especialmente dedicado à questão, no qual o autor procedeu a um amplo mapeamento dos precedentes (não só do STF, mas também do STJ) em que foi invocado o dever fundamental de pagar tributos como razão de decidir.

Os objetivos dessa parcela do trabalho, sem maiores pretensões de aprofundamento analítico, serão apenas verificar se as argumentações usualmente tecidas pelos Ministros da Corte coincidem com as compreensões doutrinárias desenvolvidas sobre o tema, avaliar criticamente as interpretações por eles sustentadas acerca da categoria em questão e tentar assinalar tendências relativas à utilização do dever fundamental de pagar tributos na jurisprudência constitucional brasileira.

Numa breve síntese, pode-se dizer que foi, aproximadamente, a partir de 2009 que se começou a registrar as primeiras alusões ao dever fundamental de pagar tributos em julgados do STF, muito embora, num primeiro instante, de forma ainda incipiente, com menções meramente superficiais, desacompanhadas de considerações teóricas mais detidas. Com o correr dos anos, foi progressivamente se avolumando a importância de tal preceito na resolução dos litígios tributários: de 2016 em diante, adensaram-se e aprofundaram-se os desenvolvimentos teóricos e filosóficos do dever em tela — acompanhados de um mais firme embasamento teórico — por parte dos Ministros que dele lançaram mão para fundamentarem os seus votos.

Ao examinar as matérias em cujos julgamentos foi citado o dever fundamental de pagar tributos em acórdãos, decisões monocráticas e informativos do STF, Vinhosa (2017, p. 103-108) elenca as seguintes: sigilo das informações bancárias do contribuinte;[115] inclusão do ICMS na base de cálculo da COFINS e imunidade tributária relativa às instituições de assistência social prevista no artigo 195, §7º, CF;[116] limites à criação de responsabilidade tributária;[117] exigibilidade tributária do ISSQN em hipóteses nas quais a entidade imune atua como substituto ou responsável tributário de contribuinte não imune;[118] validação de hipóteses de substituição tributária e retenção na fonte;[119] vedação da dedução de valores pagos a título de contribuição social incidente sobre o lucro líquido da base de cálculo do IR e da própria contribuição;[120] validação da possibilidade de constituição de créditos tributários por parte do contribuinte;[121] validação do montante de multa cominada pela legislação tributária;[122] declaração de inconstitucionalidade da Lei nº 8.866/1994, versada sobre o depositário infiel de valores pertencentes à Fazenda Pública;[123] contribuição para o PIS e imunidade de entidades beneficentes;[124] responsabilidade de sócios cotistas por débitos contraídos pela sociedade

---

[115] RE nº 601.314/SP, ADI nº 2.390/DF, ADI nº 2.386/DF, ADI nº 2.397/DF e ADI nº 2.859/DF.
[116] RE nº 240.785/MG e RE nº 636.941/RS.
[117] RE nº 603.191/MT.
[118] ARE nº 991.204/SP.
[119] RE nº 590.613/RS, RE nº 608.930, RE nº 575.137/SP, RE nº 594.756, AI nº 674.443 em AgR/MG, AI nº 495.112 em AgR/SP, AI nº 846.937/PE, AI nº 741.592/RJ e AI nº 674.443/MG.
[120] RE nº 563.442/PR.
[121] RE nº 844.232/RS.
[122] ARE nº 775.401/MG.
[123] Informativo nº 851 – ADI nº 1055.
[124] Informativo nº 738 – ADI nº 636.941.

junto ao INSS;[125] cancelamento de registro especial em favor da indústria de cigarro;[126] concessão de imunidade tributária à CODESP;[127] e dedução do valor da CSLL da base de cálculo do IRPJ.[128]

O autor referencia, ainda, outras duas decisões: uma em que o dever fundamental de pagar tributos chegou a ser mencionado mesmo para repelir a incidência de IR sobre rendimentos auferidos acumuladamente[129] e outra que determinou a remessa de processo à Corte de origem, tendo em vista que já havia sido reconhecida, pelo STF, a existência de repercussão geral da controvérsia relativa à aplicabilidade da imunidade prevista no artigo 150, inciso VI, alínea "c", da CF, em favor da Caixa de Assistência de Advogados de Minas Gerais[130] (VINHOSA, 2017, p. 108).

A tal arcabouço de julgados devem ser acrescidos outros dois, prolatados pelo Pretório Excelso posteriormente à pesquisa realizada por Érico Vinhosa, nos quais tornou a ser tangenciado, superficialmente, o dever fundamental de pagar tributos. O primeiro (rapidamente referido no final do capítulo anterior) foi o AgR-ARE nº 1.023.465, julgado em 2018, sob relatoria do Ministro Ricardo Lewandowski, cujo objeto versou, uma vez mais, sobre a questão do sigilo bancário (BRASIL, 2018i). Nele, o Ministro aludiu ao entendimento firmado pela Corte no julgamento do RE nº 601.314/SP (BRASIL, 2016a), destacando-o como o *leading case* no qual foram o dever fundamental de pagar tributos e o direito de sigilo bancário submetidos a um juízo de ponderação, resultando no Tema 225 do STF:

> Tema 225, STF: I – O art. 6º da Lei Complementar 105/01 não ofende o direito ao sigilo bancário, pois realiza a igualdade em relação aos cidadãos, por meio do princípio da capacidade contributiva, bem como estabelece requisitos objetivos e o traslado do dever de sigilo da esfera bancária para a fiscal; II – A Lei 10.174/01 não atrai a aplicação do princípio da irretroatividade das leis tributárias, tendo em vista o caráter instrumental da norma, nos termos do artigo 144, §1º, do CTN (BRASIL, 2016a).

Mais recentemente, em dezembro de 2019, no bojo do julgamento do RHC nº 163.334, que chamou grande atenção da opinião pública por envolver as atividades comerciais em geral, a existência do dever fundamental de pagar tributos no ordenamento jurídico brasileiro foi aventada pelo Ministro Relator Luís Roberto Barroso como uma das premissas do seu voto, que se desenvolveu no sentido de sustentar a tipicidade penal da conduta do "contribuinte que, de forma contumaz e com dolo de apropriação, deixa de recolher o ICMS cobrado do adquirente da mercadoria ou serviço", subsumindo-a ao tipo penal previsto do artigo 2º, inciso II, da Lei nº 8.137/1990. Prevaleceu, por maioria

---

[125] Informativo nº 607 – RE nº 562.276.
[126] Informativo nº 605 – ADI nº 3952.
[127] Informativos nº 597 e nº 602 – RE nº 153.472.
[128] Informativo nº 525 – RE nº 582.525.
[129] RE nº 920.845/DF, ARE nº 816.994 em AgR/CE e ARE 889.099/PE.
[130] RE nº 717.913/MG.

(6 a 3), o voto condutor, resultando na criminalização do não recolhimento doloso — leia-se: com intenção de apropriação indébita — de ICMS declarado (BRASIL, 2020a).

Numa abordagem de conjunto dessas decisões, é fácil notar que o mais paradigmático debate que atraiu o dever fundamental de pagar tributos como fundamento de relevo foi o concernente à já antiga problemática[131] do sigilo bancário ou, mais precisamente, do acesso imediato pela Administração Tributária aos dados bancários do contribuinte independentemente de autorização judicial. As objeções a tal proceder sempre se basearam nos direitos fundamentais à privacidade e intimidade, sob o argumento de que o sigilo das informações bancárias integraria um núcleo essencial insuscetível de devassa ou invasão pela Administração Fazendária, o que tornaria a relativização de tal sigilo matéria sujeita à cláusula constitucional de reserva de jurisdição.

Triunfou, no entanto, como acima se viu, o entendimento contrário, no sentido da possibilidade de acesso aos dados pelo Fisco sem prévio aval judicial, o qual restou firmado no seio do julgamento conjunto das ADI nº 2.390/DF, nº 2.386/DF, nº 2.397/DF e nº 2.859/DF (em controle concentrado de constitucionalidade) (BRASIL, 2016h) e também no julgamento do RE nº 601.314/SP (em controle difuso, mas com repercussão geral reconhecida) (BRASIL, 2016a), ambos realizados à data de 24 de fevereiro de 2016. Em apurada contextualização dos julgamentos, Vinhosa explana:

> A discussão envolvia a Lei nº 9.311/1996, que versava sobre a Contribuição Provisória sobre Movimentação ou Transmissão de Valores e de Créditos de Natureza Financeira — CPMF e o Decreto nº 4.545/2002 que a regulamentou, bem como a Lei Complementar nº 105/2001 e os Decretos nº 3.724, de 10 de janeiro de 2001, e nº 4.489, de 29 de novembro de 2009.
>
> A Lei nº 9.311 determinava o encaminhamento dos dados da movimentação financeira do contribuinte para que, num primeiro momento, fossem conferidos os valores retidos e repassados pelas instituições financeiras, como responsáveis pelo recolhimento da CPMF, aos cofres públicos, vedada a sua utilização para constituição de créditos relativos a outros tributos.[132] Posteriormente, por força de alteração promovida pela Lei nº 10.174/2001, a

---

[131] Diz-se antiga tal problemática porque o próprio CTN, em sua redação original, vigente desde 1966, já determinava, em seu artigo 197, inciso II, que todas as instituições financeiras, mediante intimação escrita, são obrigadas a prestar às autoridades administrativas todas as informações de que disponham com relação aos bens, negócios ou atividades de terceiros. Havia décadas, portanto, que a doutrina debatia a constitucionalidade do dispositivo — tendo em vista, inclusive, a ausência de uniformidade de orientações na jurisprudência histórica do STF — sob os eixos argumentativos sumariados no texto.

[132] Art. 11, Lei nº 9.311/1996. Compete à Secretaria da Receita Federal a administração da contribuição, incluídas as atividades de tributação, fiscalização e arrecadação. (*Vide* Medida Provisória nº 2.158-35, de 2001).
§1º No exercício das atribuições de que trata este artigo, a Secretaria da Receita Federal poderá requisitar ou proceder ao exame de documentos, livros e registros, bem como estabelecer obrigações acessórias.
§2º As instituições responsáveis pela retenção e pelo recolhimento da contribuição prestarão à Secretaria da Receita Federal as informações necessárias à identificação dos contribuintes e os valores globais das respectivas operações, nos termos, nas condições e nos prazos que vierem a ser estabelecidos pelo Ministro de Estado da Fazenda.
§3º A Secretaria da Receita Federal resguardará, na forma da legislação aplicável à matéria, o sigilo das informações prestadas, facultada sua utilização para instaurar procedimento administrativo tendente a verificar a existência de crédito tributário relativo a impostos e contribuições e para lançamento, no âmbito do procedimento fiscal, do crédito tributário porventura existente, observado o disposto no art. 42 da Lei nº 9.430, de 27 de dezembro de 1996, e alterações posteriores. (Redação dada pela Lei nº 10.174, de 2001).

Lei nº 9.311/1996 passou a permitir também a utilização dessas informações para fins de lançamento relativo a qualquer tributo administrado pela Secretaria da Receita Federal.[133]

Os artigos 5º e 6º da Lei Complementar nº 105/2001, por sua vez, estabelecem, respectivamente, que compete às instituições financeiras informar sobre as operações efetuadas pelos usuários de seus serviços, de acordo com os limites e a periodicidade estabelecida pelo Poder Executivo, além de viabilizar o exame direto de documentos, livros e registros, para fins de instrução de processo administrativo ou procedimento fiscal, se tais exames forem considerados indispensáveis para a resolução do caso analisado[134] (VINHOSA, 2017, p. 104-105).

É, pois, nesses dois acórdãos que se concentram as mais acuradas análises dos fundamentos teóricos, jurídicos e filosóficos do dever fundamental de pagar tributos no repertório jurisprudencial do STF, sendo a obra de José Casalta Nabais, como se poderia supor, a mais reiteradamente citada. Não é casual, destarte, que sejam esses os precedentes mais referenciados nessa abordagem final do capítulo.

De início, é interessante notar que os Ministros que invocam o dever fundamental de pagar tributos se preocupam em acentuar, como elementares premissas de seus raciocínios, o caráter fiscal do Estado brasileiro e os custos demandados pela concretização de direitos fundamentais, em fiel reflexo às proposições doutrinárias de Nabais. O Ministro Dias Toffoli, por exemplo, Relator da ADI nº 2.390/DF, citando o doutrinador português e, também, o autor brasileiro Marciano Buffon, argumenta:

> Por se tratar de mero compartilhamento de informações sigilosas, seria mais adequado situar as previsões legais combatidas na categoria de elementos concretizadores dos deveres dos cidadãos e do Fisco na implementação da justiça social, a qual tem, como um de seus mais poderosos instrumentos, a tributação.
>
> A solução do presente caso perpassa, portanto, pela compreensão de que, **no Brasil, o pagamento de tributos é um dever fundamental.**
>
> A propósito do tema, vale destacar, por seu pioneirismo, a obra do jurista português José Casalta Nabais. No livro "O Dever Fundamental de Pagar Impostos", o professor da Faculdade de Direito da Universidade de Coimbra **demonstra, em síntese, que, no Estado contemporâneo — o qual é, essencialmente, um Estado Fiscal, entendido como aquele que é financiado majoritariamente pelos impostos pagos por pessoas físicas e jurídicas — pagar imposto é um dever fundamental.**

---

[133] Artigo 11, §3º, Lei nº 9.311/1996. A Secretaria da Receita Federal resguardará, na forma da legislação aplicável à matéria, o sigilo das informações prestadas, facultada sua utilização para instaurar procedimento administrativo tendente a verificar a existência de crédito tributário relativo a impostos e contribuições e para lançamento, no âmbito do procedimento fiscal, do crédito tributário porventura existente, observado o disposto no art. 42 da Lei nº 9.430, de 27 de dezembro de 1996, e alterações posteriores. (Redação dada pela Lei nº 10.174, de 2001).

[134] Art. 5º, Lei Complementar nº 105/2001: O Poder Executivo disciplinará, inclusive quanto à periodicidade e aos limites de valor, os critérios segundo os quais as instituições financeiras informarão à administração tributária da União, as operações financeiras efetuadas pelos usuários de seus serviços.

Na doutrina brasileira, vale mencionar os estudos de Marciano Buffon, que, se debruçando sobre o conceito em referência, destacou a importância do dever fundamental de pagar tributos numa sociedade que se organiza sob as características do Estado Social — como é o caso do Brasil —, pois, nesse modelo, o Estado tem o dever de assegurar a todos uma existência digna, o que pressupõe a concretização de direitos sociais, econômicos e culturais do cidadão, por meio da prestações que demandam recursos públicos (BRASIL, 2016h, p. 31, grifos no original).

Já o Ministro Gilmar Mendes, em seu voto proferido por ocasião do julgamento do RE nº 601.314/SP (BRASIL, 2016a), reproduziu trecho de sua obra escrita em conjunto com Paulo Gustavo Gonet Branco, no qual afirmam que não há Estado Social sem Estado Fiscal, de maneira que o tributo, enquanto principal forma de receita pública no Estado Moderno, é figura imprescindível à construção do Estado Democrático de Direito, razão pela qual o seu pagamento constitui-se como dever fundamental titularizado pelos cidadãos. Aduz expressamente o "princípio do Estado Fiscal" como preceito previsto, expressa ou tacitamente, na Constituição brasileira, tendo em conta que os Poderes Públicos pátrios dependem dos tributos para que possam existir e desempenhar suas funções (BRASIL, 2016a, p. 14-15).

As mesmas reflexões aparecem sintetizadas em seu voto proferido no julgamento da ADI nº 1.055/DF, de sua relatoria, cujo excerto mais expressivo se colaciona a seguir:

> O Estado brasileiro baseia-se em receitas tributárias. Um texto constitucional como o nosso, pródigo na concessão de direitos sociais e na promessa de prestações estatais, deve oferecer ao Estado instrumentos suficientes para que possa fazer frente às inevitáveis despesas que a efetivação dos direitos sociais requer. O tributo é esse instrumento. Considera-se, portanto, a existência de um dever fundamental de pagar impostos, tal como proposto por Nabais [...] No caso da Constituição Federal de 1988, tal dever viria expresso no §1º do art. 145 da Constituição (BRASIL, 2017d, p. 31).

Também a Ministra Cármen Lúcia já afiançou, sem hesitações, a existência do dever em questão e a finalidade ao qual ele se destina. Em seu voto proferido nos autos do RE nº 844.232/RS, destacou que do "núcleo político fundamental" da Constituição de 1988 "sobressai o dever fundamental de pagar tributos para as necessidades financeiras do Estado" (BRASIL, 2014f, p. 02).

O Ministro Luís Roberto Barroso, em sede do julgamento da já citada ADI nº 2.390/DF, ao ementar o seu voto, destacou, no item 3, que "o pagamento de tributos é um dever fundamental, lastreado (i) na feição fiscal assumida pelo Estado contemporâneo; (ii) no elenco de direitos fundamentais que pressupõem para a sua concretização o necessário financiamento; (iii) na capacidade contributiva; (iv) na isonomia tributária" (BRASIL, 2016h, p. 58). No decurso da fundamentação — baseando-se numa teoria contratualista das relações entre Estado e sociedade civil e referenciando as obras de Ian Shapiro, Lobo Torres, Juan Manuel Barquero e Casalta Nabais —, explanou que:

19. A Constituição Federal colocou a solidariedade ao lado da igualdade e da justiça como objetivos fundamentais da República, insculpidos no art. 3, inciso I da CF/88. A noção de solidariedade social pode ser visualizada tanto como valor ético e jurídico, absolutamente abstrato, quanto como princípio positivado, que é o caso do Brasil. Trata-se, sobretudo, de uma obrigação moral e um dever jurídico que, em razão da correlação entre deveres e direitos, informa e vincula a liberdade, a justiça e a igualdade. Por meio dele, a alteridade se insere de forma definitiva também no discurso jurídico.

20. Nesse ponto, algumas aproximações são inevitáveis. A primeira delas é com a definição de tributo como um dever fundamental. É comum que as pessoas após alguns séculos esqueçam que as principais formulações sobre o contrato social o conceberam com um acordo entre pessoas e não entre essas e o Estado, o que é um desvio de percepção bastante comum. Se a criação do Estado é um projeto coletivo, deve-se reconhecer que a solidariedade se projeta com muita força no direito fiscal, que se traduz na disciplina da repartição igualitária dos custos dos direitos prestados e/ou garantidos pelo Estado. Nesse contexto, o pagamento de tributos constitui-se um dever fundamental estabelecido constitucionalmente. Dever esse juridicamente fundamentado quer na feição Fiscal assumida pelo Estado contemporâneo, quer no elenco de direitos fundamentais constitucionalmente previstos e que pressupõem o necessário financiamento (BRASIL, 2016h, p. 68-70).

O primeiro parágrafo do excerto supramencionado explicita a dimensão filosófico-axiológica e jurídica em que a Corte concebe o dever fundamental de pagar tributos. Não apenas nesse voto do Ministro Luís Roberto Barroso, como também em vários outros, estabelece-se uma vinculação jurídico-valorativa entre tal dever e os preceitos da solidariedade, da justiça fiscal, da isonomia e da capacidade contributiva, cujo núcleo é elaborado em torno dos objetivos fundamentais da República, especialmente aquele descrito no inciso I do artigo 3º da Carta (construção de uma sociedade livre, justa e solidária). Daí a referência do Ministro Barroso à "disciplina da repartição igualitária dos custos dos direitos prestados e/ou garantidos pelo Estado" e ao fato de o pagamento de tributos por todos os contribuintes consubstanciar um interesse universal, em nome da isonomia, investindo a Administração Fiscal — em trecho da obra de Klaus Tipke também já abordado neste trabalho — na condição de "agente fiduciário da comunidade solidária formada por todos os contribuintes" (BRASIL, 2016h, p. 69-70).

O Ministro Dias Toffoli, a seu turno, evidencia "a natureza solidária do tributo, o qual é devido pelo cidadão pelo simples fato de pertencer à sociedade, com a qual tem o dever de contribuir", a partir do que conclui que "o dever fundamental de pagar tributos está, pois, alicerçado na ideia de solidariedade social" (BRASIL, 2016h, p. 32). Sublinha, então, que a violação a tal dever por parcelas da sociedade — geralmente as mais abastadas, capazes de elaborar sofisticados planejamentos tributários não raro baseados em manobras abusivas — desequilibra a tributação e tende a redirecionar um maior peso aos trabalhadores que são tributados na fonte, o que finda por fragilizar os liames de solidariedade social entre os cidadãos brasileiros (BRASIL, 2016h, p. 35). Disso decorre um grave prejuízo à estruturação do projeto de sociedade idealizado na Constituição e balizado pelos objetivos fundamentais da República (entre os quais, a redução das desigualdades sociais):

A ordem constitucional instaurada em 1988 estabeleceu, dentre os objetivos da República Federativa do Brasil, a construção de uma sociedade livre, justa e solidária, a erradicação da pobreza e a marginalização e a redução das desigualdades sociais e regionais. Para tanto, a Carta foi generosa na previsão de direitos individuais, sociais, econômicos e culturais para o cidadão. Ocorre que, correlatos a esses direitos, existem também deveres, cujo atendimento é, também, condição sine qua non para a realização do projeto de sociedade esculpido na Carta Federal. Dentre esses deveres, consta o dever fundamental de pagar tributos, visto que são eles que, majoritariamente, financiam as ações estatais voltadas à concretização dos direitos do cidadão (BRASIL, 2016h, p. 03).

Esse estreitamento das relações entre tributação e os objetivos da República também aparece com substanciosa argumentação no voto prolatado pelo Ministro Edson Fachin no RE nº 601.314/SP. Ao falar em justiça social, cuida de conectar o dever fundamental de pagar tributos a uma perspectiva de autogoverno coletivo, em que "os tributos são contributos indispensáveis a um destino comum e próspero de todos os membros da comunidade politicamente organizada" (BRASIL, 2016a, p. 16). O Ministro reitera em diversos excertos do voto a imprescindibilidade de uma tributação equitativa para a redução das desigualdades sociais, extraindo, por conseguinte, o significado do tributo e o dever fundamental de pagá-lo do princípio da igualdade. Em suas palavras:

> Nesse sentido, parece-nos que o tributo é a inovação humana com grande aptidão para a redução das desigualdades jurídicas, políticas e econômicas entre os homens. A partir do escólio doutrinário de Liam Murphy e Thomas Nagel, tem-se que *"Numa economia capitalista, os impostos não são um simples método de pagamento pelos serviços públicos e governamentais: são também o instrumento mais importante por meio do qual o sistema político põe em prática uma determinada concepção de justiça econômica ou distributiva"*.
>
> Em síntese, a meu ver, a interpretação mais consentânea com a axiologia da Constituição Federal de 1988 é aquela que considera a tributação como instrumento para a produção da igualdade entre os cidadãos. Por conseguinte, o tributo extrai seu significado normativo do princípio constitucional da igualdade (BRASIL, 2016a, p. 28, grifos no original).

Com efeito, é fácil notar que, a exemplo da linha argumentativa trilhada neste capítulo (o que se deixa entrever na própria similaridade ou identidade das bases teóricas), os Ministros que invocam o dever fundamental de pagar tributos como *ratio decidendi* ou como *obiter dictum* enfatizam a interação deste preceito com outros princípios constitucionais, marcados por uma acentuada carga valorativa, que informam a moldura do Sistema Tributário Nacional. Como há nas fundamentações um apelo reiterado à isonomia tributária, o princípio da capacidade contributiva, enquanto conformador da medida de tributação que garanta um padrão de justiça fiscal ao valorar as potencialidades econômicas de cada contribuinte, sobreleva-se como eixo de crucial importância.

No entanto, há uma outra faceta do princípio da capacidade contributiva que é recorrentemente esquecida, mas que foi acentuada pelo Ministro Luís Roberto Barroso por ocasião do julgamento da ADI nº 2.390/DF: a dimensão instrumental. Trata-se de ampliar e potencializar a eficácia dos instrumentos fiscalizatórios de que dispõe a Administração — e aí reside um dos pontos nodais da possibilidade jurídica da quebra de sigilo bancário sem prévia autorização judicial — para preservar o princípio da capacidade contributiva e, consequentemente, a equidade dos mecanismos de tributação e o dever fundamental de pagar tributos. É este o seu robusto raciocínio:

> 22. É preciso dizer que no Sistema Constitucional Tributário brasileiro essa ideia que acabo de expor encontra fundamento positivo direto nos arts. 145, §1º, que estabelece o princípio da capacidade contributiva, e 150, inciso II, que trata da isonomia tributária, ambos da Constituição. Deles é possível extrair a noção atual de capacidade contributiva, que tem uma dimensão subjetiva importante, representada no comanda dirigido ao legislador para que busque graduar o aspecto quantitativo do fato gerador, de modo que de todos contribuam na medida da sua capacidade econômica, e que autoriza, portanto, a utilização da progressividade como principal critério de distribuição da carga tributária dos tributos, em geral.
>
> 23. Porém, há também um aspecto menos famoso, mas não menos importante, da capacidade contributiva, que é a sua dimensão instrumental. Essa ligada diretamente à efetividade da dimensão subjetiva mencionada anteriormente e ao princípio da isonomia. Ela está contida no mandamento presente na parte final do §1º do art. 145, CF/88, que é direcionado à Administração Tributária. Nessa passagem, o texto constitucional é claro ao autorizar a criação de instrumentos que permitam ao Fisco, no momento da apuração dos tributos, identificar, respeitados os direitos individuais e nos termos da lei, o patrimônio, os rendimentos e as atividades econômicas de todos os contribuintes na medida das efetivas manifestações de riqueza.
>
> 24. Em última análise, essa faceta da dimensão instrumental decorre também do princípio da efetividade das normas constitucionais aplicado à justiça fiscal (art. 150, II, da CF/88), na medida em que busca impedir que, entre a ocorrência do fato gerador e o efetivo pagamento das obrigações tributárias, essa ideia-força, que dá sustentação ao sistema tributário, seja corroída por práticas como a sonegação, a evasão e a fraude fiscal. Mecanismos que confiram à Administração Tributária instrumentos eficazes de combate à fuga ilegítima da tributação potencializam a ideia de justiça fiscal e ajudam a impedir que o ônus do custeio do Estado fique desequilibrado, recaindo, essencialmente e de forma absolutamente iníqua, sobre aqueles contribuintes que cumprem de forma regular suas obrigações.
>
> 25. Estabelecidas tais premissas, fica fácil demonstrar que: (i) na feição atual do Estado, todos têm a obrigação de contribuir, na medida das suas capacidades, para a manutenção do Estado Fiscal; e (ii) para garantir a efetividade da primeira afirmação, é necessária a criação de regras que auxiliem a fiscalização e arrecadação de tributos, possibilitando que tais recolhFimentos possam representar de maneira concreta o percentual da riqueza revelada pelo contribuintes. Um sistema tributário constitucional que consagre a capacidade contributiva e a utilize na gradação dos seus tributos, mas não conceda à autoridade fiscal os mecanismos necessários para fazer cumprir esse objetivo na prática e coibir os abusos, frustra a vontade da Constituição de promover uma repartição equitativa da carga tributária, o que é um direito de todos (BRASIL, 2016h, p. 71-72).

O Ministro Toffoli, também no acórdão proferido nos autos da ADI nº 2.390/DF, realça o aspecto da instrumentalidade: "Sendo o pagamento de tributos, no Brasil, um dever fundamental, por representar o contributo de cada cidadão para a manutenção e o desenvolvimento de um Estado que promove direitos fundamentais, é preciso que se adotem mecanismos efetivos de combate à sonegação fiscal" (BRASIL, 2016h, p. 33). Sob o mesmo vetor interpretativo, a Ministra Ellen Gracie, no julgamento da Ação Cautelar nº 33/PR, ao referenciar Klaus Tipke e Douglas Yamashita (2002), realçou o dever fundamental de pagar tributos como "fundamento implícito" das normas jurídico-tributárias que munem a Administração "de meios eficientes de fiscalização tributária" (BRASIL, 2011b).

Um tal raciocínio, e isso se evidenciará nos capítulos seguintes deste trabalho, aplica-se com precisão ao escopo de enfrentamento à elusão fiscal, levada a cabo mediante planejamentos tributários abusivos que provocam os mesmos deletérios efeitos sublinhados pelos Ministros: desequilíbrio na tributação, reprodução das desigualdades, fragilização da justiça e democracia fiscais e erosão das bases constitucionais legitimadoras do Sistema Tributário Nacional.

Outrossim, Vinhosa (2017, p. 122-123) chama a atenção para o fato de o dever fundamental de pagar tributos começar a ser utilizado como balizador importante na interpretação do alcance das imunidades tributárias. As abordagens realizadas pelo STF foram, porém, neste ponto, pouco aprofundadas, mas sugeriram a utilização de tal dever fundamental como contrapeso às proposições hermenêuticas elásticas e benevolentes, usualmente defendidas pela doutrina, relacionadas à concessão de imunidades.

Em 2011, por exemplo, quando do julgamento do RE nº 253.472/SP, atinente a uma potencial hipótese de imunidade tributária em favor da CODESP, o Ministro Joaquim Barbosa ressaltou a importância de se estabelecerem claros requisitos para evitar lesões "à livre iniciativa, livre concorrência e dever fundamental de pagar tributos" (BRASIL, 2011a, p. 834). Em idêntica linha, registrou-se em 2010, quando do julgamento do RE nº 600.010/SP, sob relatoria do Ministro Joaquim Barbosa, decisão do STF na qual se pontuou que o delineamento do alcance de imunidades "coloca em jogo a tensão entre a proteção da atividade filantrópica [...] e o dever fundamental de pagar tributos, considerada a partilha da carga tributária por toda a sociedade na medida da capacidade contributiva" (BRASIL, 2010a, p. 697).

Em contrapartida, deve-se, também, pontuar que não se olvidaram os Ministros de que o dever fundamental de pagar tributos — como qualquer direito fundamental — não é preceito constitucional irrestrito, tampouco autoriza um exercício do poder tributário que desborde os limites constitucional e legalmente prefixados. No bojo do julgamento da ADI nº 1.055, o Ministro Gilmar Mendes, ao tratar da mobilização de instrumentos, pelo Fisco, para fins de tributação, asseverou que o reconhecimento da existência do dever fundamental de pagar tributos não afasta a sujeição da Administração à máxima da proporcionalidade: "É cediço que há o dever fundamental de pagar tributos, entretanto os meios escolhidos pelo poder público devem estar jungidos à necessidade da medida, à adequação e à proporcionalidade em sentido estrito de restringir os meios de adimplemento em caso de cobrança judicial" (BRASIL, 2017d, p. 31).

Também a Ministra Cármen Lúcia já cuidou de assentar a compreensão que obsta a invocação do dever fundamental de pagar tributos para legitimar a extrapolação dos limites constitucionais ao poder de tributar. Em vários votos e decisões monocráticas de sua lavra, que diziam respeito à incidência de IR sobre rendimentos auferidos acumuladamente — cite-se, como exemplo, o RE nº 614.406 —, a Ministra ressaltou:

> O dever fundamental de pagar tributo, como advertido pela Ministra Ellen Gracie, não está dissociado da estrita observância dos princípios constitucionais da isonomia, da capacidade contributiva e da proporcionalidade, consubstanciados, na espécie, pela cobrança do imposto de renda, segundo o regime de competência (BRASIL, 2014g, p. 25).

Traçado esse sucinto painel jurisprudencial do STF, é fácil notar que as compreensões perfilhadas pelos Ministros que se valem do dever fundamental de pagar tributos como fundamento decisório são consonantes com o clássico arcabouço doutrinário, estrangeiro e brasileiro, que se encarregou de desenvolver o tema.

Sem embargo de serem ainda pouco numerosos os votos que se ocupam de uma elaboração mais detalhada acerca de tal preceito constitucional, há que se reconhecer que, em geral, os postulados e premissas jurídico-filosóficas (custos financeiros demandados pela concretização de direitos, fisionomia fiscal do Estado brasileiro, relações do dever fundamental de pagar tributos com os objetivos da República e interação deste dever com outros princípios constitucionais) utilizados para matrizar a sua invocação têm sido trabalhados com sofisticação teórica e analítica, mediante leitura e aplicação competente das lições doutrinárias aos litígios tributários apreciados.

Entretanto, uma urgente crítica carece de ser feita. Não há clareza na jurisprudência da Corte no tocante às relações limitativas entre o dever fundamental de pagar tributos e os direitos fundamentais. Como se analisou ao final do capítulo anterior, há julgados do STF (como os versados sobre a problemática do sigilo bancário) em que, ao menos nalguns votos, se visualizam referências ao método da ponderação quando contrapostos direitos e deveres fundamentais, mas sem qualquer consideração adicional acerca do caráter principiológico das normas de deveres fundamentais e da sua consequente passibilidade de sopesamento.

Ambiguamente, veem-se outras esparsas afirmações que sugerem, como também visto no epílogo do capítulo antecedente, constituírem os deveres fundamentais limites imanentes dos direitos fundamentais, mormente os vinculados ao valor da liberdade. Enfim, essa é uma importante lacuna ainda a ser colmatada — ou uma ambiguidade ainda a ser dirimida — à medida que for evoluindo o trato teórico do dever fundamental de pagar tributos como suporte normativo de relevo na solução de litígios tributários envolvendo os direitos fundamentais dos contribuintes.

De toda sorte, a jurisprudência constitucional edificada na última década registrou notáveis avanços no que tange à matéria, ao expressamente reconhecer a existência do dever fundamental de pagar tributos no Direito brasileiro e utilizá-lo, mesmo que nem sempre com os aprofundamentos devidos, como razão de decidir em relevantes julgamentos levados a cabo pela Suprema Corte.

Assim, num juízo prospectivo, em face do aumento progressivo da importância do dever fundamental de pagar tributos e, a partir de 2016, do crescente aperfeiçoamento da sua abordagem em termos de robustez argumentativa, pode-se projetar uma tendência de ampliação da sua presença e de seu prestígio na quadra da atividade jurisdicional e — por extensão — também na prática administrativa, a fim de que, cada vez mais, seja ele concebido não como um simples ornamento ou trunfo retórico, mas como um autêntico princípio constitucional — dotado de autonomia, efetividade e eficácia normativa — estruturante do Sistema Tributário Nacional.

CAPÍTULO 3

O DIREITO FUNDAMENTAL DE LIBERDADE E O DIREITO TRIBUTÁRIO: AUTONOMIA PRIVADA E LIBERDADE FISCAL NO ESTADO DEMOCRÁTICO DE DIREITO

Na seara do Direito Tributário, o tema da liberdade ocupa posição de incontestável primazia. Dado que a atividade da tributação se constitui, por sua própria natureza coercitiva, como uma intervenção na esfera individual, é intuitiva a constatação do quão íntimas se revelam as relações havidas, em qualquer cenário que considere, entre os deveres tributários e os direitos de liberdade, relações essas que se exprimem ora sob a forma de antagonismos, ora sob a forma de estímulos recíprocos.

Encontra-se na obra de Ricardo Lobo Torres (2013, p. 10) uma caracterização precisa dessas tensões existentes entre liberdade e tributo. Trata-se, diz o autor, de uma relação que se exprime sob o signo da bipolaridade: "o tributo nasce no espaço aberto pela *autolimitação da liberdade* e constitui o *preço da liberdade*, mas por ela se limita e pode chegar a oprimi-la, se o não contiver a *legalidade*" (TORRES, 2013, p. 10).

Esse paradoxo expressa o inextrincável vínculo que cuida de atar ambas as categorias nas sociedades modernas: a *liberdade*, no perímetro de um Estado Democrático de Direito, só pode se afirmar por intermédio da atividade — a tributação — que porta a mais potente aptidão para destruí-la, donde a conclusão de que o *tributo*, consoante já sustentado, desponta não como negação da liberdade, mas como seu preço e seu pressuposto (TORRES, 2013, p. 34).

Coincide com um tal raciocínio o desenvolvido por Luís Eduardo Schoueri (2006, p. 462), segundo o qual "o tributo, enquanto preço da liberdade, assume, no Estado Social Democrático de Direito, nova dimensão: já não é mais ele o ônus para a fruição da liberdade, e sim instrumento para a sua concretização".

Se o valor da *liberdade* constitui hoje, como afirma Axel Honneth (2015), o elemento de vertebração decisivo das ordens jurídicas democráticas e das modernas teorias da justiça, é objeto de consenso historiográfico que assim nem sempre foi. O direito de liberdade, hoje reconhecido com o estatuto de "fundamental" em qualquer Constituição do mundo democrático, não foi obtido por dádiva divina; antes é fruto de árduas e penosas conquistas históricas. E todas as lutas que propiciaram a sua aquisição — uma verdadeira aquisição civilizacional — tiveram de defrontar-se, em maior ou menor intensidade, com a questão da tributação.

Deve-se isto ao fato de que, na formulação de Aliomar Baleeiro (1998, p. 1), "o tributo é vetusta e fiel sombra do poder político há mais de 20 séculos. Onde se ergue um governante, ela se projeta sobre o solo de sua dominação. Inúmeros testemunhos, desde a Antiguidade até hoje, excluem qualquer dúvida".

Com efeito, as amplas e profundas mutações pelas quais passaram a figura do Estado e a própria sociedade civil no Ocidente dão conta de justificar, ainda que parcialmente, essa assertiva: das comunidades primitivas à formação do Estado Democrático de Direito, o par conceitual "tributação-liberdade" e todas as tensões que dele decorrem parecem ter comparecido reiterativamente ao seio de quase todas as organizações sociais existentes ou em processo de constituição, ora exprimindo, como se disse, um valor negativo, ora ressignificando seus termos de maneira positiva.

É anacrônica a conjectura de que noção de liberdade individual, tal qual compreendida nos tempos que correm, foi semanticamente compartilhada pelas primeiras civilizações. Toda categoria só se faz compreender no universo simbólico no qual é engendrada, sempre sob a mediação da linguagem e das referências culturais forjadas coletivamente num dado marco do processo histórico.[135]

---

[135] É conhecido o discurso proferido por Benjamin Constant em 1819, posteriormente vertido em texto, em que o autor delineia as diferenças entre o que chama de "liberdade dos antigos" e "liberdade dos modernos". Em traços gerais, associa a primeira a uma faceta eminentemente pública, que remonta aos moldes da democracia ateniense da Antiguidade Clássica, vista sob a ótica da autonomia de participar das deliberações coletivas, mas que, no domínio sociopolítico, findava por vincular ferreamente o indivíduo à comunidade. Tratava-se, dizia ele, de "deliberar na praça pública sobre a guerra e a paz, em concluir com os estrangeiros tratados de aliança, em votar as leis, em pronunciar julgamentos, em examinar as contas, os atos, a gestão dos magistrados; em fazê-los comparecer diante de todo um povo, em acusá-los de delitos, em condená-los ou em absolvê-los; mas, ao mesmo tempo que consistia nisso o que os antigos chamavam liberdade, eles admitiam, como compatível com ela, a submissão completa do indivíduo à autoridade do todo" (CONSTANT, 1980, p. 02-03). Já a liberdade dos modernos estaria conectada à fruição de uma autonomia privada, fincada nas liberdades individuais. Na síntese proposta por Benjamin Constant (1980, p. 06-07), "Nossa liberdade deve compor-se do exercício pacífico da independência privada [...] O objetivo dos modernos é a segurança dos privilégios privados; e eles chamam liberdade as garantias concedidas pelas instituições a esses privilégios". Conquanto possível fosse suscitar diversas objeções e reparos às concepções sustentadas por Constant, a alusão ao seu clássico discurso pretende servir apenas como ilustração do argumento da variabilidade histórica das compreensões de tão complexa categoria como a da liberdade.

Nesse sentido, somente com o alvorecer do ideário iluminista e a eclosão das revoluções burguesas, entre os séculos XVII e XVIII, é que se projetou, mais nitidamente, o valor das liberdades do indivíduo como pedra de toque da arquitetura jurídico-política do poder, isto é, como vetor decisivo para o desenvolvimento das capacidades de autodeterminação humana, expressas na livre formação de sua personalidade (crenças, ideologias, valores etc.) e na desembaraçada organização de sua vida privada, postulados inerentes ao moderno baluarte axiológico da dignidade humana.

Antes disso, a equação entre tributação e liberdade oscilou sob diferentes moldes, e isso desde as mais priscas eras da história humana. Em texto que sumaria a evolução, ao longo de séculos e milênios, das relações entre tributação e liberdade, Luís Eduardo Schoueri (2006) sublinha os constantes riscos a que estavam submetidos os indivíduos na Antiguidade, vez que permanentemente ameaçados pelos perigos da vida beligerante e pela dominação eventualmente exercida por outros grupos sociais, especialmente sob a forma da escravidão de guerra. Esses adversos fatores prescreviam, como providência imprescindível à sobrevivência e à autoproteção das comunidades, uma sólida e solidária articulação coletiva dos indivíduos.

Porquanto dependente das tribos, sobretudo em termos de segurança pessoal, não poderia ser inteiramente livre o homem, tornando irrealizável, naquele primitivo estágio de desenvolvimento social, uma fragmentação profunda, ainda que meramente conceitual, entre pessoa e comunidade: aquela não seria mais que um átomo desta.

O resultado disso é que, nos primórdios da história, os interesses das tribos ou grupos regiam e determinavam os modos de vivência e convivência das comunidades, sobrepondo-se aos anseios particularistas dos agentes que as compunham. Nesse contexto, vigorosamente marcado pela confrontação entre diversos clãs, a tributação detinha função *sui generis*, qual seja, a de auxiliar no predomínio de um grupo sobre outro por intermédio da expropriação progressiva dos bens dos vencidos na guerra.

O progressivo crescimento da importância dos tributos correu *pari passu* com a tendência de sedentarização dos clãs, em substituição ao antigo nomadismo, o que tornou necessária a arrecadação contínua de recursos para manutenção das organizações sociopolíticas, ainda que rudimentares e pouco especializadas do ponto de vista funcional, que se iam formando (SILVA, 2019). É nesse longínquo marco histórico que Ives Gandra Martins descobre a raiz da concepção que conforma a sua ideia de tributação como instrumento de poder e de espoliação. Em suas palavras:

> Neste momento criou-se uma teoria do poder, que veio a prevalecer até os dias atuais, deixando o povo de ter uma relevância maior na definição dos destinos da comunidade. Essa função foi usurpada pelos detentores do poder, que se identificaram com ela, como se direito natural fosse o seu domínio sobre a comunidade mais servil, menos conhecedora de todas as realidades, e cuja função maior passou a ser produzir recursos para os dirigentes para que eles fizessem o que lhes aprouvesse, inclusive se dedicar ao ser esporte predileto, que era a guerra (MARTINS, 2007, p. 85).

Já na chamada Antiguidade Oriental (4000 a.C a 500 a.C), entre as mais primitivas formas de civilização, foram identificados, em trabalhos arqueológicos, o que se poderia considerar os "protótipos dos tributos". Nos primeiros documentos escritos (peças de barro em que eram insculpidas regras comunitárias) encontrados na Mesopotâmia, entre o povo sumério, como assinala Mary Elbe Queiroz (2005, p. 241), foram detectadas referências à tributação, adimplida com o trabalho agrário (por meio da entrega de parte dos alimentos produzidos). Também sobre o Antigo Egito, é segura a documentação histórica a demonstrar a cobrança de impostos exercida pelos Faraós para a manutenção do Império, que pesava não apenas sobre seu próprio povo, mas principalmente sobre os estrangeiros, muitos tornados seus cativos.

De igual modo, essa foi prática comum também na Antiguidade Clássica (século VIII a.C. ao século V d.C.). Na Grécia antiga, disserta Francisco Neto (2008, p. 27), "na Cidade-Estado de Atenas, encontram-se os fundamentos de uma Fazenda Pública organizada, senão totalmente submetida, ao menos inspirada pelo princípio do interesse público". A grande particularidade é que a coercitividade dos tributos não recaía sobre os próprios cidadãos gregos, salvo nos excepcionais casos de guerra, direcionando-se basicamente aos estrangeiros e apátridas.[136] Segundo Regis de Oliveira (2005, p. 177), dada a elevada concepção de deveres do cidadão perante o Estado-cidade, rejeitava qualquer ingerência sobre o seu patrimônio, visto que com isso se haveria de construir uma inaceitável "relação de servidor": "em verdade, a relação que nasce é de auxílio ao Estado, na perseguição do bem público, que é a defesa".

Também o Império Romano se distinguiu pela avidez na cobrança de impostos contra os povos conquistados, enriquecendo-se extraordinariamente às suas expensas. As poucas tentativas de tributação direta de seus cidadãos se quedaram frustradas: os alvos arrecadatórios prioritários concentraram-se mesmo nos forasteiros e nas comunidades dominadas pela guerra. Daí a assertiva de Anderson Furlan (2007, p. 63) de que, "no que tange à Roma antiga, sua política financeira era essencialmente parasitária, baseando-se não apenas nas pilhagens e extorsões, mas principalmente na exploração fiscal dos povos vencidos e territórios conquistados".

Nesse passo, Schoueri (2006, p. 431-438) anota que, na medida em que se repugnava a aplicação de tal medida aos próprios cidadãos, assim considerados os destinatários e titulares de deveres cívicos a serem cumpridos com meritória disciplina e inabalável devoção, "sujeitavam-se a tributo os povos vizinhos, dominados na guerra; [e] impunha-se a capitação (tributo cobrado *per capita*, típico de sistemas tributários primitivos) aos estrangeiros, imigrantes e forasteiros". Disso se conclui que tributação e liberdade eram, a esse tempo, concepções frontalmente opostas, inconciliáveis. Posto

---

[136] Luís Eduardo Schoueri (2017, p. 28), na mesma linha, complementa: "Em Atenas, a tributação direta era repudiada e por isso somente se admitia seu uso em face dos estrangeiros. Os comerciantes e trabalhadores estrangeiros, chamados 'méticos', pagavam um imposto direto, per capita, chamado 'metoikon'. O mético não só estava sujeito ao tributo direto como não podia ser dono de terra e esta era isenta de tributação. Dos cidadãos livres, como visto, não se exigiam tributos ordinários; sua contribuição se fazia, ao contrário, de forma voluntária [...]".

que fundamentalmente assumido o tributo como um instrumento de dominação, onde se achava livre o homem, ausente estava a obrigação de pagá-lo.

No Alto Medievo (século V ao XI), embora sob diferentes formas, os termos da relação mantiveram-se incomunicáveis. O modo de produção feudal, assente no estado de sujeição em que se encontravam os servos da gleba em face de seus senhores (proprietários dos feudos), tratou de amalgamar as obrigações tributárias daqueles aos direitos patrimoniais destes, transformando os tributos em uma ferramenta assecuratória da fruição das riquezas sob o domínio de poucos.

Eram, com efeito, os senhores feudais os sujeitos que, via de regra, cobravam e se beneficiavam da receita decorrente dos impostos, pagos pelos servos que em suas terras laboravam. O rei apenas os instituía em casos excepcionais, como de guerra, porém mais vivia a Coroa de suas riquezas dominiais do que da arrecadação de tributos. O clero, por sua vez, sempre isento de tributação, saciava-se com a sua larga e concentrada propriedade fundiária, a maior de todo o período da Idade Média. Deslindando os impostos cobrados naquele interregno, Regis de Oliveira aduz que:

> Os principais tributos então cobrados eram: a) a corveia, ou seja, o trabalho forçado dos servos nas terras senhoriais, para preservar o castelo, muralhas etc.; b) a talha, pagamento devido pela proteção e incidia sobre parte da produção; c) banalidades, pelo uso do forno, do moinho, da forja, da prensa de olivas e uvas; d) taxa de casamento, no caso de o servo casar-se fora do domínio; e) a mão-morta, devido em decorrência de herança, uma vez que o senhor é o herdeiro e para ficar com bens que já eram seus o servo paga; f) o dízimo, 10% dos rendimentos, devidos à Igreja; g) péage (pedágio), pelo uso dos caminhos do senhor; h) gabela, taxa sobre o sal, instituído em 1.341; i) chévage, imposto por cabeça sobre servos e alforriados etc. (OLIVEIRA, 2008, p. 70).

A liberdade, por sua vez, adquiriu caráter estamentário, não podendo ser aproximada substancialmente à ideia de tributo. Sob tais circunstâncias, permaneceu a tributação associada à manutenção de privilégios de classe e, por conseguinte, à reprodução das desigualdades sociais.

Pouco se alterou a situação durante a Baixa Idade Média (séculos XI a XV), salvo por uma maior proeminência do rei na instituição dos tributos. Não deixa de exemplificar essa mudança o emblemático episódio da elaboração e assinatura da "Magna Carta", em 1215, na Inglaterra, por muitos considerado o embrião do constitucionalismo moderno. No documento, explana Luiz Felipe Scholante Silva (2019), "a nobreza representada pelo concílio de nobres [...], não mais suportando as imposições arbitrárias do rei, passa a exigir a comunicação deste quando da estipulação de uma nova tributação a fim de que o concílio autorizasse esta nova exação".

A celebração da Carta pelo folclórico Rei João Sem-Terra, que estipulou vários outros direitos (garantia contra prisões ilegais, acesso célere à justiça, relativa fiscalização da Coroa pelo Concílio etc.), representou um importante avanço na conquista de liberdades em face dos poderes absolutos da realeza, embora ainda demasiadamente restrita à nobreza, contemplando os servos em pouquíssimas disposições.

Ao ocaso do Medievo, catalisado pela germinação revolucionária burguesa que efervesceu em suas entranhas, sucedeu e consolidou-se paulatinamente o que na historiografia se convencionou denominar de "Modernidade". O Estado Absolutista, surgido nas origens dessa nova era,[137] fundava-se, segundo as primeiras concepções contratualistas emergentes à época — propiciadoras, na sequência das primitivas trilhas desbravadas por Maquiavel, do adensamento da ciência política moderna —, na existência de um pacto inaugurador da ordem social.

Na esteira da teoria do Estado moderno proposta por Thomas Hobbes (2004), os indivíduos teriam avençado a renúncia à liberdade absoluta de que desfrutavam no estado de natureza em prol de um arranjo social que lhes conferisse paz, segurança, civilidade e harmonia. Desenvolvendo sua obra ainda no século XVII, o autor aderia ao postulado de que a primeira lei natural do ser humano, constitutiva de sua essência, consiste numa espécie de instinto de autopreservação, elemento que proporciona, ante a inexistência de qualquer autoridade exterior que subalternize e controle os indivíduos, um estado de natureza caracterizado pela violência inaudita e pelo conflito permanente, que campeiam em escala generalizada.

É nesse quadro de referências que Hobbes propõe o célebre aforismo segundo o qual "o homem é o lobo do próprio homem" (*"lupus est homo homini lupus"*). Nesse sentido, consoante a perspectiva hobbesiana, tem-se que a liberdade absoluta, em seus extremos, reconduz à anulação da própria liberdade, de maneira a exigir a elevação de um ente supremo e universal que concentre toda a soberania nas mãos e, investido desse poder, revele-se capaz de debelar o caos primitivo. Numa tal arquitetura político-institucional, centrada nos Estados Absolutistas iluministas, como se disse no capítulo antecedente, o poder de tributar se encontrava não somente monopolizado, mas verdadeiramente personificado na figura do monarca.

Dito de doutro modo, a pactuação do contrato social teria assegurado uma via de escape aos indivíduos, que se emancipariam das relações conflituosas e violentas que fortemente marcavam o cenário precedente à constituição da figura do Estado como ente político central e centralizador — *"bellum omnia omnes"* ("guerra de todos contra todos") — oferecendo em sacrifício as liberdades individuais. Em contrapartida, o Estado recém-formado, metaforizado por Hobbes na figura bíblica do "Leviatã", ao

---

[137] É relevante esclarecer que, neste trabalho, adota-se a subdivisão da modernidade em três fases, tal como propostas por Marshall Berman (1986, p. 15-16). Na primeira fase, período compreendido entre o início do século XVI e o fim do século XVIII, identifica-se um estágio embrionário da modernidade, em que apenas principiavam a florescer os valores e sentimentos típicos dessa nova era, fazendo com que os próprios atores sociais ainda não gozassem de plena consciência histórica quanto às novas instituições que passaram a governar as suas vidas. Na segunda fase, deflagrada pela onda revolucionária setecentista, irrompe de maneira abrupta e dramática um processo de aprofundamento do "espírito moderno", cujo principal sintoma se fez sentir nas desabridas convulsões sociopolíticas experimentadas nos anos que se seguiram aos levantes liberais (em fins do século XVII). Por fim, a terceira fase descobre a sua gênese no século XX, instante em que o processo de modernização praticamente se universaliza, atingindo níveis extraordinários de desenvolvimento e ocasionando uma radical fragmentação da vida social, a justificar a afirmação de Berman (1986, p. 16) de que "encontramo-nos hoje em meio a uma era moderna que perdeu contato com as raízes de sua própria modernidade". É esta a etapa que melhor ilustra o título da obra: a "aventura da modernidade" na qual, em resgate ao conhecido vaticínio de Marx e Engels, "tudo o que é sólido se desmancha no ar".

monopolizar todo o princípio de autoridade, far-se-ia absoluto face aos homens no intuito de concretizar as suas indelegáveis atribuições: garantir a unidade do território, a segurança dos indivíduos e a paz social.[138] Nenhum espaço havia, portanto, para se cogitar de uma afinidade eletiva entre liberdade e tributação.

Seguiu-se a esse modelo de organização estatal, logo após o triunfo das revoluções burguesas, o chamado "Estado Liberal", identificado na fórmula do "Estado de Direito", na transição do século XVIII para o XIX. Embora se conservasse entre os seus principais ideólogos a premissa teórica do contratualismo — a de que a vida em sociedade, regida por um Poder Público, é fruto de um pacto social[139] —, o fundamento ideológico que serviu de justificação às mudanças materiais promovidas pelo capitalismo em franco desenvolvimento alterou sobremaneira as funções atribuídas ao Estado.

Sob o mote do liberalismo oitocentista, sofreriam tais funções estatais uma sensível redução: a fim de intervir minimamente nas relações humanas — em especial, as de teor econômico —, incumbiria ao Estado apenas respeitar e proteger a liberdade e a propriedade dos particulares, concebendo-as como direitos invioláveis contra a sua própria potestade (isto é, contra as interferências dos próprios Poderes Constituídos) e, também, contra as ações e violações de terceiros. Tencionava-se, com esse novo desenho institucional, prevenir os excessos despóticos que singularizaram o exercício do poder político sob a égide do Antigo Regime, que por séculos a fio perdurou.

No terreno da fiscalidade, traduziram-se tais precauções nos valiosos limites constitucionais ao poder de tributar, uma das mais relevantes conquistas políticas liberais. Segundo Ives Gandra Martins (2007, p. 152-153), "o declínio das monarquias absolutas correspondeu, pela primeira vez, a um exame maior da função do tributo, pelo prisma de uma participação da sociedade na formulação das políticas pertinentes". A instituição e a cobrança de tributos, como também já anotado alhures, embora ainda firmemente fundadas na noção de soberania política, deixavam de ser objeto de ações onipotentes de um Estado que antes atuava sem peias de qualquer espécie.

Na nova quadra histórica, qualquer medida capaz de interferir no pleno exercício dos direitos individuais, tal como se constitui a própria atividade de tributação, somente se legitimaria mediante a aquiescência dos sujeitos de direito e a rigorosa subordinação aos ritos formais da lei (nascia aí, ínsito ao próprio Estado de Direito, o princípio da legalidade[140]). Não servisse como garantia de que o Estado funcionaria com o fito

---

[138] Em conhecida passagem, o autor sentencia: "Tal como os homens, tendo em vista conseguir a paz, e através disso sua própria conservação, criaram um homem artificial, ao qual chamamos Estado, assim também criaram cadeias artificiais, chamadas leis civis, Às quais eles mesmos, mediante pactos mútuos, prenderam numa das pontas à boca daquele homem ou assembléia a quem confiaram o poder soberano, e na outra ponta a seus próprios ouvidos" (HOBBES, 2004, p. 172).

[139] Registre-se que não é apenas entre os autores contratualistas que se visualiza a força dessa premissa. Na obra de Max Weber (1997), por exemplo, um dos principais teóricos do Estado Moderno, a noção de "pacto social" reflete-se diretamente na categoria de "legitimidade", utilizada pelo autor para exprimir as ideias de "aceitação" e "consentimento" como qualificadoras do que ele epitetava de "dominação racional legal", isto é, a dominação fundada em leis impessoais (Direito) ditadas e aplicadas racionalmente pelos aparatos burocráticos do Estado.

[140] Acerca desse dado histórico, Sérgio André Rocha (2008, p. 226) disserta: "Tendo em vista que o Estado Liberal clássico tinha por finalidade a estabilização e manutenção da classe burguesa no poder, com a restrição das

primordial de proteger os direitos individuais (*property and liberty rights*), o tributo seria tomado por uma intolerável arbitrariedade: sua legitimidade condicionava-se, pois, à garantia da perpetuação de um Estado miniatural, apto somente a assegurar uma vida civilizada, as liberdades individuais e o mercado, entendido como espaço de livre produção, livres trocas e livre circulação de pessoas e mercadorias.

Vista sob outro ângulo a questão, se visíveis assomaram as profundas restrições à instituição e à cobrança de tributos, fez-se notar, também, de outra parte, a sua inegável indispensabilidade à tutela do repertório de liberdades penosamente conquistadas pelas burguesias europeias, dado que apenas pelas coercitivas forças de segurança do Estado é que se poderia assegurar a propriedade privada e, por conseguinte, as próprias liberdades econômicas (negociais, contratuais etc.). Isto é, sem um Poder Público que em suas mãos concentrasse o monopólio da violência legítima, inviável se quedaria a livre operação de um mercado que demandava, para regularmente funcionar, um elevado grau de pacificação e de estabilidade sociais.

Daí a razão de Schoueri (2006, p. 451) destacar que "a relação do tributo com a liberdade aprofunda-se, ainda mais, no liberalismo. Afinal, se no mercantilismo já se antevia o Estado como fiador da liberdade e da propriedade, com o liberalismo o tributo passa a ser a expressão da liberdade", desde que exercido o poder de tributar, obviamente, segundo os limites constitucionais previamente fixados. Com efeito, a legitimidade dos impostos, é fácil notar, se encontrava, também, hipotecada ao rigoroso imperativo de moderação da carga tributária, a qual era medida pelo mínimo suficiente para se garantir a fruição das liberdades individuais (fim último do Estado), termômetro definidor do quadro de tolerância e legitimidade da tributação.

A evolução das formas de vida, galvanizada pelas profundas distorções sociais produzidas sob a hegemonia das práticas liberais, levaria à configuração do Estado Social, o qual teria por distinta incumbência a efetivação do princípio da igualdade. Um tal arquétipo institucional descobriu na Constituição Mexicana de 1917 e na Constituição de Weimar de 1919 as suas primeiras experiências: nelas foram lançadas as suas bases primaciais, consistentes na pioneira positivação de direitos sociais e na ostensiva ampliação da importância e do papel do Estado na regulação da vida social. Nasciam, aí, os protótipos do que algumas décadas depois se viria a conhecer por *Welfare State* ou Estado de Bem-Estar Social.

Absortas pelo propósito de a todos dispensar um tratamento igualitário e de calibrar os aberrantes contrastes socioeconômicos, as teorias políticas, jurídicas e econômicas de então, profundamente marcadas pelos recentes traumas da Primeira Guerra (1914-1918), passaram a pôr criticamente em questão as finalidades que

---

atuações do Poder Público na esfera de liberdade dos indivíduos (notadamente da classe burguesa), a função estatal prevalecente nesse período foi a Legislativa, transformando-se o Parlamento no senhor das regras imponíveis à sociedade, principalmente das situações em que se fazia possível a intervenção estatal na esfera privada".

comandavam o exercício dantes ilimitado das liberdades individuais,[141] à revelia de qualquer controle exercido pelo Poder Público, de modo a estabelecer, por intermédio do desempenho das atividades estatais (isto é, juridicamente), as suas linhas limítrofes.

Ao assim subsidiar a sua atuação, o Estado não somente atraiu para si o encargo de efetivar, por meio de prestações positivas, direitos sociais universais, como assumiu, ele próprio, o poder de refrear e coarctar, em alguma medida, as liberdades contratuais, mediante a relativização do conhecido brocardo, outrora intocável na órbita do Direito Civil e na teoria das obrigações, do *pacta sunt servanda*. Plantaram-se, naquele instante, as sementes do que até os dias atuais se costuma chamar, criticamente ou não, de "dirigismo contratual", traduzido na limitação da autonomia da vontade segundo imperativos legais regentes dos contratos privados, corolário jurídico de uma orientação mais intervencionista do Estado em nível geral no plano econômico.

Registrou-se, nessa quadra histórica, um notável incremento das cargas tributárias, posto que, além de terem de lidar com as debacles econômicas derivadas das duas Grandes Guerras e do instável período que as mediou, os governos passaram a suportar a incumbência constitucional de concretizar direitos como educação, saúde, segurança, moradia, proteção ao trabalho e outros conformadores do que, sob a hegemonia do keynesianismo, no Ocidente, viria a se consolidar na referida fórmula institucional do *Welfare State*.

A pretensão reivindicada pelo novo paradigma constitucional consistia em equacionar liberdades individuais e interesses coletivos, mas o maior peso conferido a estes últimos acabou evidenciando, ao menos segundo os seus críticos, considerando-se os altos custos demandados pelas redes de proteção social mantidas pelo Estado, a insustentabilidade financeira no tempo de tal modelo. De toda sorte, os tributos, neste recorte histórico específico, associaram-se — nos imaginários coletivos e, também, no domínio teórico — muito mais à consecução dos direitos sociais do que à proteção das liberdades em si, como se testemunhara nas auroras do liberalismo oitocentista.

O fato é que a sujeição dos agentes privados a uma série de normatizações quando da celebração de um negócio jurídico potencialmente lesivo ao conjunto da sociedade (meio ambiente, saúde coletiva, entre outros bens jurídicos difusos) é situação que ilustra aquela conjuntura, pois, longe de pretender anular a existência do direito de liberdade, destinaram-se os novos parâmetros somente a regular com maior diligência o seu exercício, impedindo que servisse aos extremos das ideias: se não em favor da

---

[141] Sobre aquele outro período, Tôrres (2003, p. 156) lembra "que as influências do jusnaturalismo e do liberalismo clássico alçavam a vontade humana a um patamar de fonte originária de direito, com capacidade para criar diretamente relações jurídicas, independentemente da atuação do direito positivo, ao qual era atribuída apenas a função de reconhecer e dar proteção aos negócios firmados, mediante a aplicação de sanções institucionalizadas, quando do eventual descumprimento de regras cogentes. Ao querer do homem, como fonte do direito, atribuía-se posto mais elevado que ao próprio Estado, de tal forma que, no direito privado, a vontade não seria só a fonte mais importante, mas seria a única fonte legítima de produção de normas. Qualquer modificação jurídica deveria encontrar na sua emanação a única causa, e quando isso não fosse possível, recorria-se à presunção da vontade. Era a afirmação do querer individual como causa necessária de qualquer relação de direito privado".

tese das liberdades absolutas, muito menos daquela que subtrai dos sujeitos de direito a prerrogativa de reger o curso de suas vidas (VIEIRA, 2006, p. 137).

Adensaram-se e aperfeiçoaram-se tais postulados no constitucionalismo do Estado Democrático de Direito, paulatinamente construído nas décadas que se seguiram ao fim da Segunda Guerra, sob cuja égide se operou uma substantiva metamorfose da noção jurídica de autonomia privada, a qual acabou ressemantizada segundo injunções sociais cristalizadas no texto constitucional, agora dotado de supremacia e força normativa incontestes. Exemplos dessa nova orientação, no caso brasileiro e em vários outros, veem-se nas cláusulas fundamentais da função social da propriedade, da função social dos contratos, da valorização social do trabalho e quejandos, vocacionadas a tutelar um ambiente negocial em larga medida livre, mas sujeito a algumas condicionantes *sine qua non* à edificação de uma sociedade justa e democrática.

A tributação, aqui, é fácil notar, ocupa papel tão central quanto sensível, pois, se é imprescindível para afiançar a reprodução e o satisfatório funcionamento do Estado Democrático, pode vir a degenerar-se em mecanismo de travagem econômica — e, por conseguinte, em esvaziamento de direitos individuais fundamentais, entre eles a liberdade — caso atinja níveis exorbitantes e intoleráveis.

Nesse cenário, retomando o jogo de palavras proposto por Lobo Torres, citado no proêmio deste capítulo, tributação e liberdade hão de conviver — acaso existentes pretensões reais de legitimidade democrática — nesse e com esse insolúvel dilema: carecerem um do outro, ao mesmo passo em que podem obliterar-se mutuamente em caso de desalinhos e assimetrias. Com efeito, entre ambas as categorias há, simultânea e paradoxalmente, sinergias e tensões, e equacioná-las é tarefa das mais difíceis, visto que, se malograda, pode reconduzir à anulação de uma em favor da outra, o que inexoravelmente solaparia as bases democráticas do Estado de Direito.

Atualmente, então, o desafio posto está em encontrar o ponto de equilíbrio — o *juste milieu* — entre o direito fundamental à liberdade (em qualquer de seus matizes, mas, no aspecto em consideração, sobretudo a liberdade fiscal) e o dever fundamental de contribuir com os custos de um Estado comprometido com a concretização de direitos e com a perpetuação da própria comunidade política civilizada.

É, portanto, nos meandros dessa tensão entre o direito fundamental de liberdade e o dever fundamental de pagar tributos — dois pressupostos do Estado Democrático de Direito — que se insere a investigação articulada nesta pesquisa, sob a específica ótica do chamado planejamento tributário, ferramenta exsurgida, como se verá, exatamente como síntese dessa dialética relação entre liberdade e tributação.

Com efeito, se no capítulo pretérito o enfoque recaiu sobre o segundo componente dessa equação tributária (o dever fundamental de pagar tributos), o capítulo que ora se inaugura conferirá acento ao polo do direito fundamental de liberdade e sua aplicação no Direito Tributário, sob a fórmula aqui designada de "liberdade fiscal". Neste escopo, a linha de exposição obedecerá a esta sequência: (1) prolegômenos sobre a ideia geral de liberdade; (2) autonomia privada à luz do Estado Democrático de Direito; (3) direito fundamental de liberdade fiscal na ordem jurídica nacional; (4) liberdades negociais e a importância do critério da *causa jurídica* para a interpretação e análise da validade dos atos e negócios jurídicos para o Direito Tributário.

3.1 Prolegômenos sobre a ideia de liberdade

Sabe-se que a busca por definições e delineamentos conceituais da noção de liberdade é problemática antiga nos domínios da filosofia, da sociologia e da ciência política. Sobre isso, Axel Honneth (2015, p. 38) assinala que todas as modernas teorias da justiça, das clássicas às contemporâneas, assimilam a liberdade como inamovível fundamento. Embora variem as representações quanto aos seus modos ideais de exteriorização e de exercício, sempre bastante heterogêneas entre si, certo é que a liberdade individual descortina-se como valor inegociável na modernidade, em torno do qual se forja um consenso ético na elaboração de qualquer projeto de sociedade civilizada. Daí a conclusão do autor segundo a qual, "na sociedade moderna, vemos que a exigência de justiça só pode se legitimar se, de um modo ou de outro, a autonomia da referência individual for mantida" (HONNETH, 2015, p. 37).

Não se pode negligenciar o fato de que, à luz da experiência histórica contemporânea, essa perspectiva aludida pelo autor não se confina ao plano teórico, estendendo-se com notável força ao plano da prática política, haja vista que a luta pela liberdade constituiu apanágio de todos os movimentos sociais de relevo desde o 14 de julho de 1789: dos movimentos revolucionários de libertação nacional (colonial) aos de busca pela emancipação feminina; dos movimentos em defesa dos direitos civis (de cariz eminentemente étnico-racial) aos combates protagonizados pelos trabalhadores; todos eles trataram de inscrever em suas insígnias, como emblema de ação cívica, a reivindicação das liberdades individuais (HONNETH, 2015, p. 37). Partindo dessa empírica constatação é que o autor se propõe a elaborar, inspirado na filosofia hegeliana, uma nova teoria da justiça que posicione a liberdade (lida como autonomia individual) como a pedra angular do que denomina "vida pública democrática".

É digna de nota, em idêntica vereda, a reflexão desenvolvida por Daniel Sarmento:

> Certo é, de todo modo, que a preocupação com a autonomia das pessoas tem um papel central na modernidade. As três grandes revoluções que marcaram o surgimento do constitucionalismo — inglesa, norte-americana e francesa — todas elas entoaram o mantra da liberdade. A maior parte dos movimentos sociais modernos formulou as suas reivindicações valendo-se da bandeira da liberdade, dos opositores das ditaduras aos hippies, das feministas aos que lutaram pela descolonização. A autonomia do indivíduo é um dos valores mais encarecidos pela cultura moderna e um dos pilares centrais sobre os quais estão erigidos os ordenamentos jurídicos das democracias (SARMENTO, 2016, p. 137).

Da eterna juventude dos clássicos é sempre possível recolher bases teóricas importantes para problemáticas fundantes da modernidade, como é o caso da liberdade.

Recorrendo, pois, novamente, a alguns dos precursores da ciência política moderna, seria possível evocar a conhecida passagem em que Thomas Hobbes (2004, p. 139) enuncia a liberdade como "ausência de oposição", isto é, como "ausência de impedimentos externos ao movimento". Em sua formulação, pode-se afirmar, a noção de liberdade se materializa no exercício da vontade individual sem resistências e obstáculos extrínsecos ao agente que possam obstruir ou turbar o seu raio de ação.

Já entre os próceres do pensamento liberal, de que se podem citar como exemplos John Locke (2006) e John Stuart Mill (2005),[142] vigora uma ideia de liberdade que funde as dimensões política e econômica ao postular (1) a limitação do poder do Estado em respeito aos direitos naturais do homem e (2) a garantia de livre ação dos indivíduos no âmbito do mercado, essencialmente traduzida num princípio de liberdade contratual. É nesses fundamentos que se firma a crença liberal de que os indivíduos, uma vez deixados à sua própria e espontânea dinâmica, são sempre capazes de encontrar, socialmente, pontos de equilíbrio mais eficazes do que aqueles instituídos, estimulados e gerenciados pelo Estado e por outras instituições.

Jean-Jacques Rousseau (2011), por sua vez, formula uma conhecida crítica à concepção meramente negativa de liberdade, entendida apenas como ausência de obstáculos exteriores ao agente, tal como lida na obra de Hobbes. Para o autor, um indivíduo que age no mundo exclusivamente sob o império de seus apetites e pulsões não pode ser considerado verdadeiramente livre. Rousseau (1979) incorpora, desse modo, um elemento racional à sua teoria da liberdade ao associar qualquer pretensão de autodeterminação individual ao exercício de uma vontade que transcende os vícios e as paixões: o ideal de liberdade, sob sua interpretação, somente se aperfeiçoa ao passo em que o sujeito se submete a leis que ele próprio impôs.[143]

Foi, aliás, esse modelo de "liberdade como resultado de uma autolegislação" — o qual fortemente influenciaria autores do calibre de Immanuel Kant (2009) — que levou Axel Honneth (2015, p. 59) a inserir Rousseau na tradição moderna que ele identifica sob o signo de "liberdade reflexiva". Mesmo que Rousseau não raro seja visto como um antípoda dos autores liberais, mormente em função de suas ácidas críticas à propriedade privada, suas ideias não deixaram de exercer uma ponderável influência na

---

[142] A radicalização desse ponto de vista liberal encontra fiel expressão na obra de Stuart Mill (2005, p. 271) quando sustenta o autor que somente a prevenção de danos a terceiros pode legitimar a relativização da liberdade individual: "A única finalidade que pode justificar o exercício legítimo de autoridade sobre qualquer membro de uma comunidade civilizada, contra a sua vontade, é impedir que cause dano a outras pessoas".

[143] Escoliando a obra de Rousseau, Honneth (2016, p. 60-61) disserta: "Já em seu *O contrato social*, publicado poucos meses antes de *Emílio*, Rousseau tinha afirmado que o homem não pode ser considerado livre enquanto depender da 'ânsia dos meros apetites': ele só alcança liberdade à medida que exerce a 'obediência às leis que ele próprio impôs'. Mas, no próprio *Contrato Social*, Rousseau não se aprofunda na investigação dessa cisão da natureza humana, na qual a 'liberdade ética' entra em conflito com os 'apetites'. Ela é tematizada de fato pela primeira vez em *Emílio*, onde o filósofo se questiona como seu discípulo pode estar em condições de exercer a autodeterminação. As reflexões que Rousseau faz pela boca de seu vigário iniciam com uma afirmação que soa como crítica à representação de liberdade puramente negativa: 'Se me deixo levar pelas tentações, fico nas mãos dos objetos externos... Sou escravo de meus vícios'. Uma ação que acontece dessa maneira por reação a estímulos sensoriais não pode ser descrita como 'livre', pois nela continua a se fazer, na atividade humana, a 'lei do corpo' — portanto, a causalidade natural, sem ser interrompida em momento algum".

conformação das democracias liberais ao acentuar a importância da função legislativa e da participação ativa do povo nos processos legiferantes, o que hodiernamente se visualiza em larga escala nos já degenerados mecanismos de representação política (hoje em franca decadência), conquanto o autor se referisse a um modelo mais substantivo (e menos formal) de democracia.

Citado no parágrafo anterior, Kant (2009) igualmente cuidou de sustentar uma concepção de dignidade humana associada à autonomia individual, mas decerto não a uma liberdade absoluta, destituída de limites e fronteiras. Haveriam os indivíduos de agir conforme uma lei moral ditada pela razão, da qual se extraem imperativos categóricos universais[144] que, assim como em Rousseau, restringem e controlam as paixões, os instintos e os desejos. Por isso, lembra Sarmento (2016, p. 136-137), para Kant, "a pessoa não podia tratar nem a si própria como um simples meio, razão pela qual o filósofo condenava como contrária à dignidade até a prática do sexo casual entre adultos capazes", o que acentua uma faceta heterônoma de sua teoria moral.

Também entre os considerados, corretamente ou não, "pais fundadores" da sociologia, não deixou de ser tematizada a questão da liberdade.

Karl Marx e Friedrich Engels (2005), endereçando uma severa crítica às acepções burguesas de liberdade — puramente abstratas e de exercício restrito à classe dominante, segundo eles —, compreendiam-na como um poder individual de escolha entre alternativas concretamente factíveis. Ao dissertarem sobre a categoria de "ideologia", enquanto construções ideais que camuflam a realidade social e ocultam as relações de exploração que suportam a sociedade capitalista, os autores sustentavam que as aparências de liberdade da classe trabalhadora sob o império do capital eram mais ilusórias que reais, pontuando que, "na representação, os indivíduos são mais livres sob a dominação da burguesia do que antes, porque suas condições de vida lhes são contingentes; na realidade, eles são, naturalmente, menos livres, porque estão mais submetidos ao poder das coisas", isto é, mais submissos à lógica coercitiva do trabalho e da produção de mercadorias (MARX; ENGELS, 2007, p. 65).

Émile Durkheim (2010, p. 401), a seu turno, ao sustentar a supremacia da sociedade sobre o indivíduo,[145] propugnava por um conceito paradoxal de liberdade,

---

[144] Certamente, o mais citado é o imperativo categórico referente à humanidade como fim em si mesma e nunca como meio: "Age de tal maneira que uses a humanidade, tanto na tua pessoa como na pessoa de qualquer outro, sempre e simultaneamente como fim e nunca simplesmente como meio" (KANT, 2009, p. 69).

[145] O tema da liberdade individual na obra de Durkheim sempre suscitou inflamáveis polêmicas no âmbito das ciências sociais. Muitos de seus críticos imputavam ao autor a suposta falha de elaborar uma "sociologia sem sujeitos", expressa numa primazia avassaladora das estruturas sociais que acabaria por aniquilar qualquer veleidade de autonomia individual. Acicatado por essa recorrente crítica, Durkheim (2007, p. 154-155) adicionou uma nota de rodapé ao prefácio da segunda edição d'*As regras do método sociológico* asseverando que o processo de internalização, pelos indivíduos, das instituições coletivas não se operava de maneira passiva, isto é, sem que os atores sociais nelas imprimissem as suas idiossincrasias e marcas pessoais. Abstraídas tais controvérsias, o fato é que o sociólogo francês jamais hesitou em retirar dos indivíduos, singularmente considerados, o protagonismo na conformação do "ser social", concebido em sua obra um ente ontologicamente distinto das partes que o formam. Esse postulado fundamental do pensamento durkheimiano se deixa inteligir no próprio conceito de liberdade mencionado no texto: só se pode cogitar de "indivíduos livres" quando as forças exteriores a eles acabam subordinadas às forças que eles próprios criam em sociedade.

assimilando-a como um processo eminentemente social e constituído pela "subordinação das forças exteriores às forças sociais". Ao tomar a sociedade como um organismo vivo, pertencente a uma esfera ontológica distinta da do indivíduo, o autor supunha que a submissão dos agentes às representações sociais que eles próprios engendram coletivamente poderia ser tomada como uma forma de liberdade.

Max Weber (2005), de outra parte, referia-se à inexorabilidade do processo de racionalização, característica do desenvolvimento capitalista no Ocidente, enfatizando a expansão das modalidades de ação racional como fiel expressão das liberdades propiciadas aos indivíduos pela sociedade moderna. Dentro da "tipologia da ação" proposta por Weber, a ação racional com relação a fins define-se como aquela em que o indivíduo promove o agenciamento de um meio para atingir uma finalidade predeterminada. Supérfluo assinalar que o substrato desse tipo de ação é a liberdade (ainda que condicionada por fatores sociais), a qual se exprime na possibilidade de o agente teleologicamente selecionar a conduta que lhe pareça mais adequada à consecução de um desiderato precedentemente eleito.

Nos marcos da filosofia política contemporânea, restou igualmente reforçado o imediato atrelamento das teorias da justiça à liberdade individual enquanto valor fundante e insubstituível. John Rawls (2008, p. 376), adepto da corrente teórica que se convencionou designar de "liberalismo igualitário", esteia a sua concepção de justiça em dois princípios gerais,[146] sendo o primeiro deles identificado como "princípio da igual liberdade", verbalizado pelo autor em clássica formulação: "Cada pessoa deve ter um direito igual ao sistema mais extenso de iguais liberdades fundamentais que seja compatível com um sistema similar de liberdades para as outras pessoas".

Já Robert Nozick (1991), eminente representante do pensamento libertário ("liberalismo radical"), apresentou um conceito de liberdade individual nitidamente inspirado nos escritos de Hobbes e Locke, restringindo-o a uma dimensão estritamente negativa, posto que caracterizado tão "somente como oportunidade de realizar seus próprios desejos e intenções sem impedimentos exteriores" (HONNETH, 2015, p. 50). A vinculação do modelo teórico proposto por Nozick a uma pretensão política de configurar o que chamou de "Estado ultramínimo" é confessa, e seus esforços de elaboração tomam por contraponto imediato a teoria da justiça desenvolvida por Rawls:

> Contra a tese de que tal Estado [amplo] se justifica, a fim de realizar ou produzir justiça distributiva entre os cidadãos, formulo uma teoria de justiça [...] que não requer qualquer Estado mais amplo, e o emprego do aparato dessa teoria a fim de dissecar e criticar outras teorias de justiça distributiva que propõem um Estado mais extenso, focalizando principalmente a recente e fortemente documentada teoria de John Rawls (NOZICK, 1991, p. 12).

---

[146] O segundo princípio enunciado por Rawls (2008, p. 376), comumente chamado de "princípio da diferença", é sintetizado pelo autor na fórmula que se segue: "as desigualdades sociais e econômicas devem ser ordenadas de tal modo que sejam ao mesmo tempo (a) consideradas como vantajosas para todos dentro dos limites do razoável, e (b) vinculadas a posições e cargos acessíveis a todos".

Por derradeiro, calha citar, outrossim, a relevante contribuição que Jürgen Habermas (1997) oferece por intermédio de sua "teoria comunicativa do discurso". Para o autor, o principal elemento de vertebração das sociedades modernas consiste nos processos de comunicação linguística[147] estabelecidos intersubjetivamente, razão pela qual o Estado Democrático deve estear-se em procedimentos racionais[148] que viabilizem — por meio da formação livre dos discursos e de consensos — a construção da vontade coletiva (ALTOÉ; COURA, 2020, p. 276).

Nessa arquitetura teórica, um dos pressupostos da prática social que Habermas intitula de "agir comunicativo" é a liberdade individual: para que não se quedem viciados os processos sociais de comunicação, exige-se que estejam os interlocutores, enquanto participantes ativos da esfera pública, isentos de quaisquer espécies de coação, sejam elas físicas ou psíquicas, que lhe pudessem subtrair a autonomia da vontade. Sob tal prisma, Honneth (2015, p. 81) assinala que a teoria de Habermas se baseia em uma liberdade não monológica, mas reflexiva e, sobretudo, social, visto que, para ele, "apenas a interação intersubjetiva do discurso possibilita o tipo de autocontrole racional que compõe o núcleo mais íntimo da interação em questão".

Desse breve compilado de concepções filosóficas sobre a liberdade, por mais dissonantes que elas se apresentem em suas premissas e fundamentos, é possível inferir que tal categoria se exprime, nuclearmente, no poder de autodeterminação que deve ser assegurado aos indivíduos, isto é, na capacidade a ser a eles conferida para que façam as suas escolhas, ordenem as suas condutas, elejam os seus referenciais axiológicos, exerçam as suas crenças e persigam os seus interesses sob o desígnio de satisfazerem plenamente a sua existência enquanto seres humanos.[149] A autodeterminação individual, nesse sentido, vincula-se a uma esfera de livre ação (que inclui direitos outros, como privacidade e intimidade) para concretizar as suas próprias concepções de boa vida, sempre ressalvadas, entretanto, as hipóteses de agressão a bens jurídicos alheios, sejam eles individuais, transindividuais ou coletivos.

Não há como, neste ponto, conciliar-se com a ideia de *liberdade negativa*, traduzida na simples ausência de constrangimentos externos à ação do indivíduo.

---

[147] Com essa inovadora proposição, a obra de Habermas "opera um significativo giro epistemológico (linguístico) que acaba por refundar toda a arquitetônica da chamada 'Teoria Crítica', demarcando, assim, uma nova fase (e, consequentemente, um novo paradigma teórico-metodológico) no seio da Escola de Frankfurt" (ALTOÉ; COURA, 2020, p. 260). Como pontua Axel Honneth (2010), sob a angulação analítica invocada por Habermas, as sociedades modernas deixam de remeter, em seu fundamento, a relações materiais de produção para passarem a ser compreendidas, primordialmente, a partir de estruturas de comunicação. Com isso, destaca o autor, transmuda-se, inclusive, a perspectiva normativa de análise do social, que se desloca do velho ideal de "libertação do trabalho" para "a liberação do potencial normativo da ação comunicativa" (HONNETH, 2010).

[148] Nas palavras de Lenio Streck (2007, p. 30), o epíteto "procedimentalista", atribuído a Habermas, se justifica à proporção em que o autor "propõe um modelo de democracia constitucional que não tem como condição prévia fundamentar-se nem em valores compartilhados, *nem em conteúdos substantivos*, mas em procedimentos que asseguram a formação democrática da opinião e da vontade e que exigem uma identidade política não mais ancorada em uma 'nação de cultura', mas, sim, em uma nação de cidadãos'".

[149] Lembra-se, aqui, da observação de Canotilho (2003, p. 219) segundo a qual o princípio da dignidade humana se ancora no "princípio antrópico que acolhe a ideia pré-moderna e moderna da *dignitas hominis* (Pico della Mirandola), ou seja, do indivíduo conformador de si próprio e da sua vida segundo o seu próprio projeto espiritual".

A sua insuficiência é patente, sobretudo em sociedades desiguais como a brasileira. Deve-se, antes, atentar às *possibilidades concretas* de que o sujeito dispõe para fazer as suas escolhas, o que envolve a garantia de *condições materiais, culturais e educacionais* para que essa liberdade transcenda o nível das meras formalidades e se realize plenamente no que Habermas designava por "mundo da vida". É o que Alexy (2017, p. 503) chamou de "liberdade fática", que não pode ser cogitada apenas como categoria abstrata e evanescente, mas que deve ser inserida numa dimensão concreta e real para que exequível se revele.

Está com a razão Daniel Sarmento (2016, p. 153) ao sustentar a imprescindibilidade de se operar com um conceito de *liberdade positiva*, entendida como "a capacidade real do agente de autodeterminar a sua conduta". É essa a dimensão de liberdade, enquanto componente decisivo do princípio da dignidade humana, que se deve reivindicar num Estado Democrático de Direito: "se é desejável que as pessoas sejam livres para que possam se autodeterminar e construir as suas próprias trajetórias, é preciso assegurar as condições para esta liberdade"; ou seja, "não basta a remoção dos obstáculos externos às suas escolhas e atos. É também indispensável assegurar os meios necessários [materiais e culturais] para que a liberdade possa ser efetivamente fruída" (SARMENTO, 2016, p. 153).

No entanto, para que não se olvide de tudo quanto discutido nos capítulos anteriores, é necessário reiterar que não se faz aqui apologia a uma liberdade ou emancipação anárquica do indivíduo, mas sempre acompanhada da correspondente responsabilidade perante a comunidade, expressa no catálogo constitucional de deveres fundamentais que condiciona o exercício das liberdades individuais (NABAIS, 2015).

Existe, obviamente, uma independência individual para a ação. Isto não se nega. No entanto, trata-se, segundo Dworkin (2014, p. 500), de um poder de autorrealização passível de restrições, desde que razoáveis e fundamentáveis, visto que a prerrogativa individual de condução dos projetos pessoais de felicidade não legitima *a priori* e universalmente a vulneração dos valores essenciais compartilhados pela comunidade. A liberdade, para aquele autor, constitui valor político derivado da moralidade política. Daí o caráter mitigado, até certo ponto, do modelo de liberalismo propugnado por Dworkin, que não radicaliza as liberdades individuais, aproximando-se de um ideal — tal qual se vê na obra de John Rawls — de liberalismo igualitário ou, segundo alguns analistas, de um igualitarismo liberal (leia-se, fulcrado numa ideia de liberdade ética).

Em todo caso, como também se advertiu alhures, nenhum dever ou responsabilidade que se considere, por mais relevante que seja para a comunidade, pode elevar-se a ponto de asfixiar ou corromper a esfera de liberdade individual. Esta, conquanto limitável, é inalienável a todas as pessoas pertencentes a uma ordem democrática.

Aproximando a questão ao âmago temático deste trabalho, tem-se que, nesse âmbito de liberdade e autonomia assegurado ao indivíduo, decerto, se encontra abrangido o exercício regular de suas prerrogativas de organização e livre conformação patrimonial, inclusive no terreno da fiscalidade, isto é, inclusive com o objetivo de eliminar ou reduzir, por meios lícitos, o pagamento de tributos. As liberdades econômicas (de iniciativa, profissional, negocial, contratual etc.) são componentes primaciais do hodierno princípio da dignidade humana e não podem ser expurgadas do campo do Direito Tributário. Mas este é tema a aprofundar nos tópicos finais deste capítulo.

Por ora, numa linha final dessa perspectiva propedêutica de abordagem da liberdade, faz-se importante reforçar, junto a Martha Leão, o que já ficou subentendido nas páginas anteriores, a saber, a existência de uma *íntima vinculação entre liberdade, autonomia e democracia*, como autênticos axiomas de um Estado Democrático de Direito. Esta confluência axiológica afigura-se central à análise do direito fundamental de liberdade no ordenamento jurídico brasileiro. Afinal, constituiria um paradoxo insanável assegurar constitucionalmente a capacidade de as pessoas conduzirem as suas próprias vidas e, ao mesmo tempo, excluí-las "da participação na criação das normas que configuram o marco dessa organização"[150] (LEÃO, 2018, p. 72).

Portanto, as múltiplas faces da liberdade — inclusive a fiscal — guardam um nexo genético e visceral com o constitucionalismo, a democracia e a dignidade humana.

3.2 Liberdades econômicas fundamentais na Constituição Federal de 1988 e o princípio da autonomia privada no Estado Democrático de Direito

Por meio de um esforço de reconstrução histórica, há de se constatar que a Constituição brasileira de 1988, por suceder um regime de exceção que vigorou por pouco mais de duas décadas no país (a ditadura militar), serviu de plataforma à restauração dos direitos fundamentais e das liberdades públicas essenciais.

Aquela peculiar conjuntura, que acabou por reconduzir o país a uma substantiva remodelação das relações entre Estado e sociedade civil, levou o legislador constituinte a estabelecer, de explícita maneira, a liberdade como regra e as suas relativizações como hipóteses excepcionais, premissa que se aplica, conforme Leão[151] (2018, p. 82), tanto

---

[150] Destaca-se, aqui, um interessante ponto de contato com a "teoria discursiva do Direito", nos moldes propostos por Habermas, na medida em que o autor alemão, segundo Alexandre Coura (2009, p. 206-207), cuida de estabelecer uma conexão interna entre o Direito e o processo democrático, objetivando a instituição de um modelo político em que os cidadãos sejam ou, ao menos, sintam-se coautores das normas jurídicas que os regem. Na abalizada interpretação de Coura (2009, p. 205): "Ainda que a racionalidade jurídica tenha se ligado anteriormente, de forma fundamental, à ideia de coerção, Habermas salienta que, contemporaneamente, a necessária afirmação da legitimidade do sistema de direitos não decorre simplesmente do exercício da força ou domínio em uma ordem concreta. As normas serão consideradas legítimas na medida em que são passíveis de serem racionalmente sustentadas e aceitas por aqueles que, além de afetados por elas, devem sentir-se seus coautores".

[151] Ressalte-se que não se ignora o fato de a mencionada autora perfilhar pressupostos teóricos diametralmente opostos àqueles adotados no presente trabalho. Ao propor a existência de um "direito fundamental de economizar tributos", Martha Leão (2018) põe em questão a própria caracterização do pagamento de tributos como um dever fundamental, tal como se discutiu no capítulo anterior. Faz-se essa breve advertência apenas para prevenir eventuais suposições de que se está, na presente obra, a incorrer em um "sincretismo metodológico"

ao campo dos direitos individuais (mediante a positivação de um vasto repertório de garantias vocacionadas à tutela da liberdade pessoal) quanto aos campos patrimonial (visível na reafirmação da propriedade privada com estatuto de direito fundamental) e empresarial (expressa pela instituição de uma ordem econômica assentada nas liberdades de iniciativa, de concorrência e de exercício das atividades profissionais).

A primeira menção ao termo "liberdade" na Constituição Federal de 1988 se visualiza em seu preâmbulo, em cujo texto se consagra a liberdade — junto à segurança, ao bem-estar, ao desenvolvimento, à igualdade e à justiça — como valor supremo "de uma sociedade fraterna, pluralista e sem preconceitos". Já entre os dispositivos que integram a Carta, o ideal da liberdade aparece gravado no primeiro objetivo fundamental da República Federativa do Brasil: "construir uma sociedade *livre*, justa e solidária" (artigo 3º, inciso I, CRFB).

Também no *caput* do artigo 5º, a liberdade — ao lado do direito à vida, à igualdade, à segurança e à propriedade — é assegurada como direito fundamental inviolável a "todos os brasileiros e estrangeiros residentes no país". Em seguida, nos 78 incisos que compõem o artigo 5º, são textualmente positivadas (quase) todas as liberdades individuais específicas: liberdades de consciência, de crença, de reunião, de associação, de ir e vir, de expressão, de comunicação, além das liberdades artística, científica, intelectual etc. Outras, porém, como a liberdade fiscal, subjazem implícitas no texto constitucional.

Para o escopo do presente tópico, posto que destinado a pavimentar os caminhos à abordagem do direito fundamental de liberdade no Direito Tributário, mais importantes são as liberdades econômicas previstas na Constituição de 1988: (1) princípio da livre iniciativa (artigos 1º, inciso IV, e 170, *caput*); (2) princípio da livre concorrência (artigo 170, inciso IV); (3) princípio da liberdade empresarial (artigo 170, parágrafo único); e (4) princípio do livre exercício profissional (artigo 5º, inciso XIII). A equação das liberdades econômicas no ordenamento jurídico brasileiro acaba complementada pelo direito fundamental à propriedade privada e pelo princípio da autonomia privada. São essas as categorias constitucionais que se buscará tangenciar neste tópico para, em sequência, passar ao estudo do direito fundamental de liberdade fiscal.

O princípio da livre iniciativa foi encampado pela Carta Magna de 1988 como fundamento da República Federativa do Brasil e da ordem econômica em que ela se alicerça, como se lê, respectivamente, no seu artigo 1º, inciso IV, e no *caput* do artigo 170. Dessas disposições deflui a constatação de que, no sistema jurídico brasileiro, via de regra, é dado aos agentes econômicos (pessoas físicas e jurídicas) o poder de atuar com ampla margem de liberdade no plano da produção material de riquezas, ressalvadas apenas as proibições e restrições instituídas por lei ou pela própria Constituição ao exercício da iniciativa privada.

---

que fatalmente perturbaria um trato rigoroso dos referenciais teóricos que aqui se tem buscado cuidadosamente trabalhar. Isto posto, registre-se que as remissões à obra de Martha Leão nesta parcela do texto se restringem a aspectos mais prefaciais, versadas sobre questões conceituais as formas de positivação das liberdades na Carta de 1988.

Alumia-se, com efeito, isenta de qualquer ambiguidade, a opção consciente do legislador constituinte pelo sistema econômico capitalista e pela economia de mercado, percepção que se encorpa com a expressa proteção da propriedade privada como direito fundamental inviolável (artigo 5º, *caput* e inciso XXII, CRFB) e como princípio estruturante da ordem econômica (artigo 170, inciso II, CRFB).

Esse arcabouço normativo, de hierarquia constitucional, consagra a separação funcional, preconizada por José Casalta Nabais (2015) como pressuposto de existência do Estado Fiscal, entre sociedade e Estado na distribuição das tarefas prioritárias da vida social: à primeira compete, com primazia, a produção econômica; ao segundo, a condução da política em sua dimensão institucional. O que não obsta, segundo alhures se assinalou, que o Estado intervenha no domínio econômico em hipóteses excepcionais, como as estipuladas pelo artigo 173 da Constituição (imperativos de segurança nacional e relevante interesse coletivo).

Impõe-se notar, de outra parte, que a livre iniciativa não é afirmada como valor constitucional fundamental sem um preceito que lhe contrabalanceie: os dois dispositivos retrocitados que a tal princípio fazem explícita alusão (artigo 1º, inciso IV, e artigo 170, *caput*, CRFB) tratam de estabelecer, igualmente, a *valorização social do trabalho* como elemento fundante da República e como princípio conformador da ordem econômica. Nesse sentido, é percepção subjacente a tal escrúpulo do constituinte o objetivo de modular os excessos do sistema capitalista, consagrando uma fórmula nitidamente vocacionada a propiciar uma conciliação entre capital e trabalho, tentativa tantas vezes reiterada na história social brasileira.

Aliás, a dedicação de tão numerosos dispositivos — artigo 7º (integrado por 34 incisos) ao artigo 11 — destinados a tutelar constitucionalmente as relações trabalhistas, com indisfarçável pendor de proteger a parte hipossuficiente dessas relações, além da própria positivação de direitos sociais no artigo 6º, é componente que claramente tipifica a faceta social do Estado Democrático de Direito edificado pela Constituição de 1988. Entretanto, todo o teor protetivo desse amplo conjunto de normas, ao revés do que lhe imputaram alguns de seus críticos mais ferinos,[152] não logrou subtrair do texto constitucional a pedra fundante das liberdades econômica e de iniciativa.

Tem-se, em seguida, o princípio da livre concorrência (artigo 170, inciso IV, CFRB), traduzido na proteção da liberdade de competição entre os particulares no âmbito do mercado, como prática econômica inerente à dinâmica capitalista. Sobre ele, José Afonso da Silva (1998, p. 876) anota se tratar de uma manifestação especial da liberdade de iniciativa, sendo que a Constituição, para assegurar a sua efetividade,

---

[152] A referência no texto é, sobretudo, a Roberto Campos, que desde a época da Assembleia Constituinte teceu diatribes impiedosas ao texto constitucional em gestação, nele enxergando, devido ao seu "teor socializante", um mero pastiche da "infecta Constituição portuguesa de 1976", acompanhado de algumas pálidas reprises de disposições encontradas na Constituição da Nicarágua de 1987 no terreno da disciplina eleitoral. Campos viu na conformação da chamada "Ordem Social" (Título VIII) típicos componentes despóticos do socialismo e, na estruturação da "Ordem Econômica" (Título VII), tendências mortíferas à liberdade e à economia de mercado. Em sua virulenta síntese, a Constituição de 1988 mostrou-se "saudavelmente libertária no político, cruelmente liberticida no econômico, comoventemente utópica no social" (CAMPOS, 1990, p. 199).

determina que a "lei reprimirá o abuso de poder econômico que vise à dominação dos mercados, à eliminação da concorrência e ao aumento arbitrário dos lucros" (artigo 173, §4º, CFRB). Segundo o autor, ambos os dispositivos (relativos às liberdades de iniciativa e de concorrência) aliam-se sob um mesmo objetivo constitucional: "tutelar o sistema de mercado e, especialmente, proteger a livre concorrência contra a tendência açambarcadora da concentração capitalista" (SILVA, 1998, p. 761).

O princípio da liberdade empresarial, por sua vez, exprime-se na garantia, titularizada por todos os particulares, de exercer livremente qualquer atividade econômica, independentemente, via de regra, da autorização de órgãos públicos, ressalvados os casos previstos em lei. Cuida-se, evidentemente, de mais um corolário da livre iniciativa, a qual se aperfeiçoa na autonomia conferida aos agentes econômicos (pessoas físicas e jurídicas) para constituírem e exercerem atividades empresariais.

Nesse sentido, Tércio Sampaio Ferraz Jr. (2010, p. 18) afirma que a Constituição de 1988, ao consolidar a liberdade de iniciativa como base normativa da ordem econômica, assimilou a autonomia empreendedora dos seres humanos como alicerce dessa ordem e como molde conformador das atividades econômicas.

Também compõe o repertório de liberdades econômicas fundamentais o princípio do livre exercício profissional. Nos termos de Sarlet, Marinoni e Mitidiero (2012, p. 487), tal disposição constitucional conserva uma "forte relação com o direito ao desenvolvimento da personalidade, pelo fato de que se trata tanto de uma finalidade quanto de um fundamento da vida pessoal, ao mesmo tempo viabilizando que o indivíduo possa contribuir para a vida social como um todo".

Assim, uma vez satisfeitas as "qualificações profissionais" estabelecidas pela lei — as quais devem sempre obedecer a critérios objetivos de capacidade técnica e/ou científica e de proteção do conjunto da sociedade,[153] além evidentemente da máxima da proporcionalidade —, não pode o Estado tolher a liberdade e a autonomia de escolha, por parte dos indivíduos, quanto às atividades profissionais que porventura queiram exercer. Pudesse o Estado, de maneira discricionária ou arbitrária, impor limitações destituídas de justificação racional ao poder pessoal de decisão relativo às ocupações laborais dos indivíduos, certamente acabaria desnaturada uma importante dimensão das liberdades econômicas fundamentais garantidas na Constituição.

Não é supérfluo sublinhar que essa ampla e complexa arquitetônica da liberdade no Direito Constitucional brasileiro produz reflexos imediatos em outros direitos fundamentais insculpidos na Carta de 1988. Nesse diapasão, quadra mencionar a manifesta afinidade eletiva existente entre os direitos de liberdade e de propriedade.

---

[153] Nesta senda, a Ministra Ellen Gracie, por ocasião do julgamento, pelo STF, do Recurso Extraordinário nº 414.426/SC, aduziu que "[...] o exercício profissional só está sujeito a limitações estabelecidas por lei e que tenham por finalidade preservar a sociedade contra danos provocados pelo mau exercício de atividades para as quais sejam indispensáveis conhecimentos técnicos ou científicos avançados". Cumpre acrescentar que tal raciocínio acabou reafirmado em diversos julgados ulteriores da Corte, permanecendo como firme compreensão jurisprudencial até os correntes dias.

Isso porque a possibilidade de apropriação privada dos meios de produção, retirando do Estado o primado do exercício e o austero controle das atividades produtivas, é o que garante a existência de uma ordem econômica assente na livre iniciativa e nas demais liberdades prenunciadas. Leão (2018, p. 86-87), nesse sentido, sustenta que a apropriação privada de bens e valores deve ser concebida, à luz da Constituição, como uma entre múltiplas *formas de exteriorização do direito de liberdade*.[154]

Um dos referenciais teóricos em que a autora se baseia para formular as suas compreensões acerca das mútuas implicações entre os direitos fundamentais de liberdade e de propriedade é o jurista alemão Michael Rodi (1994, p. 92-93), autor da tese segundo a qual, nos marcos de uma democracia liberal, o direito ou a garantia de propriedade apresenta uma dupla função: uma função pessoal, expressa na interpretação de que a propriedade privada se eleva como um direito subjetivo de liberdade associado às decisões pessoais sobre o patrimônio; e uma função social, traduzida na ideia de que o direito de propriedade possui, também, uma acepção objetiva vinculada ao fato de que a propriedade, enquanto instituto social e constitucional, afigura-se um meio de organização da vida social.

Daí emerge a conclusão de que a garantia da propriedade privada consubstancia um pressuposto da efetividade das liberdades individuais: é ela que assegura aos indivíduos uma zona de autonomia e privacidade indispensável para que exerçam as suas escolhas e prioridades quanto à livre condução de suas vidas (BARROS, 2009, p. 12). Amparando-se em tais considerações, Leão (2018, p. 89) arremata o raciocínio aduzindo que a propriedade fomenta a liberdade individual por três diferentes maneiras: "primeiro, estabelecendo um espaço de autonomia individual; segundo, garantindo a dispersão do poder; e, terceiro, assegurando às pessoas o acesso aos recursos que lhes permitem ser inteiramente livres".

Portanto, como cristalinamente se infere da própria textualidade da Constituição de 1988, a propriedade privada descortina-se como imprescindível suporte da formatação econômica (sistema capitalista e economia de mercado) pactuada pela sociedade brasileira, de maneira que, é válido afirmar, aboli-la acarretaria, necessariamente, a obliteração da própria liberdade de iniciativa e seus apanágios (liberdades empresarial, de concorrência, de exercício de atividades profissionais etc.).

Assim, embora as análises desenvolvidas neste trabalho assumam a ótica da liberdade como enfoque privilegiado, dado ser a figura do planejamento tributário o seu objeto principal, posta está a existência de uma importante vinculação, sob a forma de fomentos recíprocos, entre os direitos de propriedade e de liberdade na ordem jurídica brasileira.

---

[154] Visando conferir respaldo jurisprudencial à sua argumentação, Martha Leão (2018, p. 87) faz alusão a um conjunto de decisões do Tribunal Constitucional alemão as quais estabelecem que o direito de propriedade erige barreiras de proteção em prol de seus titulares que não encontram fundamento apenas na garantia de propriedade considerada isoladamente, mas "derivadas da conexão do direito de propriedade com os direitos fundamentais de liberdade".

Toda essa coletânea de liberdades econômicas constitucionais, ao aterrissar no domínio da legislação ordinária, desagua numa foz comum: o princípio da autonomia privada, categoria jurídica que constitui a quintessência do Direito Privado. Malgrado as suas referências remetam, com muito maior frequência, ao âmbito negocial, como eixo regente da liberdade de celebrar contratos e negócios jurídicos, impõe-se esclarecer que, conceitualmente, a ideia de autonomia privada nele não se exaure.

Consoante informa Sarmento (2016, p. 142), "embora a autonomia privada abarque também a esfera patrimonial, a sua proteção mais reforçada se dá no plano das decisões existenciais". Em uma palavra, é dizer que o princípio da autonomia privada, em toda a sua extensão e profundidade, engloba múltiplas formas de expressão, sendo que as liberdades econômicas projetadas no campo negocial consubstanciam apenas uma entre várias possíveis, que vão desde as mais simples escolhas cotidianas (hábitos, gostos e preferências) até a construção de subjetividades existenciais na plenitude do termo (estilo de vida, orientação sexual, crenças políticas e religiosas etc.).

No entanto, como o objeto desta obra consiste nos limites dos planejamentos tributários e, por consequência, dos atos e negócios jurídicos dotados de finalidades fiscais com a potencialidade de compô-los, há que se promover um recorte específico para perscrutar, em todas as suas *nuances*, como o princípio da autonomia privada se manifesta na órbita negocial e patrimonial num Estado Democrático de Direito, especialmente à luz da Constituição Federal de 1988.

Sob um tal prisma, pode-se afirmar que, neste âmbito, o princípio da autonomia privada consubstancia um ponto de amálgama do vasto repertório de liberdades constitucionalmente consagradas. Trata-se, pois, de um princípio-síntese. Significa dizer, por diferentes palavras, que a autonomia privada, enquanto categoria jurídica, resulta da confluência das liberdades econômicas fundamentais, descortinando-se como o princípio e a fórmula pela qual, na prática jurídico-social (celebração de contratos, condução de atividades econômicas, gestão do patrimônio, exercício profissional etc.), tais liberdades se exprimem e são concretamente exercidas pelos particulares.

Ao rastrear as raízes etimológicas da expressão "autonomia", Heleno Tôrres (2003, p. 107) assevera originar-se a mesma da conjugação dos radicais *auto* e *nomos*, compondo uma carga semântica que remete à capacidade de autogoverno, faculdade atribuída a qualquer pessoa ou instituição que pode estatuir suas próprias normas, isenta de subordinações ou imperativos alheios às suas aspirações pessoais. Seguindo o mesmo método, Daniel Sarmento (2016, p. 139) sintetiza: "Etimologicamente, autonomia é a capacidade de ditar as normas que regem a própria conduta", podendo se configurar como atributo jurídico de instituições (como entes federativos e universidades) ou como predicado da pessoa humana em ordens democráticas.

Transposta para o âmbito jurídico, prossegue Heleno Tôrres (2003, p. 107-108), em definição preliminar, a autonomia privada "apresenta-se como uma qualificação da faculdade que as pessoas têm para, mediante o exercício da vontade livre e sem vícios, criar entre si normas jurídicas, de modo a instituir atos com efeitos juridicamente vinculantes", como o fazem, por exemplo, pelos contratos. Essa conceituação leva o autor, mais à frente, a caracterizar a autonomia privada — enquanto exercício do poder de criar normas negociais — como autêntica *fonte normativa de Direito*, reforçando a conhecida ideia de Luigi Ferri de que o Estado concentra o monopólio de declaração e de atuação do Direito, mas não o da sua criação, a qual pode ser realizada tanto pelo Poder Público como pelos particulares (TÔRRES, 2003, p. 115).

Em tal acepção, a categoria em análise associa-se à liberdade individual de que dispõem os atores sociais para celebrarem negócios jurídicos e constituírem relações que não emanam diretamente da letra da lei, mas da realização de suas vontades particulares, de cujo ajuste nascem normas por eles próprios criadas (*auto-nomos*) e que são dotadas de efeitos vinculantes entre os contraentes, dada a juridicidade de que se revestem. É ao exercício desse poder de gênese de normas jurídicas no âmbito privado, a partir de acordos de vontades livres e independentes, que se dá o nome de autonomia privada, erguido como um princípio de bases constitucionais (liberdades econômicas fundamentais) que rege as ações dos sujeitos de direito no campo negocial-patrimonial no contexto de formação de relações jurídicas particulares.

Prezando pelo rigor terminológico e pela precisão conceitual, Tôrres (2003, p. 100), em coro com a melhor doutrina, sublinha a necessidade de se operar uma clara distinção entre os termos "autonomia privada" e "autonomia da vontade" (SARMENTO, 2016; FARIAS; ROSENVALD, 2012; NORONHA, 1994), além, obviamente, daquele que é o seu produto, o "negócio jurídico." Esses delineamentos conceituais, não obstante, só podem ser feitos quando se atenta para a longa evolução histórica dessas categorias, cujas sucessivas metamorfoses vão iluminando os traços e as fisionomias que as caracterizam nos atuais contornos do ordenamento jurídico brasileiro.

É, também, esse passo metodológico, fundado na reconstituição histórico-evolutiva dos conceitos, que permite identificar os referenciais mais importantes que "norteiam a atividade criadora de normas dos particulares (autonomia privada), especialmente quanto às *garantias de liberdade e propriedade* que o ordenamento pretende proteger, além da própria função social dos contratos" (TÔRRES, 2003, p. 100).

Do magistério de Antônio Junqueira de Azevedo (1986, p. 6) se extrai a lição segundo a qual a ideia de "negócio", enquanto prática social, remete a tempo imemoriais, dado que é uma inerência das comunidades humanas a realização de trocas e transações (não necessariamente mediadas pelo dinheiro) visando à satisfação das necessidades individuais e sociais. Não outro é o dogma originário do pensamento liberal, no sentido de que o mercado se constitui como uma realidade natural, espontânea, ínsita a toda e qualquer forma de organização humana minimamente complexa, pois o consórcio entre sujeitos independentes traduzido na realização de livres e consentidas trocas foi sempre, embora sob variadas formas e fórmulas, o mecanismo social encontrado para concretizar as suas aspirações, desejos e necessidades.

Dessa maneira, corrobora Tôrres (2003, p. 101-102), a celebração de negócios economicamente apreciáveis entre agentes que pactuam livremente as suas vontades, informados pelos imperativos culturais então vigentes, sempre existiu: o que se elaborou em épocas mais recentes foi tão somente a sua *definição jurídica*, a partir, com especial destaque, das obras de Gustav Hugo, Friedrich Carl von Savigny, Bernhard Windscheid e das contribuições oriundas da Escola da Exegese francesa. Em função disso, é de se deduzir que, antes de um instituto jurídico, os negócios constituem, fundamentalmente, um fenômeno de natureza sociológica.

Contudo, foi tardia a tutela que o Direito dispensou aos negócios privados sob o desígnio de estabilizar as relações socioeconômicas e promover uma defesa mais efetiva dos direitos individuais de liberdade e de propriedade, assegurando a eles contornos de juridicidade. Tôrres (2003, p. 102) observa que, não admitido no direito romano nem na Idade Média, o moderno princípio do consensualismo dos contratos foi fruto de um extenso processo de desenvolvimento histórico: somente com a formação da ordem burguesa, arrimada no individualismo, é que a *autonomia da vontade* se plasmou juridicamente "como um modo de exercício da liberdade para que o sujeito pudesse obrigar-se ou não perante outrem".

Esse período histórico (transição do século XVIII ao XIX), no seio do qual se opera a consolidação das sociedades capitalistas em seus traços e feições hoje conhecidos, demarca o nascedouro do primado da vontade individual como baluarte das relações privadas, cuja expressão mais apurada se encontra em uma disposição do Código Civil francês de 1804 (Código Napoleônico), no sentido de que "os contratos legalmente formados têm força de lei entre aqueles que o celebram", substrato do célebre postulado do *pacta sunt servanda* (TÔRRES, 2003, p. 102).

Com efeito, a categoria da "autonomia da vontade", devidamente incorporada à ordem jurídica como basilar princípio do Direito Privado, passou a conferir aos particulares o poder de criarem normas jurídicas análogas às leis, posto que investidas de igual eficácia vinculante entre as partes convenentes, providência que tratou de assegurar maior margem de segurança jurídica às relações sociais e econômicas.

Em exame dos sentidos atribuídos à ideia de autonomia da vontade em seus moldes originais, Luigi Ferri (1969, p. 3) sustenta a conotação psicológica e, portanto, intangível da expressão, ao passo que o enfoque por ela propiciado recai sobre as disposições anímicas (internas) dos sujeitos de direito, verbalizadas como suas genuínas aspirações ao constituírem um negócio jurídico entre si. Em idêntica direção, Natália Berti (2014, p. 83) assevera que a autonomia da vontade está diretamente vinculada a "elementos subjetivos, etéreos, baseados na psique dos contraentes", consistindo no "poder do indivíduo de criar e regular os efeitos jurídicos de sua contratação sem intervenção externa: o contrato era uma esfera de livre atuação dos particulares".

Francisco Amaral (2008, p. 338), por sua vez, num enfoque mais objetivista, conceituou a autonomia da vontade como um "poder de disposição diretamente ligado ao direito de propriedade, dentro do sistema de mercado, da circulação dos bens por meio de troca e de que o instrumento jurídico próprio é o negócio jurídico". Em linha similar, para Maria Helena Diniz (2011, p. 40-41), a autonomia da vontade consubstanciou-se como o poder dos contratantes para "estipular livremente, como melhor lhes convém, mediante acordo de vontade, a disciplina de seus interesses, suscitando efeitos tutelados pela ordem jurídica".

Essa vinculação da autonomia da vontade a uma ideia de liberdade contratual ilimitada, posta a salvo de quaisquer interferências externas, vigorou intocada nos alvores da ordem burguesa, por mais de um século.

Sucedeu que as substantivas mutações experimentadas pela noção jurídica de "autonomia da vontade" foram se desenvolvendo *pari passu* com o declínio do que se poderia reputar de "liberalismo clássico": expostas as injustiças sociais e outras sequelas provocadas pelo império solitário do *laissez faire*, o individualismo exacerbado e a configuração miniatural do Estado, enquanto paradigmas teórico-políticos de organização da vida social, principiaram o seu ocaso. Explicitou-se a necessidade de uma maior presença do Poder Público na vida socioeconômica com o fito de equacionar as profundas contradições e as visíveis clivagens sociais às quais a ortodoxia liberal se mostrava incapaz de oferecer qualquer solução.

Essa foi a conjuntura, emergente nas décadas iniciais do século XX (muito em razão dos movimentos organizados de lutas dos trabalhadores, que ganhava notória força na Europa desde fins do século XIX), que abriu passagem para a redefinição do papel do Estado nas sociedades capitalistas,[155] agora incumbido das tarefas de regular, sob equilibrada medida, o domínio econômico e de promover os serviços considerados essenciais à consecução de direitos sociais. Como assinalado alhures, foi nas Constituições mexicana e de Weimar, promulgadas, respectivamente, em 1917 e 1919, que esses ideais ganharam a sua primeira expressão jurídico-constitucional.

Foi, também, essa alteração da correlação de forças teóricas, políticas e ideológicas que propiciou a superação do vetusto paradigma consistente na redução do Direito — em sua acepção como "sistema de normas" — quase que exclusivamente ao Direito Civil e seus postulados, arquétipo jurídico vigente, como dito, na gênese da sociedade burguesa e sob sua orientação ultraindividualista (TÔRRES, 2003, p. 104-105).

A ascensão do constitucionalismo no início do século XX impulsionou um princípio de reestruturação do Direito, servindo de plataforma ao soerguimento das instituições e concepções definidoras do que hoje se conhece por Direito Público: decorreu daí a emersão de um novo modelo de Constituição e de Estado,[156] pautado

---

[155] O maior expoente dessa perspectiva, no campo das ciências econômicas, viria a ser, entre as décadas de 1920 e 1940, o economista britânico John Maynard Keynes (1997). Em linhas gerais, sustentava o autor a indispensabilidade, sobretudo em tempos de crises e grandes depressões, de intervenções tópicas do Estado no domínio econômico, mobilizando principalmente a política fiscal como ferramenta de controle da economia. Como se vê, a teoria econômica keynesiana punha em questão a lei da autorregulação dos mercados, dogma intangível do pensamento liberal. Essa polêmica proposição rendeu a Keynes inúmeros opositores, que lhe endereçavam severas críticas, dos quais se pode citar como protagonistas os economistas Milton Friedman (1985) e Friedrich Hayek (1976).

[156] É relevante pontuar, contudo, que esse redesenho institucional do Direito e do Estado somente se aperfeiçoaria após a Segunda Guerra Mundial, período em que se encetou historicamente o processo de redemocratização da maioria dos países europeus — excetuada a Península Ibérica — e de ascensão do constitucionalismo do Estado Democrático de Direito, sob os influxos, nas veredas hermenêuticas trilhadas nesta obra, dos fenômenos do

agora em critérios sociais, mediante o reconhecimento e a incorporação de um arcabouço principiológico substancialmente mais protetivo (função social da propriedade, função social dos contratos etc.) além, obviamente, da remodelagem dos vetores axiológicos que direcionaram a conformação dos novos ordenamentos jurídicos que se foram constituindo sob a égide desse novo paradigma.

Foi nesse cambiante e turbulento contexto que se engendrou o conceito de *autonomia privada*. Consumou-se, nas palavras de Tôrres (2003, p. 105), um trânsito do "liberalismo burguês ao Estado de bem-estar social, do individualismo jurídico para o intervencionismo legislativo", desatando um processo de socialização dos contratos. A lei, na interpretação do autor, assumiu um caráter notadamente mitigador da autonomia da vontade com o escopo de proteger interesses associados à confiança e à boa-fé: o intervencionismo estatal, transcendendo a pretensão de somente endossar a força normativa da autonomia da vontade, incumbiu-se da tarefa de restringi-la, sob vários aspectos, em prol da primazia do interesse público sobre o particular.

A esse fenômeno, que só se robusteceu com o decurso do tempo, a doutrina batizaria, ulteriormente, de "dirigismo contratual", definindo-o como um princípio limitador da (antes irrestrita) liberdade das partes contratantes, a partir de uma ingerência do Estado em função de imperativos sociais e da premente necessidade de calibrar os excessos e remediar fraturas sociais provocadas pelo individualismo desmedido. Sobre essa importante etapa do processo histórico, Tôrres disserta:

> Com isso, nascia, por construção doutrinária, um poder igual para todos os cidadãos, capaz de equilibrar os interesses contrapostos de diversas classes sociais, sob a base da liberdade consubstanciada na vontade expressa de cada um. Em muitas das definições oferecidas na atualidade sobre o "negócio jurídico", este continua sendo compreendido como um modelo jurídico de mediação de interesses, entre patrões e empregados, entre grandes e pequenas empresas, entre produtores e consumidores, entre proprietários e compradores, cujas particularidades vão se definindo nas formas contratuais admitidas e com um adicional: o grau de intervenção do Estado, como tutela ao equilíbrio que sempre deve persistir entre as partes, em favor de uma garantia da função social dos contratos, da propriedade, das sociedades, do trabalho e de todos os valores que norteiam a construção de uma ordem econômica justa e solidária. Eis que se consolida o conceito de "autonomia privada", à luz do Estado Democrático e Social de Direito (TÔRRES, 2003, p. 103-104).

Claro está, por conseguinte, no dizer de Bruno Naves (2014, p. 94), que "a denominação autonomia privada veio substituir a carga individualista e liberal da autonomia da vontade", restando ao Direito o exame da manifestação concreta da vontade à luz de parâmetros objetivos como a boa-fé, e não mais segundo as causas subjetivas e características internas (psicológicas) dos agentes que pactuam um negócio jurídico. "Autonomia da vontade" e "autonomia privada", destarte, não constituem expressões sinônimas, a cada uma cabendo cargas semânticas bastante específicas, *vis*

---

neoconstitucionalismo e — seu principal consectário — da "constitucionalização do Direito", questões logo à frente abordadas neste mesmo capítulo.

à vis a longa evolução por que passaram tais categorias jurídicas na história do Direito. Em competente e didática lição, trilhando esse mesmo caminho, Sarmento ensina que:

> A autonomia privada não se confunde, por outro lado, com a autonomia da vontade, de que falavam os civilistas no passado. A autonomia da vontade [...] é um conceito histórico superado, impregnado pelos valores do liberalismo-burguês que alicerçava as codificações no século XIX e se refletiram tardiamente no Código Civil brasileiro de 1916. Tratava-se, por um lado, de categoria própria ao Direito Obrigacional, que dizia respeito, sobretudo, a negócios jurídicos de conteúdo patrimonial — o que era, aliás, bastante natural no cenário de ordens jurídicas mais voltadas para o ter do que para o ser. Ademais, o pano de fundo era a compreensão formal da liberdade dos agentes, cega aos limites reais impostos às pessoas por uma realidade concreta de desigualdades materiais, carências e opressões privadas. Conquanto vazada em linguagem universal, a autonomia da vontade espelhava os interesses de um sujeito bastante concreto: o homem branco, burguês e proprietário (SARMENTO, 2016, p. 141).

Como verbalizou Judith Martins-Costa (2003, p. 87), a expressão autonomia da vontade foi o "signo, prenhe de significados, daquele grande artifício pelo qual a burguesia assentou as vestes da naturalidade e da neutralidade do seu poder econômico, diluindo as concretas diferenças econômicas, sociais, existenciais nas categorias de 'sujeito (capaz) de (ter titularidade) de direito". Uma tal categoria, por se revelar, em seus moldes originais, patentemente incompatível com o constitucionalismo social e democrático, que, como falado, gradativamente ganhava corpo desde os exórdios do século XX, acabou cedendo passo ao princípio da autonomia privada, envolto numa carga axiológica que reposicionou a ideia de autonomia da vontade no seio do Direito Civil e, em especial, da teoria dos contratos e das obrigações. Para Noronha:

> Foi a crítica aos princípios da autonomia privada e da liberdade contratual que permitiu que desabrochassem os princípios da boa-fé e da justiça contratual — os quais, aliás, nunca deixaram de estar latentes em todos os ordenamentos: apenas eram ofuscados pelo brilho artificialmente acrescentado ao princípio da (velha) autonomia da vontade (NORONHA, 1994, p. 122).

Diante dessas premissas, Tôrres (2003, p. 123) aduz que, hodiernamente, "a autonomia privada há de ser vista como um poder de regular os próprios interesses, cujo exercício, mediante a autonomia da vontade, deve verificar-se dentro de parâmetros predeterminados pelo direito positivo, mas sem que a este se subordine". Nota-se, pois, uma indissolúvel vinculação entre ambos os conceitos, mas sem que isso signifique a supressão da identidade categorial de um ou outro: o princípio da autonomia privada abrange a ideia de autonomia da vontade, mas sujeitando-a aos imperativos sociais demandados por um constitucionalismo democrático hoje dominante. É complementado este raciocínio por Sarmento nos termos seguintes:

> [...] é evidente que se trata de uma autonomia fortemente limitada por uma série de outros valores constitucionais e interesses públicos, e que pode ser objeto de restrições legislativas,

desde que proporcionais. E, naturalmente, tal autonomia também se sujeita ao controle judicial, fundado em regras jurídicas cogentes ditadas pelo legislador com fundamento na Lei Maior, em cláusulas gerais interpretadas à luz da normativa constitucional ou, ainda, na aplicação direta dos princípios da própria Constituição (SARMENTO, 2005, p. 209).

Esse extenso processo de sublimação experimentado pelo Direito, visando dele expurgar os vícios e cacoetes herdados da hegemonia individualista-liberal que determinou a sua recriação no alvorecer da modernidade, entrou em vias de aprofundamento no cenário do segundo pós-guerra. Como afirma Luís Roberto Barroso (2005, p. 3), a reconstitucionalização da Europa na metade final do século XX culminou em uma redefinição do lugar da Constituição e da influência do Direito Constitucional sobre as instituições contemporâneas: da confluência das noções de constitucionalismo e de democracia, nasceu um novo arquétipo de organização jurídico-política, cuja terminologia mais afamada é a do "Estado Democrático de Direito".

No caso brasileiro, como explanado alhures, essas forças de reconstitucionalização foram retardatárias, vindo a desabrochar apenas em 1988, na sequência do esmorecimento do regime militar. Segundo Barroso (2005, p. 3-4), foram esses os *marcos históricos* — internacional e nacional — de irrupção do que se convencionou denominar de "neoconstitucionalismo".

Explana Ana Paula de Barcellos (2005, p. 83) que essa tem sido a expressão utilizada pela doutrina para designar o "estado do constitucionalismo contemporâneo". Do ponto de vista material, acrescenta a autora, um dos fatores que caracterizam o neoconstitucionalismo e demanda maior reflexão é "a incorporação explícita de valores e opções políticas nos textos constitucionais, no que diz respeito à promoção da dignidade humana e dos direitos fundamentais" (BARCELLOS, 2005, p. 85).

Um dos traços definidores do neoconstitucionalismo exprime-se, portanto, na ruptura com um crucial eixo do positivismo jurídico, ao autorizar a assunção de valores como vetores hermenêuticos do ordenamento positivo, liquidando os vetustos dogmas da impenetrável neutralidade e da pureza do Direito, ademais da intangível hegemonia normativa das regras em detrimento dos princípios (KELSEN, 2006).

Essa caracterização abre passagem para compreender o *marco filosófico* em que se afirma o neoconstitucionalismo: o pós-positivismo, desenvolvido no bojo da chamada "virada kantiana", a partir da década de 1970, marcada pela reconciliação do Direito com a ética e cuja obra precursora foi a já aludida *Uma teoria da justiça*, de John Rawls, publicada em 1971. Trata-se o pós-positivismo, na ótica de Barroso (2005, p. 4), de um rótulo genérico que agrupa um conjunto bastante difuso e heterogêneo de ideias, compondo-se, pois, de uma outrora improvável aproximação entre os tradicionalmente colidentes paradigmas do jusnaturalismo e do positivismo jurídico.

Deste último (positivismo jurídico), o neoconstitucionalismo absorve a importância e o reconhecimento do direito posto, que jamais pode ser desconsiderado; mas seus atributos realmente inovadores são colhidos das fontes jusfilosóficas de que sempre se nutriu o primeiro (jusnaturalismo): o neoconstitucionalismo promove uma reconciliação entre Direito e moral ao postular a edificação do ordenamento jurídico sobre uma teoria da justiça, sem, contudo, ceder à tentação dos voluntarismos ou personalismos de qualquer espécie, especialmente os judiciais (BARROSO, 2005, p. 5).

Entre as transformações fomentadas pelos híbridos pressupostos pós-positivistas, Barroso (2005, p. 5) cita a atribuição de eficácia normativa aos princípios,[157] a reabilitação da razão prática e da argumentação jurídica como critérios de controle da racionalidade das decisões judiciais, a conformação de uma nova hermenêutica constitucional e a elaboração de uma teoria dos direitos fundamentais assentada sobre o alicerce da dignidade humana. A tais transformações se deve acrescentar, consoante discutido nos capítulos iniciais, os deveres fundamentais, que também passam a compor com significativo relevo, embora com suas já explanadas peculiaridades, os programas constitucionais contemporâneos (NABAIS, 2015).

Num terceiro nível analítico (subsecutivo aos *marcos histórico e filosófico*[158]), deve-se apreender o *marco teórico* em que se desenvolve o paradigma neoconstitucionalista. Trata-se das alterações operadas nos clássicos fundamentos da dogmática constitucional, as quais são assim resumidas por Barroso (2005, p. 5): (1) o reconhecimento da força normativa da Constituição; (2) a expansão da jurisdição constitucional; (3) o desenvolvimento de uma nova dogmática da interpretação constitucional.

Pela primeira, compreende-se a atribuição de imperatividade às normas constitucionais, rechaçando a antiquada perspectiva liberal, bem delineada por Riccardo Guastini (2005, p. 55), de tomar a Constituição como mera carta política e relegar à legislação ordinária a função de efetiva regulação da vida social.[159] Pela segunda, Barroso

---

[157] Sobre esse processo de abertura hermenêutica do Direito, centrado na atribuição de normatividade aos princípios, elucidativas são as lições de Mirna Cianci e Gregório Assagra de Almeida (2011, p. 43): "Uma das principais conquistas resultantes da nova hermenêutica do constitucionalismo da segunda metade do século XX foi justamente a conversão dos princípios gerais do direito em princípios constitucionais com eficácia normativa e, assim, como mandamentos de otimização do sistema, generalizantes, valorativos, previstos expressa ou implicitamente em determinada ordem jurídica, que servem de parâmetros para a interpretação e aplicação das regras jurídicas, estritamente consideradas. Portanto, no novo constitucionalismo, os princípios assumem papel de extrema relevância no plano da concretização, especialmente, dos direitos fundamentais, individuais ou coletivos".

[158] Como já se pode entrever pelas referências citadas anteriormente, essa proposta de compreensão do neoconstitucionalismo subdividida em três marcos (o histórico, o filosófico e o teórico) é extraída do excepcional artigo de Luis Roberto Barroso (2005).

[159] Essa controvérsia acerca da essência da Constituição e de suas potencialidades normativas remete ao clássico debate envolvendo as obras de Ferdinand Lassalle (2001), Georg Jellinek (2002) e Konrad Hesse (1991). Escrevendo ainda no século XIX, Lassalle, que minimizava a importância do Direito como efetivo regulador da vida social, teceu a célebre caracterização da Constituição como um simples "pedaço de papel", uma vez que, depurada de suas formalidades e fraseologias, seu texto apenas refletia as representações oriundas dos "fatores reais de poder" (mormente os de natureza econômica e política). O autor estabelece uma distinção entre o que denominava de "Constituição jurídica" (diploma normativo) e a "Constituição real" (produto da correlação de forças decorrente das fontes reais de poder), vaticinando que "onde a constituição escrita não corresponder à real, irrompe inevitavelmente um conflito que é impossível evitar e no qual, mais dia menos dia, a constituição escrita, a folha de papel, sucumbirá, necessariamente, perante a constituição real, a das verdadeiras forças vitais do país" (LASSALLE, 2001, p. 33). Jellinek (2002), por sua vez, corroborava parcialmente os argumentos de Lassalle ao destacar a supremacia das forças políticas sobre qualquer forma de regulação jurídica, mostrando, *vis à vis* a história concreta do desenvolvimento das Constituições, que as regras jurídicas mostravam-se inaptas a controlar ou disciplinar os movimentos daquelas. Opondo-se frontalmente às concepções sustentadas por seus antecessores, Hesse (1991, p. 25) assimilou a "força normativa da Constituição" como a pedra angular de seu

alude, fundamentalmente, ao sistema de controle de constitucionalidade, concebido como um mecanismo de autodefesa do ordenamento para de seu seio expurgar as leis que se mostrem incompatíveis com o texto constitucional, preservando, assim, a unidade e coerência do sistema jurídico. Por fim, a terceira modificação expressa-se na construção de um novo arcabouço de princípios[160] que orientam a hermenêutica constitucional (aos quais, insista-se, devem ser somados os deveres fundamentais).

Adotando terminologia diversa, Ana Paula Barcellos (2005, p. 84) refere-se às "premissas metodológico-formais" do neoconstitucionalismo, sintetizando-as da seguinte maneira: (1) a normatividade da Constituição, leia-se, "o reconhecimento de que as disposições constitucionais são normas jurídicas, dotadas, como as demais, de imperatividade"; (2) a superioridade hierárquica da Constituição sobre o restante do ordenamento jurídico, concebido nos moldes de uma estrutura escalonada de normas jurídicas; e (3) a centralidade do texto constitucional no sistema jurídico, "por força do fato de que os demais ramos do Direito devem ser compreendidos e interpretados a partir do que dispõe a Constituição".

Para a autora, são essas as três características legadas pelo processo histórico que conduziu a Constituição do *status* de um documento estritamente político (uma carta geral de princípios abstratos e intangíveis) ao seu apogeu, isto é, como norma jurídica suprema e fundante do Direito enquanto um sistema (BARCELLOS, 2005, p. 84).

Tecidas tais considerações, Luís Roberto Barroso esboça um conceito de neoconstitucionalismo que articula sistematicamente os seus fundamentos:

> Em suma: o neoconstitucionalismo ou novo direito constitucional, na acepção aqui desenvolvida, identifica um conjunto amplo de transformações ocorridas no Estado e no direito constitucional, em meio às quais podem ser assinalados, (i) como marco histórico, a formação do Estado constitucional de direito, cuja consolidação se deu ao longo das décadas finais do século XX; (ii) como marco filosófico, o pós-positivismo, com a centralidade dos direitos fundamentais e a reaproximação entre Direito e ética; e (iii) como marco teórico, o conjunto de mudanças que incluem a força normativa da Constituição, a expansão da jurisdição constitucional e o desenvolvimento de uma nova dogmática da interpretação constitucional. Desse conjunto de fenômenos resultou um processo extenso e profundo de constitucionalização do Direito (BARROSO, 2005, p. 11-12).

A razão a justificar o excurso desenvolvido nas linhas acima consiste na necessidade de compreender os impactos produzidos pelo neoconstitucionalismo nas concepções vigentes de autonomia privada e de liberdade. Uma eloquente pista dessa

---

modelo teórico, asseverando que à Constituição jurídica cumpria a função de efetivamente ordenar e conformar a realidade social, e não apenas de expressá-la com todas as suas vicissitudes. Promovendo uma autêntica virada epistemológica no terreno da teoria constitucional, a obra de Hesse — publicada ainda em 1959 — pode ser hoje considerada uma das precursoras dos novos estados de consciência constitucional que ulteriormente repousariam à base do que hoje se entende por "neoconstitucionalismo".

[160] Atento às circunstâncias brasileiras, Barroso (2005, p. 8) menciona como os mais importantes princípios, de natureza eminentemente instrumental, a disciplinar as técnicas da interpretação constitucional os seguintes: supremacia da Constituição; presunção de constitucionalidade das leis e atos normativos emanados pelo Poder Público; interpretação conforme a Constituição; unidade; efetividade e razoabilidade.

análise reside na terceira premissa metodológico-formal delineada por Barcellos (2005, p. 84), a qual encontra apurada expressão no fenômeno que Barroso (2005) designa por "constitucionalização do Direito": a centralização da Constituição no ordenamento jurídico, investindo-a de um forte poder de irradiação que se espraia por todos os seus ramos, ergue o imperativo metodológico de reinterpretá-los e redefini-los à luz dos preceitos consagrados na Lei Fundamental.

Cuida-se, noutro dizer, de uma releitura de todas as searas integrantes do Direito Privado e, também, do Direito Público, readequando-os hermeneuticamente em conformidade com as disposições constantes do texto constitucional. Disso resulta uma substantiva reconfiguração dos institutos jurídicos que compõem a dogmática específica de cada disciplina do Direito. Aqui se manifesta o ponto de encaixe com a argumentação desenvolvida na parte inicial desta seção: o fenômeno do neoconstitucionalismo se apresentou, historicamente, como continuidade e aprofundamento das transformações que já estavam em curso desde o advento do Estado Social, sob o mote da mitigação dos sustentáculos filosóficos e políticos do liberalismo clássico.

O reconhecimento da soberania da Constituição e a submissão do Direito Privado a seus mandamentos promoveram uma metamorfose ainda mais acentuada nas categorias classicamente oriundas do Direito Civil. A propriedade privada, agora, só pode ser legitimamente usufruída se preservada a sua função social (artigo 5º, inciso XXIII, CRFB); a liberdade contratual só pode ser regularmente exercida se observar a função social dos contratos; e a autonomia privada, por sua vez, só pode se compatibilizar com a Constituição se concebida como um "produto da composição de todos os direitos e garantias definidores da cidadania" (TÔRRES, 2003, p. 111). Noutra brilhante lição, Tôrres aduz que:

> Nesse diapasão, o direito brasileiro tolhe qualquer excesso de liberalismo, sob o dogma da vontade individual, ao afirmar ou confirmar exigências de ordem pública, econômicas e sociais convalidadas no interesse da coletividade. Do que resulta que os princípios da autonomia da vontade e da obrigatoriedade não mais se revestem do sentido absoluto que outrora possuíam. E não só em vista da intervenção legislativa. A intervenção judicial no conteúdo dos contratos, em determinadas situações, é não só aceita, como obrigatória, em função do dirigismo contratual e da existência de normas de ordem pública que não podem ser cerceadas por vontade das partes (TÔRRES, 2003, p. 127).

Marcus Abraham (2007, p. 139-141), ao descrever o processo histórico que denomina "publicização do direito privado", destaca que o modelo liberal puro-sangue cedeu passo, com a constitucionalização do Direito Civil, a um paradigma que posiciona, no horizonte funcional do Estado, valores como ética, moralidade, justiças distributiva e social, igualdade e solidariedade. Assim consolida sua argumentação:

> Consideramos esta mudança paradigmática — denominada pela doutrina majoritária atual como o "processo de constitucionalização do direito civil" — extremamente relevante em face da atual situação da sociedade moderna, na qual o centro de valores do direito privado, até então pautado exclusivamente no indivíduo e seus interesses particulares,

é, agora, envolvido por ideais sociais, relativos especialmente à tutela da coletividade e à defesa da dignidade da pessoa humana. Neste processo, ocorre a substituição do seu centro valorativo — em lugar do indivíduo surge a pessoa. E onde dantes reinava, absoluta, a liberdade individual, ganha significado e força jurídica a solidariedade social (ABRAHAM, 2007, p. 288).

Trilhando similar direção, Martha Leão (2018, p. 78-79) destaca que, em sua acepção vigorante sob a égide do Estado Social Democrático, a liberdade deve ser "concedida e garantida tendo em vista um fim social", posto que, em seu novo molde, tal categoria não mais está voltada para o próprio indivíduo exclusivamente, mas para a coletividade (daí o reiterativo uso do termo "função social"). Nesse contexto, prossegue a autora, as finalidades da liberdade passam a ser a realização dos direitos fundamentais de todos e a consecução dos objetivos sociais gravados na Constituição Federal, a exemplo da redução das desigualdades e da erradicação da pobreza.

Assim, a liberdade assegurada aos agentes econômicos não se manifesta somente em seu aspecto negativo, mas também por meio de sua função positiva, qual seja, a de propiciar a conformação de um mercado que possibilite a minimização das agudas disparidades sociais que ainda projetam uma eficácia corrosiva sobre as bases democráticas da sociedade brasileira.

Ou, na formulação de Schoueri (2006), nos marcos de uma sociedade democrática, tal qual a idealizada pela Carta Republicana de 1988, garante-se "a liberdade dos agentes econômicos (status negativo: liberdade de agir), mas busca-se a liberdade das camadas sociais mais desfavorecidas, reduzindo-se as desigualdades (status positivo)", haja vista que "o Estado de Direito quer a liberdade de todos".

Postas essas determinações constitucionais, examinadas à luz do processo histórico em que se foram consolidando os sentidos das categorias aqui trabalhadas, abre-se uma vereda de mão dupla a condicionar as relações entre Estado e indivíduo.

Por um lado, as atividades executadas pelo Estado com poder de império (das quais figura a tributação como exemplo mais característico) não podem ser levadas a efeito violentando a zona de liberdade e de autonomia que o ordenamento jurídico assegura constitucionalmente aos cidadãos, sob pena de desnaturarem-se em intolerável arbitrariedade. Ainda sob tal perspectiva, resta assentada a regra segundo a qual nenhuma lei poderá reduzir os campos das liberdades constitucionais e da autonomia privada destituída de fundamentos de ordem pública devidamente demonstrados, hipótese em que fatalmente se quedariam ultrajados, no âmbito de seus conteúdos essenciais, preceitos de natureza fundamental[161] (TÔRRES, 2003, p. 129).

Por outro lado, uma vez ressignificadas as liberdades e a autonomia privada à luz de imperativos sociais, não é juridicamente admissível que os particulares as invoquem

---

[161] É dizer: se a fonte de legitimação dos negócios jurídicos deriva, em última instância, da própria Constituição, "as leis que os regulam somente serão legítimas e, portanto, constitucionais, se forem produzidas com a finalidade de ordená-los, materialmente, segundo os princípios constitucionais que norteiam a regulação da vida privada" (TÔRRES, 2003, p. 129).

como pretextos para subverterem disposições de estatura constitucional. O exercício abusivo dessas prerrogativas deve, pois, ser firmemente coibido, porquanto, no Estado Democrático de Direito, nenhum direito ou liberdade pode ser usufruído de maneira anárquica, em sacrifício a preceitos constitucionais que lhes sirvam de contrapeso. E aqui os deveres fundamentais desempenham papel central como limitadores do exercício abusivo das liberdades econômicas e da autonomia privada, eis que, como dito por Nabais (2015), servem eles como suporte constitucional à fixação de restrições à vontade particular em favor da vontade coletiva, de modo que nenhuma liberdade pode ser exercida sem a correspondente responsabilidade comunitária.[162]

Note-se que um tal raciocínio encontra plena aplicação na seara tributária, mormente porque a figura contraposta ao direito de liberdade e seus corolários, naquele específico âmbito, é o dever fundamental de pagar tributos, postulado de hierarquia constitucional e, por isso, insuscetível de transgressões. Com efeito, é na esteira do equilíbrio dinâmico dessas tensões que se vão definindo os limites e os contornos de legitimidade tanto das atuações coercitivas do Estado (*v.g.*, na cobrança e fiscalização do pagamento de tributos) quanto do exercício dos direitos e liberdades fundamentais pelos particulares (*v.g.*, celebração de atos e negócios jurídicos com a finalidade de supressão, redução ou diferimento de carga tributária).

Em todo caso, importante conclusão parcial a neste ponto sedimentar consiste na assertiva de que as liberdades econômicas fundamentais e o princípio da autonomia privada, conquanto moldados historicamente pelas forças normativas imperantes no Direito Privado, hão de ter lugar, por força constitucional, também nos domínios do Direito Tributário, sobretudo como elemento modulador das relações entre Estado e contribuinte. É, pois, neste cenário que se insere a figura da liberdade fiscal, apreciada em detalhes no tópico que se segue.

3.3 O direito fundamental de liberdade fiscal no ordenamento jurídico brasileiro

É objeto de consenso na doutrina a premissa de que o direito fundamental à liberdade, enquanto categoria constitucional estruturante da ordem jurídica, estende a sua eficácia, com *nuances* próprias, ao domínio do Direito Tributário. O fato de a soberania fiscal consubstanciar-se como faceta insuprimível da potestade do Estado — autorizado, pela Constituição, a exercer o poder de tributar, segundo um bem demarcado regime de competências — não logra anular, sob qualquer angulação que

---

[162] Exortação similar, conquanto não alusiva a deveres fundamentais, se extrai do multicitado magistério de Tôrres (2003, p. 129), para quem "nenhuma liberdade, nenhum poder, nenhum direito ou propriedade podem persistir numa sociedade juridicamente organizada sem correlata responsabilidade pelo seu uso ou emprego", devendo ser imediatamente remediado qualquer excesso ou extrapolação.

se examinem as relações jurídicas de natureza tributária, as liberdades fundamentais titularizadas pelos contribuintes.

Mesmo porque, viu-se em capítulo anterior, essa soberania fiscal — que não deixa de ser também uma soberania de natureza política — não encontra suporte de legitimação em si própria, como noutras eras se testemunhou, mas o extrai sempre do princípio da dignidade da pessoa humana e do imperativo constitucional de preservação do Estado Democrático de Direito e dos direitos e garantias fundamentais.

Diferente não poderia ser visto que a atividade de tributação, ao traduzir-se, do ponto de vista prático, na transferência compulsória de parcelas dos patrimônios particulares ao Poder Público, se corromperia em grave arbitrariedade se levada a efeito fosse sem encontrar nos limites constitucionais ao poder de tributar sólidas e incontornáveis balizas para o seu exercício (MARTINS, 2009, p. 269). O constitucionalismo do Estado Democrático de Direito, atento às severas lições da história, interdita, em absoluto, qualquer reivindicação da onipotência da imposição tributária, negando ao Poder Público a frequente tentação de assumir a face de um "Leviatã Fiscal".

Como lembra Marcelo Guerra Martins (2009, p. 269), tais preceitos constitucionais limitativos ao poder tributário devem ser concebidos como cláusulas pétreas, blindadas, pois, contra qualquer investida do poder constituinte derivado, segundo os moldes preconizados pelo artigo 60, §4º, da Carta Magna. Por isso é que o autor invoca a *liberdade material* (incluindo em seu espectro o direito fundamental de propriedade, o princípio da livre iniciativa e a proteção do indivíduo contra o excesso de exação tributária) como primeiro fundamento de sua proposta de "Democracia Fiscal".

O fato é que a atividade de tributação empreendida pelo Estado implica, inexoravelmente, uma patente e permanente tensão com o direito fundamental de liberdade titularizado pelos contribuintes. Um tal direito, revestindo-se dos figurinos próprios da dogmática tributária, assume a forma do que neste trabalho se denomina "liberdade fiscal", isto é, uma projeção específica do direito de liberdade no perímetro do Direito Tributário, traduzida na demarcação de uma zona de autonomia individual (dotada de eficácias negativa e positiva, como se verá) que o Poder Público deve invariavelmente preservar, como pressuposto de legitimidade de sua atuação, sempre que exercer o poder tributário que a Constituição lhe outorga.

O termo "liberdade fiscal", por óbvio, não é inédito, já havendo sido ostentado não só em obras doutrinárias de destaque (GODOI, 2008; TORRES, 2009), como também em decisões jurisprudenciais diversas.

Embora a maioria dos autores, para abordar a temática dos limites do planejamento tributário, opere com as liberdades econômicas mais usuais (empresarial, de iniciativa etc.), parece interessante delinear, com especialidade, a expressão "direito fundamental de liberdade fiscal" para reforçar, com explicitude textual, a sua força normativa no Direito Tributário, segundo as singularidades dogmáticas que distinguem a disciplina fiscal das relações entre Estado e contribuinte. Uma tal opção terminológica, entretanto, convém logo esclarecer, não pretende acrescentar linhas substancialmente novas à discussão, mas apenas conferir maior clareza ao estudo das turvas e nebulosas (sub) temáticas atinentes aos limites do planejamento tributário.

Sabe-se antigo o debate, aqui e alhures, no campo da teoria constitucional, acerca da existência de um "direito geral de liberdade", cujo conteúdo, obedecendo à métrica de um "suporte fático amplíssimo", revelaria aptidão para tutelar todo e qualquer comportamento humano (SARMENTO, 2016, p. 159). As objeções a essa tese são, também, bastante conhecidas: (1) a indeterminação de um direito fundamental deveras importante e (2) a sua banalização ao ser invocado para proteger condutas pouco relevantes. Conquanto compreensível seja a lógica dessas críticas, que não são desprovidas de algum sentido, entende-se que só podem elas prosperar se se tomar por pressuposto o *caráter absoluto* do direito de liberdade, o que não é lícito fazer.

É evidente que aludir a um *direito amplo de liberdade* não significa sustentar que ele servirá para tutelar "todo e qualquer comportamento humano", mas somente aqueles que, submetidos à ponderação com outros bens e valores constitucionais, revelem-se dignos de proteção em cada caso concreto. Assinalar o seu suporte fático amplo, em sede *prima facie*, apenas tem por consectário potencializar a sua eficácia protetiva, dado o recrudescimento das exigências de fundamentação constitucional para a relativização, em caráter *definitivo*, das liberdades individuais (SILVA, 2009, p. 94). Ademais, conceber nesses termos o direito em causa auxilia a sedimentar a liberdade como regra geral, reforçando a índole de excepcionalidade de todas as eventuais restrições que recaiam sobre o seu conteúdo (por iniciativa legislativa ou judicial).

Por isso, sem risco de condescender com a alegada "banalização" de tão primordial direito, é de se concordar com Sarmento (2016, p. 161) quanto à existência, no Brasil, de um "fundamento textual expresso para o direito geral de liberdade; afinal o art. 5º, *caput*, da Constituição alude ao direito à liberdade sem precisar o seu âmbito de proteção, o que induz à conclusão de que se trata de um direito geral". Da afirmação da *generalidade* do direito fundamental à liberdade, com efeito, deriva a possibilidade de se cogitar projeções especializadas do mesmo em cada terreno dogmático de que se venha a tratar, de modo que o direito de liberdade possa assumir feições específicas e mais afinadas com as *nuances* de cada âmbito normativo estudado.[163]

Assim inteligido o direito fundamental de liberdade, tem-se que a sua transposição à órbita política reveste-o das específicas formas — entre diversas outras possíveis — da liberdade de expressão e de filiação partidária; na órbita da religiosidade, traduz-se nas específicas liberdades de crença e de consciência; na órbita educacional (ou acadêmica), nas liberdades intelectual, científica e de cátedra. E, uma vez projetado no Direito Tributário, o direito fundamental à liberdade reveste-se do específico figurino da

---

[163] Trata-se do mesmo raciocínio desenvolvido no capítulo antecedente acerca do princípio da isonomia tributária, isto é, há na Constituição um princípio geral da igualdade que, no Direito Tributário, se exprime mediante variações peculiares (isonomia tributária): universalidade da tributação, vedação de discriminações na instituição e na cobrança de tributos, tributação conforme a capacidade contributiva, isonomia funcional nos procedimentos de fiscalização e cobrança de tributos etc.

liberdade fiscal, com matizes e propriedades conceituais próprias, a serem teoricamente traçadas com o rigor metodológico que qualifica a melhor doutrina.

Afixados tais esclarecimentos terminológicos, pode-se proceder à análise da anatomia dogmática do direito fundamental de liberdade fiscal. Neste particular, há que se acentuar, antes de tudo, que, no ordenamento positivo brasileiro, o direito em consideração deve ser encarado sob uma dupla dimensionalidade. Quer-se com isto dizer que o direito de liberdade fiscal se exprime por duas faces distintas e complementares: uma negativa (limitação do poder do Estado) e outra positiva (prerrogativas negociais e patrimoniais outorgadas ao contribuinte no terreno da fiscalidade).

Sustentar a eficácia negativa do direito fundamental de liberdade fiscal significa apenas evidenciar o seu aspecto mais visível, qual seja, o de que ele se engendra, na seara tributária, como anteparo da esfera individual contra potenciais abusos perpetrados pelo Poder Público na condução das atividades tributantes. É, em síntese, o direito fundamental de liberdade fiscal como *proteção passiva do contribuinte*, a garantir-lhe uma zona de autonomia insuscetível de violações quando do exercício do poder tributário pelo Estado. Fala-se em "eficácia negativa" — faceta típica, aliás, de todos os direitos de primeira geração — porque a liberdade fiscal auxilia a demarcar, junto a outros princípios correlatos (legalidade, anterioridade etc.), até onde o Estado está autorizado a ir nos processos de instituição, cobrança e fiscalização dos tributos.

É seguindo, também, esta linha que Ricardo Lobo Torres (2009, p. 375) acentua que "o poder de tributar se vincula essencialmente à liberdade" para concluir, após traçar as relações e implicações entre essas duas categorias constitucionais, que, no Direito Constitucional Tributário brasileiro, "pode-se falar em *liberdade fiscal*". Como logo se vê, nada há a acrescentar a esse que é o aspecto mais epidérmico do direito fundamental de liberdade fiscal, dado ser manifesta a sua vinculação aos limites constitucionais ao poder de tributar, já extensamente abordados no capítulo antecedente, despicienda se quedando qualquer reprise argumentativa neste específico mister.

Mais importante, a esta altura, é compreender a outra dimensão do direito de liberdade fiscal, pois é ela que verdadeiramente matriza a problemática dos planejamentos tributários e as controvérsias principais que hoje se encontram em voga.

Sob o aspecto positivo, o direito fundamental de liberdade fiscal — de par com as liberdades econômicas fundamentais e com o princípio da autonomia privada — assegura aos contribuintes em geral a prerrogativa de *auto-organização patrimonial com finalidades tributárias*. Nos termos dessa formulação, significa que, ao projetar-se no domínio do Direito Tributário, o direito fundamental de liberdade permite aos particulares procederem — dentro das margens da legalidade — à livre conformação de seus negócios e de seu patrimônio com o objetivo de lograr a supressão, a atenuação ou a postergação da carga tributária incidente sobre suas atividades. Sob um tal prisma, diz-se *positiva* a eficácia do direito fundamental de liberdade fiscal porque traduzida no *exercício ativo* pelos contribuintes de prerrogativas constitucionais, cujos desideratos produzem repercussões de suma relevância no âmbito do direito tributário.

Marciano Godoi (2012a, p. 119), apoiando-se em contribuições da doutrina europeia, assevera que, em ordens constitucionais assentes no modo de produção capitalista e em fundamentos como a livre iniciativa e a economia de livre mercado, não chega a ser objeto de real contenda a existência do direito de liberdade, titularizado universalmente por pessoas físicas e jurídicas, de buscar reduzir, por meio de uma planificação racional de suas atividades econômicas, as obrigações tributárias a elas potencialmente imponíveis: "a proclamação constitucional da função social da propriedade ou do dever solidário de contribuir, por meio dos impostos, para o sustento dos gastos públicos, não constitui óbice ao direito de o contribuinte praticar elisão tributária" e, por meios lícitos, auferir economias fiscais (GODOI, 2012a, p. 119).

Há que se recordar, outrossim, que o direito fundamental de liberdade fiscal decorre, quase que tautologicamente, do atributo da fiscalidade do Estado, com todos os específicos predicados que vêm a reboque de uma tal caracterização. Nesse sentido, à luz das terminologias consagradas na doutrina portuguesa, Casalta Nabais (2015, p. 204) rememora que "a ideia de estado fiscal, vista pelo prisma dos indivíduos — que o mesmo é dizer pelo prisma dos suportes passivos ou contribuintes dum estado — significa o reconhecimento da livre disponibilidade econômica dos particulares".

Nomes distintos, essências idênticas. Pelo princípio da livre disponibilidade econômica, Nabais também quer se referir à prerrogativa assegurada aos contribuintes de poderem decidir livremente, na maior amplitude possível, sobre as suas atividades e seu patrimônio, inclusive no que tange às aspirações de aforro fiscal. E acrescenta que a limitação dessa liberdade de decisão somente pode ser admitida "quando, do seu exercício sem entraves, resultem danos para a colectividade, ou quando o Estado tenha de tomar precauções para que se possa conservar e manter essa mesma liberdade de decisão" (NABAIS, 2015, p. 204).

Semelhante princípio vigora na Alemanha com o nome *die freiheitliche Zielsetzung*, cuja tradução aproximada seria "livre fixação ou eleição dos fins", ladeado por outro ainda mais específico, *Gestaltungsfreiheit*, expresso na ideia de "liberdade criativa" ou "liberdade de conformação". Nos Estados Unidos, a extensa e iterativa jurisprudência referente ao tema do *tax planning* deu à luz o *free choice of the least taxed route principle*, expresso na noção de "livre escolha da rota menos tributada".

Também em Portugal se pode encontrar outras denominações constitucionais, doutrinariamente elaboradas, para essa mesma dimensão de liberdade que se está a esquadrinhar. É o próprio José Casalta Nabais (2017, p. 271) quem anuncia a existência da "liberdade fundamental de planejamento tributário, que é uma componente da liberdade de gestão fiscal, que, por sua vez, é uma das componentes mais importantes da liberdade fundamental de gestão empresarial".

Logo se vê que, por detrás de múltiplas e diversificadas formatações terminológicas, repousa um substrato conceitual comum, que neste trabalho tem prestigiado o nome de "liberdade fiscal". Importa notar é que entre o direito fundamental de liberdade fiscal e as liberdades econômicas fundamentais (de iniciativa, de concorrência, empresarial e de exercício profissional), aliadas ao princípio da autonomia privada, forma-se uma liga indissolúvel, de fundo constitucional, que confere aos contribuintes a prerrogativa de estruturarem, sem subversão à legalidade, os chamados planejamentos tributários, movidos pelo legítimo desígnio de lograrem economias fiscais no contexto de atos e negócios jurídicos celebrados na órbita de suas atividades particulares.

Não há preocupação, neste preciso instante, em formular uma definição mais rigorosa para o termo "planejamento tributário", sem embargo de seu caráter notadamente intuitivo, porque isto será objeto específico do próximo capítulo. Por ora, o que interessa acentuar é a liceidade da pretensão dos contribuintes de, por meios idôneos, minimizarem ou mesmo eliminarem a carga tributária que pesa sobre as suas atividades. É, pois, o direito fundamental de liberdade fiscal que fornece sustentação e legitimidade constitucionais aos particulares para gerirem e organizarem livremente o seu patrimônio e sistematizarem metodicamente os seus negócios, em persecução à menor onerosidade fiscal possível, desde que não desbordem, direta ou indiretamente, a zona de licitude que o ordenamento jurídico positivo lhes assegura.

Não é defeso ao contribuinte, por conseguinte, mediante mapeamento exaustivo da legislação tributária, perseguir frestas, vazios ou imperfeições da legislação para evitar a constituição de obrigações tributárias ou minorar os valores a serem recolhidos. O que não lhe é dado fazer é fraudar, ardilosamente, normas tributárias já existentes e perfeitamente eficazes, por meio de estratégias abusivas de evitação fiscal.

No entanto, a perseguição de espaços livres de tributação por deficiências legislativas é conduta tutelada pelo direito fundamental de liberdade fiscal e pela prerrogativa de livre conformação do patrimônio. Faz-se esse alerta porque já houve julgamentos no âmbito do STF em que se vislumbrou descabida alusão crítica — com equívoca referência à obra de Nabais, diga-se de passagem — ao "pretenso direito fundamental de buscar lacunas na legislação e de reduzir *per faz et nefas* a carga tributária".[164]

Nesse sentido, Martha Leão (2018, p. 86), partindo da compreensão de que o direito de liberdade consiste, em síntese, no reconhecimento da autonomia dos indivíduos para tomarem decisões atinentes às suas próprias vidas, assevera que as escolhas pessoais relacionadas a "como gerir o próprio patrimônio vinculam-se diretamente a ela [liberdade]". A autora, alinhando-se à doutrina de Michael Rodi (1994), trata de incluir, nessa equação das liberdades econômicas e da autonomia privada, o direito fundamental de propriedade, diretamente conexo à noção de liberdade fiscal

---

[164] Tratou-se do julgamento do RE nº 240.785/MG, no qual o Ministro Gilmar Mendes, em voto que restou vencido, sustentou raciocínio que não pode prevalecer em face do direito fundamental de liberdade fiscal: "Inequivocamente, a carga tributária existente hoje no Brasil é exagerada e disfuncional. A discussão é, porém, complexa e não se deixa resolver com meras restrições a um dos lados da balança. É indispensável que o problema seja solucionado equilibrando cortes de receita e de despesa. De fato, essa situação não ampara pretenso direito fundamental de buscar lacunas na legislação e de reduzir per faz et nefas a carga tributária. Não se verificando óbice constitucional ou legal à exigência do tributo, persiste o dever fundamental de contribuir com os custos do Estado, consoante o eminente professor português José Casalta Nabais expõe [...]" (BRASIL, 2014h, p. 86-87).

quando assimilado na sua acepção subjetiva, a saber, na possibilidade de tomadas de decisões pessoais sobre o próprio patrimônio. Daí a sua conclusão de que "a justificação do direito de propriedade vincula-se à autonomia da pessoa e à necessidade de controlar individualmente os seus recursos econômicos" (LEÃO, 2018, p. 86-87).

Sobre o direito fundamental de liberdade fiscal, consigna exemplarmente Marco Aurélio Greco que:

> [...] o ordenamento constitucional brasileiro consagra uma liberdade para o cidadão e o chamado planejamento tributário surge a partir da ideia de exercício dessa liberdade de montar os próprios negócios, organizar a própria vida de modo a pagar o menor tributo "validamente" possível considerando as três perspectivas acima mencionadas. Ou seja, o menor tributo "legalmente" possível, o menor tributo "efetivamente" (faticamente) possível e o menor tributo "legitimamente" possível (GRECO, 2008, p. 117-118).

Portanto, se os expedientes mobilizados pelo contribuinte para suavizar as pressões fiscais que afetam a sua esfera negocial-patrimonial se quedam imunes a patologias ou ilicitudes, os atos e negócios jurídicos propiciadores da economia tributária serão oponíveis ao Fisco. A chamada elisão fiscal, fenômeno tributário lícito por definição, não pode ser preterida pela Administração, sob pena de transgressão ao direito fundamental de liberdade fiscal, haja vista que inexiste no ordenamento jurídico brasileiro, por força das próprias disposições constitucionais, norma que obrigue os particulares a adotarem a via de ação que melhor pague o Fisco. Tampouco o dever fundamental de pagar tributos, como se sublinhou, pode ser invocado draconianamente como suporte normativo para uma tal exigência. Há, em suma, que se garantir a livre conformação fiscal dos contribuintes, em consonância com a lição de Nabais:

> O que, em termos do (sub)sistema tributário, implica o reconhecimento da livre conformação fiscal dos indivíduos, traduzida na liberdade destes para planificarem a sua vida econômica sem consideração das necessidades financeiras da respectiva comunidade estadual [sic] e para actuarem de molde a obter o melhor planeamento fiscal (tax ou fiscal planning, Steuerplanung) da sua vida, designadamente vertendo a sua acção económica em actos jurídicos ou actos não jurídicos de acordo com a sua autonomia privada, e guiando-se mesmo por critérios de evitação de impostos ou de aforro fiscal, conquanto que, por uma tal via, não se viole a lei do imposto, nem se abuse da configuração jurídica dos factos tributários, provocando evasão fiscal ou fuga dos impostos através de puras manobras ou disfarces jurídicos da realidade económica (NABAIS, 2015, p. 205-206).

A ressalva final delineada pelo autor lusitano é de medular importância: o direito fundamental de liberdade fiscal não é absoluto, pois a ele servem de freios e contrapesos outros preceitos constitucionais igualmente fundamentais, dever de pagar tributos e os princípios da solidariedade, da isonomia e da capacidade contributiva. Quer isto significar que a prerrogativa de auto-organização patrimonial do contribuinte não pode ser exercida abusivamente, mediante violação direta (evasão fiscal) ou indireta (elusão fiscal) à legislação tributária. A fixação de limites aos planejamentos tributários foi o mote da edição do parágrafo único do artigo 116 do CTN, introduzido na ordem jurídica brasileira pela Lei Complementar nº 104/2001, sob o escopo de controle de legalidade de operações tendentes à redução de carga tributária.

Há que se recordar, segundo longamente se discutiu no decurso deste capítulo, que o princípio da autonomia privada, no Estado Democrático de Direito, resulta da composição das liberdades fundamentais e dos preceitos constitucionais limitadores de cariz social (função social da propriedade, dos contratos etc.) — para além de outras exigências da legislação ordinária (boa-fé, ordem pública, eticidade etc.) —, não mais se revestindo do caráter ilimitado prevalecente noutras épocas. Com isso, impõe-se buscar um ponto de equilíbrio que demarque com alguma cristalinidade as fronteiras de licitude do exercício do direito fundamental de liberdade fiscal, que, sem dizimá-lo, mostrem-se também capazes de prevenir os abusos frequentemente praticados por contribuintes na ordenação de planejamentos tributários.

Consoante adverte com precisão Marcus Abraham, a estabilidade, a justiça e a harmonia do Sistema Tributário Nacional dependem do êxito dessa providência:

> Garantir o equilíbrio entre o interesse público e o privado, zelar pelo cumprimento do dever de pagar tributos sem ferir os direitos fundamentais do contribuinte, respeitar a sua liberdade e autonomia privada, combinando segurança jurídica e legalidade com a utilização de uma metodologia de interpretação pluralística das normas tributárias e a tipicidade aberta são as questões-chave do Direito Tributário contemporâneo, sem as quais não será possível manter a harmonia e a eficiência do sistema tributário nacional (ABRAHAM, 2008, p. 133).

Note-se que, pela clara delimitação dessas fronteiras de licitude, pretende-se, sobretudo, oferecer um molde constitucional de exercício tanto do direito fundamental de liberdade fiscal quanto do poder de tributar, para que ambas as atividades, ínsitas ao Estado Democrático de Direito, não subvertam as bases que alicerçam a Constituição brasileira, evitando que o primeiro se converta em salvo-conduto para o cometimento de abusos pelos contribuintes e impedindo que o segundo se degenere num censurável instrumento de opressão e asfixia dos direitos individuais.

3.4 As liberdades contratuais e a importância do critério da causa dos negócios jurídicos para o Direito Tributário

O estudo das relações entre as normas de direito privado e as normas tributárias ou, se se preferir, entre a autonomia privada e o poder de tributar demanda uma análise um tanto mais específica acerca das liberdades negociais identificáveis no plano da legislação ordinária e dos critérios que informam as suas repercussões, em termos de validade e licitude, na seara tributária. Nesse mister, acompanhando as lições de Heleno Tôrres (2003), convém, aqui, em vias de encerramento do capítulo, abordar as três liberdades contratuais desdobradas das liberdades econômicas fundamentais e do princípio da autonomia privada: liberdade de causas, liberdade de tipos e liberdade de formas. São elas parâmetros da ordenação de negócios jurídicos privados e, por conseguinte, do próprio exercício do direito fundamental de liberdade fiscal.

A partir disso, possível será acentuar a importância do critério da causa jurídica para a legitimidade de transações e operações dirigidas à redução de carga tributária, eis que, ver-se-á no capítulo próximo, a causa jurídica consubstancia elemento central na conceituação da figura da elusão fiscal. Particular importância ganhará, na parte final do presente tópico, a modalidade do negócio jurídico indireto, o que se deve às sensíveis dificuldades e dubiedades que o mesmo engendra no controle de legalidade dos planejamentos tributários. Na eloquente síntese do citado autor:

> Revela-se, assim, a importância de se garantir, em todo o processo de interpretação dos negócios jurídicos, um permanente cuidado com as três liberdades negociais referidas: de causa, de tipo e de formas, cobrando equilíbrio entre a escolha destas e atendimento dos critérios eleitos pelo ordenamento que permitam justificar o negócio jurídico como válido e legítimo. E será esta interpretação do texto e do fato negocial que permitirá ao intérprete da norma tributária conhecer juridicamente, a substância do negócio jurídico e sua compatibilidade com a forma adotada, sem qualquer recurso a "interpretação econômica" e quejandos, laborando exclusivamente com categorias jurídicas, visando a identificar a efetividade da demonstração da capacidade contributiva (TÔRRES, 2003, p. 141).

A causa dos negócios jurídicos é (e sempre foi), sabidamente, um dos temas mais tortuosos do direito privado. Se algum consenso doutrinário há acerca dele, este consiste, paradoxalmente, em reconhecer a impossibilidade de se formar qualquer consenso quanto às diversas facetas que compõem a "causa jurídica" enquanto objeto de disciplina normativa e de elaboração doutrinária. Prova disso faz o significativo apanhado realizado por Nishioka entre renomados civilistas, assim resumido pelo autor:

> [...] a causa do negócio jurídico, considerada pela doutrina como "controvérsia tormentosa e infindável" e "discussão sem fim" (Caio Mário da Silva Pereira); "um dos temas mais controvertidos e polêmicos do direito civil" (José de Abreu Filho); noção "das mais difíceis e complexas em todo o direito civil" (Maria Celina Bodim de Moraes); e questão "reconhecidamente, das mais obscuras e difíceis" (Orlando Gomes) (NISHIOKA, 2010, p. 143).

Não comporta esta pesquisa um exame pormenorizado de todos os debates doutrinários que rios de tinta renderam à problemática da causa do negócio jurídico. Importa somente construir, com o socorro da melhor doutrina, um conceito sólido e coerente dessa categoria para que sirva de plataforma ao estudo da elusão fiscal e dos planejamentos tributários abusivos no capítulo subsequente. É isso que se buscará fazer.

Uma vez concebido o contrato como um negócio jurídico bilateral e consensual por meio do qual as partes formalizam um acordo de vontades, tem-se que a confluência dos interesses se consolida num núcleo comum (o consenso), o qual traduz *a causa do negócio jurídico*, isto é, a *função prática* que aquele negócio assume e tende a efetivar (TÔRRES, 2003, p. 142). Perscrutar a causa de um negócio jurídico implica, portanto, identificar não só a sua forma e o seu conteúdo, mas, sobretudo, a sua *funcionalidade* e a sua *finalidade prática*. "E assim, o que era vontade individual, fracionada por tantos quanto os partícipes, passa a ser vontade única, indivisível, portadora de uma identidade de interesses: a causa" (TÔRRES, 2003, p. 142).

Santos e Fajersztajn (2014, p. 41) afirmam que "a causa dos negócios jurídicos corresponde à função típica de determinado instrumento contratual, assim entendida a sua atribuição econômica e social destinada à produção dos efeitos jurídicos previstos em lei"; isto é, noutras palavras, "a causa do negócio jurídico consiste na função econômico-social que justifica a criação de determinado tipo contratual como instrumento apto a gerar direitos e obrigações, emprestando eficácia à autonomia da vontade manifestada pelos sujeitos de direito". Em semelhante referência, Maria Celina Bodin de Moraes (2013, p. 09) aduz que "a causa do negócio encontra-se na função econômico-social, reconhecida e garantida pelo Direito".

É importante, neste ponto, esclarecer que, no âmbito da teoria dos contratos, está-se a tratar não da *causa originária da obrigação*, mas da *causa final associada ao negócio jurídico* levado a efeito pelas partes. Como expõe Orlando Gomes (1987, p. 57), "não é a causa antecedente, mas a causa final, isto é, o fim que atua sobre a vontade para lhe determinar a atuação no sentido de celebrar certo contrato".

Na mesma direção, Nishioka (2010, p. 174) destaca que, sob a égide do Código Civil de 2002, especialmente na forma dos seus artigos 421[165] e 2.035,[166] o conceito de causa coincide com a "função social do contrato", leia-se, com a finalidade e funcionalidade práticas às quais ele se dirige consoante a sua previsão e proteção na ordem jurídica. Trata-se, diz o autor, de substantiva inovação trazida pelo diploma de 2002, sem embargo da ausência de explícita alusão textual ao termo "causa", dado que o Código de 1916, entende a doutrina, era notoriamente "anticausalista".[167]

Novamente trazendo à baila o magistério de Tôrres (2003, p. 142-143), pode-se pontuar que a causa deve ser compreendida "como a finalidade, a função, o fim que as partes pretendem alcançar com o ato que põem em execução, sob a forma de contrato, para adquirir relevância", de modo que "a causa é elemento essencial do negócio, com o fim de realizar uma operação apreciável economicamente, devendo ser sempre lícita e passível de tutela pelo direito positivo". Segundo o autor, constitui o critério da causa o centro de gravitação para os procedimentos de interpretação e de aplicação das normas tributárias, as quais assimilam o negócio jurídico concretizado como o fato a ser subsumido ou não à hipótese normativa de um qualquer tributo:

---

[165] Art. 421, Código Civil. A liberdade de contratar será exercida em razão e nos limites da função social do contrato.

[166] Art. 2.035, Código Civil. A validade dos negócios e demais atos jurídicos, constituídos antes da entrada em vigor deste Código, obedece ao disposto nas leis anteriores, referidas no art. 2.045, mas os seus efeitos, produzidos após a vigência deste Código, aos preceitos dele se subordinam, salvo se houver sido prevista pelas partes determinada forma de execução. Parágrafo único. Nenhuma convenção prevalecerá se contrariar preceitos de ordem pública, tais como os estabelecidos por este Código para assegurar a função social da propriedade e dos contratos.

[167] Debate em moldes similares se desenvolverá no capítulo seguinte, quando se abordarem as concepções voluntarista e causalista no Direito Civil brasileiro e o trânsito do Código de 1916 para o de 2002.

[...] Por isso, ao conferir tal individualidade ao negócio jurídico, revela-se [a causa] como um importante e inafastável elemento para o procedimento de interpretação, especialmente para os fins de aplicação de normas de direito tributário, que tomam o negócio jurídico como "fato", para fins de subsunção deste à hipótese normativa de um dado imposto.

A causa contratual, vista sob tais aspectos, assume, assim, papéis muito bem definidos, na medida em que se presta a: i) atribuir individualidade ao negócio jurídico, como requisito de existência do negócio; ii) servir como critério de interpretação do negócio jurídico; iii) constituir-se como critério de qualificação do tipo negocial ou da modalidade atípica; iv) identificar a função social do contrato; v) classificar os negócios jurídicos (TÔRRES, 2003, p. 143).

A análise da causa do negócio jurídico, destarte, tem um viés objetivo. Não se cuida dos motivos internos, intenções ou referenciais psicológicos que levaram as partes a celebrá-los: traduz-se ela na declaração de vontade projetada pelos convenentes no contrato. Por isso, deve ser a causa perquirida no interior do negócio jurídico celebrado, em seu aspecto teleológico, como "o escopo central que conduziu e subordinou a atividade do agente para pô-lo em existência objetiva", segundo a lição clássica de Torquato Castro (1966, p. 7). Notável explanação sobre essa complexa *nuance* da questão da causa jurídica se encontra também na obra de Caio Mário Silva Pereira:

Na pesquisa das razões determinantes do negócio jurídico é necessário fazer uma distinção fundamental, que consiste em destacar a causa do ato, dos motivos que levaram o agente a praticá-lo. Tais motivos se apresentam como uma razão ocasional ou acidental do negócio, e nunca faltam como impulso originário, mas não têm nenhuma importância jurídica. Por isso, o jurista deve relegá-los para o plano psicológico, a que seria então afeta a indagação da deliberação consciente. E detém-se apenas na investigação da causa propriamente dita, que se deve caracterizar na última das razões determinantes do ato. [...]

Na caracterização da causa, portanto, é preciso expurgá-la do que sejam meros motivos, e isolar o que constitui a razão jurídica do fenômeno, para abandonar aqueles e atentar nesta. Na causa há, pois, um fim econômico ou social reconhecido e garantido pelo direito, uma finalidade objetiva e determinante do negócio que o agente busca além da realização do ato em si mesmo. Como este fim se vincula ao elemento psíquico motivador da declaração de vontade, pode ser caracterizado, sob outro aspecto, como a intenção dirigida no sentido de realizar a conseqüência jurídica do negócio. Mas sempre haverá distinguir da causa a motivação, pois que esta, mesmo ilícita, não chega a afetar o ato, desde que àquela não se possa irrogar a mesma falha (PEREIRA, 1998, p. 318-319).

O ordenamento brasileiro não predetermina as causas possíveis dos negócios jurídicos a serem potencialmente celebrados pelas partes, donde a dedução de que nele vigora um princípio de "liberdade de causas". O que não significa, por suposto, ser destituída de limites a eleição das causas a comandar a concretização de operações e transações na seara negocial. Impõe-se, em qualquer caso, que a causa seja consonante com os referenciais cogentes prestigiados pelo Direito Civil Constitucional, isto é, deve a causa do negócio jurídico guardar compatibilidade com a ordem pública, a moral, a eticidade, a boa-fé objetiva e a função social dos contratos. Todas essas figuras são balizadores importantes e incontornáveis no exercício da autonomia privada e, por conseguinte, das próprias liberdades negociais/contratuais.

Essa liberdade de causas, entretanto, não é tão ampla a ponto de chancelar o seu oposto, isto é, a ordenação de *negócios jurídicos sem causa*. Isso porque a existência de causa real ou legítima — isto é, causa merecedora da tutela do Direito, porque compatível com os imperativos acima enunciados — consubstancia *pressuposto de validade* dos negócios jurídicos. Já na clássica doutrina de Orlando Gomes (1974, p. 424) se lia que "a lei exige uma justificação para a criação, por um negócio jurídico, de um vínculo digno de proteção. Essa justificação se encontra na relevância social do interesse que se quer tutelar e no fim que se pretende alcançar. É a causa".

A antiga (mas nunca antiquada) lição se mantém, pois, como observa Tôrres (2003, p. 146), "sua ausência [a da causa] vicia de nulidade quaisquer negócios, ou dá ensejo a ilícitos, como o enriquecimento sem *causa*" ou, ainda, a atos lesivos decorrentes de desvio de finalidade, como o do artigo 50 do Código Civil.[168] Neste último dispositivo, a teleologia desvirtuada na constituição ou na utilização da personalidade jurídica também toma por referência a causa dos atos jurídicos praticados como parâmetro para reputá-los (i)lícitos e para promover (ou não) a sua desconsideração.

Segundo o mesmo autor, "o nosso direito, ao contemplar a exigência de causa como elemento essencial dos contratos, não admite a figura dos chamados 'negócios abstratos' (de origem germânica), que são aqueles desprovidos de causa"; de sorte que "negócio jurídico sem causa é negócio jurídico inválido, nulo em plenitude, ao que cabe [para fins fiscais] a sua desconsideração pelas regras antielusivas de controle sobre atos, negócios ou pessoas jurídicas" (TÔRRES, 2003, p. 146).

Uma segunda espécie de liberdade negocial que encontra guarida no sistema jurídico pátrio é a "liberdade de formas". Dispõe o artigo 107 do Código Civil que "a validade da declaração de vontade não dependerá de forma especial, senão quando a lei expressamente a exigir". Há que se compreender, num tal contexto, a qual significado corresponde o signo "forma". Segundo Álvaro Villaça Azevedo (2002, p. 51), "a forma do contrato é o meio ou o conjunto de meios de que se valem os contratantes para exteriorizarem seus interesses, suas manifestações de vontade, na relação jurídica contratual". A forma traduz-se, pois, no meio de expressão e externação das vontades que, consensualmente ajustadas, conferem ao negócio o seu conteúdo.

Importante disposição, neste pormenor, é aquela veiculada no artigo 104 do Código Civil, a qual prescreve que a validade do negócio jurídico exige agente capaz, objeto lícito e *forma prescrita ou não defesa em lei*. A partir do jogo coordenado deste e do

---

[168] Art. 50, CC. Em caso de abuso da personalidade jurídica, caracterizado pelo desvio de finalidade ou pela confusão patrimonial, pode o juiz, a requerimento da parte, ou do Ministério Público quando lhe couber intervir no processo, desconsiderá-la para que os efeitos de certas e determinadas relações de obrigações sejam estendidos aos bens particulares de administradores ou de sócios da pessoa jurídica beneficiados direta ou indiretamente pelo abuso. (Redação dada pela Lei nº 13.874, de 2019). §1º Para os fins do disposto neste artigo, desvio de finalidade é a utilização da pessoa jurídica com o propósito de lesar credores e para a prática de atos ilícitos de qualquer natureza. (Incluído pela Lei nº 13.874, de 2019) [...].

dispositivo mencionado no parágrafo anterior (artigo 107, CC), Tôrres (2003, p. 147) enuncia a existência, na ordem jurídica vigente, de "um princípio unívoco de garantia de plena liberdade de formas, salvo os casos em que a lei exija expressamente uma forma própria, com fundada razão de interesse público ou proteção do tráfico jurídico".

Daí decorre a conclusão de que a regulação dos contratos no Direito Civil brasileiro pode exigir que as partes convenentes utilizem, em certos casos, uma forma negocial determinada, mediante a satisfação de formalidades estabelecidas em lei, assegurando aos particulares, porém, residualmente, a livre criação de novos modelos no exercício da autonomia privada. Certo é que a liberdade de formas se encontra também acobertada pelo manto do consensualismo, posto que fulcrada na justaposição de vontades livres quando da celebração dos contratos — desde que, como dito, respeitados os limites legais (função social, ordem pública etc.) —, a ampliar a margem de ação e de escolha dos particulares no âmbito de suas atividades negociais.

Em todo caso, é prudente advertir que, ao se falar em liberdade de formas e consensualismo, não se pretende referir a uma "ausência de formas", mas "apenas garantir o direito de as partes, consensualmente, adequarem a finalidade negocial pretendida com a forma que lhes pareça a mais adequada e funcional possível" (TÔRRES, 2003, p. 148). Deve-se isso ao fato de que, rememora Junqueira de Azevedo (2002, p. 124), "não há negócio sem forma. Que haja negócios com forma prescrita em lei e negócios com forma livre, é questão que diz respeito ao plano da validade [...]"; visto que "a forma do negócio jurídico é o meio através do qual o agente expressa a sua vontade. A forma poderá ser oral, escrita, mímica, consistir no próprio silêncio ou ainda em atos dos quais se deduz a declaração de vontade".

Por fim, completa a tríade das liberdades contratuais a chamada "liberdade de tipos". A ideia de tipicidade contratual diz respeito à regulação legal, em grau relevante, de uma determinada modalidade de negócio jurídico. O contrato, para que típico, deve encontrar na lei um modelo relativamente amplo de disciplinamento, de modo a fornecer às partes, de antemão, as principais linhas de forma e contornos de conteúdo do negócio que pretendem firmar. Em geral, a tipicidade contratual restringe-se às espécies mais clássicas de negócio jurídico, as quais, dada a sua maior recorrência no terreno das relações privadas, carecem de uma mais completa regulação em lei, a fim de que sejam expandidas as margens de segurança jurídica no seu manejo.

A liberdade de tipos consiste, então, na possibilidade de os particulares se valerem de modelos negociais que não se encontram tipificados especificamente na legislação. Fala-se nos conhecidos "negócios atípicos", consubstanciados em pactuações contratuais que são fruto da autorregulação, conforme os interesses das partes, sem prévia submissão a disciplinas legais específicas, quedando-se sujeitos apenas aos já mencionados parâmetros cogentes gerais dos contratos. A possibilidade de celebração de negócios jurídicos atípicos acentua a faceta da liberdade de tipos como uma *cláusula automática de atualização* do direito privado, haja vista permitir que o mesmo vá se adaptando às novas dinâmicas socioeconômicas sem a necessidade de constantes intervenções legislativas de natureza regulatória.

Esses atributos da plasticidade e maleabilidade dos contratos de acordo com a evolução e mutação das práticas sociais no tempo, propiciados pela figura dos negócios jurídicos atípicos — embora sempre sujeitos aos imperativos gerais regentes do Direito Civil constitucionalizado — restam claros na seguinte análise de Heleno Tôrres:

> Na atualidade, em nome de interesses difusos e coletivos, o direito positivo opõe-se a qualquer individualismo e impõe-se como instrumento de justiça social, respeitando o poder dos particulares de regularem os próprios interesses, mas dentro de parâmetros predeterminados pelo direito positivo, sem que a este se subordine. Assim, em tempos de produtos digitalizados, economia globalizada e técnicas de negócios em tempo real, com grandes dimensões de interesses envolvidos e superestruturas administrativas e societárias complexas, porque os modelos clássicos já não atendem plenamente aos interesses dos agentes econômicos, abre-se um novo tempo para as relações contratuais, com amplas possibilidades para os contratos atípicos, indiretos, abstratos e fiduciários.
>
> [...]
>
> A tendência atual é a de promover um alargamento dos contratos atípicos, como modo de acompanhar o tráfico econômico e jurídico ampliado e mais complexo. Por isso, a prática contratual tem sido pródiga na criação de novas figuras, mesmo que a maioria decorra de espécies de contratos já tipificados, como é o caso dos sale and lease back, forfaiting, catering, outsourcing, swap, os quais, mesmo sendo figuras contratuais importadas, encontram proximidades com tipos existentes. Os contratos atípicos estão no domínio da inovação, do porvir, e por isso não é possível, de antemão, descortinar quais contratos virão no futuro (TÔRRES, 2003, p. 156 e 158).

Nesta parte final da reflexão de Tôrres, deixa-se entrever, na órbita da liberdade de tipos, uma importante pista acerca de uma figura intermediária, que é a dos "contratos mistos", também bastante frequentes nas dinâmicas econômicas atuais. Trata-se de uma modalidade negocial híbrida, que recolhe elementos constitutivos de contratos típicos, mas que os modificam ou expandem com (autor)regulações não previstas em lei. A rigor conceitual, possuem a natureza de negócios atípicos, porquanto a tipicidade contratual, por definição, foi dito acima, depende da submissão da pactuação a um específico disciplinamento previamente estipulado na legislação de regência. Mas a fusão de elementos característicos de tipos contratuais já existentes com outros que são produto da vontade criativa das partes cuida de lhes conferir uma fisionomia peculiar dentro do universo mais amplo dos "negócios atípicos".

O que importa aqui sublinhar é que a liberdade de tipos, mais um corolário da liberdade contratual, no contexto de exercício da autonomia privada, finda por garantir a licitude e a validade dos negócios atípicos, desde que, evidentemente, sejam dotados de causa jurídica legítima e respeitem os referenciais cogentes da teoria geral dos contratos em todas as suas dimensões. Não outra poderia ser a conclusão diante do que textualmente prescreve o artigo 425 do Código Civil: "É lícito às partes estipular contratos atípicos, observadas as normas gerais fixadas neste Código".

Parece evidente que as três faces do princípio da liberdade contratual (liberdades de causas, de formas e de tipos) condicionam diretamente o exercício do direito fundamental à liberdade fiscal no ponto de intersecção entre direito privado e Direito Tributário. Na medida em que um tal direito, em seu aspecto positivo, exprime-se por prerrogativas de auto-organização patrimonial e livre configuração negocial para fins tributários, é inegável que ele descobre naquelas três faces da liberdade contratual referenciais jurídicos — hermenêuticos e práticos — importantes quando invocado como fundamento pelos contribuintes para procederem à sua livre conformação fiscal.

Todavia, se inquestionavelmente podem os particulares, na condução de suas atividades econômicas, usar das liberdades de causas, de formas e de tipos, certo é que — e esta é uma constatação válida tanto para o direito privado quanto para o Direito Tributário — delas não podem abusar. Ou seja, a variabilidade de conteúdos, formas e estruturas, assegurada pela ordem jurídica aos agentes econômicos, não pode ser levada ao ponto do paroxismo, donde a inadmissibilidade de que sejam (1) ilegítimas (ou inexistentes) as causas; (2) distorcidas as formas; e/ou (3) manipulados artificiosamente os tipos quando da ordenação de negócios jurídicos no bojo dos contratos.

No plano do direito privado, são coibidas tais condutas pela proscrição de patologias — para usar o termo de Marco Aurélio Greco (2008) — como o abuso de direito (artigo 187, CC), o abuso de personalidade jurídica (artigo 50, CC), a fraude à lei civil (artigo 166, inciso VI, CC) e, no limite, a simulação (artigo 167, CC). No campo do Direito Tributário, por sua vez, a vedação a condutas antijurídicas fica a cargo, ver-se-á em capítulo próprio, do artigo 116, parágrafo único (fraude à lei tributária, abuso de formas e inexistência de propósito negocial, no escopo de combate a atos dissimulatórios/elusivos), e do artigo 149, inciso VII (dolo, fraude e simulação fiscal, no desiderato de enfrentamento à evasão tributária), ambos do CTN.

Todas essas considerações, envolvendo uma zona de permeabilidade e contato direto entre direito privado e Direito Tributário, obriga trazer à baila a complexa e singular figura do "negócio jurídico indireto", que se posiciona sobre a mais tênue linha entre as modalidades negociais lícitas e abusivas, fato que acaba por acarretar sensíveis dificuldades no trato jurídico dos limites dos planejamentos tributários quando destes negócios se irradiam, como efeitos, vantagens fiscais para o contribuinte.

Isso porque, convém rememorar com Törres (2003, p. 152), "a estrutura de qualquer regra-matriz de incidência carrega variações quanto ao uso dessas formas, pois os 'fatos', os 'sujeitos' e o 'objeto' (leia-se base de cálculo), que são os aspectos mais relevantes para a constituição e aperfeiçoamento da relação jurídica tributária" dependem, no mais das vezes, das formas jurídicas de direito privado. Aqui ganha corpo e vívidas cores a importância do critério da causa como parâmetro decisivo de definição da (i)licitude de negócios jurídicos com repercussões tributárias.

Caracteriza-se, em linhas gerais, o negócio jurídico indireto pela mobilização de um *tipo negocial previsto em lei* para executar *causas estranhas a ele*, isto é, visando a atingir finalidades que não são aquelas que conduziram o legislador a tipificar o negócio em questão. Daí se referir parcela da doutrina a *negócio jurídico com fins indiretos*. Com efeito, mantém-se o tipo negocial tal como disciplinado em lei, mas alteram-se os seus desideratos práticos normais ou usuais. É esse o motivo de se situarem os negócios jurídicos indiretos nos limiares da simulação, da fraude à lei ou do abuso de formas jurídicas, o que acarreta grandes dificuldades para diferenciá-los.

Para Tércio Sampaio Ferraz Junior (2010, p. 18), a espécie negocial em apreço, à luz de uma interpretação funcional, surge "quando é utilizado um negócio jurídico conceitualmente típico para alcançar um fim ulterior prático (efeito econômico) que não é usualmente atingido por ele, mas a cuja disciplina formal e substancial as partes se sujeitam". Essa possibilidade reside, sob o ângulo empírico, "na percepção de que negócios tipicamente assentados e reconhecidos podem preencher novas funções, respondendo a novos objetivos. Do ângulo normativo, ela é manifestação da liberdade de iniciativa" (FERRAZ JUNIOR, 2010, p. 18).

Pensamento semelhante, ainda sob a hegemonia das concepções voluntaristas no âmbito da doutrina civilista, já havia sido proposto por Orlando Gomes (1974, p. 387) quando afirmava o autor que, no negócio indireto, "as partes aproveitam um tipo de negócio para conseguir resultado a que não é adequado. Querem verdadeiramente o negócio, usam conscientemente o meio impróprio; não dissimulam a discrepância, nem precisam escondê-la, porque os fins são compatíveis" [com a ordem jurídica].

Marciano Godoi (2019, p. 327) explana que o negócio jurídico indireto, construção teórica oriunda do pandectismo alemão do século XIX, cuja modalidade mais conhecida seria o chamado negócio fiduciário,[169] é "aquele em que há uma incongruência entre a função econômico-social típica do negócio e os objetivos concretos visados pelas partes que se utilizaram do negócio em determinadas circunstâncias". Faz alusão o autor à clássica definição desenvolvida por Tullio Ascarelli (2001, p. 156), segundo a qual se consuma o negócio jurídico indireto "quando as partes recorrem no caso concreto a um negócio determinado, para por meio dele alcançar consciente e consensualmente fins diversos daqueles típicos da estrutura do negócio mesmo".

Ensinamento igualmente competente é o de Heleno Tôrres (2013, p. 162): "para caracterizar o negócio indireto, o tipo-parâmetro utilizado deve ser um tipo legal e o fim 'indireto', atípico em relação ao fim juridicamente qualificado como característico do tipo-parâmetro". E prossegue na mesma linha: "Destarte, negócio jurídico indireto é aquele no qual as partes celebram um contrato usando um tipo-parâmetro, mas visando a um fim indireto, *i.e.*, distinto daquele que seria próprio do tipo". Assevera o autor que, por serem *negócios típicos*, ainda que dotados de fins diversos, os negócios jurídicos

---

[169] Marcos Bernardes de Mello (2003, p. 203) conceitua sinteticamente os negócios jurídicos fiduciários como aqueles "pelos quais se transmite a propriedade, a posse, o crédito ou o direito com outra finalidade que não, apenas, a específica de alienar".

indiretos possuem natureza própria, não podendo, por isso, serem confundidos com os negócios atípicos, posto que estes, ao contrário dos primeiros, não obedecem a nenhuma disciplina legal previamente delineada no direito positivo:

> Por conseguinte, os contratos indiretos não são contratos atípicos, per se, pois não se trata da criação ou mutação de tipo-parâmetro, i.e., de modificação do seu conteúdo por meio da adjunção de cláusulas. Altera-se seu fim típico, sua causa, porquanto no contrato indireto será o fim a divergir daquilo que é típico, e não o próprio tipo a sofrer alguma alteração. Fosse assim, teríamos negócio atípico e não negócio indireto, quando relevante a mudança a ponto de desqualificar-se o típico, para se ajustar a uma espécie diversa de contrato atípico. Essa é a melhor demonstração de que "tipo" e "causa" são conceitos distintos e há liberdade de escolha não só para os tipos, mas também para as respectivas causas negociais (TÔRRES, 2003, p. 162).

No âmbito do Direito Civil, nenhuma dúvida pode restar: os negócios jurídicos indiretos, *a priori*, são lícitos, posto que exercidos com fundamento nas liberdades contratuais acima abordadas. Nesse sentido, "considerando o direito garantido às liberdades de causas, formas e tipos, o particular encontra espaço para a consecução dos seus negócios, inclusive para atingir fins diversos dos que são originalmente previstos para certos atos negociais", desde que legítimos sejam seus interesses e válidas a substância e a forma dos contratos (TÔRRES, 2003, p. 163).

Como logo se vê, é a categoria da *causa* do negócio que comanda o exame da sua validade: se existente e compatível com o ordenamento positivo, mesmo que inusitada em relação ao tipo-parâmetro, deve-se assegurar a licitude do negócio indireto, em deferência às liberdades contratuais e ao princípio da autonomia privada.

Por isso é que o negócio jurídico indireto não pode ser imediatamente equiparado à simulação. Pode ser tênue em muitos casos, mas é inquestionável a diferença entre usar legitimamente formas típicas para alcançar fins insólitos, porém lídimos (negócio jurídico indireto); e usar formas típicas para ocultar fins ilícitos (negócio jurídico simulado)[170] (FERRAZ JUNIOR, 2010, p. 10). Para exemplificar, o autor cita um contrato de compra e venda, cuja função ordinária, como se sabe, é a transmissão da propriedade, mas que, num determinado caso, é usado pelos convenentes para alcançar, também, fins de garantia: "perante a fixidez da finalidade típica do negócio, as partes, sem deixar de realizá-la, buscam simultaneamente a realização de outros fins, sem desnaturar juridicamente o negócio típico" (FERRAZ JR., 2010, p. 19).

---

[170] Deve-se pontuar que Ferraz Junior, ao contrário de ponderável parte da doutrina civilista, destaca a acentuada relevância dos elementos volitivos ou voluntaristas na apreciação da licitude ou não de um negócio jurídico indireto: "[...] a eleição da causa como elemento distintivo entre negócio indireto e simulação não afasta o elemento volitivo. O elemento volitivo continua fundamental. A causa é justificação que se encontra na relevância social do interesse e no fim que se pretende alcançar. A discrepância (obtenção de resultado diverso da sua causa típica) também existe no negócio indireto (através de negócio típico, que as partes quiseram realmente realizar, seja visado fim diverso do que lhes corresponde). O que distingue, afinal, um (o simulado) do outro (negócio indireto) é que nesse o negócio é querido pelas partes" (FERRAZ JUNIOR, 2010, p. 17).

O mesmo vale para as demais figuras, como o abuso de formas e a fraude à lei: não poderão ser elas arguidas se o negócio em questão possuir uma causa válida, isto é, algum conteúdo econômico autêntico, sem que se evidencie e comprove o objetivo de distorcer as formas de direito privado ou frustrar a aplicação de lei imperativa. Há que se perscrutar, complementa Tôrres, o equilíbrio entre finalidade e funcionalidade, entre forma e substância, de maneira que a causa do negócio há de emergir da demonstração da existência de algum "conteúdo economicamente apreciável":

> A "causa" do negócio jurídico, que é a finalidade prática apreciável que se quer alcançar com um negócio direto, mesmo que usando fins indiretos —, ao tempo que lhe confere autonomia típica em face dos demais, em geral decorre de uma capacidade de expansão sistêmica que exige a adoção de tais contratos, aportados pela técnica jurídica em louvor da liberdade contratual. Por isso, em ordenamentos que garantem os princípios da autonomia da vontade e da liberdade contratual, guardadas as peculiaridades de cada um, os negócios jurídicos indiretos surgem como meio de conferir praticidade e elasticidade aos próprios tipos existentes. Existe para a licitude e não se pode definir como algo ilícito ou extrajurídico a priori. Os fins encontram-se funcionalmente vinculados às questões fáticas, ordenadas segundo os interesses das partes, visando a um objetivo econômico (a causa do contrato). Por esse motivo, todo negócio jurídico deve trazer um conteúdo economicamente apreciável, fundado numa causa específica (TÔRRES, 2003, p. 164-165).

Contornos mais polêmicos assume a questão dos negócios jurídicos indiretos quando vertida aos domínios do Direito Tributário (em geral) e dos planejamentos fiscais (em particular). Autores há que vinculam quase que imediatamente os negócios jurídicos indiretos com repercussões tributárias à simulação ou, principalmente, à fraude à lei. Exemplo dessa orientação se nota nas reflexões de Onofre Alves Batista Junior (2000, p. 102): "Podemos sintetizar a nossa linha de ideias afirmando que, via de regra, o negócio jurídico indireto nada mais é do que um procedimento para defraudar a lei". Referido autor, escrevendo ainda antes da edição da Lei Complementar nº 104/2001, já sustentava que lícito seria ao Fisco lançar mão de interpretações extensivas ou analógicas, a fim de coibir fraudes à lei tributária assim perpetradas.

Não obstante, num ordenamento jurídico que, tal qual o brasileiro, prestigia o direito fundamental de liberdade fiscal, não há sustentação possível para uma generalização desse matiz. Também no âmbito do Direito Tributário, os negócios jurídicos indiretos hão de ser concebidos, *prima facie* e segundo um suporte fático amplo, como espécie negocial legítima e tutelada pelo direito positivo. Quer isso significar que o contribuinte que se vale de formas jurídicas insólitas, acarretando como efeito a redução do pagamento de tributo, não incorre automática e necessariamente em exercício abusivo do direito fundamental de liberdade fiscal e, por conseguinte, na antijurídica conduta de ordenar planejamento tributário abusivo.

Repete-se, aqui, o arquétipo analítico de (i)licitude vigorante no direito privado: é a causa do negócio jurídico indireto — leia-se: a sua existência e a sua legitimidade — que comandará a aferição da regularidade ou não da operação tendente a atenuar carga tributária por intermédio de formas jurídicas extravagantes. Converte-se em eixo crucial, neste domínio, o exame da finalidade perseguida pelo agente ao ordenar o negócio jurídico indireto: se consistente exclusivamente em suavizar a pressão fiscal suportada no curso de suas atividades ou se traduzida, também, em motivações extratributárias a impulsionar a realização da pactuação contratual.

Em uma palavra, os negócios jurídicos indiretos em matéria tributária não se encontram maculados por um vício congênito e inexpurgável (simulação, fraude à lei fiscal ou abuso de formas), mas podem vir a despenhar em ilicitude a depender das circunstâncias em que sejam levados a cabo. E a condição decisiva a averiguar, como dito, é se existiu *causa lídima* a justificar a realização do negócio jurídico naqueles moldes, ou seja, se dele se pode extrair algum substrato negocial autêntico, sob pena de caracterizar-se a elusão fiscal e torná-lo inoponível à Administração.

Em igual direção, Tôrres (2003, p. 165) afirma plena convicção de que o ordenamento positivo brasileiro reserva amplos direitos aos particulares para que firmem negócios típicos com finalidades indiretas, tendo em conta as liberdades de causas, formas e tipos asseguradas pelo mesmo; mas adverte: "é mister que tais negócios tenham 'causa' legítima e 'objeto' lícito, disponível, possível, determinado ou indeterminável, e *economicamente apreciável*". Logo adiante, arremata o raciocínio:

> O imperioso é averiguar se o negócio jurídico indireto praticado pode ser acatado tendo em vista a "causa" do negócio. Por isso, compartilhamos da opinião do Prof. Ferreiro Lapatza, para quem o que mais se vê nas falas acerca desse tema são confusões entre "elisão" e simulação da causa do negócio jurídico. E assim, ou a causa do negócio jurídico existe, tal como tipificado na lei, e com isso existe negócio jurídico e cabe a subsunção à norma tributária, garantindo-se a vantagem fiscal escolhida, ou ela não existe, quando se tem típica "conduta elusiva", descabendo falar na existência de negócio jurídico oponível ao Fisco, sendo espécie de simulação clássica, fraude à lei ou negócio jurídico carente de causa (TÔRRES, 2003, p. 167).

Aqui é necessário antecipar que a economia fiscal, em si mesma, em nenhuma hipótese pode ser tomada como causa do negócio, dada a exigência de um algum "conteúdo econômico apreciável" da operação efetuada, isto é, alguma substância negocial a justificá-la. Admitir como causa legítima a mera minimização do pagamento de tributos significaria abolir o imperativo da função social dos contratos, haja vista que chancelada restaria a concretização de negócios jurídicos artificiais, desprovidos de qualquer objetivo econômico, senão o de esquivar-se ardilosamente o contribuinte de preceitos legais cogentes para, assim, frustrar eficácia da legislação tributária.

Disso decorre que os negócios jurídicos indiretos ordenados com a finalidade exclusiva de redução de carga tributária — entenda-se: com o desiderato único de contornar a aplicação de normas tributárias imperativas — se quedam incursos em fraude à lei tributária por abuso de formas ou por ausência de propósito negocial, sob o signo da "dissimulação", nos termos apregoados pelo artigo 116, parágrafo único, do CTN, objeto específico de capítulo ulterior desta obra.

Ambas as figuras citadas — abuso de formas jurídicas e ausência de propósito negocial (espécies de fraude à lei tributária) — aperfeiçoam negócios elusivos exatamente porque refletem a inexistência de causa a motivá-los, o que quebra o equilíbrio entre o conteúdo da operação e a forma que a reveste, ou, ainda, entre a finalidade que a anima e a funcionalidade que deveria qualificá-la. Opera-se, nessas hipóteses, grave violação ao dever fundamental de pagar tributos e aos princípios constitucionais da solidariedade, da isonomia e da capacidade contributiva, a fulminar a licitude do planejamento tributário estruturado, eis que o supracitado dispositivo (parágrafo único do artigo 116 do CTN) veda a prática de atos e negócios com a finalidade de ocultar a ocorrência do fato gerador ou de elemento constitutivo da obrigação tributária.

Ademais, há que se recordar que também os negócios jurídicos indiretos se encontram sujeitos às cláusulas gerais limitativas dos contratos, como a sua função social, a eticidade e a boa-fé (entre outras), todas elas violentadas na hipótese de defraudação da lei tributária a pretexto do exercício das liberdades contratuais. Outrossim, em se tratando de Direito Tributário, a opacidade de negócios jurídicos indiretos para viabilizar economias fiscais clandestinas (abusivas) finda por vulnerar também os princípios da transparência e da verdade material, regentes de todos os atos praticados em sede tributária. São esses os motes do posicionamento firmado por Tôrres:

> A partir de tais referências, qualquer interpretação que se pretenda operar sobre o ato ou negócio jurídico deverá tomar em consideração a "causa" do ato, nos termos das normas de dirigismo hermenêutico e daquelas cogentes de limitação, como modo de se alcançar ao esperado equilíbrio entre finalidade e funcionalidade, entre substância e forma negocial. Isso, contudo, não representa qualquer espécie de interpretação econômica do direito tributário, pelo contrário, é interpretação exclusivamente jurídica, que respeita a liberdade de escolha de formas, tipos e causas, justificando a existência de negócios atípicos, indiretos e fiduciários, todos plenamente legítimos (TÔRRES, 2003, p. 146).

Em suma, os negócios jurídicos indiretos, embora legítimos *a priori*, resvalarão para o terreno do abuso quando de sua excêntrica conformação resultar a desfiguração, o viciamento ou o esvaziamento da funcionalidade e da causa que deveriam legitimamente condicionar a sua efetivação, trazendo a lume o objetivo exclusivo do contribuinte de se furtar insidiosamente à aplicação de lei imperativa (fraude à lei tributária por abuso de formas ou por ausência de propósito negocial), mediante o mascaramento da ocorrência do fato gerador ou da constituição da obrigação tributária.

Nesses casos, sempre complexos, justifica-se, com fulcro no parágrafo único do artigo 116 do CTN, a deflagração de procedimento especial de fiscalização, a ser ainda regulamentado em lei ordinária, por fundada suspeita de elusão fiscal, no bojo do qual, garantido o exercício do contraditório e da ampla defesa, poderá o contribuinte comprovar (mediante inversão ou não do ônus da prova) que se valeu regularmente de seu direito fundamental de liberdade fiscal, sob o manto do princípio da autonomia privada e de seus apanágios (liberdades contratuais de causas, formas e tipos). Mas essas são minúcias a deslindar com maior escrúpulo nos próximos capítulos.

CAPÍTULO 4

PLANEJAMENTO TRIBUTÁRIO E ELUSÃO FISCAL: DELINEAMENTOS CONCEITUAIS E ANÁLISE DAS PRINCIPAIS EXPERIÊNCIAS DE COMBATE A PLANEJAMENTOS TRIBUTÁRIOS ABUSIVOS NO DIREITO COMPARADO

É antigo e persistente o debate travado no campo da Ciência do Direito Tributário acerca dos limites jurídicos ao que se convencionou chamar de "planejamento tributário". Cuida-se de matéria que suscita, no conjunto da doutrina e da jurisprudência brasileiras, inúmeras e intrincadas controvérsias, constatação que acaba por associar o seu enfrentamento teórico a uma pretensão de consecução do princípio constitucional da segurança jurídica, balizador do qual não se pode descurar em se tratando da disciplina normativa das relações entre Estado e contribuinte. A todas as luzes, certo é que o planejamento tributário constitui, hoje, ferramenta de incontestável relevância nas dinâmicas econômicas nacionais e transnacionais.

Com efeito, assim como se observa redundar do estudo do tributo e das funções por ele desempenhadas no Estado Democrático de Direito, o planejamento tributário forja-se no seio de uma relação conflituosa havida entre Fisco e contribuinte em torno da questão das liberdades individuais e da autonomia privada. É na contraposição dos interesses em jogo — de um lado, a contínua necessidade de arrecadação para o funcionamento do Estado; de outro, a proteção da esfera privada ante constrangimentos e interferências exacerbadas por parte do Poder Público — que se concebem tanto a prestação compulsória em favor da Administração quanto as estratégias que visam à sua minimização, à sua postergação ou, no limite, ao seu afastamento.

É, pois, essa concepção do planejamento tributário, sob certo aspecto, como mecanismo de resistência às pretensões arrecadatórias do Estado que acaba por envolvê-lo em dissensos jurídicos, políticos e econômicos de alta complexidade, acentuando-lhe, enquanto temática de pesquisa, o relevo e a atualidade.

Neste capítulo, buscar-se-á, em primeiro plano, estabelecer um conceito de planejamento tributário que sirva de esteio ao desenvolvimento das análises ulteriores do trabalho, cujo desenlace será o exame dos limites jurídicos à concretização de operações vocacionadas à atenuação, ao diferimento ou ao afastamento de carga tributária. Essa definição conceitual de planejamento tributário se fará acompanhar do esmiuçamento do arsenal categorial que as doutrinas brasileira e estrangeira empunham para enfrentar teoricamente a referida problemática, especialmente as figuras da evasão, da elisão e da elusão fiscais (com maior destaque para esta última).

Em sequência, haverá que se abordar a tortuosa polêmica referente à disciplina dos ilícitos atípicos (espectro ao qual se subsume a conduta de realizar atos e negócios jurídicos abusivos para redução de carga tributária) defronte a principiologia estruturante do Direito Tributário brasileiro, em especial o princípio da legalidade. Finalmente, proceder-se-á a uma análise panorâmica das principais experiências de combate a planejamentos tributários abusivos no Direito Comparado, objetivando a assimilação de importantes contribuições legislativas, doutrinárias e jurisprudenciais que possam iluminar o estudo do regime brasileiro de controle de atos e negócios elusivos.

4.1 Conceito de planejamento tributário

Não é recente, no Brasil e no mundo, o trato doutrinário e jurisprudencial dos planejamentos fiscais. Já em 1934, foi levado a julgamento nos Estados Unidos o célebre caso *Helvering v. Gregory*, versado sobre os limites do chamado *tax planning*. Embora tenha sido sucumbente o contribuinte naquela lide, o icônico juiz Learned Hand cuidou de afirmar na fundamentação de sua sentença que "qualquer pessoa pode organizar os seus negócios para que a tributação correspondente seja a menor possível; ninguém é obrigado a optar pelo padrão que melhor pague ao Fisco".[171] Em grau recursal, a Suprema Corte manteve por unanimidade a decisão e endossou a reflexão proposta pelo magistrado ao consignar que "não pode ser posto em dúvida o direito do contribuinte de reduzir o pagamento de tributos, ou mesmo de evitá-lo completamente, valendo-se de meios admitidos pela lei".[172]

---

[171] No original: "Anyone may so arrange his affairs that his taxes shall be as low as possible; he is not bound to choose that pattern which will best pay the Treasury". In: *Helvering v. Gregory*, 69 F 2d 809 at 810 (2dCir 1934).

[172] No original: "The legal right of a taxpayer to decrease the amount of what otherwise would be his taxes, or altogether avoid them, by means which the law permits, cannot be doubted". In: *Helvering v. Gregory – Comissioner of Internal Revenue*; 293, U.S. 465 – Argued Dec. 4.5.1934; Decided Jan. 7, 1935).

Desde então, num conjunto de iterativas decisões, ganhou corpo na jurisprudência norte-americana o princípio da livre escolha da rota menos tributada (*principle of the free choice of the least taxed route*), o qual encontra ressonância, embora sob denominações diversas, em vários outros ordenamentos estrangeiros, a exemplo do alemão, no qual vige, correlatamente, com amplo suporte da doutrina, o princípio da livre conformação (*Gestaltungsfreiheit*) (LEÃO, 2018, p. 25).

Em síntese, o que fizeram tais construções doutrinárias e jurisprudenciais foi consagrar a liberdade fiscal (prerrogativas de auto-organização ou livre conformação patrimonial para atenuar as incidências tributárias) como um direito do contribuinte e o planejamento tributário como a *técnica* ou *instrumento* legítimo para a sua realização.

É esse, aliás, o eixo em torno do qual gravita a maioria das conceituações de planejamento fiscal na doutrina brasileira. Marciano Godoi e Andrea Karla Ferraz, ao reafirmarem o planejamento tributário como uma prerrogativa de fundo constitucional e decorrente da liberdade e da autonomia privada, conceituam-no como "a atividade pela qual os contribuintes procuram, sem infringir o ordenamento jurídico, organizar suas atividades econômicas e negociais de forma a provocar a incidência da menor carga tributária possível" (GODOI; FERRAZ, 2012, p. 359-360).

Também na clássica formulação de Misabel Derzi (2006, p. 335), lê-se que o "planejamento empresarial, como redução dos custos da atividade econômica, é direito do contribuinte, que não pode ser reduzido por interpretações analógicas e presunções não previstas em lei". Para a autora, a violação a tal comando implicaria uma arbitrariedade, cujo principal e mais deletério efeito seria desigualar os contribuintes e "projetar insegurança" num campo que a Constituição buscou dotar de elevadas certeza e previsibilidade jurídicas (DERZI, 2006, p. 335).[173]

Centrando o seu enfoque do planejamento tributário como um "procedimento", José Artur Lima Gonçalves (1998, p. 416), por sua vez, associa-o "à ideia de estudo ou trabalho desenvolvido segundo métodos previamente estabelecidos para a consecução de empreendimento determinado" e que, à luz da dogmática e da legislação tributárias, "visa precipuamente a evitar ou retardar a ocorrência do fato imponível, ou, ainda, simplesmente reduzir a carga tributária a ser suportada pelo contribuinte, na dinâmica da sua atividade empresarial". Em outro texto de sua autoria, o mesmo pesquisador leciona que os planejamentos tributários pressupõem a identificação dos espaços de atividade econômica que não tenham sido objeto de decisões tomadas pelo legislador tributário (lacunas), o que significa, por diferentes palavras, que a operacionalização do planejamento tributário supõe a detecção de circunstâncias fáticas de cariz econômico

---

[173] Conquanto as linhas gerais de tal proposição afigurem-se corretas, o aparente apego a uma interpretação demasiado estrita da noção de legalidade, como se buscará argumentar adiante, é aspecto que merece ser visto com algumas reservas. Isso porque se tão ampla for a liberdade de planejamento tributário a ponto de legitimar, como acaba por fazer muitas orientações doutrinárias no Brasil, planejamentos tributários abusivos, consuma-se um dos efeitos que Derzi afirma se dever evitar: o desigualamento dos contribuintes em face dos mecanismos ordinários de tributação.

que não tenham sido "objeto de descrição em normas de tributação" (GONÇALVES, 2006, p. 273-274).

Elaboração conceitual análoga propõe Cesar Guimarães Pereira (2001, p. 13) quando afirma corresponder o planejamento tributário "à construção ou à preparação dos fatos praticados pelo particular de forma que não se enquadrem no modelo da norma jurídica tributária — embora permitindo obter resultados econômicos similares aos do fato efetivamente previsto na norma tributária".

Mais concisa definição se visualiza na obra de Raquel Arruda Soufen (2016, p. 27), para quem o planejamento tributário deve ser entendido como "uma opção negocial que o contribuinte realiza por meio de um estudo (um planejamento) que identifique as possíveis construções normativas permitidas pelo sistema jurídico para a prática de um ato que resulte em menor ou nenhum pagamento de tributo".

Em elaboração similar, Galderise Teles (2014, p. 153) sustenta que o planejamento fiscal consiste na análise da fenomenologia da incidência tributária objetivando subsidiar, em favor do contribuinte, a escolha pela "formatação negocial que lhe possibilite maior vantagem [fiscal] no desempenho de sua atividade econômica".

Já para Marcus Abraham (2007, p. 227), a noção de planejamento tributário gira em torno da "implementação, pelo contribuinte (pessoa física ou jurídica), de procedimentos lícitos e eticamente aceitáveis, que podem ser de natureza econômica, contábil, jurídica ou meramente operacional, para reduzir ou elidir suas despesas com o pagamento de tributos". A definição proposta pelo autor, como se vê, cuida de realçar o caráter complexo e multifacetado dos atos e procedimentos que compõem um planejamento fiscal, os quais, todavia, devem sempre adstringir-se à zona de licitude garantida pelo ordenamento jurídico e aos imperativos éticos que ele consagra. Abraham chega mesmo a propor uma classificação das formas de planejamento tributário:

> Numa sucinta classificação, podemos identificar algumas das formas em que o planejamento fiscal pode ocorrer: a) oblíqua: pela interposição de uma outra pessoa ou outra relação jurídica entre o efetivo contribuinte ou entre o negócio objetivado (p. ex. negócio jurídico indireto); b) omissiva: abstenção da realização da operação normalmente realizada por força de algum fator tributário (p.ex. deixar de importar mercadorias excessivamente gravadas pelos tributos regulatórios); c) induzida: quando a própria lei favorece a escolha de um determinado regime de tributação (p.ex. compra de mercadorias através da Zona Franca de Manaus); d) optativa: eleição da fórmula mais econômica dentre as disponíveis no ordenamento (p.ex. adoção da tributação pelo lucro real ou presumido; e) interpretativa: identificação de loopholes no sistema tributário (p.ex. identificação de algum tipo de serviço, não previsto na lista de serviços de ISS, que possa ser enquadrado e qualificado na atividade realizada do contribuinte; f) contenciosa: utilização de meios administrativos ou judiciais para afastar a tributação indesejada, seja porque efetivamente indevida, seja porque exista alternativa na legislação (p.ex. uso de mandados de segurança; pedidos de parcelamentos ou regimes especiais etc.) (ABRAHAM, 2007, p. 230-231).

Note-se que, no Brasil, não somente a doutrina tem se debruçado sobre a tarefa de conceituar o planejamento tributário. Também na jurisprudência do Conselho

Administrativo de Recursos Fiscais (CARF), pode-se divisar julgados em que foram tecidas reflexões desse jaez. Veja-se, a título de exemplo, o Acórdão nº 1401-001.059, prolatado pela 1ª Turma Ordinária da 4ª Câmara do Conselho, cujo excerto mais significativo da ementa está a seguir colacionado:

> O Planejamento Tributário consiste na prática de condutas lícitas, permitidas pelo direito, adotadas pelo contribuinte, e que tem como efeito a redução ou não pagamento do tributo que, caso não tivesse havido o planejamento, seria devido. Neste sentido, o planejamento tributário é, antes de tudo e nada mais além do que um planejamento. Trata-se de pensar com antecedência, um se organizar, um planejar, tendo em mente que, para alcançar determinado resultado negocial, existe uma alternativa ou um outro negócio jurídico lícito que, se realizado, levará à redução ou não pagamento do tributo. Neste sentido, quando se está diante de um planejamento tributário, pressupõe-se a existência de um negócio normal (não planejado) que enseja uma determinada carga de tributação, e um negócio jurídico alternativo (planejado), que tem por efeito a redução ou o não pagamento de tributos pelo Contribuinte [...] (BRASIL, 2014a, p. 01).

Em todos esses conceitos, a despeito da pluralidade de enfoques, o planejamento tributário manifesta-se como um corolário direto das liberdades constitucionais. De fato, não seria lícito ao Estado proceder à planificação de todos os atos a serem praticados pelo contribuinte na estruturação de seus negócios e atividades, a ele impondo a obrigação (dissimulada ou não) de sempre privilegiar a via mais onerosa do ponto de vista fiscal.[174] Semelhante conduta acarretaria uma uniformização arbitrária e opressiva das atividades econômicas, a ponto de inocuizar o substancial dinamismo que repousa à base de uma economia de livre mercado e, no limite, desfigurar o atributo da fiscalidade do Estado tal como desenhado na Constituição Federal de 1988.

Decorre daí a conclusão de que o planejamento tributário consubstancia uma *técnica* pela qual os particulares logram exercer a prerrogativa de auto-organização (ou de livre conformação) patrimonial, inerente aos princípios constitucionais da liberdade fiscal e da autonomia privada. Ao Poder Público compete tão somente definir os limites da legalidade — sempre em deferência aos imperativos constitucionais[175] que diretamente os condicionam — no interior dos quais poderão os agentes econômicos selecionar os meios e os métodos que lhes pareçam mais adequados para garantir o êxito, inclusive sob o ponto de vista fiscal, de seus empreendimentos.

---

[174] Sobre essa questão, disserta Luciano Amaro (2007, p. 229-230): "Os autores aceitam que o indivíduo possa escolher, entre dois caminhos lícitos, aquele que fiscalmente seja menos oneroso. Os limites da legalidade circundam, obviamente, o território em que a busca de determinada instrumentação para o negócio jurídico não chega a configurar ilegalidade. Essa zona de atuação legítima (economia lícita de tributos) baseia-se no pressuposto de que ninguém é obrigado, na condução de seus negócios, a escolher os caminhos, os meios, as formas ou os instrumentos que resultem em maior ônus fiscal, o que, repita-se, representa questão pacífica".

[175] Um desses imperativos constitucionais é o dever fundamental de pagar tributos — ladeado por muitos outros princípios de índole constitucional, como os da solidariedade, da isonomia e da capacidade contributiva — o qual, segundo já se abordou no capítulo segundo desta obra, implica repercussões dogmáticas de relevo no âmbito do Direito Tributário, entre as quais se pode citar o condicionamento direto da hermenêutica da legislação tributária, quadro em que ganha destaque a mutação semântica e interpretativa do princípio da legalidade tributária hodiernamente, o qual se reveste, consoante logo à frente se abordará, de novos figurinos sob o atual paradigma do neoconstitucionalismo.

Dito por outras palavras, sob pena de irremediável mácula ao direito fundamental de liberdade e ao princípio constitucional da livre iniciativa, cabe ao Estado apenas delinear por antecipação a moldura responsável por delimitar as fronteiras da licitude e da ilicitude na condução, pelos particulares, dos negócios e atividades privados, em conformidade com os pilares da ordem econômica consagrada pela Constituição de 1988. Essas vinculações orgânicas entre planejamento tributário e direito fundamental de liberdade têm, inclusive, levado insignes autores a considerar a existência de um "núcleo de liberdade do contribuinte" insuscetível de restrições e em cujo âmbito se encontraria inserto o manejo dos planejamentos fiscais (ÁVILA, 2004b, p. 75-77).

Sem embargo da relevância das contribuições doutrinárias acima mencionadas, é do magistério de Heleno Tôrres (2001) que se extraem as linhas de força das definições conceituais assimiladas nesta pesquisa. Para o autor, a expressão "planejamento tributário", num exame preliminar, designa "a técnica de organização preventiva de negócios, visando a uma legítima economia de tributos" (TÔRRES, 2001, p. 37). A legitimidade da economia tributária, nesse caso, corresponde à adoção de condutas lícitas pelo contribuinte com o objetivo de evitar, postergar ou atenuar as pressões fiscais incidentes sobre as atividades econômicas por ele realizadas.

As explanações de Tôrres (2001, p. 40) tratam de acentuar o *caráter instrumental* do planejamento tributário: cuida-se de uma ferramenta posta a serviço da estruturação de "uma estratégia de ação em face das expectativas de conduta do outro sujeito da relação jurídica [tributária]: o Estado". A formulação dessa estratégia se destina a garantir ao contribuinte, no curso de uma atividade mercantil/econômica ou de um ato de disposição patrimonial, a eleição da via de ação mais eficiente entre as alternativas legalmente admitidas, assim compreendida aquela que maior alívio de carga tributária seja capaz de a ele propiciar.

É esse enfoque teleológico do planejamento tributário, polarizado na assimilação do mesmo como "fundamento racional de uma tomada de decisão do contribuinte", que leva Heleno Tôrres a considerá-lo — com esteio em clássica lição de Tércio Sampaio Ferraz Jr. (1990) — como uma "tecnologia":

> [...] a exemplo da dogmática, o planejamento tributário cumpre funções típicas de uma tecnologia, por servir i) como um instrumento para a ação do operador, nas tomadas de decisões sobre a organização dos seus negócios jurídicos, funcionando como um mecanismo pedagógico (como organizar de modo mais eficaz e legítimo o negócio pretendido) e ii) como um mecanismo de prevenção de conflitos, pela antecipação das consequências jurídicas do ordenamento. E assim o é porque o seu fundamento é servir como criador de condições para a ação: rebaixar, diferir ou evitar, licitamente, a constituição de uma obrigação tributária (TÔRRES, 2001, p. 46).

Em sequência, Tôrres (2001, p. 39-47) desenvolve uma explicação do planejamento tributário que toma por referência a díade "processo e produto", a qual exprime, em última análise, as duas etapas que semanticamente compõem tal categoria em sua obra. Como *processo*, o planejamento tributário emerge como um trabalho criterioso de *interpretação do sistema de normas tributárias*, no qual deverá se alicerçar a conformação otimizada das atividades econômicas do contribuinte. De outra parte, como *produto*, corresponde o planejamento fiscal à *orientação de conduta* ao final fornecida a esse contribuinte para lograr uma lícita redução de custos com obrigações tributárias (principais e acessórias), ao lançar mão de alternativas negociais que, permitidas pelo ordenamento, se mostrem fiscalmente mais vantajosas.

Fundem-se essas duas perspectivas na sofisticada conceituação, oferecida pelo autor, do planejamento tributário como "um procedimento de interpretação do sistema de normas, visando a criação de um modelo de ação para o contribuinte e caracterizando-se pela otimização da conduta como forma de economia tributária" (TÔRRES, 2001, p. 16).

É, pois, nessa estrutura bifásica (procedimento de interpretação e modelo de ação) que se encontra o substrato da definição adotada neste trabalho: o planejamento tributário, na compreensão aqui perfilhada, desponta como um mecanismo hermenêutico-pragmático, caracterizado pela combinação de expedientes de interpretação sistemática da legislação tributária (dimensão hermenêutica) e de ordenação estratégica de ações (dimensão pragmática), cujo móvel primordial consiste em oferecer ao contribuinte uma alternativa de formatação negocial/patrimonial que, sem implicar transgressões à ordem jurídica, lhe assegure a obtenção de economias fiscais legítimas.

Note-se que, nesta definição, a não infringência do ordenamento positivo assoma como elemento importante, porquanto o enfoque que aqui se pretende privilegiar *é o do exercício regular do direito de liberdade fiscal* por parte do contribuinte. No entanto, a não vulneração da ordem jurídica não pode ser tomada como um *pressuposto de existência* da figura do planejamento tributário. Isso porque, mesmo quando o contribuinte lança mão de estratégias ilícitas para reduzir, diferir ou afastar o pagamento de tributos, o ato de planejar — isto é, o planejamento das ações com fins fiscais — continua existindo;[176] o que perece é tão somente a sua licitude (e não, insista-se, a conduta de planejar), degenerando-o num *planejamento tributário ilícito* ou *abusivo*.

Nesse aspecto, sobreleva-se uma discordância em relação à posição propugnada por Rocha, para quem a expressão "planejamento tributário ilícito" é uma contradição em termos, visto que, se existe ilegalidade, inexiste planejamento tributário. Daí por que o autor privilegia a expressão "planejamento tributário ilegítimo" para se reportar àqueles ancorados em estratégias artificiosas e manipulatórias de evitação fiscal (elusão). Para ele, a liceidade das ações praticadas pelo agente se afigura *atributo constitutivo* (pressuposto de configuração) da própria noção de planejamento tributário.

Neste trabalho, por outro lado, tem-se que a antijuridicidade faz desaparecer a elisão fiscal, e não o planejamento tributário em si, motivo pelo qual *se pode perfeitamente*

---

[176] Sobre este tema, Heleno Tôrres (2001, p. 37) sustenta, em afirmação, talvez, um pouco dúbia, que "Decerto pode haver planejamento tributário com conteúdo ilícito, só que, esse caso, mesmo sendo o objeto ilícito, o ato de planejar será sempre lícito, não sendo rigoroso, portanto, atribuir uma atuação ilícita à conduta de organizar negócios, preventivamente".

falar em planejamentos tributários ilícitos, ilegais e abusivos[177] (adjetivos que, nesta pesquisa, ao revés do que Rocha propõe terminologicamente, se equiparam a *"ilegítimos"*). Também Marcus Abraham (2017, p. 16) não hesita em lançar mão de uma tal terminologia quando afirma que "para enfrentar os *planejamentos tributários considerados ilegais, ilegítimos ou abusivos*, o Estado brasileiro se utiliza de mecanismos jurídicos como normas antielisivas, cuja finalidade é permitir a aplicação eficaz das leis tributárias"[178] (grifos acrescidos).

No entanto, esta é apenas uma consideração para fins de esclarecimento conceitual. O enfoque dado na sequência das análises deste tópico, como pontuado, buscará associar o planejamento tributário aos comportamentos lícitos *para privilegiar o ângulo do exercício regular do direito fundamental de liberdade fiscal e afastar em definitivo a compreensão de que o objetivo de economizar tributos é, em si mesmo, ilegal.*

Dito doutro modo, vista a questão sob esta perspectiva, o planejamento tributário, doravante, há de ser entendido como uma técnica de estruturação preventiva de negócios, amparada nos direitos de liberdade fiscal e de auto-organização patrimonial dos particulares, por intermédio da qual estes últimos, sem vulnerar a ordem jurídica, procedem à ordenação e à sistematização racionais de suas atividades econômicas objetivando a fruição de economias fiscais legítimas. Baseiam-se, pois, os contribuintes num criterioso procedimento de interpretação sistemática da legislação tributária, previamente realizado, para formular uma lídima estratégia de ação que, mediante composições negociais e patrimoniais metodicamente elaboradas, lhes proporcione uma carga tributária tão reduzida quanto possível no curso regular de suas atividades.

Nesse sentido, o planejamento fiscal, *abstraídas as suas configurações patológicas*, não pode ter contraditado o seu estatuto de *técnica ou instrumento lídimo à disposição do contribuinte, posto que decorrente de seu direito fundamental de liberdade fiscal*: a prescrição e a execução de ações regulares, em correspondência com os ditames gravados no conjunto do ordenamento positivo, devotadas a obstaculizar o aperfeiçoamento do fato gerador de tributo previsto em lei ou a programar para que sua configuração resulte no dever de recolher aos cofres públicos quantia de menor expressão, só podem ser concebidas como *esquivas legítimas* em face de interferências estatais no âmbito do patrimônio particular, posto que harmônicas às (e fundamentadas nas) liberdades constitucionais asseguradas aos agentes econômicos.

---

[177] Veja-se, por exemplo, importante artigo publicado por Marciano Godoi (2012a) cujo título é "Estudo comparativo sobre o combate ao planejamento tributário abusivo na Espanha e no Brasil". Num outro mais antigo texto, que também será abordado adiante, o autor faz expressa referência a "planejamento tributário elisivo" e planejamento tributário simulado (GODOI, 2001), em trecho que aparece reproduzido no artigo de 2012.

[178] Numa outra passagem de sua obra, na qual elenca as alternativas mais complexas de planejamento tributário (envolvendo alteração do domicílio fiscal, reorganização das operações mercantis, implantação de novas formas de aplicação financeira, modificação de procedimentos comerciais, redistribuição de recursos materiais ou humanos etc.), Marcus Abraham (2007, p. 283) se vale de idêntico leque terminológico: "São nestes casos que veremos uma maior ocorrência de *planejamentos fiscais abusivos, ilegítimos e, por vezes, ilegais*. Por esta razão, neste momento, iremos apresentar alguns exemplos de planejamentos fiscais que, conforme a configuração dada, poderão ser caracterizados como *lícitos e legítimos*, com o fito de podermos, posteriormente, compará-los com outros, *eivados de alguma irregularidade*, estabelecendo, assim uma metodologia crítica" (grifos acrescidos).

Forçoso, então, deduzir que o planejamento tributário, assim idealmente considerado, traceja, na esteira do que acima se disse, uma relevante faceta do direito fundamental de liberdade no terreno compartilhado entre as dogmáticas tributária e constitucional, revestindo-se da condição de exercício legítimo da autonomia privada e da liberdade fiscal, cristalizado na prerrogativa de auto-organização ou livre conformação patrimonial do contribuinte. Eis o enquadramento teórico-conceitual que servirá de ponto de partida às análises empreendidas até o final deste trabalho.

4.2 Evasão, elisão e elusão fiscais: delineamentos conceituais

Os numerosos dissensos que saturam a temática do planejamento tributário e suas multidimensionais relações com as liberdades constitucionais principiam já nas categorias e conceitos invocados para sua abordagem. Neste ponto, translada-se o enfoque da análise para três importantes figuras da dogmática tributária — evasão, elisão e elusão fiscais —, embora sobre elas não se possa verificar uma uniformidade de tratamento no conjunto dos autores que fazem deste o seu objeto de pesquisa.

Visualizam-se, na doutrina nacional, múltiplas obras que — no exame da questão dos planejamentos fiscais e de seus limites jurídicos — lançam mão de diferentes termos para se referirem aos mesmos fenômenos: "elisão eficaz", "elisão atentatória", "elisão ilícita", "elisão abusiva", "evasão lícita", "elusão tributária", entre outras expressões congêneres. Decorre daí a constatação de que o primeiro esforço a ser empreendido nesta etapa do trabalho é de natureza terminológica, sob a premência de se afixar, à partida, acordos semânticos em relação aos signos aqui empregados para enfrentar a complexa problemática dos planejamentos tributários e suas restrições.

Das três categorias aludidas, a que menos padece das divergências terminológicas prenunciadas é, certamente, a de evasão fiscal. Isso se dá em virtude da sua imediata vinculação à ideia de ilicitude:[179] resulta a evasão da utilização, pelo contribuinte, de condutas expressamente vedadas pela ordem jurídica com o desígnio de evitar, retardar ou reduzir o pagamento de tributos. Nesse passo, aperfeiçoa-se o fenômeno da evasão quando se vale o contribuinte de meios ilegais para lograr economias fiscais ilegítimas, posto que propiciadas pela agressão frontal à legislação tributária.

Em linha com essa interpretação, Tôrres (2003, p. 178) sustenta que por evasão fiscal se deve tomar o "fenômeno que decorre da conduta voluntária e dolosa, omissiva ou comissiva, dos sujeitos passivos de eximirem-se ao cumprimento, total ou parcial, de obrigações tributárias de cunho patrimonial". Dois exemplos de evasão tributária, nesse

---

[179] O mais conhecido contraponto à terminologia aqui invocada encontra-se na obra de Ricardo Lobo Torres (2013, p. 8), autor que conceitua a evasão, num sentido lato, como "a economia do imposto obtida ao se evitar a prática do ato ou o surgimento do fato jurídico ou da situação de direito suficientes à ocorrência do fato gerador tributário", complementando que "deixar alguém de fumar para não pagar o IPI ou o ICMS é o exemplo clássico de evasão". Adiante, pontua que o termo evasão só assume a conotação de ilicitude quando tomado no sentido da expressão inglesa *tax evasion*, tal qual se observa na parcela majoritária da doutrina brasileira.

contexto, são a sonegação e o contrabando, o que assinala a tendência de frequentemente se constituírem as práticas evasivas em ilícitos de natureza penal.[180]

Conquanto não tenha o CTN textualmente empregado o termo "evasão" ou qualquer de seus derivativos, encontram-se em algumas de suas disposições elementos que norteiam a compreensão dessa categoria. Ao se examinar panoramicamente o conjunto de suas prescrições, faz-se possível identificar no artigo 149, inciso VII, do diploma, por exemplo, importantes critérios para definir conceitualmente a evasão tributária. Preceitua tal dispositivo que o lançamento do tributo será revisto de ofício quando restar comprovado que o sujeito passivo, ou terceiro em seu benefício, agiu com "dolo, fraude ou simulação". A tais elementos se deve agregar, para a devida assimilação da ideia de evasão fiscal, as infrações penais cometidas em transgressão à ordem tributária, tipificadas na Lei nº 8.137/1990.

São esses, pois, os comportamentos que, sob a ótica do legislador, evidenciam uma *violação direta* dos mandamentos tributários, pelo contribuinte, com o fito de ludibriar a autoridade fiscal e camuflar mecanismos sub-reptícios de não recolhimento de tributos. Em suma, tem-se que a categoria de evasão remete, no seu fundamento, ao descumprimento imediato e frontal de normas tributárias cogentes, sejam obrigacionais, sejam proibitivas.

Desse modo, sempre que o contribuinte incorporar ao seu "modelo de ação" práticas antijurídicas (pela incursão em ilícitos típicos, independentemente se penais ou meramente administrativos), visando à minimização ou à supressão da carga tributária incidente sobre as operações realizadas, configurar-se-á hipótese de *planejamento tributário ilegal*, posto que ancorado sobre estratégias de *evasão fiscal*. Como dito no tópico anterior, a ilicitude não torna inexistente o planejamento em si, mas apenas macula o seu conteúdo para gerar, como efeito, o fenômeno da evasão tributária.

Situação diametralmente oposta se vislumbra no caso da *elisão fiscal*, haja vista que o pressuposto fundamental dessa segunda categoria é a licitude.[181] Com efeito, pode-se considerar materializada a elisão quando o contribuinte lança mão de expedientes compatíveis com o ordenamento jurídico (1) para impedir ou diferir a ocorrência do fato gerador de tributo a si imponível ou (2) para minorar o montante devido a título de obrigações tributárias que venham a efetivamente se constituir. Em suma, expedientes lícitos para não pagar tributos, pagar menos ou pagar depois.

---

[180] Veja-se, nesse contexto, a Lei nº 8.137/1990, diploma responsável por tipificar os "Crimes contra a ordem tributária".

[181] Para mostrar que as divergências terminológicas que perturbam a compreensão dessa matéria não se adstringem a debates endógenos à doutrina nacional, estendendo-se até as diferentes experiências do direito comparado, Marciano Godoi (2012a, p. 120) chama a atenção para o fato de que, "em Portugal a doutrina utiliza a expressão *elisão fiscal* para designar esse fenômeno de "evitação abusiva de encargos fiscais" [...], ou de "planeamento fiscal abusivo" [...]. Ou seja, a mesma expressão em língua portuguesa — elisão fiscal — tem significados bem distintos no Brasil e em Portugal: no Brasil designa os planejamentos tributários perfeitamente lícitos e eficazes, executados sem abuso ou artificiosidade, ao passo que em Portugal designa os planejamentos tributários abusivos e artificiosos".

Heleno Tôrres (2003, p. 182), a seu turno, buscando sintetizar as concepções tradicionalmente elaboradas pela doutrina pátria, concebe a elisão como um "fenômeno lícito, típico de legítima economia de tributos, em que a conduta do sujeito consistiria em evitar (no todo ou em parte) a obrigação tributária, sem violá-la, tendo em vista uma busca planejada dos espaços livres de tributação [...]".

Nessa linha, explicita-se a proximidade semântica entre as figuras do "planejamento tributário" e da "elisão fiscal", não raro tratadas, inadvertidamente, como sinônimos pela doutrina e pelos tribunais. Marco Aurélio Greco, reconhecido por seus escrúpulos de precisão teórica, adverte que, a rigor, apesar de intimamente relacionados, ambos os conceitos não se confundem.

A alusão ao planejamento tributário toma por enfoque a *conduta* do contribuinte, motivo pelo qual a sua análise confere maior relevância aos elementos que integram tal conduta e às qualidades de que ela se reveste: cita o autor, por exemplo, a liberdade contratual e a licitude das formas. De outra parte, quando mencionada a elisão fiscal, sobreleva-se o enfoque analítico nos *efeitos da conduta*, relacionados à incidência e à cobrança do tributo, donde a ênfase em questões como capacidade contributiva e isonomia tributária (GRECO, 2008, p. 81-82).

Noutro dizer, a conduta de interpretar a legislação tributária e, a partir disso, formular um modelo de ação configura o planejamento fiscal, enquanto que a execução desse modelo de ação e a consecução da sua finalidade — obtenção de uma minoração ou afastamento da carga tributária em conformidade com o ordenamento positivo — aperfeiçoa o fenômeno da elisão. Em última análise, o elo que coaduna planejamento tributário e elisão é a auferição de lídimas economias de tributos pelo contribuinte no exercício do seu direito fundamental de liberdade fiscal e da autonomia privada.

Desse modo, a mobilização de mecanismos juridicamente permitidos para mitigar, retardar ou eliminar determinados custos advindos de obrigações tributárias exprime a estruturação e a adoção de um *planejamento fiscal lícito* (sem pleonasmo) e, por conseguinte, insuscetível de reação por parte da Administração. Cristalino está, com efeito, que a disjunção entre evasão e elisão fiscais descobre o seu decisivo critério na legalidade, fronteira que cuida de discernir com nitidez ambos os fenômenos. Sintetiza essa ideia a seguinte explanação tecida por Paulo de Barros Carvalho:

> Distinguem-se neste critério, portanto, "elisão e "evasão fiscal". Enquanto a primeira (elisão) é lícita, consistindo na escolha de formas de direito mediante as quais não se dá a efetivação do fato tributário, e consequentemente, impedindo o nascimento da relação jurídica, a segunda (evasão) decorre de operações simuladas em que, ocorrido fato de relevância para o direito tributário, pretende-se ocultá-lo, mascarando o negócio jurídico (CARVALHO, 2011, p. 83).

Ademais, boa parte dos doutrinadores que aderem a essa linha de interpretação dos fatos tributariamente relevantes admite um outro fator objetivo para diferenciar a elisão da evasão fiscal: o critério temporal. Nesse passo, as estratégias elisivas seriam levadas a efeito pelo contribuinte *antes da ocorrência do fator gerador*, enquanto que as práticas evasivas seriam perpetradas *após a consumação do fato gerador*.

Esse fator cronológico,[182] baseado no instante da concretização do evento tributável, condicionaria diretamente a legalidade das táticas de economia fiscal, haja vista que denotaria o contorno lícito de uma obrigação tributária ainda em vias de constituição ou a violação de uma obrigação tributária já devidamente constituída. Aparece delineado esse segundo parâmetro de distinção, por exemplo, nas clássicas obras de Sampaio Dória (1977, p. 238) e de Rubens Gomes de Sousa (1960, p. 113). Também a atual jurisprudência fiscal dos Tribunais brasileiros se baseia ampla e massivamente neste critério, como qualquer superficial pesquisa pode evidenciar.

Sensivelmente mais controversa é a incorporação da categoria de "elusão fiscal" à dogmática tributária brasileira. Isso porque não é uníssona, no seio da doutrina pátria, a compreensão da existência, da importância e da adequação teórica dessa terceira figura à luz do direito positivo. Aliás, sem embargo de ser ampla a sua utilização pela doutrina europeia, a maioria dos autores brasileiros mostra-se refratária à sua invocação em âmbito nacional, restringindo a análise das condutas de resistência ao pagamento de tributos unicamente aos campos da evasão e da elisão fiscais.

Nesse aspecto, o esforço argumentativo desenvolvido neste trabalho se dedica também a sustentar — junto a outros autores que têm desempenhado com brilhantismo esta tarefa — a necessidade de atualização de algumas concepções doutrinárias ainda presas a um tradicionalismo teórico que cada vez mais dá mostras de sua obsolescência face às aceleradas metamorfoses que continuamente se operam no mundo contemporâneo.

Explana Marciano Godoi (2012a, p. 120) que a expressão *elusión fiscal* foi cunhada pela doutrina espanhola na década de 1960 com o propósito de identificar o comportamento pelo qual o contribuinte se vale de técnicas artificiosas e abusivas para, "sob uma aparência de legalidade e licitude, buscar evitar a ocorrência do fato gerador do tributo ou buscar se colocar dentro do pressuposto de fato de regime fiscal mais vantajoso, criado pela legislação para abarcar outras situações". Enfatiza o autor, num exame do direito comparado, que o termo hispânico *elusión fiscal* é portador da mesma carga semântica que as expressões *tax avoidance* e *elusione*, consagradas, respectivamente, nas experiências anglo-saxônicas e italiana.

No caso brasileiro, a locução "elusão fiscal" não se distanciou do seu sentido originário, visualizando-se a sua melhor e mais criteriosa definição, novamente, no magistério de Heleno Tôrres, autor que assim leciona:

> [...] cogitamos da "elusão tributária" como sendo o fenômeno pelo qual o contribuinte, mediante organização planejada de atos lícitos, mas desprovidos de "causa" (simulados

---

[182] Heleno Tôrres (2003) e Marcus Abraham (2007) endereçam aguda crítica a esse critério cronológico, aduzindo que o fenômeno da evasão fiscal também pode se consumar antes do fato gerador do tributo. Essa questão será retomada logo à frente, tendo em vista que o fator temporal também é invocado por parte da doutrina para distinguir as figuras da evasão e da elusão fiscais.

ou com fraude à lei), tenta evitar a subsunção de ato ou negócio jurídico ao conceito normativo de fato típico e a respectiva imputação da obrigação tributária. Em modo mais amplo, elusão tributária consiste em usar de negócios jurídicos atípicos ou indiretos desprovidos de "causa" ou organizados com simulação ou fraude à lei, com a finalidade de evitar a incidência de norma tributária impositiva, enquadrar-se em regime fiscalmente mais favorável ou obter alguma vantagem fiscal específica (TÔRRES, 2003, p. 189).

Na esteira dessa leitura, a elusão fiscal é levada a efeito por meio de condutas, em tese, lícitas (negócios jurídicos diretos ou indiretos, típicos ou atípicos), porém *destituídas de causa jurídica legítima*, sendo praticadas de maneira artificiosa com o exclusivo propósito de repelir a incidência de normas tributárias ou de aderir a regime fiscal mais favorável. Daí a afirmação de Okuma (2009, p. 64) no sentido de que "o ato elusivo concretiza-se sob um manto de licitude, que oculta a sua finalidade".

Note-se que, ao programar atos e negócios jurídicos elusivos para colher vantagens no processo de aplicação da legislação tributária, o contribuinte pode deles se valer tanto para rechaçar ou mitigar a aplicação de normas de tributação (furtando-se aos tributos a elas correspondentes ou atenuando os seus impactos), quanto para aderir a benefícios fiscais aos quais não faria jus não fosse a manobra realizada.

No primeiro caso, mais corriqueiro, fala-se em *elusão tributária excludente*, pela qual o agente distorce um ato ou negócio jurídico para dissociá-lo artificialmente do antecedente abstrato de uma norma tributária — que acaba contornada pela ocultação da ocorrência do fato gerador — e inibir, com isso, a incidência fiscal. Opera-se, então, por meio desse estratagema, uma manipulação dos critérios (material, temporal e/ou espacial) de consumação do fato gerador para repelir o tributo, diminuir as pressões fiscais dele decorrentes (afetando, por exemplo, a sua base de cálculo) ou eximir-se ao cumprimento de alguma obrigação acessória (dever formal). Já no segundo caso, consubstancia-se hipótese de *elusão tributária includente*, traduzida na deformação de ato ou negócio para amoldá-lo, indevidamente, aos pressupostos fático-jurídicos de benefícios fiscais específicos, como isenções, créditos presumidos e similares.

Ambas as estratégias de ação — propiciadoras, cada qual a seu modo, de economias tributárias em favor do contribuinte —, para não transporem as divisas que separam a elusão da evasão fiscal, devem permanecer adstritas aos *vícios de causa* do negócio (por ausência ou por ilegitimidade), sem que penetrem o terreno das transações fictícias (simuladas), dolosas ou fraudulentas.

Tem-se, pois, que a (in)existência de causa jurídica legítima consubstancia o decisivo critério de diferenciação entre a elisão e a elusão tributárias. Na primeira (elisão), o agente organiza os seus negócios por meio de ações lícitas e motivadas por uma causa jurídica real, não pretendendo, por conseguinte, obter *apenas* economia fiscal. Na segunda (elusão), por outro lado, aspirando reconduzir-se ao pagamento de menor tributo, o contribuinte lança mão de atos e negócios que distorcem os perfis e as finalidades preconizadas pelo direito privado, isto é, utiliza-se de operações carentes de causa jurídica (legítima) ou cuja causa reste desfigurada ou esvaziada pelo manejo de estruturas formais irremediavelmente incompatíveis com a transação (ressalvados os negócios jurídicos indiretos licitamente praticados, como abordado alhures). Apenas nesta última hipótese (elusão fiscal) o planejamento tributário se despenha em ilicitude, fazendo-se suscetível a uma reação da Administração.

Sob semelhante vetor hermenêutico, Marco Aurélio Greco aduz que:

> os negócios jurídicos que não tiverem nenhuma causa real e predominante, a não ser a redução da carga tributária, serão considerados como realizados em desacordo com o perfil objetivo negocial e assumirão um caráter abusivo. Nesse caso, o Fisco a eles pode se opor, desqualificando-os fiscalmente para requalificá-los segundo a descrição normativo-tributária pertinente à situação que foi encoberta pelo desnaturamento da função objetiva do ato. Ou seja, se o objetivo predominante for a redução da carga tributária, ter-se-á um uso abusivo do direito (GRECO, 2008, p. 203-204).

Há quem questione se o objetivo de economia tributária não poderia ser tomado, por si mesmo, como a causa jurídica da realização de uma operação. A resposta só pode ser negativa. Isso porque, em conformidade com o que se sustentou no capítulo anterior, a "causa jurídica" está associada à funcionalidade do negócio jurídico, isto é, aos fins a que ele se destina e às funções que ele desempenha à luz de preceitos de hierarquia constitucional, como o direito fundamental de liberdade fiscal, a liberdade negocial, a autonomia privada e a função social dos contratos.

Nesse sentido, como nenhum instrumento negocial (típico ou atípico) serve ao propósito de reduzir carga tributária, mas sim de propiciar um ambiente de livres trocas que atue como força motriz da economia de livre mercado, o objetivo de economia fiscal ao ordenar um negócio jurídico sob nenhum ângulo pode ser considerado uma causa jurídica (ou, ao menos, uma causa jurídica legítima) em face do ordenamento positivo. Semelhante entendimento faria tábula rasa da função social dos contratos.

Pode-se concluir, desse modo, que as práticas elusivas se revelam *lícitas na origem* e *ilícitas no resultado*, materializando-se a sua antijuridicidade em *violações indiretas à lei* (caracterizadoras dos chamados "ilícitos atípicos"). Nesse sentido, a elusão tributária posiciona-se como um meio termo entre a evasão e a elisão fiscais.

De um lado, não se confunde com a simulação ou com a agressão frontal a normas tributárias (ou normas penais e administrativas vinculadas à matéria tributária), visto que os atos pelos quais se concretizam os negócios elusivos são, *a priori*, lícitos. De outro giro, a elusão fiscal não pode ser assimilada como fenômeno lícito, porquanto a economia tributária por ela propiciada supõe uma esquiva ardilosa — e, por conseguinte, ofensiva — a regras de tributação tipificadas na legislação de regência.

Por decorrência, consubstancia essa terceira figura um fenômeno *sui generis*, dotado de autonomia conceitual, haja vista qualificar os atos e negócios jurídicos praticados com o *desígnio único* de afastar insidiosamente a subsunção de operações econômicas à regra matriz de incidência de qualquer tributo capaz de implicar, em potência, a constituição de obrigações tributárias em face do contribuinte.[183] Em todo caso, dúvida não há quanto ao fato de a *elusão representar espécie de ilicitude*, não obstante de distinta natureza, logo adiante explicada (a saber, "ilicitude atípica").

Refletindo sobre as diferenças entre a evasão e a elusão tributárias, Paulo Caliendo (2009b, p. 241) enumera cinco critérios de discriminação entre ambas as categorias:

> a) Modo de descumprimento: a evasão se constitui no descumprimento direto da norma tributária, enquanto a elusão é o descumprimento indireto da norma.
> b) Natureza dos atos negociais: a evasão é decorrente da prática de atos vedados pelo ordenamento (ex.: deixar de emitir nota fiscal); enquanto a elusão é justamente a prática de atos permitidos pelo ordenamento que conduzem a resultados ilícitos.
> c) Momento da conduta: a evasão é o descumprimento do dever tributário após a ocorrência do fato gerador, enquanto a elusão é o descumprimento independente do momento cronológico do fato gerador, podendo ser praticada antes mesmo de sua ocorrência.
> d) Natureza da violação: a evasão ocorre pela ofensa ao comando normativo (fazer ou não-fazer algo), enquanto a elusão é o manejo de formas que oculta o verdadeiro conteúdo da operação.
> e) Quanto à causa negocial: na evasão a causa do negócio jurídico é ilícita, enquanto na elusão a ausência de causa deve ser depreendida da verificação da cadeia negocial envolvida. Vistos individualmente, cada negócio ou ato jurídico contém uma presunção de licitude, na forma e conteúdo; somente a análise ordenada dos atos e de sua coerência negocial é que permite verificar a inexistência da causa.

Ao examinar os fatores de diferenciação entre os fenômenos da evasão e da elusão, Tôrres (2003, p. 189-191) tece ásperas críticas a dois critérios usualmente cogitados pela doutrina: o cronológico e o finalístico. Quanto ao primeiro, objeta o autor, com o que é de se concordar, que em não raras situações a evasão pode se consumar antes da ocorrência do fato gerador do tributo, a exemplo do que se visualiza quando "o comerciante emite nota fiscal adulterada, promovendo, em seguida, a saída da mercadoria de seu estabelecimento, i.e., realizando o fato jurídico do imposto sobre a circulação de mercadorias" (TÔRRES, 2003, p. 190). Assim sendo, é imperfeita a distinção temporal entre a evasão e a elusão tributárias, consoante preconizado por numerosos doutrinadores.

Na mesma linha, Marcus Abraham tece crítica precisa ao critério cronológico de diferenciação de procedimentos lícitos e ilícitos de evitação tributária:

> Entretanto, não podemos aceitar o critério temporal como justificativa absoluta para a licitude e legitimidade de qualquer procedimento realizado em momento cronologicamente ao fato gerador, já que há casos típicos em que, embora respeitado o momento, o desvio se verifica na sua forma ou através dos meios (atípicos e indevidos) empregados.

---

[183] Em complemento a tal raciocínio, Tôrres (2003, p. 188) pontua que "a 'violação indireta' da lei tributária, que se presta para qualificar a elusão, nos ordenamentos que assim a contemplam, advém do cometimento de algum ato ou negócio jurídico que se possa enquadrar como 'abuso de formas', 'fraude à lei', 'abuso de direito', 'ausência de finalidade negocial' *et caterva*". Ressalte-se que essas quatro figuras citadas pelo autor consubstanciam, nas experiências estrangeiras, as principais matrizes normativas de reação aos chamados "planejamentos tributários abusivos", a serem especificamente analisadas no tópico derradeiro do presente capítulo.

E da mesma maneira, o critério dos métodos apresentados pelo contribuinte não pode ser apreciado isoladamente. O fato é que nenhum destes modelos são suficientes e absolutos nessa análise. O operador do direito deverá, caso a caso, encontrar no ato ou negócio jurídico realizado (ou a se realizar) os fundamentos de fato e de direito necessários a conferir a sua licitude e legitimidade, não somente dentro da letra expressa da lei, mas também nos valores do ordenamento jurídico contemporâneo (ABRAHAM, 2007, p. 238).

No que concerne ao segundo critério, que toma a teleologia do ato praticado como o elemento decisivo da diferenciação, supõe-se que a elusão fiscal se constitui como "uma atitude de organização de fatos jurídicos cujo único fim consistiria na redução ou eliminação da respectiva carga tributária, de modo que não seriam adotadas normalmente se não fosse a pretensão de subtrair-se à incidência fiscal" (TÔRRES, 2003, p. 191). Entretanto, a finalidade exclusiva de economizar tributos pode igualmente se verificar no caso da evasão, com a única diferença de que esta última seria concretizada mediante o *descumprimento direto* de obrigações tributárias, donde se deduz que o traço deveras distintivo residiria na (in)idoneidade dos meios mobilizados pelo contribuinte, e não nos aspectos teleológicos que guiaram a sua ação.

Condensando com notável didatismo as diferenciações entre os fenômenos da evasão, da elisão e da elusão tributárias — em conclusão que guarda perfeita coerência com as interpretações aqui professadas —, Marciano Godoi disserta:

> Em suma: enquanto na evasão o que se busca é ocultar a prática do fato gerador ou ocultar da Administração os reais elementos da obrigação tributária, na elisão (tal como se utiliza esse termo no Brasil) e na elusão fiscal o objetivo do contribuinte é praticar atos e negócios jurídicos que não provoquem ou provoquem na menor medida possível a incidência de obrigações tributárias, com a diferença de que, na elusão, os atos e negócios engendrados pelas partes são abusivos/artificiosos, posto que sua formalização não reflete os reais propósitos práticos buscados pelas partes e distorcem as finalidades e objetivos contidos nas normas que regulam a espécie, enquanto que na elisão (tal como se utiliza esse termo no Brasil) a conduta das partes é considerada perfeitamente válida e eficaz (GODOI, 2012a, p. 120-121).

Nesse contexto, em sintonia com tudo quanto acima se sublinhou, conclui-se que o parâmetro determinante para traçar uma linha divisória entre a elusão fiscal e as outras duas figuras que lhe ladeiam é a *ausência ou não de causa jurídica para a celebração de um ato ou negócio*. Sempre que a complexidade de uma dada operação inviabilizar a aferição, segundo critérios objetivos, da existência de causa jurídica real no manejo de formas inusuais de direito privado ou de instrumentos atípicos, de tal sorte a evidenciar uma ação impulsionada pela finalidade exclusiva de frustrar a aplicação da legislação tributária, consumado restará o fenômeno da elusão fiscal.

Com efeito, a demonstração, pelo Fisco, de uma conduta elusiva — cuja análise deve ser efetuada à luz da categoria de ilícito atípico — legitimará a desconsideração e a requalificação de atos e negócios jurídicos instrumentalizados pelo contribuinte em prol do *objetivo único* de suavizar, diferir ou repelir a carga tributária que seria por ele suportada no curso de suas atividades econômicas e comerciais.[184]

4.3 As transformações do princípio da legalidade tributária sob a égide do Estado Democrático de Direito

A incorporação da categoria de ilícito atípico ao domínio do Direito Tributário brasileiro é matéria tensionada por acentuadas polêmicas, as quais se concentram, sobretudo, no fato de se tratar de seara jurídica tradicionalmente regida pelo princípio da estrita legalidade. Nesse sentido, são pródigos os autores que seguem a professar o posicionamento segundo o qual a legalidade tributária só pode ser apreendida segundo os rigores da noção de "tipicidade cerrada", oriunda das elaborações da doutrina alemã acerca do que se convencionou denominar de "princípio da determinação da hipótese de incidência" (*Grundsatz der Tatbestandsbestimmtheit*), tematizado com maior destaque no Brasil por Alberto Xavier (2002).

Na ótica desse ainda majoritário segmento da doutrina, que se baseia num legalismo inflexível ao sustentar que na *estrita literalidade* dos preceitos legais reside o exclusivo parâmetro de análise da fenomenologia da incidência tributária, seria facultada ao contribuinte, na conformação de um planejamento tributário, a adoção irrestrita de toda e qualquer conduta que não esbarre em *expressa vedação legal*, independentemente das circunstâncias em que ela se materialize.

Noutras palavras, não haveria, em matéria tributária, ato ilícito sem lei anterior que *específica* e *textualmente* o definisse, tampouco reprimenda sem prévia cominação legal, inferência derivada de uma transposição quase literal dos termos que estruturam a concepção de legalidade estrita imperante no âmbito do Direito Penal. Daí a afirmação de Hugo de Brito Machado (2001, p. 110) de que "temos em nosso sistema jurídico o princípio da legalidade a exigir tipos tributários, tal como no direito penal existem os tipos penais".

Ao examinar criticamente os pressupostos teórico-metodológicos cultivados por essa corrente, a que denomina "normativismo-conceitualista", Marciano Godoi (2008, p. 72) explana que, se "a legalidade tributária é a exigência de que todos os tributos sejam criados por lei, no sentido de um ato emanado do Poder Legislativo", a noção de "tipicidade ainda significa mais que isso: significa que a lei deve definir os principais aspectos do tributo com um alto grau de precisão e concreção, sem recorrer a conceitos vagos ou indeterminados e sem dar margem à discricionariedade" da Administração na cobrança dos tributos. Xavier (2001, p. 18) exacerbava essas concepções ao sustentar

---

[184] No Direito Tributário brasileiro, o fundamento normativo dessa desconsideração ou requalificação, pela autoridade fiscal, de atos ou negócios praticados pelo contribuinte é o controverso parágrafo único do artigo 116 do CTN, objeto de reflexão específica no capítulo seguinte deste trabalho.

que todas as decisões dos casos concretos devem ser obtidas "por mera dedução lógica da própria lei, limitando-se o órgão de aplicação a subsumir o fato na norma, independentemente de qualquer livre valoração pessoal".

Cerrando as fileiras críticas a essa leitura normativista-conceitualista, aferrada aos velhos paradigmas positivistas, Sérgio André Rocha (2008, p. 238) destaca que, sob o propósito de garantir em plenitude o princípio da segurança jurídica, a concepção tradicional de legalidade tributária parte "da crença de que a interpretação do texto das leis tributárias leva (ou deve levar) sempre à criação de uma mesma norma jurídica, com o que a legalidade tributária não deixaria ao Administrador Público qualquer liberdade de conformação".

Assim, acrescenta Godoi (2008, p. 76), supõe-se que "após interpretar corretamente a lei (descobrindo seu verdadeiro sentido), o intérprete obtém algo como um metro articulado", bastando posicionar "esse metro articulado sobre os fatos concretos para, medindo-os segundo os parâmetros objetivamente definidos na lei, operar a subsunção lógica, cujo resultado acredita-se ser a fiel expressão da *vontade da lei* para aquele caso concreto".

Não é difícil deduzir, nesse cenário, que os pressupostos teóricos dessa interpretação terminam por intransigentemente interditar qualquer cogitação de uma categoria como a elusão fiscal, amparada sobre a aparentemente exótica figura de ilícito atípico. Tal percepção é bem sintetizada por Marciano Godoi nos termos seguintes:

> A maioria dos autores brasileiros só reconhece e nomeia dois campos de atuação do contribuinte: o da elisão (lícita) e o da evasão (ilícita) [...]. Se o contribuinte não pratica simulação (no sentido de uma declaração de vontade total ou parcialmente falsa), falsificação documental ou outras fraudes do gênero (que caracterizam evasão), sua conduta é considerada inatacável, mesmo que o contribuinte tenha adotado formas jurídicas manifestamente artificiosas para atingir resultados práticos completamente distanciados daqueles para os quais as tais formas jurídicas foram criadas pelo direito positivo (GODOI, 2012a, p. 129).

No entanto, já não pode ser tergiversada a conclusão de que a índole tradicionalista dessa leitura, nos tempos correntes, degenerou-se num anacronismo que lhe subtrai a suficiência teórica. Sob o paradigma inaugurado pelo fenômeno do neoconstitucionalismo, sumulado no capítulo anterior, descabe avaliar e examinar a ferramenta do planejamento tributário e de seus limites apenas pelo viés da estrita legalidade.

O giro teórico e epistemológico promovido pela (re)centralização da Constituição no ordenamento jurídico, que não somente reconheceu, mas fez espraiar por todas as esferas do Direito a força normativa e vinculante dos preceitos constitucionais, resultando na constitucionalização de suas ordinárias regulações, tratou de erigir um novo modelo de juridicidade cujos traços preponderantes revelam um íntimo compromisso com a realização de justiça social (em sintonia com o princípio da solidariedade), a qual necessariamente supõe um ideal de justiça fiscal. Essa perspectiva, dotada de uma inegável carga axiológica, reclamou uma nova concepção de legalidade que se afigurasse mais ampla, não se reduzindo ao individualismo atávico que deitava suas raízes nas vetustas doutrinas do clássico liberalismo oitocentista.

A noção de legalidade, com efeito, agora revestida dos figurinos neoconstitucionalistas, careceu de um redesenho que suplantasse as limitações do paradigma positivista. Em razão disso, não poderia ela se limitar ao conteúdo já conhecido das leituras tradicionais, isto é, às ideias de lei em sentido formal e/ou de literalidade do direito posto. A cultura jurídica que se ergueu em alguns países do mundo ocidental postulou, doutro modo, a primazia dos aspectos materiais do Direito, principalmente aqueles congregados no vetor da dignidade da pessoa humana e nos valores dela decorrentes, todos fundamentados no próprio texto da Constituição. Na lição de Marcus Abraham:

> Atualmente, em tempos de neoconstitucionalismo, em que os valores passam a ter preponderância no ordenamento jurídico, é inegável reconhecer a preocupação com a ética fiscal, o dever fundamental de pagar tributos e com o debate dos direitos humanos, sendo o Estado o guardião dos direitos individuais e, em especial, da dignidade da pessoa humana, recolocando o cidadão no centro dos interesses sociais, assumindo o compromisso de erradicar a pobreza e as desigualdades, sem descuidar da mantença do equilíbrio econômico e da prosperidade, tudo isso com o respeito das liberdades e garantias individuais (ABRAHAM, 2017, p. 15).

Com o propósito de obstar a produção de arbitrariedades sob o manto legitimador do processo legislativo,[185] ao princípio da legalidade passou-se a demandar a observância da vasta expressão do sistema jurídico, bem como de seu inteiro teor, de sorte a primar pelo integral e efetivo cumprimento do Direito. Revigorou-se, pois, a ideia de "moralidade constitucional", em claro diálogo com postulados jusnaturalistas, porém desta feita acompanhado da devida *juridicização* e *incorporação normativa* dessa *dimensão axiológica* ao texto da Constituição, exprimida nas reiterativas alusões a noções como "justiça social" (artigos 170 e 193), "solidariedade" (artigo 3º, inciso I), "redução de desigualdades" (artigos 3º, inciso III, e 170, inciso VII) etc.

Foi na seara do Direito Público, obviamente, que a remodelação do princípio da legalidade foi se aperfeiçoando com maior nitidez: os fundamentos do agir da Administração Pública, tomando-se por referência os ideais do Estado Democrático de Direito, passaram a ter por fonte não apenas a lei *stricto sensu*, mas também os princípios (sobretudo os de estatura constitucional), aos quais, pontuou-se alhures, foi reconhecida plena eficácia normativa.

Expressou-se essa metamorfose teórica e hermenêutica da noção de legalidade, inclusive, numa repaginação terminológica processada por parte da doutrina

---

[185] Pode-se brevemente mencionar, neste ponto, as instrumentalizações políticas da lei com o escopo de legitimar as violentas experiências que caracterizaram historicamente diversos regimes totalitários no curso do século XX. Nesses episódios, sob um prisma eminentemente positivista, é forçoso considerar que práticas atentatórias contra direitos humanos (como genocídios, torturas e perseguições às dissidências políticas) foram levadas a efeito sob a égide da lei, encarada exclusivamente pela ótica formalista, sem vinculação a valores constitucionais substantivos.

(especialmente a administrativista). Entre alguns juristas, passou-se a privilegiar o emprego da expressão "juridicidade", rapidamente convertida em princípio estruturante do Direito Público. Refletindo sobre a sua composição, Alexandre Aragão (2004, p. 63) realça o caráter dúplice do princípio da juridicidade como uma de suas principais *nuances*: "serve tanto para restringir a ação da Administração Pública não apenas pela lei, mas também pelos valores e princípios constitucionais, como para permitir a sua atuação quando, mesmo diante da ausência de lei infraconstitucional específica", os preceitos da Constituição impuserem e legitimarem a sua intervenção.

Atente-se que, mesmo sob essa nova capitulação jurídica, o princípio da juridicidade, ao exigir a realização de condutas em conformidade com a totalidade do ordenamento jurídico, não o faz a partir da negação do conceito (formalista) de legalidade. O que propõe, contrariando olhares precipitosos, é acrescer ao compromisso de obediência à lei em sentido estrito o dever de respeito a todo o ordenamento jurídico em sua sistematicidade, atribuindo especial relevo ao conteúdo da Constituição.

Nesse sentido, afirma-se o princípio da juridicidade não na negação da clássica ideia de legalidade, e sim na sua superação:[186] conserva o seu substrato, mas a ultrapassa ao suprir-lhe as limitações e deficiências. Não por outro motivo, Daniel Alves Teixeira (2014, p. 8) enfatiza haver entre juridicidade e legalidade, antes de uma contraposição, uma relação de complementaridade, de maneira a evidenciar a obliquidade das críticas no sentido de que tal raciocínio implicaria uma autorização sumária aos subjetivismos hermenêuticos e voluntarismos judiciais de todos os matizes.

Mais clara se mostrará essa caracterização quando, nos próximos capítulos, se sustentar, mediante necessária crítica à parte da doutrina e da jurisprudência fiscal atuais, que a Administração Tributária está impedida de atacar atos e negócios jurídicos elusivos enquanto não for disciplinado em lei o procedimento especial de desconsideração textualmente exigido pelo parágrafo único do artigo 116 do CTN, dispositivo responsável por instituir a norma geral antielusiva brasileira.

A síntese deste e dos próximos capítulos, com efeito, decorrente de uma análise sistemática, dará conta que as proposições defendidas neste trabalho não podem ser com justiça rotuladas nem de "fiscalistas" nem de "pró-contribuinte" (dicotomia, aliás, já ultrapassada, que em nada contribui para a evolução do debate), visto que buscam extrair dessa dialética relação a posição mais equilibrada à luz da Constituição e dos fundamentos teórico-dogmáticos do Direito Tributário (entre eles o princípio da legalidade).

Retomando-se o fio do argumento, é oportuno recorrer à lição ministrada por Ricardo Lodi Ribeiro, autor que, tencionando ilustrar a propagação do núcleo

---

[186] A partir das ideias de "legalidade de meios" e "legalidade de fins", Greco (2008, p. 137) aponta para uma direção similar quando pensa criticamente as mutações sofridas por um tal princípio: [...] "a legalidade mudou de feitio, deixou de ser apenas de meios para ser também de fins. Isto não significa que a legalidade de meios desapareceu; continua plenamente cabível, mas justaposta está a legalidade de fins, e cabe ao intérprete — ao analisar o ordenamento jurídico como o todo — compreender que se acrescentou um elemento (o fim) que, por muito tempo, permaneceu em segundo plano".

substantivo da ideia de juridicidade nas experiências brasileira e estrangeira, rastreia a sua consagração em diversos diplomas legais e constitucionais contemporâneos:

> Cumpre registrar que a vinculação da Administração não só à lei, mas ao Direito, ou ao ordenamento jurídico, além de ser amplamente aceita pela doutrina, já é matéria positivada constitucionalmente em diversos textos, como o da Lei Fundamental de Bonn, em seu art. 20, §3º, que dispõe que o Poder Executivo e os Tribunais estão vinculados à Lei e ao Direito. No mesmo sentido a Constituição Espanhola que, no seu art. 103.1, estabelece que a Administração Pública serve com objetividade aos interesses gerais e atua com submissão à Lei e ao Direito. No Brasil, a Lei nº 9.784/99, que regula o procedimento administrativo da União, em seu art. 2º, parágrafo único, I, dispõe que a atuação da Administração Pública se dará de acordo com a lei e o Direito (RIBEIRO, 2015a, p. 10-11).

Autores há que, signatários desse entendimento, sustentam a necessidade de atualização das concepções de (estrita) legalidade tributária por intermédio da transposição, *mutatis mutandis*, do princípio da juridicidade aos domínios do Direito Tributário. É o caso do próprio Ricardo Lodi Ribeiro, acima referenciado:

> Mas será que a ideia de juridicidade se aplica ao Direito Tributário? Nos parece que a resposta é afirmativa. A rigor, não há, cientificamente, como assinala Casalta Nabais, diferença substancial entre o princípio da legalidade tributária e o verificado no Direito Administrativo. Em ambos temos a submissão da atividade administrativa à lei e ao Direito. Isso significa que a atividade administrativa da Fazenda Pública sempre deve se pautar não só pela lei, mas pela Constituição — não só quanto às limitações constitucionais ao poder de tributar, mas também em relação a toda a sua pauta axiológica —, pelos valores e princípios ainda que não elencados expressamente no Texto Maior (RIBEIRO, 2015a, p. 13-14).

Embora se compreenda o caráter simbólico de uma tal virada terminológica, não parece ser a melhor alternativa promovê-la no âmbito tributário. Não somente pelo fato de o termo "legalidade" já se encontrar arraigado na tradição doutrinária e jurisprudencial brasileiras, como também em função da correlata noção de "reserva de lei", decorrente do disposto no artigo 150, inciso I, da Constituição, que veda aos entes federativos a exigência ou o aumento de tributo "sem *lei* que o estabeleça". Os literais termos selecionados pelo constituinte recomendam, pois, prosseguir a operar com o "princípio da legalidade tributária", conquanto ressemantizado nos moldes que se está a expor, e reservar a noção de "juridicidade" para as novas doutrinas pertinentes ao Direito Administrativo, campo que verdadeiramente demarcou o seu nascedouro.

Godoi (2008, p. 84) corretamente argumenta que hoje se mostra inteiramente inepta a proposta de reduzir os processos hermenêuticos do Direito Tributário à mera "dedução lógica" da própria lei, como se a realidade concreta passivamente se acomodasse às fixas previsões legais. Para o autor, é insuperavelmente problemática[187]

---

[187] Noutra assertiva, o mencionado autor destaca: "Para constatar o equívoco de tal modelo normativista-conceitualista, não é necessário tomar conhecimento da vasta e variada gama de obras jurídicas, produzidas

a tese traduzida de que a atividade de interpretação e aplicação do direito tributário substantivo pode se dar por simples subsunção lógica, "como se em todos os casos houvesse uma e apenas uma solução, e que essa solução fosse exatamente a que se extraiu por dedução da lei, sem que o intérprete tivesse que recorrer a qualquer elemento estranho à própria lei" (GODOI, 2008, p. 75). Em sua leitura:

> A versão normativista-conceitualista da tipicidade tributária não tem atualmente (quiçá nunca tenha tido) qualquer poder explicativo da realidade prática da interpretação e da aplicação do direito tributário A doutrina da única resposta, da aplicação mediante simples subsunção lógico-dedutiva do fato na lei, e da vedação de qualquer valoração que escape daquela completamente exaurida pelo legislador simplesmente fala de outro mundo que não aquele em que o direito é efetivamente interpretado e aplicado (GODOI, 2008, p. 84).

Abraham (2007, p. 12) igualmente enfatiza o desenvolvimento histórico e qualitativo da teoria geral da interpretação, que agora toma, na seara tributária, por inspiração constitucional, "os valores da justiça social como pano de fundo para a implementação da justiça fiscal". Numa perspectiva panorâmica, assim raciocina o autor:

> Para tanto, a teoria geral da interpretação também deveria se desenvolver e evoluir. A derrocada do modelo dogmático-conceitual caracterizado pelo método lógico-formal da aplicação meramente subsuntiva, dá lugar à utilização de novos recursos interpretativos, absorvendo os benefícios de um pluralismo metodológico, privilegiando a efetividade dos princípios, sua diferenciação das normas para com as regras, a análise do caso concreto com o balanceamento da ponderação e da razoabilidade, a revitalização da teoria da argumentação, da retórica e da tópica (ABRAHAM, 2007, p. 12-13).

Também Rocha (2008, p. 240) sublinha o caráter vetusto e ultrapassado da suposição, própria no normativismo-conceitualista, segundo a qual "a interpretação de um texto consiste em revelar a sua verdadeira e única mensagem". Em sua percepção, "a própria evolução da teoria hermenêutica põe em xeque a ideia de legalidade tributária tradicional bem como da ilusão da segurança jurídica absoluta da mesma decorrente [...]; tal circunstância é acentuada pela natural indeterminação conceitual e a abertura da linguagem, as quais tornam utópica uma univocidade interpretativa" (ROCHA, 2008, p. 241 e 245).

No mesmo passo, Lobo Torres (2000, p. 96) destacava a urgência de superar-se "a crença algum tanto ingênua na possibilidade de permanente fechamento dos conceitos tributários, como se nesse ramo do direito houvesse a perfeita adequação entre pensamento e linguagem e se tornasse viável a plenitude semântica dos conceitos".

Nesse sentido, no Estado Democrático de Direito, a atividade hermenêutica não pode ter subtraída a sua face criadora, em que o intérprete assume sua função de assediar

---

nos últimos 100 anos, que demonstraram que o sentido da norma não é um dado anterior à sua interpretação e sim um produto desta; que a interpretação da norma não é tarefa prévia (lógica ou cronologicamente) à sua aplicação aos fatos, que a aplicação da norma aos fatos e condutas é antes um aspecto essencial e imbricado logicamente na interpretação da própria norma" (GODOI, 2008, p. 76-77).

os sentidos possíveis do texto legal, transcendendo o conforto com que a literalidade dos enunciados normativos busca cativá-lo. Trata-se, obviamente, de uma atividade criativa limitada, que encontra no texto da lei (seus termos sintáticos e semânticos) a sua baliza principal, mas que não reduz o hermeneuta à função de "oráculo", incumbido de revelar um sentido único e predeterminado contido no enunciado da norma.

Em termos alegóricos, tem-se que o enunciado normativo é a matéria-prima e a norma o produto, sendo que a ponte que liga uma estância a outra é a atividade compromissada (e limitada) do intérprete. Isto é, o enunciado normativo é de onde se parte e a norma aonde (hermeneuticamente) se chega. Alinham-se tais reflexões às elucidativas conclusões de Marciano Godoi:

> 1ª A versão normativista-conceitualista da tipicidade tributária, quando defendida (o que é o mais comum) com argumentos lógicos que remetem a uma pretensa natureza lógico-dedutiva e absolutamente não-valorativa da aplicação do direito, mostra-se completamente incapaz de explicar a realidade concreta do direito;
> 2ª Quando defendida (o que é um tanto raro) mediante referência explícita a seus fundamentos ideológicos e valorativos, a versão normativista- conceitualista da tipicidade tributária (e sua aversão ao combate da elusão tributária) revela-se incapaz de encontrar guarida no com texto do Estado Democrático de Direito (o qual pode ser dificílimo de definir pelo que é, mas bem menos difícil de definir pelo que não é) (GODOI, 2008, p. 96-97).

É evidente que essa relativização das originais acepções do princípio da legalidade no perímetro do Direito Tributário deve ser processada com escrúpulos, em virtude da peculiaridade dos seus métodos e da natureza dos bens jurídicos por ele tutelados. No entanto, uma ressignificação capaz de lhe conferir maiores latitude e abrangência parece constituir um axioma da própria modernização da dogmática tributária e da sua compatibilização com os fundamentos do Estado Democrático de Direito.

Isso porque o processo de permeabilização do sistema jurídico aos ideais de justiça social e fiscal, em consonância com o objetivo constitucional de se erigir uma sociedade livre, justa e solidária, não é comportado pelos imperativos positivistas de apego exacerbado à frieza da letra da lei e do consequente enclausuramento dos processos hermenêuticos, dois críticos entraves à efetividade do Direito, em qualquer de suas searas, num tempo marcado pela extrema complexificação e pelo acentuado dinamismo dos processos sociais.[188]

Diante das novas realidades que se oferecem hoje ao Direito Tributário — tributação da economia digital, da robótica avançada, dos transportes por aplicativo, das plataformas de *download* e *streaming* etc. —, as concepções tradicionais, datadas de

---

[188] Muitos tributaristas brasileiros, ao aprofundarem a análise desses novos cenários testemunhados na "modernidade tardia" (ou, segundo alguns autores, na "pós-modernidade"), têm assimilado as contribuições oriundas das sociologias alemã e britânica contemporâneas acerca do que se convencionou denominar "sociedade de risco", caracterização encontrada primacialmente nas obras de Ulrich Beck (2010), Anthony Giddens (1991) e Scott Lash (1999). Cf., nesse sentido, Rocha (2013; 2017b); Ribeiro (2015b); e Torres (2006).

cinco ou seis décadas atrás, revelam-se inteiramente obsoletas, incapazes de dar conta dessas novas dinâmicas produtivas. Daí a lição de João Francisco Bianco:

> O Direito Tributário, na sua busca pela identificação de riquezas para serem objeto de tributação, não pode fossilizar-se nem se manter inerte ou estagnado no tempo. Sua adaptação às novas realidades econômicas é fundamental para a plena realização do princípio da igualdade na tributação (BIANCO, 2005, p. 21).

Significa dizer que a consolidação de valores democráticos como vetores do sistema tributário — como é o caso, por exemplo, dos princípios da solidariedade, da capacidade contributiva, da isonomia e do dever fundamental de pagar tributos nas experiências hodiernas —, visando, em certa medida, à abertura tipológica das normas tributárias segundo uma aspiração de justiça fiscal ditada pela própria Constituição, só se mostra plenamente exequível pelo transbordamento dos parâmetros positivistas de interpretação e aplicação do Direito, os quais sacralizam a literalidade dos textos legais em detrimento, não raro, da própria substância dos preceitos constitucionais.

Ao reconstituir o longo processo evolutivo do Direito Tributário, que transita da jurisprudência dos conceitos (com seu conceitualismo enrijecido), passa pela jurisprudência dos interesses (com seu pragmatismo, muitas vezes, antijurídico) e hoje desagua na jurisprudência dos valores (que reconcilia o direito positivo com as ideias de moralidade e justiça, alinhadas aos direitos humanos), Marcus Abraham propõe um modelo de "pluralismo metodológico na interpretação fiscal", que capaz se mostre de aliar regras e princípios na aplicação das normas tributárias e superar a lógica positivista de enclausuramento do intérprete na literalidade da lei e no fechamento impermeável dos tipos tributários a qualquer vetorial axiológico, contrariando a própria dinâmica da constitucionalização do Direito Tributário:

> A interpretação do direito tributário também acompanha este processo evolutivo: da jurisprudência dos conceitos, excessivamente formalista e conceptualista, que instava a preeminência do direito civil sobre o direito tributário e a legalidade estrita, por isso aceitava a realização de planejamentos fiscais pautados pela autonomia da vontade, passa-se à jurisprudência dos interesses com ideais absolutamente contrapostos aos do liberalismo, aceitando, na seara tributária, a interpretação econômica do fato gerador e a aplicação da analogia. Ocorre que ambas as tendências restaram sobrepujadas devido ao radicalismo e à exacerbação de suas ideias. Desenvolve-se, a partir daí, a denominada jurisprudência dos valores da era pós-positivista, que rediscute o tema da justiça tributária baseada nos valores das normas de direitos humanos fundamentais, pela aplicação e efetividade dos princípios combinados com as regras, adotando-se o pluralismo metodológico na interpretação fiscal (ABRAHAM, 2007, p. 13).

Desse modo, a evolução e a lapidação da ideia de legalidade constituem-se, a todas as luzes, como apanágios da constitucionalização do Direito Tributário, sem os quais não poderia este último tornar-se campo fértil para o florescimento dos valores consagrados pela Constituição de 1988. Rocha e Ribeiro bem sintetizam como se processaram lentamente todas essas mudanças no Brasil e como o atávico formalismo do

Direito Tributário nacional — alçado, segundo os autores, à condição de "senso comum teórico" — opôs devotada resistência aos inexoráveis sopros de mudança emanados da redemocratização do país e da celebração da Constituição Cidadã:

> O formalismo tributário brasileiro foi responsável pelo desenvolvimento de um senso comum teórico que, a cada dia que passa, deixa uma horda de órfãos jurídicos, carentes de referenciais. Dizia-se que no Direito Tributário Brasileiro havia uma legalidade estrita e uma tipicidade cerrada, e hoje temos que trabalhar com questões hermenêuticas relacionadas à interpretação dos conceitos indeterminados e tipos (o que alguns teóricos tentam, sem sucesso, fazer nos marcos de doutrinas hoje ultrapassadas); falava-se que em razão de tais legalidade e tipicidade qualificadas, o sistema constitucional brasileiro seria uma ilha no mundo do Século XXI, onde a liberdade para o planejamento fiscal seria absoluta; hoje se convive com um cenário de insegurança jurídica, onde o contribuinte não sabe exatamente quais atos configuram verdadeira elisão fiscal e quais aqueles que poderiam ser considerados elusivos e ter seus efeitos desconsiderados para fins tributários.
> Se a promulgação da Constituição de 1988 provocou uma verdadeira revolução no Direito Público Brasileiro, notadamente nas searas do Direito Constitucional e Administrativo, o Direito Tributário continuou ainda preso aos dogmas formalistas estabelecidos nos anos de 1960 e 1970, a partir da ideia de que a segurança absoluta do contribuinte era garantida pela tipicidade fechada.
> Porém, aos poucos, o Direito Tributário Brasileiro vai se abrindo às novas tendências, ainda que com algum atraso, e rompendo com as barreiras que o isolavam de outros ramos do direito pátrio, e ainda de outras escolas tributaristas. A intensificação do diálogo com os filósofos do direito, constitucionalistas e administrativistas, muito em função dos programas de pós-graduação, e mais ainda, a percepção geral de esgotamento do modelo perverso, incapaz de garantir os direitos da maioria dos cidadãos, contribuíram para uma nova legitimação do ordenamento tributário, a partir de uma pauta axiológica constitucionalmente definida (ROCHA; RIBEIRO, 2008, p. 11-12).

Exemplo superlativo da referida tendência de buscar salvaguardar a "estrita legalidade tributária" em sacrifício a valores constitucionais medulares pode ser claramente vislumbrado no trato teórico ultraformalista das infrações tributárias, ainda prestigiado pelas frações majoritárias da doutrina. Dá-se isso porque as condutas subsumidas ao espectro da elusão são cometidas exatamente com amparo na literalidade dos textos legais, mediante interpretações artificiosas e distorcidas, para vulnerar a quintessência hermenêutica da legislação tributária, sempre alicerçada nos preceitos constitucionais. O "hipergarantismo formalista",[189] para usar um termo de Nabais, a pretexto de defender a legalidade, acaba por abrir brechas à sua transgressão, só que por via transversa, através das manipulações hermenêuticas referidas.

---

[189] Assim é admoestada uma tal concepção por Nabais (2015, p. 40): "Um discurso [hipergarantístico] que, convém acentuá-lo, quase subliminarmente se vem impondo na chamada opinião pública (reduzida, em rigor, à opinião publicada ou mesmo à opinião publicitada), frequentemente dominada pelos interesses dos 'favorecidos' e 'fugitivos fiscais', os quais não raro controlam, das mais variadas e subtis formas, os próprios meios de comunicação social. Até porque o hipergarantismo formal, traduzido em múltiplas e diversificadas garantias, sendo de fraca ou nula utilidade para a generalidade dos contribuintes, aproveita sobretudo aos poderosos ou economicamente mais fortes, os únicos que, dispondo do poder econômico e de capacidade técnica adequados, as utilizam em toda a plenitude, inclusive em termos abusivos".

Assim, a esquiva de alguns contribuintes, por meio de estratégias abusivas de evitação fiscal, às engrenagens ordinárias de tributação redunda em discriminações intoleráveis à luz de um sistema tributário informado por ideais democráticos e solidários, descambando na ruptura da *generalidade* em que se consubstancia o princípio constitucional da isonomia tributária. Isto é, aniquila-se o imperativo de estarem todos os contribuintes, *prima facie*, submetidos a um mesmo sistema de tributação, comportadas, obviamente, as devidas gradações, segundo critérios racionais autorizados pela própria Constituição, em especial o princípio da capacidade contributiva.

Desse modo, o fenômeno elusivo acarreta, necessariamente, a erosão dos pressupostos garantidores da igualdade substancial entre os contribuintes e a debilitação dos laços de solidariedade que garantem a reprodução da comunidade política. Sua perpetração sistemática — ao desnivelar materialmente o sistema tributário — faz com que dele emane um efeito parasitário, consistente na sobrecarga imposta aos demais contribuintes, ao passo que das malhas regulares de tributação se furtam os contribuintes mais poderosos, que dos serviços públicos proporcionados pelo Estado também se aproveitam direta ou indiretamente (por isso epitetados pela doutrina de *free riders*).

Daí a lúcida reflexão tecida por Marcelo Huck (1997, p. 22) no sentido de que "o pressuposto da elisão [no sentido, aqui empregado, de elusão] consiste em subtrair ao tributo manifestações de capacidade contributiva originalmente a ele sujeitas, mediante o uso de atos lícitos, ainda que não congruentes com o objetivo da lei".

Nesse caso, os atos elusivos, apoiados na "estrita legalidade tributária", frontalmente atacam, a um só tempo, os princípios constitucionais da solidariedade, da capacidade contributiva e da isonomia, além do próprio dever fundamental de pagar tributos, findando por desagregar as bases de legitimação democrática da tributação ao promoverem um desequilíbrio estrutural do sistema tributário e a quebra do imperativo de justa e igualitária repartição dos custos comunitários e dos ônus fiscais do Estado Democrático de Direito.

Sob um mesmo olhar, Marcus Abraham, embora conferindo primazia à expressão "elisão fiscal ilícita", mas com convergência semântica ao que aqui se tem chamado de elusão tributária, destaca que:

> [...] na sua implementação [da elisão fiscal ilícita], abusa-se das formas e dos meios, na maioria das vezes manipulados e artificiais, para atingir seus fins, nem sempre ortodoxos, acarretando diversas consequências maléficas à economia e ao ordenamento jurídico, especialmente pela redução de receitas públicas e a consequente ampliação do ônus tributário sobre os demais contribuintes, frustrando os princípios da igualdade, da capacidade contributiva e do dever fundamental de pagar tributos, violando os valores sociais, de solidariedade e do interesse público, sem mencionar os aspectos concorrenciais negativos dali decorrentes (pela violação à isonomia), expressando-se por um desequilíbrio competitivo [...] (ABRAHAM, 2007, p. 233).

Não se trata, note-se, de fulminar o direito fundamental de liberdade fiscal do contribuinte e a sua axiomática prerrogativa de formular planejamentos tributários, mas apenas de coibir atos e negócios jurídicos abusivos a tal pretexto celebrados, a fim de conciliar aquela liberdade fundamental com o dever constitucional de pagar tributos e os princípios tributários que junto dele gravitam.

Nesse passo, é só na superfície do texto que a proposta de superação do paradigma normativista-conceitualista assoma como enfraquecimento da legalidade tributária, porquanto a ela (à proposta) subjaz, em verdade, o desiderato oposto: potencializar a proteção da legislação tributária, municiando-a de mecanismos de audefesa (normas gerais antiabuso) aptos a blindá-la não somente de violações diretas, mas também de violações oblíquas em face dela insidiosamente perpetradas, às quais as concepções formalistas se mostram incapazes de fazer frente, dados o anacronismo e a defasagem dos seus métodos e pressupostos teóricos.

Essa ressemantização dos postulados integrantes do princípio da legalidade, promovendo a suplantação das insuficiências positivistas, obsta que o contribuinte infrator, a pretexto de preservá-lo, metamorfoseie-o e corrompa-o de instrumento de defesa em instrumento de ataque à legislação fiscal. A aparente contradição desenlaça-se, pois, num paradoxo que recobre a noção de legalidade tributária nos marcos do Estado Democrático de Direito: relativizá-la para protegê-la; o que significa, noutras palavras, evitar que, por estandartes hermenêuticos envelhecidos, o contribuinte se homizie no formalismo, dele extraindo o álibi discursivo e teórico para a prática de abusos, a resultar na degeneração do princípio da legalidade de legítimo anteparo de direitos fundamentais em contrafeito anteparo de planejamentos tributários abusivos.

É por isso que os traços de qualificação e aperfeiçoamento do princípio da legalidade aqui invocados, em comparação com os fundamentos semânticos de sua original formulação, se afiguram decisivos para preservar a legislação tributária de quaisquer modalidades de transgressões (frontais ou transversais) capazes de pôr em xeque a integridade dos valores constitucionais que informam e conformam o Direito Tributário brasileiro. Trata-se, pois, não de erodir ou simplesmente mitigar o princípio da legalidade, mas de potencializar as suas engrenagens de autodefesa sob o desígnio de lhe proporcionar uma mais ampla e eficaz proteção.

Sintonizada com tais reflexões se mostra a seguinte lição de Marcus Abraham:

> A lógica pautada em um excessivo apego ao formalismo e a interpretação meramente literal, baseada em tipos e conceitos fechados, que permitia a realização de manobras pelo contribuinte nas operações para reduzir sua tributação, fugindo da hipótese de incidência da norma tributária devida e se subsumindo em outra de menor carga fiscal, não encontra mais amparo legal no novo contexto. Agora, os valores como a liberdade negocial, a autonomia privada e a proteção à propriedade particular passam a ser considerados, como numa balança em que serão ponderados, juntamente com valores igualmente importantes, tais como os princípios da capacidade contributiva, da solidariedade, da dignidade da pessoa humana, da boa-fé, da ética, da moral e da função social (ABRAHAM, 2011, p. 87).

Abraham (2007, p. 259) insiste na plena possibilidade de se garantir uma larga margem de segurança jurídica por meio do pluralismo metodológico e dos novos contornos da hermenêutica constitucional, que não mais se conciliam com a exacerbação dos métodos positivistas de interpretação. O autor destaca o papel crucial desempenhado pelo que denomina "princípios formais de legitimação (igualdade, ponderação, razoabilidade e transparência)" no equilíbrio "entre a segurança jurídica e a justiça, a legalidade e a capacidade contributiva", além, evidentemente, da dignidade da pessoa humana, equação que encontra nos "poderes legislativo, executivo e judiciário um sistema estrutural de controles e balanceamento necessários à atividade do Fisco" (ABRAHAM, 2007, p. 259).

Rocha (2016, p. 85-86), em texto no qual propõe a instigante indagação se "os contribuintes perderam o bonde da história", argumenta que é chegado o tempo de se compreender a "virada axiológica" que se tem operado no Direito Tributário brasileiro: "em um ambiente em que a Suprema Corte do País consagra a posição no sentido de que o pagamento de tributos é um dever fundamental, a continuidade dos debates tributários a partir de categorias formais parece-me uma espécie de suicídio jurídico".

No mesmo passo, Marco Aurélio Greco (2011) retrata a necessidade de se superar o formalismo exorbitante, que em si mesmo se exaure, por meio da composição de princípios como liberdade, igualdade e capacidade contributiva: "O debate tributário — com todas as letras — deixou de ser um debate formal. Não se trata de prevalência da substância sobre a forma, mas de coexistência; não se trata de sobre+por, mas de com+por valores".

Também na doutrina europeia se fez presente essa estagnante celeuma. Na própria obra de José Casalta Nabais, são tematizadas as ideias de legalidade estrita e tipicidade fechada. Em entrevista de 2017, o autor lusitano buscou situar historicamente tais reflexões em sua tese de doutoramento, publicada em 1998:

> De facto, entre uma tipicidade tendencialmente fechada (desde sempre defendida por Alberto Xavier) e uma tipicidade tendencialmente aberta (mais recentemente defendida por Ana Paula Dourado), a minha posição expressa na minha tese de doutorado, em um momento em que a tipicidade ainda era entendida em termos relativamente fechados, foi no sentido de atenuar a rigidez do princípio e admitir alguma abertura. A abertura considerada necessária para harmonizar, segundo uma ideia de concordância prática, as exigências do princípio da legalidade fiscal concretizada na ideia de tipicidade com as exigências do princípio da praticabilidade das soluções legais (NABAIS, 2017, p. 274).

Essa posição no sentido de "atenuar a rigidez do princípio e admitir alguma abertura" é exatamente o que se busca fazer neste trabalho, aspirando encontrar a exata medida do necessário — o ponto ótimo — para proteger o ordenamento tributário e evitar tanto os abusos pró-fisco quanto pró-contribuinte. E Nabais (2017, p. 274) reconhece que "nos últimos anos se encetou um caminho que parece inexorável no sentido da crescente abertura da ideia de tipicidade", sem que isso signifique, todavia, romper com a lógica garantista do Direito Tributário, haja vista que, como dito em capítulo pretérito, tampouco a invocação do dever fundamental de pagar tributos e dos princípios com os quais ele guarda ativa interação (solidariedade, isonomia, capacidade contributiva) legitima a subversão dos limites constitucionais ao poder de tributar e a violação do repertório de direitos e garantias fundamentais do contribuinte.

Por isso é que não há como deixar de aderir à proposta do catedrático português de perseguir uma *síntese equilibrada* para o princípio da legalidade tributária "entre, de um lado, a tese de uma legalidade estrita ancorada numa ideia de tipicidade fechada, como a que prevaleceu em geral na segunda metade do século passado, e a actual antítese àquela compreensão no sentido de uma legalidade aberta e flexível", visto ser prudente e recomendável, como é comum no Direito, posicionar-se, "também neste domínio, 'nem tanto ao mar nem tanto à terra'" (NABAIS, 2017, p. 275).

O autor defende o caráter constitucional da liberdade de gestão empresarial e o direito fundamental do contribuinte de livre disponibilidade econômica, que lhe asseguram a prerrogativa de ordenar planejamentos tributários. Não obstante, pondera ser imperiosa a existência de um regime jurídico eficaz de controle de planejamentos fiscais abusivos e da própria evasão fiscal, criticando novamente o "discurso [hiper]garantístico que, fazendo-se coro não raro a um verdadeiro fundamentalismo jusfundamental, favorece, mesmo sem querer", a proliferação de atos e negócios abusivos em detrimento do sistema tributário (NABAIS, 2011, p. 39).

Com efeito, ao contribuinte não pode ser negado o direito de liberdade fiscal, desde que o seu planejamento se guie por critérios de evitação de tributos ou aforro fiscal que não violem a lei do imposto, nem abusem "da configuração jurídica dos factos tributários, provocando evasão fiscal ou fuga aos impostos através de puras manobras ou disfarces jurídicos da realidade econômica" (NABAIS, 2015, p. 206).

Em suma, pode-se considerar que a defesa impenitente do legalismo estrito, reduzido ao pauperismo da literalidade do texto legal como parâmetro hermenêutico único, se garante a toda prova as ações do contribuinte (inclusive as abusivas), faz desvanecer-se o sentido comunitário e solidarista, de fundo constitucional, que repousa à base da matéria dos deveres fundamentais (em geral) e do dever fundamental de pagar tributos (em particular).

4.4 A incorporação da categoria de ilícitos atípicos no Direito Tributário brasileiro

A longa digressão tecida no tópico anterior delineia o marco teórico que abre passagem a incorporação da categoria de ilícito atípico ao Direito Tributário brasileiro, matéria que já de longa data vem sendo objeto de sofisticadas elaborações doutrinárias no Brasil e na Europa. A lição principal a se reter, neste particular, é, como se vem de dizer, a da debilidade e da insuficiência das análises da licitude dos planejamentos tributários à luz, exclusivamente, do princípio da legalidade estrita e, seu corolário, da noção de tipicidade fechada, fator que justifica e legitima a agregação das categorias de elusão fiscal e de ilícito atípico à dogmática tributária pátria.

Observa Tôrres (2003, p. 196) que, no campo das teorias da ilicitude (*lato sensu*), as atenções frequentemente se concentram nos sistemas sancionatórios de *ilícitos típicos*, nos quais as condutas antijurídicas são textualmente tipificadas em lei, na forma de um rol *numerus clausus* que demarca um "espaço de antijuricidade fora do qual tudo é permitido". Trata-se de um arquétipo de sistema cujo exemplo superlativo são os ordenamentos penais, regidos — estes sim — por uma legalidade estrita e absolutamente inflexível, tal qual exposto no artigo 1º do Código Penal brasileiro. Sucede que, paralelo a este sistema, verifica-se outro, de distinta natureza, no qual não se mostra viável a positivação de regras específicas para cada hipótese de ilicitude.

Trata-se do que o mesmo autor denomina de *"sistema de ilícitos atípicos"*, cuja característica medular é a criação de regras gerais estruturadas por elementares que, em vez de tipificarem classificações singularizadas de cada ato lesivo, consagram "cláusulas gerais de antijuridicidade", cuja aplicabilidade fica a depender da subsunção da conduta apurada a determinados pressupostos legais objetivos de maior amplitude (TÔRRES, 2003, p. 196). Avançando na exposição, sintetiza o autor:

> No primeiro caso, temos um sistema "fechado", na medida em que não são admitidos ilícitos diversos daqueles previstos. E assim, a cada nova hipótese de ilícito deverá vir configurada uma nova classificação específica. No segundo, um sistema aberto, por não haver categoria predefinida de ilícitos, salvo uma ou outra, aqui e acolá tipificada. Nesses sistemas, as figuras dos ilícitos são, abstratamente infinitas. Sistemas típicos de ilícitos são praticamente todos os ordenamentos jurídicos penais, pela tipificação de cada categoria considerada como "crime"; por outro lado, a maioria dos sistemas de direito civil são de forma aberta, de ordenação de ilícitos atípicos; e há sistemas que convivem com ambos os modelos, usando de sanções tanto para ilícitos típicos quanto atípicos, como é o caso do sistema tributário (TÔRRES, 2003, p. 196).

A mais refinada elaboração de uma teoria geral dos ilícitos atípicos decerto se encontra na obra de Manuel Atienza e Juan Ruiz Manero (2014). Para os autores, por "ilícitos típicos" se deve tomar as condutas que implicam uma transgressão a *regras de mandato* — leia-se: regras que *proíbem* ou *obrigam* alguma ação —, enquanto que os "ilícitos atípicos" se configuram como condutas que contrariam *princípios de mandato*, vinculando-se a ações que, *prima facie*, são permitidas pelo ordenamento jurídico, mas que se tornam ilícitas pelas circunstâncias concretas do seu exercício (ATIENZA; MANERO, 2014, p. 27).

Com efeito, os ilícitos atípicos provocam a inversão do sentido de uma regra: tratam de uma conduta que é, *a priori*, permitida pelo sistema jurídico, mas que, em razão de acarretar — ponderados todos os fatores concretos que condicionaram a sua execução — a violação de um ou mais princípios, transfigura-se em ilícita. É o que se vislumbra, exemplificam Atienza e Manero, nas hipóteses de abuso de direito, fraude à lei e desvio de poder.[190] Nesse sentido, deduz-se que as ilicitudes típicas se consumam sempre que praticadas ações violadoras de um *comando proibitório* ou *obrigatório* (positivado por *regras*), ao passo que as ilicitudes atípicas decorrem da infringência de condutas deonticamente *permitidas* mediante a profanação de *princípios* integrantes do ordenamento jurídico.

Desse quadro é que Atienza e Manero (2014, p. 101) extraem os elementos constitutivos dos ilícitos atípicos: (1) existência de uma ação, *prima facie*, permitida pelo direito positivo; (2) produção de um dano, premeditado ou não, decorrente daquela ação; (3) caráter antijurídico desse dano à luz do arcabouço principiológico do ordenamento; e (4) criação de uma regra, oriunda desse conjunto sistemático de princípios, que limite o alcance da primeira, ao qualificar como proibidos comportamentos que, em consonância com aquela, aparentavam ser permitidos. Uma vez congregados esses caracteres, aperfeiçoa-se um ilícito atípico, capaz de atrair, por conseguinte, as reações e reprimendas cominadas pelo ordenamento jurídico.

Transportando-se novamente a abordagem para o terreno do Direito Tributário, logo se nota porque é a categoria de ilícito atípico que comanda a análise da elusão fiscal: na medida em que esta última consiste na mobilização de instrumentos, em tese, lícitos (formas jurídicas insólitas), porém destituídos de causa jurídica, visando a minorar, afastar ou retardar o pagamento de tributos, a antijuridicidade da conduta se consuma não pela vulneração imediata a uma norma tributária, mas pela violação indireta à lei e ao conjunto do ordenamento sistematicamente considerado (sobretudo em sua dimensão principiológica, em hierarquia legal e constitucional).

Em termos mais diretos, tem-se que a utilização de formas inusuais de direito privado com o desígnio de prejudicar a eficácia da legislação tributária, reduzindo-lhe artificiosamente o alcance e a efetividade, implica uma subversão transversal aos princípios constitucionais do dever fundamental de pagar tributos, da solidariedade, da isonomia e da capacidade contributiva, preceitos constitucionais fundamentais, autônomos e estruturantes do Sistema Tributário nacional.

Além disso, dada a distorção das formas jurídicas previstas pelo ordenamento positivo para viabilizar a celebração de negócios jurídicos entre particulares, substituindo um tal desiderato pelo de ultrajar insidiosamente a lei tributária, pode-se falar também, no plano das liberdades econômica e contratual, como procede Heleno Tôrres,[191] de uma violação ao princípio da autonomia privada:

---

[190] Pode-se ao lado destas acrescentar as figuras do abuso de forma e da ausência de propósito negocial, posto que cruciais ao exame dos ilícitos atípicos na seara tributária.

[191] Impõe-se relembrar que Tôrres (2012) afirma a inexistência ou, no máximo, a irrelevância teórica de um dever fundamental de pagar tributos no Direito brasileiro, razão pela qual a sua argumentação no excerto em sequência colacionado permanece restrita à violação do princípio da autonomia privada. Nesta obra, ao revés, um dos eixos analíticos centrais consiste na demonstração de que as condutas elusivas importam severa agressão ao dever fundamental de pagar tributos, pontual parcela da fundamentação em que o presente trabalho destoará frontalmente dos entendimentos de Tôrres.

Desse modo, sendo o princípio de autonomia privada plenamente reconhecido pelo ordenamento, enquanto permissão para a criação de negócios jurídicos válidos, desde que os contribuintes, com a finalidade de evitarem algum efeito de incidência tributária, constituam atos ou negócios lícitos na aparência, mas desprovidos de "causa", simulados ou com fraude à lei, a liberdade que o "permitido" outorgava a esses sujeitos, ela há de sofrer a relativização dos seus efeitos, justificando-se, assim, a aplicação de uma norma geral antielusiva, porquanto se tenha por configurado um ilícito atípico no caso concreto (TÔRRES, 2003, p. 198).

Em tais circunstâncias, seguindo os moldes conceituais acima fixados, inequivocamente se materializa um ilícito atípico quando levadas a efeito pelo contribuinte condutas elusivas, pois: (1) parte-se de uma ação, *prima facie*, lícita (celebração de negócios jurídicos inusuais, atípicos ou indiretos); (2) que gera um dano (não recolhimento de tributos cujo pagamento era devido ao Estado); (3) dano este que se afigura intolerável em face do sistema jurídico vigente (resulta de transgressões a princípios constitucionais, entre eles o dever fundamental de pagar tributos); e (4) que acarreta a criação de uma nova regra (vedação de práticas elusivas) que restringe o alcance da primeira (possibilidade jurídica de manejar formas contratuais atípicas) ao qualificar como proibidos determinados comportamentos (celebração de negócios desprovidos de causa jurídica) que, *a priori*, aparentavam ser permitidos (em função das liberdades contratuais de causas, tipos e formas).

Em suma, observa-se, nesses casos, a degeneração em ilícita de uma ação originalmente permitida em virtude das condições concretas em que é ela exercida, condições essas que corporificam um descumprimento mediato da legalidade tributária, moldada por preceitos constitucionais de cariz principiológico. Fala-se em condutas praticadas em consonância com a letra da lei para violar o seu espírito. É esta a essência de um ilícito atípico.

Com efeito, desponta, nesse quadro, mais um critério de diferenciação entre evasão e elusão fiscais: ao passo que a primeira, enquanto produto de um ilícito típico, remete à prática de uma conduta violadora de um comando legal regido pelos modais deônticos de "proibição" e de "obrigação"; a segunda, consectário de um ilícito atípico, pressupõe uma ação que atenta contra uma orientação de conduta dirigida pelo modal deôntico da "permissão" e que se revela antijurídica não na origem, mas apenas no resultado, após consumar-se uma agressão indireta ao ordenamento vigente.

O fato é que a análise de haver se concretizado uma hipótese de elusão ou de legítima economia fiscal perpassa pela avaliação da funcionalidade da forma eleita pelo contribuinte em relação à causa jurídica do negócio celebrado, cujo resultado estaria sujeito a tributação. Noutros termos, há que se verificar se o que pretende o contribuinte e o que ele efetivamente realiza traduzem-se em aspirações autorizadas pelo ordenamento positivo, apenas podendo ser afirmada a idoneidade do negócio jurídico se ele se encontrar alinhado com uma causa adequada e compatível, revelando-se instrumento hábil a perseguir o objetivo projetado, o qual jamais poderá ser, *exclusivamente*, a obtenção de uma economia de tributos (TÔRRES, 2003, p. 198).

É, enfim, nessa contradição entre meios lícitos e resultados ilícitos (ou entre aparência lícita e substância ilícita) que reside o fundamento da frequente alusão às estratégias elusivas como elementos conformadores de planejamentos tributários abusivos. Malgrado seja objeto de inúmeras controvérsias doutrinárias a relativa vagueza do conceito de "abusividade" associado aos planejamentos fiscais, é esse conjunto de fatores exaustivamente abordado neste tópico que abre passagem à positivação de uma *norma geral antielusiva* (ou *cláusula geral antiabuso*) objetivando conter os desfalques arrecadatórios decorrentes da utilização, pelos contribuintes, de atos e negócios artificiosos porque desprovidos de causa jurídica.

Ante à impossibilidade de se edificar uma legislação tributária sem fissuras, compostas por normas específicas que preencham todas as imperfeições em termos de tipificação específica de condutas ilícitas, as cláusulas gerais antiabuso assomam como um manto normativo a cobrir esses vazios e blindar a legislação, em sua sistemática global, de manipulações hermenêuticas que permitam ao contribuinte infrator colher, insidiosamente, benefícios infensos à vontade de um legislador impotente para dar conta, em termos de disciplinamento normativo, das extraordinárias e cambiantes dinâmicas socioeconômicas das quais incessantemente derivam múltiplas e inéditas formas de materialidades tributáveis, suscetíveis de violações artificiosas e abusivas.

O substrato de legitimidade dessa medida (consagração de uma norma geral antiabuso) consiste no *caráter eclético dos sistemas tributários em termos sancionatórios*, posto que erguidos a partir da confluência de normas proibitivas especiais (delineadoras das condutas evasivas, enquanto ilícitos típicos) e de normas gerais de reação (definidoras das ações elusivas, revestidas da natureza de ilícitos atípicos).

4.5 Principais experiências de combate a planejamentos tributários abusivos no Direito Comparado

É somente pela demarcação criteriosa das zonas limítrofes entre os fenômenos da evasão, da elisão e da elusão fiscais que se pode proceder a uma segura avaliação da regularidade jurídica dos planejamentos tributários. Nesse sentido, para conferir contornos conceituais mais nítidos aos termos que balizam essa modalidade de análise, deve-se tomar por ponto de partida a ideia de que a instrumentalização, pelo contribuinte, de práticas *evasivas*, *elisivas* e *elusivas* reconduz, respectivamente, à arquitetura de planejamentos fiscais *ilegais*, *legais* e *abusivos*.[192]

---

[192] Note-se que essa classificação se justifica mais por critério de didatismo e clareza terminológica do que por razões teóricas propriamente ditas. Não se põe em questão que os planejamentos tributários abusivos (ancorados em mecanismos elusivos) são, em última análise, também ilegais, ainda que as ofensas por ele engendradas atinjam o ordenamento jurídico apenas de maneira indireta. O propósito é somente reforçar a importância de se discernir as categorias da evasão, da elisão e da elusão fiscais, ao contrário do que faz a maioria da doutrina brasileira, para mostrar que os planejamentos tributários ordenados com base em cada uma dessas figuras produzem efeitos distintos e, por isso, suscitam reações distintas do Fisco. Reside aí a importância didática de se operar, no

Embora problemático, sob muitos aspectos, o trabalho de delimitação dos espaços fronteiriços entre essas três figuras, amiúde separadas por linhas demasiado tênues nos casos concretos, não subsistem grandes incertezas quanto à compreensão, ao menos em termos conceituais, dos planejamentos tributários *ilegais* e *legais*, sempre inteligidos, consoante sugerem os próprios adjetivos que dão nome às categorias, à luz do parâmetro da legalidade dos mecanismos que os estruturam. Situação diversa, contudo, é a dos *planejamentos fiscais abusivos*, os quais, posto que vinculados às complexas estratégias de elusão fiscal, despertam múltiplas polêmicas quanto à sua caracterização não apenas prática, como também semântica (conceitual).

Sobre a noção de abusividade no contexto dos planejamentos tributários, Luís Flávio Neto (2011, p. 46) aproxima-a do que o *International Tax Glossary* — elaborado pelo *International Bureau of Fiscal Documentation* (IBFD) — designa de *tax avoidance* ("evitação de tributo", numa tradução literal). Destaca, todavia, que tal expressão é correntemente utilizada para descrever os comportamentos adotados pelo contribuinte que não adentram as raias da evasão fiscal (ilegalidade manifesta), englobando, sem maiores cuidados, tanto as condutas "aceitáveis" (elisivas) quanto as "inaceitáveis" (elusivas), ainda que estas últimas, sob tal acepção, não se configurem como práticas diretamente ilegais, dado que não incursas em vedações expressas no texto de lei, sendo levadas a efeito em contraste apenas com o "espírito da lei" (*within the letter of the law, but against the spirit of the law*)[193] (FLÁVIO NETO, 2011, p. 19-20).

Entre os autores brasileiros, também não há consenso quanto à ideia de "abusividade" dos planejamentos tributários. Na obra de Marciano Godoi (2012a, p. 120), os chamados "planejamentos fiscais abusivos" aparecem imediatamente associados às técnicas de elusão fiscal, apartando-se das condutas evasivas ou elisivas. Para Martha Leão (2018, p. 217-218), em raciocínio oposto, a configuração do abuso no Direito Tributário pátrio, inclusive no tocante aos planejamentos fiscais, depende da existência de dolo, fraude ou simulação praticada pelo contribuinte, revelando-se tal figura diretamente vinculada, em sua obra, às práticas de sonegação tributária.

Entre ambas as propostas, é certamente mais apropriada a de Godoi (2012a) — cujas terminologias adotadas são, aliás, idênticas às prestigiadas neste trabalho —, porquanto os comportamentos que Leão (2018) equivocamente toma por "abusivos" situam-se, em verdade, no terreno da evasão fiscal. Isso resulta, em parte, da adoção

---

campo da ilicitude, com a dualidade "planejamento tributário ilegal (evasivo) e planejamento tributário abusivo (elusivo)", uma vez que as formas de coibi-los, ver-se-á adiante, são substantivamente discrepantes, a exigir, com respaldo na melhor doutrina, terminologias diversas para identificá-los com precisão.

[193] Semelhante construção conceitual foi desenvolvida por José Larraz (1952), autor de clássica obra que lançou as bases interpretativas das normas antielusivas positivadas no Código Tributário espanhol de 1963. Para ele, ao valer-se de expedientes elusivos, o contribuinte aspirava lograr uma economia fiscal de "má-fé", propiciada pela subversão do "espírito da lei" a despeito da preservação formal de sua "letra", o que demandava do ordenamento jurídico a consagração de técnicas de reação que autorizassem, sob certos limites, interpretações extensivas para enquadrar os negócios celebrados sob este viés num quadro de ilicitude mais amplo e abrangente (LARRAZ, 1952, p. 61). Na experiência espanhola, ver-se-á em sequência, o instituto jurídico responsável por corporificar essa ideia foi a chamada *fraude de ley tributaria*.

de premissas calcadas em distintas concepções do princípio da legalidade tributária, sobrelevando-se o fato de que todas as proposições teóricas edificadas por Martha Leão derivam de um *parti pris* axiológico consistente na defesa radical das liberdades do contribuinte em face da potestade do Estado.

Nas doutrinas estrangeiras, de igual sorte, remanescem obscuras as concepções de planejamentos tributários abusivos. Analisando a dogmática tributária portuguesa, Saldanha Sanches (2006, p. 23) assevera ser relevante e adequado o emprego da expressão "abuso" na análise dos planejamentos fiscais, tendo em vista se tratar de variante terminológica que permite exprimir uma distinção axiológica entre dois modelos de evitação tributária: um consonante e outro dissonante da legislação vigente.

Klaus Vogel (1997, p. 118), por sua vez, eminente representante da doutrina tributarista alemã, ressalta a fluidez do conceito de "abusividade", evidenciado na sua variabilidade histórica segundo as circunstâncias e as tradições jurídicas de cada país. Em sua perspectiva, seria infactível a cogitação de um "termômetro de intolerância" fixo e universal a planejamentos tributários abusivos, uma vez que esse nível de reatividade à exorbitância das práticas de evitação fiscal está sujeito, inclusive, a oscilações de natureza político-ideológica, a exemplo da tendência maior ou menor de um governo de intervir no domínio econômico e na esfera individual.

Quanto a essa ausência de univocidade na definição da amplitude da liberdade de disposição econômica individual, Nabais (2015, p. 210) exemplifica, no caso europeu, com o Reino Unido, em cuja ordem jurídica o planejamento fiscal "tem um sentido bem mais liberal, com claros reflexos na compreensão dos comportamentos fiscais evasivos e evitativos dos contribuintes, do que o tem nos países do Continente".

Tal imprecisão categorial explicita-se, também, em âmbito jurisprudencial. Não raros são os julgados que equiparam os "planejamentos tributários abusivos" ao fenômeno da evasão fiscal, destoando do rigor conceitual que a melhor doutrina busca estabelecer. Para ilustrar tal inexatidão terminológica, é oportuna a reprodução da ementa do seguinte acórdão prolatado pelo Tribunal de Justiça de São Paulo (AIMS nº 2025734-89.2018.8.26.0000), em cujos termos se pode visualizar a inadvertida associação dos planejamentos tributários abusivos à figura da evasão fiscal:

> AGRAVO DE INSTRUMENTO – MANDADO DE SEGURANÇA
> Impetrante que se insurge contra o indeferimento da liminar pleiteada em primeiro grau, sob a alegação de que não deve incidir ITBI sobre os imóveis, uma vez que os mesmos foram destinados à integralização de capital social – Desacolhimento – *Existência de fortes indícios de planejamento tributário abusivo (transferência de bens a descendentes, sem recolhimento do tributo devido), a culminar em evasão fiscal* – Fumus boni iuris e periculum in mora inexistentes – Manutenção da r. decisão recorrida que se impõe – Recurso desprovido (BRASIL, 2018b, grifos acrescidos).

Nesta pesquisa, a superação de tais ambiguidades e inconsistências teóricas perpassa a já prenunciada ideia de que o planejamento tributário abusivo assoma como reflexo da mobilização de táticas de elusão fiscal. Com efeito, tal espécie de planejamento tributário conecta-se à artificiosidade das manobras efetuadas com o intuito de proporcionar ao contribuinte a evitação astuciosa de uma obrigação tributária. O fundamento dessa proposição semântica reside na própria concepção jurídica de abuso, a qual supõe sempre, em qualquer de suas variantes, uma ação a princípio lícita que resvala para a ilicitude ao ser exercida em desconformidade com as condições, finalidades e limites positivados pelo legislador.

É o que se vislumbra, por exemplo, nas hipóteses de abuso de autoridade, categoria redesenhada em maiores minúcias pela recente Lei nº 13.869/2019, cujo artigo 1º, §1º, caracteriza como abusivas as condutas praticadas por autoridades "com a finalidade específica de prejudicar outrem ou beneficiar a si mesmo ou a terceiro, ou, ainda, por mero capricho ou satisfação pessoal". A tipificação desse especial fim de agir denota a existência de uma autoridade originalmente legítima e, portanto, legal, cujo exercício se degenera, porém, em comportamento criminoso ao ser teleologicamente subvertida.

Outra superlativa expressão da categoria se visualiza no conceito normativo de "abuso de direito", positivado no artigo 187 do Código Civil. Consoante o dispositivo, "também comete ato ilícito o titular de um direito que, ao exercê-lo, excede manifestamente os limites impostos pelo seu fim econômico ou social, pela boa-fé ou pelos bons costumes". Novamente, tem-se a existência preliminar de um direito, outorgado ao agente pelo ordenamento jurídico, cujo exercício descamba em ilicitude quando extrapolados determinados parâmetros estabelecidos pela legislação.

Trata-se, pois, de idêntica caracterização à dos ilícitos atípicos, delineada no tópico antecedente, à qual se amoldam as técnicas elusivas, ao passo que lícitas na origem (formas jurídicas de direito privado manejadas) e ilícitas no resultado (economia fiscal mediante negócios desprovidos de causa jurídica). Nesse quadro, parece acertada a conclusão aventada por Marciano Godoi (2001, p. 110), na direção de que a elusão fiscal dá à luz um "tipo de planejamento [tributário] que não é nem propriamente simulado nem propriamente elisivo", de sorte a carecer de uma terceira denominação, que neste trabalho vem a ser a de "planejamento tributário abusivo".

Frise-se que tal opção terminológica se encontra em linha com as mais desenvolvidas experiências no Direito Comparado: é o próprio autor quem pontua que a maioria dos países com ordenamentos tributários mais avançados divide o exame das condutas de resistência ao pagamento de tributos em três campos: "elisão/*economía de opción* (lícita, eficaz), evasão tributária (ilícita e sujeita a multas e sanções penais) e elusão tributária (planejamentos tributários abusivos/artificiosos)" (GODOI, 2012a, p. 129).

É ainda digno de menção o fato de vir essa orientação sendo absorvida pela Administração Tributária brasileira. Na Receita Federal, por exemplo, a concepção de planejamento tributário abusivo mostra-se diretamente associada à elusão fiscal (embora nem sempre seja utilizada essa expressão em documentos e comunicados oficiais). Para o órgão, "a arquitetura do planejamento tributário abusivo envolve operações encadeadas que, se analisadas isoladamente, podem apresentar aparente licitude, porém, na análise em conjunto, não é raro que transpareçam outra realidade, muitas vezes totalmente desprovida de causas negociais".[194]

Cuida-se de compreensão correlata à desenvolvida neste estudo, a qual — sintonizada com as experiências internacionais logo em sequência analisadas — pode ser na seguinte sentença resumida: são considerados abusivos os planejamentos fiscais baseados em operações destituídas de causa ou cuja causa acabe distorcida ou esvaziada em função da excentricidade das formas jurídicas de direito privado empregadas, exorbitantemente contrastantes ao substrato negocial real, de modo a explicitar que as referidas operações foram concretizadas artificiosamente pelo contribuinte sob o *exclusivo propósito* de beneficiar-se de economias tributárias ilegítimas.

Fixados, pois, os entendimentos terminológicos e conceituais que precedem a análise da matéria, pode-se agora partir a uma abordagem geral das principais matrizes normativas de reação aos planejamentos tributários abusivos construídas no Direito Comparado. Trata-se, fundamentalmente, dos paradigmas teóricos[195] que polarizaram a edição de normas gerais antiabuso nas diversas experiências internacionais que desse instrumento lançaram mão para controlar excessos na utilização da ferramenta do planejamento fiscal, visando a conformá-la à moldura legal e constitucional consagrada em cada contexto histórico e em cada ordenamento jurídico.

São quatro as matrizes normativas de reação a examinar: a teoria do abuso de direito (idealizada pelo Direito francês), a teoria do abuso de formas (originada no Direito alemão), a teoria da fraude à lei (positivada no Direito espanhol) e a teoria do propósito negocial (engendrada pela tradição norte-americana). O objetivo deste tópico é, pois, apenas traçar as facetas principais de cada uma dessas doutrinas para, no capítulo seguinte, aterrissar no caso brasileiro e esquadrinhar a compatibilidade dessas categorias com os planos do direito positivo e da jurisprudência nacionais.

4.5.1 Experiência francesa: o abuso de direito como matriz de reação a planejamentos tributários abusivos

A primeira e mais tradicional teoria invocada para determinar a abusividade dos planejamentos fiscais centrou-se na clássica e já multicitada figura do abuso de direito (*abus de droit*). Remontam as suas raízes ao Direito Tributário francês, que ainda

---

[194] A definição reproduzida no corpo do texto foi formulada pelo atual Subsecretário de Fiscalização da Receita Federal, Iágaro Jung Martins, em entrevista concedida à revista *Valor Econômico*, no ano de 2018. A jornalista responsável pela matéria foi Edna Simão. No mesmo sentido, outro importante documento a ser analisado no contexto da atuação da Receita Federal é o Parecer Normativo nº 04/2018, em que o órgão abordou a possibilidade de aplicação da regra de responsabilidade solidária prevista no artigo 124, inciso I, do CTN, definindo alguns critérios objetivos para a caracterização de planejamentos tributários abusivos. A aludida reportagem encontra-se disponível no sítio eletrônico da revista no seguinte *link* de acesso: https://valor.globo.com/brasil/noticia/2018/08/15/receita-mira-planejamento-abusivo.ghtml. Acesso em: 08 nov. 2019.

[195] Em obra especializada sobre o tema, Luís Flávio Neto (2011) utiliza a expressão "teorias do 'abuso' no planejamento tributário".

em suas feições primitivas, a partir da metade final do século XIX, passou a admitir a intervenção da Administração Fiscal para debelar "planejamentos tributários abusivos". Luís Flávio Neto (2011, p. 103) explana que a introdução dessa possibilidade no Direito francês foi operada, originalmente, pela jurisprudência da Corte de Cassação, que passou a coarctar o outrora ilimitado princípio da liberdade contratual para ao Fisco conferir a prerrogativa de esquadrinhar a "real substância" das transações, com o escopo de desmantelar "esquemas fictícios motivados por interesses fiscais".

Depois de quase um século de prática jurisprudencial consolidada, o legislador francês estabeleceu, no artigo L64 do *Livre de Procédure Fiscale* (LPF), promulgado em 1941, a competência da Administração Fiscal para desconsiderar transações vocacionadas a dissimular a auferição de renda ou lucro e requalificar negócios conforme as suas genuínas características (FLÁVIO NETO, 2011, p. 103-104). Se enquadrado em alguma das hipóteses desse dispositivo o planejamento fiscal impugnado, restaria materializado o seu caráter abusivo e autorizada estaria a intervenção do Fisco.

Permaneceu vigente tal redação original até 1963, ano em que o artigo L64 do LPF foi objeto de alteração legislativa: a partir do novo marco regulatório, o procedimento de desconsideração e requalificação dos negócios jurídicos realizados passou a se adstringir aos abusos perpetrados por meio de instrumentos contratuais. Luís Flávio Neto (2011, p. 104) destaca que a novel legislação recrudesceu as penalidades aplicáveis às hipóteses de fraude (dobrando os percentuais de 100% para 200%), garantindo ao contribuinte, em contrapartida, o direito de apresentar seus fundamentos perante um Comitê Consultivo — em sede pré-contenciosa[196] — antes de prolatada a manifestação do órgão acerca do planejamento tributário impugnado pelo Fisco.

Importante marco nesse processo foi a decisão proferida pela Corte de Cassação no Caso nº 19079, julgado no ano de 1981, na qual o órgão pela primeira vez sedimentou o entendimento de que as transações celebradas pelo contribuinte com a exclusiva finalidade de eliminar ou atenuar obrigações fiscais se subsumiam ao arquétipo de planejamento tributário abusivo, de sorte a atrair a incidência da norma de reação consagrada no artigo L64 do LPF (FLÁVIO NETO, 2011, p. 104).

Não se conformava naquele instante, entretanto, uma jurisprudência radicalizada na defesa dos interesses arrecadatórios do Estado. Luís Flávio Neto (2011, p. 104-105) faz alusão, nesse sentido, ao "Caso Auriège", julgado pela Corte de Cassação em 1986, em cujo julgamento se considerou que a fusão de empresas com o intuito de minimizar incidências tributárias não configurava a abusividade de planejamento tributário, posto

---

[196] Luís Flávio Neto (2011, p. 104) esclarece que, no paradigma regulatório anterior às reformas de 1963, a Administração Fiscal, ao autuar operações suspeitas de abuso, podia submeter as investigações à análise de um Comitê Consultivo, especialmente instituído para apreciar casos de planejamentos tributários abusivos. Na hipótese de o órgão corroborar a autuação lavrada pelo Fisco, considerando abusivo o planejamento tributário questionado, operava-se uma inversão do ônus da prova, atribuindo-se ao contribuinte o dever de provar a licitude de suas operações. A inovação trazida pela legislação de 1963, portanto, em termos de ampla defesa, consistiu em facultar ao contribuinte a oportunidade de oferecer suas razões antes da manifestação exarada pelo Comitê Consultivo, fase procedimental anterior ao julgamento propriamente dito.

que "a escolha de uma estrutura mais eficiente em termos fiscais não constituiria, por si só, abuso de direito".

Posteriormente, em 1987, consumaram-se outras duas mudanças no artigo L64 do LPF. A primeira consagrou uma regra de distribuição dinâmica do ônus da prova em função de consultas prévias solicitadas ou não pela Administração Fiscal. Em linhas gerais, se o Fisco deixasse de consultar previamente o Comitê Consultivo acerca de um determinado caso, a ele caberia o dever de comprovar a ilegalidade das transações concretizadas pelo contribuinte.

De outra parte, na hipótese de ser solicitada ao Comitê a emissão de parecer sobre a controvérsia, suportaria o ônus da prova a parte que fosse reputada sucumbente pelo órgão especializado em sua manifestação oficial (FLÁVIO NETO, 2011, p. 105). Por intermédio dessa mesma lei de 1987, introduziu-se no LPF o artigo L64-B, que outorgou aos contribuintes o direito de consultar o Comitê acerca de negócios e operações que estavam em vias de ser celebrados, de modo a antecipar as consequências jurídicas, sobretudo fiscais, que deles decorreriam.

Prosseguindo em sua genealogia normativa do abuso de direito no Direito Tributário francês, Luís Flávio Neto (2001, p. 109-111) destaca como outro importante marco de evolução uma forte controvérsia que se abateu sobre a jurisprudência francesa no início dos anos 2000. Um vasto conjunto de decisões pretéritas vinha solidificando o entendimento de que, tal como redigida, a norma de reação inscrita no artigo L64 do LPF possuía uma latitude hermenêutica reduzida, devendo prevalecer uma exegese literal do dispositivo, que coarctava o seu campo de incidência — como adiante se explicará — apenas às operações simuladas e aos atos anormais de gestão.

Essa tendente restrição da aplicabilidade da norma geral antiabuso acabou tornando-a incapaz de dirimir várias questões fiscais que se foram multiplicando nos anos anteriores. Além disso, era consensual o entendimento segundo o qual deveria ser rigorosamente observado o procedimento especial estabelecido pelo dispositivo, sob pena de irremediável nulidade dos atos de requalificação operados pela Administração. Em suma, a jurisprudência administrativa vinha trilhando uma interpretação que limitava o alcance da teoria do abuso de direito, exigindo a aplicação dessa categoria segundo os estritos moldes (literais) do artigo L64.

Diante dessa considerável restrição, a Administração Fiscal francesa passou a postular, no contexto de combate aos planejamentos tributários abusivos, a aplicação do "princípio geral de intolerância ao abuso de direito", já tradicional no âmbito do direito privado. Com isso, a requalificação de operações dissociadas de qualquer finalidade negocial poderia ser efetuada independentemente do artigo L64 do LPF e do procedimento especial nele estipulado, de maneira a superar a concepção de abuso de direito restrita aos limites literais do dispositivo.

Tal celeuma foi levada à apreciação dos órgãos e tribunais no seio do conhecido "Caso Janfin", definitivamente decidido em 2006, em julgamento que, na leitura de Sarah Cohen (2014, p. 352), levou ao redesenho do conceito de abuso de direito no

Direito francês e ensejou a sua posterior modificação, em 2008, mediante nova reforma da redação do artigo L64.

A conclusão prevalecente daquela feita, no âmbito da Corte de Cassação, se deu no sentido de reconhecer a legitimidade da Administração para proceder à requalificação de atos e negócios jurídicos com fundamento no "princípio geral de intolerância ao abuso de direito" quando restasse provado que a motivação exclusiva de sua celebração havia sido a de lograr benefícios fiscais a partir da aplicação literal dos preceitos de lei vigentes (FLÁVIO NETO, 2011, p. 110). Essa invocação da vedação ao abuso de direito com o estatuto de princípio geral, todavia, atrairia ao Fisco o ônus de demonstrar e comprovar o caráter artificioso das operações realizadas.

Heleno Tôrres (2003, p. 251) anota que semelhante controvérsia já havia sido deflagrada anteriormente na jurisprudência do Conselho de Estado.[197] Expressiva parcela da doutrina francesa tradicionalmente sustentava que o artigo L64 tinha sua aplicabilidade restrita aos casos de simulação e àqueles enquadrados na hipótese da chamada teoria dos "atos anormais de gestão",[198] excluindo-se de seu alcance as manobras elusivas praticadas pelo contribuinte. Enfatiza o autor que o Conselho de Estado, em julgamento datado de fevereiro de 1979, endossou o entendimento de que a teoria do abuso de direito não poderia ser estendida às situações em que a autoridade fiscal não pudesse visualizar a concretização de atos fictícios ou simulados.

No entanto, transcorridos apenas dois anos, em decisão prolatada em 1981, o Conselho de Estado reformou a sua própria jurisprudência para rechaçar a interpretação restritiva e declarar que o procedimento delineado pelo artigo L64 alcançaria, também, o abuso de direito perpetrado por atos e operações não simulados (TÔRRES, 2013, p. 251).

Com efeito, a ampliação hermenêutica do conceito de abuso de direito vislumbrada na jurisprudência do Conselho de Estado ainda nos alvores da década de 1980 somente viria a se aperfeiçoar junto à Corte de Cassação no princípio do novo milênio, aproximadamente duas décadas depois, embora sob vias argumentativas distintas. Tôrres (2013, p. 251) destaca que, historicamente, tamanha foi a influência do direito privado na paulatina construção da categoria do abuso de direito que, mesmo

---

[197] Na França, enquanto a Corte de Cassação figura como órgão de cúpula do contencioso administrativo no âmbito da Justiça Judiciária, o Conselho de Estado se constitui como órgão máximo na hierarquia da Justiça Administrativa, em conformidade com o modelo de "jurisdição dual" adotada pelo país. Nesse contexto, não é raro observar matérias que, jurisprudencialmente, posicionam ambas as cortes em polos opostos, o que permite realizar cotejos dos entendimentos dissonantes perfilhados por cada uma delas.

[198] Em trabalho sobre a recepção da figura do "ato anormal de gestão" no Direito brasileiro, Paulo Vital Olivo (2011, p. 06) explana que tal expressão "foi criada pela jurisprudência francesa para qualificar determinados atos e negócios jurídicos praticados por contribuintes sem abuso de direito, fraude ou simulação, porém, com repercussão nos tributos incidentes sobre a renda, seja por ter incorrido em uma despesa ou perda maior do que aquela que seria aceitável em condições ditas 'normais', seja por ter deixado de obter um ganho que poderia ter sido auferido caso o ato fosse praticado em condições de 'normalidade'. A aplicação da teoria do ato anormal de gestão pelo fisco encontra seu limite justamente na esfera de liberdade mínima que todo contribuinte tem na gestão de seus negócios, liberdade essa que é mero desdobramento de diversos princípios constitucionais, como o da liberdade em sua acepção ampla, legalidade e especialmente o princípio do livre exercício de atividade econômica, dentre outros. Desta forma, a liberdade de gestão encontra o seu contraponto conceitual justamente na figura do ato anormal de gestão, cujos fundamentos para aplicação também se encontram em outros princípios e normas constitucionais, como o da igualdade e legalidade".

após todas essas metamorfoses, continuou a ser exigida a "demonstração da intenção do sujeito e o emprego anormal ou excessivo do direito subjetivo".

O fato é que, definitivamente consumadas essas relevantes modificações de entendimento, o LPF acabou novamente alterado em dezembro de 2008 para textualmente fixar, nas novas redações dos artigos L64 e L64-B, a competência da Administração Fiscal para requalificar operações classificadas como fictícias, artificiais ou cujo único propósito fosse o de repelir a incidência de obrigações tributárias que normalmente se constituiriam no momento de concretização das transações operadas.

Em derradeira análise, Luís Flávio Neto (2011, p. 122) sublinha que essa nova disposição não buscou interditar a escolha, pelo contribuinte, dos expedientes legais fiscalmente mais benéficos aos seus negócios, posto que, sob tal regulação, o primordial pressuposto de configuração do abuso de direito passou a ser a demonstração, pela autoridade fiscal, de que a forma jurídica adotada para a transação não correspondia à sua real substância. Outrossim, o novel artigo L64 passou a estipular que, uma vez caracterizado o abuso de direito, o contribuinte seria penalizado com multa no importe de 80% do tributo devido e juros moratórios na casa de 0,75% ao mês.

Exatos dez anos após a última alteração legislativa, em dezembro de 2018, tornou a ser reformado o LPF francês, com nova redação atribuída ao mesmo artigo L64. O texto atual, ao reafirmar explicitamente o abuso de direito como matriz de reação a planejamentos tributários abusivos, habilita a Administração Fiscal a desconsiderar, posto que a ela inoponíveis, os atos que constituam abuso de direito por serem fictícios ou por serem inspirados pelo objetivo exclusivo de esquiva ou de atenuação dos encargos que seriam suportados pelo contribuinte no curso real de suas atividades.

Tal dispositivo, responsável por delinear as atuais feições da norma geral antiabuso no Direito positivo francês, disciplina também o procedimento de submissão da controvérsia a exame prévio do Comitê Consultivo, bem como a disponibilização dos pareceres exarados em relatório anual a ser publicizado pelo órgão.

O artigo L64-B, por sua vez, com a redação anterior (reforma de 2008) integralmente mantida, determina que não se aplica a regra veiculada no dispositivo precedente quando o contribuinte, antes da consumação dos atos ou negócios, consulta por escrito a autoridade fiscal, fornecendo todos os elementos necessários à averiguação do autêntico escopo da operação, e o órgão competente não oferece qualquer resposta no prazo de seis meses contados da solicitação. Eis o teor dos dispositivos:

Artigo L64 (Modificado pela Lei nº 2018-1317, de 28 de dezembro de 2018)

A fim de restabelecer o seu verdadeiro caráter, a Administração tem o direito de desconsiderar, por não lhe serem oponíveis, os atos que constituem abuso de direito, sejam eles de caráter fictício ou que, buscando benefício de uma aplicação literal de textos legais ou decisões relacionados aos objetivos perseguidos por seus autores, não poderiam ter sido inspirados por nenhum outro motivo que não o de fugir ou atenuar encargos fiscais que a parte interessada, se tais atos não houvessem sido praticados ou realizados, normalmente suportariam em razão de sua situação ou de suas atividades reais.

Em caso de desacordo sobre as correções efetuadas com base neste artigo, a controvérsia será submetida, a pedido do contribuinte, ao Comitê de Abuso de Direito Fiscal. A Administração também poderá submeter o caso à avaliação do Comitê.
Os pareceres emitidos serão objeto de relatório anual que será tornado público.[199]

Artigo L64-B

O procedimento definido no artigo L64 não é aplicável quando um contribuinte, antes da conclusão de um ou mais atos, consultou a Administração por escrito, fornecendo todas as informações necessárias para avaliação do verdadeiro escopo dessa operação, e não obteve resposta da Administração no prazo de seis meses contados da solicitação.[200]

Mais do que avaliar em minúcias as peculiaridades procedimentais estipuladas pelo Direito Tributário francês, importa aqui deslindar os principais fundamentos da teoria do abuso de direito tal como hoje consagrada naquele ordenamento, isto é, como eixo estruturante da norma geral antiabuso gravada no artigo L64 do LPF. A primeira diligência neste pormenor — para não destoar do restante da matéria — é novamente de cariz terminológico, tendo em vista ser o léxico dogmático-tributário francês repleto de falsos cognatos, propensos a turbar qualquer pretensão de submeter as experiências gálica e brasileira a uma cuidadosa análise de Direito Comparado.

Em estudo panorâmico da doutrina nativa, Cesar Guimarães Pereira (2001, p. 118-119) assinala que, na França, o termo *fraude fiscale* equivale ao que no Brasil se designa por "evasão fiscal", ao passo que o termo *évasion fiscale* corresponde ao que aqui, a princípio, se identifica por "elisão tributária". Menciona o autor que a primeira dessas expressões (*fraude fiscale*) aparece textualmente empregada na legislação positiva, enquanto que a segunda (*évasion fiscale*) é produto de construções doutrinárias e jurisprudenciais.

J. C. Goldsmith (1983, p. 375), contudo, autor referenciado pelo pesquisador brasileiro, explana que, no Direito Tributário francês, a categoria de *evasión fiscale* remete tanto ao uso quanto ao abuso da lei para auferir economia no pagamento de tributos, desdobrando-se, por conseguinte, noutras duas figuras: *optimisation fiscale* (legítima) e *habilité fiscale* (ilegítima). É, portanto, neste último conceito (*habilité fiscale*) que se ampara a noção de abuso de direito preconizada pelo artigo L64 do LPF, exteriorizando-se numa

---

[199] No original: *Article L64 (Modifié par LOI n°2018-1317 du 28 décembre 2018). Afin d'en restituer le véritable caractère, l'administration est en droit d'écarter, comme ne lui étant pas opposables, les actes constitutifs d'un abus de droit, soit que ces actes ont un caractère fictif, soit que, recherchant le bénéfice d'une application littérale des textes ou de décisions à l'encontre des objectifs poursuivis par leurs auteurs, ils n'ont pu être inspirés par aucun autre motif que celui d'éluder ou d'atténuer les charges fiscales que l'intéressé, si ces actes n'avaient pas été passés ou réalisés, aurait normalement supportées eu égard à sa situation ou à ses activités réelles.*
En cas de désaccord sur les rectifications notifiées sur le fondement du présent article, le litige est soumis, à la demande du contribuable, à l'avis du comité de l'abus de droit fiscal. L'administration peut également soumettre le litige à l'avis du comité.
Les avis rendus font l'objet d'un rapport annuel qui est rendu public.

[200] No original: *Article L64-B. La procédure définie à l'article L. 64 n'est pas applicable lorsqu'un contribuable, préalablement à la conclusion d'un ou plusieurs actes, a consulté par écrit l'administration centrale en lui fournissant tous éléments utiles pour apprécier la portée véritable de cette opération et que l'administration n'a pas répondu dans un délai de six mois à compter de la demande.*

conduta habilmente calculada pelo contribuinte para, de maneira artificiosa, perpetrar violações indiretas à lei tributária,[201] à exata semelhança do que aqui se denomina de elusão fiscal (PEREIRA, 2001, p. 119).

Já há muito cuidaram de sedimentar a doutrina e a jurisprudência francesas a análise do abuso de direito fiscal sob um duplo enfoque, usualmente expresso na dicotomia "abuso de direito por simulação" e "abuso de direito por fraude de intenção" (ou "abuso de direito por fraude à lei") (PEREIRA, 2001, p. 119). Num exercício de aproximação dessas concepções à dogmática tributária brasileira, poder-se-ia dizer que esta segunda espécie é análoga à figura da simulação, prevista no artigo 149, inciso VII, do CTN, cuja materialização se verifica quando o sujeito passivo de uma obrigação tributária manipula meios manifestamente inidôneos para contorná-la, viciando o ato jurídico praticado. Nesse sentido, o abuso de direito por simulação, segundo os referenciais brasileiros, já adentraria o terreno da evasão fiscal.

Mais importante para fins de aferição da abusividade de um planejamento tributário seria o "abuso de direito por fraude de intenção", figura correlata, como se disse, ao fenômeno da elusão fiscal, visto que por ela se exprime o comportamento do contribuinte de celebrar uma dada transação aparentemente motivada por intenções negociais, mas determinada exclusivamente por finalidades fiscais. Essa subdivisão do abuso de direito em duas espécies atrai algumas críticas por sua flacidez conceitual, das quais se pode tomar por porta-voz, uma vez mais, o doutrinador Heleno Tôrres:

> Como se vê, na França, o conceito de direito positivo: abuso de direito não carece de ser usado com muita precisão, quando aplicado em matéria tributária, sendo usado ora como designativo de uma construção jurídica fictícia ("abuso de direito-simulação"), ora para definir práticas de desvio normativos, nas quais o único escopo seja atingir um tratamento mais vantajoso em termos fiscais ("abuso de direito-fraude à lei"), qualificando como semelhantes os conceitos de abuso de direito, simulação e fraude à lei. Para os efeitos que se quer atingir no âmbito do direito tributário, o regime que se há de aplicar será o mesmo, independentemente de se tratar de uma ou outra figura (TÔRRES, 2003, p. 251-252).

Cesar Pereira (2001, p. 120), escoliando a doutrina de Cyrille David (1993), assinala que, na França e em outros países europeus — como Alemanha, Reino Unido e Holanda —, a configuração do abuso de direito por fraude de intenção supõe a materialização de três pressupostos cumulativos: (1) a existência de uma "montagem", consubstanciada em operações anômalas, inadequadas ou artificiais realizadas pelo contribuinte; (2) ser conformada essa "montagem" por finalidade exclusivamente tributária (economia fiscal); e (3) revelar-se tal "montagem" lesiva ao "espírito da lei". Acrescenta o autor

---

[201] Ainda em análise do modelo francês, Goldsmith (1983, p. 376) anota que o abuso de direito fiscal, enquanto expressão do fenômeno da *évasion fiscale*, não é passível de imposição de sanções criminais, não obstante atraia a incidência de penalidades tributárias mais severas que as aplicáveis às condutas tipificadas como *fraude fiscale*. Em sua leitura, por se concretizar a *évasion fiscale* em comportamentos astuciosamente adotados, com aparência de licitude, para frustrar a efetividade da legislação tributária, pode-se falar em uma "fraude de segundo grau" (ou "fraude qualificada"), o que legitimaria a sua penalização de forma mais recrudescida que aquela geralmente dispensada às práticas de *fraude fiscale*.

que a sedimentação desses requisitos se operou com maior clareza na jurisprudência do Conselho de Estado desde 1981 e na Corte de Cassação desde 1988, derivando das interpretações dispensadas ao artigo L64 do LPF.

Prossegue asseverando o autor, ainda baseado em exame minucioso da obra de David (1993), que a medida de análise do primeiro pressuposto se deixa descobrir no "caráter fictício" das operações concretizadas pelo contribuinte ou, "se não houver caráter fictício, na falta de motivo alheio à intenção de elidir ou atenuar os encargos tributários" (PEREIRA, 2001, p. 120).

No que concerne ao segundo pressuposto, realça que, na experiência francesa, ao revés do que se observa em outros países, a finalidade tributária há de ser *exclusiva*, e não somente *principal*, elemento que a reforma legislativa de 2018 cuidou de delinear textualmente no artigo L64 do LPF.

Por último, quanto ao terceiro pressuposto, merece destaque o fato de a agressão ao "espírito da lei" constituir exigência implícita no direito positivo francês, corporificando-se quando a conduta adotada pelo contribuinte se mostrar antagônica a uma interpretação sistemática da legislação tributária. Rememora Cyrille David (1993, p. 253), nesse particular, a faculdade garantida ao contribuinte de proceder a uma prévia consulta à Administração Fiscal sobre a contrariedade ou não de um determinado planejamento tributário ao conjunto das disposições normativas aplicáveis à espécie, visando à mitigação da insegurança jurídica quanto à sua interpretação.

Parte da doutrina francesa mantém-se crítica à regra veiculada no multicitado artigo L64 do LPF, sob o argumento da sua incompatibilidade com o elementar princípio de liberdade de escolha das vias fiscais mais benéficas pelo contribuinte. A própria obra de David (1983) exemplifica tal entendimento. Outra objeção amiúde levantada em prejuízo do dispositivo é a da sua alegada desarmonia com o "direito de estabelecimento", consagrado pelo artigo 49 do Tratado Sobre o Funcionamento da União Europeia (TFUE), cujo consectário principal é vedar a imposição de restrições às liberdades fundamentais de exercício de atividades econômicas (*lato sensu*).[202]

À guisa de conclusão, Luís Flávio Neto (2011, p. 107) salienta que a Corte de Cassação já foi instada a se manifestar sobre essa questão (julgamento do "Caso Sagal"), ocasião em que concluiu pela compatibilidade da teoria do abuso de direito com as normas regentes da Comunidade Europeia, uma vez que "o art. L64 LPF teria aplicação restrita às situações em que a autoridade fiscal tem condições de demonstrar que a estrutura criada por uma empresa é fictícia, simulada ou é motivada por razões unicamente fiscais".

---

[202] CAPÍTULO 2 – O DIREITO DE ESTABELECIMENTO – ARTIGO 49º, TFUE: No âmbito das disposições seguintes, são proibidas as restrições à liberdade de estabelecimento dos nacionais de um Estado-Membro no território de outro Estado-Membro. Esta proibição abrangerá igualmente as restrições à constituição de agências, sucursais ou filiais pelos nacionais de um Estado-Membro estabelecidos no território de outro Estado-Membro. A liberdade de estabelecimento compreende tanto o acesso às atividades não assalariadas e o seu exercício, como a constituição e a gestão de empresas e designadamente de sociedades, na aceção do segundo parágrafo do artigo 54.o, nas condições definidas na legislação do país de estabelecimento para os seus próprios nacionais, sem prejuízo do disposto no capítulo relativo aos capitais.

Fator de balanceamento dessas tormentosas contendas em torno do abuso de direito, arremata Tôrres (2003, p. 252), é a necessidade imposta ao Fisco de observar o "procedimento assaz rigoroso" fixado pelo artigo L64 para exercer o controle sobre atos e negócios sujeitos a desconsideração ou requalificação posterior.

4.5.2 Experiência alemã: o abuso de formas jurídicas como matriz de reação a planejamentos tributários abusivos

A segunda teoria que lançou as bases de construção de uma norma geral antiabuso na experiência internacional foi a chamada "teoria do abuso de formas", engendrada no Direito Alemão ainda em princípios do século XX. A introdução de tal figura no ordenamento germânico operou-se no seio da reforma tributária de 1919, mesmo ano da promulgação da Constituição de Weimar.

A transformação das estruturas tributárias então vigentes foi impulsionada por um fator conjuntural decisivo naquele contexto histórico: o cenário de terra arrasada vivenciado pela Alemanha logo em sequência à derrota na Primeira Guerra Mundial (1914-1918). Uma profunda debacle socioeconômica aliada às severas indenizações impostas ao país pelo Tratado de Versalhes[203] tornou imperativa a adoção de medidas capazes de coibir ou ao menos minimizar desfalques arrecadatórios exorbitantes que prejudicassem o urgente soerguimento da nação.

Em análise mais endógena ao campo jurídico, Heleno Tôrres (2003, p. 240) recorda que, naquele instante histórico, a dogmática jurídica alemã experimentava uma importante transição de paradigmas ao distanciar-se da jurisprudência dos conceitos para marchar em direção à jurisprudência dos interesses. Em termos práticos, essa transição significou a priorização, nas atividades de interpretação e aplicação do Direito, de referenciais finalísticos (teleológicos) em detrimento do legalismo e do normativismo exacerbados que deitavam profundas raízes entre os alemães desde meados do século XIX, período marcado pela hegemonia jusfilosófica da Escola Pandectista. Fazia-se premente, então, a necessidade de modernizar os métodos hermenêuticos do Direito visando a torná-los mais consentâneos às renovadoras análises sociológicas que, com vigor, se proliferavam naquele momento.

No campo do Direito Tributário, a busca pela superação desse ranço formalista que até então caracterizava a tradição teutônica exprimiu-se, sobretudo, pela consagração do critério de *interpretação econômica dos fatos tributários*. O Código Tributário aprovado em 13 de dezembro de 1919 (*Reichsabgabenordnung — R.A.O.*) estabeleceu, em seu §4º, a

---

[203] O Tratado de Versalhes, firmado pelas grandes potências europeias, em 28 de junho de 1919, para oficialmente pôr fim à Primeira Guerra Mundial, impôs à Alemanha um conjunto de desabridas sanções, a exemplo da perda de territórios (fronteiriços e coloniais) e de indenizações a título de reparação dos colossais prejuízos ocasionados pela guerra. É objeto de consenso historiográfico a percepção de que o sentimento de humilhação e rebaixamento infligido ao povo alemão pelo referido Tratado constituiu o principal motor do discurso ultranacionalista que insuflaria a ascensão de Adolf Hitler ao poder ainda no primeiro lustro da década de 1930.

regra segundo a qual, na interpretação da legislação tributária, dever-se-ia considerar "o seu escopo, o seu significado econômico e a evolução das relações de fato".[204]

Por meio dessa ênfase na *realidade econômica* dos fatos tributariamente relevantes, intentava-se suplantar os claustros positivistas que acabavam por engessar um combate efetivo à elusão fiscal. Essa inovadora regra era suplementada pela disposição veiculada no §5º do R.A.O., destinada a regular a interpretação dos fatos imponíveis. In verbis:

> §5. A obrigação tributária não pode ser eludida ou reduzida mediante o uso abusivo de formas e formulações de direito civil.
> Haverá abuso na aceção do inciso 1,
> 1. Quando, nos casos em que a lei submete a um imposto fenômenos, fatos e relações econômicas em sua forma jurídica correspondente, as partes contratantes escolhem formas ou negócios jurídicos insólitos para eludir o imposto, e
> 2. Quando, segundo as circunstâncias e a forma como é ou deve ser processado, obtêm as partes contratantes, em substância, resultado econômico idêntico ao que seria obtido se escolhida fosse a forma jurídica correspondente aos fenômenos, fatos e relações econômicos.[205]

Tal disciplinamento, responsável pela positivação da figura do abuso de formas na legislação alemã, viria a sofrer sucessivas alterações nos anos que se seguiram à reforma tributária de 1919. A primeira delas verificou-se em 1931, embora sem acarretar modificações substantivas no conteúdo das normas em questão. A principal alteração foi meramente topográfica: os antigos §§4º e 5º, após uma série de novas disposições introduzidas no R.A.O., acabaram deslocados para os §§9º e 10º do diploma. Até esse instante, anota Brandão Machado (1993, p. 11), o sentido geral do novo regramento consistia, fundamentalmente, em prestigiar a apreensão do sentido econômico dos atos ou negócios jurídicos, não os considerando propriamente como categorias jurídicas, mas como operações pertencentes ao "mundo da economia".

Não obstante, segundo Luís Flávio Neto (2001, p. 151), a aplicação conjugada dos dois dispositivos, à medida que legitimou a utilização do método de interpretação teleológica no âmbito do Direito Tributário (alinhando-se aos postulados da jurisprudência dos interesses), precipitou recorrentes arbitrariedades no sistema alemão: "A Corte Financeira do *Reich* teria feito amplo uso da intepretação extensiva, modificando a redação de textos legais, seja para ampliá-la, restringi-la ou invertê-la, completando preceitos legais que se entendiam omissos" (FLÁVIO NETO, 2011, p. 151). Com efeito,

---

[204] No original: §4. Bei Auslegung der Steuergesetze sind ihr Zweck, ihre wirtschaftliche Bdeutung und die Entwicklung der Verhältnisse zu berücksichtigen.

[205] No original: §5. Durch Missbrauch von Formen und Gestaltungsmöglichkeiten des bürger-lichen Rechtes kann die Steuerpflicht nicht umgangen oder gemindert werden.
Ein Missbrauch im Sinne des Abs. 1 liegt vor, wenn
1. In Fällen, wo das Gesetz wirtschaftliche Vorgänge, Tatsachen und Verhältnisse in der ihnen entsprechenden rechtlichen Gestaltung einer Steuer unterwirft, zur Umgehung der Steuer ihnen nicht ensprechende, ungewöhnliche Rechtsformen gewählt ider Rechtsgeschäfte vorgenommen werden, und
2. Nach Lage der Verhältnisse und nach der Art, wie verfahren wird oder verfahren werden sol, wirtschaftlich für die Beteiligten im wesentlichen derselbe Erfolg erzielt wird, der erzielt wäre, wenn eine den wirtschaftlichen Vorgängen, Tatsachen und Vergältnissen entsprechende rechtliche Gestaltung gewählt wäre, umd ferner.

multiplicaram-se os casos em que o Tribunal desvirtuou a *ratio legis* de disposições normativas do R.A.O. para criar obrigações fiscais por analogia.

Embora tenha perdurado por mais de uma década a primitiva regulação, a doutrina e a jurisprudência germânicas não lograram construir uma interpretação uníssona da figura do abuso de formas. Explica Tôrres (2003, p. 241) que, para alguns, o abuso restaria caracterizado quando o contribuinte empregasse em seus negócios "formas anormais", entendimento ao qual logo se objetou a imprecisão do conceito de "normalidade" para a definição da (i)licitude de um negócio jurídico em termos fiscais.

Numa segunda corrente, prevaleceu a leitura segundo a qual a noção de "anormalidade" deveria ser aferida "a partir da subsistência, ou não, de justificáveis motivos econômicos para a utilização de uma tal forma negocial para atingir as finalidades que se propõe" (TÔRRES, 2003, p. 241). No entanto, também a esse segundo entendimento, a objeção do "subjetivismo exacerbado" permaneceu.

Por fim, num terceiro plano, houve quem sustentasse que o abuso se aperfeiçoaria sempre que verificada a "ausência de correspondência entre a forma exterior do ato jurídico, o seu conteúdo econômico típico e a real situação econômica posta em prática" (TÔRRES, 2003, p. 241).

Em torno dessas três concepções, flutuou a figura do abuso de formas nos primeiros anos de sua aplicação no Direito Tributário alemão.

Alteração mais substantiva se observou quando da edição da Lei de Adaptação Tributária de 1934, já sob a égide do nacional-socialismo. O novo texto cuidou de manter incólume o critério da interpretação conforme a realidade econômica (§1º), além de estabelecer novos regramentos acerca do tratamento fiscal de atos simulados (§5º) e do abuso de formas de direito privado (§6º). Se a mais aguda crítica endereçada à regulação original tangia à ausência de segurança jurídica, o legislador pareceu retroceder ao suprimir daquele último dispositivo uma conceituação normativa do abuso de formas.

O propósito era cristalino: potencializar a discricionariedade da Administração Fiscal para legitimar o controle e a intervenção do Estado no patrimônio particular, remodelando a dogmática tributária ao sabor do autoritarismo atávico que qualificava o regime político recém-instaurado. A nova redação do §6º restou assim consignada:

> §6
> 1. A obrigação tributária não pode ser eludida no todo ou em parte por meio de abuso de formas ou possibilidade de adaptação do direito civil.
> 2. Se caracterizado o abuso, os impostos deverão ser cobrados tal como o seriam caso as formas jurídicas utilizadas fossem as adequadas às circunstâncias, fatos e relações econômicas.[206]
> [...]

---

[206] No original: *§6º (1) Durch Missbrauch von Formen und Gestaltungsmöglichkeiten des bürgerlichen Rechts kann die Steuerpflicht nicht umgangen oder gemindert werden. (2) Liegt ein Missbrauch vor, so sind die Steuern so zu erheben, wie sie bei einer den wirtschaftlichen Vorgängen, Tatsachen und Verhältnissen angemessenen rechtlichen Gestaltung zu erheben wären.*

É mister ressaltar, no entanto, que, a despeito da potência reativa que tal dispositivo concentrava para neutralizar atos e negócios abusivos celebrados pelo contribuinte, a jurisprudência alemã mostrou bastante cautela para proceder à sua aplicação. Luís Flávio Neto (2011, p. 153) faz alusão a uma decisão, proferida pelo Tribunal Constitucional Federal em 1966, no bojo da qual firmou-se entendimento no sentido de que o simples fato de uma operação haver sido realizada por intermédio do manejo de formas inusuais de direito privado não seria suficiente para a configuração do abuso.

Na fundamentação do julgado, a Corte considerou que constituíam pressupostos de caracterização do abuso de formas a reprovabilidade do resultado econômico alcançado e a comprovação da intenção (elemento subjetivo) do contribuinte de eludir o tributo. Ao fixar tais balizas, o Tribunal Constitucional logrou balancear, em alguma medida, a insegurança jurídica legada pelo novo §6º, dispositivo que, consoante se pontuou acima, acabou por maximizar a indeterminabilidade dos conceitos tipificados na legislação tributária, entre eles o de abuso de formas.

Permaneceu vigente tal disposição até 1977, ano da promulgação do Código Tributário (*Abgabenordnung* — A.O.) que segue ainda hoje em vigor na Alemanha. A principal inovação trazida pelo diploma foi a eliminação do critério de interpretação econômica dos fatos tributariamente relevantes, o que não impediu, todavia, que os Tribunais continuassem adotando a ab-rogada orientação — nas palavras de Cesar Pereira (2001, p. 97) — "sob o pressuposto de que essa forma de interpretação apenas correspondia à aplicação, no direito tributário, de critérios de interpretação comuns a todo o ordenamento jurídico alemão".

Outra novidade introduzida pelo Código de 1977, sublinhou a doutrina nativa, foi não restringir a disciplina do abuso às formas jurídicas atinentes ao direito privado, passando a igualmente englobar as formas jurídicas próprias do direito público, incluídas as de Direito Tributário (PEREIRA, 2001, p. 97). Ainda assim, é fácil visualizar que a redação do dispositivo correlato (§42 do A.O.) manteve o mesmo sentido geral da norma (§6º) vigente entre 1934 e 1977:

> §42. Abuso de formas jurídicas
> 1. A lei tributária não pode ser eludida pelo abuso de formas jurídicas. Se caracterizado o abuso, a pretensão fiscal será exercida de acordo com as formas jurídicas adequadas à verdadeira situação econômica.[207]

Ante a ausência, novamente, de um conceito normativo de abuso de formas, tiveram a doutrina e a jurisprudência que paulatinamente construir o seu significado. Nesse escopo, os Tribunais logo cuidaram de afirmar que a utilização de formas jurídicas incomuns na condução de seus atos e negócios constituía um *direito do contribuinte*.

---

[207] No original: §42 *Missbrauch von rechtlichen Gestaltungsmöglichkeiten.*
Durch Missbrauch von Gestaltungsmöglichkeiten des Rechts kann das Steuergesetz nicht umgangen werden. Liegt ein Mibrauch vor, so entsteht der steueranspruch so, wie er bei einer den wirtschaftlichen vorgängen angemessenen rechtlichen gestaltung entseht.

A contrario sensu, inferiu-se dos entendimentos àquele tempo consolidados que os particulares não eram obrigados a se valer, exclusivamente, das formas negociais típicas: o que lhes era vedado pelo §42 do A.O., em verdade, era manejar formas jurídicas inadequadas com o propósito único de evitar a incidência tributária (FLÁVIO NETO, 2011, p. 155).

Nesse sentido, na hipótese de a legislação tributária referir-se a categorias próprias do Direito Civil para definir a hipótese de incidência de um tributo, não se admitiria a conduta do contribuinte de utilizar formas jurídicas anômalas com a exclusiva finalidade de suavizar o ônus fiscal atraído pela operação. Isto feito, caracterizado estaria o abuso de formas, de sorte a autorizar a cobrança do tributo pela Administração tal como se houvesse sido adotada a forma jurídica adequada.

Heleno Tôrres (2003, p. 242) destaca que, mesmo sob a regulação do A.O. de 1977, não se formou um consenso acerca do conceito de "normalidade" de uma operação, tido como fundamental para a definição da ocorrência ou não de uma ilegalidade por abuso de formas. O Tribunal Financeiro alemão (BFH), na tentativa de superar a insegurança jurídica relacionada a essa questão, tratou de consignar que "a forma jurídica é inadequada quando o contribuinte não está apto a fornecer uma razão econômica que justifique sua utilização" (TÔRRES, 2003, p. 242).

Desse modo, considerou a Corte que, quando a lei outorgasse aos particulares o direito de optar pelas formas negociais mais convenientes para obtenção de um mesmo resultado econômico, ainda que dessa escolha derivassem consequências fiscais distintas, não poderia ser invocada em desfavor do contribuinte a norma antielusiva tipificada no §42 do Código Tributário de 1977.

Finalmente, o último marco regulatório do abuso de formas no Direito Tributário alemão consolidou-se no ano de 2008, ocasião em que foi atribuída ao §42 do A.O. uma nova redação legal. Parte da doutrina nacional assinalou, à época, que a iniciativa de novamente alterar o dispositivo deveu-se a uma contrariedade do Governo ao acúmulo de entendimentos jurisprudenciais demasiadamente favoráveis ao contribuinte. O novo texto cuidou de restaurar uma definição legal de abuso de formas, estampada no segundo inciso do §42.

Não obstante, segundo observa Luís Flávio Neto (2011, p. 162), o delineamento de conceitos como "forma jurídica inadequada" e "razão extrafiscal relevante", expressamente empregadas pelo dispositivo, prosseguiu carecendo de integração pela atividade jurisprudencial. Com efeito, a novel regulação do abuso de formas trouxe à baila novos elementos que auxiliam no exame da categoria. Infratranscrita, *ipsis litteris*, a redação legal ainda hoje vigente:

§42 Abuso de formas jurídicas
1. A lei tributária não pode ser eludida pelo abuso de formas jurídicas. Se a provisão de norma tributária específica destinada a impedir a elusão fiscal for cumprida, as consequências legais serão determinadas de acordo com essa provisão. Caso contrário, se

caracterizado o abuso, no sentido do parágrafo segundo, a pretensão fiscal será exercida de acordo com as formas jurídicas adequadas à verdadeira situação econômica.

2. Haverá abuso se for adotada uma forma jurídica inadequada que garanta ao contribuinte ou a terceiro uma vantagem tributária não prevista em lei, em comparação com a situação que decorreria se houvesse sido escolhida a forma jurídica adequada. O abuso restará descaracterizado se o contribuinte fornecer provas de que a forma jurídica foi adotada por razões extrafiscais consideradas relevantes diante das específicas circunstâncias.[208]

Para esquadrinhar a nova disposição, parte da doutrina tem se apoiado nas clássicas lições de Ernst Blumenstein, autor que, explana Luís Eduardo Schoueri (1995, p. 130-131), sustentava um método de análise de planejamentos tributários abusivos fracionado em três estágios: (1) avaliação da economia fiscal lograda pelo contribuinte; (2) avaliação da (in)adequação das formas manejadas na realização de um negócio jurídico; e (3) avaliação da (in)existência de motivos extrafiscais envolvidos na condução das operações. Pelo exame da consumação concomitante desses três pressupostos, afirma Luís Flávio Neto (2011, p. 163), pode-se averiguar a ocorrência ou não de ilegalidade por abuso de formas, nos moldes preconizados pelo §42 (com redação dada pela reforma de 2008) do Código Tributário alemão.

Especificamente quanto à terceira exigência, é importante frisar que a parte final do inciso 2 estabelece a peremptória exclusão do abuso na hipótese de restar demonstrada a existência de propósitos extrafiscais de relevo para a adoção da forma jurídica eleita pelo contribuinte.

Nesse passo, a afirmação de que a validade da economia fiscal obtida se encontra caucionada a uma motivação não exclusivamente tributária da utilização de formas atípicas dá os contornos da distribuição repartida do ônus da prova no sistema germânico: à Administração caberá a comprovação da vantagem fiscal auferida pelo contribuinte (estágio 1) a partir da utilização de formas jurídicas inadequadas (estágio 2), circunstâncias que autorizarão a presunção por indícios da ocorrência de abuso nos termos do §42; e do contribuinte se exigirá, em tais casos, a demonstração dos propósitos extrafiscais que impulsionaram a realização da operação, sob pena de desconsideração da mesma para fins de tributação.

Em mais didática explicação, Tôrres (2003, p. 242) — ao interpretar o §42 do A.O em sua redação original, mas cujas conclusões se mostram extensíveis à configuração normativa pós-reforma de 2008 — conclui que são exigidos quatro requisitos cumulativos

---

[208] No original: §42 *Missbrauch von rechtlichen Gestaltungsmöglichkeiten*
(1) Durch Missbrauch von Gestaltungsmöglichkeiten des Rechts kann das Steuergesetz nicht umgangen werden. Ist der Tatbestand einer Regelung in einem Einzelsteuergesetz erfüllt, die der Verhinderung von Steuerumgehungen dient, so bestimmen sich die Rechtsfolgen nach jener Vorschrift. Anderenfalls entsteht der Steueranspruch beim Vorliegen eines Missbrauchs im Sinne des Absatzes 2 so, wie er bei einer den wirtschaftlichen Vorgängen angemessenen rechtlichen Gestaltung entsteht.
(2) Ein Missbrauch liegt vor, wenn eine unangemessene rechtliche Gestaltung gewählt wird, die beim Steuerpflichtigen oder einem Dritten im Vergleich zu einer angemessenen Gestaltung zu einem gesetzlich nicht vorgesehenen Steuervorteil führt. Dies gilt nicht, wenn der Steuerpflichtige für die gewählte Gestaltung außersteuerliche Gründe nachweist, die nach dem Gesamtbild der Verhältnisse beachtlich sind.

para a aplicação da disciplina do abuso de formas: "i) identificação da estrutura inadequada (no sentido de não usual), para atingir o negócio pretendido; ii) ausência de razões negociais; iii) intencionalidade do abuso; e iv) redução da carga tributária decorrente da estrutura criada". Pontua, ainda, que a economia de tributos referida no dispositivo possui largo alcance, abrangendo isenções, remissões ou moratórias, além de outras vantagens fiscais aptas a viabilizar a redução da obrigação tributária.

Em seguida, ao rememorar que a Corte Constitucional da Alemanha já decidiu pela constitucionalidade do §42 do A.O., Tôrres (2003, p. 243) sublinha que eminentes doutrinadores, a exemplo de Klaus Tipke, celebram tal norma antielusiva como fomentadora do princípio da capacidade contributiva, sob o argumento de que "todo aquele que, com fins fraudulentos, elude a lei tributária não é digno da proteção reservada à boa-fé e tampouco pode contar com a certeza do direito ao seu favor".

Por fim, há que se abordar, ainda, uma complexa divergência acerca da natureza da tributação decorrente da aplicação do §42 do Código Tributário alemão. Trata-se de averiguar, fundamentalmente, se a desconsideração, pela Administração Fiscal, de negócio jurídico maculado por emprego abusivo de formas dá à luz uma hipótese de "tributação ficta" ou de "tributação por analogia". Ambas as alternativas, em primeira análise, mostram-se problemáticas à luz da dogmática tributária, uma vez que põem em xeque o princípio da legalidade, fator que sempre levou parte da doutrina a questionar a compatibilidade de tal disposição com a Constituição de 1949.

Uma primeira corrente doutrinária sustenta a compreensão de que a aplicação da norma antielusiva fundada na vedação ao abuso de formas implica, necessariamente, uma tributação por analogia em face do contribuinte. Isso porque a utilização de formas jurídicas atípicas, a rigor, não consubstancia o suporte fático que ativa a incidência tributária. Ou seja, o negócio jurídico real, efetivamente praticado pelo sujeito passivo da obrigação fiscal, não se amolda à hipótese de incidência prevista no antecedente da norma tributária, de maneira que somente se poderia proceder à sua cobrança mediante um raciocínio analógico, tomado como método de integração da legislação tributária.

É o que aponta o escólio de Brandão Machado (1993, p. 17-18), em estudo do sistema alemão, quando afirma que, "como o real não pode ser modificado, mas tão só qualificado como tributável, à vista de um modelo, [a cobrança do tributo] decorre obviamente da aplicação analógica da lei". Tratar-se-ia, com efeito, de tributação lastreada na similitude de fatos subsumíveis às hipóteses legais de incidência ou, noutras palavras, de tributação de determinadas operações por serem análogas a outras expressamente previstas em lei.

Luís Flávio Neto (2011, p. 169-170) recorda, oportunamente, não haver no ordenamento tributário alemão, ao revés do que se observa no caso brasileiro (artigo 108, §1º, CTN), norma expressa proibindo ou autorizando a utilização de analogia para fins de tributação. Não obstante, amplos segmentos doutrinários reconhecem a vigência tácita dessa regra, a despeito da ausência de tipificação legal, tendo em vista se tratar de corolário imediato do princípio da legalidade. Ressalte-se que a jurisprudência, de igual modo, sempre aceitou a vedação de tributação por analogia como regra implícita, admitindo, contudo, algumas cláusulas de exceção, entre elas a aplicação das normas gerais de controle de planejamentos fiscais abusivos (FLÁVIO NETO, 2011, p. 170).

De outra parte, postulando interpretação antagônica à primeira, constituiu-se corrente doutrinária alternativa (e majoritária) a defender que, da aplicação do §42, resulta não uma tributação por analogia, mas por *ficção jurídica*. Uma vez detectado o vício da operação por abuso de formas, o critério de interpretação conforme a realidade econômica impõe que se considere, para fins fiscais, o substrato real do negócio, tornando ineficaz a mistificação operada pelo contribuinte sob o desígnio de eludir a lei tributária.

Nesse sentido, Pasquale Pistone (1995, p. 96-97) assinala que o dispositivo não se vincula à analogia como método de integração da legislação tributária, e sim a uma previsão de ocorrência ficta do fato gerador de tributo. Similar é a leitura de Heinrich Kruse (1994, p. 213) quando enfatiza que a norma geral torna ineficazes as transações celebradas pelo manuseio abusivo de formas jurídicas e chancela uma "presunção de ocorrência do fato imponível".

Ao sintetizar tais concepções, Cesar Guimarães Pereira preleciona que:

> No direito tributário alemão, a referência à utilização de uma ficção jurídica pelo §42 do Código Tributário evita a reprovação da regra e face da proibição da analogia na configuração de deveres tributários, amplamente reconhecida pela doutrina. O direito tributário alemão distingue, assim, a interpretação segundo a realidade econômica (que é vista como derivação dos critérios comuns de interpretação da lei, diante da teleologia das leis tributárias) da ficção legal de ocorrência do fato imponível no caso de abuso das formas jurídicas (o que depende da previsão expressa da ficção pela lei tributária, como o §42 do Código Tributário alemão. O dispositivo não é tido, pela doutrina alemã, como ofensivo de garantias constitucionais tributárias (PEREIRA, 2001, p. 98).

Em análise panorâmica da doutrina estrangeira, é fácil notar que essa interpretação encontra eco nas obras de muitos outros insignes doutrinadores. Tambet Grauberg (2009, p. 144-145), por exemplo, sustenta que a manifestação de um vício por abuso de formas desencadeia a elaboração de um modelo ficto da estrutura negocial que reflita com exatidão a substância econômica da operação, a partir do qual se constituirá a obrigação tributária em face do contribuinte.

Em texto clássico, Klaus Tipke e Joachim Lang (2008, p. 335) asseveram que o §42 do A.O. permite à Administração substituir, para fins fiscais, uma situação de fato verdadeira por uma outra que corresponda, num efeito de espelhamento, à essência econômica real do negócio jurídico celebrado.

Albert Hensel (1956, p. 149), a seu turno, ao legitimar a norma antielusiva lastreada na interdição do abuso de formas vigente na Alemanha até 1977, já entendia que, nas hipóteses a ela amoldáveis, operava-se uma desconsideração da conduta efetivamente praticada pelo contribuinte e promovia-se a incidência tributária tal como se o fato imponível houvesse se consumado no plano concreto.

Conquanto pródigas as razões doutrinárias a embasar essa interpretação dos efeitos da norma antielusiva alemã, uma objeção frequentemente levantada pelos seus críticos é a suposta violação ao princípio da legalidade, ao passo que a tributação por ficção jurídica consistiria numa ampliação da hipótese de incidência de norma tributária à míngua de previsão legal. A réplica, contudo, não merece prosperar, eis que é a própria lei tributária que autoriza a desconsideração de um negócio revestido de formas jurídicas abusivas, vocacionadas a ocultar o substrato real da operação com vistas a garantir ao contribuinte uma economia fiscal clandestina.

Não se trata, pois, de alargar dissimuladamente a hipótese de incidência de norma tributária, mas de inocuizar o emprego de estruturas negociais insólitas e artificiosas com o fito de contornar obrigações fiscais estabelecidas em lei, submetendo tais estruturas a um rigoroso e fundamentado controle de abuso de formas.

O fato é que, sem embargo de todas essas polêmicas, o §42 do A.O. segue sendo plenamente aplicado na experiência tributária alemã — com respaldo, inclusive, na jurisprudência do Tribunal Constitucional —, servindo de modelo para a edição e o aprimoramento de normas gerais antiabuso em todo o mundo.

4.5.3 Experiência espanhola: a fraude à lei tributária como matriz de reação a planejamentos tributários abusivos

A terceira matriz de reação a planejamentos tributários abusivos de maior relevo foi desenvolvida na Espanha, quando, em 1963, a *Ley General Tributaria* (LGT) instituiu a figura da *fraude à lei* como mecanismo de repressão à elusão fiscal. A exemplo do que se observou nas experiências internacionais anteriores, buscava o legislador espanhol delinear com maior nitidez as divisas entre o que a doutrina tradicionalmente designava de *"economía de opción"* — fenômeno lícito, equivalente à elisão tributária no Brasil — e outras manobras artificiosas mobilizadas pelo contribuinte para contornar obrigações tributárias previstas em lei.

Sob os auspícios da trintenária ditadura comandada pelo General Francisco Franco, o artigo 24 do Código Tributário espanhol cuidou de definir a figura da *fraude de ley* nos seguintes termos:

> Artigo 24
> 1. A analogia não será admitida para estender para além de seus termos estritos o âmbito do fato imponível, ou o de isenções e benefícios.
> 2. Para evitar a fraude à lei, entender-se-á, para efeitos do inciso anterior, que não existe extensão do fato imponível quando gravados fatos realizados com o comprovado propósito de eludir o imposto, sempre que produzam o resultado equivalente ao derivado do fato imponível. Para declarar que existe fraude à lei, será necessário um procedimento

especial no qual a prova correspondente seja fornecida pela Administração e seja ouvido o interessado.[209]

É relevante salientar, nesse quadro, que a categorização adotada nesta obra encontra perfeito reflexo na terminologia historicamente apregoada pela doutrina espanhola. Nota-se, com efeito, entre os tributaristas daquele país, uma divisão tripartida dos fenômenos atinentes à economia tributária, os quais se quedam regulados por três regimes jurídicos distintos (PEREIRA, 2001, p. 112).

Num primeiro plano, fala-se em *elisión fiscal* para identificar a supramencionada figura da *economía de opción*, associada a uma legítima economia de tributos. Em segundo nível, tem-se a *evasión fiscal* — também chamada de *fraude fiscal* ou *fraude tributaria* —, designativa das práticas clandestinas de evitação tributária. Finalmente, numa terceira categoria situada entre as duas primeiras, há a *elusión fiscal*, correspondente às violações indiretas da lei e à qual o direito positivo espanhol dá o nome de *fraude de ley tributaria*.

A primeira nota que se impõe assinalar é a de que os conceitos de fraude à lei e de fraude fiscal não se confundem: este situa-se no campo da evasão; aquele no da elusão tributária. Tendo em conta essa diferenciação conceitual, a parcela majoritária da doutrina interpreta o instituto da fraude à lei como o ato praticado pelo contribuinte, com amparo em uma "norma de cobertura", para furtar-se à aplicação de outra — dita "norma fraudada" — mais adequada ao caso, mirando uma economia de tributos vedada ou indesejada pelo ordenamento jurídico (TÔRRES, 2003, p. 245).

Em complemento a tal raciocínio, Brandão Machado (1993) aduz que a fraude à lei deve ser compreendida como uma "violação oblíqua" de preceitos legais cujos comandos se destinam a evitar que os seus destinatários obtenham os resultados que as normas tributárias contornadas visam a proscrever. Caracteriza-se tal figura, arremata o autor, pela utilização de formas jurídicas lícitas para, sem ofender a letra da lei, lograr um benefício (neste caso, economia fiscal) por ela proibido.

Nesses termos se foi desenvolvendo a exegese do artigo 24 da LGT entre os autores espanhóis. Palao Taboada (1966, p. 677), por exemplo, sustentava que a fraude à lei tributária se configura sempre que um determinado resultado econômico — cujos meios usuais de obtenção acarretam a constituição de uma ou mais obrigações tributárias — é levado a efeito pelo contribuinte por vias jurídicas insólitas (indiretas), posto que primordialmente destinadas à consecução de fins diversos, e que ou não são tributadas ou se sujeitam a regime de tributação mais vantajoso.

---

[209] No original: *Artículo 24:*
1. No se admitirá la analogía para extender más allá de sus términos estrictos el ámbito del hecho imponible, o el de las exenciones o bonificaciones.
2. Para evitar el fraude de ley se entenderá, a los efectos del número anterior, que no existe extensión del hecho imponible cuando se graven hechos realizados en el propósito probado de eludir el impuesto, siempre que produzcan un resultado equivalente al derivado del hecho imponible. Para declarar que existe fraude de ley será necesario un expediente especial en el que se aporte por la Administración la prueba correspondiente y se dé audiencia al interesado.

Nesse sentido, conforme lição de González Sanchez (1993, p. 28), infere-se que tal modalidade de elusão, nos moldes delineados pelo ordenamento jurídico espanhol, traduz-se numa conduta que dá à luz um resultado lesivo a uma norma jurídica baseando-se em outra, de igual natureza, mas prescrita com diferente escopo.

Decorre disso, argumenta Ferreiro Lapatza (2007, p. 469), o fato de a fraude à lei pressupor, tal como mencionado acima, uma dualidade normativa: a norma defraudada, que é a institutiva do tributo, e a norma de cobertura, que prevê uma hipótese de tributação mais reduzida ou mesmo de isenção ou não incidência tributária.

Em estudo sistemático da doutrina nativa — em especial, neste pormenor, da obra de Manuel González Sanchez (1993) — César Pereira (2001, p. 114-115) anota que são três os pressupostos de consumação de uma ilicitude por fraude à lei: (1) o dolo do contribuinte de frustrar a eficácia de uma norma tributária mais gravosa (requisito subjetivo); (2) a utilização de formas jurídicas inusuais para a obtenção do resultado aspirado (requisito objetivo); e (3) o nexo de causalidade entre o emprego de formas inadequadas e o efeito de atenuar a tributação (requisito causal).

Desse modo, sempre que se vislumbrasse a realização, com esteio numa determinada norma tributária, de um negócio jurídico com resultados distintos dos que normalmente dele decorreriam, de sorte que, em função disso, deixassem de ser aplicadas outras normas tributárias que tipicamente correspondiam ao negócio praticado, invocada seria, para inocuizar a manobra, a disposição veiculada no artigo 24 da *Ley General de 1963*, sob o fundamento de repressão à fraude à lei tributária (PEREIRA, 2001, p. 114).

As similitudes com a teoria alemã do abuso de formas são indisfarçáveis. Não é casual, nesse sentido, que frequentemente se encontrasse, no conjunto da doutrina espanhola, autores que, ao conceituar o instituto da fraude à lei, se reportavam diretamente à expressão "abuso de formas". O próprio Lapatza (2001), referenciado acima, indicava como elemento constitutivo da fraude à lei o "abuso de formas jurídicas", consubstanciado no emprego distorcido de instrumentos de direito privado com finalidades distintas daquelas previstas pela legislação, sob a intenção de eludir total ou parcialmente o pagamento de tributo.

Também Sanchez (1993) cuidou de identificar as concepções formuladas pela doutrina alemã acerca da norma geral antielusiva tipificada no §42º do A.O. como uma das principais influências da construção teórica da fraude à lei na Espanha. O fato é que, em ambas as experiências, embora sob diferentes moldes, a desnaturação do perfil de institutos de direito privado para abrandar os impactos fiscais incidentes sobre operações conduzidas pelo contribuinte é assumida como um dos eixos principais de detecção e combate à elusão tributária.

Sucedeu que, onze anos após a edição do Código Tributário de 1963, foi aprovado o novo Código Civil espanhol, cuja vigência principiou em julho de 1974. O artigo 6.4 deste último diploma também disciplinou a fraude à lei, utilizando termos ainda mais claros que os empregados pela lei tributária que lhe precedia. *In verbis*:

Artigo 6.4.
Os atos realizados com amparo no texto de uma norma que persigam um resultado proibido pelo ordenamento jurídico, ou contrário a ele, se considerarão executados em fraude à lei e não impedirão a devida aplicação da norma que se buscou eludir.[210]

Rapidamente emergiram dúvidas quanto à possibilidade de tal enunciado normativo, a despeito de positivado por uma lei civilista, ser utilizado (e aplicado) na compreensão da *fraude à lei tributária*. Informa Luís Flávio Neto (2011, p. 190) que a controvérsia somente viria a ser definitivamente dirimida em 1987, quando a Suprema Corte da Espanha decidiu que a norma jurídica extraída do artigo 6.4 do Código Civil de 1974 projetaria suas luzes sobre todos os ramos do Direito, à exceção do Direito Penal, em função de suas peculiaridades teórico-dogmáticas.

Em exame da questão, Tulio Rosembuj (1999, p. 129-130) destacou se haver operado um "reenvio intrainstitucional" da referida norma, cimentada na noção de "nexo sistêmico" do ordenamento jurídico, atributo que articula entre si todas as searas que o compõem. Com efeito, pacificou-se o entendimento segundo o qual, mesmo havendo previsão normativa específica acerca da fraude à lei em outros domínios do Direito (inclusive os vinculados ao universo do Direito Público), deveria ser a sua interpretação inspirada na disposição consagrada pelo artigo 6.4 do Código Civil (FLÁVIO NETO, 2011, p. 190).

Outra importante disposição que compunha o quadro normativo vigente sob a égide da LGT *de 1963* encontrava-se no artigo 25.3 do diploma, o qual cuidou de estabelecer o critério da interpretação econômica no Direito Tributário espanhol. Tal dispositivo, como se mencionará logo adiante, foi um dos responsáveis pelo desuso que acometeu o artigo 24.2 do Código — instituidor da fraude à lei — ao engendrar uma via alternativa de (re)qualificação dos negócios jurídicos praticados pelo contribuinte com menores obstáculos para a Administração Fiscal. Assim rezava sua redação:

Artigo 25.3
Quando o fato imponível for definido segundo conceitos econômicos, o critério para qualificá-lo levará em conta as situações e relações econômicas que, efetivamente, existam ou se estabeleçam pelas partes interessadas, independentemente das normas jurídicas utilizadas.[211]

Em que pese não haver o dispositivo empregado textualmente o termo "simulação", era consensual a interpretação de que tal dispositivo se aplicava aos atos simulados. O grande diferencial dessa regra em relação à estatuída pelo artigo 24.2 do Código

---

[210] No original: *Artículo 6.4. Los actos realizados al amparo del texto de una norma que persigan un resultado prohibido por el ordenamiento jurídico, o contrario a él, se considerarán ejecutados en fraude de ley y no impedirán la debida aplicación de la norma que se hubiere tratado de eludir.*

[211] No original: *Artículo 25.3. Cuando el hecho imponible se delimite atendiendo a conceptos económicos, el criterio para calificarlos tendrá en cuenta las situaciones y las relaciones económicas que, efectivamente, existan o se establezcan por los interesados, con independencia de las normas jurídicas que se utilicen.*

Tributário era a dispensabilidade de procedimentos especiais para a desconsideração de atos ou negócios jurídicos celebrados pelos particulares. A redação deste último dispositivo estabelecia expressamente que a fraude à lei somente poderia ser declarada mediante procedimento especial destinado a assegurar ao contribuinte o exercício do seu direito de defesa.

Autores como Taboada (2001) assinalavam que a exigência desse procedimento especial se justificava, entre outros fatores, pela necessidade de se consolidar um critério uniforme para a aferição da existência de fraude à lei tributária, ponderando que seria insustentável a insegurança jurídica se cada um dos múltiplos órgãos territoriais do Fisco espanhol pudesse formular seus próprios parâmetros de análise de atos e negócios jurídicos abusivos. Em seu texto original, o artigo 24.2 teve, ainda, o cuidado de atribuir à Administração o ônus de produzir as provas atinentes à potencial irregularidade das operações impugnadas.

No entanto, esse procedimento de que falava o artigo 24.2, por sua própria natureza de rito especial, carecia de específica regulamentação para que fosse concretizado. Durante os primeiros 16 anos de vigência da *Ley General de 1963*, permaneceu inerte o legislador, sem conferir ao dispositivo o disciplinamento que peremptoriamente condicionava a sua aplicação. Tal omissão somente viria a ser suprida em 1979, quando da edição do Decreto nº 1919.

Nesse ínterim, noticia Gustavo Lopes Courinha (2009, p. 53), foram construídas pela Administração espanhola várias argumentações no intuito de subsidiar a aplicação analógica de outros ritos e procedimentos tipificados na legislação em vigor até que fosse editada a competente regulamentação, a fim de viabilizar a imediata invocação do artigo 24.2 como fundamento legal de combate à elusão fiscal. Todas as tentativas, contudo, restaram malogradas, tendo o dispositivo permanecido letra morta até que o legislador infralegal abandonasse a inércia que obstava a sua eficácia.

Ocorre que, ao finalmente ser editado o Decreto nº 1.919, o legislador espanhol saltou de um extremo a outro: promoveu uma regulamentação tão complexa e detalhada que tornou a norma inexequível, donde advieram vícios procedimentais irremediáveis e repetidas anulações das tentativas da Administração Fiscal de controlar planejamentos tributários elusivos (FLÁVIO NETO, 2011, p. 191). Não por outro motivo é que o referido decreto acabou revogado em 1993 sem que outra normativa de igual espécie viesse a substituí-lo. Diante disso, retornou o artigo 24.2 à inocuidade em que havia jazido durante a primeira década e meia de vigência da LGT de 1963.

Foram essas as circunstâncias que determinaram o rotundo fracasso da cláusula da fraude à lei no seu primeiro marco regulatório no Direito espanhol. A alternativa encontrada pela Administração, em face desses insatisfatórios resultados, foi ampliar o escopo de aplicação do retrocitado artigo 25.3 (norma que disciplinava os atos simulados), tornando-o uma via alternativa aos embaraços associados à declaração de fraude à lei na forma prevista pelo artigo 24.2.

Disso decorreu, obviamente, uma perigosa expansão do conceito de simulação, o qual passou a abranger situações típicas de elusão fiscal que, enquanto tais, deveriam ser controladas pela norma geral antielusiva (artigo 24.2). Ressalte-se que não era indiferente a eleição de uma ou outra dessas vias, porquanto o Código Tributário espanhol vedava a imposição de multas administrativas nos casos de fraude à lei, em oposição ao que se verificava nas hipóteses de comprovada simulação, as quais estavam sujeitas às punições pecuniárias cominadas pela legislação de regência (GODOI, 2012a, p. 122).

O fato é que, consoante atesta Marta Villar Ezcurra (2011, p. 80), a cláusula geral de fraude à lei tipificada pelo artigo 24.2 restou praticamente inoperante nessa primeira experiência do Direito Tributário hispânico, fosse pela ausência de regulamentação que a tornava inapta à produção de efeitos, fosse pela maior eficiência de outros meios de repressão à elusão fiscal disponíveis à Administração, notadamente o artigo 25.3 do Código Tributário, dispositivo cuja aplicação, a pretexto de combater a simulação, prescindia da adoção de procedimento especial para a desconsideração ou requalificação das operações abusivas efetuadas pelo contribuinte.

À semelhança do que se verificou na Alemanha, também o caso espanhol suscitou forte celeuma doutrinária acerca da disposição constante no artigo 24.2. Pôs-se em questão se o dispositivo excepcionava a regra geral de vedação à analogia, prevista pelo inciso 1 do próprio artigo 24, ou se lançava mão de expediente de diversa natureza. Heleno Tôrres (2003, p. 244-245) assinala que a doutrina se segmentou, basicamente, em cinco posicionamentos: (1) o entendimento de que dispositivo em tela constituía um típico caso de *analogia iuris* (integração de lacunas mediante princípios do Direito); (2) a interpretação segundo a qual a referida norma autorizava a realização de uma *analogia legis* (integração de lacunas mediante preceitos concretos); (3) a leitura de que o artigo 24.2 estabelecia uma modalidade *sui generis* de analogia; (4) a compreensão de que o dispositivo versava não sobre uma hipótese de analogia, mas de intepretação extensiva; e (5) a opinião segundo a qual a norma em análise não se traduzia nem em analogia, nem em interpretação extensiva.

Foi essa controvérsia relativa à natureza analógica ou não da tributação decorrente da declaração de fraude à lei que levou os segmentos mais tradicionalistas da doutrina a desferir severas críticas ao artigo 24.2 da *Ley General de 1963*. González Sanchez (1993, p. 73-74), por exemplo, asseverou a inconstitucionalidade do dispositivo por basear-se numa evidente tributação por analogia, em flagrante ataque ao princípio da reserva de lei. O mesmo autor, lembra César Pereira (2001, p. 118), pôs em xeque até mesmo o artigo 25, que trata da simulação, considerando-o lesivo ao princípio da capacidade econômica por viabilizar a tributação de atos inválidos e ineficazes.

Outros doutrinadores, porta-vozes de posicionamentos mais moderados, a exemplo de Ramón Falcón y Tella (1999), compreendiam a disposição veiculada pelo artigo 24.2 como uma exceção, autorizada por lei, ao regime geral de vedação da analogia para fins de tributação, operada pela desconsideração da manobra elusiva propiciadora do desvio insidioso de obrigações tributárias previstas na legislação.

Em meio ao interminável debate acerca da analogia, parece singularmente profícuo o eixo analítico proposto por Perez de Ayala (1970, p. 158-159), centrado na ideia de que o contribuinte que incorre em fraude à lei lança mão, em verdade, de uma "construção do fato imponível". Ao revés do que se observa na analogia, invariavelmente referida à hipótese normativa, a "construção" age sobre os elementos fáticos, alterando-os artificiosamente a fim de submetê-los à regulação de outras normas existentes na ordem tributária, que são tomadas, no caso, como "normas de cobertura".

Noutras palavras, a dissimulação dos fatos reais prejudicaria a operação hermenêutica de subsunção, amoldando-os à hipótese de outro preceito legal que, sem a construção, a eles não se aplicaria. Desse modo, a aplicação do artigo 24.2 traduzir-se-ia não numa tributação por analogia, mas na desconsideração da construção artificial do fato imponível, restituindo à operação a sua real substância econômica, ocultada pela manipulação abusiva dos elementos fáticos e das formas jurídicas a eles correspondentes. Trata-se de interpretação semelhante à sustentada pela maioria da doutrina alemã, que alude a uma tributação não por analogia, mas por ficção jurídica, isto é, por presunção de ocorrência (ficta) do fato gerador.

Surtiram efeito as reiteradas críticas formuladas pela doutrina. Em 1995, a *Ley General Tributaria* passou por uma importante reforma, viabilizada pela Lei nº 25, cuja vigência se iniciou a 20 de junho daquele ano. Na nova configuração do diploma, a regra da vedação à analogia foi deslocada para o artigo 23.3, ficando a norma alusiva à fraude à lei fixada no artigo 24.1. Aparentemente, tais modificações topográficas serviram ao propósito de infirmar a compreensão de que a figura da fraude à lei representava uma exceção ao regime geral de proibição de analogia, o que, todavia, não teve o condão de fazer cessar as divergências doutrinárias acerca desse tema.

O fato é que o texto legal foi aprimorado, revelando-se nítida a sua aproximação à conceituação normativa de fraude à lei consagrada pelo artigo 6.4 do Código Civil. Ademais, parte da doutrina entendeu que, sem embargo da repetição da exigência de procedimento especial para aplicação da norma antielusiva, a supressão da expressão *"[expediente especial] en el que se aporte por la Administración la prueba correspondiente"* significaria a eliminação da obrigatoriedade de comprovação direta do dolo do contribuinte ao praticar a conduta elusiva. Eis a novel redação:

> Artigo 24
> 1. Para evitar fraude à lei, entender-se-á que não existe extensão do fato imponível quando gravados fatos, atos ou negócios jurídicos realizados com o propósito de eludir o pagamento do tributo, amparando-se no texto de normas ditadas com distinta finalidade, sempre que produzam um resultado equivalente ao derivado do fato imponível. A fraude à lei tributária deverá ser declarada em procedimento especial no qual seja ouvido o interessado.[212]

---

[212] No original: *Artículo 24.1. Para evitar el fraude de ley se entenderá que no existe extensión del hecho imponible cuando se graven hechos, actos o negocios jurídicos realizados con el propósito de eludir el pago del tributo, amparándose en el texto*

Ressalta Luís Flávio Neto (2011, p. 446) que, a despeito de mais esse dissenso doutrinário, acertada seria a compreensão segundo a qual o critério de comprovação do elemento subjetivo da ação foi abolido, de sorte a tornar suficiente a mera aferição do resultado lesivo, qual seja, a redução ou a supressão das obrigações tributárias que decorreriam caso o ato ou negócio houvesse sido celebrado por meio das ferramentas ordinárias. Ou ainda, em linha hermenêutica mais moderada, mas cujo efeito prático seria o mesmo, poder-se-ia entender que o critério subjetivo permaneceu, mas passou-se a admitir a sua demonstração por circunstâncias objetivas. Independentemente do entendimento adotado, certo é que a reforma legislativa de 1995 promoveu uma suavização do *onus probandi* relacionado ao elemento subjetivo que dirigiu o comportamento lesivo perpetrado pelo contribuinte.

Outra substantiva modificação verificada na nova regulação legal foi a revogação do critério de interpretação econômica dos fatos tributários. A antiga previsão de qualificação do fato imponível segundo conceitos econômicos cedeu lugar a um novo comando, insculpido no artigo 28.2 do Código Tributário, que determinava que "o tributo será exigido com base na natureza jurídica do pressuposto de fato definido pela lei".

Não obstante, sob pena de incursão em graves equívocos, tal dispositivo demandava uma interpretação sistemática, capaz de conjugá-lo com a totalidade das novas disposições normativas introduzidas pela reforma. Uma das principais, nesse aspecto, encontrava-se no novo artigo 25 do diploma — versado sobre o fenômeno da simulação — o qual, embora sem reafirmar o critério hermenêutico superado (consideração econômica dos fatos imponíveis), cuidou de sedimentar, como um princípio geral, a primazia da substância (ou da realidade) sobre as formas.

Assim restaram delineadas as redações dos dispositivos:

> Artigo 25.
> Nos atos ou negócios em que ocorra simulação, o fato imponível gravado será o efetivamente realizado pelas partes, independentemente das formas ou denominações jurídicas utilizadas pelos interessados.[213]
> Artigo 28.2.
> O tributo será exigido de acordo com a natureza jurídica do pressuposto de fato definido pela lei, qualquer que seja a forma ou denominação que os interessados lhe hajam dado e independentemente dos defeitos que possam afetar a sua validade.[214]

---

de normas dictadas con distinta finalidad, siempre que produzcan un resultado equivalente al derivado del hecho imponible. El fraude de ley tributaria deberá ser declarado em expediente especial en el que se de audiencia al interesado.

[213] No original: *Artículo 25. En los actos o negocios en los que se produzca la existencia de simulación, el hecho imponible gravado será el efectivamente realizado por las partes, con independencia de las formas o denominaciones jurídicas utilizadas por los interesados.*

[214] No original: *Artículo 28.2. El tributo se exigirá con arreglo a la naturaleza jurídica del presupuesto de hecho definido por la Ley, cualquiera que sea la forma o denominación que los interesados le hayan dado, y prescindiendo de los defectos que pudieran afectar a su validez.*

Parece claro que o sentido superior da reforma de 1995 era reforçar a utilização da fraude à lei como matriz principal de reação a manobras elusivas, retirando-a do ostracismo ao qual as deficiências da normatização primitiva a haviam relegado. Quedaram-se frustradas, no entanto, as expectativas iniciais. Isso porque, assinala Godoi (2012a, p. 122), a Administração Fiscal espanhola permaneceu apegada à construção de vias alternativas para reprimir operações elusivas, sob o desiderato de esquivar-se da necessidade de abertura do procedimento especial requerido para a declaração da fraude à lei tributária.

O fundamento legal reiterativamente invocado, nesse contexto, foi aquele inserto no acima reproduzido artigo 25, acompanhado de argumentações no sentido da incompatibilidade entre a substância dos negócios celebrados e as formas jurídicas eleitas com finalidade dissimuladora. Com efeito, permaneceu firme a tendência de alargamento do conceito e do alcance da simulação como rota de fuga às complexidades do procedimento especial referido pelo artigo 24 da lei.

Em face dessas circunstâncias, é uníssona a conclusão de que o saldo da utilização da figura da fraude à lei como ferramenta de reação a planejamentos fiscais abusivos sob a égide dos dois primeiros marcos regulatórios no Direito espanhol (1963 e 1995) remanesceu flagrantemente insatisfatório. É partilhando desse raciocínio que Heleno Tôrres (2003, p. 247) destaca o fato de o próprio Tribunal Constitucional jamais haver chegado a verdadeiramente se valer da "norma geral antielusiva da fraude à lei, preferindo amparar-se no Código Civil todas as vezes que foi chamado a decidir a respeito". Foram essas as condições, marcadas pela inaptidão da legislação tributária de fazer valer o seu principal preceito legal de combate à elusão fiscal, que conduziram à premente necessidade de se promover uma nova reforma legislativa, desta feita muito mais ampla, precisa e detalhada do que aquela que lhe precedeu.

Consumou-se tal aspiração em 2003, ano da promulgação do Código Tributário atualmente vigente na Espanha. Conquanto parte da doutrina considere que a nova codificação não tenha dinamizado tão profundas transformações quanto se expectava, é inegável que a disciplina da norma geral antielusiva passou por metamorfoses bastante significativas. A começar pelo nome: o legislador espanhol abandonou o histórico termo "fraude à lei" e passou a referir-se a "conflito na aplicação da norma tributária", cuja regulação restou consolidada no artigo 15 do novo Código.

Luís Flávio Neto (2011, p. 196) noticia que a opção por tão heteróclita nomenclatura atraiu críticas por parte da doutrina especializada, dadas a ambiguidade e as imprecisões por ela evocadas. Entendeu-se que a nova terminologia não lograva exprimir com suficiente clareza o conteúdo normativo que por ela se buscava consagrar.

De toda sorte, a substantiva alteração do nome serviu, aparentemente, ao propósito de redesenhar quase que por completo a disciplina normativa anterior. Na exposição de motivos da Lei nº 58/2003, vetor da reforma, lia-se que o novo marco legal buscava promover uma profunda revisão da regulação da fraude à lei, substituindo-a "por la nueva figura del 'conflicto en la aplicación de la norma tributaria', que pretende configurarse como un instrumento efectivo de lucha contra el fraude sofisticado, com superación de los tradicionales problemas de aplicación que há presentado el fraude de ley em materia tributaria". O novo texto restou delineado nos moldes seguintes:

> Artigo 15. Conflito na aplicação da norma tributária.
> 1. Entender-se-á que existe conflito na aplicação da norma tributária quando for evitada total ou parcialmente a realização do fato imponível ou quando for reduzida a base ou o débito tributário mediante atos ou negócios nos quais concorram as seguintes circunstâncias:
> a) Que, considerados individualmente ou em seu conjunto, sejam notoriamente artificiosos ou impróprios à consecução do resultado obtido.
> b) Que de sua utilização não resultem efeitos jurídicos ou econômicos relevantes distintos de economia fiscal e daqueles que seriam obtidos com os atos ou negócios usuais ou próprios.
> 2. Para que a Administração Tributária declare o conflito na aplicação da norma tributária, será necessário um prévio relatório favorável da Comissão Consultiva referida no artigo 159 desta Lei.
> 3. Nas liquidações que se realizem como resultado do disposto neste artigo, o imposto será exigido aplicando a regra que teria correspondido aos atos e negócios usuais ou próprios ou eliminando as vantagens fiscais obtidas, e os juros de mora serão liquidados sem a imposição de sanções.[215]

Marciano Godoi (2012a, p. 123) assevera que a grande novidade introduzida pelo diploma foi fixar critérios mais precisos, capazes de distinguir com maior transparência os casos de elusão tributária dos casos de mera *economia de opción*. Para isso, delineou nas alíneas "a" e "b" do artigo 15.1 dois pressupostos cumulativos de caracterização do conflito na aplicação da norma tributária.

Segundo o dispositivo, materializa-se a figura do conflito sempre que evitada total ou parcialmente a realização do fato imponível, ou minorada a obrigação tributária dele decorrente, mediante atos ou negócios (1) que, individual ou conjuntamente considerados, se mostrem notoriamente artificiosos ou impróprios para a consecução do resultado obtido; e (2) que, de sua utilização, não resultem efeitos jurídicos ou econômicos relevantes distintos da economia fiscal e dos efeitos que seriam normalmente obtidos caso praticados os atos ou negócios considerados usuais.

---

[215] No original: *Artículo 15. Conflicto en la aplicación de la norma tributaria.*
1. Se entenderá que existe conflicto en la aplicación de la norma tributaria cuando se evite total o parcialmente la realización del hecho imponible o se minore la base o la deuda tributaria mediante actos o negocios en los que concurran las siguientes circunstancias:
a) Que, individualmente considerados o en su conjunto, sean notoriamente artificiosos o impropios para la consecución del resultado obtenido.
b) Que de su utilización no resulten efectos jurídicos o económicos relevantes, distintos del ahorro fiscal y de los efectos que se hubieran obtenido con los actos o negocios usuales o propios.
2. Para que la Administración tributaria pueda declarar el conflicto em la aplicación de la norma tributaria será necesario el previo informe favorable de la Comisión consultiva a que se refiere el artículo 159 de esta Ley.
3. En las liquidaciones que se realicen como resultado de lo dispuesto en este artículo se exigirá el tributo aplicando la norma que hubiera correspondido a los actos o negocios usuales o propios o eliminando las ventajas fiscales obtenidas, y se liquidarán intereses de demora, sin que proceda la imposición de sanciones.

Há quem entenda, a exemplo do próprio Godoi (2012a, p. 123), que os critérios explicitados nas duas alíneas suprarreferidas representaram uma estreita aproximação da teoria do abuso de formas jurídicas, o que acabaria por confirmar a força da influência da experiência alemã sobre a construção da atual norma geral antielusiva espanhola.

Em sua exegese do artigo 15 do Código Tributário, Lapatza (2007, p. 101) sustenta que a "artificiosidade" a que faz alusão a alínea "a" deve ser inteligida à luz da relação entre forma e conteúdo do ato ou negócio praticado: uma vez verificada a absoluta primazia da primeira sobre o segundo, aproxima-se a operação do caráter artificioso que a norma antielusiva pretende coibir. Neste ponto, o autor destaca que a forma deve no máximo *dissimular* o conteúdo do negócio, sem, contudo, ocultá-lo, hipótese em que o mesmo resvalaria para o campo da evasão por simulação. Noutro giro, a "impropriedade" referida pelo mesmo inciso encontra-se associada às formas jurídicas inusuais, insólitas, inadequadas ou, pode-se dizer, anômalas à obtenção de um resultado que é geralmente alcançado por outros meios considerados ordinários.

É, especialmente, neste pormenor que a norma espanhola, segundo assinalado por Godoi (2012a), revelaria acentuada semelhança à matriz germânica do abuso de formas jurídicas. Em todo caso, Lapatza (2007, p. 101) destaca que esse caráter inusitado das formas de direito privado manejadas pelo contribuinte não poderia chegar a ponto de subtrair por completo do negócio celebrado a sua causa típica, sob pena de novamente se adentrar o terreno da simulação. Com efeito, segundo a interpretação proposta pelo autor, para que se aperfeiçoe uma hipótese de conflito na aplicação da norma tributária, a causa típica da operação, embora existente, deve mostrar-se pouco ou nada relevante, pois a eleição das formas jurídicas para realização do negócio há de ser preponderantemente motivada por finalidades fiscais.

Uma vez concretizados os pressupostos delineados no artigo 15 do Código Tributário, leciona Luís Flávio Neto (2011, p. 197), forma-se um conflito entre duas normas tributárias: de um lado, aquela cuja aplicação seria reclamada pelo contribuinte e, de outro, aquela que seria, em tese, aplicável caso houvessem sido adotadas as formas jurídicas consideradas adequadas para a celebração do ato ou negócio jurídico.

Impõe-se notar, também, que o legislador optou por manter, tal como se verificava nas pretéritas regulações da antiga fraude à lei tributária, a regra da vedação à aplicação de penalidades pecuniárias nos casos em que se verifique o conflito nos moldes do artigo 15. Em tais hipóteses, os únicos efeitos surtidos, por força da previsão veiculada no inciso 3 do dispositivo, são a aplicação da norma tributária que o contribuinte pretendeu eludir e a consequente cobrança do tributo acrescido de juros moratórios, descabida qualquer possibilidade de imposição de multas ou mesmo de sanções de natureza criminal (GODOI, 2012a, p. 123).

É interessante observar que, ao revés do que se vislumbrava nos marcos regulatórios anteriores, o novo Código Tributário não se limitou a aludir genericamente a um procedimento especial que deveria ser regulamentado via decreto. Cuidou o legislador de dedicar um dispositivo específico à pormenorização parcial dos ritos a serem observados pela Administração Fiscal para declaração de uma hipótese de conflito na aplicação da norma tributária. Tratou-se do artigo 159 do diploma:

> Artigo 159. Relatório preceptivo para a declaração de conflito na aplicação da norma tributária.
>
> 1. De acordo com o estabelecido no artigo 15 desta Lei, para que a inspeção tributária declare o conflito na aplicação da lei tributária, um relatório favorável deverá ser previamente emitido por Comissão Consultiva constituída, nos termos estabelecidos em regulamento, por dois representantes do órgão competente para responder às consultas tributárias realizadas por escrito, sendo um deles o Presidente, e por dois representantes da Administração Tributária em exercício.
>
> 2. Quando o órgão atuante considerar que podem concorrer as circunstâncias previstas no inciso 1 do artigo 15 desta Lei, notificará o interessado e lhe concederá um prazo de 15 dias para apresentar alegações e fornecer ou propor as provas que entenda relevantes. Recebidas as alegações e produzidas, se for o caso, as provas correspondentes, o órgão atuante remeterá o procedimento na íntegra à Comissão Consultiva.
>
> 3. O tempo decorrido desde o momento em que a parte interessada for notificada do procedimento para solicitar o relatório preceptivo até o instante que este relatório seja recebido pelo órgão de inspeção será considerado como interrupção justificada da contagem do prazo das ações de inspeção previstas no artigo 150 desta lei.
>
> 4. O prazo máximo para emitir o relatório será de três meses contados da remessa do procedimento à Comissão Consultiva. Referido prazo poderá ser prorrogado mediante acordo fundamentado da Comissão Consultiva, sem que a referida prorrogação exceda o período de um mês.
>
> 5. Decorrido o prazo a que se refere o inciso anterior sem que a Comissão Consultiva haja emitido o relatório, a contagem do prazo das ações de inspeção será retomada, mantendo-se a obrigação de emitir o aludido relatório, embora possam continuar as atuações e, sendo o caso, a liquidação provisória referente aos outros elementos da obrigação tributária não relacionados às operações analisadas pela Comissão Consultiva.
>
> 6. O relatório da Comissão Consultiva vinculará o órgão de inspeção sobre a declaração de conflito na aplicação da norma.
>
> 7. O relatório e os demais atos praticados na aplicação do disposto neste artigo não serão suscetíveis de recurso ou reclamação, mas, naqueles interpostos contra os atos e liquidações resultantes da verificação, poderá pleitear-se a procedência da declaração do conflito na aplicação da norma tributária.[216]

---

[216] No original: *Artículo 159. Informe preceptivo para la declaración del conflicto em la aplicación de la norma tributaria.*
1. De acuerdo con lo establecido en el artículo 15 de esta ley, para que la inspección de los tributos pueda declarar el conflicto en la aplicación de la norma tributaria deberá emitirse previamente um informe favorable de la Comisión consultiva que se constituya, en los términos establecidos reglamentariamente, por dos representantes del órgano competente para contestar las consultas tributarias escritas, actuando uno de ellos como Presidente, y por dos representantes de la Administración tributaria actuante.
2. Cuando el órgano actuante estime que pueden concurrir las circunstancias previstas en el apartado 1 del artículo 15 de esta ley lo comunicará al interesado, y le concederá un plazo de 15 días para presentar alegaciones y aportar o proponer las pruebas que estime procedentes. Recibidas las alegaciones y practicadas, en su caso, las pruebas procedentes, el órgano actuante remitirá El expediente completo a la Comisión consultiva.
3. El tiempo transcurrido desde que se comunique al interesado la procedencia de solicitar el informe preceptivo hasta la recepción de dicho informe por el órgano de inspección será considerado como uma interrupción justificada del cómputo del plazo de las actuaciones inspectoras previsto en el artículo 150 de esta ley.
4. El plazo máximo para emitir el informe será de tres meses desde la remisión del expediente a la Comisión consultiva. Dicho plazo podrá ser ampliado mediante acuerdo motivado de la comisión consultiva, sin que dicha ampliación pueda exceder de un mes.

A principal mudança introduzida por essa nova regulação foi a impossibilidade de a autoridade fiscal, *per si*, conceber como abusivo um planejamento tributário adotado pelo contribuinte e, ato contínuo, declarar a existência de conflito na aplicação da norma tributária (fraude à lei). Passou-se a exigir a apreciação prévia do caso por uma Comissão Consultiva, à qual compete a tarefa de exarar parecer especializado acerca da ocorrência ou não das hipóteses previstas no artigo 15 do Código. Sobre o esboço desses aspectos procedimentais e o seu ideal de garantir uma maior segurança jurídica na aplicação da legislação tributária, Marciano Godoi assim leciona:

> A busca de maior segurança jurídica também parece haver motivado a nova configuração dos aspectos procedimentais para a declaração da existência de conflito na aplicação da norma tributária. Segundo os arts. 159 do Código Tributário (Lei 58/2003) e 194 do Regulamento de Administração e Fiscalização Tributária (Real Decreto 1.065/2007), a competência para declarar a existência do conflito não é conferida a cada um dos agentes administrativos que fiscalizam o imposto, mas reservada exclusivamente a uma Comissão de quatro membros (todos eles funcionários da Fazenda Pública) estreitamente vinculada ao órgão central responsável por responder as consultas tributárias formuladas pelos contribuintes. A ideia parece clara: garantir que o repertório de decisões sobre a existência ou não de conflito seja coerente e consistente com o repertório de decisões que interpretam a legislação tributária como um todo, no bojo de processos de consulta tributária (GODOI, 2012a, p. 123).

Não obstante todas as tentativas encetadas pelo atual Código Tributário vigente na Espanha, não se mostrou exitosa a tentativa de conferir maiores efetividade e relevância prática à norma geral antielusiva positivada pelo diploma. Os Tribunais continuaram a invocar um conceito ampliado de simulação — desta feita disciplinada pelo artigo 16 da nova lei — para coibir planejamentos fiscais abusivos, assimilando como pedra de toque da análise a *causa* ou os desideratos práticos perseguidos pelo contribuinte ao celebrar um negócio, o qual deve ser sempre avaliado de maneira global, sem decomposição de seus singulares atos constitutivos (GODOI, 2012a, p. 125).

As duas principais razões a explicar esse novo fracasso da norma geral antiabuso no ordenamento tributário espanhol são, certamente, a maior facilidade prática na utilização da regra que reprime a simulação (o que torna desnecessária a submissão da requalificação dos atos e negócios praticados pelo contribuinte a um complexo procedimento especial) e a possibilidade, proporcionada pela adoção dessa via alternativa, de infligir penalidades administrativas e criminais aos infratores.

---

5. *Transcurrido el plazo al que se refiere el apartado anterior sin que la Comisión consultiva haya emitido el informe, se reanudará el cómputo del plazo de duración de las actuaciones inspectoras, manteniéndose la obligación de emitir dicho informe, aunque se podrán continuar las actuaciones y, en su caso, dictar liquidación provisional respecto a los demás elementos de la obligación tributaria no relacionados con las operaciones analizadas por la Comisión consultiva.*
6. *El informe de la Comisión consultiva vinculará al órgano de inspección sobre la declaración del conflicto en la aplicación de la norma.*
7. *El informe y los demás actos dictados en aplicación de lo dispuesto en este artículo no serán susceptibles de recurso o reclamación, pero en los que se interpongan contra los actos y liquidaciones resultantes de la comprobación podrá plantearse la procedencia de la declaración del conflicto en la aplicación de la norma tributaria.*

Ainda que maculada por todas as deficiências reveladas pela experiência espanhola, a teoria da fraude à lei tributária, com todas as suas remodelações e aprimoramentos legais e doutrinários, não deixou de oferecer importantes contribuições para o desenvolvimento de normas gerais antielusivas e, por conseguinte, de estratégias de combate à elusão fiscal em nível global, carecendo tão somente de ajustes e adaptações capazes de potencializar a sua exequibilidade na prática tributária.

4.5.4 Experiência norte-americana: a ausência de propósito negocial como matriz de reação a planejamentos tributários abusivos

A quarta e última matriz de reação a planejamentos tributários abusivos a ser abordada neste capítulo deita suas raízes nos sistemas jurídicos de tradição da *Common Law*, linhagem à qual pertencem os países anglo-saxônicos. Interessam aqui, sobretudo, as experiências dos Estados Unidos e da Inglaterra, as quais, conquanto apresentem certas particularidades, mostram-se vinculadas a um mesmo eixo de combate à elusão fiscal.

Ao revés do que se verifica nos ordenamentos jurídicos até este instante examinados (francês, alemão e espanhol), provenientes da tradição romanística (*Civil Law*), nos quais as normas gerais antielusivas são legisladas, nos casos norte-americano e britânico a repressão à elusão tributária se realiza principalmente pelas vias jurisprudenciais, por meio de um sistema de precedentes (*cases law*) e princípios (*standarts*) construído, fundamentalmente, a partir da atividade judicante.

Sob tais condições institucionais e de cultura jurídica é que foram desenvolvidas as célebres doutrinas do *business purpose* (propósito negocial), da *step-stone transaction* (transação fracionada) e da *substance over form* (substância sobre a forma), componentes da trilogia basilar de métodos empregados para controle de atos elusivos (TÔRRES, 2003, p. 248).

Foi pela primeira vez enunciada a teoria do propósito negocial nos Estados Unidos, por ocasião do julgamento, pela Suprema Corte, do caso *Gregory v. Helvering*, em 1935, no seio do qual se discutia a aplicabilidade de um dispositivo de lei que prescrevia um tratamento fiscal mais vantajoso em determinadas hipóteses de reorganização empresarial. Sucedeu que a Administração Fiscal norte-americana impugnou uma complexa operação efetuada por Evelyn F. Gregory, sob o fundamento de que a reorganização empresarial nos moldes por ela realizada não possuía autêntica substância econômica, mas servia exclusivamente ao desígnio de propiciar-lhe uma artificiosa economia de tributos (PEREIRA, 2001, p. 124).

Em que pese haver consignado expressamente o direito do contribuinte de organizar as suas atividades de maneira a reduzir, por meios não defesos em lei, a carga tributária sobre elas incidente, a Corte tratou de relativizá-lo mediante a fixação da regra segundo a qual as operações de restruturação societária, para que legítimas, deveriam ser necessariamente motivadas por um propósito negocial, e não somente pela aspiração do contribuinte de beneficiar-se de economias fiscais.

Anota Heleno Tôrres (2003, p. 249) que, com isso, não apenas negócios simulados (*sham transactions*), mas também operações destituídas de autêntica finalidade negocial (*serious purpose*), tornavam-se passíveis de desconsideração perante a Administração Fiscal norte-americana. Isso significou, daquela feita, a instituição de um mecanismo jurisprudencial de controle sobre a *causa* do negócio jurídico celebrado.

Com efeito, ganhou corpo nos Estados Unidos o princípio da primazia da substância sobre as formas, consoante o qual a tributação incidente sobre uma dada operação deveria se pautar fundamentalmente no seu conteúdo, e não nas formas jurídicas de que a mesma se revestia. Buscava-se, com tal expediente, neutralizar as manobras elusivas consistentes em camuflar a real essência de atos e negócios jurídicos, por intermédio de formas mistificadoras, com o fito de ao contribuinte proporcionar uma redução da carga tributária que, à luz do ordenamento jurídico, deveria ele suportar.

Tal orientação veio a ser reafirmada no julgamento do caso *Higgins vs. Smith*, decidido em 1940. Na espécie, noticia Flávio Neto (2011, p. 213), o contribuinte realizou uma transação com perda de capital junto a uma empresa da qual apenas ele figurava como sócio e, em função disso, reivindicou a dedutibilidade dessa perda. A decisão da Suprema Corte deu-se no sentido de que, ainda que formalmente válido, o negócio celebrado não apresentava uma substância econômica real apta a justificá-lo. Com isso, a teoria do primado da substância sobre as formas exigia que a separação das personalidades jurídicas da pessoa física e da pessoa jurídica fosse desconsiderada para fins de tributação no caso concreto (FLÁVIO NETO, 2011, p. 213).

Na esteira da sedimentação dessas balizas, as Cortes norte-americanas passaram a exigir, como pressupostos de validade de uma operação, dois elementos (um na origem e outro no resultado do negócio). O primeiro deles traduzia-se, conforme se tem assinalado, na existência de um propósito negocial a impulsionar a transação. O segundo, por sua vez, consistia na necessidade de tal transação levar o particular a uma situação econômica distinta da em que se encontrava preteritamente à sua concretização. Em síntese, demandava-se a demonstração de que os atos e negócios jurídicos realizados pelo contribuinte, sob pena de sua desconsideração, não se prestavam unicamente a viabilizar a minoração do ônus fiscal decorrente de suas atividades.

Luís Flávio Neto (2011, p. 215-216) destaca, contudo, que rapidamente se operou uma fratura no conjunto da jurisprudência, haja vista que uma parte dos tribunais passou a sustentar que a validade das operações estava condicionada à presença de apenas um desses pressupostos (perspectiva disjuntiva), em oposição ao entendimento majoritário, segundo o qual ambos os pressupostos, em qualquer hipótese, deveriam ser cumulativamente satisfeitos (perspectiva conjuntiva).

Os precedentes que paulatinamente se foram acumulando no arcabouço jurisprudencial das Cortes norte-americanas trataram de evidenciar que a desconsideração de atos e negócios jurídicos, com fundamento na doutrina da prevalência da substância sobre as formas, era juridicamente viável apenas nas hipóteses em que a finalidade fiscal da operação fosse *exclusiva*, e não somente *preponderante*. Daí a afirmação de Silvia Cipollina (1992, p. 177) de que uma transação se tornava inoponível ao Fisco não pela presença de um interesse em reduzir carga tributária, mas pela inexistência de qualquer finalidade extrafiscal a justificar a sua realização.

Em idêntico sentido, Luís Eduardo Schoueri (1995, p. 51) adverte que, conquanto o princípio do primado da substância sobre as formas tornasse inidônea a utilização de estruturas meramente formais para minimizar o pagamento de tributos, a existência de um propósito negocial real era já suficiente para legitimar uma operação, mesmo que sua realização obedecesse, principalmente, a objetivos fiscais.

Embora alguns autores tenham aduzido que a doutrina em questão (*substance over form*) tivesse a sua aplicabilidade restrita aos casos de reorganizações empresariais, é fácil observar que a jurisprudência norte-americana logo cuidou de universalizá-la, tornando sujeitas ao *business purpose test* (teste de propósito negocial) todos os atos e negócios jurídicos concretizados a título de planejamento tributário. De igual interpretação partilha Pasquale Pistone (1995, p. 40) ao sustentar o *amplo alcance* da regra segundo a qual as operações impulsionadas por objetivos estritamente fiscais poderiam ter subtraída a sua eficácia perante a Administração para fins de cobrança de tributos.

Note-se que a aplicação do princípio da primazia da substância econômica privilegia não uma interpretação literal dos dispositivos legais que conferem algum tratamento fiscal mais benéfico ao contribuinte em dadas situações, mas sim uma interpretação teleológica, que leva em conta as finalidades perseguidas por essas normas, de sorte a evitar o seu desvirtuamento mediante a adoção de estratégias abusivas de evitação tributária (*tax avoidance*).

Na Inglaterra, por sua vez, o desenvolvimento de cláusulas antielusivas se processou em compasso mais vagaroso. Até o princípio da década de 1980, vigorava uma liberdade quase absoluta de estruturação de planejamentos tributários, excetuando-se dessa regra geral apenas algumas normas específicas de correção e a vedação geral aos atos simulados. Heleno Tôrres (2003, p. 253) destaca que, subjacente a tal postura garantística, prevalecia a ideia segundo a qual o ordenamento jurídico deveria garantir ao contribuinte o direito de escolha das estruturas negociais mais vantajosas em termos fiscais, porquanto a colmatação dos espaços de escolha não desejados era tarefa que competia ao legislador, e não à Administração ou aos juízes.

Com efeito, gozava de hegemonia o entendimento de que a determinação da (i)licitude de uma certa modalidade negocial somente haveria de ser feita pela legislação, sem abrir margens à discricionariedade do Fisco. A pedra de toque da compreensão dos tribunais ingleses era, pois, a segurança jurídica, valor inegociável em matéria tributária.

Para ilustrar tais interpretações, que permaneceram intocadas na jurisprudência britânica por largo período, Tôrres alude a algumas paradigmáticas decisões prolatadas pela Câmara de Lordes entre os séculos XIX e XX. A primeira delas, datada de 1869, remete ao caso *Partington v. Attorney General*, no seio do qual o Lord Cairns asseverou que "o princípio de toda a legislação fiscal é que, se a pessoa deve ser tributada, deverá ser com base na *letra* da lei, e que qualquer interpretação, na aplicação do tributo, deverá garantir a liberdade do contribuinte na organização dos seus negócios", tornando inadmissíveis "construções equitativas em matéria tributária" (TÔRRES, 2003, p. 253).

Em sequência, referido autor cita, também, o caso *Duke of Westminster*, julgado em 1936, em cuja decisão o Lord Tomlin sustentou que a doutrina do primado da substância econômica sobre a forma era incompatível com a legislação tributária, dado que permitia à Administração ignorar a situação legal do contribuinte em seus atos e negócios jurídicos para fazer triunfar a discricionariedade em detrimento da certeza e da segurança da lei (TÔRRES, 2003, p. 254).

Os impactos arrecadatórios ocasionados por essa excessiva flexibilidade na adoção de planejamentos tributários tornaram necessária uma significativa mudança de paradigma no ordenamento jurídico inglês no que tangia à prevenção e ao controle da elusão fiscal. Sem embargo de algumas tímidas e malogradas tentativas legislativas, a grande virada se operaria no início da década de 1980, com notável protagonismo da Câmara de Lordes, em mais um exemplo da pronunciada função de fonte do direito exercida pela jurisprudência na tradição da *Common Law*.

Diante de sucessivos casos de transações artificiosas, fracionadas em várias etapas articuladas entre si e que propiciavam ao contribuinte consideráveis reduções na carga tributária, a Corte desenvolveu a doutrina da *step-stone transaction*. Segundo essa teoria, nitidamente baseada no princípio da primazia da substância sobre a forma e consonante com a ideia do *business purpose test*, sempre que o particular lançasse mão de uma série de operações interdependentes que, ao final, lhe proporcionasse uma economia fiscal, caberia à Corte proceder a uma qualificação de conjunto dessas operações, independentemente das regulações específicas de seus "passos" (*steps*) isolados.

Noutras palavras, à luz do escólio de Giovanni D'Amico (1993, p. 114-115), se de uma cadeia de atos jurídicos praticados pelo contribuinte se queda possível inferir a concretização de uma operação unitária, a Administração haverá de considerar, para fins de tributação, o resultado econômico final, tomado em sua totalidade, e não as formas negociais parciais adotadas pelo particular. Segundo o autor, pelo método de aplicação da teoria da *step-stone transaction*, deve-se examinar se os atos individuais possuem justificação (propósito negocial) autônoma ou se somente revelam utilidade quando associados aos demais atos componentes do conjunto da operação.

O objetivo da referida teoria, portanto, consiste em promover uma avaliação sistemática das consecutivas etapas de uma operação econômica, a fim de atestar se se consumaram transações independentes ou se uma transação única, composta de atos preordenados, artificiosamente concretizada sob o exclusivo desígnio de eludir o pagamento de tributos.

Heleno Tôrres (2003, p. 254) assinala que esse novo entendimento, perfilhado pela Câmara de Lordes em diversos julgamentos[217] ocorridos durante a década de 1980, consolidou a superação dos históricos precedentes anteriores e lançou as bases da construção de uma cláusula geral antielusiva na Inglaterra. Ao esquadrinhar as linhas fundamentais das decisões proferidas pela Corte, o autor oferece uma síntese da nova orientação jurisprudencial de combate a planejamentos fiscais abusivos:

> E aqui já nos parece possível sintetizar o espírito da ordem jurídica inglesa, no combate à elusão tributária, de cunho eminentemente jurisprudencial, no seguinte modo: i) quando o contribuinte organiza um procedimento preordenado, com o único fim de obter uma economia de tributos, composto por diversos passos e articulado em diversas transações, é lícito aos juízes avaliarem o conjunto da operação, como uma única operação, desconsiderando os "passos" isolados; ii) para que o procedimento seja preordenado, basta que ele possa revelar a intenção de conduzir a operação passo a passo, para alcançar o resultado desejado; iii) em presença de atos cujos passos cancelem-se na sequência, a operação poderá ser definida como circular e desconsiderada para efeitos fiscais; mas quando isso não for revelado, e os atos subsistirem no tempo, o juiz deverá avaliar os atos que a compõem com grande habilidade (TÔRRES, 2003, p. 255).

Note-se que a doutrina da *step-stone transaction* foi incorporada também à jurisprudência norte-americana como importante instrumento de coibição à elusão tributária. Luís Flávio Neto (2011, p. 220) explana que, na experiência dos Estados Unidos, a aplicação da teoria obedecia a três testes sucessivos e complementares: (1) teste do compromisso de construção (*binding commitment test*), pelo qual se questionava se, desde o princípio da série de atos, haveria o compromisso de serem necessariamente executadas todas as etapas; (2) teste da interdependência mútua (*mutual interdependence test*), em que se avaliava se cada uma das etapas restaria frustrada se as demais não fossem concretizadas; e (3) teste do resultado (*result test*), por meio do qual se perquiriria se, desde o início do encadeamento de atos, o contribuinte já aspirava conquistar uma vantagem de natureza fiscal decorrente da conjugação de todas as etapas.

Efetuada essa tripartida análise, uma vez comprovada a combinação de uma série de passos formalmente independentes, mas conduzidos de modo preordenado para enquadrar o contribuinte em hipótese de tratamento fiscal mais benéfico, autorizada estaria a Corte a considerar a existência de uma única e integrada operação, a fim de tributá-la à margem das estruturas negociais adotadas.

Em 2010, nos Estados Unidos, observou-se uma interessante inflexão na tendência, típica da *common law*, de tomar a jurisprudência como fonte principal da regulamentação dos limites aos planejamentos tributários. Informa Luís Flávio Neto (2011, p. 222) que, no bojo da aprovação do *Health Care and Education Affordability Reconciliation Act of 2010*, sob a gestão de Barack Obama, foram introduzidas importantes modificações

---

[217] Os casos citados pelo autor são os seguintes: *W.T. Ramsay Ltd. V. IRC (1981); IRC v. Burmah Oil Ltd. (1982); Furniss (Inspector of Taxes) v. Dawson (1984); Craven (Inspector of Taxes) v. White; IRC v. Browater Property Developments Ltd.; e Baylis (Inspector of Taxes) v. Gregory (1988)*.

nos artigos 7701(o), 6662, 662A, 664A e 6676 do Código Tributário norte-americano. Introduziu-se, daquela feita, uma cláusula geral antiabuso no diploma, acompanhada da cominação de sanções correspondentes, com o objetivo de pacificar os frequentes dissensos jurisprudenciais.

Segundo explanado pelo Comitê Fiscal na exposição de motivos da nova lei, a teoria da substância econômica consistiria no suporte fundamental na norma geral de reação, sendo que a opção legislativa foi privilegiar a já mencionada "perspectiva conjuntiva", segundo a qual o contribuinte, para repelir a pretensão administrativa de requalificação do negócio jurídico concretizado, deveria "demonstrar o cumprimento tanto do *critério subjetivo* (propósito negocial) quanto do *critério objetivo* (alteração da posição econômica sem levar em consideração a vantagem obtida quanto ao imposto de renda federal)" (NETO, 2011, p. 223).

Pode-se, por último, citar a reforma tributária de 2017 (*Tax Cuts and Jobs Act 2017*), promovida por Donald Trump sob vetores ideológicos antagônicos aos de seu antecessor. O eixo fundamental do complexo de alterações legislativas consistiu na atenuação de tributos incidentes sobre as atividades empresariais. No campo do planejamento tributário, testemunhou-se, em alguns aspectos, um afrouxamento nos controles exercidos pelo Estado, sobretudo no tocante a negócios mantidos no exterior.

Uma das principais medidas, em matéria de tributação internacional, foi a instituição de um sistema tributário territorial que isenta do pagamento de impostos os dividendos auferidos pelas subsidiárias de corporações norte-americanas localizadas no estrangeiro. Ou seja, os lucros obtidos em outros países por filiais de empresas nacionais não mais estão sujeitos à tributação nos Estados Unidos.

Os mais ásperos críticos da reforma aprovada em 2017 destacam, além dos colossais impactos arrecadatórios (estima-se uma redução de receitas federais num montante aproximado de US$1.9 trilhões em 10 anos) que põem em risco a sanidade fiscal do Estado norte-americano (marcado, nos últimos anos, por um crescimento galopante da dívida pública), a despreocupação com qualquer ideal de justiça tributária. Entre os seus entusiastas, de outra parte, ouve-se que as inovações propiciarão grandes dinamismo e crescimento na economia nacional.

Em todo caso, pode-se afirmar, em linhas gerais, que as novas estruturas tributárias do país não promoveram mudanças significativas na compreensão das teorias do propósito negocial e da primazia da substância sobre as formas.

CAPÍTULO 5

A NORMA GERAL ANTIELUSIVA BRASILEIRA: O PARÁGRAFO ÚNICO DO ARTIGO 116 DO CTN E OS LIMITES DO PLANEJAMENTO TRIBUTÁRIO

Interpretando a elusão tributária como um fenômeno de natureza sociológica, Heleno Tôrres (2003, p. 13) assevera que sua origem, em nível global, remete à sensível dificuldade de acomodação das normas tributárias em face dos conteúdos das normas de direito privado. Na perspectiva do autor, a hipercomplexificação das relações socioeconômicas acarretou uma expansão concêntrica da produção legislativa que não encontra precedentes na história, a qual se reflete na pretensão esposada pelos ordenamentos jurídicos — tanto de tradição romanística quanto anglo-saxônica — de sofisticar e ampliar o processo de tipificação das condutas negociais.

Na seara tributária, o legislador, "à medida que os negócios privados vão se especializando, sente a necessidade de aperfeiçoar também as hipóteses normativas de regras tributárias para formação de obrigações tributárias", o que acaba por intensificar o fenômeno da inflação legislativa (TÔRRES, 2003, p. 13).

No entanto, num tal cenário de relações socioeconômicas extremamente cambiantes e dinâmicas, é tarefa inexequível ao legislador tributário desenvolver normatizações em ritmo sincrônico ao da emersão de novas práticas negociais, as quais, inclusive, não raro permanecem sem disciplina específica, donde a alusão aos chamados "negócios atípicos" e a garantia de sua legitimidade perante a ordem jurídica.

Multiplicam-se, em face desse inelminável descompasso entre atividade legiferante e realidade social, os espaços dúbios ou lacunosos pelos quais os particulares buscam se esquivar ao império da lei. É nesse marco que se torna necessário explicitar, com as maiores nitidez e objetividade possíveis, as linhas divisórias que separam as figuras da elisão e da elusão fiscais, com os objetivos de preservar as condutas legítimas de atenuação do pagamento de tributos e de proscrever as ações abusivas de escape à legislação tributária, lesivas, enquanto tais, a um conjunto de preceitos fundamentais (dever fundamental de pagar tributos e princípios da legalidade, da solidariedade, da isonomia tributária e da capacidade contributiva) que estruturam o Sistema Tributário Nacional desenhado pela Constituição de 1988.

A mais segura forma de controle desses atos é a edição de normas específicas que reprimam os comportamentos tidos como censuráveis à luz da ordem constitucional-tributária. Assim, à proporção em que se incrementam determinadas práticas que, por seus métodos e características, oportunizem, ao contribuinte, economias fiscais mediante a perpetração de agressões oblíquas à legislação tributária, introduzem-se no ordenamento jurídico positivo previsões pontuais que tolham o exercício daquelas estratégias. Trata-se das chamadas normas especiais antielusivas,[218] que no Direito estrangeiro são denominadas como *Specific Anti-Avoidance Rules* (SAAR).

Não obstante, exatamente em razão da inaptidão do legislador para produzir normas tributárias especiais que *pari passu* acompanhem os novos fenômenos econômicos e as suas respectivas roupagens negociais,[219] têm os ordenamentos tributários de todo o mundo, como visto no capítulo anterior, apelado a cláusulas gerais antiabuso — as chamadas "normas gerais antielusivas" ou, no plano internacional, as *General Anti-Avoidance Rules* (GAAR) — para prevenir e coibir as cada vez mais sofisticadas técnicas de elusão fiscal, que não deixam de provocar desfalques arrecadatórios e impactos fiscais de notável relevo na experiência de muitos países.

Discutiu-se, também, no capítulo antecedente que a validade dessa espécie normativa é frequentemente posta em xeque pela doutrina — mormente pelos seus segmentos mais conservadores e tradicionalistas — em função da sua suposta incongruência com propriedades dogmáticas fundamentais do Direito Tributário

---

[218] Há várias normas especiais antielusivas esparsas na legislação tributária brasileira. Uma das mais conhecidas é aquela prevista no artigo 51 da Lei nº 7.450/1985, a qual dispõe que "Ficam compreendidos na incidência do imposto de renda todos os ganhos e rendimentos de capital, qualquer que seja a denominação que lhes seja dada, independentemente da natureza, da espécie ou da existência de título ou contrato escrito, bastando que decorram de ato ou negócio, que, pela sua finalidade, tenha os mesmos efeitos do previsto na norma específica de incidência do imposto de renda". Sobre este dispositivo, o STJ assim se manifestou no julgamento, em 2019, do REsp nº 1.743.918/SP: "Decerto, deve-se compreender que o art. 51, da Lei n. 7.450/85, traduz 'cláusula antielisiva específica', norma positivada para o Imposto de Renda a permitir à Administração Tributária, desde que de forma motivada, identificar os atos ou negócios que, pela sua finalidade, tenham os mesmos efeitos daqueles previstos em dada norma específica de incidência do imposto de renda, e nela os enquadrar. O uso de 'cláusulas antielisivas' a exemplo do art. 51, da Lei n. 7.450/85, é a forma que o legislador encontrou, em Direito Tributário, para prevenir a elisão fiscal e o planejamento tributário abusivo. Trata-se de uma técnica já disseminada por todo o globo, tanto nos países de tradição romano-germânica, quanto nos países de tradição anglo-saxã".

[219] Marcus Abraham (2007, p. 244) lembra oportunamente de outro efeito colateral do recurso amiudado a normas especiais: "No caso da criação normativa, através da utilização de tipos específicos, ocorre o fenômeno do 'excesso legal', que acaba por criar um sistema tributário complexo e detalhado, deixando-se, sempre, ao final, brechas legais (*loopholes*) que permitem aos contribuintes encontrar alternativas indesejadas pelo Fisco".

(sobretudo os princípios da legalidade estrita, da tipicidade cerrada e da segurança jurídica).

No Brasil, por se haver formado uma doutrina tradicional acentuadamente formalista, prossegue a maioria dos autores concebendo as ações evasivas como única hipótese autorizativa da desconsideração, pela Administração, de atos e negócios jurídicos celebrados pelo contribuinte que importem economia tributária. Entendem que, inexistindo dolo, fraude ou simulação (artigo 149, inciso VII, CTN), hão de ser respeitados os planejamentos tributários ordenados pelos particulares, de sorte que somente estarão sujeitos a desconstituição os atos e negócios jurídicos que se amoldem às hipóteses de normas específicas de reação que vão sendo gradativamente criadas para preencher lacunas e, assim, preservar a integridade da legislação tributária.

No entanto, não foram suficientes tais resistências para impedir a introdução de uma norma geral de reação a planejamentos tributários abusivos no ordenamento positivo brasileiro, a qual acabou operada pela Lei Complementar nº 104/2001, diploma que adicionou ao artigo 116 do CTN um polêmico parágrafo único, cuja disposição passou a autorizar a desconsideração, pela Administração, de atos e negócios jurídicos praticados com a finalidade de dissimular a ocorrência do fato gerador de tributo ou a natureza dos elementos constitutivos da obrigação tributária.

Após copiosos e acalorados debates parlamentares acerca da compatibilidade de uma regra geral antielusiva com o ordenamento jurídico-tributário nacional, ponderada ainda a necessidade de se garantir o equilíbrio fiscal do Estado brasileiro, restou assim positivada a controversa norma:

> Artigo 116, CTN. [...]
> Parágrafo único. A autoridade administrativa poderá desconsiderar atos ou negócios jurídicos praticados com a finalidade de dissimular a ocorrência do fato gerador do tributo ou a natureza dos elementos constitutivos da obrigação tributária, observados os procedimentos a serem estabelecidos em lei ordinária.

Provavelmente não há, na legislação tributária pátria, disposição que desperte maiores divergências na doutrina tributarista: acerca do parágrafo único do artigo 116 do CTN, abundam dissensos sobre quase todos os seus aspectos, mas principalmente sobre a sua natureza (e constitucionalidade), o seu alcance (campo de aplicação) e a sua eficácia (aptidão imediata ou não para produção de efeitos). Além disso, verifica-se um largo debate acerca do conceito de simulação aplicado pela jurisprudência fiscal e os efeitos que essa aplicação projeta sobre a própria efetividade da norma geral antielusiva positivada no artigo 116, parágrafo único, do CTN.

É dessas celeumas que se ocupará a presente seção do trabalho, no curso da qual serão explicitados os entendimentos que balizarão, ao final, o criterioso exame dos limites jurídicos à estruturação de planejamentos fiscais no ordenamento brasileiro

5.1 Natureza jurídica e constitucionalidade do parágrafo único do artigo 116 do CTN

É majoritária na doutrina brasileira a compreensão de que o parágrafo único do artigo 116 do CTN consubstancia uma regra geral antissimulação, revestindo-se, portanto, da natureza de norma antievasiva. Sustentam os autores desse espectro doutrinário que a inclusão do dispositivo não representou qualquer inovação no ordenamento jurídico nacional, haja vista que o artigo 149, inciso VII, do próprio Código sempre veiculou regra expressa de vedação à simulação tributária.

Um dos precursores dessa leitura foi Alberto Xavier (2002, p. 156-157), em cuja opinião foi digna de encômios a iniciativa do Congresso Nacional ao editar a nova norma, ao passo que contribuiu para melhor sistematizar o regime jurídico de controle de atos simulados na legislação tributária brasileira. Na interpretação do eminente catedrático, a declaração de ineficácia de *atos e negócios dissimulados*, regulada pelo artigo 116, parágrafo único, do CTN, restringe-se àqueles incursos no campo da simulação.

É oportuno lembrar, neste ponto, que Alberto Xavier (2001, p. 111-149) sempre defendeu a tese da inconstitucionalidade de qualquer norma geral antielisiva[220] porventura introduzida no Direito Tributário brasileiro, sob o argumento de que uma norma dotada dessa natureza se mostraria antitética ao arcabouço de princípios constitucionais institutivos do Sistema Tributário Nacional, notadamente os da legalidade estrita, da tipicidade cerrada, da segurança jurídica e da vedação à analogia.

Partilha de similar raciocínio Sacha Calmon Côelho (2003, p. 184), para quem o parágrafo único do artigo 116 não possui natureza de norma geral antielusiva. Em sua interpretação do dispositivo, a finalidade da norma é coibir as chamadas simulações relativas (que seriam identificadas no texto legal pelo verbo "dissimular"), mobilizadas pelo contribuinte para ocultar um negócio jurídico real por meio de outro aparente, logrando, com isso, uma diminuição dos impactos fiscais da operação.

Ao tomar genericamente a disposição do artigo 116, parágrafo único, do CTN como uma ferramenta de combate a condutas ilícitas (nesse caso, as simulações relativas), Côelho defende a constitucionalidade do dispositivo. À semelhança de Alberto Xavier, o autor não deixa de assinalar que eventual norma geral antielisiva, fundada em categorias inexatas (cita o abuso de direito, a fraude à lei e a ausência de propósito negocial), padeceria de irremediável inconstitucionalidade, posto que manifesta seria a sua incompatibilidade com as normas estruturantes do Direito Tributário brasileiro.

---

[220] Faz-se importante esclarecer que Alberto Xavier não trabalha com a categoria de "elusão fiscal", motivo pelo qual, em sua obra, somente se visualizam alusões ao termo "norma antielisiva", compreendida, no quadro teórico-conceitual adotado pelo autor, como norma de combate ao que parte da doutrina denomina de "elisão abusiva". Estende-se a explicação tecida nesta nota a todas as menções, feitas na sequência deste tópico, à expressão "norma antielisiva", lembrando-se que a maioria da doutrina tributarista nacional opera apenas com os conceitos de evasão e elisão fiscais.

Situa-se no mesmo flanco doutrinário a relevante obra de Misabel Derzi (2001, p. 217), ao endossar a interpretação de que o "parágrafo único do art. 116 refere-se à evasão ilícita, pois a simulação absoluta ou relativa (dissimulação), quando oculta a ocorrência do fato gerador ou a natureza dos elementos constitutivos da obrigação [...] viola a lei, configurando verdadeira simulação". A autora é enfática ao afirmar que o dispositivo se destina à coibição não da elisão ou do planejamento tributário, mas da "simulação, sempre ilícita" (DERZI, 2001, p. 218).

Assim, quando se vale o contribuinte de meios lícitos para concretizar atos ou negócios jurídicos reais, cuja função não seja a de mascarar a ocorrência do fato gerador de tributo ou desnaturar elemento constitutivo de obrigação tributária, insuscetível de ataque será o seu planejamento tributário pela via do artigo 116, parágrafo único, do CTN, visto que isenta a sua conduta de qualquer ofensa frontal ao ordenamento.

Regina Helena Costa (2007, p. 296), por sua vez, endereça contundentes críticas ao preceito positivado pela Lei Complementar nº 104/2001, sobretudo em razão de seu caráter supérfluo, dado que o CTN já proscrevia a simulação nos termos de seu artigo 149, inciso VII. Para a autora, o particular que organiza seus negócios e atividades sem se utilizar de simulação e de outros expedientes evasivos não pode sofrer a investida do Fisco com fundamento no parágrafo único do artigo 116, porquanto se encontra nitidamente em exercício regular de direito.

Idêntica é a opinião de José Eduardo Soares de Melo (2001, p. 175) quando assevera que, "no caso de 'dissimulação' não seria necessária a edição de expressa norma antielisiva, uma vez que a legislação já confere os meios e instrumentos necessários à fiscalização para lançar o tributo sonegado". Conclui o autor, por conseguinte, que o parágrafo único do artigo 116 do CTN tem eficácia restrita às hipóteses de vícios nos atos ou negócios jurídicos praticados (fraude, dolo e simulação), nas quais se manifeste uma descoincidência entre os elementos aparentes do fato gerador (como documentos, notas fiscais etc.) e aqueles que tenham sido realmente concretizados pelas partes envolvidas na avença celebrada.

Por fim, pode-se, ainda, citar, a obra de Paulo de Barros Carvalho (2010, p. 426), em linha com as anteriores quando destaca o renomado professor que o artigo 116, parágrafo único, do CTN "não introduziu alteração alguma no ordenamento brasileiro, uma vez que este já autorizava a desconsideração de negócios jurídicos dissimulados, a exemplo do disposto no art. 149, VII, do Código Tributário Nacional". Ao dispositivo, por conseguinte, somente se poderia atribuir um escopo declaratório, materializado na expressa ratificação de competência detida pelo Fisco que já se encontrava prevista no ordenamento jurídico-tributário.

Acresça-se que o julgamento da ADI nº 2.446 pelo STF, iniciado em junho de 2020, prestes está a endossar e sacramentar um tal entendimento, eis que o voto da Ministra Relatora Cármen Lúcia — acompanhado por outros quatro Ministros — assinala explicitamente que o parágrafo único do artigo 116 do CTN constitui-se como norma antievasão e que, enquanto tal, se revela compatível com a Constituição de 1988

(BRASIL, 2020g). Faz-se essa alusão, porém, apenas de passagem, pois a análise mais detalhada do (parcial) julgamento será reservada ao capítulo final desta obra.

No polo doutrinário oposto, notadamente minoritário, figuram os autores que tomam, embora sob diferentes *nuances*, o parágrafo único do artigo 116 como uma autêntica norma geral antielusiva ou antielisiva (cláusula geral antiabuso).

É a posição, por exemplo, de Marciano Godoi (2012a, p. 130), para quem "a alteração do CTN veio ao encontro de uma tendência mundial de adotar *normas gerais de combate à elusão tributária*", o que não significou, obviamente, a abolição do direito de auto-organização do contribuinte, mas apenas a possibilidade de as autoridades fiscais desconsiderarem atos e negócios jurídicos utilizados de maneira distorcida ou artificiosa para fins de suprimir, postergar ou reduzir o pagamento de tributos.

Com efeito, no compasso dessa interpretação, o dispositivo incluído no CTN pela Lei Complementar nº 104/2001 delinearia um regime distinto daquele regulado pelo artigo 149, inciso VII: este trataria dos negócios situados no campo da evasão (praticados como dolo, fraude ou simulação), enquanto que aquele (parágrafo único do artigo 116) se ocuparia dos atos elusivos, perpetrados mediante violação indireta à lei.

Para Marcus Abraham (2007, p. 251-252), a Lei Complementar nº 104/2001, ao adicionar ao artigo 116 do CTN o parágrafo único em análise, inseriu no sistema jurídico brasileiro uma norma geral antielisiva, que autoriza a Administração Fazendária, mediante devido processo administrativo, "desconsiderar atos ou negócios jurídicos realizados pelo contribuinte que busca, através da manipulação da sua forma (meios lícitos), dissimular a ocorrência do fato gerador".

Dessa opinião comunga Ricardo Lobo Torres (2013, p. 54) ao asseverar que o artigo 116, parágrafo único, do CTN assume a forma de uma norma geral antielisiva (ou contra-analógica), cujo desiderato principal é o de evitar que o contribuinte manipule a aplicação da legislação tributária para se beneficiar de economias fiscais indesejadas pela ordem jurídica. Lobo Torres, que afirma a constitucionalidade da norma em questão, sublinha a impossibilidade de o contribuinte amparar-se em interpretações de conveniência, lastreadas na literalidade de dispositivos de lei, mas ofensivas ao seu "espírito". Noutros termos, em sua perspectiva, o parágrafo único do artigo 116 trouxe uma crucial contribuição ao ideal de coibir distorções hermenêuticas da legislação tributária sob o escopo de ardilosamente frustrar-lhe a efetividade.

Em semelhante direção, Sergio André Rocha (2018, p. 506) afirma que a Lei Complementar nº 104/2001 positivou no ordenamento jurídico brasileiro um "novo instrumento para controle da elusão fiscal". Para o autor, ao revés do que sustentam as frações majoritárias da doutrina, a norma em tela não trata da simulação, em relação à qual a legislação já autorizava a requalificação e desconsideração de atos e negócios jurídicos maculados, mormente pelo artigo 149, inciso VII, do CTN.

O que fez o artigo 116, parágrafo único, em sua ótica, foi disciplinar uma ferramenta de combate a operações elusivas, efetuadas artificialmente pelo contribuinte e com objetivos fiscais espúrios. Rocha (2018, p. 505) é enfático ao asseverar que refogem ao escopo deste último dispositivo os atos e negócios jurídicos que revelem uma *manifesta artificialidade* (cita, como exemplo, a criação de uma "empresa de papel" com domicílio em paraíso fiscal), os quais, traduzindo-se em típicas condutas evasivas, devem ser debelados pelas outras vias já previstas pela legislação tributária.

O autor promove, pois, a separação dos fenômenos da simulação (sob um conceito amplo/causalista) e da elusão segundo o critério do *grau de artificialidade* dos atos e negócios concretamente celebrados, o que determinará a incidência do artigo 149, inciso VII, ou do artigo 116, parágrafo único, ambos do CTN. Em suas palavras:

> Desta forma, temos defendido a seguinte posição:
> Com base no conceito amplo de simulação — que veremos adiante —, atos e negócios jurídicos em que haja evidente distorção do perfil objetivo dos institutos de Direito Privado, sem a existência de motivação que não seja o simples não pagamento, redução, ou postergação do pagamento do tributo, são passíveis de desconsideração e requalificação pelas autoridades fiscais. Nesse caso, o ato administrativo de desconsideração teria fundamento no artigo 149, VII, do CTN.
> Nada obstante, em situações em que não se esteja diante de artificialidade evidente, ou onde haja razões não tributárias concorrentes, a desconsideração e requalificação dos atos ou negócios jurídicos praticados pelo contribuinte somente poderá ser realizada com base no parágrafo único do artigo 116 do CTN, uma vez que ele tenha sido regulamentado (ROCHA, 2019, p. 83).

Marco Aurélio Greco (2008), cujas obras estão entre as mais referenciadas na temática dos planejamentos tributários, entende que o parágrafo único do artigo 116 do CTN é perfeitamente compatível com a Constituição de 1988, embora desprovido de eficácia até que regulamentado por lei ordinária. A posição de Greco, todavia, atrai contundentes críticas da doutrina por abrir passagem à desconsideração ou requalificação de atos lícitos (não simulados nem patológicos).[221] O próprio Rocha (2018, p. 506), profundo estudioso[222] da obra de Greco, assinala sustentar este último autor que "o ordenamento jurídico já traz instrumentos para lidar com todas as patologias, reservando o parágrafo único do artigo 116 do CTN para casos em que não há ilicitude e não há patologia", posição da qual discorda com veemência.[223]

---

[221] Greco (2008, p. 222) sustenta que os atos abusivos sempre foram passíveis de desconsideração no ordenamento brasileiro, mesmo preteritamente à edição do CC/2002, em razão de a vedação ao abuso de direito e à fraude à lei se vincular à teoria geral do Direito, como regra de "calibração do sistema jurídico": "Essas duas figuras [abuso e fraude à lei] não precisam estar escritas em texto de lei, porque os conceitos de abuso e fraude podem ser aplicados mesmo sem haver previsão legal expressas, por serem conceitos ligados à teoria do direito, que dizem respeito à imperatividade do Direito; fazem parte daquilo que Tércio Sampaio Ferraz Jr denomina regras de calibração do ordenamento". Para o autor, independentemente do que viria a dispor o artigo 187 do CC, a não proteção das condutas abusivas já encontrava amparo em princípios constitucionais: "No Brasil, entendo que esta possibilidade de recusa de tutela ao ato abusivo (mesmo antes do Código Civil de 2002) encontra base no ordenamento positivo, por decorrer dos princípios consagrados na Constituição de 1988" (GRECO, 2008, p. 200).

[222] Exemplo maior dessa afirmação é o livro *Planejamento tributário na obra de Marco Aurélio Greco*, escrito por Sergio André Rocha (2019) com o intuito de sistematizar toda a compreensão desenvolvida por aquele autor no conjunto de sua obra.

[223] As duas passagens da obra de Greco (2008) mais recorrentemente citadas para ilustrar esse ponto de vista são as seguintes: "Em suma, para deflagrar as consequências pertinentes às patologias dos negócios jurídicos (simulação, abuso de direito e fraude à lei) não havia necessidade do parágrafo único do artigo 116 do CTN.

É de se mencionar, também, o entendimento de Tôrres (2003, p. 361), para quem a previsão normativa veiculada no artigo 116, parágrafo único, deu forma a uma regra geral antielusiva por meio da qual se busca "evitar que, mediante manobras ardilosas, possa o contribuinte eximir-se à constituição do fato jurídico tributário efetivamente ocorrido" e/ou "modificar voluntariamente a quantificação do débito do tributo".

Ao delimitar o campo material de aplicação do dispositivo, o autor aduz que a desconsideração ou requalificação operada pela autoridade fiscal pode recair sobre (1) atos simulados (em quaisquer de suas espécies), (2) atos praticados em fraude à lei e (3) negócios jurídicos destituídos de causa, sendo que essas três figuras aparecem em sua obra subsumidas a um conceito alargado de "condutas elusivas" (TÔRRES, 2003, p. 259). A compreensão proposta por Tôrres, com efeito, não adstringe a repressão dos atos simulados ao fundamento legal inserto no artigo 149, inciso VII, mas a inclui na órbita de eficácia do parágrafo único do artigo 116, ambos do CTN.

Seria possível citar, ainda, uma terceira posição, baseada na radicalização dos argumentos contrários à iniciativa do legislador de adicionar o parágrafo único ao artigo 116 do CTN (*argumento ad absurdum*), sob a alegação de que a norma aboliu o direito de auto-organização patrimonial do contribuinte por meio da vedação de toda e qualquer forma de planejamento tributário,[224] o que acabaria por lhe conferir a natureza de norma antielisiva e a inquinaria de flagrante inconstitucionalidade. É signatário dessa extremista interpretação Ives Gandra Martins, que assim a sustenta:

> Com efeito o parágrafo único do 116 do CTN despoja o Congresso Nacional produzir a lei tributária e transformar o agente fiscal em verdadeiro legislador para cada caso aplicando, não a lei parlamentar, mas aquela que escolher. Afeta, o artigo 116, uma outra cláusula pétrea (artigo 60, §4º, inciso 111), que é a separação dos poderes, pois autoriza o representante do Fisco a deixar de aplicar a lei ao fato a que se destina, e a escolher, no arsenal de dispositivos legais, aquele que resulte mais oneroso, a partir de presunção de que o contribuinte pretendeu utilizar-se da "lei" para pagar menos tributos, Como, pelo novo artigo 116, não é a lei que deverá ser aplicada à hipótese impositiva, mas sim a intenção do agente de obter mais tributos, qualquer lei, apesar de rigorosamente seguida pelo contribuinte, poderá ser desconsiderada, para dar lugar à aplicação daquela que representar a maior incidência. A figura da "elisão fiscal", diversa da "evasão" -aquela objetivando a economia legal de tributos e esta a ilegal — deixa de existir no direito brasileiro.
>
> Pela nova norma, nenhum contribuinte terá qualquer garantia, em qualquer operação que fizer, pois, mesmo que siga rigorosamente a lei, sempre poderá o agente fiscal, à luz do

---

A eles o ordenamento reage por si só mediante um lançamento de ofício. A inclusão do parágrafo único do artigo 116 do CTN tornou a figura da elisão uma categoria tributária não dependente das patologias; ainda que os negócios não padeçam de qualquer vício, o dispositivo abre espaço para aferir a sua conformidade ao princípio da capacidade contributiva, daí a necessidade de procedimentos especiais para tanto" (GRECO, 2008, p. 468). E a segunda: "[...] mesmo que os atos praticados pelo contribuinte sejam lícitos, não padeçam de nenhuma patologia; mesmo que estejam absolutamente corretos em todos os seus aspectos (licitude, validade), nem assim o contribuinte pode agir da maneira que bem entender, pois sua ação deverá ser vista da perspectiva da capacidade contributiva" (GRECO, 2008, p. 307).

[224] Como se verá no capítulo final deste trabalho, é dessa interpretação, flagrantemente insubsistente, que parte a Ação Direta de Inconstitucionalidade nº 2.446, ajuizada pela Confederação Nacional do Comércio em 2001 para questionar a compatibilidade da Lei Complementar nº 104/2001, na parte que adicionou o parágrafo único ao artigo 116 do CTN, com a Constituição de 1988 (BRASIL, 2020g).

despótico dispositivo, entender que aquela lei não vale e que o contribuinte pretendeu valer-se de uma "brecha legal" para pagar menos tributo, razão pela qual, mais do que a lei, a sua opinião prevalecerá Se não vier a ser suspensa a eficácia dessa norma pelo S.T-F., em eventual exercício de controle concentrado, o direito tributário brasileiro não mais se regerá pelo princípio da legalidade, mas pelo princípio do "palpite fiscal" (MARTINS, 2001, p. 124).

São essas, pois, as três posições que polarizam o debate doutrinário acerca da natureza da norma introduzida no CTN por meio da Lei Complementar nº 104/2001. Entre elas, afigura-se certamente mais acertada a segunda, que toma o parágrafo único do artigo 116 como uma *norma geral antielusiva*. Soa ilógica a interpretação de que uma nova lei complementar editada pelo Congresso Nacional limitar-se-ia a ratificar regra preteritamente existente na ordem jurídica (vedação à simulação), de sorte a chancelar a afirmação da superfluidade da disposição por ela engendrada.

Nesse sentido, revelam-se inteiramente acertadas as palavras de Lobo Torres (2006, p. 245) quando pontua o autor que "não tem peso argumentativo concluir-se que o Congresso Nacional, legitimamente eleito, teria se reunido para votar lei inócua, que repetiria a proibição de simulação já constante do CTN (arts. 149, VII, e 150, §4º)".

Também faz coro a tal raciocínio Sérgio André Rocha (2018, p. 501), ao sublinhar "ser até certo ponto absurdo sugerir que foi editada uma Lei Complementar cuja finalidade precípua seria nada alterar, manter tudo como já era antes":[225] "afinal, a regra prevista no parágrafo único do artigo 116 do CTN é uma regra de atribuição de competência e uma regra de atribuição de competência tem que atribuir competência a alguma coisa" (ROCHA, 2019, p. 85).

Ademais, não obstante se tratar de um texto pré-jurídico, nota-se que tal inferência é integralmente corroborada pela exposição de motivos do Projeto de Lei Complementar nº 77, a qual evidencia que o propósito que conduziu à alteração do CTN daquela feita era claramente o de introduzir no diploma uma norma geral antielusiva (apesar da criticável opção pelo termo "elisão"). *Ipsis litteris*:

> A inclusão do parágrafo único ao art. 116 faz-se necessária para estabelecer, no âmbito da legislação brasileira, norma que permita à autoridade tributária desconsiderar atos ou negócios jurídicos praticados com a finalidade da elisão, constituindo-se, dessa forma, em *instrumento eficaz para o combate aos procedimentos de planejamento tributário praticados com abuso de forma ou de direito*. (Grifos acrescidos)

À vista de tais elementos, mostra-se imperiosa a conclusão de que o artigo 116, parágrafo único, do CTN promoveu uma efetiva e relevante inovação no ordenamento jurídico brasileiro, essencialmente ligada ao controle da legalidade de planejamentos

---

[225] Noutro excerto, Sergio André Rocha (2018, p. 503) complementa exclamando que "claramente não se pode sustentar que este dispositivo tem uma espécie de eficácia declaratória, reconhecendo expressamente o que o Fisco sempre teve competência para fazer. Ou seja, o parágrafo único do artigo 116 do CTN tem que servir para alguma coisa!".

tributários. Na perspectiva adotada nesta obra, tal inovação consistiu na criação de uma ferramenta para contenção e repressão de condutas elusivas, assim compreendida — nos termos alhures delineados — a prática, pelo contribuinte, de atos e negócios despojados de causa legítima ou cuja causa acabe deformada pela incoerência absoluta do conteúdo da transação com as estruturas formais adotadas, sob o exclusivo intuito de redução de carga tributária.

Traduz-se essa ferramenta, com efeito, numa autorização outorgada à Administração para desconsiderar e requalificar operações cujo desiderato seja o de dissimular a ocorrência do fato gerador de tributo ou de desnaturar elementar constitutiva de obrigação tributária. Cuida-se, pois, de *norma geral antielusiva*, cujo efeito principal é tornar inoponíveis ao Fisco os planejamentos tributários ancorados em manobras artificiais e artificiosas, dirigidas a frustrar a efetividade da legislação tributária. Em mais claras palavras, defende-se que o parágrafo único do artigo 116 do CTN tem por *objeto único* os atos elusivos, excluídos, portanto, do seu campo de incidência as condutas incursas em evasão fiscal, nessa categoria inclusa a simulação.

Isto dito, alumia-se, neste ponto, uma parcial discordância em relação à posição sustentada por Tôrres (2003, p. 259), para quem o artigo 116, parágrafo único, do CTN queda-se aplicável não somente a negócios destituídos de causa e a condutas perpetradas em fraude à lei, mas também aos casos de simulação. Dessa assertiva forçosamente se deduz que teria a Lei Complementar nº 104/2001 inserido no CTN uma norma geral, simultaneamente, antielusiva e antievasiva (antissimulação).[226]

Não parece ser essa a melhor leitura, porquanto, como se vem de dizer, o diploma já estabelecia instrumentos específicos de combate à evasão, a exemplo da possibilidade de a autoridade fiscal rever de ofício o ato do lançamento quando comprovado que o sujeito passivo da obrigação tributária (ou terceiro em seu favor) agiu com dolo, fraude ou simulação (artigo 149, inciso VII).

Em verdade, o que se pretendeu com a edição da referida lei foi a colmatação de uma lacuna até então existente no ordenamento brasileiro, pela qual poderia o contribuinte, mediante a ordenação de planejamentos fiscais abusivos, esquivar-se ardilosamente ao pagamento de tributos sem incorrer nas hipóteses de manifesta ilegalidade características da evasão fiscal. Outra fosse a intenção do legislador, bastaria haver empregado o termo "simulação" no texto legal, acompanhando os outros cinco dispositivos do CTN em que tal categoria aparece expressamente mencionada (artigos 149, inciso VII; 150, §4º; 154, parágrafo único; 155, inciso I; 180, inciso I).

---

[226] Ao melhor detalhar seus critérios analíticos, o autor explana: "Quando digo que a simulação e a fraude à lei não diferem dos atos negociais desprovidos de causa que assim não se constituam, tal equiparação somente tem cabimento para os efeitos de acomodá-los em um grupo único (elusão tributária) que autorizará a desconsideração de tais atos ou negócios, como ´motivo` dos atos administrativos próprios. Contudo, o traço diferenciador de cada uma dessas categorias será fundamental para a aplicação das sanções tributárias subseqüentes, quando então simulação não é fraude à lei e tampouco a constituição de negócios jurídicos carentes de causa será sempre simulação ou fraude, apesar da difícil separação na maioria dos casos" (TÔRRES, 2003, p. 17).

Nessa mesma linha, Rocha (2018, p. 505), ao comentar o já citado exemplo da "empresa de papel domiciliada em paraíso fiscal", assinala que "a artificialidade, neste caso, é tão relevante e evidente que se caracteriza a conduta do contribuinte como *simulada e, portanto, fora do escopo do parágrafo único do artigo 116 do CTN*" (grifo acrescido). Itinerário idêntico percorre, neste pormenor, desde 2001, a obra de Marciano Godoi, cujos sólidos fundamentos convém à baila trazer:

> Assim, já antecipamos um aspecto de nossas conclusões: o art. 116, parágrafo único do CTN não se aplica aos atos e negócios jurídicos que aparentem conferir ou transmitir direitos a pessoas diversas das a quem realmente se conferem ou transmitem; que contenham declaração, confissão, condição ou cláusula não verdadeira ou ainda que contemplem instrumentos particulares antedatados ou pós-datados [art. 167, §1º, CC]. Nesses casos, haverá infração frontal à legislação tributária [simulação], inclusive de caráter penal quando se caracterizarem os tipos previstos no art. 1º da Lei nº 8.137/91.
> Ora, se doutrina e jurisprudência há muito retiraram com acerto a simulação do campo da elisão e a colocaram no campo da evasão, e a própria lei penal já contempla vários de seus supostos como crime contra a ordem tributária, nos parece totalmente equivocado considerar que o legislador venha, a estas alturas, determinar que a autoridade administrativa "poderá desconsiderar" atos e negócios simulados (GODOI, 2001, p. 104-105).

Outrossim, é oportuno o apontamento de Greco (2008, p. 458) no sentido de que o parágrafo único do artigo 116 do CTN, ao contrário do que afirmam alguns autores que sustentam a sua inconstitucionalidade, não autoriza tributação à revelia de previsão legal: "a norma em questão não autoriza a exigência de tributo em relação a hipótese que não configure fato gerador, não autoriza a exigência sem lei ou fora dos tipos que a lei pertinente tiver previsto; não cria fato gerador novo!". Isso porque configura pressuposto de aplicação do dispositivo a efetiva ocorrência do fato gerador, o qual, entretanto, resta ocultado ou mascarado ardilosamente pelo contribuinte:

> Para que ocorra a hipótese de incidência da norma autorizadora da desconsideração é indispensável:
> que exista definição legal desse fato gerador, tipicamente descrito; e
> que, materialmente, ocorra, embora dissimuladamente.
> Sem que exista lei definindo certa parcela da realidade, abrangida pela norma constitucional atributiva de competência, não há fato gerador.
> Por outro lado, a 'ocorrência' do fato gerador só pode se dar na hipótese de estarem, materialmente, reunidos os elementos que o configurem, tal como adequadamente previsto na lei (GRECO, 2008, p. 458).

Sedimentadas tais conclusões, descabe pôr em xeque a constitucionalidade do parágrafo único do artigo 116 do CTN por suposta agressão a direitos fundamentais e à principiologia institutiva do Sistema Tributário nacional. Em verdade, há que se inverter o raciocínio: os preceitos constitucionais, sobretudo aqueles versados em matéria tributária — cuja chave, no aspecto em consideração, é o dever fundamental de pagar tributos —, como se sustentou em capítulo pretérito, uma vez submetidos a um criterioso exame sistemático, não só autorizam como *incentivam* a adoção de uma norma geral antielusiva para compor o ordenamento tributário brasileiro. Vista a questão sob o ângulo inverso, pode-se dizer que a positivação de uma norma geral antielusiva no ordenamento pátrio se faz necessária porque fomenta o dever fundamental de pagar tributos e todo o conjunto principiológico que com ele mantém ativa interação.

Isso porque, ao passo que os tributos consubstanciam a principal fonte de financiamento do Estado — o qual, a seu turno, exerce papel de protagonismo na promoção de direitos fundamentais e na reprodução da ordem social democrática —, é inconcebível subtrair da Administração os poderes-deveres de fiscalização, de investigação e de repressão a condutas que, mediante sofisticados mecanismos, visem a burlar os mandamentos consagrados no ordenamento jurídico positivo. A tal se seguiria um desequilíbrio insustentável do sistema tributário, a ponto de liquefazer as bases de legitimação constitucional e democrática que hodiernamente lhe dão sustentação.

Sob um tal enquadramento teórico, à luz das premissas postas nos capítulos iniciais deste trabalho, ganha forma um cenário de antagonismo entre o direito fundamental de liberdade fiscal e a regra positivada no parágrafo único do artigo 116 do CTN (ancorada no dever fundamental de pagar tributos, preceito dotado de natureza principiológica). Cogita-se, pois, de uma típica hipótese da exceção enunciada por Virgílio Afonso da Silva (2009, p. 52): a regra positivada no parágrafo único do artigo 116 do CTN afigura-se produto de um sopesamento em abstrato, efetuado pelo próprio legislador, entre o direito fundamental de liberdade fiscal e o dever fundamental de pagar tributos, traduzindo uma legítima (constitucional) restrição à prerrogativa de livre conformação patrimonial do contribuinte e, por decorrência, à sua liberdade para estruturar planejamentos fiscais.

A questão dos planejamentos tributários abusivos, portanto, sob este prisma, não se resolve pelo método do sopesamento, pois não há falar em colisão entre um direito fundamental e uma regra de direito ordinário assente sobre um dever fundamental (norma de caráter principiológico). O advento do parágrafo único do artigo 116 atendeu ao objetivo de restringir, com amparo em preceitos de estatura constitucional, o direito fundamental de liberdade fiscal, o que se deve operar segundo o método da subsunção, em coerência com a sua natureza normativa de regra. Dá-se isso porque, recorda Silva (2009, p. 52), a relação havida entre o princípio que alberga o direito fundamental e a regra que se ampara no dever fundamental exprime-se, sempre, por uma *relação de restrição*, e não de colisão, devendo a regra em apreço, como dito, ser invariavelmente aplicada consoante o *método da subsunção*.

É, pois, imperativo desfazer-se da ideia de apriorística inconstitucionalidade[227] da norma geral antielusiva brasileira para reconhecer, com esteio no dever fundamental

---

[227] Diz-se "apriorística inconstitucionalidade" porque, tratando-se a desconsideração de atos e negócios jurídicos abusivos de ação potencialmente agressiva a direitos fundamentais do contribuinte, não se pode negar que à norma geral antielusiva podem ser dadas, se triunfantes oblíquas interpretações, aplicações incompatíveis com a Constituição Federal. Por isso, a argumentação desenvolvida no texto toma por objeto a (in)constitucionalidade

de pagar tributos e nos princípios da solidariedade, da isonomia e da capacidade contributiva, a *legitimidade constitucional* do combate à elusão fiscal.[228]

5.2 Campo de aplicação do parágrafo único do artigo 116 do CTN

Os apontamentos concernentes à natureza da norma introduzida no CTN pela Lei Complementar nº 104/2001, delineados no item anterior, são já suficientes para descortinar o campo de aplicação do dispositivo posto em exame: não são os atos simulados o objeto da investida do parágrafo único do artigo 116, mas sim os *atos cometidos mediante violação indireta à lei*. Ou seja, como já dito, consistiu a *ratio legis* do dispositivo em efetivar um mecanismo de controle de *ilícitos atípicos*, neste trabalho identificados sob o signo da elusão fiscal.

De forma ainda mais específica — e é esta a hipótese que se pretende aqui sustentar —, compreende-se que o artigo 116, parágrafo único, tendo em vista os termos selecionados pelo legislador para construir o enunciado da norma, devota-se a combater os *atos praticados em fraude à lei tributária*, cujas modalidades (espécies) principais são o *abuso de formas jurídicas* e a *ausência de propósito negocial*.

Defende-se, então, que a lei brasileira, ao consagrar a sua matriz de reação a planejamentos tributários abusivos, por intermédio da Lei Complementar nº 104/2001, não se inspirou especificamente em uma única experiência estrangeira, mas foi influenciada por múltiplas orientações advindas do Direito Comparado para dar à luz uma norma geral antielusiva singular, com configuração e estrutura próprias.

O desenvolvimento desta hipótese encontra-se afiançado, antes de tudo, à construção do sentido provável de que teria buscado o legislador dotar o termo "dissimular", inusitadamente empregado no enunciado do parágrafo único do artigo 116 e no qual se deve amparar qualquer proposta de interpretação do dispositivo. A larga discussão que se formou em torno deste ponto (carga semântica do signo "dissimular"), diz respeito, fundamentalmente, à sua possível relação com o conceito jurídico de simulação. Trata-se de questão polêmica, que deve ser apreciada à luz das múltiplas teorias que, historicamente, puseram em confrontação os mais diversos segmentos da doutrina civilista.

No campo do Direito Tributário, acaba agravada essa discussão pelo fato de a jurisprudência hoje operar com um conceito deveras ampliado de simulação ao examinar

---

em tese do artigo 116, parágrafo único, do CTN, disposição à qual, em abstrato, de nenhum modo pode ser imputado o rótulo de inconstitucional.

[228] Em experiências internacionais relevantes como a espanhola, essa legitimidade já não é mais posta em dúvida, logrando acolhimento não apenas junto à doutrina como também ao Tribunal Constitucional, com fundamento, sobretudo, na solidariedade de todos os cidadãos na justa repartição dos gastos públicos. Expõe César Garcia Novoa (2003, p. 76) que: "La legitimidad constitucional de la lucha contra la elusión fiscal y su reconocimiento como expressión de un interés publico parece, en principio, evidente. La Administración puede y debe atacar la violación indirecta de las leyes tributarias exatamente igual que la defraudación fiscal. Y el TC há venido legitimando la lucha contra el fraude de ley en la necessária 'solidaridad de todos en el sostenimineto de los gastos públicos'".

as controvérsias alusivas aos limites do planejamento tributário. Esse entendimento provoca repercussões de relevo no que tange à abrangência dos critérios de definição da ilicitude de atos e negócios jurídicos tendentes a conduzir ao pagamento de menor tributo (se restritos a infrações frontais à ordem jurídica e/ou se conglobantes de violações indiretas à lei) e, também, à aplicação de sanções às condutas reputadas antijurídicas (se suscetíveis de punição e, caso afirmativa a resposta, se passíveis da imposição apenas de multas simples ou também de multas qualificadas).

À vista disso, este tópico se dedicará a abordar, nesta ordem, (1) algumas notas preliminares sobre a teoria geral da simulação; (2) a existência de possíveis relações entre os conceitos civilistas e tributários de simulação e de dissimulação; (3) o conteúdo semântico do termo "dissimulação" no artigo 116, parágrafo único, do CTN; (4) a matriz de reação a planejamentos tributários abusivos consagrada pelo referido dispositivo; e (5) um conjunto de polêmicas suplementares concernentes à aplicação do parágrafo único do artigo 116 no enfrentamento a planejamentos fiscais abusivos.

5.2.1 Notas preliminares sobre teoria geral da simulação

Tem-se afirmado que as insuperáveis controvérsias acerca do alcance do parágrafo único do artigo 116 do CTN estão intimamente vinculadas à polissemia que singulariza o seu enunciado normativo. O núcleo da ambiguidade reside, por suposto, no signo "dissimular", termo que não encontra correspondência em qualquer outro diploma no conjunto da *legislação tributária* brasileira. Recordando-se a redação legal, prevê o dispositivo a possibilidade de a autoridade fiscal "desconsiderar atos ou negócios jurídicos praticados com a finalidade de dissimular a ocorrência do fato gerador ou a natureza dos elementos constitutivos da obrigação tributária, observados os procedimentos a serem estabelecidos em lei ordinária".

A maioria dos doutrinadores brasileiros sempre supôs que o legislador, ao optar pela noção de dissimulação, tencionou referir-se ao fenômeno da simulação relativa. Sobrelevou-se, com efeito, a necessidade de se pôr em causa o conceito de simulação, não somente em suas feições originárias, historicamente moldadas pelo Direito Civil, mas também nas concepções que de longa data vigem no Direito Tributário.

Não se discute o fato de a teoria da simulação sempre haver gozado de maior relevância no campo do direito privado. Não é casual, nesse sentido, que daquele âmbito provenha a larga maioria das contribuições legais, doutrinárias e jurisprudenciais que hoje conferem os traços principais de sua fisionomia.

No entanto, considerando-se que tal categoria (simulação) se encontra textualmente positivada na legislação tributária — em múltiplos dispositivos do CTN e, também, em outros diplomas legais — e que de sua aplicação resultam repercussões de notória magnitude, há que se reconhecer a importância do delineamento criterioso dos pressupostos, contornos e efeitos que a circundam na órbita do Direito Tributário.

Neste mister, o principal referencial a guiar o processo de investigação — ao menos no que tange ao parágrafo único do artigo 116 do CTN — consiste em saber se são coincidentes os conceitos civilista e tributário de simulação ou se tal categoria supõe acomodações e ajustes quando transposta de uma a outra dessas searas. Esta análise será realizada no presente e no subsequente tópico. Neste, o enfoque recairá sobre as principais teorias da simulação que informam o debate brasileiro e, no próximo, o eixo da abordagem consistirá nas possíveis relações do conceito de simulação (e, também, de dissimulação) vigente no direito privado e no Direito Tributário.

A doutrina tradicional, mormente situada, como se disse, no terreno do Direito Civil, cindiu-se, fundamentalmente, em dois gêneros de abordagem: um de feição subjetivista e outro, àquele oposto, de cunho objetivista. Replicou-se no Brasil essa clivagem doutrinária tanto entre os autores cujos trabalhos se desenvolveram sob a égide do Código Civil de 1916 quanto aqueles que se ocuparam em destrinçar teoricamente o atual Código Civil, publicado em 2002.

Nesse quadro, a compreensão hegemônica da figura da simulação oscilou, historicamente, na doutrina brasileira, entre, de um lado, as concepções voluntaristas ou declarativistas (ambas sob ênfase subjetiva) e, de outro, as concepções causalistas (ênfase objetiva). Há que se notar que as linhas divisórias dessas dissonâncias antecedem o próprio fenômeno da simulação, fazendo-se descobrir na conceituação do negócio jurídico e suas bases estruturantes.

Em síntese apertada, as correntes subjetivistas primam pela interpretação do negócio jurídico, essencialmente, como uma *declaração de vontade* destinada a criar, no exercício da autonomia privada, normas jurídicas entre as partes, mediante autorização do direito positivo. Dessa definição emergem, sublinham Godoi e Ferraz (2012, p. 363), os dois elementos primordiais de um negócio jurídico para essas correntes — vontade e declaração — e, a depender da maior relevância atribuída a uma ou a outra, formam-se, como subcorrentes, as concepções voluntarista e declarativista.

Em ambas as interpretações (voluntarista e declarativista), a configuração patológica do negócio jurídico simulado decorre de uma *dissonância entre a vontade e a declaração das partes*, sendo percebida à luz de uma oposição entre (falsa) aparência e realidade. Competente súmula dessas tradicionais orientações se visualiza em obra clássica de Clóvis Beviláqua (1972, p. 239), na qual o autor sustenta que resta aperfeiçoado o fenômeno da simulação quando o ato praticado "existe apenas aparentemente, sob a forma em que o agente faz entrar nas relações da vida. É um ato fictício, que encobre e disfarça uma declaração que não se fez. É uma declaração enganosa da vontade, visando a produzir efeito diverso do ostensivamente indicado".

Se no compartilhamento da premissa alicerçada na divergência entre declaração e vontade se vislumbra o ponto de interseção entre as teorias voluntarista e declarativista da simulação, também se pode divisar, em relação a elas, diferenças substantivas, que justificam a sua cisão em duas subcorrentes distintas e autônomas.

A concepção voluntarista supõe que a declaração é apenas o meio de exteriorização e objetivação da vontade, visto que esta última consubstancia um elemento localizado na esfera psíquica do agente, que carece de ser externado para constituição do negócio jurídico. Assim, se com o intuito de iludir terceiros as partes lançam mão de um negócio simulado, do descompasso entre vontade (real, interior) e declaração (aparente, externa) deve sempre resultar a prevalência da primeira, uma vez que, segundo Savigny (precursor da concepção voluntarista), o ato jurídico se traduz como vontade dirigida à produção de efeitos jurídicos.

Daí a alusão a uma teoria *volitiva* ou *voluntarista* da simulação, fundada no chamado "dogma da vontade", assimilado como elemento basilar do ato e, conseguintemente, do negócio jurídico (TÔRRES, 2003, p. 285-286).

Já a concepção declarativista, sem embargo de também partir da ideia de simulação como desarmonia entre vontade e declaração, trilha orientação diversa ao postular, nessas hipóteses, a primazia da declaração formalizada (em detrimento da vontade), porquanto é ela, enquanto elemento externado pelo agente, que serve de fundamento à conformação do negócio jurídico. Segundo Francisco Ferrara (1999, p. 27), prócere da teoria da declaração, deve-se tomar por inamovível a premissa de que a declaração emanada pelo agente é apta à produção de efeitos jurídicos independentemente da sua convergência ou não com a vontade íntima do mesmo.

Em suma, havendo contradição, para a teoria declarativista, deverá sempre valer a *vontade declarada*, tal como objetivada no negócio jurídico. A partir desse raciocínio, o mencionado autor sustentava o seguinte conceito de simulação:

> O que existe de mais característico no negócio simulado é a divergência intencional entre a vontade e a declaração. O interno, aquilo que se quer, e o externo, o que se declarou, estão em oposição consciente. Com efeito, as partes não querem o negócio; querem somente fazê-lo aparecer e, por isso, emitem uma declaração não conforme com a sua vontade, que predetermina a nulidade do ato jurídico e, ao mesmo tempo, serve para provocar a ilusão falaz da sua existência. Os que simulam pretendem que aos olhos de terceiros apareça formada uma relação que, na realidade, não deve existir, mas da qual se quer mostrar a exterioridade enganadora, mediante uma declaração, a que falta conteúdo volitivo. Trata-se, pois, duma declaração efêmera, vazia, fictícia, que não representa uma vontade real e é, por essa razão, nula, destinada unicamente a iludir o público (FERRARA, 1999, p. 52).

Apesar das reiteradas críticas à insegurança jurídica causada pela complicada perquirição das intenções do agente, em sacrifício à declaração exteriorizada na formalização do negócio jurídico, a larga maioria da tradicional doutrina brasileira aderiu à teoria voluntarista da simulação. Foram expoentes desse flanco doutrinário Pontes de Miranda (1954), João Franzen de Lima (1977) e Washington de Barros Monteiro (1989). A interpretação triunfante, de cariz subjetivista, buscava amparo na caracterização que o Código Civil de 1916 outorgava à figura da simulação: dessumia-se, pela posição topográfica dos artigos 102 a 105 que a disciplinavam, que a simulação consubstanciava, enquanto defeito do negócio jurídico, um vício de consentimento, ladeada pelas categorias de erro, dolo, coação e fraude contra credores.

Sucede que uma fração da doutrina italiana, ao pôr em questão as teorias subjetivistas da simulação, findou por engendrar, ainda na primeira metade do século XX, uma nova compreensão, antagônica às antecedentes: tratou-se da chamada "concepção causalista da simulação", cujo representante de maior destaque foi Emilio Betti, autor de obra seminal publicada em 1943 (*Teoria geral do negócio jurídico*).

O traço principal dessa nova vertente doutrinária foi a secundarização das declarações de vontade para privilegiar uma definição de simulação que enfoca o momento funcional do negócio, concebendo-a — a simulação — como um *vício de causa do negócio jurídico*, "encarada a 'causa' como fundamento da obrigação, referida à totalidade do negócio e às razões da sua aceitação pelo ordenamento jurídico" (TÔRRES, 2003, p. 285).

Supõe-se, à luz da perspectiva causalista da simulação, que, ao Direito, importam menos as motivações individuais que levaram as partes à celebração de um negócio do que o objetivo prático — que Betti denominava "determinação causal" — por elas perseguido ao concretizarem a avença. Perde importância, com efeito, a intencionalidade (vontade íntima) das partes, que cede lugar, no centro da análise, à causa típica do negócio, entendida como as funções sociais e econômicas por ele desempenhadas e que levaram o legislador a elegê-lo como digno de tutela jurídica.

Nesse quadro, o referencial hermenêutico principal para definição da simulação passa a ser um elemento de natureza objetiva, a saber, o perfil típico do negócio consagrado pelo direito positivo, e não mais a vontade real ou declarada pelas partes.

Deve-se advertir, contudo, que essa minimização dos elementos subjetivos operada pela teoria causalista de nenhum modo implica afirmar a irrelevância dos mesmos no exame dos vícios de causa do negócio jurídico. O que muda, sob essa nova lente teórica, é que o esquadrinhamento da vontade agora se realiza em referência à causa ou função do tipo negocial. Daí se reportar a doutrina a uma "adesão subjetiva da vontade à função objetiva do ato" (TÔRRES, 2003, p. 293).

Nesse sentido, no plano analítico dos vícios de causa, exprime-se a simulação não mais pela divergência consciente entre vontade e declaração, mas sim pela incompatibilidade entre a determinação causal (finalidade prática concretamente perseguida pelas partes) e a causa típica do negócio por elas formalizado. Isto é, a simulação se associa, nesse enquadramento teórico, à inexistência ou à ilicitude da causa jurídica do negócio, o que se verifica quando a ele se atribui um escopo antissocial. Segundo importante lição de Emilio Betti:

> Há simulação quando as partes de um negócio bilateral, combinadas entre si — ou o autor de uma declaração com um destinatário determinado, de combinação com este —, estabelecem um regulamento de interesses diverso daquele que pretendem observar nas suas relações, procurando atingir, através do negócio, um escopo (dissimulado) divergente de sua causa típica (BETTI, 2008, p. 566).

Impõe-se mencionar, por fim, uma sutil diferenciação que Betti postulava entre a *incompatibilidade* e a *simples incongruência* entre causa típica do negócio e o objetivo prático aspirado pelas partes. Reconhecida a *incompatibilidade*, isto é, a total impossibilidade de se conciliar ambos os elementos na situação concreta, consumada estaria a simulação (BETTI, 2008, p. 563). Verificada, porém, uma mera *incongruência* entre causa e tipo, leia-se, uma inadequação parcial que não chega a ponto de inviabilizar a existência de um objetivo negocial autêntico, estar-se-ia diante não do fenômeno da simulação, mas de um negócio jurídico atípico, indireto ou fiduciário.

Ressalte-se que Betti (2008, p. 560) reconhecia a legitimidade *prima facie* dos negócios jurídicos atípicos, destacando a necessidade de apreciar a sua licitude segundo o critério do que denominava "tipicidade social". Em sua perspectiva, lícitos e, por conseguinte, merecedores de tutela jurídica seriam os negócios atípicos cuja celebração fosse inspirada por finalidades sociais, isto é, cujo exercício se desse em consonância com a função e relevância socioeconômicas atribuídas pelo direito positivo aos negócios jurídicos em geral. Nesta hipótese, uma vez cumprido esse pressuposto de validade, não poderia ser a tais negócios imputado o vício de ausência ou de ilegitimidade de causa jurídica, posto que "socialmente típicos" se quedariam.

No Brasil, essa concepção causalista da simulação ganhou força na doutrina e na jurisprudência, sobretudo, a partir da edição do Código Civil de 2002. Isso porque o novo diploma deslocou topograficamente os dispositivos versados sobre a simulação para outro capítulo (*Da invalidade do negócio jurídico*), subtraindo-o do capítulo que, na codificação anterior (*Dos defeitos do negócio jurídico*), reconduzia à conclusão de que a simulação consubstanciava um vício de consentimento. Assim, conquanto não se trate de questão pacífica ainda hoje, parte considerável da doutrina depreendeu que a pretensão do legislador, ao operar tal mudança, foi prestigiar uma ênfase mais objetivista da simulação, em sintonia com os pressupostos da teoria causalista.

A razão de se haver gasto mais numerosas linhas com a explanação, ainda que sem muito aprofundá-la, da concepção causalista de simulação reside no fato de ser essa a orientação teórica perfilhada hoje pela jurisprudência fiscal. Uma análise panorâmica mais cuidadosa das decisões prolatadas no âmbito do CARF será reservada a capítulo próprio. No entanto, é preciso desde já trazer a lume essa problemática relacionada ao conceito de simulação, tendo em conta os seus impactos diretos na questão dos limites ao planejamento tributário e, por decorrência, na aplicação do artigo 116, parágrafo único, do CTN.

5.2.2 A autonomia (re)qualificadora do Direito Tributário e a não equivalência dos conceitos civilistas e tributários de simulação e de dissimulação

Não é difícil constatar que as premissas da teoria causalista da simulação, uma vez transpostas ao domínio do Direito Tributário, dão ensejo a um conceito ampliado de simulação fiscal ao desligá-lo de elementos subjetivos como a "declaração de vontade" do contribuinte ao celebrar um dado negócio jurídico.

Na medida em que a análise se concentra sobre as condições econômicas e operacionais da transação, lastreada na causa jurídica do negócio como referencial hermenêutico principal, acabam absorvidos pelo conceito de simulação fiscal os atos elusivos, uma vez que é exatamente a ausência de causa o critério primordial de sua caracterização. Conforma-se, assim, uma concepção alargada de simulação que pode abarcar tanto as condutas decorrentes de violações diretas quanto de violações indiretas à legislação tributária.

Essa conceituação, hoje adotada pelo CARF, contrasta com a concepção de simulação que a doutrina tributarista tradicional sempre sustentou, fulcrada na ideia de "falseamento da realidade", a configurar uma típica modalidade de evasão fiscal, enfileirada junto ao dolo, à fraude, ao conluio e à sonegação. Ver-se-á, no capítulo derradeiro deste trabalho, que o próprio CARF por muito tempo compartilhou desse conceito restritivo com a doutrina formalista, havendo se operado a referida mudança, em direção a uma concepção ampliada de simulação tributária, de maneira gradativa, somente a partir do final da década de 1990.

Hoje é, também, comum encontrar na doutrina a defesa desse conceito mais dilatado de simulação tributária, assimilando-a como um vício de causa dos negócios jurídicos dotados de repercussões fiscais e não mais exigindo o exame de fatores como a vontade declarada pelas partes ao efetuarem uma operação.

Essa alteração de entendimento (jurisprudencial e doutrinário) projeta efeitos bastante significativos na aplicação do parágrafo único do artigo 116 do CTN. O elasticimento do conceito de simulação a ponto de englobar os negócios jurídicos elusivos finda por outorgar à Administração Fiscal uma autorização para desconsiderar operações artificiosas com fundamento imediato no artigo 149, inciso VII, do CTN, independentemente daquele outro dispositivo.

Noutros termos, acaba-se por facultar ao Fisco uma via alternativa que lhe permite obter os mesmos resultados que derivariam da aplicação da norma geral antielusiva por meios muito mais simplificados, especialmente pela desnecessidade de submeter o ato administrativo de requalificação/desconsideração do negócio jurídico impugnado a um procedimento especial definido em lei.

Forma-se, então, um cenário extremamente adverso para o contribuinte: minimiza-se a segurança jurídica — em função da dispensa de um procedimento especial de desconsideração — e abre-se passagem, em potência, ao arbitramento de penalidades recrudescidas (multas qualificadas) ao se reputar de simulados atos e negócios (elusivos) que, a rigor teórico, não se subsumem ao espectro da simulação.

Ancora-se nesses fatores a observação de Godoi e Ferraz (2012, p. 361) segundo a qual, no Brasil, ao menos no aspecto prático da controvérsia, "os limites do planejamento tributário são atualmente traçados pela jurisprudência como consequência dos contornos concretos do conceito de simulação, e não como consequência do alcance de institutos como a fraude à lei, o negócio indireto ou o abuso de direito".

Sintoma desse quadro é o quase esquecimento do parágrafo único do artigo 116 no pródigo arcabouço de decisões administrativas fiscais concernente à desconsideração de atos e negócios jurídicos avaliados como artificiosos. É certo que, como se verá, o dispositivo ainda não foi regulamentado, o que, para a maioria dos analistas, obstrui a sua aplicação. Todavia, refere-se aqui ao fato de a jurisprudência haver, durante muitos anos, apreciado clássicos casos de elusão sem sequer fazer menção ao parágrafo único do artigo 116, ainda que fosse para censurar a omissão legislativa.

Nesse sentido, o principal consectário jurídico dessa questionável expansão semântica do conceito de simulação tributária é tornar inócua a norma geral antielusiva inserida no CTN pela Lei Complementar nº 104/2001, acabando por expor os contribuintes a uma maior discricionariedade administrativa.

Desse modo, a adequada compreensão do conteúdo preceptivo do artigo 116, parágrafo único, do CTN, supõe o esclarecimento do conceito de simulação vigente no âmbito tributário, já que a aplicação e a efetividade do dispositivo, consoante acima se destacou, são decisivamente condicionadas pela concepção atribuída àquele instituto. A tarefa principal, neste mister, é demonstrar que o conceito ampliado de simulação, amparado nos fundamentos da teoria causalista, segundo a interpretação aqui sustentada, é incompatível com o ordenamento jurídico-tributário brasileiro.

Disso decorre, em compasso com as premissas firmadas em tópicos anteriores, que o parágrafo único do artigo 116, dada a sua natureza de norma geral antielusiva, em nada guarda pertinência com a figura da simulação tributária, o que denota, como se sustentará em sequência, a existência de um hiato entre esta categoria (simulação) e a noção de dissimulação, tal como empregada naquele dispositivo, ao revés do que busca argumentar, nesse pormenor, a doutrina majoritária.

No atual Código Civil brasileiro, a simulação aparece disciplinada no artigo 167, em cuja disposição se lê que é sempre nulo o negócio jurídico simulado, subsistindo, entretanto, aquele que se dissimulou, desde que válido na substância e na forma. Ao prever a nulidade dos negócios simulados, o diploma de 2002 introduziu importante modificação em referência à codificação anterior, visto que, no Código de 1916, previa-se tão somente a anulabilidade das pactuações viciadas por simulação.

O parágrafo primeiro do mesmo artigo 167 cuidou de estabelecer, em rol *numerus clausus*, as três únicas hipóteses possíveis de consumação da simulação no direito privado: esta ocorrerá apenas quando os negócios jurídicos "aparentarem conferir ou transmitir direitos a pessoas diversas daquelas às quais realmente se conferem, ou transmitem" (inciso I); "contiverem declaração, confissão, condição ou cláusula não verdadeira" (inciso II); e "os instrumentos particulares forem antedatados, ou pós-datados" (inciso III). Neste ponto, por outro lado, não se viu qualquer alteração em relação ao Código de 1916, haja vista a reprodução quase literal das hipóteses de simulação previstas na normatização pretérita.

Lê-se, ademais, no parágrafo segundo do próprio artigo 167 do Código Civil atual, que ressalvados são, em qualquer caso, os direitos de terceiros de boa-fé em face dos contraentes do negócio jurídico simulado. Tem-se aí disposição voltada a tutelar a confiança legítima de terceiros sujeitos de direito, segundo os ditames da teoria da aparência jurídica, os quais não podem ter aviltada a sua esfera jurídica pela ilicitude da ação das partes de negócio incurso em simulação.

A partir dos termos utilizados no artigo 167 do Código Civil — negócio jurídico simulado e negócio jurídico dissimulado —, construiu a doutrina uma subdivisão da simulação em duas espécies: a simulação absoluta e a simulação relativa (identificada no texto legal como dissimulação).

Na simulação relativa, entende-se que as partes ordenam dois negócios paralelos: "um real, encoberto, dissimulado, destinado a valer entre as partes, e um outro: ostensivo, simulado, destinado a operar perante terceiros; aquele representando a vontade real das partes; e este aparecendo como portador da sua vontade declarada"[229] (TÔRRES, 2003, p. 301). Tem-se, nesse passo, um negócio simulado que serve de invólucro a outro — o negócio dissimulado — a ele subjacente.

Tal conduta se concretizaria em oposição ao que se verifica nas hipóteses de simulação absoluta, nas quais as partes lançam mão de uma aparência de dado tipo ou espécie negocial que não guarda qualquer correlação com a realidade, posto que o negócio ostentado é inteiramente fictício. Entre as vertentes voluntaristas, diz-se que a irrealidade do negócio se exprime pela total ausência de qualquer vontade das partes de realizarem uma pactuação autêntica: a avença simplesmente não existe.

Assim, se na simulação relativa há, de fato, um negócio a ser realizado, embora revestido de formas jurídicas que dissimulam a sua verdadeira causa, aquilo a que se aspira com os atos praticados em simulação absoluta, ao revés, é a total ocultação da realidade, porquanto seu objetivo final é criar uma mistificadora aparência para um *negócio jurídico inexistente*, como artifício para iludir e lesar terceiros, visto que as partes sequer desejam efetuá-lo.

O mais clássico exemplo de simulação relativa citado pela doutrina é o da celebração de um contrato de compra e venda de bem imóvel em que o valor declarado na escritura pública destoa do preço realmente pago pelo comprador: nessa hipótese, a transação efetivamente existe, mas um de seus aspectos fundamentais (o preço) é dissimulado para aos contraentes garantir vantagens indevidas. De outra parte, tem-se como superlativo exemplo de simulação absoluta a concretização de um contrato de prestação de serviços sem que qualquer serviço tenha sido efetivamente prestado, situação correntemente verificada nos casos de emissão de "notas fiscais frias".

---

[229] Esclareça-se que Heleno Tôrres não partilha dessa compreensão. No trecho transcrito, o autor está apenas a descrever o que sustenta a doutrina tradicional. Seu entendimento particular percorre senda diversa, segundo a qual o "acordo simulatório compreende a criação do contrato simulado e da relação simulada, que formarão o contrato simulado", de tal sorte que "não há dois negócios jurídicos quais sejam o simulado e o dissimulado, mas um negócio único simulado" (TÔRRES, 2003, p. 201).

Observa-se, com efeito, que em ambas as situações a simulação associa-se a uma ideia de aparência inautêntica (não verdadeira), variando-se apenas, em uma e outra espécies, o modo segundo o qual essa aparência se exprime, bem como o grau de sua intensidade. Outrossim, nota-se que a tal caracterização se pode chegar por análises realizadas tanto sob o ângulo da vontade (real ou declarada) das partes, quanto sob o ângulo da (distorção) da causa do negócio jurídico.

É evidente que esse quadro interpretativo acerca da simulação no âmbito do Direito Civil influencia mais ou menos diretamente a concepção de simulação vigorante no terreno do Direito Tributário. Essa influência, contudo, não pode ser confundida com uma *determinação conceitual* imposta de uma à outra seara. Nada há que obrigue a dogmática tributária a operar com um conceito de simulação idêntico ao que vige no plano do direito privado. Raciocínio oposto ratificaria a equivocada compreensão de que há, nesse particular, uma primazia do direito privado sobre o Direito Tributário, ideia que sob nenhum prisma pode prevalecer.

Nesse sentido, a despeito da ausência de um conceito normativo de simulação fiscal — omissão legal que fragiliza o imperativo constitucional de segurança jurídica, diga-se de passagem —, é perfeitamente possível que se elabore um conceito de simulação que seja produto de uma avaliação sistemática do ordenamento tributário. Mesmo porque "a teoria da simulação é assunto de teoria do direito positivo, aplicável a todos os demais campos de incidência. Por esse motivo, cumpre observar, em cada ramo de legislação específica, se há ou não alguma forma de tratamento próprio para as hipóteses de simulação" (TÔRRES, 2003, p. 312). Assim se deve proceder, com efeito, não somente em relação à legislação tributária, mas também em qualquer outro específico âmbito legislativo (defesa do consumidor, sucessão etc.).

Não é novidade haver entre as distintas searas do Direito uma relativa permeabilidade conceitual e categorial, decorrente do nexo sistêmico que as une enquanto partes integrantes e articuladas de um mesmo sistema positivo de normas. Todavia, como se vem de dizer, não quer isso significar que sejam absolutamente impassíveis de remodelação conceitos e categorias transplantados de um a outro de seus domínios. No caso das múltiplas relações do Direito Tributário com o direito privado, tal processo de ressemantização ocorre com alguma frequência e é o que se visualiza tanto no caso da simulação quanto no da dissimulação.

Não se pode olvidar, nesse ponto, que a restrição imposta pelo artigo 110 do CTN[230] diz respeito, unicamente, às alterações da definição, do conteúdo e do alcance de categorias de direito privado que guardem correspondência com a *demarcação de competências tributárias* calcadas no texto constitucional. A um tal quadro por certo não se amolda a tipificação de condutas consideradas antijurídicas pelo legislador, seja

---

[230] Art. 110, CTN. A lei tributária não pode alterar a definição, o conteúdo e o alcance de institutos, conceitos e formas de direito privado, utilizados, expressa ou implicitamente, pela Constituição Federal, pelas Constituições dos Estados, ou pelas Leis Orgânicas do Distrito Federal ou dos Municípios, para definir ou limitar competências tributárias.

sob o signo da simulação, seja sob o da dissimulação, o que envolve, evidentemente, a construção semântica desses termos em coerência com a lei tributária.

Inadmissível seria, de outra parte, a reconfiguração hermenêutica dos conceitos de simulação e de dissimulação com o fito de coarctar forçadamente os meios e os espaços da liberdade fiscal do contribuinte e, consequentemente, potencializar as possibilidades de o Fisco desconsiderar, abertamente ou não, atos e negócios jurídicos legítimos. Haveria, nesta hipótese, um alargamento disfarçado das hipóteses de incidência de tributos à míngua de previsão legal, o que repercutiria diretamente no conteúdo de competências constitucionais tributárias.

Cogita-se, aqui, no entanto, de situação conspicuamente diversa: trata-se apenas de extrair, à luz de uma exegese sistemática da legislação tributária, os sentidos atribuídos pelo legislador às categorias tributárias da simulação e da dissimulação, providência que em nada contradita a disposição contida no artigo 110 do CTN.

São novamente precisas, nesse tema, as palavras de Heleno Tôrres:

> Como já foi visto em capítulo anterior, o direito tributário pode, por incorporação, conservar os valores e propriedades originárias de um dado conceito de direito privado, tal como formulado neste âmbito. Neste caso, o direito tributário "usa" o instituto, sem que lhe confira novo conteúdo ou efeito. Mas nada impede que o legislador tributário possa reelaborar conceitos, institutos e formas já definidos em enunciados de direito privado. Nesse caso, o instituto, a forma ou conceito, exclusivamente para fins de atendimento aos aspectos tributários, perderia suas feições originais, não se prestando a tutelar as situações jurídicas entre particulares, de direito privado, para adquirir funcionalidade no direito tributário, servindo como "causa" para a constituição de situações tributárias. Tampouco há expediente que impeça o direito tributário de criar uma categoria própria, distinta de tudo quanto se encontre previsto no direito privado. Vale dizer, o legislador tributário, sendo o mesmo legislador de todo o ordenamento, não se limita por uma espécie de princípio conservativo de tipos e formas dos atos e negócios jurídicos de direito privado, quando estes sejam alcançados por normas de direito tributário, salvo os casos expressamente impedidos pela Constituição, porquanto isso implicaria reconhecer a prevalência do direito privado sobre o tributário, o que não existe.
> [...] De fato, o legislador tributário, salvo nos casos de conceitos, institutos e formas relacionados com as hipóteses materiais que tenham servido para a demarcação constitucional de competências, tem plena autorização para modificar o conteúdo de conceitos, institutos e formas de direito privado, nos termos do art. 110 do CTN, relacionados com os atos de controle e cumprimento formal das obrigações. Por isso, nada impede que o legislador tributário de qualquer uma das pessoas políticas, a título de redução de arbitrariedade ou de indeterminação conceitual, tipifique novas hipóteses de dissimulação em lei ordinária, segundo as competências materiais de cada pessoa política, válidas apenas para os fins fiscais e nas condições que especificarem, ou seja, quando relacionadas com as hipóteses de incidência vinculadas às materialidades que lhes foram conferidas pela Constituição (TÔRRES, 2003, p. 365-366).

Como se tem dito, essa premissa da relativa autonomia legislativa para reconfiguração, no plano da legislação tributária, de categorias e conceitos oriundos do direito privado vale tanto para a figura da simulação quanto para a da dissimulação.

No que concerne à primeira, compreende-se indevido o manejo de um conceito ampliado de simulação. Uma expansão hermenêutica dessa natureza, segundo se propõe neste trabalho, é incompatível com o Direito Tributário brasileiro. A simulação, neste âmbito, deve restringir-se às hipóteses em que se verifica a *manipulação ou o falseamento de aspectos relevantes dos atos ou negócios jurídicos* efetuados pelo contribuinte de que decorram efeitos fiscais favoráveis. Fala-se, pois, num arranjo negocial fictício — *no todo ou em parte* — para garantir ao contribuinte uma evasão do pagamento de tributos, razão pela qual se deve reconhecer a simulação — apartando-a do fenômeno elusivo — como modalidade de ato ilícito consubstanciado em *agressão direta* (e não indireta) à legislação tributária.

Isto é, haverá simulação fiscal, a autorizar a aplicação do inciso VII do artigo 149 do CTN, quando a pactuação contratual com repercussões tributárias for oca (vazio negocial ou negócio inexistente) ou quando forem contrafeitos seus elementos constitutivos, como partes (*v.g.* interpostas pessoas), objeto (*v.g.* serviço que não se enquadra na hipótese de incidência de qualquer tributo em substituição ao serviço real prestado, que seria tributado), preço (*v.g.* falsificação para redução da base de cálculo de tributo) etc. Vincula-se, portanto, numa pontual concordância com a doutrina tradicional (em termos que logo adiante serão melhor esclarecidos), o fenômeno da simulação tributária com atos de *falseamento da realidade negocial*.

Sabe-se que Godoi (2019), em seus últimos textos, tem defendido o conceito causalista (ampliado) de simulação, com o qual, já está claro, a posição defendida nesta obra não se coaduna. No entanto, em seus primeiros artigos sobre o parágrafo único do artigo 116 do CTN, publicados ainda no ano da edição do dispositivo, o autor perfilhava um entendimento semelhante ao que ora se postula. Ao elogiar a escolha do legislador pelo termo "dissimulação", e não "simulação", Godoi (2001, p. 110), recorrendo ao sentido denotativo dos dicionários, assinalou: "simular é fingir o que não é; dissimular é encobrir o que é". E prossegue enfatizando a ideia de falseamento para caracterização da noção de simulação, inclusive em termos tributários:

> Parece-nos que a distinção do Padre Manuel Bernardes [autor da definição isolada entre aspas acima, consagrada pelo dicionarista Aurélio Buarque de Hollanda] cai como uma luva no âmbito do parágrafo único do art. 116 e mesmo no âmbito da distinção entre elusão tributária e simulação. Na simulação, o contribuinte "finge o que não é", ou seja, finge que é compra e venda o que na verdade é uma doação (doação do ponto de vista jurídico, sem necessidade de apelar para o sentido econômico), finge que transfere um bem para A quando na verdade (verdade jurídica) transfere para B, finge que teve gastos dedutíveis (notas frias) quando na verdade não teve. Ora, como o ato simulado trata de algo que não é, que não se sustenta como realidade jurídica, não é necessário que o CTN ordene ao aplicador que o desconsidere, pois isso está subentendido como decorrência da lógica jurídica (GODOI, 2001, p. 110).

Na mesma direção, Luís Flávio Neto (2018, p. 411) aduz que "a simulação a que se refere o art. 149, VII, do CTN, corresponderia à 'mentira' quanto à prática de um ato relevante para fins tributários. Sonega-se da Administração Fiscal a verdade dos fatos ocorridos", o que reconduz à conclusão de que "o ato simulado é um ato aparente, que não existe no mundo dos fatos, mas apenas de forma precária no mundo jurídico". Aqui o autor claramente se inspira na célebre enunciação de Alberto Xavier (2002, p. 67): "a distinção entre o negócio simulado, por um lado, e os negócios indiretos ou fiduciários, por outro, corresponde à fronteira que separa a *mentira* da *verdade*". Para Luís Flávio Neto, no Direito Tributário brasileiro:

> [...] a simulação se presta à sonegação, ou seja, ao ilícito. O que se combate não é a utilização de formas anormais, atípicas, para se alcançar determinado resultado. Combate-se o ato doloso da evasão de tributos em que as partes realizam um determinado negócio jurídico, mas declaram ao fisco que outro teria sido realizado (FLÁVIO NETO, 2019, p. 279).

Sobreleva-se, então, a inferência de que a simulação tributária se reflete na conduta de programar ato ou negócio jurídico fictício — integral (vazio de conteúdo) ou parcialmente (falseamento de elementos relevantes) — para manipular fato tributariamente relevante e, com isso, permitir que o contribuinte se exima à constituição de obrigação tributária, a fim de evadir tributo devido. Daí por que, nos lindes do Direito Tributário, na simulação, absoluta ou relativa, a ilicitude é intrínseca, congênita à ação perpetrada pelo agente com o propósito de atentar contra a ordem tributária. Ilícito típico e direto, a atrair a aplicação do artigo 149, inciso VII, do CTN e a possibilidade de imposição de multas qualificadas.

A partir de um tal raciocínio se depreende que a proposição de análise de atos simulados à luz, primordialmente, da causa do negócio jurídico não deve no Direito Tributário prosperar, ainda que se entenda prevalecente no direito privado a teoria causalista da simulação, por aparentar maior harmonia com os preceitos legais do Código Civil de 2002, o que ainda hoje, todavia, disse-se alhures, não é objeto de consenso na doutrina. Heleno Tôrres (2003), por exemplo, ao examinar o Código Civil vigente, assinalou a presença de reflexos híbridos de teorias diversas da simulação, destacando, contudo, que, "dentre todas, [...] a doutrina da vontade tem expressão de relevo, ao ver-se no Código a simulação como hipótese de nulidade (art. 167) e por considerar a divergência entre vontade real e declaração".

Em todo caso, sustenta-se que, no plano do Direito Tributário, o critério da causa do negócio jurídico e suas eventuais distorções — *em hipóteses que não versem sobre o falseamento da realidade pela manipulação dos aspectos relevantes da operação* — deve servir apenas ao exame das condutas incursas em *elusão fiscal*, categoria que de nenhum modo partilha de identidade conceitual com a figura da simulação, dada a diferença de natureza da ilicitude que cada uma delas engendra (ilicitude atípica na hipótese de elusão e ilicitude típica na de simulação).

Parece razoável cogitar que o exame da simulação, no âmbito tributário, também à luz do critério da causa pode provocar um esvaziamento do conceito de elusão fiscal — e, consequentemente, do parágrafo único do artigo 116 do CTN —, eis que condutas praticadas em abuso de direito ou de formas, fraude à lei tributária e ausência de propósito negocial — sempre a depender da formatação teórico-metodológica adotada — sejam capituladas como simuladas e desconstituídas, para fins fiscais, diretamente com base no artigo 149, inciso VII, daquele mesmo diploma.

Concorre para robustecer essa leitura a percepção de que os efeitos decorrentes do reconhecimento da ocorrência de simulação fiscal são muito drásticos e, por isso, em termos teóricos, incongruentes com conceituações ampliadas do instituto. O supracitado artigo 149, inciso VII, por exemplo, dispõe que, uma vez comprovado que o sujeito passivo da obrigação tributária (ou terceiro em seu proveito) lançou mão de técnica simulada, autorizado estará o Fisco, independentemente de qualquer procedimento especial, a efetuar ou revisar de ofício o lançamento do tributo evadido.

Sabe-se, porém, vigorar no Direito Tributário brasileiro a regra da imutabilidade do ato administrativo do lançamento — classicamente desenvolvida por Alberto Xavier (2001) —, como corolário do princípio da segurança jurídica. Assim, no arcabouço normativo do CTN, as autorizações outorgadas ao Fisco para proceder à revisão do lançamento de ofício são excepcionalíssimas, posto que flexibilizadoras desse importante balizador dos mecanismos de tributação, sobretudo em termos de certeza e previsibilidade jurídicas.

O elastecimento do conceito de simulação finda por tragar ao bojo dessa sensível exceção à regra da imutabilidade do ato administrativo de lançamento negócios jurídicos elusivos, sem distinção, provocando uma entropia na separação de regimes de controle de ilicitudes tributárias que o legislador pretendeu edificar: de uma parte, o combate aos atos evasivos (entre eles, os simulados) pela via do inciso VII do artigo 149 e, de outra, o ataque aos negócios elusivos com fulcro no parágrafo único do artigo 116 do CTN. Essa maximização inadvertida do uso de um dispositivo excepcional pode ocasionar uma anômala normalização da exceção. São oportunas, nesse contexto, as reflexões tecidas por Nishioka, confirmadas ao final de sua pesquisa:

> Além de realizar, ao mesmo tempo, os princípios da legalidade e da capacidade contributiva, verificar-se-á que a Lei Complementar n. 104/2001 estabelece um regime que nada tem a ver com o previsto no artigo 149, VII, do CTN, seja quanto ao procedimento que deve ser observado pela autoridade administrativa, seja quanto às hipóteses que determinam sua incidência, seja ainda em relação às penalidades aplicadas em cada uma das hipóteses. Pretende-se pois estabelecer parâmetros para a atuação da Administração Pública na desconsideração dos atos e negócios jurídicos e na (re)qualificação dos fatos, à luz dos dois dispositivos do CTN, quais sejam, os artigos 149, VII, e 116, parágrafo único. Tudo com o objetivo de perquirir se seria possível a conclusão no sentido de que a evasão estaria sujeita ao artigo 149, VII, do CTN, enquanto que a elusão, ao artigo 116, parágrafo único. Assim, a desconsideração dos atos e negócios jurídicos elusivos dependeria de lei ordinária, ao contrário dos evasivos, que justificariam a constituição imediata do crédito tributário por meio do lançamento de ofício (NISHIOKA, 2010, p. 19).

Outrossim, como também dito acima, não se pode olvidar que o reconhecimento da simulação pode atrair em desfavor do contribuinte a aplicação de severas sanções (multas qualificadas, previstas no artigo 44 da Lei nº 9.430/1996, aplicáveis apenas a modalidades de evasão fiscal), além do fato de a caracterização de um ato fiscalmente relevante como simulado influenciar significativamente na análise da configuração de crimes contra a ordem tributária, tipificados na Lei nº 8.137/1990.

As condutas elusivas, porém, a rigor teórico, não se amoldam a tais hipóteses de imposição de multas qualificadas e tampouco aos tipos penais previstos no supracitado diploma, visto se constituírem como agressões oblíquas à lei. Todavia, o conceito ampliado de simulação acaba por obscurecer essa divisória entre atos simulados e atos elusivos, donde podem advir consequências sancionatórias graves, posto que potencialmente lesivas aos princípios da legalidade e da segurança jurídica.

Daí por que, *em termos teóricos e abstratos*, não se pode concordar com a proposta de Sérgio André Rocha (2019, p. 101) de superar as numerosas celeumas conceituais envolvendo as múltiplas definições doutrinárias de simulação, abuso de direito, abuso de formas, fraude à lei tributária e ausência de propósito negocial lançando-as no caldeirão comum da concepção expandida de simulação. Ainda que o autor esclareça que, "nos casos em que for possível a desconsideração de atos e negócios jurídicos com base no conceito amplo de simulação, todas as demais patologias estarão igualmente presentes" (ROCHA, 2019, p. 101).

Não obstante, como frequentemente adverte o próprio autor, pode ser que as divergências sejam meramente aparentes, adstringindo-se ao campo teórico apenas. Isso porque, há de se recordar, o critério proposto por Rocha para diferenciar simulação e elusão é o grau de artificialidade do ato ou negócio jurídico praticado: se manifestamente artificial, tem-se a simulação (conceito amplo) e aplica-se o artigo 149, inciso VII, do CTN; se, porém, a artificialidade não for tão evidente, a suscitar dúvidas razoáveis na apreciação do negócio em função de sua maior complexidade e opacidade, aplica-se o artigo 116, parágrafo único, e só poderá haver desconsideração da operação no bojo do procedimento especial legalmente exigido.

As premissas e fundamentos teóricos, como se vê, são diametralmente antagônicos. Contudo, a julgar pelos exemplos de artificialidade flagrante usualmente evocados por Rocha, como o da empresa de papel sediada em paraíso fiscal, ter-se-á na análise concreta justamente as hipóteses de falseamento ou manipulação da realidade propugnados pelo conceito restritivo de simulação. Com efeito, seja partindo da concepção ampliada, seja partindo da concepção comprimida de simulação, pode-se facilmente chegar a uma conclusão comum, haja vista que, em muitos casos, é exatamente a contrafação de aspectos constitutivos do negócio jurídico que explicitará a "manifesta artificialidade" de que fala Sérgio André Rocha para legitimar a desconstituição imediata da operação com base no artigo 149, inciso VII, do CTN.

De toda forma, não se nega que a defesa de um conceito restritivo de simulação implica, ao revés do que se observa em todo o restante do texto, um alinhamento tópico deste trabalho com os epígonos da doutrina tradicional. No entanto, mostra-se apenas aparente essa suposta incoerência quando considerado que os métodos e os objetivos dessa apologia à compressão semântica do conceito de simulação tributária são bastante distintos num e noutro casos.

Se, entre os adeptos da corrente normativista-conceitualista, a justificação do conceito coarctado de simulação serve ao propósito de ampliar desmesuradamente o âmbito de liberdade fiscal do contribuinte para estruturar planejamentos tributários (inclusive mediante violações transversais à lei), a partir da entronização do formalismo inflexível como apanágio dos princípios da legalidade estrita, da tipicidade cerrada e da reserva absoluta de lei; aqui, o desiderato fundamental é o de demarcar com meridiana clareza os regimes jurídicos distintos atinentes aos fenômenos da evasão e da elusão, crucial fronteira que acaba obnubilada, segundo a interpretação aqui reivindicada, pela invocação do conceito estendido de simulação.

Noutras palavras, uma coisa é defender o conceito restritivo de simulação e rejeitar a categoria de elusão e a disciplina dos ilicitudes atípicas para outorgar carta branca ao contribuinte para abusar de suas liberdades fundamentais; outra bastante diferente é sustentar esse mesmo conceito restritivo, mas assimilar a figura da elusão tributária e admitir o seu combate via aplicação de uma norma geral como a do parágrafo único do artigo 116 do CTN, com o escopo não de garantir aos particulares prerrogativas absolutas de auto-organização patrimonial e negocial, mas de assegurar o contraditório e a ampla defesa nos procedimentos, comandados pela Administração, de desconsideração de atos e negócios jurídicos complexos e potencialmente elusivos.

Entende-se que só com essa providência (a cristalina e objetiva distinção das zonas normativas de enfrentamento da evasão e elusão tributárias), adotada pelo legislador com a edição da Lei Complementar nº 104/2001, é que se pode delimitar — levando-se em conta o dever fundamental de pagar tributos e os princípios constitucionais da solidariedade, da isonomia e da capacidade contributiva — o campo de legítimo exercício do direito de liberdade fiscal, inadmitindo as transgressões diretas ou indiretas à ordem tributária, mas sem violações ao devido processo administrativo.

Ademais, engana-se quem supõe que esse raciocínio, fundado na desconexão parcial entre os conceitos civilista e tributário de simulação, acaba por estreitar em demasia a concepção de simulação fiscal, pois é também com suporte nele que se pode consistentemente defender que a lei tributária não está adstrita às *taxativas hipóteses* de simulação positivadas no artigo 167 do Código Civil. Isto é, pode-se considerar como simulatórias, para fins fiscais, condutas que não se subsumam aos supracitados incisos do parágrafo primeiro daquele dispositivo, desde que se baseiem, é claro, em ações cuja prática assente em violações frontais à legislação tributária.

Daí a afirmação formulada por Tôrres (2003, p. 363-364), e integralmente corroborada por Sérgio André Rocha (2018, p. 507), na direção de que o artigo 167, parágrafo primeiro, do Código Civil dá forma a "uma especificação taxativa de hipóteses [de simulação] que somente tem aplicação no direito privado, haja vista os limites do dever de veracidade serem impostos às partes e aos terceiros diretamente envolvidos"; de outra parte, "como em matéria tributária o dever de veracidade é exigido em todos os seus atos [...], não se justifica qualquer tentativa de vinculação dos atos administrativos àquela lista taxativa predisposta para os lindes do direito privado".

Conclui-se, em suma, (1) que os conceitos civilista e tributário de simulação não são idênticos; (2) que o conceito ampliado de simulação fiscal, escorado nas premissas da teoria causalista, são incompatíveis com o Direito Tributário; (3) que as hipóteses de simulação fiscal não se adstringem ao rol *numerus clausus* delineado no artigo 167, parágrafo único, do CC; (4) que os atos elusivos (negócios desprovidos de causa jurídica) não podem ser incluídos no espectro da simulação fiscal, quedando-se passíveis de desconsideração pelo Fisco somente pela via do artigo 116, parágrafo único, e nunca diretamente pelo artigo 149, inciso VII, ambos do CTN; e (5) que, para todos os efeitos, o conceito tributário de simulação traduz apenas violações diretas e frontais à legislação, exprimindo-se, pois, como modalidade de evasão fiscal, dada a ilicitude inerente e genética que macula a conduta perpetrada pelo agente.

Em linha com tais conclusões, tem-se que tampouco o conceito de dissimulação carece ficar inflexivelmente vinculado à carga semântica dispensada ao termo pela lei civilista, lá conectado umbilicalmente ao fenômeno da simulação relativa. E isso se dá pelos mesmos motivos: não é tolerável suprimir a liberdade — até certo grau necessária — de cada ramo do Direito recepcionar ou mesmo ressignificar formas e institutos a eles inicialmente exógenos segundo as suas *nuances* e peculiaridades.

Assim não fosse — como se viu na análise do conceito de simulação —, acabaria amputado do ordenamento positivo um hábil recurso de harmonização prática de seus preceitos, propiciado por uma certa margem de adaptação e acomodação de conceitos e categorias às singulares propriedades teórico-dogmáticas das searas que o compõem.

É esse desligamento, no plano do Direito Tributário, do termo "dissimulação" de sua originária conotação civilista de simulação relativa que permite definitivamente excluir a simulação, em qualquer de suas modalidades, do campo material de incidência do artigo 116, parágrafo único, do CTN.

Em semelhante interpretação, André Folloni (2016, p. 83) destaca não haver "nenhum motivo para impedir que o Poder Legislativo adote o termo 'dissimulação' no direito tributário com sentido diferente daquele que a expressão tem no direito civil", uma vez que "o limite do legislador tributário não é nem a doutrina, nem o Código Civil: é a Constituição e o seu regime jurídico". Em sequência, arremata o autor: "Se isso não implicar ferir a Constituição, o Poder Legislativo pode criar novos termos e pode criar novas significações para termos antigos. Caso isso não macule a Constituição, não há ilegitimidade no agir administrativo" (FOLLONI, 2016, p. 83-84).

Também para Sérgio André Rocha, o conceito de dissimulação urdido pelo artigo 116, parágrafo único, do CTN não se equipara àquele extraído do artigo 167 do Código Civil. É esta a sua lição:

> A utilização da palavra "dissimulação" não indica, de modo algum, que se trata de uma regra sobre simulação relativa. Ademais, não nos parece que a definição do vocábulo "simulação" no Direito Tributário esteja restrita à moldura prevista no artigo 167 do Código

Civil. O verbo "dissimular" no parágrafo único do artigo 116 do CTN foi nitidamente utilizado em sentido vernacular, como sinônimo de ocultar, esconder. O paralelo feito com um conceito de Direito Civil, que sequer é um conceito normativo, mas mero conceito doutrinário ("dissimulação"), com vistas a tornar inútil o dispositivo que claramente tinha um propósito, mostra-se um esforço intencional para tornar despiciendo o parágrafo único em comento (ROCHA, 2018, p. 502).

Por requerer um esforço argumentativo mais denso e meticuloso, a construção do sentido do termo "dissimulação" no artigo 116, parágrafo único, do CTN, por finalidades didáticas e de sistematização textual, será reservada ao tópico seguinte. Na parcela final do tópico presente, pretende-se apenas sedimentar a premissa segundo a qual a Lei Complementar nº 104/2001, por meio do dispositivo supracitado, engendrou um novo conceito — isto é, um conceito tributário — de dissimulação que não equivale àquele preconizado pelo Código Civil. Desfecha-se, assim, a argumentação no sentido de que restam definitivamente excluídos os atos simulados do campo material de aplicação do artigo 116, parágrafo único, do CTN.

Finalmente, para reforço das teses aqui defendidas, é oportuno recorrer a mais uma (extensa, mas) preciosa lição extraída do magistério de Marciano Godoi,[231] afim com tudo quanto aqui se tem dito:

> A primeira questão que se deve enfrentar é se é ou não recomendável combater os planejamentos tributários abusivos de um modo distinto do atual, com uma norma geral distinta da que atualmente é reconhecida pela jurisprudência brasileira [conceito ampliado de simulação]. Nossa opinião é que é recomendável essa mudança, pois o atual sistema, ainda que não chegue a ser inconstitucional, gera uma carga excessiva e desnecessária de insegurança.
> São dois os principais problemas do sistema atual. Em primeiro lugar, um mesmo instituto jurídico — a simulação — é utilizado para combater situações bem distintas do ponto de vista fiscal: os casos de sonegação/defraudação e os casos de elusão. Pensamos que esses dois grupos de possíveis condutas do contribuinte devem ter um tratamento claramente distinto por parte do ordenamento. Com o sistema atual, ora os planejamentos tidos por abusivos são equiparados a atos de sonegação e sofrem imposição de pesadas multas administrativas, ora são vistos como um tipo distinto de simulação e, portanto, se veem livres de multas agravadas, sem que exista um claro e racional discurso aplicativo que permita distinguir as razões que levam a uma ou outra solução. Em segundo lugar, atualmente a desconsideração administrativa de atos e negócios jurídicos é feita sem respeitar um procedimento que garanta que o contribuinte possa, antes de se tomar a decisão por desconsiderar ou não os seus atos, conhecer os fatos que levam a autoridade fiscal a considerar que seu planejamento é abusivo e produzir os argumentos e provas que considere pertinentes. Vale dizer: atualmente os objetivos do art. 116, parágrafo único, do CTN (combate dos planejamentos com abuso de forma jurídica) vêm sendo perseguidos,

---

[231] Impõe-se aqui recordar o que foi dito anteriormente: Godoi (2019) tem defendido em textos mais recentes a aplicação do conceito ampliado/causalista de simulação, o que nubla a separação dos fenômenos que o autor descreve no trecho transcrito. Se de fato se confirma a mudança de compreensão ora cogitada, é de se subscrever a leitura anterior, nos textos mais antigos, que preconiza uma separação mais clara e rigorosa dos regimes de combate à evasão e à elusão fiscais, o que torna mais adequado aderir a um conceito restritivo de simulação, como o defendido nesta obra.

sem que as garantias procedimentais para a aplicação da norma sejam oferecidas ao contribuinte (GODOI, 2012a, p. 140-141).

Com efeito, sob o mister de preservar o rigor teórico e assegurar a racionalidade dos processos sancionatórios, as garantias do contribuinte e o imperativo constitucional da segurança jurídica, é oportuno, por ser de capital importância, uma vez mais reiterar que a legislação brasileira, acertadamente, em matéria de planejamento tributário, cuidou de estruturar dois regimes administrativos de controle de infrações fiscais distintos e paralelos: o primeiro, lastreado principalmente no inciso VII do artigo 149 do CTN, para coibir atos evasivos, caracterizados por ilicitudes típicas (dolo, fraude, conluio e simulação absoluta ou relativa); e o segundo, alicerçado no parágrafo único do artigo 116 do mesmo diploma, destinado a reprimir atos elusivos, definidos por ilicitudes atípicas (fraude à lei tributária, abuso de formas jurídicas e operações desprovidas de propósito negocial).

Por serem dotados de métodos, objetos e objetivos diferentes entre si, tais regimes não se confundem e tampouco são intercambiáveis, de sorte que qualquer proceder da Administração Fiscal que desses postulados se desvie merecerá ser combatido, em deferência aos fundamentos legais e constitucionais em que assenta o ordenamento tributário brasileiro.

5.2.3 O conceito de dissimulação no parágrafo único do artigo 116 do CTN

Esclarecidas as relações — ou a inexistência delas — entre a figura da simulação e a previsão contida no artigo 116, parágrafo único, do CTN, impõe-se agora construir, hermeneuticamente, o sentido que a Lei Complementar nº 104/2001 teria dedicado ao termo "dissimular", tal como restou positivado naquele dispositivo.

Como ponto de partida, pode-se tomar em conta, na esteira do raciocínio de Rocha (2018), a definição léxica da palavra "dissimular": de fato, quis o legislador referir-se a uma ideia de ocultar, mascarar, disfarçar, encobrir ou esconder. E o objeto dessa camuflagem é a ocorrência do fato gerador de tributo previsto em lei ou o aperfeiçoamento de elemento constitutivo de obrigação tributária.

No mesmo passo, Marcus Abraham entende que a intenção do legislador foi mesmo a de privilegiar o sentido denotativo do termo "dissimulação", a indicar atos como "ocultar ou encobrir com astúcia", "fingir", "disfarçar", entre outros similares. Para o autor, não é merecedora de censura doutrinária a opção terminológica do legislador quando se leva em consideração esse horizonte semântico: "nada mais adequado para abranger as manobras irregulares de planejamentos fiscais abusivos do que uma expressão que traduz cristalinamente práticas atentatórias à moral, à ética e à ordem pública" (ABRAHAM, 2007, p. 260-261).

Como assinala Godoi (2001, p. 110), "na dissimulação prevista no art. 116 há uma realidade (ocorrência do fato gerador) e uma cobertura, um disfarce promovido por atos ou negócios jurídicos, e o legislador ordena que tais disfarces sejam desconsiderados". O dado inicial extraído do enunciado da norma, portanto, é a alusão a esse disfarce como, metaforicamente, um véu que encobre uma realidade jurídica subjacente,[232] donde a autorização outorgada ao Fisco para desconstituir tal disfarce e desvelar aquilo que o contribuinte ardilosamente buscou ocultar.[233]

Na mesma linha, Marco Aurélio Greco identifica a dissimulação com o mascaramento do fato gerador:

> [...] a "ocorrência" do fato gerador só pode se dar na hipótese de estarem, materialmente, reunidos os elementos que o configurem, tal como adequadamente previsto na lei.
> Esta observação aponta no sentido de que o parágrafo único do artigo 116 prestigia a legalidade e a tipicidade, pois estas cercam a qualificação dos fatos da vida para dar-lhes a natureza de fato gerador de tributo.
> A norma em questão não autoriza a exigência de tributo em relação à hipótese que não configure fato gerador; não autoriza a exigência sem lei ou fora dos tipos que a lei pertinente tiver previsto; não cria fato gerador novo!
> Seu único objetivo é autorizar que seja afastada a "máscara" (a dissimulação), para permitir atingir o fato gerador que tenha efetivamente ocorrido (este é o termo utilizado por esta norma do CTN = "dissimular a ocorrência")
> [...]
> O Código está autorizando o desvelamento da realidade pelo afastamento de uma cobertura, de uma máscara que encobre outra realidade. Mas, isto só é possível se o fato gerador estiver adequadamente previsto na lei e tenha efetivamente ocorrido no plano fático. O dispositivo não autoriza conjecturas nem suposições de algo que "poderia" ter ocorrido, ou que o Fisco "supõe" pudesse ter sido a melhor alternativa. Só admite alcançar o que efetivamente ocorrer (GRECO, 2008, p. 458-459).

O desafio que desse quadro emerge é o de identificar os critérios que permitam com segurança diferenciar os atos e negócios jurídicos dissimulatórios — no sentido preconizado pelo artigo 116, parágrafo único, do CTN — daqueles que, embora complexos, permaneçam circunscritos aos limites da elisão fiscal, sem implicar, com efeito, qualquer afronta, direta ou indireta, à vigente ordem jurídica tributária.

Neste ponto, é de se subscrever a afirmação formulada por Godoi (2001, p. 109) de que a interpretação vernacular (léxico-gramatical) do vocábulo "dissimular", assimilada como ponto de arranque da compreensão do dispositivo, estaciona neste marco: doravante, exige-se uma atividade hermenêutica minimamente criativa, a fim

---

[232] Adiante se verá que essa ideia não implica qualquer aproximação com a chamada "interpretação econômica do Direito Tributário", uma vez que a análise do caráter dissimulatório ou não de atos e negócios jurídicos que importem a redução do pagamento de tributos se faz com base não em critérios econômicos, mas em critérios (hermenêuticos) eminentemente jurídicos.

[233] Paulo Caliendo formula definição parecida àquela postulada por Godoi: "Na dissimulação existe um 'disfarce' promovido por negócios jurídicos, ordenando a lei que estes sejam 'levantados' ou 'desconsiderados' para que se verifique a real natureza dos atos" (CALIENDO, 2009b, p. 260).

de suprir o reprovável laconismo com que a norma buscou regular tão sensível matéria. Não se trata, adverte oportunamente o autor, de "'inventar' sentidos para o dispositivo, mas de formular sentidos prováveis ou possíveis e logo em seguida verificar sua compatibilidade com a letra e com o espírito da lei" (GODOI, 2001, p. 109-110).

O núcleo da proposição hermenêutica que neste trabalho se busca sustentar consiste na inextrincável vinculação do termo "dissimular" à noção de "elusão fiscal", nos moldes conceituais alhures prefixados. Ato ou negócio jurídico dissimulatório, com efeito, é aquele que, ordenado sem causa legítima a motivá-lo, obedece ao desiderato único de eludir o pagamento de tributo, garantindo ao particular uma sorrateira via de ação que lhe permita eximir-se, abusivamente, à constituição de obrigação tributária.

O agir dissimulatório, em tal modelo interpretativo, consubstancia uma modalidade de ilícito atípico, na medida em que busca promover a ocultação da ocorrência do fato gerador de tributo ou elemento constitutivo da obrigação tributária, pelo emprego de meios *a priori* lícitos para perpetrar vulnerações oblíquas à legislação tributária.

Dissimular significa, pois, no contexto do artigo 116, parágrafo único, do CTN, manipular ardilosamente os critérios da regra matriz de incidência de normas tributárias impositivas com o objetivo de contorná-las e evitar, com isso, a sua incidência sobre as atividades econômicas conduzidas pelo contribuinte. Pode-se falar, nesse sentido, tanto em manipulação dos critérios material, temporal e espacial, previstos no antecedente normativo da regra matriz tributária, como também em manipulação dos critérios pessoal e quantitativo, inseridos no consequente da norma.

No primeiro caso (critério material), o agente distorce a causa do negócio (revestindo-o, por exemplo, de formas jurídicas insólitas) para desconectar, artificialmente, o conteúdo da operação da hipótese de incidência de dado tributo, encobrindo a consumação do fato gerador.

No segundo (critério temporal), utiliza-se uma técnica dissimulatória para antecipar ou postergar a realização do fato imponível, visando ao contorno da norma tributária correspondente mediante interpretação abusiva dos pressupostos de aplicação da lei tributária no tempo.

No terceiro caso (critério espacial), o particular ordena o negócio de modo a subverter os critérios de conexao territorial para deslocar espacialmente a consumação do fato jurídico tributário e sujeitá-lo a regime fiscal mais favorável, vigorante em outro município, estado ou mesmo jurisdição estrangeira, como é o caso dos paraísos fiscais.

No quarto (critério pessoal), quase invariavelmente relacionada à distorção do critério espacial, o contribuinte, por meio de manobra artificial, desloca a ocorrência do fato imponível para submeter a operação a regra de competência diversa e, com isso, substituir a titularidade ativa da obrigação tributária, a fim de perseguir regime tributário mais benéfico.

No quinto e último caso (critério quantitativo), promove-se uma mutação insidiosa da base de cálculo ou da alíquota de tributo devido, a exemplo do que se visualiza quando o contribuinte constitui paralelamente duas pessoas jurídicas, desmembrando artificialmente as atividades empresariais, com o objetivo de evitar que a receita — base de cálculo para a alíquota, por exemplo, do regime do Simples Nacional — extrapole o limite deste regime ou permaneça em alíquota de menor monta.

Supérfluo acrescentar que o ponto comum que coesiona essas cinco hipóteses de manipulação astuciosa dos critérios da regra matriz de incidência é a inexistência de causa jurídica lícita do negócio realizado, traço que determina o seu caráter dissimulatório.

Rememore-se, ademais, que a dissimulação, enquanto ação que materializa a elusão fiscal, pode se exprimir de duas formas distintas. A mais recorrente consiste em distorcer um ato ou negócio para dissociá-lo do antecedente abstrato de uma norma tributária, a qual resta contornada pela ocultação da realização do fato gerador, e inibir, com isso, a incidência fiscal (*elusão tributária excludente*). A outra variante de ação dissimulatória, a seu turno, traduz-se na deformação de um ato ou negócio para enquadrá-lo, indevidamente, nos pressupostos fático-jurídicos de vantagens fiscais específicas, a exemplo de isenções, créditos presumidos etc. (*elusão tributária includente*). Essas condutas, propiciadoras de economia fiscal, para não cruzarem o limiar que distingue a elusão da simulação, devem permanecer adstritas aos vícios de causa do negócio, sem adentrarem o campo das *transações fictícias*.

Com efeito, a partir da articulação de todos os fundamentos acima pincelados, pode-se formular uma conclusiva síntese segundo a qual: consuma-se a ação de dissimular a ocorrência do fato gerador de tributo ou elemento constitutivo da obrigação tributária quando o contribuinte, buscando se furtar à incidência de norma tributária imperativa e atingir resultados econômicos idênticos mediante redução ou supressão de carga tributária, lança mão de atos ou negócios jurídicos artificiosos, destituídos de causa legítima ou cuja causa se esvazie ou desfigure em razão da adoção de estruturas formais extravagantes, absolutamente inconciliáveis com o conteúdo da operação, com finalidades exclusivamente fiscais, repelindo a cobrança de tributo que por ele seria devido ou aderindo irregularmente aos pressupostos de benefício fiscal previsto em lei para atingir situações e objetivos diversos.

Aperfeiçoados tais pressupostos fáticos-jurídicos, autorizada estará a Administração a desconsiderar, com fulcro no parágrafo único do artigo 116 do CTN, a operação efetuada pelo contribuinte e cobrar o tributo instituído pela norma eludida.

Desse enquadramento decorre, como dito alhures, uma conexão indissociável entre as categorias da dissimulação e da elusão fiscal — e não da simulação, como pretende a parcela majoritária da doutrina —, o que finda por realçar a diferença conceitual entre a figura da dissimulação do Código Civil e a categoria homônima estabelecida no artigo 116, parágrafo único, do CTN, abordada no tópico anterior.

Tomado, pois, o clássico exemplo da inserção, em escritura pública, de valor inferior ao realmente pago na compra de bem imóvel, tem-se, para o Direito Civil, uma hipótese de simulação relativa (dissimulação civil). Fossem equiparáveis os conceitos de dissimulação em uma e outra searas, como apregoado pela maior parte da doutrina tributarista, seria esse o arquétipo de conduta a ser enfrentada pelo parágrafo único do artigo 116 do CTN. No entanto, para o Direito Tributário, o comportamento de informar preço menor, em escritura pública, para reduzir o pagamento de Imposto sobre Transmissão de Bens Imóveis (ITBI), configura não ação dissimulatória, mas ação fraudulenta e, portanto, evasiva, dado que a ilicitude, na espécie, é inerente ao comportamento adotado. O fundamento da reação da Administração Tributária, nesse caso, seria o artigo 149, inciso VII, do CTN.

Portanto, no parágrafo único do artigo 116, o termo dissimulação reporta-se a infrações tributárias atípicas (elusão), enquanto que, no artigo 167 do CC, a dissimulação (simulação relativa) dá azo a infrações tributárias típicas (evasão). Com esse exemplo se justifica e se ilustra — à luz de toda a argumentação tecida no tópico antecedente — a relativa autonomia conferida ao Direito Tributário para requalificar conceitos e categorias reguladas originalmente no plano do direito privado segundo as suas *nuances* e peculiaridades.

Mas há, na definição postulada, outro detalhe que não se pode de vista perder: para configurarem-se ambos os fenômenos — a dissimulação e, consequentemente, a elusão fiscal —, a finalidade de economizar tributos há de ser *exclusiva*, e não apenas preponderante, a evidenciar a inexistência de causa jurídica idônea a motivar a celebração do ato ou negócio celebrado.

Um tal posicionamento não se coaduna com a leitura proposta por Marco Aurélio Greco,[234] para quem a ilegalidade do planejamento tributário já se consumará se a motivação fiscal for a predominante (e não necessariamente exclusiva):

> No entanto, os negócios jurídicos que não tiverem nenhuma causa real e preponderante, a não ser conduzir a um menor imposto, terão sido realizados em desacordo com o perfil objetivo do negócio e, como tal, assumem um caráter abusivo; neste caso, o Fisco a eles pode se opor, desqualificando-os fiscalmente para requalificá-los segundo a descrição normativo-tributária pertinente à situação que foi encoberta pelo desnaturamento da função objetiva do ato. Ou seja, se o objetivo predominante for a redução da carga tributária, ter-se-á uso abusivo do direito.
>
> Sublinhe-se que, com esta conclusão, não estou dizendo que o contribuinte é "obrigado a optar pela forma mais onerosa", ou que deverá "pagar o maior imposto possível". Não! Conforme diversas vezes afirmado acima, o contribuinte tem o direito de auto organizar. Tem o direito de dispor a sua vida como melhor lhe aprouver; não está obrigado a optar pela forma fiscalmente mais onerosa.
>
> Porém, o que disse acima é que esta reorganização deve ter uma causa real, uma razão de ser, um motivo que não seja predominantemente fiscal. Sublinhei o termo "predominantemente" pois este é o conceito chave. Se uma determinada operação ou negócio privado tiver por efeito reduzir carga tributária, mas se apoia num motivo empresarial, o direito

---

[234] Sublinhe-se, porém, que Greco somente adotou essa orientação em obras posteriores. Noutros mais antigos textos, produzidos ainda antes da edição da Lei Complementar nº 104/2001, o entendimento do autor era idêntico ao perfilhado no presente trabalho, quando afirmava que: "[...] esta reorganização deve ter uma causa qualquer, uma razão de ser, um motivo que não seja exclusivamente fiscal. Sublinhei o termo 'exclusivamente' pois este é o conceito chave. Se uma determinada operação ou negócio privado tiver uma finalidade de reduzir imposto mas também uma finalidade empresarial, o direito de auto-organização foi adequadamente utilizado. Não haverá abuso! O Fisco nada poderá objetar!" (GRECO, 1998, p. 135).

de auto-organização terá sido adequadamente utilizado. Não haverá abuso! O Fisco nada poderá objetar! (GRECO, 2008, p. 203-204)

Significa afirmar que, na hipótese de operações motivadas por objetivos fiscais e extrafiscais concorrentes, independentemente da primazia de uns ou de outros na situação concreta, a conduta do contribuinte não extrapolará as raias da elisão, donde a sua insuscetibilidade de qualquer reação por parte do Fisco.

Assim, mesmo que a motivação preponderante para realizar uma determinada transação seja a de reduzir ou suprimir a pressão fiscal incidente sobre a atividade econômica conduzida pelo contribuinte, se dela se fizer possível extrair alguma finalidade negocial (ainda que secundária), tal transação não será passível de desconsideração com amparo no artigo 116, parágrafo único, do CTN.

Se não é essa a única exegese possível do dispositivo,[235] parece ser a mais apta a equilibrar dinamicamente os colidentes interesses postos em jogo: de um lado, a inelimnável pretensão arrecadatória do Estado e, de outro, o exercício das liberdades constitucionais — sobretudo a liberdade fiscal — asseguradas aos particulares.

Dessa maneira, pela articulação das balizas hermenêuticas acima delineadas, avalizada está a conclusão de que a Lei Complementar nº 104/2001 inseriu na ordem jurídica brasileira uma técnica de combate a planejamentos tributários abusivos que, compatível com o princípio da legalidade tributária, relativiza, sem obliterar, a liberdade de auto-organização patrimonial garantida aos agentes econômicos, objetivando conter e reprimir a perpetração de infrações indiretas à legislação tributária, fazendo-o com esteio em preceitos de extração constitucional, como o dever fundamental de pagar tributos e os princípios da solidariedade, da isonomia e da capacidade contributiva.

5.2.4 A matriz de reação a planejamentos tributários abusivos consagrada pelo parágrafo único do artigo 116 do CTN: atos e negócios jurídicos praticados em fraude à lei tributária (abuso de formas jurídicas e ausência de propósito negocial como espécies)

Uma vez assentados tais pressupostos, não há como pôr em questão, como se vem sustentando neste capítulo, a natureza de norma antielusiva do artigo 116, parágrafo

---

[235] Cite-se, como exemplo, a previsão veiculada no artigo 7.1 da *Multilateral Convention to Implement Tax Related Measures to Prevent Base Erosion and Profit Shifting* (MLI), assinada por mais de noventa países, sob a regência do Comitê de Assuntos Fiscais da OCDE, que institui o chamado *Principal Purpose Test* (PPT), cláusula segundo a qual, caso razoável seja a conclusão de que um dos principais motivos da celebração de um negócio jurídico transnacional tenha sido lograr vantagens fiscais, ainda que haja outras razões (inclusive de natureza econômica), poderá ser o mesmo desconsiderado. Ou seja, basta existir uma intenção relevante de reduzir carga tributária para se considerar agressivo o planejamento fiscal. Na redação da cláusula, lê-se: "*Article 7 — Prevention of Treaty Abuse. 1. Notwithstanding any provisions of a Covered Tax Agreement, a benefit under the Covered Tax Agreement shall not be granted in respect of an item of income or capital if it is reasonable to conclude, having regard to all relevant facts and circumstances, that obtaining that benefit was one of the principal purposes of any arrangement or transaction that resulted directly or indirectly in that benefit, unless it is established that granting that benefit in these circumstances would be in accordance with the object and purpose of the relevant provisions of the Covered Tax Agreement*" (GOMES, 2019, p. 02).

único, do CTN. Daí sucedem, com efeito, outras indagações, a exemplo de qual matriz de reação a planejamentos tributários abusivos teria o legislador brasileiro prestigiado quando da edição da Lei Complementar nº 104/2001. Entre os autores que concebem o parágrafo único do artigo 116 como regra antielusão, não há consenso sobre qual teria sido a influência estrangeira decisiva na formatação do dispositivo.

Segundo Paulo Ayres Barreto (2008, p. 139), "a experiência francesa sobre o tema da elisão teria servido de inspiração para a alteração veiculada no Brasil, por intermédio da Lei Complementar nº 104, de 2001", opinião corroborada por Ricardo Lobo Torres (2013, p. 55), para quem a legislação brasileira recepcionou o modelo francês do abuso de direito como matriz de reação a planejamentos tributários abusivos. Posição diversa é a de Alexandre Nishioka (2010, p. 84), autor que sustenta ter sido a teoria do abuso de formas jurídicas, oriunda do Direito alemão, a opção perfilhada pelo legislador nacional. Noutro giro, Marciano Godoi[236] (2001, p. 115) entende que a doutrina da fraude à lei tributária, cujo exemplo mais conhecido remonta ao ordenamento espanhol, acabou acolhida pelo artigo 116, parágrafo único, do CTN.

Já no campo jurisprudencial, a teoria mais utilizada pelas cortes administrativas, embora seja a que menos receba crédito da doutrina pátria, é a da ausência de propósito negocial (ou ausência de motivação extratributária), cuja incorporação ao Direito Tributário brasileiro é asperamente criticada pela excessiva margem de subjetividade concedida ao Fisco e, ainda, por ser originária de tradição — a *Common Law* — exótica à experiência e à cultura jurídica nacionais.

Não é necessário, neste ponto, reiterar que a introdução de uma norma geral antielusiva no ordenamento brasileiro foi iniciativa digna de enaltecimento, por oferecer substantiva contribuição à preservação da integridade da legislação tributária. Essa constatação, todavia, não impede a crítica ao laconismo com que o legislador cuidou de instituí-la. É leitura semelhante à de Nabais (2013) ao examinar o ordenamento português: o autor afirma a imprescindibilidade de uma norma geral de controle de abuso nos planejamentos fiscais, mas censura severamente a cláusula geral antiabuso (nº 2 do art. 38º da Lei Geral Tributária lusitana), sustentando, inclusive, a sua inconstitucionalidade pela excessiva abertura e discricionariedade concedidas ao Fisco.[237] Aqui, contudo, não se chega a tanto, embora as críticas cabíveis devam ser feitas.

A opção por um termo polissêmico e impreciso como "dissimular" — cuja construção de sentido demanda um largo e sempre polêmico esforço hermenêutico e argumentativo —, sem explicitar a seleção por uma ou mais das usuais matrizes de

---

[236] Em texto mais recente, Marciano Godoi incluiu, ao lado da fraude à lei, a figura do abuso de direito. Foram estas as suas palavras: "Em nossa opinião, o art. 116, parágrafo único, do CTN é a via pela qual a Administração pode desconsiderar atos ou negócios jurídicos em que há fraude à lei ou abuso de direito, conceitos jurídicos presentes nas normas gerais antiabuso no ordenamento da generalidade dos países desenvolvidos" (GODOI, 2012a, p. 142).

[237] A referida cláusula antiabuso portuguesa sofreu importante reforma legislativa em 2000, elogiada em termos por Nabais (2013, p. 58-59), que aparenta aceitá-la, embora ainda destacando certas dificuldades em sua compreensão e em seu alcance.

reação visualizadas nas experiências internacionais, é fator que impulsiona as sucessivas problemáticas que vicejam no conjunto da jurisprudência e da doutrina.

Neste ponto, é de recordar a pretensa correção[238] que a Medida Provisória nº 66/2002 intentou promover ao positivar, textualmente, nos incisos I e II do seu artigo 14, parágrafo primeiro, a "falta de propósito negocial" e o "abuso de forma" como critérios informadores do procedimento de desconsideração de atos e negócios jurídicos dissimulatórios. Entretanto, como tal dispositivo acabou rejeitado quando da conversão da aludida Medida Provisória na Lei nº 10.637/2002, persistiu a incerteza quanto aos fundamentos de aplicação do artigo 116, parágrafo único, do CTN.

Parece acertada a observação de Marciano Godoi (2001, p. 112) de que o parágrafo único do artigo 116 do CTN, sob os moldes interpretativos acima enunciados, converge com as normas antielusivas presentes, com determinadas variações, nas legislações francesa, alemã e espanhola. A diferenciação de nomes (abuso de direito, abuso de forma e fraude à lei) não torna menos difícil a tarefa de discerni-las de forma definitiva, eis que todas se encontram submetidas a uma linha mestra coincidente, consubstanciada num objeto comum de ataque: as manobras artificiosas adotadas pelo contribuinte para resistir ao pagamento de tributos. Mesmo a ausência de propósito negocial, teoria excluída dessa análise por Godoi, está ligada a tal escopo compartilhado de combater estratégias elusivas de evitação fiscal.

Nesse sentido, não obstante provenham essas quatro matrizes de reação a planejamentos fiscais abusivos de experiências estrangeiras distintas — razão pela qual preservam, em alguma medida, as suas respectivas autonomias teórico-conceituais —, impõe-se notar que, frequentemente, sob diferentes formas e *nuances*, elas se entrelaçam para revelar um substrato comum em análises concretas.

Exemplificativamente, quando um contribuinte realiza uma operação desprovida de causa jurídica, que exprime uma manifesta incongruência entre forma e conteúdo, com o objetivo exclusivo de economizar tributos, ele, em tese e simultaneamente, (1) excede manifestamente os fins econômico e social do direito de liberdade negocial (abuso de direito — se considerado à luz do artigo 187 do Código Civil); (2) distorce o perfil de institutos de direito privado (abuso de formas jurídicas); (3) contorna artificiosamente a aplicação de norma cogente (fraude à lei tributária); e (4) prescinde de finalidades extrafiscais para conduzir o negócio (ausência de propósito negocial).

Com efeito, a real diferença entre essas figuras — quando estudadas em abstrato, em suas originais formatações — consiste, fundamentalmente, no enfoque analítico, isto é, no ângulo de avaliação de um determinado ato ou negócio jurídico e de sua

---

[238] Diz-se "pretensa correção" porque seria duvidosa a constitucionalidade formal de tal previsão caso bem-sucedida fosse a sua conversão em lei. Isso porque se trataria da inclusão de critérios materiais no escopo de aplicação do artigo 116, parágrafo único, do CTN, quando a autorização estabelecida na parte final do dispositivo se resumia à edição de normas procedimentais. Ademais, constava no artigo 14, parágrafo primeiro, da Medida Provisória nº 66/2002 a determinação de ser levada em conta, no ato de desconsideração, a ocorrência da falta de propósito negocial e de abuso de formas *dentre outras*, locução esta última que fazia perpetuar a incerteza que os incisos I e II do dispositivo pretendiam dirimir.

(in)compatibilidade com a ordem jurídico-tributária, ponderadas sempre as singularidades dos ordenamentos em que cada uma se encontra inserida.

No caso francês, privilegia-se o desbordamento dos limites em que se deve circunscrever o exercício de um direito (na espécie, o direito de auto-organização patrimonial dos particulares); no alemão, a avaliação recai sobre a desnaturação das funções dos instrumentos jurídicos formais mobilizados para efetuação de uma transação; no espanhol, o epicentro da análise reside na inocuização de uma norma tributária imperativa, propiciada pela adoção de arranjos negociais artificiosos; e, no caso norte-americano, prestigia-se uma análise projetada no campo da teleologia da ação do contribuinte, pretendendo identificar as finalidades, se negociais ou não, que orientam a condução de um determinado ato ou negócio jurídico.

Não é casual, nesse passo, o reiterado apelo de Sérgio André Rocha (2019) para que a doutrina tributarista abandone certos "cacoetes conceitualistas" que fomentam uma tendência de teoricizar em demasia problemáticas que devem ser solucionadas no campo analítico dos casos concretos. Para o autor, o fetiche por definições acaba por multiplicar falsas controvérsias e acentuar o babelismo que — somado à flagrante deficiência redacional do artigo 116, parágrafo único, do CTN — oclui qualquer avanço mais significativo na tarefa de assegurar maior segurança jurídica à temática dos limites do planejamento tributário no ordenamento positivo brasileiro.

A partir de constatações empíricas[239] — análises de casos realizadas por autores situados nas antípodas do espectro doutrinário e que chegaram a idênticas conclusões ao examinar situações concretas —, Rocha entende ser imperativo calibrar o excesso de debates travados aos níveis principiológico-axiológico (solidariedade, segurança etc.) e conceitual (simulação, abuso de direito, abuso de formas, fraude à lei, propósito negocial) — embora sem deixar de reconhecer a importância dos mesmos —, a fim de evitar que pendores teoricistas ou academicisitas ofusquem os frequentes consensos ou convergências de fundo prático (substantivo) na avaliação aplicada de polêmicas envolvendo a abusividade de planejamentos fiscais. Em sua advertência contra o que chama jocosamente de "malditos rótulos", consigna o autor que:

> Já faz algum tempo que suspeitamos que as diferenças entre os autores que escrevem sobre planejamento tributário não são tão acentuadas como se presume ou como aparentam ser. Um autor fala em abuso de direito, e outro rebate dizendo que o abuso de direito jamais poderia ser um critério válido para a desconsideração de atos e negócios jurídicos praticados pelo contribuinte. Então alguém argumenta que o critério seria a fraude à lei, outros o rejeitam com veemência. Há quem sustente que o único critério possível é a simulação. Mas qual simulação? Não existe um conceito unitário e unívoco de simulação. Ele não raro varia de autor para autor — inclusive no Direito Privado, muitas vezes referido como se fora composto por um catálogo conceitos determinados.
> Parece-nos, a esta altura, que o debate sobre o planejamento tributário calcado em questões axiológicas e princípios, de um lado, e na suposta monossemia de conceitos como

---
[239] Constatações essas que Rocha infere, sobretudo, do estudo de importante obra coletiva coordenada por Douglas Yamashita (2007) sobre o planejamento tributário à luz da jurisprudência brasileira.

simulação, abuso de direito, fraude à lei e abuso de forma, de outro, gerou uma verdadeira Torre de Babel tributária em que cada um fala sua língua e, o que é pior, com pretensões de universalidade, como se o seu conceito fosse, ou devesse ser, "o conceito" (ROCHA, 2018, p. 104).

A exortação do autor, decerto, não é desarrazoada. Há, de fato, um elevado número de controvérsias que em nada contribuem para pacificar contradições que obnubilam os horizontes possíveis de exercício legítimo do direito fundamental de liberdade fiscal. Deve uma tal recomendação, todavia, ser assimilada com reservas.

A principal delas é, no compasso do que se tem argumentado, a separação rigorosa dos regimes jurídicos de enfrentamento à evasão (artigo 149, inciso VII, CTN) e à elusão fiscais (artigo 116, parágrafo único, CTN), de modo que não se pode asseverar a indiferença do enquadramento de uma dada conduta como simulada ou como incursa em qualquer outra das patologias pertinentes ao espectro das ilicitudes atípicas. De um e outro juízos de subsunção, projetam-se significativas diferenças procedimentais para a desconsideração dos negócios impugnados (exigência ou não de procedimento especial) e potenciais repercussões sancionatórias (imposição ou não de multas qualificadas). A fluidez e a fungibilidade conceituais, portanto, têm limites.

Maior justificabilidade ganha a admoestação formulada por Rocha (2018) no domínio das ilicitudes atípicas, pois, como se disse, as figuras são mesmo bastante similares. Entretanto, compreende-se que, mesmo neste âmbito, a busca por alguma precisão (e não preciosismo) conceitual não é tarefa desprezível, desde que, evidentemente, não se perca de mira a função sempre instrumental (e nunca puramente teórica) dos conceitos e definições, os quais devem sempre servir de subsídio ao aperfeiçoamento prático do Direito, no escopo de sua aplicação concreta.

Melhor seria se a redação legal do parágrafo único do artigo 116 do CTN fosse reelaborada por nova lei complementar, plasmando textualmente alguma das categorias tradicionais (como buscaram sem sucesso fazer as Medidas Provisórias nº 66/2002 e nº 685/2015), o que drenaria a fonte da larga maioria das querelas doutrinárias em torno do dispositivo. Essa é percepção unânime. Porém, se (ou enquanto) assim não se procede, entende-se competir à ciência do Direito o desenvolvimento teórico dos objetos que suscitem maiores dissensos, devendo abdicar-se do estudo apenas daquelas celeumas que *nenhuma relevância* conservem, em homenagem a um ideal de praticabilidade do qual nunca se deve inteiramente descolar.

Disso decorre a necessidade de examinar as principais matrizes de reação a planejamentos fiscais abusivos abordadas no capítulo anterior, à luz da legislação tributária brasileira sistematicamente considerada, com o fito de atestar em qual ou quais delas o parágrafo único do artigo 116 do CTN se baseou ao admitir a desconsideração de operações elusivas realizadas pelo contribuinte.

Tal proceder possibilita aclarar os fundamentos de aplicação do dispositivo, mediante a assimilação das propriedades teórico-dogmáticas das matrizes de reação identificadas — acompanhadas das copiosas contribuições doutrinárias acerca delas produzidas — para tomá-las como critérios hermenêuticos capazes de iluminar a análise do caráter dissimulatório ou não de atos e negócios jurídicos complexos que acarretem redução de carga tributária.

Afinal, como recorda o próprio Sérgio André Rocha (2018, p. 128), a despeito de realçar a superfluidade do batismo da patologia,[240] a correta capitulação legal do comportamento lesivo é pressuposto da autuação fiscal, que deve indicar com clareza a infração tributária perpetrada e a indicação do dispositivo de lei que lhe serve de suporte normativo. E, segundo se entende neste estudo, a prévia avaliação teórica das espécies de ilicitude atípica, em alguma medida, auxilia nesse desiderato prático.

A hipótese sustentada neste trabalho toma a *fraude à lei tributária* como a figura que melhor sintetiza a *ratio legis* do artigo 116, parágrafo único, do CTN. Não quer isso significar, todavia, que a sua assimilação se dê necessariamente em exclusão a outras categorias congêneres, as quais ao lado dela podem ser concebidas numa relação de complementaridade ou de gênero/espécie. É o que se verifica, já se antecipou alhures, no caso do *abuso de formas jurídicas* e da *ausência de propósito negocial*, parâmetros que auxiliam na averiguação da ocorrência de fraude à lei tributária ao permitirem o esquadrinhamento das propriedades e atributos de atos e negócios celebrados com a finalidade exclusiva de suavizar carga tributária.

Antes de desenvolver essa hipótese, cabe uma breve nota sobre a figura do abuso de direito nesse contexto de combate à elusão tributária na ordem jurídica brasileira. Se o objetivo da análise, como se disse, é o de lançar luz sobre o artigo 116, parágrafo único, do CTN e construir hermeneuticamente as bases de sua aplicação, é imperioso reconhecer que o abuso de direito se revela a categoria que menor contribuição oferece neste mister.

Não se trata, no entanto, de afirmar uma incompatibilidade apriorística de tal figura com a dogmática tributária, como habitualmente procedem os segmentos mais tradicionalistas da doutrina.[241] Isso porque a categoria de abuso de direito consubstancia

---

[240] Calha reproduzir a precisa reflexão do autor: "Agora, se não é necessário batizar a patologia, em nossa opinião é essencial a capitulação legal. Ou seja, se o argumento é uma patologia que resulte na aplicação do conceito amplo de simulação, a autoridade fiscal tem o dever de fundamentar o auto de infração no inciso VII do artigo 149 do Código Tributário Nacional. Se o Fisco entende — ao contrário do que defendemos — que sejam aplicáveis as regras do Código Civil, deve fundamentar a autuação fiscal em tais regras. No caso de a autoridade entender que seja aplicável o parágrafo único do artigo 116 do Código Tributário Nacional, que será comentado no item seguinte, também tem a obrigação de fazer referência a ele. A falta de capitulação legal com o fundamento para o exercício da competência de desconsideração e requalificação, segundo vemos, limita a capacidade de defesa do contribuinte, uma vez que cada um dos dispositivos mencionados no parágrafo anterior tem hipóteses de incidência, condições de aplicação, e consequências distintas" (ROCHA, 2018, p. 128-129).

[241] A mais conhecida e radical crítica à disciplina do abuso de direito foi formulada por Alberto Xavier (2002). Para o autor, defensor ferrenho dos princípios da estrita legalidade tributária e da tipicidade cerrada, não é juridicamente aceitável a transposição de categorias inerentes ao Direito Privado a qualquer dos ramos do Direito Público. O alicerce dessa afirmação consiste nas distintas e inconciliáveis naturezas das relações verificadas em um e outro domínios: enquanto no Direito Privado se estruturam relações marcadas pela paridade e equivalência de posições, no Direito Público há uma ineliminável hierarquia que verticaliza as interações entre Estado e indivíduo em todos os planos, de modo a exigir uma regulação protetiva inteiramente distinta da consagrada naquele primeiro campo (XAVIER, 2002, p. 105-106). Nessa esteira, as obrigações tributárias seriam regidas — entre outros — pelo princípio da determinação, segundo o qual os fatos imponíveis devem ser pormenorizadamente descritos em lei, sem que se abra espaço para cláusulas gerais e conceitos indeterminados.

o principal arquétipo de antijuridicidade no conjunto dos chamados "sistemas de ilicitudes atípicas", importados ao Direito Tributário por todo regime jurídico de combate à elusão fiscal que, devidamente positivado, recorra a normas gerais antiabuso.

O ponto nevrálgico aqui é outro: vincula-se à extremada abrangência do conceito de abuso de direito nos moldes como desenhado no direito positivo brasileiro, fator que termina por prejudicar a sua *eficácia prática* no escopo do controle de legalidade de planejamentos tributários abusivos.

Todo negócio jurídico que sirva a propósitos dissimulatórios pode, por definição, ser interpretado como um *extravasamento dos fins econômico e social* do direito de auto-organização patrimonial garantido ao contribuinte. Nota-se, pois, ao revés do que se visualiza em relação às demais figuras (abuso de formas, fraude à lei tributária e ausência de propósito negocial) um pauperismo de elementos conceituais capazes de auxiliar na intelecção e na aplicação de uma norma geral antielusão. Por distintas palavras, a ideia de "abuso de direito fiscal", por pressupor demasiada amplitude, padece de uma imprecisão que turba o desiderato de suprir, hermeneuticamente, a ineficiência do legislador quando da edificação do parágrafo único do artigo 116.

Nesse sentido, o critério para afastar a figura do abuso de direito nesse contexto de compreensão da norma geral antielusiva brasileira é menos teórico do que utilitário, o que não deixa de justificar a proposição metodológica, aqui prestigiada, de interpretar o artigo 116, parágrafo único, à luz, fundamentalmente, da noção de fraude à lei tributária, complementada, num segundo plano, pelas figuras do abuso de formas jurídicas e da ausência de propósito negocial, suas espécies. É por elas que se buscará elaborar uma hipótese que, atenta ao princípio da segurança jurídica, permita com clareza estabelecer os limites jurídicos à ordenação de planejamentos fiscais.

5.2.4.1 A fraude à lei tributária como gênero

A fraude à lei é conceito cujas origens remontam ao Direito Civil. Naquele domínio, a acepção conferida ao termo exprime a ideia de violação oblíqua a uma norma jurídica, escamoteada pela invocação de outras normas (ditas "de cobertura" ou "de camuflagem"), para que o sujeito, mediante a prática de atos ou negócios jurídicos artificiosos, se esquive à incidência de normas imperativas.

A fraude à lei, portanto, traduz uma tentativa de driblar um preceito legal para alcançar, por vias alternativas, os mesmos resultados que aquele visou a proscrever, de modo a sujeitar o agente à norma de cobertura, e não, como deveria ocorrer, àquela que se pretendeu evitar. Daí a afirmação de se consubstanciar tal figura como uma vulneração indireta à lei.

O autor radicaliza o argumento ao asseverar que o conceito de abuso de direito, ao viabilizar uma teratológica tributação por analogia, deveria ser definitivamente erradicado da ciência do Direito Tributário.

Nunca é demais reiterar que a fraude à lei (*fraus legis*) não se confunde com os atos praticados *contra legem*, tal como ressaltado alhures, quando se cuidou de diferenciar as noções de "fraude à lei tributária" e "fraude fiscal".

Para a doutrina, "os atos *contra legem* seriam aqueles praticados por um dado sujeito com o intuito deliberado de violar diretamente preceito de lei cogente (impositiva ou proibitiva)", ao passo que, na *fraus legis*, "tem-se também ato jurídico dirigido para violar a lei, mas como tentativa de afastar a sua incidência, de modo indireto, usando de uma norma de cobertura para fazer-se sujeito a esta e não àquela que evita, por ser-lhe de algum modo mais benéfica [...]" (TÔRRES, 2003, p. 338-339). É deste último caso que trata o artigo 166, inciso VI, do Código Civil, ao prescrever a nulidade do negócio jurídico quando "tiver por objetivo fraudar lei imperativa".

Sabe-se ser saturada de polêmicas a questão da aplicabilidade do conceito de fraude à lei ao Direito Tributário. Em que pese haver o STF, em diversas decisões prolatadas na década de 1950, invocado expressamente a noção da fraude à lei tributária,[242] a maioria dos autores brasileiros manifesta recalcitrância a tal proceder, supondo uma incompatibilidade essencial entre a categoria e a dogmática tributária.

Para Alberto Xavier (2002, p. 100), à noção de fraude à lei é essencial que a norma defraudada seja proibitiva ou preceptiva — isto é, deve ser "uma norma que determina a ilicitude do fim prosseguido ou uma norma que consinta a realização do fim só com a adoção de uma determinada forma" —, naturezas de que não se revestem as normas tributárias. Em raciocínio análogo, Schoueri (2010, p. 335) sustenta que só se poderia de fraude à lei fiscal cogitar se o comando emanado de uma norma tributária ordenasse ao contribuinte a incursão em determinada hipótese de incidência, o que, todavia, em nenhuma situação se verifica.

As reflexões propostas pelos ilustres autores, no entanto, parecem aferrar-se a elementos marginais da discussão. Obviamente, o centro de gravitação do conceito de fraude à lei tributária não pode ser a natureza da norma defraudada, porquanto todas as normas tributárias possuem, por expressa definição legal (a compulsoriedade de que fala o artigo 3º do CTN), natureza cogente.

---

[242] Ao realizar pesquisa específica acerca da figura da fraude à lei tributária na jurisprudência do STF, Marciano Godoi (2002, p. 75-76) afirma ser possível demonstrar com segurança que os entendimentos consolidados junto à Corte Suprema, em que pese não unânimes, não comungam das reservas e prevenções que a doutrina tradicional opõe à incorporação daquela categoria ao Direito Tributário brasileiro. O autor cita, como exemplo, o voto do Ministro Orosimbo Nonato no julgamento do RMS nº 3.419, julgado em 6 de julho de 1956: "A fraude à lei se caracteriza pelo uso de meios lícitos em si para o logro de fins contrários aos da lei. É, na lição de Vallery, o ato praticado ao fim de subtrair, em determinados casos, a aplicação de normas a ele naturalmente aplicáveis. De um modo ou de outro, existe fraude à lei em matéria fiscal, e no caso o Tribunal Federal de Recursos concluiu pela sua ocorrência, pois que se trata de apólice de seguro, resgatada prematuramente". Noutro julgado, desta feita o RE nº 40.518 (DJ 12.08.59), o Ministro Luiz Gallotti sublinhou em seu voto, versado sobre matéria tributária, que: "O problema da fraude à lei é imanente a todo ordenamento jurídico, que não pode ver, com indiferença, serem ilididas, pela malícia dos homens, as suas imposições e as suas proibições". O mesmo Ministro Luiz Gallotti, nos autos do RMS nº 16.105 (DJ 17.08.1966), consignou, ao julgar um caso versado sobre imposto de renda, que "a fraude à lei muitas vezes consiste, como assinalam os mestres, em abrigar-se alguém à literalidade de um texto para fazê-lo produzir efeitos contrários ao seu espírito". Para mais detalhes sobre os entendimentos do STF acerca do conceito de fraude à lei tributária, cf. Godoi (2002).

Na transposição da categoria ao Direito Tributário, o vértice da análise deve ser outro: a frustração da eficácia de um preceito tributário imperativo pelo uso de mecanismos que, amparados em normas prescritas com finalidades distintas das que presidiram a ação do sujeito passivo, apresentam como função real o escamoteamento do fato imponível para sujeitar o contribuinte a regime de tributação mais favorável ou mesmo para exonerá-lo artificiosamente de qualquer obrigação fiscal.

Neste ponto se exprime a indissolúvel conexão do termo dissimulação com a figura da fraude à lei tributária: a ação de ocultar a ocorrência do fato gerador, ao fim das contas, serve, fundamentalmente, ao propósito de oferecer ao contribuinte uma rota de fuga à aplicação de normas tributárias cogentes.

Fiel reflexo encontra tal hipótese de interpretação do artigo 116, parágrafo único, do CTN no competente magistério de Marciano Godoi, em sequência transcrito:

> O sujeito passivo pratica o fato gerador do tributo mas procurar encobrir ("dissimular") tal realidade através de atos ou negócios jurídicos que apesar de serem reais e efetivos (o que afasta sua caracterização de atos simulados) são realizados em fraude à lei tributária, na medida em que se baseiam em normas (comerciais, civis, societárias) estabelecidas com finalidades totalmente diversas das que nortearam a atuação do sujeito passivo, distorcendo a causa típica do negócio com o intuito de obter uma vantagem tributária. Este é o âmbito próprio do art. 116, parágrafo único do CTN, que deve atuar segundo o procedimento a ser estabelecido por lei ordinária (GODOI, 2001, p. 115).

Percorre igual vereda Marcus Abraham (2007, p. 218), que aponta como típica situação de fraude à lei aquela em que "o sujeito respeita a letra da norma primária, mas viola, por meios indiretos, através do uso de mecanismos jurídicos apoiados em outras normas, com finalidades distintas". Em sua percepção, o conceito de fraude à lei é compatível com o Direito Tributário e pode ser incorporado como um limite à liberdade de ordenação de planejamentos fiscais, sob o pressuposto de que a imperatividade das normas tributárias obsta o seu contorno ou o seu afastamento no contexto do exercício da autonomia da vontade pelos particulares. Em suas palavras:

> [...] Verifica-se o uso, na mesma operação, de duas normas: a primeira, que resta contornada, e uma segunda, que é a norma de camuflagem, aplicada para atingir o fim buscado inicialmente, mas com efeitos diversos. Dada esta estrutura, resta aí, também, a distinção para com a simulação, em que a manobra ardil está no ato ou no negócio realizado (simulado) e não pelo uso da norma, já que na fraude à lei, os atos ou negócios realizados são efetivamente pretendidos e não simulados. E, isto, é o que ocorre, igualmente, nos casos de negócio jurídico indireto e no abuso de formas.
> [...]
> Ponto importante a ser considerado é que a norma em questão dispõe expressamente da "lei imperativa", o que exclui as leis dispositivas ou meramente facultativas, que se aplicariam de forma subsidiária ao ato ou negócio jurídico. A nosso ver, tal regra é perfeitamente adequada para limitar algumas operações em planejamentos fiscais, já que as normas de natureza tributária — de natureza eminentemente imperativa — não podem ser afastadas e nem aceitar modificações na configuração da operação por força de convenção

particulares. Amplia-se, assim, o escopo do artigo 123 do Código Tributário Nacional[243] (ABRAHAM, 2007, p. 218-219).

Também Heleno Tôrres (2003, p. 351) assevera a relevância do conceito de fraude à lei na órbita do Direito Tributário. Para o autor, os atos e negócios programados em fraude à lei constituem uma das hipóteses de aplicação do artigo 116, parágrafo único, do CTN. A variação do modelo hermenêutico sustentado por Tôrres — com a qual, ressalte-se, não se pode concordar — é que, em sua ótica, a norma defraudada não é, em verdade, a norma tributária, mas sim uma *regra imperativa de direito privado*, que acaba indiretamente descumprida quando da própria composição do ato ou negócio jurídico dissimulatório.[244] Nesse caso, a inocuização de uma norma tributária seria apenas um efeito da fraude à lei civil. *Ipsis litteris*:

> Quanto ao alcance do conceito de fraude à lei, aos fins de aplicação do direito tributário brasileiro, este segue mantendo sua noção original, de proteção à garantia dos limites jurídicos ao exercício da autonomia privada. Não é fraude à lei em matéria tributária descumprimento direto de normas tributárias, que são sempre cogentes e imperativas. Assim pensam muitos, mas se equivocam. Fraude à lei que importa ao direito tributário é o afastamento de regime mais gravoso ou tributável por descumprimento indireto de regra imperativa de direito privado, na composição do próprio ato ou negócio jurídico. E nesse caso, justifica-se o agir do Estado na preservação dessas regras, inclusive quando a burla tenha como fundamento evitar a incidência de regras tributárias (TÔRRES, 2003, p. 351).

Há, portanto, firme respaldo doutrinário, ainda que em correntes minoritárias e diversificadas entre si, para a tese da aplicação da categoria de fraude à lei ao campo do Direito Tributário. Não se trata, porém, de *fraude à lei civil com repercussões tributárias*, como defende Tôrres. Está-se a falar, a rigor, em *fraude à lei fiscal*, isto é, em *defraudação de normas tributárias imperativas*, que são afastadas pelo contribuinte por intermédio de atos e negócios ardilosos, escorados em normas de cobertura — geralmente pertencentes ao direito privado —, ditadas com finalidades diversas daquelas realmente aspiradas pelo particular (obter vantagens de natureza fiscal).

Ao assim proceder, o contribuinte poderá ver desconsiderados, com fulcro no artigo 116, parágrafo único, do CTN, os negócios jurídicos nesses moldes celebrados,

---

[243] Art. 123, CTN. Salvo disposições de lei em contrário, as convenções particulares, relativas à responsabilidade pelo pagamento de tributos, não podem ser opostas à Fazenda Pública, para modificar a definição legal do sujeito passivo das obrigações tributárias correspondentes.

[244] Para além da estrita discussão acerca do artigo 116, parágrafo único, do CTN, Heleno Tôrres (2003, p. 350) lembra que: "No direito tributário brasileiro, temos várias regras que vedam expressamente as práticas de atos em fraude à lei, como meio de modificar os efeitos para fins tributários. É o caso, por exemplo, das normas que permitem desconsiderar o regime do negócio jurídico para ajustar-lhes o preço praticado, como meio de corrigir a base de cálculo; das normas que vedam a fraude à execução fiscal, com desconsideração dos atos de alienação de bens promovidos após a inscrição do débito na dívida ativa (art. 185 do CTN); das normas que estabelecem as antecipações do pagamento do tributo, como no caso do imposto de transmissão de bens inter vivos, transferindo para a transcrição de promessa de compra e venda o fato jurídico tributário do imposto, evitando que os sujeitos não efetuem, definitivamente, a transmissão do bem, para evitar o pagamento do tributo. Algumas das regras sobre controle de distribuição disfarçada de lucros também tem esta mesma finalidade. São as chamadas regras de prevenção de fraudes".

dado o seu caráter dissimulatório, consubstanciado na intenção de ocultar a ocorrência do fato gerador de tributo ou elemento constitutivo da obrigação tributária.

Desse quadro se deduz que a fraude à lei tributária assoma sempre como consectário da utilização de instrumentos negociais destituídos de causa, seja sob a forma de atos ou negócios jurídicos artificiais, seja sob a forma de uma cadeia coordenada de atos lícitos ("montagem" ou *"step-stone transactions"*) praticados com o fito de lograr resultados contrários a preceito legal cogente (norma tributária repelida).

Daí a conclusão de que o propósito da Lei Complementar nº 104/2001, sem embargo de sua defeituosa técnica redacional, foi construir legislativamente uma ferramenta de repressão à fraude à lei tributária, sintetizada na articulação das categorias de dissimulação e elusão fiscal, cuja expressão melhor acabada se visualiza em arranjos negociais desprovidos de causa jurídica ou norteados por causas eivadas de ilicitude (a exemplo do exclusivo desiderato de assegurar ao autor da manobra defraudadora a fruição de vantagens fiscais ilegítimas).

5.2.4.2 O abuso de formas jurídicas e a ausência de propósito negocial como espécies de fraude à lei tributária

É, neste ponto, necessário retomar a advertência formulada em linhas pretéritas de que a consagração da fraude à lei tributária como matriz principal de reação a planejamentos tributários abusivos, no bojo do parágrafo único do artigo 116 do CTN, não implica, necessariamente, a exclusão das outras figuras correlatas (abuso de formas e ausência de propósito negocial) do regime jurídico de combate à elusão fiscal visualizado no ordenamento jurídico brasileiro. Não se pode de vista perder o fato de serem tais conceitos produto, essencialmente, de construções doutrinárias, dada a inexistência de alusões textuais a elas no conjunto da legislação tributária nacional.

A enviesada inclinação a tomá-las como alternativas estanques, no sentido de que o legislador apenas poderia ter optado por uma delas, só pode resultar de um estudo pouco cuidadoso do direito comparado, baseado na superficial constatação de que cada uma das principais experiências internacionais ancorou-se na eleição ou do abuso de direito (França), ou do abuso de formas (Alemanha), ou da fraude à lei tributária (Espanha) ou da ausência de propósito negocial (Estados Unidos) como pedra de toque de seus respectivos sistemas de coibição à elusão fiscal.

Não quer esse fato histórico representar, todavia, que essas quatro categorias repousem em antagonismo. Ao contrário: tanto se aproximam que significativas parcelas das doutrinas nativas (sobretudo as europeias) sempre vislumbraram influências recíprocas entre tais paradigmas, observação que não deixa de atestar as múltiplas convergências teórico-dogmáticas que cuidam de interconectar tais figuras no plano de enfrentamento à elusão fiscal. No entanto, não obstante o tangenciado apelo de Rocha (2019) para minimizar, em nível razoável, os fetiches teoricistas, entende-se importante delinear conceituações que garantam um maior rigor científico na abordagem doutrinária da questão dos limites dos planejamentos tributários e uma melhor fundamentação teórico-dogmática na aplicação da norma geral antielusiva brasileira.

Isto dito, a compreensão assentada neste trabalho supõe que, do ponto de vista teórico-metodológico, o mais acertado enquadramento é aquele que toma a fraude à lei tributária como um gênero do qual derivam duas espécies: o abuso de formas jurídicas e a ausência de propósito negocial. Significa dizer, sob este prisma, que o contribuinte pode incorrer em fraude à lei tributária distorcendo as formas legalmente instituídas pelo direito privado ou arquitetando operações despidas de qualquer finalidade negocial. Ou, o que é mais comum, quando incorre em ambas as hipóteses simultaneamente.

Nesse cenário, a razão para assimilar a fraude à lei tributária como gênero é que, tanto numa quanto noutra vias, o objetivo final do contribuinte é sempre bloquear a incidência de preceitos legais imperativos (as normas tributárias aplicáveis às suas operações). Esse desiderato comum a qualquer hipótese de arranjo negocial dissimulatório é, pois, o que permite tomar a fraude à lei tributária, enquanto matriz de reação a planejamentos fiscais abusivos, como a síntese mais precisa da regra antielusão veiculada no parágrafo único do artigo 116 do CTN, interpretação que acaba por chancelar a assunção das demais figuras (abuso de formas jurídicas e ausência de propósito negocial) como modalidades possíveis de seu exercício.

Em traços gerais, no que concerne ao Direito Tributário, compreende-se configurado o abuso de formas jurídicas quando o contribuinte, impulsionado por finalidades exclusivamente fiscais, distorce o perfil de instrumentos negociais tipificados pelo direito privado. Fala-se, ainda, no emprego de formas insólitas ou anormais para realização de uma transação cujo conteúdo não corresponde àquelas formas, de modo a evidenciar o *objetivo único* do contribuinte de subtrair-se ao pagamento de tributos. Assim, sob o signo da anomalia das estruturas formais eleitas — sempre tomadas em referência ao substrato econômico da operação —, o principal termômetro de análise é, uma vez mais, a questão da (ausência de) causa jurídica (legítima) do negócio.

Dispõe-se, na doutrina, de lições que apontam para direção comum. Alessandra de Souza Okuma (2009, p. 86), por exemplo, aduz que o abuso de formas, embora não previsto no Código Civil, "consiste em uma modalidade de fraude à lei, pela qual o contribuinte manipula a forma da estrutura negocial com o único objetivo de burlar a lei; utilizando uma estrutura formal incompatível com o conteúdo [do negócio] e desprovida de *causa jurídica*".[245] Marcelo Huck (1997, p. 328-330) também afirma a

---

[245] Obviamente, encontram-se também outras formatações teórico-metodológicas possíveis. Para Marcus Abraham, por exemplo, o abuso de formas, sem embargo de não haver sido textualmente contemplado pelo Código Civil de 2002, é largamente utilizado em operações de planejamento tributário. Em sua formulação, "encontramos esta figura quando há uma divergência entre a forma externa do ato ou negócio realizado e o seu efetivo conteúdo. Há, na realidade, um objetivo negocial conduzido através de uma forma indevida" (ABRAHAM, 2007, p. 223-225). Prossegue afirmando o autor que hoje se tem amplo respaldo na legislação privada encarar práticas abusivas de elisão fiscal pela categoria do abuso de formas, "porque, na realidade, esta distorção entre a forma e o conteúdo desemboca em uma das outras figuras aqui anteriormente analisadas: abuso de direito, fraude à lei ou simulação". Abraham concorda, neste ponto, com Greco (2008, p. 251), para quem "o que contaminaria o

antijuridicidade do "uso abusivo das formas para fugir ao pagamento de impostos". Humberto Ávila (2007, p. 83), por sua vez, pondera a necessidade de se preservar a validade dos negócios jurídicos celebrados, inclusive para fins fiscais, se o contribuinte "'usar' das formas jurídicas sem, no entanto, 'abusar' delas".

Em todas essas colocações, faz-se notar a ideia de desvirtuação das finalidades das formas negociais instituídas pelo direito privado, as quais acabam desfiguradas pelo agente sob o intuito de furtar-se à constituição de obrigações tributárias. E é essa *intentio facti* — dissonante da *intentio juris* — que atesta a inexistência de causa jurídica do ato ou negócio praticado. Fala-se, portanto, da conduta de eclipsar o substrato negocial latente de uma operação que só artificialmente se pode tentar acomodar em formas jurídicas que a ele não correspondem, atendendo a não outro propósito senão o de escamotear a sua real função, qual seja, evitar a aplicação de normas tributárias imperativas, mediante a concretização de negócio jurídico desamparado de qualquer finalidade legítima (causa jurídica) a motivar a sua realização.

Essa mesma noção de "desvio teleológico" no manejo das formas de direito privado, como hipótese configuradora de "abuso", também aparece em decisões jurisprudenciais prolatadas em matéria administrativa, a exemplo da situação em que o agente constitui nova pessoa jurídica, em substituição a outra de sua propriedade, para contornar penalidade de suspensão ou impedimento de participar de licitações. Veja-se:

> ADMINISTRATIVO. RECURSO ORDINÁRIO EM MANDADO DE SEGURANÇA. LICITAÇÃO. SANÇÃO DE INIDONEIDADE PARA LICITAR. EXTENSÃO DE EFEITOS À SOCIEDADE COM O MESMO OBJETO SOCIAL, MESMOS SÓCIOS E MESMO ENDEREÇO. FRAUDE À LEI E ABUSO DE FORMA. DESCONSIDERAÇÃO DA PERSONALIDADE JURÍDICA NA ESFERA ADMINISTRATIVA. POSSIBILIDADE. PRINCÍPIO DA MORALIDADE ADMINISTRATIVA E DA INDISPONIBILIDADE DOS INTERESSES PÚBLICOS. *A **constituição** de nova sociedade, com o mesmo objeto social, com os mesmos sócios e com o mesmo endereço, em substituição a outra declarada inidônea para licitar com a Administração Pública Estadual, com o objetivo de burlar à aplicação da sanção administrativa, constitui abuso de forma e fraude à **Lei de Licitações Lei n.º 8.666/93**,* de modo a possibilitar a aplicação da teoria da desconsideração da personalidade jurídica para estenderem-se os efeitos da sanção administrativa à nova sociedade constituída. — A Administração Pública pode, em observância ao princípio da moralidade administrativa e da indisponibilidade dos interesses públicos tutelados, desconsiderar a personalidade jurídica de sociedade constituída com abuso de forma e fraude à lei, desde que facultado ao administrado o contraditório e a ampla defesa em processo administrativo regular. — Recurso a que se nega provimento (BRASIL, 2003a, p. 01, grifos acrescidos).

Em contrapartida, mostra-se necessário advertir que tal dispositivo não se propõe a inviabilizar os negócios jurídicos atípicos ou indiretos, providência que contrariaria não apenas o sistema de direito privado, que primordialmente regula essas práticas, como, em última instância, a própria Constituição, ao impor restrição desarrazoada às

---

negócio jurídico e, por decorrência, o planejamento tributário não seria o abuso de forma em si, mas a fraude à lei, a simulação e o abuso de direito".

liberdades econômicas fundamentais e seus corolários, como o princípio da autonomia privada[246] e as liberdades contratuais (de causas, de formas e de tipos).

Por conseguinte, não é o simples uso de formas insólitas que consubstancia o núcleo da categoria do abuso de formas, mas sim a distorção destas formas para *dissimular o vazio de causa da operação* efetuada pelo contribuinte; ou, ainda, a constatação de uma *incompatibilidade absoluta entre a forma e o conteúdo da operação*, cujo efeito só pode ser a *desfiguração ou a deformação irremediável de qualquer causa juridicamente possível para o negócio*. Neste último caso, recorda Abraham (2007, p. 404) ao abordar a teoria do abuso de formas, "não é a atipicidade da forma que macula o ato em si, mas a excessiva distorção entre esta e o seu conteúdo econômico".

Como se buscou acentuar ao final do capítulo 3, o emprego de formas inusuais na prática de um negócio jurídico indireto deve ser considerado, *prima facie*, lícito, descambando em ilicitude apenas quando não for possível identificar qualquer funcionalidade e finalidade práticas da operação, visto que destituída de conteúdo extrafiscal (econômico ou não) apreciável. Isso porque um tal quadro denota o desiderato privativo de rechaçar a aplicação de normas tributárias incidentes na espécie, o que em nenhuma hipótese pode ser considerada causa apta a assegurar a validade jurídica de uma transação. Coincide esta leitura com a propugnada por Heleno Tôrres:

> Para uma correta identificação dos atos elusivos não cabe nenhuma espécie de preconceito sobre a configuração dos negócios pretendidos. Uma configuração insólita, promovida por formas, tipos ou causas inusuais, pode resultar adequada; enquanto uma configuração em tudo usual pode manifestar-se inadequada. Uma forma insólita pode perfeitamente mostrar-se adequada quando existam razões objetivas para operar segundo tal escolha, em presença de uma "causa" que justifique a funcionalidade do negócio. Assim, o aplicador do direito tributário deve seguir a evolução do mundo negocial e não pode querer impor aos contribuintes o uso de formas ou tipos legais, necessariamente, segundo seus propósitos arrecadatórios. Impedem-no as três liberdades negociais: formas, tipos e causas, as quais, se não lhe podem ser oponíveis em plenitude, ao menos garantem que sua desconsideração tem limites bem determinados no sistema constitucional vigente, pela composição dos princípios de legalidade, tipicidade e capacidade contributiva (objetiva e subjetiva), que só a permitirão nas hipóteses de ausência de funcionalidade e causa ou quando presente uma hipótese de simulação ou fraude, que também consistem em ausência de causa, ou vício desta (causa turpis). Por esse motivo, medidas antielusivas somente podem alcançar aqueles casos em que a causa do contrato apareça "deformada ou viciada", "esvaziada do seu conteúdo", ou "mesclada" com outras causas de um tal modo a perder funcionalidade (admitindo-se a teoria dos negócios mistos, por absorção ou combinação como perfeitamente válida) (TÔRRES, 2003, p. 169-170).

---

[246] Sobre isso, Heleno Tôrres (2003, p. 355) chama a atenção: "É comum advertir-se do recurso habitual promovido pelo Fisco, e por que não dizer excessivo, à capitulação de atos simulados para negócios ou atos jurídicos que nada têm de simulados, revelando-se apenas originais nas suas formulações, por se constituírem como negócios atípicos, indiretos ou fiduciários. A pretexto de controlar a elusão, finda a Administração por causar graves injustiças e intervenções desnecessárias sobre as liberdades negociais, na aplicação das normas tributárias. Fala-se dos excessos, não do dever".

No domínio dos negócios jurídicos indiretos com repercussões tributárias, princípios como a função social dos contratos, boa-fé e congêneres fornecem a métrica constitucional do exercício legítimo do direito de liberdade fiscal, cuja síntese mais apurada é exatamente a exigência de uma funcionalidade social ou econômica dos negócios ordenados. Se, porém, inobservados esses balizadores universais dos contratos, o planejamento tributário ancorado em operações insólitas (isto é, dotadas de finalidades concretas destoantes das causas jurídicas previstas em lei para o tipo negocial parâmetro), embora à partida legítimo, degenera-se em abuso de formas, a evidenciar não o propósito do contribuinte de celebrar negócios jurídicos indiretos com lídimas aspirações à luz do direito positivo, mas sim de fraudar a aplicação da lei tributária.

Caminha nessa direção o raciocínio proposto por Aurélio Pitanga Seixas Filho (2008, p. 19), quando adverte que, usufruindo o contribuinte "de sua liberdade para fazer as coisas como melhor lhe aprouver, caso escolha uma forma jurídica excêntrica, os efeitos tributários decorrentes dessa extravagância dependerão de sua compatibilidade ou adequação com o fato que realmente estiver sendo realizado". Nas hipóteses em que o caráter heteróclito das formas de direito privado for instrumentalizado para garantir a opacidade de um negócio jurídico despojado de causa lícita, autorizada estará a Administração, com fundamento no parágrafo único do artigo 116 do CTN, a desconstituir, para fins fiscais, as transações realizadas, porquanto maculadas por intentos dissimulatórios (elusivos) mediante abuso de formas jurídicas.

É o próprio Tôrres (2003, p. 194) quem alerta, ao tratar das operações elusivas, que "nenhuma lei poderá garantir a manutenção de um negócio, mesmo para fins fiscais, quando ele sequer possa existir juridicamente [...]", mormente quando "esta ausência de causa seja projetada para levar o Fisco ao erro ou à impossibilidade de arrecadar os tributos que seriam devidos, não fosse a manobra praticada".

Entretanto, não pode a Administração operar livremente com presunções desfavoráveis ao contribuinte, razão pela qual, nesses casos de utilização de formas jurídicas não ortodoxas para realizar operações e transações das quais irradiem efeitos tributários benéficos ao particular, deverá ser deflagrado procedimento fiscalizatório a fim de aferir a licitude dos planejamentos tributários, segundo a linguagem das provas.

Num tal cenário é que ganha vívidas cores a importância do parágrafo único do artigo 116 do CTN para o contribuinte — desde que, por óbvio, devidamente regulamentado —, pois a norma nele inserta impede que o Fisco desconsidere diretamente os atos e negócios jurídicos praticados, suscitando simulação ou qualquer outro vício de semelhante natureza (evasivo). O ato administrativo de inocuização do planejamento tributário para eventual cobrança do tributo eludido somente poderá ser consumado após procedimento especial em que se assegure ao sujeito passivo da obrigação tributária o contraditório e a ampla defesa, ocasião em que poderá ele comprovar a regularidade da transação impugnada e a inexistência de abuso de formas:

> Desse modo, quando em decorrência da escolha de um tipo diverso dos existentes, com causa distinta ou modificação dos tipos contratuais existentes, verificar-se alguma vantagem

fiscal, como redução do tributo a pagar, ou mesmo obtenção de algum benefício que não poderia ser concedido, não fosse a mutação negocial, mesmo que sobre tal opção pese a desconfiança a respeito da sua legitimidade, faz-se mister que se abra procedimento específico, com inversão do ônus da prova, ou não, mas dando plena liberdade para que o contribuinte possa demonstrar seu agir dentro do campo da liberdade contratual, que o negócio jurídico possuía causa específica, distinta de todos os demais negócios típicos existentes e que a funcionalidade do negócio jurídico não se poderia operar de outro modo (TÔRRES, 2003, p. 161).

Assim considerada a questão, é de se concluir que o que verdadeiramente faz o parágrafo único do artigo 116 do CTN é autorizar a reação do Fisco em face de atos e negócios jurídicos — *lato sensu*, sejam eles típicos ou atípicos; diretos ou indiretos — que se mostrem carentes de causa legítima e que, com isso, explicitem a intenção exclusiva do contribuinte de locupletar-se de uma censurável economia de tributos, decorrente do afastamento, por mecanismos artificiosos (neste caso, o abuso das formas empregadas para efetuar a operação), de normas tributárias cogentes.

Essa caracterização exprime com clareza o fato de o abuso de formas constituir-se como espécie de fraude à lei tributária: a desnaturação da função típica do negócio (isto é, a função social e econômica que motivou a sua tipificação legal), em última análise, põe-se a serviço do interesse de repelir a incidência de norma tributária cogente. Assim, sem embargo da liceidade *prima facie* dos instrumentos mobilizados, a sua deformação acaba por patentear o interesse exclusivo do contribuinte de fraudar a aplicação de preceitos legais imperativos, de sorte que o abuso das formas, nesse caso, materializa o caráter dissimulatório do negócio jurídico, tornando-o passível de desconsideração pelo Fisco com base no dispositivo em referência.

No entanto, a ampla liberdade (de causas, formas e tipos) garantida aos particulares na formatação de atos e negócios jurídicos, inclusive sob figurinos não tipificados em lei, pode tornar o critério da vedação ao abuso de formas suscetível a ambiguidades e imprecisões em muitos casos. Emerge, então, a necessidade de a ele justapor um outro parâmetro, igualmente relevante para aferição de hipóteses de fraude à lei tributária, que é o da ausência de propósito negocial. Explica Hugo Machado que:

> Entende-se por "propósito negocial" o que os americanos chamam business purpose — expressão com a qual designam o propósito ou motivação que ordinariamente está presente, porque enseja a atividade empresarial. É o propósito ligado aos objetivos visados pela empresa, ou de algum modo ligados à sua atuação no mercado.
> Assim, os atos ou negócios jurídicos praticados pelas empresas em geral teriam de estar ligados às suas finalidades, à sua atuação no mercado. A ausência dessa ligação poderia ser acolhida pela autoridade da Administração Tributária como motivo para desconsiderar o ato ou negócio jurídico do qual resultasse a exclusão ou a redução de um tributo ou a postergação do prazo para seu pagamento (MACHADO, 2014, p. 115-116).

Parece certo que, na maioria dos casos de cadeias negociais dissimulatórias, ambas as figuras se farão cumulativamente presentes: geralmente, a irremediável distorção das formas jurídicas de direito privado dirige-se a eclipsar a inexistência de propósito negocial de operações praticadas para aliviar as pressões fiscais incidentes sobre as atividades do contribuinte.

No entanto, mesmo que a transação realizada se revista de formas jurídicas usuais, a sua idoneidade estará sempre condicionada à existência de um propósito negocial apto a motivá-la.[247] Significa isso asseverar a inadmissibilidade, em qualquer hipótese, de atos e negócios jurídicos estimulados por finalidades exclusivamente fiscais, ainda que não acarretem a desnaturação das estruturas jurídicas de que se encontram recobertos. Em suma todo ato ou negócio jurídico deve trazer um conteúdo extrafiscal apreciável (econômico ou não), fundado numa causa específica e legítima.

E aqui se impõe um esclarecimento crucial: trabalha-se neste estudo com um *conceito amplo de propósito negocial*, que não se resume a substratos de natureza econômica para aperfeiçoar-se, conquanto sejam estes os mais comuns e importantes. Nesse sentido, finalidades sucessórias, familiares, de governança corporativa, trabalhistas etc. — mesmo que não tenham uma essência econômica imediata — podem se configurar como propósitos legítimos do negócio, ou seja, *propósitos negociais lato sensu* da transação a ser concretizada.

Ainda que a origem da categoria (*business purpose test*) na tradição anglo-saxônica evidenciasse uma adstrição a fundamentos econômicos na avaliação de uma operação, no caso brasileiro — para uma maior segurança do contribuinte, já que esta se tornou a expressão consagrada na jurisprudência administrativa e, em certa medida, até no plano internacional — ela há de ser compreendida num sentido expandido para assegurar uma mais efetiva proteção do direito fundamental de liberdade fiscal.

A síntese é que, no modelo de interpretação do artigo 116, parágrafo único, do CTN sustentado neste trabalho, a figura do propósito negocial é concebida como sinônimo de "motivação extrafiscal". Dessa equiparação conceitual resulta, por suposto, um não aferramento semântico da ideia de propósito negocial a elementos estritamente econômicos,[248] o qual abrange os demais objetivos exemplificados acima.

Portanto, a míngua de objetivos extratributários é fator que, inexoravelmente, patenteia a inexistência de causa para a efetuação de uma operação, já que a economia fiscal nunca traduz uma função ou finalidade típica desempenhada por um negócio

---

[247] Lado outro, destaca Greco (2008, p. 204), com ênfase, porém, na figura do abuso de direito: "Observe-se, porém, que o motivo extratributário preponderante afasta a configuração do abuso de direito, mas não afasta a caracterização da fraude à lei ou do abuso de formas. Com a tese do abuso de direito aplicado ao planejamento fiscal, se o motivo predominante é fugir à tributação, o negócio jurídico será abusivo e seus efeitos fiscais poderão ser neutralizados perante o Fisco. Ou seja, sua aplicação não se volta a obrigar o pagamento de maior imposto, mas a inibir as práticas sem causa, que impliquem menor tributação".

[248] Por isso se adere a uma digressão/distinção como a proposta por Marco Aurélio Greco (2008, p. 226): "Aqui cumpre fazer um desdobramento dessa ideia, pois quando menciono 'motivo extratributário' às vezes isto gera confusão em quem lê meus textos. Não estou dizendo que precisa haver business purpose (conceito que advém da experiência americana e que se vincula à ideia de empreendimento); não estou dizendo que o único motivo que afasta o abuso é o propósito ligado à atividade econômica desenvolvida ou à sua repercussão no mercado, estou dizendo que o motivo que afasta o abuso é o extratributário, vale dizer, pode ser uma razão familiar, política, de mudança do regime jurídico das importações, de alteração do quadro referencial em que se posicionava a atividade da empresa etc.".

jurídico previsto no ordenamento jurídico positivo, que o mesmo é dizer que nenhum instrumento negocial serve ao escopo de — leia-se: tem como causa típica — atenuar o pagamento de tributos, mas sempre de propiciar modalidades possíveis de exercício das liberdades contratuais para fomentar e energizar um sadio ambiente de livres trocas e produção de riquezas, ínsito à economia de mercado. E a funcionalidade e os desígnios das operações desempenham papel central nesse processo.

Deriva daí a assertiva de que os critérios do abuso de formas e da ausência de propósito negocial, enquanto espécies de fraude à lei tributária, se complementam mutuamente. Pouco importa, aqui, a gênese da categoria, isto é, se oriunda da tradição romano-germânica ou da *Common Law*. O que, de fato, interessa é a sua coerência e compatibilidade com o regime jurídico de combate à elusão fiscal instituído pela lei brasileira,[249] quedando-se sempre passível das adaptações necessárias para auxiliar na consecução dos fins constitucionais que parametrizam o funcionamento do Sistema Tributário Nacional.

Nesse ponto, não se vislumbra incongruência entre a ideia de dissimulação da ocorrência do fato gerador e a obrigatoriedade de haver alguma finalidade extrafiscal como requisito de validade de atos e negócios jurídicos que acarretem afastamento, redução ou postergação do pagamento de tributos, justamente porque a satisfação daquela exigência (haver propósito negocial) tem como efeito esconjurar, em definitivo, qualquer vício de cariz elusivo que pudesse macular tais atos e negócios. Em uma palavra, a existência de um propósito negocial confere à operação a causa jurídica que o ordenamento positivo dela exige como pressuposto de sua validade.

Convém, aqui, recorrer à cátedra de Marcelo Hermes Huck, que admite a aplicação da teoria do propósito negocial no Direito Tributário brasileiro:

> Nada deve impedir o indivíduo de, dentro dos limites da lei, planejar adequadamente seus negócios, ordenando-os de forma a pagar menos imposto. Não lhe proíbe a lei, nem tampouco se lhe opõem razões de ordem social ou patriótica. Entretanto, essa fórmula de liberdade não pode ser levada ao paroxismo, permitindo-se a Simulação ou o abuso de direito. A elisão abusiva deve ser coibida, pois o uso de formas jurídicas com a única finalidade de fugir ao imposto ofende a um sistema criado sobre as bases constitucionais contributiva e da isonomia tributária [...] uma relação não pode ser considerada como

---

[249] Diante da ostensiva repulsa da doutrina tradicional (formalista) ao critério da ausência de propósito negocial, não deixa de chamar a atenção o fato de Sampaio Dória, um de seus mais eméritos representantes, se valer de fundamentos análogos ao sustentar o caráter simulado/evasivo dos negócios jurídicos envolvendo o conhecido caso do seguro dotal: "Consistia essa evasão em celebrar a pessoa física um contrato de seguro, pagando o prêmio (geralmente com recursos provindos de empréstimos concedidos pela própria seguradora) e cancelando-se ato contínuo o ajuste, diminuído de pequena importância correspondente ao lucro da seguradora no negócio. Ao preencher subsequentemente sua declaração de renda, o indivíduo abatia de seus ganhos o valor do prêmio pago e não incluía positivamente o valor do prêmio restituído, pois excluía a lei, de expresso, do rol de rendimentos tributáveis, as restituições de prêmio de seguro resultantes de renúncia ou cancelamento do contrato respectivo. [...] classificaríamos o contrato ajustado como tipicamente simulado porquanto uma das características basilares, que a presumem, é a de o ato ter sido 'realizado para não ter eficácia ou para ser anulado em seguida. É a simulação absoluta, porque o agente não tenciona realizar ato algum, nem o aparente, nem qualquer outro'. Ademais, *o ajuste não tinha qualquer objetivo material, mercantil, negocial, econômico, senão o de exclusivamente, lesar o Fisco*. Diferente seria o caso do seguro dotal que realmente viesse a cobrir um risco efetivo e específico do agente que, superado o mesmo, cancelasse o seguro" (DÓRIA, 1977, p. 135-137, grifos acrescidos).

comportamento lícito. Seria fechar os olhos à realidade e desconsiderar a presença do fato econômico na racionalidade da norma tributária. Uma interpretação jurídica atenta à realidade econômica subjacente ao fato ou negócio jurídico, para efeitos de tributação, é a resposta justa, eqüitativa e pragmática. Nesse ponto, é de maior utilidade a análise do business purpose test do direito tributário norte-americano, que aceita como lícita a economia fiscal quando decorrente de uma formulação jurídica que, além da economia de imposto, tenha um objetivo negocial explícito (HUCK, 1997, p. 328-331).

E cabe, a esta altura, reprisar advertência já formulada noutro instante: para que se julgue dissimulatória e, por conseguinte, elusiva uma transação, a finalidade de economia fiscal há de ser exclusiva, e não apenas preponderante, donde a inferência de que as operações animadas por objetivos negociais e tributários concorrentes, ainda que predominantes sejam estes últimos, não poderão ser desconsideradas com base no artigo 116, parágrafo único, do CTN.

Com efeito, mostra-se acertada a conclusão de que a exigência de um propósito negocial que qualifique a operação assoma como consectário lógico da proibição de se programar atos e negócios jurídicos tendentes a camuflar a consumação do fato gerador de tributo ou de elementos constitutivos da obrigação tributária. Se vedada se queda a realização de atos e negócios — com amparo em normas ditadas com escopos distintos daqueles perseguidos pelo contribuinte — vocacionados a rechaçar a aplicação de normas tributárias imperativas, a idoneidade de uma operação pressupõe, em qualquer hipótese, a existência de finalidades extratributárias, sob pena de restar qualificada como elusiva por ausência de causa legítima.

O teste de propósito negocial, portanto, nesse quadro, se afigura um importante mecanismo de esquadrinhamento da natureza dissimulatória ou não de arranjos negociais complexos e, por conseguinte, da sua potencial incursão em fraude à lei tributária, nos moldes do artigo 116, parágrafo único. Nesse sentido, ganha especial relevo o critério da ausência de propósito negocial no caso das *step transactions*, caracterizadas pelo encadeamento de uma série de operações sequenciais e interdependentes cujo objetivo, muitas vezes, é somente conduzir ao pagamento de menor tributo.

Nesse gênero negocial, que com frequência envolve atos e negócios jurídicos praticados em paraísos fiscais, por vezes em complexas e labirínticas "montagens", impõe-se proceder a uma análise de conjunto da transação, enfocando o seu resultado final, a fim de averiguar se se tratou de uma operação unitária que foi artificiosamente fracionada apenas para eludir normas tributárias ou se se cogitou de uma sucessão de atos e negócios lídimos que, a despeito de importarem redução de carga tributária, foram dirigidos por propósitos negociais autênticos. Como criativamente assinalou Greco (2011), nesse tipo de operação, não se pode contentar com as fotos (atos isolados); é preciso atentar para o filme (sequência de atos em movimento).

Essa avaliação sistemática da engenharia negocial mobilizada pelo particular, transcendente aos passos isolados que compõem a cadeia, concentra-se em discernir, em última análise, a (in)existência de causa jurídica legítima apta a amparar a efetuação da operação. Sujeitam-se, então, ao teste de propósito negocial atos individuais para verificar se os mesmos gozam de justificação extratributária autônoma ou se apenas revelam alguma serventia quando conectados aos demais atos da série.

O referido método, com efeito, permite examinar se, à sombra dessas estruturas negociais complexas e sequenciais, repousa a finalidade de dissimular a ocorrência do fato gerador de tributo ou de elemento constitutivo da obrigação tributária que usualmente decorreria das atividades econômicas conduzidas pelo contribuinte.

Uma vez confirmada a hipótese de preordenação racional de atos e negócios jurídicos apenas para evitar a aplicação de normas tributárias imperativas, tem-se a caracterização, à luz do critério da ausência de propósito negocial, de conduta perpetrada em fraude à lei tributária, de modo a atrair a aplicação do parágrafo único do artigo 116 do CTN para fins de neutralização e requalificação do arranjo negocial elusivo. Disso resultará a possibilidade de a Administração considerar, para fins de tributação, o resultado econômico final da multifásica transação, e não as formas negociais parcelares artificiosamente adotadas pelo contribuinte infrator.

Explicita-se, aí, por conseguinte, a segunda modalidade possível — ao lado do abuso de formas jurídicas — de cometimento de fraude à lei tributária com o fito de transgredir, entre vários outros preceitos de extração constitucional, o dever fundamental de pagar tributos e os princípios que mais proximamente o acompanham. Pode-se, assim, concluir com Marcus Abraham (2007, p. 252) que o parágrafo único do artigo 116 do CTN permite a desconsideração das operações insidiosas praticadas pelo contribuinte que intenta, "através da manipulação da sua forma (meios lícitos), dissimular a ocorrência do fato gerador, caracterizando-se tal prática através de conceitos como o do abuso de formas ou o da falta de propósito negocial".

5.2.4.3 Conclusão parcial acerca da matriz de reação a planejamentos tributários abusivos consagrada no parágrafo único do artigo 116 do CTN

É fácil notar que o posicionamento defendido neste trabalho — polarizado na interpretação de que o artigo 116, parágrafo único, do CTN consagrou a fraude à lei tributária como matriz de reação a planejamentos fiscais abusivos — contrasta com a orientação formalista que distingue parte significativa da doutrina tributarista.

Para os autores que compõem esse segmento doutrinário, explanou-se noutros momentos, o princípio da estrita legalidade tributária interditaria peremptoriamente qualquer possibilidade de positivação de uma cláusula geral antiabuso, nos moldes aqui defendidos. Mesmo alguns doutrinadores não formalistas ao extremo, a exemplo de Heleno Tôrres (que admite o conceito de elusão fiscal e a disciplina dos ilícitos atípicos), consideram impassíveis de absorção, pela dogmática tributária pátria, figuras como o abuso de formas jurídicas e a ausência de propósito negocial, considerando-as exóticas e inconciliáveis com as *nuances* do direito positivo brasileiro.

As razões desenvolvidas no transcurso do presente capítulo, no entanto, chancelam compreensão diversa, segundo a qual os conceitos de fraude à lei tributária (como gênero) e de abuso de formas e ausência de propósito negocial (como espécies) não demandam tipificação legal expressa (isto é, textualmente, com esses termos literais), uma vez que se encontram abrangidos no escopo prático de aplicação da norma geral antielusiva veiculada pelo artigo 116, parágrafo único, do CTN.

Atente-se que toda norma de semelhante natureza (norma geral) opera, por definição, com um alcance hermenêutico mais plástico e dilatado, flexibilizando a determinação de haver previsão legal precisa e específica de todo e qualquer elemento que possa integrar o seu horizonte de aplicação.[250] Para satisfazer todas as injunções decorrentes do princípio da legalidade tributária, basta que o legislador descreva objetivamente as condições que autorizam a Administração a exercer a sua prerrogativa de fiscalização e contenção de condutas elusivas praticadas pelo contribuinte.

Há que se recordar que o dever fundamental de pagar tributos é norma dotada de natureza principiológica, que apresenta como uma de suas principais características uma textura mais aberta, capaz de — em aliança com os princípios da solidariedade, da isonomia e da capacidade contributiva — conciliar com a ordem constitucional a estrutura de uma norma geral antiabuso, dada a relação de fomento recíproco que esta estabelece com aquele conjunto de preceitos fundamentais.

Múltiplas vezes já se anotou que, sem uma *norma geral antielusiva prevista em lei* que dê conta de desmontar negócios e operações abusivas, orquestradas para esterilizar a efetividade de normas tributárias, o Sistema Tributário Nacional fica desguarnecido de um mecanismo de autodefesa para preservar o seu equilíbrio, a sua equidade, a sua justiça e até mesmo a sua legitimidade democrática. Afinal, a sua finalidade decisiva é a de garantir a promoção de direitos fundamentais, a conservação do Estado Democrático de Direito e a proteção à dignidade humana. Robustecem-se tais argumentos quando se considera que, na generalidade dos casos, são os contribuintes dotados de maior poder econômico que lançam mão de planejamentos fiscais dessa estirpe, providos da potencialidade de desagregar as bases sociais solidárias em que assenta a ordem tributária arquitetada na Constituição de 1988.

Irretocáveis, nesse sentido, são as palavras de Marcus Abraham:

> Não seria aceitável assistir às engenhosas maquinações jurídicas, financeiras ou operacionais realizadas por certos contribuintes para frustrar a incidência de uma norma sem nada se poder fazer, simplesmente porque o tipo legal tributário existente não se subsume perfeitamente naquela operação por ele proposital e voluntariamente configurada, mormente se originária de simulação, fraude à lei, abuso de direito ou de formas, já que, a nosso ver, seria amplamente válida a sua desconsideração, no sentido de propiciar a aplicação

---

[250] Ao tangenciar a candente polêmica dos conceitos abertos e indeterminados, oriunda, em dada medida, da própria indeterminação e da dinâmica constituinte (e não apenas constituída) da linguagem, Rocha (2008, p. 246) assenta que: "a presença de conceitos indeterminados no Direito Tributário é inevitável e a mesma traz consigo uma também inevitável relativização da noção clássica de legalidade, na medida em que se reconhece à autoridade fiscal certa margem de liberdade de conformação, devendo-se focar a atenção agora nos mecanismos de controle que protegerão os contribuintes contra um indevido exercício de tal liberdade, a qual permanece pautada pelos limites legais".

daquela norma contornada ao fato que fora dissimulado, não havendo, portanto, que se falar em uso de analogia para criar uma nova hipótese de incidência, mas tão-somente a desconsideração da operação, para revelar o verdadeiro elemento econômico que fora forjado e aplicar a norma tributária que sempre existiu, mas da qual se pretendeu fugir (ABRAHAM, 2007, p. 410).

No caso brasileiro, sem embargo da imperfeição redacional do dispositivo abordado, as condições objetivas de aplicação do parágrafo único do artigo 116 do CTN — conformadoras do seu campo material de incidência — estão legalmente postas, resumindo-se à concretização, pelo particular, de atos ou negócios jurídicos comandados pela finalidade de dissimular a ocorrência do fato gerador de tributo ou a natureza de elementar constitutiva de obrigação tributária.

Nesse sentido, a fraude à lei tributária, o abuso de formas jurídicas e a ausência de propósito negocial, consoante se tem demonstrado, são apenas as categorias que exprimem teoricamente essas condições, funcionando como critérios analíticos capazes de auxiliar na detecção e na caracterização de operações dissimulatórias, de maneira a iluminar os complexos processos hermenêuticos subjacentes à aplicação do parágrafo único do artigo 116.

Note-se que a ideia de uma norma geral antielusiva, concebida pelo legislador brasileiro à luz das melhores experiências internacionais, é mesmo esta: relativizar as amarras de um legalismo exacerbado e ampliar as possibilidades de controle de negócios jurídicos que se mostrem vocacionados a frustrar a efetividade e a integridade da legislação tributária. Aferrar a aplicação de uma norma desse matiz a cacoetes formalistas, que já se despenham em notório anacronismo, só pode ter como efeito a fragilização ou mesmo a inocuização de um crucial anteparo da higidez dos ordenamentos tributários modernos, os quais têm buscado permanentemente se aprimorarem e se municiarem para enfrentar o flagelo da elusão fiscal.

Trata-se, aqui, não é demais reiterar, de um imperativo decorrente dos mandamentos constitucionais tributários consolidados na Carta da Nova República e do pacto social celebrado pela sociedade brasileira em 1988, em sequência à difícil e atribulada redemocratização do país. Como recorda Abraham (2007, p. 56), se aos Poderes constituídos cabe sempre a reavaliação crítica e permanente do Sistema Tributário sob o prisma da justiça fiscal (com eventuais reformas, calibragem de excessos nas exações fiscais e redução de obrigações acessórias), aos contribuintes quadra uma "reflexão sobre o cumprimento dos seus deveres fundamentais, especialmente o de pagar tributos, analisando-o sob uma ótica dotada de ética, moral e cidadania".

Cumpre sempre, porém, realçar que o entendimento aqui sustentado em nenhuma hipótese pode ser confundido com a outorga, à Administração, de um salvo-conduto para atuar arbitrariamente, desatenta aos direitos e garantias titularizados pelo contribuinte. Daí a necessidade de submeter-se sempre o ato de desconsideração a um procedimento especial ainda em vias de ser criado. Ao contrário, toda ação coercitiva executada pelo Fisco com esteio numa norma geral antiabuso deve estar sujeita a um controle racional de legalidade da fundamentação expendida para desconsiderar ou requalificar operações realizadas pelos sujeitos passivos de obrigações tributárias.

O intuito da Lei Complementar nº 104/2001, decerto, não foi hipertrofiar o poder de intervenção do Estado no âmbito das atividades particulares, a fim de exacerbar as suas potências arrecadatórias. Tal iniciativa, ostensivamente inconstitucional, implicaria grave transgressão aos incontornáveis limites constitucionais ao poder de tributar, dispostos nos artigos 150 a 152 da Constituição Federal de 1988.

O real propósito do diploma, ao positivar o parágrafo único do artigo 116 do CTN, foi modernizar o ordenamento tributário brasileiro por meio da instituição de uma ferramenta de contenção de planejamentos fiscais abusivos, formulados em fraude à lei tributária sob o desiderato de garantir aos autores de manobras elusivas a obtenção de vantagens tributárias ilegítimas, posto que logradas mediante burla da legislação vigente. Cuida-se, pois, não de um mecanismo de ataque contra os contribuintes, mas de (auto)defesa do Sistema Tributário Nacional.

Em última análise, o que faz a norma antielusiva brasileira, pela vedação da fraude à lei tributária — e, consequentemente, do abuso de formas jurídicas e da realização de operações desprovidas de propósito negocial —, é fixar limites ao exercício da autonomia privada e da liberdade fiscal, expressa na ideia de auto-organização patrimonial, que, por certo, constitui um direito fundamental do contribuinte, mas em nenhuma hipótese um direito absoluto.

5.2.5 O parágrafo único do artigo 116 do CTN e outras questões polêmicas relacionadas à sua aplicação

De mais a mais, é, ainda, relevante tangenciar brevemente algumas outras polêmicas, com frequência suscitadas pela doutrina, que dizem respeito à aplicação do parágrafo único do artigo 116 do CTN. A primeira delas consiste numa possível relação do referido dispositivo com a chamada interpretação econômica do Direito Tributário; a segunda versa sobre uma potencial antinomia entre o artigo 116, parágrafo único, e a regra de vedação à tributação por analogia, disposta no artigo 108, §1º, do CTN; a terceira trata do ônus da prova relativo à caracterização ou não de atos e negócios jurídicos como dissimulatórios (se suportado esse ônus pela Administração ou pelo contribuinte); e, finalmente, a quarta controvérsia guarda pertinência com a possibilidade jurídica de penalização dos comportamentos considerados elusivos.

5.2.5.1 O parágrafo único do artigo 116 do CTN e o paradigma da interpretação econômica do Direito Tributário

Importante exortação a ser feita acerca do artigo 116, parágrafo único, do CTN, é que, ao estabelecer um instrumento de combate à fraude à lei tributária, a norma nele consagrada não acarreta a restauração do já suplantado paradigma da interpretação econômica do Direito Tributário, o qual, embora jamais tenha sido efetivamente positivado na legislação brasileira, já se fez ouvir em importantes vozes do STF.[251]

Em linhas gerais, esse vetusto cânone hermenêutico — concebido na Alemanha, pela pena de Enno Becker, nos primórdios do século XX — consistia na interpretação dos fatos tributários a partir, exclusivamente, da realidade econômica a eles subjacente, independentemente das formas jurídicas de que se revestissem os atos e negócios jurídicos praticados pelo contribuinte. Ou, nas palavras de Heleno Tôrres (2003, p. 208), impunha-se que as obrigações tributárias tivessem como antecedentes normativos "unicamente fatos de caráter econômico, reveladores de capacidade contributiva objetiva, sendo irrelevantes as formas jurídicas que adotarem, para os fins de interpretação, que se deveria ocupar [apenas] da substância negocial".

Assim, se a legislação tributária empregava termos técnicos provenientes do direito privado sem a preocupação de conservar-lhes o original sentido, mas somente para identificar a substância econômica que constituía a sua essência, considerava-se aperfeiçoada a obrigação tributária, independentemente de qualquer outra circunstância, sempre que tal substrato econômico se fizesse presente no ato ou negócio praticado, ainda que revestidos de forma jurídica distinta da prevista em lei como pressuposto de incidência do tributo (TABOADA, 1996, p. 687-688).

Dessa assunção dos fenômenos econômicos como centro dos processos hermenêuticos, aos quais sucumbiam os critérios jurídicos de interpretação dos atos e negócios celebrados pelos particulares, decorriam, é fácil observar, graves deformações dos princípios da legalidade e da segurança jurídica, baluartes do Direito Tributário. Daí por que um dos raríssimos objetos de consenso na doutrina brasileira seja a manifesta incompatibilidade do paradigma da interpretação econômica com os preceitos constitucionais tributários inscritos na Carta de 1988.

A premissa desse consenso é irrefutável: apenas ao legislador compete a valoração da "realidade econômica" e dos fenômenos negociais a ela inerentes, o que se realiza quando da seleção das manifestações de capacidade contributiva que servirão de pressuposto à composição das hipóteses de incidência de normas tributárias impositivas. Como adverte Marciano Godoi (2001, p. 106), "se a realidade econômica neste momento é juridicizada pelo legislador [...], então obviamente o intérprete deve levá-la em conta no momento da aplicação", motivo pelo qual descabido seria conceder ao intérprete

---

[251] Marciano Godoi, ao examinar um conjunto de decisões versadas sobre a conhecida polêmica dos seguros dotais e sua dedutibilidade do imposto de renda, prolatadas pela Suprema Corte ao final da década de 1950, destaca o seguinte excerto do voto proferido pelo Ministro Aliomar Baleeiro, um dos próceres do desenvolvimento científico do Direito Tributário no Brasil, nos autos do Recurso Extraordinário nº 37.293/58: "Acontece que me inclino, na interpretação das imposições fiscais, para olhar o conteúdo econômico dos fatos [...] No caso, o seguro dotal foi feito com o empréstimo da empresa. De modo que se denuncia, aí, uma fraude [...] Essa interpretação econômica do Direito Fiscal, que os juristas geralmente repelem, nada mais é do que o princípio, ou melhor, aquilo que V. Ex.ª conhece como mestre e ensinou a tantas gerações: a teoria da simulação dos atos jurídicos, de Ferrara, tal como a expôs no Brasil nosso antecessor e mestre nesta Casa, Ministro Eduardo Espínola. Porque aí é uma simulação. Simula-se um seguro para efeito de obter-se uma dedução e depois se resgata logo a apólice" (apud GODOI, 2002, p. 79-80).

poder para valorar, *per si*, a substância econômica dos fatos reais independentemente de como previstos nas normas institutivas de tributos.

Retomando o fio do argumento inicial, toma-se por insubsistente a suposição de que a Lei Complementar nº 104/2001 pretendeu revitalizar a interpretação econômica do Direito Tributário, superada, ainda em meados do século XX na Europa, em todos os países desenvolvidos. Em primeiro plano porque, consoante pontua o retrocitado autor, o artigo 116, parágrafo único, do CTN não fez qualquer alusão à relação "realidade econômica — qualificação de fatos geradores" (crucial para o método da interpretação econômica): seu enfoque se concentra noutra relação, a saber, conduta dissimulatória-fato gerador (GODOI, 2001, p. 109). Não se trata, por isso, de permitir a tributação de fatos à luz, unicamente, de sua substância econômica, de modo a tornar insignificantes as formas jurídicas pelo particular mobilizadas.

Cuida-se, em verdade, do simétrico oposto: o artigo 116, parágrafo único, determina que proceda o intérprete a um *esquadrinhamento meticuloso das formas jurídicas* empregadas na realização do ato ou negócio a fim de averiguar se as mesmas serviram ao espúrio objetivo de dissimular a ocorrência do fato gerador (seja pela distorção daquelas formas, seja pela sua utilização desprovida de interesses negociais), e, com isso, fraudar a aplicação de norma tributária imperativa. Uma vez constatada a concretização de fraude à lei tributária, autoriza-se, tão somente, a desconsideração do véu mistificador da operação para fazer valer a norma eludida cujo fato gerador correspondente pretendeu o contribuinte encobrir.

Em segundo lugar, nota-se que a própria posição topográfica do artigo 116, parágrafo único, do CTN se encarrega de atestar a sua total desconexão com o método da interpretação econômica. Fosse a intenção do legislador consagrar este último, indubitavelmente o dispositivo seria inserido no capítulo designado "Interpretação e Integração da Legislação Tributária" (Livro II, Título I, Capítulo IV).

No entanto, a opção foi por introduzi-lo no capítulo do fato gerador (Livro II, Título II, Capítulo II), o que comprova que a *ratio* da Lei Complementar nº 104/2001 não consistiu em remodelar as bases hermenêuticas do Direito Tributário brasileiro, que segue sujeito a critérios de interpretação estritamente jurídicos (e não econômicos), mas sim estabelecer um mecanismo de controle de condutas destinadas a mascarar a consumação dos fatos geradores de tributos para ao infrator garantir a fruição de economias fiscais indesejadas pelo ordenamento positivo.

5.2.5.2 O parágrafo único do artigo 116 do CTN e a tributação por analogia ou por ficção jurídica (presunção de ocorrência do fato gerador)

Outra distorção que a doutrina refratária à ideia de ilicitude atípica sempre pretendeu imputar ao artigo 116, parágrafo único, do CTN (se tomado como norma geral antielusiva) foi que, de sua aplicação, resultaria uma tributação por analogia, providência vedada pela regra estabelecida no artigo 108, parágrafo primeiro, do mesmo Código. Chegou-se também a cogitar que o procedimento de desconsideração daria à luz uma hipótese de tributação por ficção jurídica, isto é, por presunção de ocorrência do fato gerador, medida que tampouco encontraria guarida na moldura normativa do CTN.

Para evidenciar a suposta incongruência da concepção do artigo 116, parágrafo único, enquanto cláusula geral antiabuso, com o Direito Tributário brasileiro, ambas as críticas buscaram suporte num eixo comum: o de que o efeito prático da aplicação do dispositivo seria propiciar um alargamento disfarçado das hipóteses de incidência de normas tributárias para viabilizar a cobrança de tributos em desarmonia com as injunções do princípio da legalidade.

A refutação dessas reiteradas diatribes passa pela necessária percepção de que os expedientes de combate à fraude à lei, a exemplo do parágrafo único do artigo 116, não se prestam a colmatar lacunas ou a corrigir imperfeições da legislação tributária, objetivando atingir manifestações de capacidade contributiva que não tenham sido, por qualquer razão, integradas aos antecedentes das normas tributárias tipificadas em lei.

Nos casos subsumidos ao campo de aplicação do dispositivo, não é necessário recorrer à analogia ou a presunções de ocorrência do fato gerador por uma razão bastante singela: a norma tributária incidente sobre a operação elusiva já existe e é plenamente eficaz; a frustração da sua aplicação deve-se exclusivamente às ardilosas manobras executadas pelo contribuinte para fraudar a lei tributária.[252]

Daí deriva a afirmação formulada por Marciano Godoi (2001, p. 116) segundo a qual "a fraude à lei supõe que o problema não está na lei, a qual cumpriu o seu papel satisfatoriamente: o problema está é na atuação fraudulenta do sujeito passivo".

Em reflexão idêntica, Ramón Falcón y Tella (1999, p. 68) destaca que o mecanismo da fraude à lei tributária "não se trata de uma solução às imperfeições da lei, mas de um instrumento excepcional que resulta necessário para assegurar a plena aplicação da lei tributária, por muito perfeita que seja".

Na mesma linha, pode-se citar também a lição de Taboada (1998, p. 15), na direção de que na fraude à lei não há, em realidade, uma lacuna: "a norma aplicável já existe e não é outra senão a norma defraudada. A vontade do legislador *é*, e não simplesmente *houvera sido*, gravar o fato em questão, e a lei o gravaria diretamente se não houvesse sido eludida artificiosamente".

O artigo 116, parágrafo único, do CTN, portanto, não legitima a tributação por analogia ou por ficção jurídica (presunção *juris et de jure* de ocorrência do fato gerador), tampouco autoriza uma expansão insidiosa da regra matriz de incidência

---

[252] Tal constatação torna necessário estender a crítica aos autores que, apesar de reconhecerem a natureza de norma geral antielusiva do parágrafo único do artigo 116, tomam-no como cláusula de exceção ao regime geral de vedação à analogia, disposto no artigo 108, §1º, do CTN (NISHIOKA, 2010). Como indicado no texto, não se cuida de excepcional hipótese de tributação analógica, mas de procedimento que restaura os efeitos regulares de norma defraudada já existente e eficaz.

de normas tributárias impositivas previstas — defeituosamente ou não — em lei. O que o dispositivo verdadeiramente faz é dissolver o aparente, ao inutilizar a técnica dissimulatória, para reconstituir, no plano formal, o evento tributário real, tal como ele efetivamente se materializou em concreto, de sorte a permitir a perquirição do fato gerador cuja consumação foi ocultada pelo contribuinte com a finalidade de fraudar a aplicação de normas tributárias cogentes.

Noutro dizer, pretende-se, pela aplicação do parágrafo único do artigo 116, desconstituir o verniz de licitude que possibilitou ao infrator desnaturar artificiosamente o fato imponível — seja pela dissimulação da ocorrência do fato gerador, seja pela mutação de elemento constitutivo da obrigação tributária — para restituir à norma eludida os seus normais efeitos, sem que isso implique proceder a qualquer tributação ficta ou analógica, ou engendrar um mecanismo sub-reptício para gravar manifestações de capacidade contributiva ignoradas pelo legislador. Cuida-se, em última análise, de fazer valerem o princípio da verdade material e o dever de veracidade, preceitos que comandam a prática de todos os atos pertinentes ao Direito Tributário.

5.2.5.3 O parágrafo único do artigo 116 do CTN e a questão do ônus da prova

O reconhecimento da existência de uma norma geral antielusiva consagrada no CTN é, como se tem visto, conclusão rica em consequências. Uma das principais, marcada por singular relevo prático, consiste em converter o dispositivo que veicula tal espécie normativa em fundamento legal exclusivo para os atos de desconsideração. Quer isso indicar que a Administração somente poderá proceder ao controle de atos elusivos, mediante desconsideração de atos e negócios jurídicos, se amparada estiver no artigo 116, parágrafo único, daquele diploma.

Com isso se quedam descartadas eventuais opções alternativas, a exemplo da aplicação analógica de dispositivos de lei extraídos do direito privado[253] — como os artigos 166, inciso VI, e 187 do Código Civil, instituidores, respectivamente, da fraude à lei e do abuso de direito naquele âmbito — ou a expansão do conceito de simulação,

---

[253] Ressalte-se que a invocação de figuras como o abuso de direito e a fraude à lei pode decorrer não apenas da aplicação analógica de normas do direito privado, mas também, como assinala Marco Aurélio Greco (2008), por pertencerem ao domínio da teoria geral do Direito, sem carecer de expressa previsão legal para serem aplicadas. Todavia, entende-se que uma tal concepção não autoriza a incidência imediata de tais categorias no âmbito tributário para desconsiderar operações elusivas sem mediação legal. Como argumenta corretamente Rocha (2019, p. 83-84): "Sem dúvida que o abuso de direito, como vimos, é um instituto de Teoria Geral do Direito. Ou seja, existe mesmo sem estar vertido em um texto normativo tributário. Nada obstante, não nos parece que seja possível, mediante a aplicação de um instituto teórico, desconsiderar, sem fundamentação legal expressa, atos ou negócios jurídicos praticados pelo contribuinte. [...] Portanto, rejeitamos o argumento de que institutos e conceitos de Teoria Geral do Direito possam ser aplicados, sem base legal explícita, diretamente ao campo tributário para tornar inoponíveis ao Fisco atos e negócios jurídicos lícitos". Nesse sentido, a fraude à lei tributária só se perfaz aplicável no combate à elusão fiscal em função da disposição legal contida no artigo 116, parágrafo único, do CTN, embora não tenha sido textualmente nominada.

providência amiúde testemunhada nas experiências europeias e, também, na brasileira para transpor empecilhos relativos à ineficiência da norma antielusiva positivada. A desconsideração de atos e negócios jurídicos engenhosos e artificiais há de ser feita mediante a aplicação de *normas de natureza tributária*, e não normas de direito privado, já que o próprio CTN tratou de consagrar o alicerce legal necessário — e insubstituível — para a neutralização e requalificação de operações elusivas.

Alexandre Nishioka, para quem o parágrafo único do artigo 116 do CTN estabeleceu a figura do abuso de formas, critica a aplicação do regime civil da fraude à lei e do abuso de direito para combater a elusão tributária:

> Na realidade, nem a fraude à lei civil nem o abuso de direito correspondem ao conceito de fraude à lei fiscal ou de abuso de direito fiscal. Essas últimas expressões foram cunhadas justamente porque a invalidade ou a ilicitude da fraude à lei civil ou do abuso de direito geram efeitos apenas e tão-somente no direito civil, não no direito tributário, até porque, neste, a validade ou a ilicitude não têm relevância, a teor do artigo 118 do CTN.
> Assim, a doutrina tem criticado a aplicação do regime civil da fraude à lei e do abuso de direito.
> Na verdade, muito embora o efeito civil do negócio jurídico sem causa seja a nulidade, o que importa, para o direito tributário, é que o parágrafo único do artigo 116 do CTN autoriza a desconsideração do ato ou negócio jurídico, ou seja, institui hipótese de ineficácia do ato ou negócio jurídico para efeitos fiscais, sem que se afete a validade destes para efeitos civis.
> [...]
> Não se trata, portanto, de transferir para o direito tributário efeitos que se operam única e exclusivamente no direito civil, pois, repita-se, o próprio direito tributário estabeleceu que o abuso de formas acarretará a ineficácia do ato ou negócio jurídico para efeitos fiscais (NISHIOKA, 2010, p.177-179).

Com efeito, evidencia a prática histórica que o recurso a tais vias alternativas geralmente se justifica por critério de conveniência, dada a esquiva ao procedimento especial a que se refere a parte final do parágrafo único do artigo 116, seja pela conclusão de que o dispositivo se encontra inapto a produção de efeitos até que editada lei específica,[254] seja para contornar as dificuldades que um rito especial impõe à Administração Fiscal em termos de uma mais exigente submissão às garantias processuais.

Não deve ser estendida essa posição, obviamente, aos atos evasivos — perpetrados com dolo, fraude ou simulação —, os quais sempre podem ser desconsiderados com fulcro no artigo 149, inciso VII, do CTN, segundo as regras ordinárias de processo administrativo fiscal. O raciocínio desenvolvido nas linhas acima adstringe-se, pois, à hipótese de enfrentamento à elusão fiscal, modalidade de ilicitude regulada exclusivamente, no campo do Direito Tributário, pelo artigo 116, parágrafo único, do CTN.

---

[254] Tal controvérsia acerca da eficácia do artigo 116, parágrafo único, do CTN será abordada em detalhes no subtópico que ao presente se segue.

Tal interpretação é afim com aquela apregoada por Rocha (2018, p. 504), segundo quem, "no momento em que se reconhece que o Código Tributário Nacional tem uma regra geral antielusiva, há que se reconhecer que esta regra deve ser a base de fundamentação para a prática de atos de controle da elusão fiscal".

Também se espelha fielmente esse raciocínio noutra competente lição ministrada por Marciano Godoi, cujos termos vale aqui transcrever:

> Por outro lado, consideramos que a existência de uma norma geral antielusão contida no código tributário obriga o fisco a recorrer a tal via para corrigir os atos elusivos dos contribuintes, não sendo correta a aplicação conjunta ou mesmo subsidiária das figuras da fraude à lei e do abuso do direito previstas no código civil de 2002 (art. 166, VI, e 187, respectivamente). Nesse particular, discordamos das orientações de Marco Aurélio Greco, que defende que um caso de planejamento tributário com fraude à lei ou abuso do direito pode ser combatido pela administração mediante a aplicação do código civil.
>
> Em nossa opinião, a sistematização que o Código Civil de 2002 imprimiu às figuras da fraude à lei e do abuso do direito é inapropriada para o tratamento da elusão tributária. Quanto à fraude à lei, a disciplina do Código Civil brasileiro considera nulo o negócio praticado em fraude à lei (art. 166, VI), e naturalmente faz depender essa nulidade de uma sentença judicial, ao passo que todos os países que possuem normas gerais antielusão utilizam a técnica da desconsideração ou inoponibilidade fiscal do ato elusivo, que obviamente independe de uma decisão judicial (embora naturalmente a desconsideração possa ser revista a posteriori por um ato judicial). Além disso, o art. 166, VI, do código civil restringe-se aos negócios jurídicos em fraude à lei, sem abranger os casos não incomuns de atos in fraudem legis que não são contratos ou negócios jurídicos stricto sensu (GODOI, 2012a, p. 131).

Por isso é que, proscrito o conceito ampliado de simulação para combater violações transversais à legislação tributária, forçosa se mostra a conclusão de que a supressão da natureza de norma geral antielusiva do parágrafo único do artigo 116 do CTN, como pretende a doutrina majoritária, retira do ordenamento tributário brasileiro o único antídoto legítimo contra planejamentos tributários abusivos.

A menção ao procedimento especial de aplicação da norma antielusiva e a imperiosa observância das garantias processuais titularizadas pelo contribuinte trazem à baila uma outra questão de sensível relevo nessa seara, qual seja, o ônus da prova relacionado às condutas potencialmente incursas em elusão fiscal. Duas indagações aí se impõem: quem suporta o ônus da prova (se a Administração ou o particular) e se no seu escopo se inclui a demonstração do dolo dos comportamentos elusivos.

Não obstante tenha, historicamente, se consolidado a compreensão de que compete à Administração Fiscal o dever de provar a ocorrência de infração à lei tributária, ao passo que é ela quem imputa ao contribuinte o seu cometimento, no caso dos atos elusivos, em função de suas peculiaridades, tal raciocínio carece de ser relativizado. Isso porque há hipóteses em que a produção da prova pelo Fisco consubstancia tarefa impossível, porquanto a elusão tributária é fenômeno cuja caracterização se fundamenta na ideia de *causa* (*rectius*: de ausência de causa) do negócio jurídico, expressa nos referenciais teleológicos que comandam a prática do mesmo, elementos que nem sempre são facilmente acessíveis a agentes externos (como é o Fisco).

Pense-se, por exemplo, numa declaração de fraude à lei tributária amparada no critério da carência de propósito negocial da operação impugnada: não seria exequível a exigência de que a Administração provasse que o contribuinte, ao tempo da realização da transação, agia sem qualquer finalidade extrafiscal, a evidenciar hipótese de negócio desprovido de causa jurídica. Tratar-se-ia do que a mais antiga doutrina costumava chamar de *probatio diabolica* (prova diabólica), assim designadas as provas cuja produção, por uma ou por ambas as partes, é impossível ou excessivamente difícil em face de circunstâncias concretas.

Não se ignora que toda a elaboração legislativa em matéria de infrações tributárias obedeceu aos moldes dogmáticos tradicionais, pensados à imagem das vulnerações diretas à lei. Por isso é que o aperfeiçoamento do regime de combate à elusão fiscal supõe adaptações de alguns entendimentos dantes pacificados. A questão do *onus probandi*, em face do critério da causa dos negócios jurídicos como fator de configuração de comportamentos elusivos, é, certamente, uma delas.

Nesse sentido, para contornar esses obstáculos, parece mais adequado estabelecer, no que tange ao procedimento de desconsideração de atos e negócios jurídicos incursos em elusão fiscal, uma regra de *distribuição dinâmica do ônus da prova*, à semelhança do que fez o Código de Processo Civil de 2015 em seu artigo 373, parágrafo primeiro:[255] nos casos em que a desincumbência do encargo probatório prefixado pela regra geral for impossível ou de extrema dificuldade, admite-se, mediante decisão fundamentada, a inversão do ônus da prova, visando a propiciar maior facilidade na sua obtenção, excepcionalidade à qual sempre se seguirá a plena oportunização à parte de se desincumbir do ônus que lhe foi atribuído.[256]

Transportada tal disciplina à hipótese do artigo 116, parágrafo único, do CTN, é possível sedimentar algumas importantes diretrizes. Em primeiro plano, à Administração caberá, a princípio, a apresentação das provas que demonstrem a prática do ato elusivo. Com efeito, todas as provas que se encontrem ao alcance da autoridade fiscal deverão

---

[255] Art. 373, CPC. O ônus da prova incumbe: I – ao autor, quanto ao fato constitutivo de seu direito; II – ao réu, quanto à existência de fato impeditivo, modificativo ou extintivo do direito do autor. §1º Nos casos previstos em lei ou diante de peculiaridades da causa relacionadas à impossibilidade ou à excessiva dificuldade de cumprir o encargo nos termos do caput ou à maior facilidade de obtenção da prova do fato contrário, poderá o juiz atribuir o ônus da prova de modo diverso, desde que o faça por decisão fundamentada, caso em que deverá dar à parte a oportunidade de se desincumbir do ônus que lhe foi atribuído. §2º A decisão prevista no §1º deste artigo não pode gerar situação em que a desincumbência do encargo pela parte seja impossível ou excessivamente difícil.

[256] Em sentido diverso, Marco Aurélio Greco (2008, p. 461), embora reconheça a dificuldade da prova, sustenta que ao Fisco cabe se desincumbir de um duplo ônus: "[...] além da prova da ocorrência do fato gerador, o parágrafo único do artigo 116 impõe um segundo ônus a cargo do Fisco, qual seja, demonstrar que o ato ou negócio jurídico foi praticado *'com a finalidade de dissimular'*. A existência desta finalidade é elemento constitutivo da hipótese de incidência da competência para desconsiderar; portanto, a este elemento aplica-se o mesmo critério de caber ao Fisco o ônus da prova desse fato constitutivo. Ou seja, a sistemática do CTN como um todo exige, no caso específico, um duplo ônus da prova a cargo do Fisco: a) provar a ocorrência do fato gerador; e b) provar que a finalidade do ato ou negócio jurídico foi dissimulá-lo. Sem esta dupla prova é inaplicável a desconsideração. Prova certamente muito complexa pois, se houve dissimulação, o fato gerador não estará às claras, mas sim encoberto, nebuloso, disfarçado".

ser por ela produzidas, a fim de imputar ao contribuinte o cometimento da conduta ilícita. Sem que haja o apontamento de circunstâncias objetivas e evidências consistentes, capazes de sinalizar a concreta possibilidade de haver o contribuinte celebrado ato ou negócio jurídico dissimulatório, o procedimento especial de desconsideração sequer poderá ser instaurado, por ausência de justa causa, tendo em vista o seu potencial agressivo a direitos fundamentais.

Entretanto, o *onus probandi* poderá ser redistribuído segundo o critério da aptidão para a prova. Em se tratando de provas que ao particular sejam de mais fácil produção, admite-se a inversão do ônus para a ele oportunizar a demonstração de que as formas adotadas para efetuar uma operação, embora inusuais, não consubstanciaram um abuso; ou que a operação foi conduzida por propósitos negociais concretos, de sorte que ele a realizaria mesmo se não fosse a vantagem fiscal dela decorrente.

Obviamente que tais aspectos processuais e procedimentais deverão ser disciplinados com diligência pela lei ordinária que sobrevirá com o desiderato de regulamentar a aplicação do parágrafo único do artigo 116. No entanto, em atenção ao impreterível dever de assegurar o legítimo exercício das liberdades constitucionais, entende-se que não poderá o legislador se descurar em larga medida das balizas acima enunciadas.

Ademais, certo é que o vindouro diploma deverá ao particular garantir um amplo repertório para produção de provas, que abranja tantas quanto possíveis espécies probatórias compatíveis com o processo administrativo fiscal: provas documentais, periciais e mesmo testemunhais.[257] O ordenamento positivo deve municiar o contribuinte de todos os meios de provas aptos, em potência, a infirmar a imputação de fraude à lei tributária. Trata-se de providência imprescindível à salvaguarda de três postulados ínsitos ao princípio constitucional do contraditório: o direito à prova, a paridade de armas e a refutabilidade das "hipóteses acusatórias" (aqui concebidas num sentido lato, englobando-se, *mutatis mutandis*, a imputação de infrações tributárias por parte da Administração Fiscal).

Em todo caso, é oportuno realçar que a possibilidade de inversão do ônus da prova não representa um salvo-conduto para que a Administração Fiscal opere livremente com presunções fundadas no fato de o contribuinte não haver lançado mão dos tipos

---

[257] Malgrado seja difícil imaginar hipóteses de utilização de provas testemunhais em processo administrativo fiscal, é prudente não vedar por antecipação o seu emprego, mormente se considerada a elevada complexidade que quase sempre singulariza as operações elusivas. Igual proceder adota Heleno Tôrres (2003, p. 392-393), que assim pontua: "No que tange ao uso de testemunhas, mesmo que aparentemente soe estranha sua presença no procedimento administrativo, as limitações típicas do próprio processo civil são aplicadas, por analogia, quando em ausência de regras expressas que disponham em sentido diverso. O que ocorre, contudo, é saber quais os tipos de provas obtidas por testemunhas poderiam ser usadas, e mais: se as provas obtidas junto a outros contribuintes ou responsáveis tributários poderiam ser qualificadas como 'provas testemunhais'. Ademais, quanto às reservas, temos limites para a admissibilidade de provas testemunhais em procedimento tributário de duas ordens: i) de caráter geral, que valem para qualquer tipo de processo e ii) de caráter específico, que vale limitadamente no âmbito do procedimento ou do processo tributário, como a exigência de um determinado tipo de prova (documental, por exemplo) ou mesmo o impedimento de se usar de prova testemunhal, expressamente, como no caso do segredo profissional".

contratuais ortodoxos, fator que, por si mesmo, é insuficiente à configuração da elusão tributária, tendo em conta o já abordado princípio da liberdade de formas vigente no direito positivo brasileiro.

É, por isso, oportuna a exortação formulada por Heleno Tôrres (2003, p. 271) de que o pressuposto da conduta elusiva há de ser "identificado caso a caso, não podendo ser tomado por presunção, a partir da constituição de negócios atípicos, não formais, indiretos ou fiduciários, haja vista as garantias do ordenamento às três liberdades contratuais de formas, tipos e causas".

Quer isso significar que a ilicitude — prática de negócio desprovido de causa jurídica e com o objetivo único de economizar tributos (fraude à lei tributária) — deve restar seguramente demonstrada no bojo de procedimento regular que garanta ao contribuinte um amplo e substantivo exercício do direito de defesa, sob pena de degenerar-se o ato legal de desconsideração em dissimulada e intolerável manobra confiscatória por parte da Administração Tributária.

Questão restante a examinar em matéria probatória diz respeito à (des)necessidade de comprovação do elemento subjetivo dos atos elusivos. Sobre isso, não é recente a orientação perfilhada pela esmagadora maioria da doutrina (brasileira e estrangeira) no sentido de rechaçar, via de regra, a imprescindibilidade de ser demonstrado o dolo do particular que perpetra agressão direta ou indireta à legislação tributária.

Não poderia ser mesmo outra a interpretação triunfante, porquanto, no âmbito do próprio Direito Civil, já não mais se exige, em hipóteses de fraude à lei e de simulação, a comprovação do chamado "vício de vontade", bastando a análise das circunstâncias e consequências objetivas que tais situações engendram. Em análogo raciocínio, sustenta-se que a aferição de ações potencialmente elusivas pode ser feita à luz, exclusivamente, de critérios objetivos, como o meio (formas jurídicas empregadas), o lugar (paraísos fiscais ou não, por exemplo) e a causa jurídica[258] do negócio (finalidade fiscal ou extrafiscal), quedando-se despicienda a demonstração, pelo Fisco, do caráter doloso da conduta imputada.

Nada obsta, contudo, que o próprio contribuinte traga à colação fatores de ordem subjetiva, a exemplo das intenções que o levaram à consecução do ato ou negócio jurídico impugnado, mormente porque, com a possibilidade de inversão do ônus da prova, se exitosa a demonstração de qualquer vetor teleológico distinto do objetivo de economia fiscal para a realização da operação contestada, insuscetível será esta de desconsideração pelo Fisco com alicerce no artigo 116, parágrafo único, do CTN.

Outrossim, há que se recordar que a sujeição dos particulares à ordem tributária exprime-se, fundamentalmente, por obrigações de natureza *ex lege*, cuja

---

[258] Recorde-se, neste ponto, que a causa do negócio jurídico, conquanto expresse uma declaração de vontade manifestada pelas partes, não diz respeito às intencionalidades subjetivas que as levaram a solenizar a pactuação. A noção de "causa jurídica", portanto, guarda relação, entre outros fatores, com o perfil objetivo, *rectius*, com a função típica que estimulou a positivação de determinada forma negocial em lei. Daí por que se classificou como objetivo o critério de análise da causa dos negócios.

compulsoriedade contrasta com elementos subjetivos tais como consciência e volição, primordiais apenas no campo das obrigações privadas, regidas, precipuamente, pelo Direito Civil. Disso decorre a conclusão de que a potencial caracterização da elusão fiscal demanda a análise tão somente das facetas objetivas da conduta praticada, fazendo-se desimportantes os estímulos subjetivos que a impulsionaram.

O exame do dolo, com efeito, reserva sua relevância apenas a cinco excepcionais hipóteses disciplinadas nos artigos 137[259] e 150, parágrafo quarto,[260] do CTN: (1) infrações penais (tendo em vista que a dogmática penal brasileira inadmite terminantemente qualquer forma de responsabilização objetiva, nesta regra inclusos os chamados crimes contra a ordem tributária); (2) infrações tributárias que derivem direta e exclusivamente de dolo específico (categoria que compreende apenas ilícitos de cariz evasivo[261]); (3) infrações que decorram de dolo específico de terceiros, na forma do inciso III do artigo 137; (4) possibilidade jurídica de aplicação de multa qualificada ao contribuinte infrator; e (5) regime de contagem do prazo decadencial nos casos de tributos cujo lançamento se dá por homologação.

Essa conjunção de fatores, portanto, cuida de afiançar a interpretação de que o regime probatório atinente aos atos elusivos se subordina à regra geral do CTN, pronunciada pelo seu artigo 136, segundo a qual, "salvo disposição de lei em contrário, a responsabilidade por infrações da legislação tributária *independe da intenção do agente ou do responsável* e da efetividade, natureza e extensão dos efeitos do ato".

5.2.5.4 O parágrafo único do artigo 116 do CTN e a punibilidade das condutas elusivas

Em vias de conclusão, não se poderia deixar de tangenciar, também, a questão da punibilidade dos atos elusivos. Sabe-se que foi objeto de acentuadas polêmicas em algumas experiências europeias a conveniência e mesmo a possibilidade jurídica de aplicação das penalidades previstas em lei aos contribuintes que lançassem mão de planejamentos fiscais abusivos.

---

[259] Art. 137, CTN. A responsabilidade é pessoal ao agente: I – quanto às infrações conceituadas por lei como crimes ou contravenções, salvo quando praticadas no exercício regular de administração, mandato, função, cargo ou emprego, ou no cumprimento de ordem expressa emitida por quem de direito; II – quanto às infrações em cuja definição o dolo específico do agente seja elementar; III – quanto às infrações que decorram direta e exclusivamente de dolo específico: a) das pessoas referidas no artigo 134, contra aquelas por quem respondem; b) dos mandatários, prepostos ou empregados, contra seus mandantes, preponentes ou empregadores; c) dos diretores, gerentes ou representantes de pessoas jurídicas de direito privado, contra estas.

[260] Art. 150, §4º, CTN. Se a lei não fixar prazo a homologação, será ele de cinco anos, a contar da ocorrência do fato gerador; expirado esse prazo sem que a Fazenda Pública se tenha pronunciado, considera-se homologado o lançamento e definitivamente extinto o crédito, salvo se comprovada a ocorrência de dolo, fraude ou simulação.

[261] Um dos principais exemplos dessa espécie infracional se visualiza no artigo 44, parágrafo primeiro, da Lei nº 9.430/1996, que determina a imposição de multa qualificada no patamar de 150% (cento e cinquenta por cento) ao contribuinte em casos de sonegação, fraude e conluio, todos ilícitos que, em suas descrições típicas, estabelecem como pressuposto de configuração uma conduta dolosa por parte do agente infrator (artigos 71, 72 e 73 da Lei nº 4.502/1964).

Noutro momento se viu que, na França, por exemplo, mormente após a reforma legislativa de 2008, foram cominadas sanções administrativas até mais severas aos atos ilícitos por abuso de direito fiscal do que aquelas aplicadas às condutas evasivas. De outra parte, na Espanha sempre prevaleceu a compreensão de que os atos elusivos são insuscetíveis de penalização, seguindo-se à declaração de fraude à lei — ou, atualmente, de conflito na aplicação da norma tributária — apenas a cobrança do tributo eludido, acrescida de juros moratórios.

Por constituir a elusão fiscal inequívoca espécie de ato ilícito, entende-se que nenhum óbice se pode opor à sua passibilidade de penalização. É irrelevante, neste aspecto, o debate se os comportamentos elusivos, enquanto ilícitos atípicos, consubstanciam infrações mais ou menos graves que as hipóteses de evasão fiscal, tal qual se testemunhou naqueles países.[262] Tratando-se de ações antijurídicas cometidas pelo contribuinte, ainda que mediante agressão indireta à lei, é plenamente possível que sejam reprimidas conforme os ritos legalmente fixados (neste caso, segundo o procedimento especial de que trata o parágrafo único do artigo 116 do CTN).

Incongruente seria a solução de reconhecer como ilícitos, com fundamento legal expresso, os atos e negócios programados em fraude à lei tributária, mas eximir o contribuinte que os realiza de qualquer punição. Mormente porque a elusão fiscal supõe (quase sempre) negócios engenhosos, complexamente arranjados, para prejudicar a aplicação da lei tributária, o que acaba por dotá-los de um agravado potencial lesivo.

A exclusão antecipada da possibilidade de infligir ao infrator repreendas decorrentes da ordenação de planejamentos tributários abusivos, por consequência, configuraria perigoso estímulo à sua adoção, eis que a atenuação dos riscos associados à prática de atos elusivos introduziria um fator de desequilíbrio na relação de custos e benefícios, sempre cuidadosamente ponderada nas hipóteses de ações antijurídicas que, como as elusivas, derivam de um cálculo racional do agente transgressor.[263] No caso brasileiro, ocupou-se a Lei Federal nº 9.430/1996[264] de cominar, em seu artigo 44, no que

---

[262] Adensou-se essa controvérsia, sobretudo, na doutrina francesa, como explanado na nota nº 217.

[263] No âmbito das ciências sociais, é consistente o modelo explicativo que toma os crimes de colarinho branco sempre como produtos de cálculos racionais operados pelos agentes infratores. No estudo do fenômeno da corrupção, por exemplo, ganhou força a partir da década de 1990, sobretudo na ciência política norte-americana, a tradição teórica que se convencionou chamar de "neoinstitucionalismo da escolha racional", cujos adeptos reconhecem que as institucionalidades vigentes condicionam as ações praticadas pelos indivíduos, mas não a ponto de anular a sua autonomia de comportamento e de raciocínio. Segundo tal perspectiva — que encontra eco em muitos dos fundamentos da chamada "análise econômica do direito" —, os atos de corrupção seriam ocasionados, em significativa medida, por falhas e brechas institucionais, a partir das quais os agentes implicados naquele campo desenvolvem suas estratégias subversivas de ação. Trata-se de interpretação análoga à que frequentemente se propõe no estudo da elusão fiscal, ao se considerar que esta modalidade de ilicitude resulta, quase que invariavelmente, de um esquadrinhamento criterioso das malhas e imperfeições da legislação tributária para por elas escapar dos mecanismos de tributação, o que se procede mediante a orquestração racional de esquemas negociais capciosos.

[264] Art. 44, Lei nº 9.430/1996. Nos casos de lançamento de ofício, serão aplicadas as seguintes multas:
I – de 75% (setenta e cinco por cento) sobre a totalidade ou diferença de imposto ou contribuição nos casos de falta de pagamento ou recolhimento, de falta de declaração e nos de declaração inexata;
II – de 50% (cinquenta por cento), exigida isoladamente, sobre o valor do pagamento mensal:
a) na forma do art. 8o da Lei no 7.713, de 22 de dezembro de 1988, que deixar de ser efetuado, ainda que não tenha sido apurado imposto a pagar na declaração de ajuste, no caso de pessoa física;

tange aos tributos federais,[265] multas aplicáveis às hipóteses em que a autoridade fiscal procede ao lançamento de ofício. *In verbis* (com redação dada pelas Leis nº 11.488/2007 e nº 12.249/2010). Nota-se que o dispositivo estipula uma gradação de multas que podem variar entre 50% e 225%. O patamar mínimo de 50% é aplicado às duas hipóteses do inciso II do *caput*, as quais, por suas especificidades, não guardam relação com o artigo 116, parágrafo único, do CTN.

Os patamares de 150% e de 225%, a seu turno, só podem resultar dos agravamentos previstos, respectivamente, pelos parágrafos primeiro e segundo do artigo 44. O primeiro determina a duplicação do percentual da penalidade pecuniária cominada pelo inciso I do *caput* (75%) nos casos de sonegação, fraude e conluio, nos termos dos artigos 71 a 73 da Lei nº 4.502/1964. O segundo ordena a exasperação das multas descritas no inciso I do *caput* e no parágrafo anterior ao contribuinte que, incurso em qualquer dos três ilícitos acima (sonegação, fraude e conluio), desatende intimação para (1) prestar esclarecimentos; (2) apresentar os arquivos e sistemas de que tratam os artigos 11 a 13 da Lei nº 8.383/1991; ou (3) fornecer a documentação técnica a que alude o artigo 38 da Lei nº 9.430/1996.

Trata-se, ambas as hipóteses — patamares de 150% e de 225% —, pois, de *multas qualificadas imponíveis apenas a modalidades de evasão tributária* e que supõem a comprovação do dolo do contribuinte para que sejam arbitradas, quedando-se inaplicáveis às hipóteses de fraude à lei tributária (abuso de formas e ausência de propósito negocial).

---

b) na forma do art. 2º desta Lei, que deixar de ser efetuado, ainda que tenha sido apurado prejuízo fiscal ou base de cálculo negativa para a contribuição social sobre o lucro líquido, no ano-calendário correspondente, no caso de pessoa jurídica.

§1º O percentual de multa de que trata o inciso I do caput deste artigo será duplicado nos casos previstos nos arts. 71, 72 e 73 da Lei no 4.502, de 30 de novembro de 1964, independentemente de outras penalidades administrativas ou criminais cabíveis.

§2º Os percentuais de multa a que se referem o inciso I do caput e o §1º deste artigo serão aumentados de metade, nos casos de não atendimento pelo sujeito passivo, no prazo marcado, de intimação para:

I – prestar esclarecimentos;

II – apresentar os arquivos ou sistemas de que tratam os arts. 11 a 13 da Lei no 8.218, de 29 de agosto de 1991;

III – apresentar a documentação técnica de que trata o art. 38 desta Lei.

§3º Aplicam-se às multas de que trata este artigo as reduções previstas no art. 6º da Lei nº 8.218, de 29 de agosto de 1991, e no art. 60 da Lei nº 8.383, de 30 de dezembro de 1991.

§4º As disposições deste artigo aplicam-se, inclusive, aos contribuintes que derem causa a ressarcimento indevido de tributo ou contribuição decorrente de qualquer incentivo ou benefício fiscal.

§5º Aplica-se também, no caso de que seja comprovadamente constatado dolo ou má-fé do contribuinte, a multa de que trata o inciso I do caput sobre:

I – a parcela do imposto a restituir informado pela contribuinte pessoa física, na Declaração de Ajuste Anual, que deixar de ser restituída por infração à legislação tributária; e

II – (VETADO).

[265] É inviável aqui esboçar qualquer análise de sistemas punitivos vigentes nos outros níveis federativos em função da extrema pulverização de leis tributárias nos 26 estados e 5.570 municípios brasileiros, as quais não conservam grande ordenação lógica e racional, a ponto de consagrarem estruturas e regimes sancionatórios substantivamente dissimilares entre si. Ademais, como o objetivo dessa parcela do texto consiste apenas em traçar algumas linhas gerais das bases punitivas dos atos elusivos, é de se convir que, para fins de mera ilustração, melhor exemplo não há que a esfera federal, da qual se poderá extrair os principais fundamentos a serem replicados nos planos estadual e municipal.

Fundamental mesmo, para o regime de combate à elusão fiscal, é a multa cominada pelo artigo 44, inciso I (patamar de 75%), pois é ela que incidirá nos casos de desconsideração de atos e negócios jurídicos subsumidos à hipótese delineada no artigo 116, parágrafo único, do CTN.

Com efeito, ao contornar norma tributária cogente por meio de arranjo negocial elusivo, cuja função seja dissimular a ocorrência do fato gerador de tributo, o contribuinte deixa de proceder ao pagamento que seria devido, fator que justifica a instauração do procedimento especial referido pelo artigo 116, parágrafo único, e que, mediante a observância das garantias do contraditório e da ampla defesa, poderá vir a desembocar na desconstituição da operação e, por consequência, no lançamento de ofício do tributo eludido. Com isso, aperfeiçoam-se todas as circunstâncias que atraem a incidência da multa de 75% sobre o valor do tributo não recolhido, imposta ao contribuinte a título de repreenda pelo ato elusivo praticado.

Nesse sentido, pode-se, em suma, assinalar que, em nível federal, do ato de desconsideração lastreado no artigo 116, parágrafo único, do CTN, decorrem, invariavelmente, três efeitos: (1) aplicação da norma tributária fraudada, acompanhada da cobrança do tributo correspondente em valor atualizado; (2) aplicação de multa moratória; (3) aplicação de multa no importe de 75% sobre a totalidade ou a diferença do tributo eludido (artigo 44, inciso I, Lei nº 9.430/1996).

Prevalecesse orientação oposta, a patrocinar uma blindagem das condutas elusivas contra expedientes sancionatórios, acabaria a legislação brasileira por inadvertidamente sacrificar, em detrimento da integridade e da higidez da ordem tributária, o indispensável componente dissuasório-preventivo — traduzido numa eficácia simbólica de prevenção geral — inerente a qualquer modalidade de exercício do poder punitivo pelo Estado, donde certamente adviria o deletério efeito de encorajamento e incentivo à prática de atos antijurídicos atentatórios ao Sistema Tributário Nacional.

5.3 Eficácia do parágrafo único do artigo 116 do CTN

Por fim, há que se abordar a questão, igualmente tormentosa, concernente à eficácia do parágrafo único do artigo 116 do CTN. O ponto de arranque da discussão se deixa descobrir na parte final do dispositivo, onde se lê a expressa determinação de que a desconsideração de atos ou negócios jurídicos praticados com a finalidade de dissimular a ocorrência do fato gerador de tributo ou a natureza de elementos constitutivos da obrigação tributária deve observar "*os procedimentos a serem estabelecidos em lei ordinária*".

Conquanto sejam menores as divergências acerca deste ponto, também em relação a ele não se verifica consenso na doutrina. O eixo das dissonâncias consiste, pois, na autoaplicabilidade ou não da norma antielusiva brasileira.

Em exame panorâmico da doutrina, Sergio André Rocha (2018) destaca ser escasso o conjunto de autores a defender a tese da eficácia imediata do artigo 116, parágrafo único, do CTN. Ricardo Lodi Ribeiro (2009, p. 306), por exemplo, afirma a autoaplicabilidade do dispositivo, ponderando que a lei ordinária aludida pelo legislador remete apenas ao procedimento a ser adotado pela Administração para reconhecer o que ele qualifica como "elisão abusiva", de modo que, "enquanto não editadas tais leis, as entidades federativas podem reconhecer a elisão abusiva no lançamento, desde que já tenham regulado em lei o procedimento administrativo fiscal".

Em similar compasso, Ricardo Lobo Torres (2013, p. 52) entende que a eficácia do parágrafo único do artigo 116 está afiançada apenas à existência de prévia regulamentação de processo administrativo fiscal, donde a dispensabilidade da positivação de disciplina processual específica para a aplicação da norma sob apreço.

Cita-se, também, o ponto de vista de Abraham (2007, p. 409), para quem é imediata a efetividade do artigo 116, parágrafo único, uma vez que as regras de processo administrativo fiscal existentes já satisfazem a condição delineada pelo legislador na parte final do dispositivo, ao que acresce o argumento de que a coibição à simulação desnecessita de procedimento especial para ser operada pelo Fisco. O autor pondera ainda os riscos de um "pandemônio tributário" caso seja efetivamente necessária uma lei ordinária para regular o procedimento, tendo em vista a multiplicidade de entes federativos dotados de autonomia legislativa (ABRAHAM, 2007, p. 256-257). Em suma, é esta a sua conclusão acerca da controvérsia:

> Discordamos de todos os questionamentos feitos pela doutrina e temos a plena convicção da sua constitucionalidade e imediata efetividade, primeiro, porque acreditamos ser despicienda a sua regulamentação por uma nova Lei Ordinária, já que vislumbramos a aplicação de dispositivos do próprio Código Tributário Nacional, que se referem ao lançamento de ofício ou por arbitramento, assim como o lançamento em caso de simulação, que dispensam qualquer procedimento novo ou especial, ou, ainda, pela possibilidade de utilização de regras do procedimento administrativo fiscal, como o da esfera federal, regulado pelo Decreto 70.235/72 (e amplamente replicado pelos Estados e Municípios), para devidamente regular o procedimento de desconsideração e requalificação (ABRAHAM, 2007, p. 409).

Sob diversa angulação, a larga maioria dos tributaristas brasileiros que concebe a disposição introduzida no CTN pela Lei Complementar nº 104/2001 como regra geral antielusiva toma-a como uma *norma de eficácia mediata*, isto é, uma norma cuja efetividade depende da formulação, via lei ordinária, de um procedimento especial de aplicação.

O próprio Sergio André Rocha (2018, p. 506) argumenta que a parte final do parágrafo único do artigo 116 faz textual referência à "edição de normas processuais específicas", sem as quais a desconsideração de atos e negócios elusivos com base no dispositivo se despenha incontornavelmente oclusa.

Dessa leitura compartilha Heleno Tôrres (2003, p. 271), de cuja obra se extrai a compreensão de que o dispositivo em estudo exige "a criação de procedimentos específicos, mediante lei da pessoa política competente, para que se aplique a correspondente desconsideração e requalificação dos atos e negócios jurídicos".

Ainda a título exemplificativo, é de se mencionar a opinião de Marco Aurélio Greco (2008, p. 479), no sentido de que "o CTN deferiu à lei ordinária a disciplina indispensável, de caráter procedimental (e não de direito material), para que a norma possa ser aplicada", do que decorre a inequívoca conclusão de que, "antes da mencionada lei ordinária, o conteúdo preceptivo do dispositivo não comporta aplicação".

É fácil notar que a defesa da autoaplicabilidade do parágrafo único do artigo 116 do CTN repousa unicamente sobre dois fundamentos: (1) a desnecessidade de procedimento específico para contenção de atos simulados; e (2) a possibilidade de as regras ordinárias de processo administrativo fiscal, enquanto não editada a lei ordinária pertinente, fazerem as vezes do procedimento especial reportado pelo legislador na parte final do enunciado da norma. Nenhum deles, contudo, se sustenta.

O primeiro porque assentado na oblíqua premissa de que a repressão à simulação integra o escopo do artigo 116, parágrafo único, do CTN. Todavia, segundo longamente se argumentou, tal dispositivo fundamenta, em verdade, a reação tão somente a condutas elusivas, praticadas em fraude à lei tributária, categoria à qual não se subsumem os atos simulados, espécie típica de evasão fiscal.

O segundo argumento, a seu turno, esbarra na própria literalidade do parágrafo único do artigo 116: é cristalina, na redação legal, a alusão a um *procedimento especial a ser regulamentado via lei ordinária*. A opção do legislador por tal construção textual não se revela fortuita: a *mens legis* extraída do enunciado normativo indubitavelmente aponta para a positivação futura de um procedimento distinto dos já existentes no conjunto do ordenamento tributário nacional. Daí a sua qualificação como "especial".

O legítimo propósito — amparado em normas de extração constitucional — de combater a elusão fiscal não autoriza o atropelo das condições e pressupostos que o próprio sistema tributário cuidou de impor ao exercício dessa prerrogativa. A flexibilização do princípio da legalidade tributária pensado em seus moldes tradicionais — a autorizar a positivação, no ordenamento jurídico brasileiro, de uma norma geral antielusiva para controle de violações indiretas à lei — não pode ser confundida com a sua supressão. O agir administrativo permanece vinculado às divisas estabelecidas pelo legislador complementar, sob pena de desatar toda sorte de arbitrariedades cujo desfecho só pode ser o estímulo a expedientes confiscatórios.

É esse raciocínio que avaliza conclusões como aquela postulada por Tôrres (2003, p. 272), na direção de que, "antes de ser criticado, o disposto no parágrafo único do art. 116 do CTN merece encômios, pelo reforço da segurança jurídica que propõe, ao exigir que a dissimulação seja identificada e desqualificada por meio de *procedimentos especiais a serem estabelecidos em lei ordinária*".[266]

---

[266] Noutra passagem, afirma o mesmo autor: "O citado dispositivo, na forma de cláusula antielusiva, no sentido que empregamos esse termo, antes de tolher, amplia consideravelmente a certeza jurídica dos contribuintes, ao exigir a criação de procedimentos específicos, mediante lei da pessoa política competente, para que se

Sobre o paradoxo gerado pelas ditas "posições pró-contribuinte", já anacrônicas porque presas ao velho paradigma do (ultra)formalismo, Sérgio André Rocha formula, a partir de um exemplo empírico, advertência de cirúrgica precisão:

> Vejamos, por exemplo, o que se passou no campo do planejamento tributário. Após a edição da Lei Complementar nº 104/2001, a reação de um setor majoritário da doutrina foi rejeitar que pudesse haver qualquer controle ao livre exercício do direito de organização empresarial. Veio a regulamentação na Medida Provisória nº 66/2002, e as regras foram taxadas de fascistas e típicas de regimes totalitários. Resultado: não houve regulamentação, a Receita Federal implementou a desconsideração a fórceps, os Conselhos de Contribuintes e, posteriormente, o Conselho Administrativo de Recursos Fiscais suportaram a orientação das autoridades fiscais, e o Poder Judiciário se omitiu em relação ao tema. A consequência foi um cenário da mais grave insegurança jurídica.
> Este é o grande paradoxo gerado pelas teorias que pregam ser "pró-contribuinte": com a finalidade de buscar a máxima segurança, geram insegurança, impedindo que se alcance a segurança jurídica possível. Lamentavelmente, muitos contribuintes não percebem a armadilha. Compram a segurança jurídica utópica e inatingível prometida por certas linhas doutrinárias e, ao assim procederem, viram as costas para o que é tangível e possível (ROCHA, 2016, p. 86).

À luz do que já se afirmou em anteriores tópicos, essa é uma das disposições responsáveis por invalidar a expansão desmesurada do conceito de simulação, tal qual se testemunhou em diversas experiências no Direito Comparado e que também se visualiza na jurisprudência fiscal brasileira, ao engendrar uma via específica e obrigatória de desconsideração de atos e negócios abusivos e subordinar o exercício dessa delicada prerrogativa a um procedimento especial que maximize as garantias constitucionais do contribuinte. Por isso, é imperativo reconhecer que a tese da eficácia imediata do artigo 116, parágrafo único, do CTN não se coaduna com a inteligência do dispositivo em exame, cristalina em sua textualidade.

Ciente da maior complexidade que caracteriza o exame dos atos elusivos — em face da dialeticidade entre licitude (na origem) e ilicitude (no resultado) ínsita ao seu cometimento —, o legislador complementar brasileiro, em linha com as melhores experiências internacionais, prudentemente fixou a exigência de se observar um procedimento específico, mais qualificado, que viabilize o exercício do contraditório e da ampla defesa pelo contribuinte em grau compatível com a relevância dos direitos fundamentais postos em jogo, procedimento sem o qual o dispositivo permanece impassível de aplicação. Daí por que o Parecer do Projeto de Lei Complementar do Congresso Nacional que deu origem ao parágrafo único do artigo 116 do CTN indicava: "Importante assinalar que o dispositivo ora em deliberação não será auto-aplicável, pois dependerá de lei integrativa para que se fixem os limites da prerrogativa conferida à Administração Fiscal".

---

aplique a correspondente desconsideração e requalificação dos atos e negócios jurídicos. Assim, o que dantes era feito no âmbito de procedimentos ordinários de fiscalização, hoje somente poderá ser entabulado mediante procedimento regular, com menor espaço de discricionariedade possível" (TÔRRES, 2003, p. 271).

Trata-se de orientação mais consentânea ao imperativo de racionalização do exercício do poder — atributo de presença irrevogável nas concepções dos mais clássicos (WEBER, 1997) aos mais contemporâneos (LUHMANN, 1980) teóricos do Estado Moderno —, assimilado como pressuposto de legitimidade dos atos (especialmente os de cariz punitivo) praticados pelos Poderes constituídos, os quais hão de reger-se sempre, nos marcos do Estado Democrático de Direito, pelos procedimentos previamente cristalizados em lei. Nisso se resume a afamada ideia de "legitimação pelo procedimento".

À vista disso, sob qualquer angulação que se examine a problemática, a conclusão é uma só: até que editado o rito especial a que faz explícita alusão o dispositivo, carecerá o parágrafo único do artigo 116 do CTN de um elemento indispensável à produção de seus efeitos, despenhando-se em irremediável ilegalidade o ato administrativo de desconsideração que, entrementes, dele pretender socorrer-se. A corroborar esta compreensão e pacificar ao menos este foco de controvérsias, parece inclinar-se o julgamento da ADI nº 2.446 pelo STF (BRASIL, 2020g), haja vista que, segundo se abordará no último capítulo, a Ministra Relatora Cármen Lúcia firmou entendimento expresso — que está a um voto de alcançar maioria — de que a eficácia do parágrafo único do artigo 116 do CTN depende de sua regulamentação por lei ordinária.

Nesse contexto, à guisa de epílogo, é mister registrar que, em mais de uma oportunidade, intentou-se proceder à regulamentação do dispositivo trazido a lume. A principal tentativa foi a controversa e já mencionada Medida Provisória nº 66/2002, que dedicou um de seus capítulos ao que denominou de *"procedimentos relativos à norma geral antielisão"*. Os artigos 13 a 19 do diploma, incumbidos da tarefa de suprir a omissão que desde o ano de 2001 perdura(va), buscaram disciplinar o rito especial de aplicação do artigo 116, parágrafo único, do CTN.

Em traços gerais, dispunha o artigo 15 que deveria a desconsideração ser efetuada após a instauração de procedimento de fiscalização, deflagrado mediante ato da autoridade administrativa competente. Em sequência, no artigo 16, lia-se que o ato de desconsideração deveria ser precedido de representação do servidor competente para proceder ao lançamento do tributo cuja cobrança constituía o objeto da celeuma.

Ao sujeito passivo da obrigação tributária, nos termos do §2º do artigo 16, concedia-se prazo de 30 dias para apresentar defesa. Finalizado o procedimento e prevalecente a conclusão pela desconsideração do ato ou negócio, deveria a autoridade administrativa proferir despacho robustamente fundamentado, segundo critérios estabelecidos na própria Medida Provisória (artigo 17, *caput* e §1º), de sorte a ensejar a cobrança do tributo pertinente acrescido de juros e multa moratória (artigo 17, §2º).

Todavia, o Congresso Nacional acabaria por rejeitar todos esses dispositivos ao editar a Lei nº 10.637/2002, diploma de conversão da Medida Provisória nº 66/2002. Assim, à míngua de procedimento especial de aplicação disciplinado em lei ordinária, perpetuou-se o infindável debate acerca da eficácia do artigo 116, parágrafo único, do CTN, que se estende até os dias atuais.

Posteriormente, lembra Sérgio André Rocha que, no ano de 2007, chegaram a ser apresentados dois projetos de lei (nº 133 e nº 536) com a finalidade de regulamentar o parágrafo único do artigo 116. Tais projetos "tramitam no Congresso Nacional há pouco mais de dez anos, sem que tenham tido qualquer avanço significativo em direção à sua aprovação inicial pela Câmara dos Deputados" (ROCHA, 2018, p. 488).

Por último, houve ainda a Medida Provisória nº 685/2015, cujo objetivo consistiu em instituir o Programa de Redução de Litígios Tributários (PRORELIT). Uma das medidas, disciplinada pelo artigo 7º do diploma, estipulava que o conjunto de operações realizadas no calendário anterior envolvendo atos ou negócios jurídicos que acarretassem supressão, redução ou diferimento de tributo deveria ser declarado pelo sujeito passivo à Secretaria da Receita Federal até 30 de setembro de cada ano (1) quando os atos ou negócios jurídicos praticados não possuíssem razões extratributárias relevantes; (2) quando se adotadasse forma não usual, se utilizasse de negócio jurídico indireto ou se inserisse na pactuação cláusula que desnaturasse, ainda que parcialmente, os efeitos de um contrato típico; e (3) quando se tratasse de outras operações específicas previstas em ato da Secretaria da Receita Federal.

Entretanto, tais conteúdos preceptivos sofreriam idêntica sorte dos anteriores: em dezembro de 2015, a Medida Provisória nº 685 foi convertida na Lei nº 13.202/2015, mas o dispositivo citado e vários outros versados sobre limitações aos planejamentos tributários acabaram rejeitados e não integraram o novo diploma legal.

Dessa forma, em face desses reiterados insucessos legislativos, prossegue a norma geral antielusiva brasileira inapta à produção de efeitos, remanescendo, no conjunto do ordenamento jurídico nacional, uma sensível lacuna a prejudicar a efetividade do combate aos atos elusivos praticados em fraude à lei tributária. Restam, com isso, fragilizados o dever fundamental de pagar tributos e o arcabouço de princípios constitucionais voltados a garantir um sistema tributário mais justo e consonante com o ideal — ínsito ao Estado Democrático de Direito — de justiça fiscal.

Lado outro, vista a questão sob o ângulo do contribuinte, pode-se também falar em um prejuízo ao seu exercício do direito fundamental à liberdade fiscal, tendo em conta que a regulamentação do parágrafo único do artigo 116 do CTN serve igualmente ao objetivo de assegurar razoáveis margens de segurança e previsibilidade jurídicas no contexto de formulação de planejamentos tributários. Se cristalinamente fixadas as balizas a que deverá se submeter a Administração Fazendária para, do ponto de vista procedimental, exercer o controle de legalidade da prerrogativa de auto-organização patrimonial, disporá o particular de melhores condições para conformar suas atividades negociais e otimizá-las do ponto de vista tributário, de maneira que, assim considerada a problemática, pode-se concluir que o suprimento da omissão legislativa também logrará fomentar o direito fundamental de liberdade fiscal.

CAPÍTULO 6

LIMITES DO PLANEJAMENTO TRIBUTÁRIO NA JURISPRUDÊNCIA FISCAL BRASILEIRA

A insegurança jurídica que acomete a matéria dos limites do planejamento tributário não encontra na jurisprudência fiscal atual um sólido aporte para dirimi-la. As enormes dificuldades que enredam intérpretes, aplicadores e destinatários das normas tributárias pertinentes ao tema, face ao sem-número de divergências abordadas no curso dos capítulos anteriores, sobremaneira potencializadas pela ausência de regulamentação do parágrafo único do artigo 116 do CTN, não descobrem nos *precedentes administrativos*, tampouco nos *judiciais*, resoluções de caráter estável e definitivo.

Um breve e superficial olhar é já suficiente para fazer notar a existência, entre esses dois cenários (o administrativo e o judicial), de uma semelhança (qualitativa) e uma diferença (quantitativa). No caso dos precedentes administrativos, mormente consolidados na jurisprudência do CARF,[267] dispõe-se de um monumental acervo de decisões demasiadamente heterogêneas e, com frequência, frontalmente contraditórias entre si. Já no plano dos precedentes judiciais, o número de litígios levados à apreciação dos tribunais é ínfimo e, ainda assim, não se vislumbra unanimidade a cobrir a matéria. A semelhança reside, pois, no fato de em ambos os domínios imperar a insegurança jurídica e, a diferença, na forma de sua manifestação: no primeiro caso (CARF), a

---

[267] Esclareça-se, desde logo, que o CARF, com essa nomenclatura, foi constituído em 2009, por meio da Lei nº 11.941, a partir da unificação dos três Conselhos de Contribuintes então existentes. Embora no exame dos julgados anteriores a 2009 se deva aludir aos Conselhos de Contribuintes e, nos posteriores, ao CARF, para efeito da análise proposta neste tópico, trata-se de um arcabouço jurisprudencial único, historicamente construído, e que, por isso mesmo, deve ser estudado conjuntamente.

instabilidade jurisprudencial se exprime numa opulência multiforme (incoerente); no segundo (tribunais), numa escassez sem consenso.

Esse atenuado grau de judicialização, aliás, traduz um dos maiores desafios enfrentados em uma avaliação jurisprudencial do tema dos limites do planejamento tributário. Os entendimentos dominantes acerca das questões mais polêmicas são, quase invariavelmente, aqueles verbalizados pelo CARF, sempre permeados por múltiplas ambiguidades, dada a peculiaridade da composição mista do órgão (representantes da Fazenda e dos contribuintes), questão a ser tangenciada oportunamente.

Esse pauperismo de manifestações judiciais (o qual, ver-se-á adiante, só nos últimos começou a ser efetivamente suprido), portanto, em especial dos tribunais superiores, é fator que acaba por agravar a insegurança jurídica visualizada em quase todos os aspectos da matéria. Em geral, a doutrina aponta dois motivos principais que explicam esse infrequente acesso ao Poder Judiciário para solucionar as problemáticas atinentes à liberdade de composição de planejamentos fiscais e suas restrições, fenômeno a que alguns têm denominado "desjudicialização do planejamento tributário" (SCHOUERI, 2017).

O primeiro e mais forte deles, sublinhado pelo próprio Luís Eduardo Schoueri (2017), é a recorrência dos programas de parcelamento e de pagamento integral incentivados. Os chamados "REFIS", oferecidos com acentuada frequência nos três planos federativos, chegam muitas vezes a proporcionar a redução de 100% das multas infligidas, condição que acaba por tornar mais vantajoso para o contribuinte, num cálculo de custo-benefício, quitar os débitos em vez de contestá-los judicialmente.

O segundo motivo da baixa judicialização consiste na extraordinária morosidade da tramitação dos processos em sede administrativa, os quais, via de regra, se arrastam por anos a fio até que levados a termo por decisões definitivas. Afirma Martha Leão (2018, p. 275) que "o tempo, aqui, acaba agindo com mais um fator criador de insegurança jurídica para o contribuinte, uma vez que a longa duração do litígio termina por desencorajar a sua continuidade no âmbito do Poder Judiciário". Com efeito, essa vagarosidade do trânsito em julgado administrativo — parcialmente explicado pela existência, no plano federal, de três instâncias de julgamento dos litígios tributários (Delegacias de Julgamento da Receita Federal, Câmaras Baixas e Câmara Superior de Recursos Fiscais do CARF) —, atua como mais uma força inibidora da judicialização das desconsiderações de planejamentos tributários operadas pelo Fisco.

É ante um tal quadro que se justifica uma proposta de análise jurisprudencial da temática dos limites do planejamento tributário que com maior relevo focalize os vereditos proferidos pelo CARF, pois é no arcabouço de julgados deste órgão administrativo que se concentra a quase totalidade dos entendimentos de que hoje se ocupa a doutrina em criticamente examinar.[268] Desse modo, a menos extensa análise

---

[268] Cite-se, como exemplo, a obra *O planejamento tributário sob a ótica do CARF*, lançada em 2019, composta por uma coletânea de artigos versados sobre a jurisprudência do Conselho e que será utilizada neste tópico como importante referência bibliográfica (GOMES; ROCHA; FARIA, 2019).

conferida a precedentes judiciais no decorrer deste capítulo se deve exclusivamente a esse fato histórico, e não, obviamente, a um eventual menor interesse pelas compreensões desenvolvidas pelos tribunais pátrios acerca dessa importante matéria.

Não obstante, especificamente nos últimos dois anos, pôde-se notar uma tendência de incremento da judicialização dos planejamentos tributários, o que talvez sinalize uma mudança gradual do quadro que acima se descreveu. Em termos quantitativos, o conjunto de julgados ainda é pouco expressivo, mas essa exiguidade de manifestações contrasta com a relevância dos fundamentos que as embasaram.

Assim, se é de difícil consecução a tarefa de traçar um painel mais completo e mais complexo da evolução jurisprudencial do tema entre os tribunais brasileiros — como se logrará fazer, por exemplo, no caso do CARF —, possível será projetar algumas hipóteses sobre o futuro do controle de legalidade dos planejamentos tributários e do combate à elusão fiscal no Brasil a partir de recentes e paradigmáticas decisões judiciais. Sob tal escopo, duas manifestações judiciais[269] gozarão de especial destaque.

Trata-se a primeira de um acórdão bastante significativo, prolatado pela 2ª Turma do Tribunal Regional Federal da 4ª Região (TRF-4) em dezembro de 2019[270] e transitado em julgado em março de 2020, no qual o órgão fracionário da Corte, por unanimidade, lançou mão de um entendimento que põe em xeque a larga maioria das concepções atualmente hegemônicas — embora sem unanimidade — junto ao CARF. Nele prevaleceu a compreensão de que os atos e negócios jurídicos que compõem planejamentos tributários somente podem ser desconsiderados na hipótese de incorrerem em evasão fiscal, ademais de haver o Tribunal textualmente consignado a equivocidade da concepção do parágrafo único do artigo 116 do CTN como "norma geral antielisiva", a qual consistiria, segundo o mesmo, apenas numa regra antievasão.[271]

A segunda manifestação, recentíssima, é o ainda parcial julgamento da ADI nº 2.446, ajuizada pela Confederação Nacional do Comércio (CNC) em 2001, para questionar a constitucionalidade da Lei Complementar nº 104/2001 na parte em que acrescenta o parágrafo único ao artigo 116 do CTN, e cujo julgamento foi encetado pelo STF, após quase duas décadas de aguardo, em junho de 2020. Até o presente momento, cinco votos foram prolatados: além da Ministra Relatora Cármen Lúcia, pronunciaram-se

---

[269] Fala-se, genericamente, em "manifestações judiciais" porque a segunda delas, ver-se-á em seguida, versa sobre um julgamento ainda em andamento no STF, não havendo se convertido, destarte, por ora, em uma "decisão" ou em um "precedente" da Corte.

[270] O acórdão em referência diz respeito ao "Caso Transpinho Madeiras" e foi proferido, como se abordará em oportuno instante, nos autos da Apelação nº 5009900-93.2017.4.04.7107/RS (BRASIL, 2019h).

[271] Logo se antecipe, todavia, como se abordará no adequado instante, que este não foi o último e tampouco o definitivo julgamento da questão no âmbito do TRF-4: em maio de 2020, outro órgão fracionário da Corte (1ª Turma) prolatou decisão em sentido diverso, acolhendo a ideia de ilegalidade de planejamento fiscal por violação indireta da lei (Apelação Cível nº 5000235-94.2019.4.04.7103/RS) (BRASIL, 2020f). Contudo, pelo aprofundamento e pela maior abrangência da fundamentação que foi vazada no acórdão que decidiu o "Caso Transpinho", além da sua convergência com o entendimento parcial esposado pelo STF no julgamento em curso da ADI nº 2.446, nele se encontra um precedente com maior aptidão e pretensão para fixar paradigmas de entendimento a serem trilhados pelos órgãos julgadores em litígios futuros. Essa é a razão do seu maior destaque neste estudo.

os Ministros Marco Aurélio Mello, Edson Fachin, Alexandre de Moraes e Gilmar Mendes, os quais acompanharam na íntegra o voto condutor sem tecerem considerações adicionais.[272] Em suma, posicionou-se a Ministra Cármen Lúcia pela improcedência do pedido formulado na ADI, por considerar constitucional a disposição veiculada pelo parágrafo único do artigo 116, entendendo, porém, como o TRF-4, se tratar de uma *"norma de combate à evasão fiscal"* (BRASIL, 2020g, p. 09).

Dada a magnitude das potenciais consequências desses provimentos no terreno do controle de planejamentos tributários abusivos no Brasil, há de se reservar um espaço específico destinado a esquadrinhar os seus fundamentos e efeitos, não sem antes tentar reconstituir historicamente um panorama jurisprudencial dos Tribunais pátrios nas últimas décadas, a despeito de todas as dificuldades acima enunciadas.

Postas essas preliminares considerações, antecipe-se que este derradeiro capítulo será fracionado em duas etapas: a primeira, mais alongada, dedicada a um sistemático exame da jurisprudência do CARF; e a segunda, um pouco mais concisa, mas igualmente importante, empenhada no estudo da jurisprudência dos tribunais brasileiros acerca da sinuosa temática dos limites do planejamento tributário.

6.1 Jurisprudência do CARF: análise e balanço crítico

No transcurso desta primeira seção do capítulo, serão abordados, nesta ordem, os seguintes tópicos: (1) as fases do desenvolvimento histórico da jurisprudência do CARF; (2) a evolução do conceito de simulação na jurisprudência do Conselho; (3) a problemática relativa à autoaplicabilidade do artigo 116, parágrafo único, do CTN no arcabouço jurisprudencial do Órgão; (4) a aplicação das categorias do abuso de direito, do abuso de formas e da fraude à lei em alguns precedentes administrativos; (5) o estudo de algumas emblemáticas decisões recentes do CARF, pontuando a prevalência da ausência de propósito negocial nas orientações atualmente hegemônicas do Órgão; e, por fim, (6) o balanço crítico do trato teórico-prático dos planejamentos tributários na jurisprudência do Conselho.

6.1.1 As fases do desenvolvimento histórico da jurisprudência do CARF: do formalismo ao substancialismo na análise dos planejamentos tributários

O estudo da evolução da jurisprudência administrativa do CARF explicita duas fases de desenvolvimento distintas e bastante claras. Até, aproximadamente, o final

---

[272] A esta altura, o julgamento foi interrompido por um pedido de vista formalizado pelo Ministro Ricardo Lewandowski, inexistindo previsão exata para sua retomada (BRASIL, 2020g, peça 27, p. 01).

da década de 1990, conduziu-se a jurisprudência do Conselho pelas trilhas do viés formalista. Sob a premissa de que a atividade de tributação é sujeita à reserva absoluta de lei, compreendia-se que a validade dos planejamentos tributários estava condicionada única e exclusivamente a requisitos formais, dispostos na legislação de regência e dela colhidos com auxílio apenas do método literal de interpretação.

Naquele quadro, todos os atos e negócios celebrados pelo contribuinte com a finalidade exclusiva de economizar tributos que não incorressem em dolo, fraude ou simulação (vulneração frontal à legislação tributária) não poderiam ser desconsiderados pela Administração Fiscal, sob pena de violação do princípio da legalidade.

Ao se debruçarem sobre o assunto, Quintino e Macei (2015, p. 590) denominam essa primeira etapa de desenvolvimento jurisprudencial do CARF de *"positivismo formalista"* (ou fase *"liberal formalista"*). Em linha com o que acima se pontou, afirmam que "os planejamentos tributários que tinham como único fim reduzir a carga tributária não eram considerados inválidos ou evasivos, pois atendiam somente às exigências formais e não substanciais" (QUINTINO; MACEI, 2015, p. 590). Em suma, tudo valia, salvo evasão fiscal (dolo, fraude, simulação e crimes contra a ordem tributária).

Este posicionamento, que notabilizou a defesa de um formalismo exacerbado, coincidente com as concepções hegemônicas no seio da doutrina, pode ser exemplificado por meio do Acórdão nº 106-09.343, proferido em 1997, nos autos do Processo nº 13884.000029/95-33, cuja ementa se reproduz a seguir:

> IRPF – GANHOS DE CAPITAL – SIMULAÇÃO – *Para que se possa caracterizar a simulação, em atos jurídicos, é indispensável que os atos praticados não pudessem ser realizados, fosse por vedação legal ou por qualquer outra razão. Se não existia impedimento para a realização de aumentos de capital, a efetivação de incorporação e decisões, tal como realizadas e cada um dos atos praticados não é de natureza diversa daquele que de fato aparenta, isto é, se de fato e de direito não ocorreram atos diversos dos realizados, não há como qualificar-se a operação de simulada. Os objetivos visados com a prática dos atos não interferem na qualificação dos atos praticados, portanto, se os atos praticados eram lícitos, as eventuais conseqüências contrárias ao fisco devem ser qualificadas como casos de elisão fiscal e não de evasão ilícita.*
> IRPF – ALIENAÇÃO DE PARTICIPAÇÕES SOCIETÁRIAS – DIREITO ADQUIRIDO – Não há incidência de imposto de renda sobre ganhos de capital apurados na alienação de participações societárias ocorridas após 01.01.89, adquiridas até 31.12.83, a teor da alínea "d" do artigo 4º do Decreto-lei nº 1.510/76, face ao princípio do direito adquirido. Recurso provido. (BRASIL, 1997, p. 1, grifos acrescidos)

Nos anos que cercaram a virada do milênio, época em que se adensaram as formulações teóricas acerca dos limites aos planejamentos tributários no cenário nacional, novos elementos foram agregados ao debate até então dominado pelas perspectivas positivistas. Iniciou-se uma virada na jurisprudência do CARF caracterizada pela inserção progressiva de exigências de natureza substancial no exame de validade dos planejamentos tributários, sendo a verificação do propósito negocial ou da motivação extratributária das operações efetuadas a mais recorrente entre elas.

Essa nova etapa de desenvolvimento jurisprudencial do Conselho é identificada por Quintino e Macei (2015, p. 589) como *realista substancial*, posto que amparada no marco teórico do *pós-positivismo valorativo*. Começou-se a introduzir paulatinamente a noção de abuso, a denotar que as infrações à legislação tributária nem sempre se consumam mediante violação frontal à literalidade dos textos legais. O paradigma do formalismo começou a ceder lugar a uma ideia *lato sensu* de primazia da substância sobre as formas.[273] Essa lenta transição é assim sintetizada por Augusto d'Oliveira:

> É possível verificar uma evolução histórica no entendimento do planejamento tributário na jurisprudência administrativa do Conselho Administrativo de Recursos Fiscais – CARF, que passou de uma fase em que a matéria era enfrentada sob a prevalência do formalismo, para a fase atual, em que outros ingredientes, como o abuso de forma e a motivação não tributária, foram adicionados para a solução de casos concretos submetidos ao Tribunal Administrativo (D'OLIVEIRA, 2019, p. 123-124).

Não é fácil precisar o instante exato — o "ponto zero", diriam sociólogos e linguistas — em que se principiou esse processo de distensão na jurisprudência do CARF. Mesmo porque viradas de entendimento dessa natureza nunca se operam de maneira linear, sincrônica, sem descontinuidades entre os julgadores e os órgãos fracionários que compõem um colegiado, seja ele judicial ou administrativo.

Há quem afirme que somente a partir de 2004 foi possível verificar com clareza que o Conselho "deixa de se preocupar com a mera licitude formal dos atos e passa a avaliar a essência dos negócios e seus aspectos substanciais e materiais para a consideração dos planejamentos fiscais como válidos e legítimos [...]" (ABRAHAM, 2011, p. 79-80). Mas, antes disso, em algumas decisões tópicas, reconhece o próprio Marcus Abraham, já se faziam notar as fissuras que começavam a ser impostas ao paradigma formalista, ainda tão sólido — àquela época — na jurisprudência do CARF.

Para Godoi e Ferraz (2012, p. 367-368), o primeiro ponto de inflexão de maior relevo consistiu no julgamento do caso *Rexnord* pela Câmara Superior de Recursos Fiscais do antigo Conselho de Contribuintes do Ministério da Fazenda (CSRF), em 1996.[274] Versava a espécie sobre o famoso método da "incorporação às avessas", consubstanciado na inusitada incorporação de uma empresa lucrativa por outra deficitária com o objetivo de compensar os valores dos prejuízos desta última quando do pagamento do Imposto de Renda Pessoa Jurídica (IRPJ) e da Contribuição Social sobre o Lucro Líquido (CSLL).

---

[273] A título de exemplo, lê-se na fundamentação do Acórdão nº 2202-003.135, de 28 de janeiro de 2016, um excerto que claramente ilustra essa diretriz: *"no direito tributário, o conteúdo prevalece sobre a forma. Se o conteúdo fático não guarda qualquer simetria com a relação societária que se tentou desenhar, é caso de simulação"* (BRASIL, 2016b, p. 1.757, grifos acrescidos).

[274] O marco temporal indicado coincide com o aludido por Schoueri (2010, p. 15), quando aduz este último autor que "até meados da década de 90 do século passado, a liberdade do contribuinte na estruturação de suas transações não encontrava limites, exceto os casos de fraude ou simulação. A partir de então, a jurisprudência administrativa passou a acatar posicionamentos das autoridades fiscais, que questionavam algumas daquelas estruturas, não obstante o cuidado do contribuinte".

A legislação, em sua textualidade, vedava apenas as reorganizações societárias ortodoxas, assim compreendidas aquelas em que a empresa superavitária incorpora a deficitária somente para compensar prejuízos fiscais desta última. É o que se verifica no ainda hoje vigente artigo 33, *caput*, do Decreto-Lei nº 2.341/1987:

> Art. 33, Decreto-Lei nº 2.341/1987. A pessoa jurídica sucessora por incorporação, fusão ou cisão não poderá compensar prejuízos fiscais da sucedida.

Como se vê, a incorporação às avessas, em si mesma, não era objeto de *expressa* vedação em lei, constituindo-se como operação inusual dotada do condão de reduzir o pagamento de tributos. Por isso, até a data daquele julgamento, com fundamento no princípio da legalidade estrita (compreendido à luz apenas da literalidade dos textos legais), o Conselho de Contribuintes do Ministério da Fazenda entendia legítima essa modalidade invertida de incorporação, desde que fossem adotadas formas jurídicas escorreitas e que não se ocultassem do Fisco quaisquer dados ou informações.

Na apreciação do caso *Rexnord*, contudo, visualizou-se uma significativa mudança de entendimento: a Câmara Superior do Conselho mobilizou, de maneira inédita, um conceito ampliado de simulação, de viés nitidamente causalista, que levava em consideração o nível de artificialidade das operações e os reais efeitos econômicos que delas decorriam. Na percepção de Marciano Godoi e Andréa Karla Ferraz:

> Essa nova postura afastou-se daquela tradicional, que considerava todo e qualquer planejamento tributário como elisão lícita e eficaz quando não presentes os requisitos configuradores da evasão-sonegação, em que o contribuinte ilude ou engana as autoridades fiscais. Foi o que se deu no julgamento do caso Rexnord (Acórdão n.º CSRF/01-02.107, sessão de julgamento de 2.12.1996), em que o relator do acórdão, conselheiro Verinaldo Henrique da Silva, considerou que o artigo 109 do Código Tributário Nacional autorizava uma avaliação global dos atos ou dos negócios jurídicos praticados pelo contribuinte para alcançar o "substrato econômico", não estando o intérprete "aprisionado aos princípios do direito privado no que diz respeito à definição dos efeitos tributários dos atos e fatos jurídicos", podendo, decerto, "abstrair-se da validade jurídica dos atos efetivamente praticados, para considerar os verdadeiros efeitos econômicos subjacentes nesses atos e que se procuram mascarar"[275] (GODOI; FERRAZ, 2012, p. 368).

O caráter problemático da decisão é evidente. Não por colocar em perspectiva crítica o conceito formalista de legalidade, mas por apelar mais a um método de interpretação econômica do Direito Tributário — tomando uma concepção ampliada de simulação como álibi teórico e discursivo — do que a fundamentos jurídicos que pudessem solidamente amparar a coibição de planejamentos tributários abusivos.

Para não ceder aos riscos de anacronismo, porém, há que se situar historicamente o julgamento: ainda não vigorava no direito positivo brasileiro uma norma antielusiva

---

[275] Os excertos *ipsis litteris* transcritos pelos autores se encontram nas fls. 11 do Acórdão CSRF/01-01.107, prolatado durante sessão de julgamento realizada em 02 de dezembro de 1996 (BRASIL, 2009d).

e tanto a jurisprudência quanto a doutrina rejeitavam, de maneira quase unânime, orientações que destoassem do formalismo tradicional das análises de legalidade dos planejamentos tributários. A inexistência de uma norma geral antiabuso àquela data, aliás, gera sérias dúvidas quanto à própria legitimidade do ato de desconsideração.

De toda sorte, abstraído esse questionamento da (i)legalidade do provimento, o que daquele julgado importa objetivamente destacar é que ele se afigurou um relevante precedente para a edificação de uma nova compreensão jurisprudencial, que se mostrasse atenta a elementos e pressupostos substanciais no exame da regularidade de negócios jurídicos vocacionados a propiciar economias fiscais ao contribuinte.

Foi, portanto, num cenário de transição, insuflado por elaborações doutrinárias cada vez mais sofisticadas acerca do fenômeno à elusão fiscal, que veio à luz a norma antielusiva brasileira, introduzida no ordenamento positivo em 2001, pela Lei Complementar nº 104. No entanto, em razão das incessantes polêmicas que a cercaram, além da ausência de sua regulamentação, seu impacto na jurisprudência, ao menos na primeira década e meia de vigência, foi praticamente nulo.[276]

Embora se encontrasse em marcha a mudança de entendimento aqui sinalizada, as decisões que relativizavam a liberdade de auto-organização patrimonial do contribuinte diante de atos e negócios artificiosos amparavam-se, no mais das vezes, não no artigo 116, parágrafo único, do CTN, mas em figuras como a simulação (em dimensão ampliada) e, com menor frequência, na fraude à lei (ABRAHAM, 2011, p. 80).

Sabe-se constituir tarefa difícil a de traçar, com segurança, tendências gerais da jurisprudência do antigo Conselho de Contribuintes (atual CARF), tendo em vista a *sui generis* composição do Órgão, subdividida entre representantes dos contribuintes e da Fazenda Nacional. Essa ineliminável heterogeneidade de orientações dos julgadores faz com que sejam sempre lentos, truncados e saturados de controvérsias os processos de revisão de entendimentos já historicamente consolidados pelo Órgão.

Não obstante, a despeito dessas insuprimíveis divergências, pôde-se visualizar, com o correr dos anos, que o Conselho passou a incorporar, em seus julgados, gradativamente, um conjunto de princípios — de linhagem constitucional — que endossavam o novo paradigma de exame material (e não apenas formal) dos planejamentos tributários, a exemplo dos princípios da solidariedade fiscal, da isonomia tributária, da capacidade contributiva, da busca da verdade real e da justiça social. Posteriormente, por volta de 2014, ver-se-á adiante, também principiaram a aparecer nas fundamentações das decisões referências ao dever fundamental de pagar tributos.

Com efeito, sobretudo a partir de 2004, tornou-se majoritário (mas nunca unânime) no Conselho o entendimento de que deveriam ser desconsideradas e requalificadas as

---

[276] Pode-se até cogitar, como pontua Sérgio André Rocha (2019), de uma eficácia simbólica da instituição do novo dispositivo, a refletir a tendência de fortalecimento do ideal de combate à elusão fiscal no Brasil. Mas a referência indicada no texto restringe-se a efeitos práticos e concretos, os quais não se pôde historicamente registrar, tendo em vista que a jurisprudência brasileira não procedeu à aplicação sistemática do parágrafo único do artigo 116 do CTN.

operações praticadas pelo contribuinte que evidenciassem finalidades exclusivas de reduzir o pagamento de tributos, as quais acabavam (indevidamente) subsumidas ao espectro da simulação. Modelar expressão dessa nova orientação se pôde visualizar no Acórdão de nº 104-21.498, cuja relatoria coube à Conselheira Maria Helena Cotta Cardozo, em sessão realizada ao dia 23 de março de 2006.

Prolatada no bojo do Processo nº 11080.008023/2004-78, a decisão da Quarta Câmara do então Primeiro Conselho de Contribuintes negou provimento ao Recurso Voluntário nº 145.996, que tinha por objetivo a reforma do acórdão recorrido e a desconstituição do Auto de Infração lavrado no valor de R$3.053.237,52 (três milhões, cinquenta e três mil e duzentos e trinta e sete reais e cinquenta e dois centavos), "[...] relativo a Imposto de Renda Pessoa Física do exercício de 2000, ano-calendário de 1999, multa de ofício qualificada (150% – art. 44, inciso II, da Lei n.º 9.430/96) e juros de mora, tendo em vista a apuração de ganho de capital" (BRASIL, 2006a, p. 3). Referido ganho de capital decorreu da alienação de participação societária (compra e venda de ações) simulada pela operação de cisão de pessoa jurídica, a qual foi precedida de emissão de ações com ágio.

Concluiu a Quarta Câmara, na ocasião, que a associação e a integralização de capital, seguidas de cisão parcial e seletiva, revelaram a inexistência de *affectio societatis* nos atos perpetrados pelos contribuintes envolvidos e ensejaram, por conseguinte, o afastamento da figura do negócio jurídico indireto. As operações encadeadas (*step transactions*) foram consideradas simuladas, posto que (1) previamente avençadas, (2) desacompanhadas de finalidades autônomas, (3) concretizadas em um curto intervalo de tempo e (4) desprovidas de motivação extratributária. A decisão restou assim ementada:

> *SIMULAÇÃO – CONJUNTO PROBATÓRIO – Se o conjunto probatório evidencia que os atos formais praticados (reorganização societária) divergiam da real intenção subjacente (compra e venda), caracteriza-se a simulação, cujo elemento principal não é a ocultação do objetivo real, mas sim a existência de objetivo diverso daquele configurado pelos atos praticados, seja ele claro ou oculto.*
> *OPERAÇÕES ESTRUTURADAS EM SEQUÊNCIA – O fato de cada uma das transações, isoladamente e do ponto de vista formal, ostentar legalidade, não garante a legitimidade do conjunto de operações, quando fica comprovado que os atos praticados tinham objetivo diverso daquele que lhes é próprio.*
> *AUSÊNCIA DE MOTIVAÇÃO EXTRATRIBUTÁRIA – O princípio da liberdade de auto--organização, mitigado que foi pelos princípios constitucionais da isonomia tributária e da capacidade contributiva, não mais endossa a prática de atos sem motivação negocial, sob o argumento de exercício de planejamento tributário.*
> OMISSÃO DE GANHOS DE CAPITAL NA ALIENAÇÃO DE PARTICIPAÇÃO SOCIETÁRIA – SIMULAÇÃO – MULTA QUALIFICADA – Constatada a prática de simulação, perpetrada mediante a articulação de operações com o intuito de evitar a ocorrência do fato gerador do Imposto de Renda, é cabível a exigência do tributo, acrescido de multa qualificada (art. 44, inciso II, da Lei nº. 9.430, de 1996). (BRASIL, 2006a, p. 3, grifos acrescidos).

A reação da doutrina foi imediata. Os novos posicionamentos perfilhados pelo Conselho foram objeto de severas críticas por parte da maioria dos tributaristas brasileiros. Os eixos centrais das objeções foram os princípios da legalidade e da segurança jurídica, ambos fragilizados — segundo o raciocínio postulado — diante da ampliação da discricionariedade e da margem de ação do Fisco. Enfileiraram-se advertências de que o Conselho de Contribuintes, à míngua de previsão legal, passara a assimilar critérios hermenêuticos (principalmente o teste de propósito negocial) presentes em ordenamentos estrangeiros, mas inteiramente alheios à experiência nacional.

Não se pode deixar de reconhecer — em descompasso, nesse ponto, com a doutrina tradicional — que a introdução de diretrizes baseadas no realismo substancial, manobrada, de início, com certo entusiasmo pelo CARF, disponibilizou ferramentas preciosas para o êxito dos esforços voltados à detecção e ao enfrentamento de planejamentos tributários abusivos. Pela primeira vez, reconhecia-se que a legislação tributária poderia ser aviltada sem que o contribuinte lançasse mão de agressões frontais à ordem jurídica, como ocorria nas clássicas modalidades de sonegação.

No entanto, e aqui há que se admitir a procedência de parte das críticas da doutrina, a incorporação da figura do propósito negocial à jurisprudência administrativa não se fez acompanhar de critérios claros e objetivos que orientassem a sua escorreita aplicação. A invocação ampla e desregrada daquela categoria — cuja aplicação foi equivocadamente associada ao conceito de simulação —, para análise e (in)validação de operações negociais consideradas artificiosas, deu origem a muitas decisões passíveis de sérias e acertadas críticas.

Nesse cenário, pelo modo como houvera sido assimilada a figura do propósito negocial (e não por ser tal categoria terminantemente incompatível com o ordenamento brasileiro), não foram exageradas as exortações da doutrina no sentido de que restou agravada a insegurança jurídica no âmbito do controle de planejamentos fiscais. O quadro levou até mesmo estudiosos situados nos polos minoritários (isto é, não formalistas) da doutrina, como Marco Aurélio Greco (2011, p. 370-371), a emitir o alerta: "[...] estamos perante o risco de sair de um 'tudo é permitido' para um 'tudo é proibido'".

O fato é que, adequadamente ou não do ponto de vista teórico, a ausência de propósito negocial se converteu, junto ao CARF, no principal critério para desconsideração de atos ou negócios jurídicos com repercussões fiscais praticados pelo contribuinte, ainda que a sua investigação não tenha se dado diretamente atrelada ao reconhecimento ou à aplicação da norma geral antielusiva prevista no parágrafo único do artigo 116 do CTN. Como efeito prático, a existência de finalidade econômica ou extrafiscal, mesmo diante da firme resistência de alguns Conselheiros, foi pouco a pouco se constituindo, nas alas majoritárias do Órgão, como um verdadeiro pressuposto de validade de operações componentes de um planejamento tributário.

As demais figuras — abuso de direito, abuso de formas e fraude à lei — também compareciam, com certa regularidade, às fundamentações de julgados, acompanhadas, em alguns deles, de digressões teóricas acerca de sua gênese e desenvolvimento no Direito Comparado. Em relação a elas (as outras figuras), igualmente, não se verificava consenso quanto à regularidade de sua aplicação no Direito Tributário brasileiro, embora a maioria dos julgadores parecesse inclinada a também admitir a sua invocação para fins de controle da legalidade de planejamentos fiscais abusivos.

No entanto, a frequência do recurso a essas outras matrizes de reação não se equiparava à constância da utilização do critério da ausência de propósito negocial. Mais do que isso, depreende-se da maioria dos julgados, dos mais antigos aos mais atuais, que a inexistência de finalidades extrafiscais de uma operação se consubstanciou como o indicador decisivo da própria configuração do abuso de direito, do abuso de formas e da fraude à lei. Em praticamente todos os casos apreciados pelo Conselho, a noção de "artificialidade" vinculava-se ao fim exclusivo de economia tributária.

No parâmetro da ausência de propósito negocial, portanto, nitidamente inspirado no modelo norte-americano de combate a planejamentos tributários abusivos, consistiu a linha mestra dos posicionamentos majoritários do CARF, os quais, à proporção em que se foram progressivamente robustecendo, findaram por delinear com maior clareza a fisionomia da fase substancialista da jurisprudência do Órgão, vigorante até os dias atuais.

6.1.2 A evolução do conceito de simulação na jurisprudência do CARF

Explanou-se em tópico anterior deste capítulo o fato de a jurisprudência administrativa do CARF haver experimentado, em dado momento, uma relevante alteração no conceito de simulação adotado para reprimir condutas lesivas à legislação tributária.

Inicialmente, durante a fase formalista do Conselho, vigente até o segundo lustro da década de 1990, jazia intocável a concepção voluntarista, segundo a qual o fenômeno da simulação se aperfeiçoa quando verificada uma contradição entre a vontade real e a declaração manifestada pelo agente que celebra um negócio jurídico. Com efeito, a configuração da simulação, neste viés, supõe a demonstração de elementos subjetivos das partes (vontade) que efetuam uma transação, tarefa sempre de difícil realização tendo em vista a necessidade de adentrar a esfera psíquica dos agentes.

A primeira relativização dessa concepção, como se abordou linhas atrás, verificou-se no julgamento do Caso Rexnord, em 1996, ainda que sem grandes digressões teóricas na fundamentação do acórdão (BRASIL, 2009d). Mesmo porque o grande impulso para a revisão do conceito de simulação só viria à tona em 2002, com a publicação do novo Código Civil brasileiro. O deslocamento topográfico da simulação no novo diploma sinalizou a opção do legislador — ao dela retirar a natureza de vício de consentimento — pela teoria causalista, já largamente desenvolvida pela doutrina europeia. Sob esse outro prisma, a simulação pode ser demonstrada exclusivamente a partir de circunstâncias objetivas, associadas à distorção da causa do negócio jurídico concretizado.

Sabe-se que o trânsito de uma a outra concepção representa, para o Direito Tributário, fato rico em consequências. A exigência ou não de comprovação da intenção do contribuinte que realiza uma operação propiciadora de economia fiscal condiciona diretamente a potencialidade da Administração de contestar um planejamento tributário de licitude duvidosa. Desse modo, como a simulação constituía, historicamente, o principal fundamento dos atos de desconsideração lavrados pelo Fisco, a abrangência semântica conferida ao termo acabava por constituir-se como fator decisivo na determinação dos limites jurídicos dos planejamentos tributários.

No entanto, mesmo em marcha o processo de disrupção jurisprudencial, consistente na transição de visões formalistas até a consagração de orientações substancialistas como parâmetro de análise da legalidade de planejamentos tributários, a adesão do CARF ao conceito causalista de simulação não foi imediata. Também porque entre a própria doutrina civilista não foi (e ainda hoje não é) consensual o debate acerca dos atuais contornos da figura da simulação no direito privado brasileiro.

O fato é que essa dissincronia entre a expansão do conceito de simulação, que já se esboçava no CARF, e o perfilhamento de premissas causalistas deu origem a incongruências teóricas ostensivas no manejo de categorias voltadas ao esquadrinhamento da abusividade ou artificialidade dos planejamentos tributários. No próprio acórdão de nº 104-21.498, cuja ementa foi transcrita no tópico anterior, sem embargo de haver lançado mão de uma concepção de simulação que abarcava operações incursas em ilicitude atípica, a 4ª Câmara do então Primeiro Conselho de Contribuintes tomou por pressuposto de sua consumação a divergência entre os "atos formais praticados" e a "real intenção subjacente" aos mesmos, evidenciando a utilização de premissas voluntaristas para dirimir o litígio. O julgamento, rememore-se, foi realizado em 2006.

Outro exemplo de igual estirpe tem-se no Acórdão nº 104-23.129, proferido em 2008 pelo mesmo órgão fracionário, no seio do qual a simulação foi concebida em termos de "dissintonia entre a vontade real e a declarada nos negócios jurídicos realizados" (BRASIL, 2008, p. 20). Na ementa do julgado, constou a seguinte inscrição: "A simulação se caracteriza pela divergência entre a exteriorização e a vontade, isto é, são praticados determinados atos formalmente, enquanto subjetivamente, os que se praticam são outros" (BRASIL, 2008, p. 01). Na sequência, em arremate, lê-se que: "Assim, na simulação, os atos exteriorizados são sempre desejados pelas partes, mas apenas no aspecto formal, pois, na realidade, o ato praticado é outro" (BRASIL, 2008, p. 01). Fundamentos, logo se vê, de cariz notoriamente voluntarista que, no entanto, deram suporte a um conceito expandido de simulação.

A despeito dessas atecnias, a concepção causalista de simulação foi paulatinamente, com o passar dos anos, se aperfeiçoando na jurisprudência do CARF, de sorte a corrigir, em um número cada vez maior de decisões, as obliquidades teóricas e metodológicas que fragilizavam os precedentes anteriores.

Ilustra com clareza essa tendência de correção o Acórdão nº 1401-001.675, prolatado pela 1ª Turma Ordinária da 4ª Câmara da 1ª Seção de Julgamento do CARF em 2016. O caso versava sobre uma série de operações artificiosas realizadas por duas empresas entre si vinculadas para atenuar o pagamento de tributos. Em julgamento apertado, decidido pelo voto de qualidade, prevaleceu a seguinte orientação sobre o conceito de simulação utilizado para desconsiderar as transações impugnadas:

> Em outro prisma, no âmbito do direito privado, a teoria das causas exerce sua influência na configuração dos requisitos de validade dos negócios jurídicos em países como a França, a Itália e a Espanha. A causa ou propósito de um negócio jurídico distingue-se das vontades das partes que o celebram. É que estas têm a ver com os motivos íntimos e pessoais que acionam cada sujeito de direito na realização do negócio, enquanto que a causa ou propósito é inerente à espécie do negócio jurídico tipificado no Ordenamento. Nesta linha de pensamento, Orlando Gomes, dentre os civilistas brasileiros o mais célebre defensor da inclusão da causa como requisito de validade dos negócios jurídicos, exemplificava que a prevenção de riscos é a causa inerente ao contrato de seguros. Se numa situação específica ficar constatado que nunca houve risco a cobrir, a validade do contrato poderia ser questionada por lhe faltar o requisito da causa.
>
> A causa é, desta forma, o propósito, a razão de ser, a finalidade prática que se persegue com um determinado negócio jurídico. Com essa perspectiva, surge a possibilidade de que as partes utilizem uma estrutura negocial para atingir um resultado que não corresponda à causa típica do negócio posto em prática. É o que ocorre quando, por exemplo, mediante um contrato de compra e venda objetiva-se efetuar uma doação. Igualmente, quando por intermédio de um contrato social constitui-se uma sociedade empresária com objeto distinto da causa empresarial, qual seja, em conformidade com os artigos 966 e 982 do Código Civil, o exercício de uma atividade econômica organizada para a produção ou circulação de bens ou de serviços. *Nesses casos, diz-se que há vício na causa do negócio jurídico. Aparece, então, o conceito de simulação orientado pelo vício da causa.*
>
> [...]
>
> *Portanto, o que importa é perceber que a jurisprudência administrativa desta Casa mudou sua orientação no que diz respeito ao enfrentamento dos casos em que ocorrem os chamados planejamentos tributários. De uma postura permissiva unicamente focada na autonomia privada (liberdade, salvo simulação por vício de vontade), partiu para uma posição mais sintonizada com o plano internacional, na qual aquela autonomia é temperada pela análise objetiva do propósito preponderante dos negócios jurídicos engendrados (liberdade, salvo simulação por vício de vontade ou por vício de causa). Essa mudança teve efeito mesmo sem a edição da lei ordinária reclamada pela norma geral positivada pela Lei Complementar nº 104/01. Tudo foi feito com base na adesão ao conceito amplo de simulação* e na possível reinterpretação jurisprudencial do conceito aberto prescrito no Código Civil. Com a mudança do status de "defeito do negócio jurídico", no Código de 1916, o qual ensejava mera anulação e maiores questionamentos sobre a ação do Fisco, para o status de "hipótese de invalidade do negócio jurídico", no Código de 2002, o qual enseja a nulidade e sua indubitável inoponibilidade ao Fisco, maior razão emergiu para a consolidação dessa construção jurisprudencial (BRASIL, 2016f, p. 6.748-9, grifos acrescidos).

A concepção causalista de simulação tem, também, comparecido em decisões relacionadas aos emblemáticos e reiterativos casos envolvendo a contratação de serviços de exploração marítima de petróleo pela Petrobras. Trata-se de planejamentos tributários fundados na bipartição dessa contratação em duas avenças paralelas: uma de afretamento de embarcações, firmado com empresa domiciliada no exterior, e outra de prestação de serviços de sondagem, perfuração ou exploração de poços, usualmente celebrada com uma subsidiária daquele fornecedor estrangeiro.

Assim, como o negócio de afretamento de navios-plataformas não é tributado, nele se concentra a maior parte do valor total da operação, manobra que implica a redução (muitas vezes bilionária) da incidência das Contribuições para os Programas de Integração Social (PIS) e para o Financiamento da Seguridade Social (COFINS), além, em alguns casos, do Imposto sobre a Renda Retido na Fonte (IRRF) e da Contribuição de Intervenção sobre o Domínio Econômico (CIDE).

Dados os monumentais impactos fiscais decorrentes dessa modalidade de contratação, multiplicaram-se os casos levados à apreciação do CARF. A jurisprudência da Corte tem divergido profundamente na caracterização (ou não) da artificialidade das operações.[277] Vários julgados — ao enfocarem (1) a vinculação entre as empresas contratadas (pertencentes a um mesmo grupo econômico), (2) a correspondência estreita dos objetos e (3) a proximidade temporal (às vezes até a simultaneidade) das pactuações — consideraram existir, em realidade, uma única contratação, abusivamente fracionada com a finalidade exclusiva de redução de carga tributária.

Alguns deles, para fundamentarem a desconsideração das transações de afretamento, compreendendo os pagamentos efetuados a esse título como parte da remuneração às empresas estrangeiras pela prestação de serviços, buscaram amparo no conceito de simulação como vício de causa jurídica. Expressão exemplar dessa orientação se viu no Acórdão nº 3402-005.853, exarado pela 2ª Turma Ordinária da 4ª Câmara da 2ª Seção de Julgamento do Conselho, em 2018, por maioria de votos (vencido o Conselheiro Relator):

> A autoridade fiscal demonstrou que as contratações relativas às prestações de serviços de sondagem, perfuração ou exploração de poços, bem como contratações de outros serviços técnicos ligados ao setor de petróleo, foram artificialmente bipartidas em dois contratos: um de afretamento e outro de serviços, tendo de um lado a contratante PETROBRAS e, de outro, empresas pertencentes a um mesmo grupo econômico, as quais atuam em conjunto, de forma interdependente, com responsabilidade solidária.
> [...]

---

[277] O antagonismo de orientações a que se referiu pode ser facilmente vislumbrado em qualquer rápida e superficial pesquisa do acervo jurisprudencial do Conselho. Se no precedente abordado no corpo do texto (Acórdão nº 3402-005.853) prevaleceu o juízo da artificialidade das transações impugnadas pela Receita Federal, no Acórdão nº 3201-005.540, proferido, em 2019, pela 1ª Turma Ordinária da 2ª Câmara da 3ª Seção de Julgamento do CARF, triunfou o entendimento de que a bipartição dos contratos constitui operação que encontra guarida no ordenamento jurídico brasileiro, o que resultou na anulação de uma autuação fiscal superior a R$5 bilhões (BRASIL, 2019e). Noutros casos similares — Acórdãos de nº 9303-010.058 (BRASIL, 2020b) e nº 9303-010.059 (BRASIL, 2020c) —, a 3ª Turma da CSRF concluiu, em voto de qualidade, pela abusividade do planejamento tributário fundado na mesma modalidade de cisão contratual, ratificando autuação fiscal no valor de R$8,89 bilhões em desfavor da Petrobras. Apenas essa breve descrição de alguns julgados, todos decididos por maioria, é já suficiente para demonstrar os profundos contrassensos que qualificam o exame dessa complexa matéria na jurisprudência administrativa fiscal brasileira.

Tais fatos, devidamente comprovados e não refutados, não podem ser desprezados na presente análise. A vinculação entre as partes, a estreita ligação entre os objetos contratados, as mútuas responsabilidades, os prazos, e as pessoas envolvidas, caracterizam uma verdadeira confusão entre as contratações, comprovando a existência de uma única contratação, conforme afirmado pela autoridade fiscal.
Portanto, conclui-se que a autoridade fiscal demonstrou que os contratos eram não apenas interligados, mas unos [...]
[...]
A repartição dos contratos revela-se artificial, com a constatação de que os valores pagos às empresas estrangeiras, a título de afretamento, corresponderam, de fato, a remuneração pela prestação de serviços, configurando uma única contratação.
A situação constatada enquadra-se, de forma clara, no conceito de simulação, ligado à causa do negócio jurídico. É cristalino o fato que o negócio aparente (dois contratos) é divergente do negócio real (única contratação de fato). A causa típica do negócio (contratação para pesquisa e exploração de petróleo e gás, com o fornecimento da unidade) diverge da causa aparente, que artificialmente repartiu a contratação através de um contrato autônomo de afretamento. Nesse caso, haveria um vício na causa, pois as partes usaram determinada estrutura negocial (contratos bipartidos) para atingir um resultado prático, que não correspondeu à causa típica do negócio posto em prática. Destaca-se, mais uma vez, que a única contratação existente seria de pesquisa e exploração de petróleo e gás, sendo o fornecimento da unidade apenas parte integrante e instrumental dos serviços contratados (BRASIL, 2019c, p. 31.300-31.307, grifos acrescidos).

Ressalte-se que, sem embargo do movimento de confluência, cada vez mais intensiva, da jurisprudência do CARF em direção à concepção causalista de simulação, ainda não logrou o Órgão uma unanimidade quanto a tal problemática. Em tempos relativamente recentes, pôde-se observar algumas decisões cujas fundamentações ainda se alicerçaram em orientações voluntaristas para caracterizar a simulação.

Paula Santos de Abreu (2019, p. 429) menciona como exemplo dessa ausência de uniformidade jurisprudencial acerca do tema o Acórdão de nº 22.02-003.135, proferido em 2016, no qual o CARF voltou a caracterizar a simulação como uma "patologia" decorrente da contrariedade entre vontade efetiva e declaração das partes celebrantes do negócio jurídico. A autora destaca um excerto do acórdão no qual se lê que a causa da simulação se volta, invariavelmente, "à obtenção de algum benefício que não poderia ser atingido pelas vias normais, o que demonstra tratar-se de um ato antecipadamente deliberado pelas partes envolvidas, que se volta para um fim específico, no caso contornar a tributação" (*ipsis litteris*).

Em suma: sem embargo de em alguns julgados ainda se visualizar a opção por premissas voluntaristas para postular uma concepção restritiva de simulação, predomina hoje na jurisprudência do CARF, com apoio em alguns precedentes judiciais, um conceito ampliado — mais fluido e dinâmico — de simulação que, ao se associar à noção de artificialidade de atos e negócios jurídicos tendentes a reduzir o pagamento de tributos, tem servido de fundamento à desconsideração de planejamentos tributários abusivos, sobretudo, nos termos do artigo 149, inciso VII, do CTN.

Isso leva à afirmação, corretamente sustentada por Godoi e Ferraz (2012, p. 361), de que os limites dos planejamentos fiscais são hoje ditados pela jurisprudência administrativa com base nos contornos e no alcance do conceito de simulação.

6.1.3 A questão da autoaplicabilidade do parágrafo único do artigo 116 do CTN na jurisprudência do CARF

É cediço que a abrangência do conceito de simulação perfilhado pela jurisprudência fiscal provoca repercussões diretas na aplicação de uma norma antielusiva porventura consagrada no ordenamento positivo. Viu-se no capítulo anterior que, mesmo nos países que pioneiramente estruturaram regimes jurídicos de combate a planejamentos tributários abusivos, as cláusulas gerais encontraram diversos obstáculos práticos e teóricos no processo de sua implementação. Esse fenômeno, quase universal, conduziu a doutrina e a jurisprudência, sobretudo nas experiências europeias, a porem em exame a interação dinâmica e, por vezes, conflituosa entre a figura da simulação e a norma geral antielusiva positivada na legislação tributária.

Em linhas gerais, o que no Direito Comparado se observou — e que com exatidão se replica no caso brasileiro — foi a existência de uma relação de proporcionalidade inversa entre a amplitude do conceito de simulação fiscal e a efetividade das normas gerais antielusivas. Isto é, quanto mais amplo o conceito de simulação, menos efetivas (no sentido de pouco utilizadas) se mostraram as normas antielusivas; e, em via reversa, quanto mais reduzida a concepção de simulação, mais relevantes e efetivas se quedaram as normas gerais antiabuso. Nesse sentido, Marciano Godoi referencia importante Relatório elaborado pela *International Fiscal Association* (IFA) que, mediante pesquisas empíricas, chegou a idêntica conclusão:

> Uma pesquisa promovida pela IFA no ordenamento de diversos países chegou à conclusão de que o instituto da simulação tem uma amplitude distinta segundo seu papel pragmático no ordenamento tributário: quanto maior é o espaço de atuação de uma típica norma geral antielusão, menor é o raio de amplitude do conceito de simulação, e vice-versa. O Relator Geral das conclusões de referida pesquisa notou que, em países sem típicas normas gerais antielusão, a fundamentação que o fisco e a doutrina utilizam para indicar que houve simulação é muito parecida com a lógica de funcionamento das típicas normas gerais antiabuso (GODOI, 2012a, p. 136).

Via de regra, o que se testemunhou — e a experiência espanhola foi a mais expressiva neste aspecto — foi uma substituição das normas gerais antielusivas por um conceito mais abrangente de simulação, que se mostrasse capaz de abarcar não só os atos simulados *stricto sensu* (segundo os moldes tradicionais) como também os atos e negócios artificiosos, teoricamente incursos no espectro da elusão tributária. Com esse movimento, pôde-se contornar todas as polêmicas que envolviam a aplicação das normas antielusivas — em geral versadas sobre a sua eficácia e a necessidade de prévia estipulação de procedimentos especiais — e proceder à imediata desconsideração de planejamentos tributários abusivos sem maiores entraves.

No caso brasileiro, como o legislador fez textual alusão a "procedimentos a serem estabelecidos em lei ordinária", na parte final do parágrafo único do artigo 116 do CTN, as mesmas controvérsias logo se fizeram presentes, ensejando os acalorados debates doutrinários tangenciados em capítulo anterior. Parecia óbvio que tais celeumas, relativas à eficácia da norma geral antielusiva brasileira, não permaneceriam adstritas aos lindes da doutrina. E assim se fez: logo foram transportadas as querelas ao plano jurisprudencial, especialmente junto aos órgãos fracionários do CARF.

Como panorama geral — e isso já se antecipou alhures —, o parágrafo único do artigo 116 do CTN quase nenhum impacto produziu nos rumos da evolução jurisprudencial do Conselho. Ao menos nos primeiros anos de vigência do dispositivo. Afinal, os debates acerca da mutação do conceito de simulação principiaram, ainda que em estágio embrionário, no segundo lustro da década de 1990, antes, portanto, da própria edição da Lei Complementar nº 104/2001.

Em verdade, o início das revisões do conceito de simulação e a introdução de uma norma geral antielusiva no ordenamento brasileiro exprimiram dois fenômenos distintos, mas sintonizados a um mesmo processo: a tendência internacional de se pôr em causa a defesa das legislações tributárias em face de ações e estratégias cada vez mais sofisticadas de contorno abusivo dos mecanismos de tributação. A crescente utilização dos paraísos fiscais, mediada por técnicas extraordinariamente complexas, caracterizadoras da artificiosidade dos planejamentos tributários, certamente constituiu fator a embalar esse processo.

O fato é que, fortalecendo-se paulatinamente a tendência de reconfiguração semântica e dogmática da categoria de simulação, o que se observou foi a norma antielusiva brasileira — posto que desacompanhada do procedimento especial que condiciona a sua eficácia — despenhar-se em inocuidade. Com isso, feito letra morta o parágrafo único do artigo 116, o enfrentamento a planejamentos fiscais abusivos restou capitaneado pelo conceito expandido de simulação, descobrindo-se no inciso VII do artigo 149 do CTN o fundamento legal prioritário para os atos de desconsideração.

Exemplo desta orientação, que perdurou praticamente inquestionada na jurisprudência fiscal por anos a fio, se encontra no Acórdão de nº 102-49.480, que brevemente tangenciou, apenas em tese, a questão da eficácia do parágrafo único do artigo 116. O caso tratava da remessa de juros decorrentes de *eurobonds* (*floating rate notes*) no contexto de incidência de Imposto sobre a Renda Retido na Fonte. O contribuinte, no caso, residia no Japão, o que atraiu a análise também do tratado internacional firmado pelo Brasil com aquele país para evitar dupla tributação.

Em dado momento da fundamentação, o Conselheiro Relator Alexandre Nishioka, ao cogitar a hipótese de haver se consumado, eventualmente, abuso de formas na espécie, manifestou-se sobre a questão da autoaplicabilidade da norma antielusiva:

Ainda que se pudesse entender hipoteticamente que teria havido abuso de formas jurídicas, o parágrafo único do artigo 116 do CTN somente poderá ser aplicado após a promulgação da lei ordinária nele mencionada, ao contrário do que ocorre nas hipóteses de dolo, fraude e simulação, inexistentes no caso dos autos.
[...]
O disposto pelo artigo 116, parágrafo único, portanto, não possui, como querem alguns, eficácia contida, na forma extraída das lições de José Afonso da Silva, mas, sim, eficácia limitada, eis que está a depender de lei ordinária. Aliás, como se sabe, as normas que delimitam direitos fundamentais têm a sua interpretação de maneira restrita, o que, de resto, vem a corroborar com o entendimento ora esposado. Admitir-se, por este turno, a plena aplicabilidade da norma seria abrir as portas, quando menos, à discricionariedade do ato formal do lançamento que, como se sabe, é ato vinculado (art. 142 do CTN). (BRASIL, 2009b, p. 718 e 733, grifos acrescidos)

Embora um ou outro julgado[278] já houvesse, isoladamente, sinalizado a possibilidade de aplicação imediata do artigo 116, parágrafo único, estendeu-se quase intocada a hegemonia da compreensão tradicional por aproximadamente uma década e meia. Somente em 2014 se viu esboçar um entendimento em sentido oposto, manifestado em algumas decisões do CARF, sustentando a eficácia imediata daquele dispositivo. A premissa do raciocínio consistia na maior compatibilidade desta última interpretação com a Constituição Federal, máxime por fomentar o *dever fundamental de pagar tributos* e o princípio da capacidade contributiva.

Foi no Acórdão nº 1201-001.136, proferido em sessão da 1ª Turma Ordinária da 2ª Câmara da 1ª Seção de Julgamento realizada em 26 de novembro de 2014, que se visualizou a mais substanciosa fundamentação da eficácia imediata da norma geral antielusiva brasileira. Cuidava o caso de um planejamento tributário consistente na transferência de participação societária realizada por empresa (1) em favor de outra pertencente ao mesmo grupo econômico e situada em jurisdição que não gravava a renda derivada de operações transnacionais; (2) por valor significativamente inferior ao qual a mesma participação seria ulteriormente alienada a terceiros; e (3) sem propósito negocial verossímil (BRASIL, 2015e).

Entendeu o CARF, daquela feita por unanimidade, ser abusiva a operação efetuada, dado que exclusivamente vocacionada a evitar a ocorrência dos fatos geradores de IRPJ e CSLL, tributos incidentes sobre o ganho de capital auferido na alienação da

---

[278] O motivo principal dessa ressalva é o Acórdão de nº 2101-000.332, proferido em 2009 pela 1ª Turma Ordinária da 1ª Câmara da 2ª Seção de Julgamento do CARF. Naquele caso, o Órgão desconsiderou um planejamento tributário tipicamente evasivo, baseado na emissão de notas fiscais frias e na simulação de ingresso de receitas em pessoa jurídica cujo quadro social era formado pelo contribuinte e filhas menores de idade, do que resultou a redução do pagamento de Imposto sobre a Renda de Pessoa Física. Ao desconsiderar as operações realizadas e a personalidade jurídica da empresa, em fundamentação demasiadamente resumida, a Conselheira Relatora amparou-se no artigo 116, parágrafo único, do CTN sob os argumentos seguintes: "Parece-me que, o conjunto de normas positivas acima indicado [artigo 50 do CPC; artigos 1011 e 1016 do Código Civil, artigos 117, 153, 158 e 165 da Lei das Sociedades Anônimas], somado à Lei 4729 de 1965 que define o crime de sonegação fiscal e preceitua o comportamento que a atinge, dentre eles, o de prestar declarações falsas, inserir elementos inexatos, etc. atendem ao pressuposto de lei ordinária previsto parágrafo único do artigo 116 do CTN, retromencionado" (BRASIL, 2010b, p. 03).

participação societária a terceiro. O diferencial desta decisão foi a opção dos Conselheiros pela não utilização do conceito ampliado de simulação, o qual restou substituído pelo termo "elisão fiscal abusiva", objeto específico do artigo 116, parágrafo único, do CTN. Nesse contexto, surgiu a necessidade de se motivar a autoaplicabilidade do dispositivo, donde adveio a seguinte interpretação, sintetizada na ementa:

NORMA GERAL ANTIELISIVA. EFICÁCIA.

O art. 116, parágrafo único, do CTN requer, com vistas a sua plena eficácia, que lei ordinária estabeleça os procedimentos a serem observados pelas autoridades tributárias dos diversos entes da federação ao desconsiderarem atos ou negócios jurídicos abusivamente praticados pelos sujeitos passivos. No que concerne à União, há na doutrina nacional aqueles que afirmam ser ineficaz a referida norma geral antielisiva, sob o argumento de que a lei ordinária regulamentadora ainda não foi trazida ao mundo jurídico. Por outro lado, há aqueles que afirmam ser plenamente eficaz a referida norma, sob o argumento de que o Decreto nº 70.235/72, que foi recepcionado pela Constituição de 1988 com força de lei ordinária, regulamenta o procedimento fiscal.
Dentre as duas interpretações juridicamente possíveis deve ser adotada aquela que afirma a eficácia imediata da norma geral antielisiva, pois esta interpretação é a que melhor se harmoniza com a nova ordem constitucional, em especial com o dever fundamental de pagar tributos, com o princípio da capacidade contributiva e com o valor de repúdio a práticas abusivas. (BRASIL, 2015e, p. 2.405, grifos acrescidos)[279]

Entre 2014 e 2015, outras duas decisões reafirmaram a conclusão da autoaplicabilidade do artigo 116, parágrafo único: Acórdãos nº 2302-003.309 e nº 2302-003.729, ambos proferidos pela 2ª Turma Ordinária da 3ª Câmara da 2ª Seção de Julgamento e relatados pelo Conselheiro Arlindo da Costa e Silva. Nessas decisões, centrou-se a fundamentação em dois precedentes do STJ[280] que, segundo a interpretação sustentada nos votos condutores, teriam afirmado — ou melhor, deixado de negar — a autoaplicabilidade do artigo 116, parágrafo único (BRASIL, 2015a, 2015c).

Tal inferência, entretanto, como se verá, é bastante questionável, porquanto um dos precedentes citados sequer apreciou o mérito do recurso especial, enquanto que o outro, embora realmente não tenha negado a automática aplicabilidade do dispositivo, não se debruçou sobre a questão, ratificando apenas implicitamente os fundamentos do acórdão (objeto do recurso especial apreciado) prolatado pelo TRF-4, o qual, inclusive, vinculou o parágrafo único do artigo 116 à interpretação econômica do Direito Tributário (BRASIL, 2015a, 2015c). De toda sorte, do ponto de vista prático, o fato é que se teve duas

---
[279] Sérgio André Rocha e Tatiana Junger (2019, p. 563), em minuciosa e competente análise desse mesmo litígio ("Caso MMX"), acrescentam que tal entendimento viria a ser corroborado pela 1ª Turma da CSRF, em 2018, no corpo do Acórdão nº 9101-003.447 (BRASIL, 2018f): "O voto vencedor, afiliando-se ao posicionamento posto pela Turma de segunda instância e a precedente da própria CSRF, entendeu que o parágrafo único do artigo 116 é eficaz, porquanto reforçador da previsão contida no artigo 149, inciso VII, do Código Tributário Nacional".
[280] Os dois precedentes citados foram o AgRg no REsp 1.070.292-RS (BRASIL, 2010c) e o AREsp 323.808-SC (BRASIL, 2013a), ambos de relatoria do Ministro Humberto Martins. Pontue-se que tais julgados serão abordados na parte final do capítulo, atinente à jurisprudência dos tribunais brasileiros.

decisões do CARF endossando a tese da eficácia imediata da norma geral antielusiva positivada no CTN, o que lançou novas luzes sobre a controvérsia.

Atualmente, são numerosos os julgados que, na esteira das lições doutrinárias dominantes, abraçam a premissa de que a norma veiculada pelo artigo 116, parágrafo único, constitui uma regra antissimulação, possuindo, nesse sentido, o mesmo objeto da disposição contida no artigo 149, inciso VII. Com efeito, preconizaram a fungibilidade da aplicação de ambos os dispositivos no combate à simulação, modalidade de ilícito que não carece de procedimento especial para ser reprimida, donde a conclusão de que o parágrafo único do artigo 116 — assim como o artigo 149, inciso VII — pode ser imediatamente invocado como fundamento legal pelo Fisco.

Entendeu-se, nesses casos, que o Decreto nº 70.235/1972 foi recepcionado pela Constituição de 1988 com força de lei ordinária e que, por isso, o procedimento fiscal por ele disciplinado pode fazer as vezes do rito processual referido na parte final do artigo 116, parágrafo único. A isso se acresce que, mesmo na hipótese de prosperar tal raciocínio, o ordenamento jurídico vigente torna dispensável a utilização do dispositivo, eis que, como acima pontuado, os negócios jurídicos simulados podem ser atacados diretamente pelo artigo 149, inciso VII, do CTN.

Foi trilhada essa direção, por exemplo, no Acórdão nº 9101-003.447, prolatado, por maioria de votos, em sessão de julgamento da 1ª Turma da Câmara Superior de Recursos Fiscais do CARF realizada em 6 de março de 2018:

> Conforme colocado com bastante clareza pela jurisprudência colacionada, o ordenamento jurídico vigente *torna prescindível a utilização do art. 116*, parágrafo único, como fundamentação de autuação fiscal que trata da desconsideração de negócios jurídicos, especialmente se considerando o disposto no art. 149, inciso VII do CTN, inclusive expressamente citado pela autuação fiscal 24. De qualquer forma, *tal constatação não retira a eficácia do dispositivo normativo.* (BRASIL, 2018f, p. 3.083, grifos acrescidos)

Ressalte-se, outrossim, que tal entendimento tem refluído mesmo em julgados mais recentes do Conselho. Em 04 de fevereiro de 2020, ao proferir, por maioria de votos, o Acórdão nº 2402-008.111, a 2ª Turma Ordinária da 4ª Câmara da 2ª Seção de Julgamento do CARF decidiu que o artigo 116, parágrafo único, do CTN "é uma norma nacional, imediatamente aplicável aos entes federativos que possuam normas sobre o procedimento administrativo fiscal, que, no caso da União Federal, consubstancia-se no Decreto n. 70.235/72, recepcionado pela CF/88 com força de lei ordinária" (BRASIL, 2020d, p. 725). E, em sequência, reafirmou: "A exigência de regulamentação, mediante procedimentos a serem estabelecidos em lei ordinária, consignada no parágrafo único do art. 116 do CTN, *in fine*, encontra-se suprida pelo Decreto n. 70.235/1972" (BRASIL, 2020d, p. 725). No caso, o dispositivo foi aplicado em combinação com o artigo 167 do Código Civil (simulação).

Sem embargo desses últimos precedentes citados, pode-se perceber, numa análise panorâmica, que a possível virada de entendimento ainda não se consumou. O conceito amplo de simulação — ver-se-á no próximo item — permanece sendo a via prioritária de desconsideração de atos e negócios jurídicos artificiosos, de modo a subtrair do artigo 116, parágrafo único, do CTN o objeto que o legislador para ele idealizou. Este último, quase sempre, quando não considerado ineficaz ou supérfluo, é aplicado em conjunto com o artigo 149, inciso VII, a pretexto de combater atos simulados, tendo negada, por conseguinte, a sua natureza de norma geral antielusiva.

Em verdade, pode-se mesmo asseverar que vigora hoje, no Brasil, uma norma geral antielusiva jurisprudencialmente construída, que substitui a cláusula antiabuso positivada na legislação e permite ao Fisco obter os mesmos resultados que decorreriam da aplicação desta última sem necessitar se sujeitar aos requisitos formais que a condicionam (GODOI, 2012a, p. 139-140). Noutras palavras, tem-se que a larga maioria das decisões do CARF permanece lastreando os atos de desconsideração de planejamentos fiscais abusivos, fundamentalmente, no artigo 149, inciso VII, do CTN, concebendo-os como simulados e dispensando, com isso, a submissão daqueles atos a qualquer procedimento especial.

Conclui-se, portanto, defronte todas essas divergências observadas no plano da jurisprudência administrativa, que o artigo 116, parágrafo único, do CTN ainda goza de diminuta importância junto ao CARF, sendo considerado, no mais das vezes, inapto à produção de efeitos, dispensável ou mera linha auxiliar no combate à simulação.

6.1.4 O abuso de direito, o abuso de formas e a fraude à lei na jurisprudência do CARF

Não foram raros os julgados do CARF cujas fundamentações se basearam, em maior ou menor detalhe, nas figuras do abuso de direito, do abuso de formas jurídicas e da fraude à lei. Houve decisões outras, contudo, que, fazendo refluir o velho formalismo da fase anterior de desenvolvimento da jurisprudência fiscal, entenderam pela impossibilidade de utilização dessas categorias no âmbito do Direito Tributário.

Em face dessas divergências internas, pretende-se, neste subtópico, proceder a um rápido sobrevoo pelo acervo de precedentes do Conselho a fim de examinar, em linhas gerais, como têm sido abordados o abuso de direito, o abuso de formas e a fraude à lei na jurisprudência administrativa brasileira. Adiante-se que, apesar de a ausência de propósito negocial também comparecer à maior parte dessas decisões, será reservada ao próximo item a sua apreciação com maior diligência, tendo em conta a necessidade de descrição mais pormenorizada dos casos levados a julgamento. Aqui, o enfoque se restringirá, sem grandes preocupações de muito destrinchar as situações concretas, em ilustrar laconicamente como foram concebidas e aplicadas aquelas outras três figuras em algumas decisões do CARF.

Em relação ao abuso de direito, o primeiro fato a chamar a atenção foi a prolação de decisões diametralmente opostas em curtos lapsos temporais. Em 2012, por exemplo, por meio do Acórdão nº 1101-00.710, versado sobre um caso de ágio interno e incorporação reversa no contexto da cobrança de IRPJ, a 1ª Turma Ordinária da 1ª Câmara da 1ª Seção de Julgamento do CARF, por maioria de votos (vencido o voto da Conselheira Relatora), deu provimento ao recurso voluntário do contribuinte para considerar válido o planejamento fiscal impugnado pelo Fisco, sob o fundamento da inaplicabilidade do abuso de direito na seara tributária, *vis à vis* o princípio da segurança jurídica. O julgado restou assim ementado:

> ART. 109 CTN. ÁGIO. ÁGIO INTERNO.
> É a legislação tributária que define os efeitos fiscais. As distinções de natureza contábil (feitas apenas para fins contábeis) não produzem efeitos fiscais. O fato de não ser considerado adequada a contabilização de ágio, surgido em operação com empresas do mesmo grupo, não afeta o registro do ágio para fins fiscais.
> DIREITO TRIBUTÁRIO. ABUSO DE DIREITO. LANÇAMENTO.
> *Não há base no sistema jurídico brasileiro para o Fisco afastar a incidência legal, sob a alegação de entender estar havendo abuso de direito. O conceito de abuso de direito é louvável e aplicado pela Justiça para solução de alguns litígios. Não existe previsão do Fisco utilizar tal conceito para efetuar lançamentos de ofício, ao menos até os dias atuais. O lançamento é vinculado a lei, que não pode ser afastada sob alegações subjetivas de abuso de direito.*
> SEGURANÇA JURÍDICA.
> *A previsibilidade da tributação é um dos seus aspectos fundamentais.* (BRASIL, 2012b, p. 1.477-1.478, grifos acrescidos)

Sucedeu que, poucos meses depois, já no ano de 2013, a 2ª Turma Especial da 3ª Seção de Julgamento do CARF, no bojo do Acórdão nº 3802-001.553, em sentido contrário, manifestou-se pela compatibilidade da categoria em tela com a dogmática tributária brasileira (BRASIL, 2013b). Ao negar provimento ao recurso voluntário interposto pelo contribuinte, o colegiado entendeu configurado abuso de direito na espécie, tendo em vista a constituição de três empresas vinculadas a uma principal, à qual prestavam serviços, com o objetivo exclusivo de gerar créditos segundo o regime da não cumulatividade da COFINS. A inexistência de finalidade empresarial/econômica das operações também foi mencionada, servindo de substrato à caracterização do "abuso de direito de personalidade jurídica", tratada no julgado como espécie do gênero "abuso de direito" (BRASIL, 2013b, p. 206).

Na fundamentação da decisão, prolatada mediante votação unânime, o Conselheiro Relator Francisco José Barroso Rios afirmou que a reprovação do abuso de direito — "o qual, longe de se restringir ao Direito Civil, alcança todos os ramos do direito" (BRASIL, 2013b, p. 203) — se insere num contexto constitucional, motivo pelo qual inexiste óbice à sua aplicação na seara tributária. Consolidou-se, por conseguinte, na ementa do julgado, a seguinte inscrição: "Abuso de direito caracterizado, o que legitima a desconsideração dos negócios jurídicos celebrados entre as empresas envolvidas, posto que a conduta se subsume à norma antielisão objeto do parágrafo único do artigo 116 do Código Tributário Nacional" (BRASIL, 2013b, p. 197-198).

O Relator, contrariando a tendência majoritária do CARF, sustentou ainda que o parágrafo único do artigo 116 do CTN "não se restringe unicamente a uma norma anti-simulação, como entende parte da doutrina (para estes, a aplicação de uma norma antielisão fere o princípio da legalidade estrita), mas opera efetivamente como norma antielisão contra abuso do direito ou contra fraude à lei" (BRASIL, 2013b, p. 205). Recorrendo à obra de Douglas Yamashita (2005), destacou a autoaplicabilidade do dispositivo supracitado e o fato de a categoria de "dissimulação", por ser oriunda do direito material, conjugar os conceitos de abuso de direito e fraude à lei positivados, respectivamente, nos artigos 187 e 166, inciso VI, do Código Civil, via interpretação analógica (BRASIL, 2013b, p. 205-206).

Nos anos que se seguiram a tais julgados, fortaleceu-se, no CARF, a visão substancialista no escopo do controle de legalidade dos planejamentos tributários. Resultou disso a expansão da utilização do abuso de direito como fundamento para a desconsideração de atos e negócios com repercussões fiscais favoráveis ao particular. Em 2016, menciona Abreu (2019, p. 412), o CARF proferiu uma série de decisões baseadas na figura do abuso de direito, vinculando-a à noção de artificialidade dos arranjos negociais ordenados pelos contribuintes.

Em todos os casos, os planejamentos tributários versavam sobre o ágio em situações de incorporações às avessas — referido por parte da doutrina como "ágio de si mesmo"[281] — e tiveram como eixo comum de caracterização do abuso de direito a finalidade única de redução de carga tributária, tratando-se, pois, de operações destituídas de propósitos extrafiscais. Os acórdãos elencados pela supracitada autora foram os de nº 1401-001.535, de 03 de fevereiro de 2016 (Caso TWR) (BRASIL, 2016e); nº 1401-001.575, de 10 de março de 2016 (Caso Plena Comercial) (BRASIL, 2016c); e nº 1402-002.125, de 10 de março de 2016 (Caso Pimaco) (BRASIL, 2016d).

Não obstante, em julgamento realizado em 21 de novembro de 2018, o CARF tornou a contradizer as suas manifestações anteriores ao apreciar o Caso EMSA, cujo objeto consistia num planejamento tributário envolvendo redução de capital social de pessoa jurídica com ulterior alienação do investimento restituído ao acionista (ABREU, 2019, p. 411). Na fundamentação do Acórdão nº 1302.003-229, favorável ao contribuinte, firmou-se a compreensão segundo a qual, "enquanto não editada a lei ordinária exigida pelo parágrafo único do art. 116 do CTN, não pode a Autoridade

---

[281] A autora recorre ao magistério de Marco Aurélio Greco (2008, p. 391), autor que brilhantemente sumaria a problemática do "ágio interno" com a seguinte passagem: "Por vezes, quando uma pessoa adquire determinada participação societária, o faz com ágio, pois o valor da aquisição é superior ao respectivo valor do patrimônio líquido. Ocorre que num momento posterior à aquisição, por vezes sucede de ser feita uma incorporação às avessas que gera uma situação curiosa em relação ao ágio na aquisição da participação societária. Com efeito, o ágio tem por objeto uma participação societária de titularidade da controladora, que representa fração do capital da pessoa jurídica controlada à qual ele se reporta. Na medida em que a controlada incorpora a controladora, desaparece o sujeito jurídico titular da participação societária. Assim, caso preservado, o montante do ágio passaria a estar dentro da incorporadora (antiga controlada), possuindo como origem um elemento que agora integra a própria incorporadora. Seria um 'ágio de si mesmo', o que sugere uma preocupação quando se analisa caso concreto que apresente este feitio".

Fiscal desconsiderar atos lícitos praticados pelo contribuinte sob a alegação de abuso de direito de auto-organização" (BRASIL, 2019a, p. 2.989).

Em sequência, no que tange à figura do abuso de formas jurídicas, visualiza-se uma aplicação mais uniforme, isto é, menos marcada por contradições de entendimentos tão ostensivas. Em alguns precedentes, chegou-se mesmo a aludir, expressamente, à progressiva construção do conceito de abuso de formas no Direito Tributário alemão e à possível influência que aquele modelo teria exercido na positivação do parágrafo único do artigo 116 (e também do artigo 118) do CTN. O traço comum das decisões consiste em associar, confusamente, o uso abusivo de formas jurídicas às modalidades de evasão fiscal (geralmente à simulação).

Em julgamento realizado a 13 de maio de 2014, a 2ª Turma Ordinária da 3ª Câmara da 2ª Seção do CARF proferiu o Acórdão nº 2302-003.144, no seio do qual foi apreciado planejamento fiscal fundado no fracionamento artificial de atividades empresariais entre três pessoas jurídicas desprovidas de autonomia entre si para minimizar o pagamento de tributos. Em suma, duas empresas preexistentes — Indústria de Calçados Paulina Ltda. e Valenza Calados Indústria e Comércio Ltda. — constituíram uma terceira — Flexshoe Indústria de Calçados Ltda. —, em 2008, para transferir a totalidade dos empregados da primeira para a nova pessoa jurídica, enquadrada no regime do Simples Nacional. Em seguida, o faturamento da empresa que transferiu sua mão de obra (Paulina) principiou a ser repassado à outra preexistente (Valenza), demonstrando a unicidade administrativa e patrimonial entre elas (BRASIL, 2014d).

Verificou-se, ainda, que as três pessoas jurídicas (1) compartilhavam de um mesmo endereço comercial, (2) possuíam registrada a mesma atividade econômica principal ("indústria e comércio de calçados em geral") e (3) tinham um mesmo telefone no cadastro de contribuintes. O Relatório Fiscal acostado aos autos informava que "A PAULINA, a FLEXSHOE e a VALENZA são, no entender da fiscalização, de fato, uma única empresa estando divididas apenas do ponto de vista formal" (BRASIL, 2014d, p. 534-535).

Noutro trecho do mesmo Relatório, concluiu-se que, numa análise sistemática dos fatos, "a existência da empresa FLEXSHOE objetiva reduzir, através da utilização por esta do Sistema SIMPLES, a tributação a que estariam sujeitas a VALENZA ou a PAULINA caso registrassem como sua a mão-de-obra registrada naquela" (BRASIL, 2014d, p. 534). Ao avaliar tais circunstâncias, o Relator corroborou a interpretação vertida no documento:

> Em suma, dos indícios invocados, extrai-se a ocorrência de ato simulatório consistente na criação de uma empresa Flexshoe enquadrada na sistemática de recolhimento do Simples Nacional (23/06/2008) e na imediata transferência da quase totalidade dos empregados da empresa Paulina para a nova empresa (competência 07/2008) e, ato contínua, o progressivo repasse do faturamento da mesma empresa Paulina para a Valenza, que chegou a ter faturamento de mais de oito milhões de reais sem ter nenhum empregado a não ser Mauro de Paula, que era sócio da Paulina até junho de 2008. (BRASIL, 2014d, p. 538)

Entendeu-se, daquela feita, que o procedimento administrativo que descaracteriza a "prestação de serviços por segurados à outra empresa que não aquela para o qual foi contratado tem por fundamento os princípios da primazia da realidade e da verdade material e encontra respaldo nos artigos 116, parágrafo único e 149, VII, do CTN" (BRASIL, 2014d, p. 539). Na conclusão da fundamentação, consignou-se que, na espécie, dada a constituição artificiosa de interposta pessoa jurídica, "a simulação ocorreu por intermédio daquilo que se denomina abuso de forma jurídica, incorrendo a recorrente em modalidade de evasão fiscal" (BRASIL, 2014d, p. 539). Como se vê, o abuso de formas foi visto como meio para a prática de simulação, ensejando a aplicação conjunta dos dois dispositivos citados.

Noutra oportunidade, o mesmo órgão fracionário (2ª Turma Ordinária da 3ª Câmara da 2ª Seção de Julgamento), em 2015, no Acórdão nº 2302-003.634, novamente apelou à figura do abuso de formas jurídicas para reputar inoponível ao Fisco um planejamento fiscal estruturado abusivamente pelo contribuinte. Nesse novo caso, verificou-se um fracionamento artificioso de atividades empresariais típicas entre pessoas jurídicas ligadas a um mesmo grupo, a denotar clara hipótese de confusão empresarial, dada a inexistência de autonomia funcional, administrativa e patrimonial entre as mesmas, com o intuito de evitar a incidência de normas tributárias. Parte da ementa do julgado consignou as seguintes razões de decidir:

> O abuso de forma viola o direito e a fiscalização deve rejeitar o planejamento tributário que nela se funda, cabendo a requalificação dos fatos e negócios ocorridos, com base em sua substância, para a aplicação do dispositivo legal pertinente. Não há nesse ato nenhuma violação dos princípios da legalidade ou da tipicidade, nem de cerceamento de defesa, pois o conhecimento dos atos materiais e processuais pela impugnante e o seu direito ao contraditório estiveram plenamente assegurados.
> O fracionamento das atividades empresariais típicas, em paralelo com a demonstração efetiva, por parte da fiscalização, de uma série consistente de indícios e elementos convergentes, tais como a unicidade de meios e controles da atividade produtiva, a centralização da direção empresarial e financeira, a confusão patrimonial, contratual e societária, a utilização de mão-de-obra de entidades interpostas e desprovidas de autonomia administrativa e operacional, tudo com os intuitos preponderantes de validar formalmente uma estrutura jurídica e negocial artificiosa e de inibir, assim, a incidência de normas tributárias pertinentes, implica a violação abusiva e fraudulenta da legislação tributária, cabendo então a partir desse conjunto fático evidenciado a requalificação das operações e estruturas formalmente constituídas. (BRASIL, 2017e, p. 890-891)

O colegiado subscreveu integralmente os fundamentos da decisão proferida em inferior instância, a qual houvera sustentado uma articulação entre os conceitos de abuso de direito, abuso de formas e fraude à lei. Segundo o raciocínio postulado, essas modalidades de atos ilícitos podem, a depender das concretas circunstâncias do caso, conduzir à consumação de simulação ou fraude fiscal (atos *contra legem*).

Na situação dos autos, compreendeu o CARF que o contribuinte incorreu em fraude fiscal, nos termos do artigo 72 da Lei nº 4.502/1964, decorrente do emprego abusivo de formas jurídicas. Tal interpretação legitimou, inclusive, a aplicação de multa qualificada em desfavor do particular, na medida em que entenderam os julgadores que o elemento subjetivo da conduta restou robustamente demonstrado.

Outro julgado no qual a figura do abuso de formas desempenhou papel de protagonismo foi já referenciado no subtópico anterior: trata-se do Acórdão nº 2402-008.111, recentemente prolatado (4 de fevereiro de 2020) pela 2ª Turma Ordinária da 4ª Câmara da 2ª Seção de Julgamento do CARF, em cuja fundamentação se posicionou aquele colegiado pela eficácia imediata do parágrafo único do artigo 116 do CTN, sob o argumento de que o Decreto nº 70.235/1972 é suficiente para suprir a exigência de lei ordinária procedimental veiculada na parte final do dispositivo (BRASIL, 2020d).

A inoponibilidade do planejamento fiscal impugnado naquele caso decorreu do uso abusivo de formas jurídicas, o qual foi concebido mais uma vez em conexão à simulação. Em síntese apertada, cuidava o caso de uma empresa — Indústria Mineira de Fraldas Ltda. (INFRAL) — que terceirizou atividades e mão de obra a uma outra — São Gonçalo Industrial Têxtil —, optante pelo regime do Simples Nacional. Contudo, apurou-se que o controle gerencial, financeiro e administrativo das duas pessoas jurídicas era um só, realizado pela INFRAL, fato a explicitar que se tratava de um fracionamento artificial das atividades apenas para minorar o pagamento de contribuições previdenciárias. O Relator subscreveu a conclusão da autoridade lançadora:

> 17. Todos os fatos relatados contemplam provas evidentes de que o controle gerencial, financeiro e administrativo das duas empresas é único e realizado pela empresa INFRAL — Industria Mineira de Fraldas Ltda. Portanto, esta fiscalização entende que ocorreu simulação na constituição da São Gonçalo Industrial Têxtil, com a finalidade de se elidir contribuições sociais destinadas à Seguridade Social, já que a empresa criada é optante pelo SIMPLES. Fica evidente ter ocorrido tão-somente a divisão formal da empresa-mãe, INFRAL, para que por meio da opção pela tributação do SIMPLES, a empresa pudesse usufruir dos benefícios, ou seja, o não recolhimento da alíquota de 20,0% da contribuição patronal, e aquela destinada ao financiamento dos benefícios concedidos em razão do grau de incidência de incapacidade laborativa decorrentes dos riscos ambientais do trabalho (RAT) e de terceiros (5,8%). (BRASIL, 2020d, p. 735)

Sustentou-se, então, no voto vencedor que as formas de direito privado manejadas devem "adequar-se ao resultado econômico almejado, sob pena de caracterizar-se abuso de formas jurídicas, o que legitima o abandono da estrutura jurídico-formal adotada pelas partes e tributar-se o ato/negócio jurídico de acordo com o seu efetivo conteúdo econômico" (BRASIL, 2020d, p. 735). Com efeito, consideraram-se simuladas as operações, mediante abuso de formas, nos termos do artigo 167, §1º, inciso II, do Código Civil, o que legitimou a sua requalificação. Lê-se na ementa do julgado:

> TERCEIRIZAÇÃO. DISSIMULAÇÃO. AUSÊNCIA DE PROPÓSITO NEGOCIAL. ABUSO DE FORMAS JURÍDICAS DE DIREITO PRIVADO. PLANEJAMENTO TRIBUTÁRIO. DESCONSIDERAÇÃO.
> Caracterizado o uso abusivo das formas jurídicas de direito privado com o objetivo de reduzir a incidência de tributos, inclusive de contribuições sociais previdenciárias, mediante dissimulação com utilização de empresa terceirizada, optante por regime de

tributação favorecido (SIMPLES) e caracterizada a ausência de propósito negocial, impõe-se a desconsideração do ato ou negócio jurídico, com espeque no art. 116, parágrafo único, do CTN, c/c o art. 167 da Lei n. 10.406/2002 (Código Civil). (BRASIL, 2020d, p. 725-726)

Cumpre, por fim, examinar como tem abordado o CARF a categoria da fraude à lei, cuja invocação tem sido menos frequente que as demais.

O caso primeiro a ser tangenciado remete ao Acórdão nº 1401-002.196 da 1ª Turma Ordinária da 4ª Câmara da 1ª Seção de Julgamento do Conselho, datado de 21 de fevereiro de 2018. Ao apreciar o litígio, o colegiado julgou abusiva a "operação de redução de capital e devolução da participação acionária aos sócios pessoas físicas, para posterior alienação com pagamento do ganho em alíquota inferior" (BRASIL, 2018a, p. 2.272), tendo em vista restar patente a finalidade exclusiva de atenuação do pagamento de IRPJ e CSLL. Em vista da artificiosidade do planejamento fiscal, decorrente da inexistência de propósito negocial nas transações, o Relator, sem considerações teóricas mais alongadas, entendeu consumada hipótese de fraude à lei.

Tal caracterização condicionou decisivamente a aplicação das sanções na espécie. Ao se debruçar sobre a qualificação ou não da multa infligida ao particular, o Relator se socorreu de longa lição extraída da obra de Marco Aurélio Greco na qual o autor explica que a fraude à lei, ao traduzir conduta destinada a contornar a aplicação de lei imperativa, não se confunde com a fraude penal e tampouco com atos *contra legem*, destacando que a multa qualificada cominada pelo inciso II do artigo 44 da Lei nº 9.430/1996 não incide nas hipóteses dessa espécie de ilicitude atípica (ou seja, restringe-se aos casos de ilicitude típica). Concluiu-se, então, que por não haver o comportamento do contribuinte configurando sonegação, fraude ou conluio, a ele deveria ser imposta multa simples, no patamar de 75% do montante do tributo devido (BRASIL, 2018a, p. 2.293-2.296).

Outro relevante precedente do CARF em que foi adotado o conceito de fraude à lei é referenciado por Abreu (2019, p. 420-422): cuida-se do Caso VIDEPLAST Embalagens, julgado no seio do Acórdão nº 1302-003.290, em 12 de dezembro de 2018. Em assertiva síntese do caso, a autora contextualizou-o nos termos seguintes:

> A norma vigente à época do auto de infração determinava que todas as empresas cuja receita total no ano-calendário anterior fosse superior a R$48 milhões de reais ou proporcional ao número de meses do período, deveriam adotar o regime de tributação pelo lucro real. Segundo alegou a contribuinte, diante de possível venda de uma operação a terceiros, a VIDEPLAST Embalagens realizou uma cisão parcial, transferindo parte de suas atividades para sua controlada VIDEPLAST Plásticos. Ocorre que em virtude de tal cisão, a receita desta última ficou dentro do limite que a permitiria ser tributada com base no lucro presumido no ano calendário seguinte. Segundo a Fazenda, a operação seria parte de planejamento tributário da VIDEPLAST Embalagens. Ao transferir para a VIDEPLAST Plásticos, o lucro da atividade da fabricação de embalagens, por meio de atividades intra-partes, verificou-se que no ano calendário seguinte, em 2008, a VIDEPLAST Embalagens registrou prejuízo e a VIDEPLAST Plásticos, registrou lucro, mas pode ser tributada com base no regime do lucro presumido (ABREU, 2019, p. 421).

A isso sucedeu que, no ano subsequente, a VIDEPLAST Plásticos restou incorporada pela VIDEPLAST Embalagens, retornando os ativos à sua antiga controladora, de maneira a reconstituir a situação de fato existente antes da cisão. Entendeu o Fisco, ao examinar a cadeia de atos e negócios jurídicos, que a operação realizada foi artificial e motivada preponderantemente pela redução de carga tributária, uma vez que a VIDEPLAST Plásticos perdeu a sua utilidade na medida em que também estaria sujeita à tributação no regime do lucro real. O contorno à norma tributária aplicável ao caso resultou no não recolhimento de quase R$12 milhões em tributos federais (BRASIL, 2019b).

Com efeito, prevaleceu a compreensão de que a contribuinte perpetrou fraude à lei e abuso de direito, tendo em conta a celebração de transações artificiosas, desprovidas de propósito negocial autêntico, visando fugir à aplicação de normas tributárias imperativas, mediante motivação predominante de atenuar pagamento de tributo (BRASIL, 2019b).

Enfim, à luz dessa breve análise da abordagem das figuras do abuso de direito, do abuso de formas e da fraude à lei na jurisprudência do CARF, reforça-se a percepção de uma notória desordem conceitual e teórico-metodológica. Além de não haver consenso quanto à possibilidade de utilização dessas categorias no plano do Direito Tributário (em que pese se consolidar cada vez mais a tendência que responde positivamente a essa questão), visualiza-se uma acentuada confusão entre as disciplinas dos ilícitos típicos e atípicos, da qual resulta uma equiparação indevida de figuras elusivas (sobretudo o abuso de formas jurídicas) à simulação. Além disso, constata-se a ausência de critérios claros de diferenciação do abuso de direito, do abuso de formas e da fraude à lei entre si, não raras vezes utilizados de maneira combinada, a despeito de suas peculiaridades conceituais, para capitular juridicamente uma mesma conduta.

6.1.5 Análise de julgados recentes do CARF: prevalência do critério da ausência de propósito negocial

Como se viu no decorrer deste tópico, a evolução histórica da jurisprudência administrativa se fez acompanhar da introdução de noções de cariz substancialista nos acórdãos exarados pelo CARF, sendo o balanço entre a realidade fática e a funcionalidade do negócio jurídico efetuado, isto é, a demonstração da existência de propósito negocial legítimo no caso concreto, a principal ferramenta empunhada pelos conselheiros no combate às operações abusivas.

Essa constatação motivou, por exemplo, a elaboração de um acurado estudo jurisprudencial na obra *Planejamento tributário e o "propósito negocial" — mapeamento das decisões do Conselho de Contribuintes de 2002 a 2008*, organizada por Luís Eduardo Schoueri e Rodrigo Freitas (2010). As conclusões hauridas na pesquisa foram bastante significativas. As análises assumiram por ponto de partida três questionamentos para balizar o exame dos acórdãos: (1) se as operações realizadas possuíram motivações alheias às tributárias; (2) se os fatos descritos a título de defesa pelo contribuinte foram considerados verdadeiros; e (3) se foram invocadas regras imperativas de natureza não tributária. Ao todo, foram analisadas 76 decisões. Os resultados da investigação foram bem sintetizados por Érico Vinhosa:

> Em relação à primeira indagação, o Conselho analisou expressamente os motivos extra-tributários em 51 dos 76 acórdãos analisados (67% dos casos). Em 9 dos 10 acórdãos (90% dos casos) em que foram identificado propósitos além dos tributários, o planejamento tributário foi considerado válido. Por outro lado, em 83% dos casos (34 dos 41 acórdãos) em que não havia outros motivos além da economia tributária, o planejamento tributário não foi validado na esfera administrativa. A resposta à segunda indagação é ainda mais determinante, pois em 100% dos casos o planejamento tributário foi considerado válido ou inválido, conforme os fatos foram considerados existentes (ou não) como narrados pelo contribuinte. Por fim, apenas em 10 de 47 acórdãos nos quais foi analisada a questão, houve violação a uma norma cogente não-tributária, e 9 deles foram considerados inválidos. Além disso, em 15 casos, mesmo com o respeito às normas cogentes não tributárias o planejamento foi invalidado.
> Conforme reconhece o estudo, as duas primeiras indagações estão bastante relacionadas, pois em 34 dos 41 acórdãos em que não identificou motivos extratributários (83% dos casos), o Conselho desconsiderou os fatos como descritos pelos contribuintes. Já nos 10 acórdãos em que identificou motivos negociais a desconsideração da descrição dos fatos feita pelo contribuinte ocorreu em apenas um deles (VINHOSA, 2018, p. 195-196).

A avaliação sistemática dos acórdãos permitiu aferir os critérios usualmente invocados pelo CARF para examinar a legalidade do planejamento tributário efetuado à luz do parâmetro da ausência de propósito negocial: (1) interregno entre as transações celebradas; (2) (in)dependência entre as partes convenentes; e (3) conexão entre as operações efetuadas e as atividades econômicas exercidas pelas empresas.

Noutro trabalho de investigação jurisprudencial mais recente, no seio do qual foram avaliados 112 precedentes do CARF entre 1986 e 2015, foram semelhantes as conclusões (SANTI, 2016, p. 220-228). O mais alongado intervalo temporal selecionado pelos pesquisadores permitiu aferir com maior precisão histórica as modificações no entendimento da Corte, que se tornou mais rigoroso nas décadas posteriores à virada do milênio, período em que se foram adensando as apreciações de caráter substancialista. Ao sistematizar os resultados obtidos, Vinhosa anota que:

> Chama a atenção no quadro de acórdãos elencados pelos autores, a influência do tempo no conteúdo das decisões. Se for feito um corte e analisadas as primeiras decisões, proferidas entre 1986 e 2004, por exemplo, são 30 acórdãos, com 16 autos de infração e imposição de multa — AIIM — cancelados, 11 mantidos e 3 parcialmente cancelados. Por outro lado, é possível verificar que, dos vinte e nove casos analisados entre 2010 a 2015, 21 AIIM foram mantidos e apenas oito cancelados (VINHOSA, 2018, p. 196).

Marcus Lívio Gomes (2018) esclarece que, a partir de 2015, o CARF autonomizou o critério da ausência de propósito negocial das demais patologias do Direito Civil. Se até o ano de 2015 a existência de razões econômicas substantivas das operações impugnadas era ponderada sempre em conjunto com outras figuras — como o abuso de direito, o abuso de formas e a fraude à lei —, daquele marco cronológico em diante o propósito negocial converteu-se em eixo único de muitas das decisões proferidas pelo Conselho em desfavor dos contribuintes, instante em que assumiu às escâncaras o protagonismo já sinalizado anteriormente.

Para o autor, essa alteração de vetores decisórios não se operou insuladamente no Brasil, mas refletiu uma tendência global, capitaneada pela OCDE, de recrudescimento do controle e da coibição dos ditos — no plano internacional — "planejamentos tributários agressivos".[282] O marco da mudança de compreensão aludida, para Gomes, foi o julgamento do caso Lupatech:

> AMORTIZAÇÃO DE ÁGIO. UTILIZAÇÃO DE SOCIEDADE VEÍCULO SEM PROPÓSITO NEGOCIAL. ANTECIPAÇÃO DE EXCLUSÕES DE LUCRO REAL E DA BASE DE CÁLCULO DA CSLL. IMPOSSIBILIDADE. A utilização de sociedade veículo, de curta duração, colmatando atingir posição legal privilegiada, quando ausente o propósito negocial, constitui prova da artificialidade daquela sociedade e das operações nas quais tomou parte [...] SIMULAÇÃO. SUBSTÂNCIA DOS ATOS. Não se verifica a simulação quando os atos praticados são lícitos e sua exteriorização revela coerência com os institutos de direito privado adotados, assumindo o contribuinte as consequências e ônus das formas jurídicas por ele escolhidas, ainda que motivado pelo objetivo de economia de imposto (BRASIL, 2014b).

Conquanto os vereditos citados ao longo das linhas acima tenham permitido antever a constância dessa temática no seio dos exames realizados pelo Tribunal Administrativo, é no atual estágio do presente trabalho que se ilustrará, com maior detalhe, o modo segundo o qual tem o Conselho admitido e aplicado a teoria do propósito negocial (ou suas fórmulas consectárias, tais como a motivação extrafiscal e a causa jurídica) na resolução das complexas situações que lhe são submetidas a título de planejamento tributário abusivo ou ato/negócio jurídico artificioso.

Note-se que, não cabendo produzir nestas páginas uma investigação de natureza quantitativa, mesmo porque a doutrina já tem repetidamente efetuado esse tipo de análise (SCHOUERI; FREITAS, 2010; SANTI, 2016) —, os subtópicos que seguem concentrar-se-ão em discorrer sobre dois recentes julgados do CARF, dando-se especial atenção àquele cuja instância decisória tenha sido a Câmara Superior de Recursos Fiscais. Ambos os precedentes selecionados versam sobre os chamados Fundos de Investimento em Participação (FIP), matéria que tem sido repetidamente levada à apreciação das Cortes Administrativas e cujos julgamentos bem evidenciam o protagonismo hoje atribuído ao critério da ausência de propósito negocial na jurisprudência fiscal.

---

[282] Tais afirmações do autor foram proferidas em palestra ministrada no XXII Congresso Internacional de Direito Tributário, organizado pela Associação Brasileira de Direito Tributário (ABRADT), em 2018. A palestra foi intitulada *"O relacionamento do Brasil com a OCDE e os impactos futuros em matéria tributária"*. O trecho em que é abordada a "emancipação" do critério da ausência de propósito negocial das demais patologias do Direito Civil na jurisprudência do CARF a partir de 2015 situa-se no intervalo entre 15'30''-17'30'' do vídeo disponível em: https://www.youtube.com/watch?v=fUEn10nYBss. Acesso em: 20 jul. 2020 (GOMES, 2018).

Os dois julgados a serem abordados são o Acórdão nº 2402-006.696 (Caso Alencar Araripe) e o Acórdão nº 9101-004.382 (Caso Tinto Holding). Reitere-se, novamente, que, ainda que alguns apontamentos críticos sejam adicionados ao estudo dos casos, o enfoque, nesta etapa do texto, consistirá em descrever analiticamente os precedentes, reservando-se ao subtópico derradeiro um levantamento crítico sistemático que tome por objeto o conjunto da jurisprudência do Conselho, inclusive no que tange à aplicação da figura da ausência de propósito negocial no escopo de combate a planejamentos tributários abusivos.

6.1.5.1 Caso "Alencar Araripe" (Acórdão nº 2402-006.696)

O caso versado no Acórdão nº 2402-006.696,[283] proferido pela 2ª Turma Ordinária da 4ª Câmara da 2ª Seção de Julgamento do CARF, em sessão realizada no dia 04 de outubro de 2018, lançou ao exame dos conselheiros a utilização de fundo de investimento em participação em operação de alienação de ativos como estratégia de planejamento tributário (BRASIL, 2018h).

Segundo restou consignado no Termo de Encerramento de Fiscalização e na decisão de piso, proferida pela Delegacia da Receita Federal de São Paulo (DRF-SPO), o contribuinte, senhor Mário Araújo Alencar Araripe, ao transferir as cotas empresariais que detinha ao SALUS FIP, para fins de aumento, integralização de capital e posterior alienação, empreendeu a realização de um mecanismo que tinha por intenção única a economia de tributos sobre ganho de capital.

O procedimento, como apontado nos autos, antecedeu em apenas quinze dias a celebração do contrato de compra e venda, junto à CPFL Energias Renováveis S/A, das companhias cujas cotas constituíram o objeto de transferência ao FIP, o que acarretou, na visão da DRF-SPO, a configuração de abuso de direito, ato ilícito que foi tomado com fundamento no artigo 187 do Código Civil:

> Em vez de transferir as ações diretamente a ERSA/CPFL, que era reconhecidamente o comprador final das quatro companhias, como se registrou na supramencionada ata, o interessado engendrou planejamento tributário para transferir o ganho de capital apurado

---

[283] A ementa do acórdão foi publicada nos seguintes termos: "IRPF. GANHO DE CAPITAL. DISSIMULAÇÃO. EMPRESA-VEÍCULO. AUSÊNCIA DE PROPÓSITO NEGOCIAL. PLANEJAMENTO TRIBUTÁRIO. DESCONSIDERAÇÃO. Caracterizado o uso abusivo das formas jurídicas de direito privado com o objetivo de reduzir a apuração do ganho de capital em operação de alienação de ações, mediante dissimulação com utilização de empresa-veículo e ausente propósito negocial, impõe-se a desconsideração do ato ou negócio jurídico, forte no art. 116, parágrafo único, do CTN c/c o art. 167 da Lei n. 10.406/2002 (Código Civil). MULTA QUALIFICADA. A qualificação da multa, nos termos do artigo 44, II, da Lei 9.430/1996, requer a identificação, na conduta praticada pelo sujeito passivo, de sonegação, fraude ou conluio, previstas, respectivamente, nos arts. 71, 72 e 73 da Lei 4.502/1964. A dissimulação, consubstanciada em abuso de formas jurídicas de direito privado, mesmo com utilização de empresa-veículo e ausente propósito negocial, sem que reste comprovada fraude documental, não enseja a aplicação da multa de 150%, vez que há evidente distinção entre o planejamento tributário sem propósito negocial e a sonegação dolosa e fraudulenta de tributos, não se caracterizando, destarte, o dolo, em seus aspectos subjetivo (intenção) e objetivo (prática de um ilícito)" (BRASIL, 2018h, p. 1.246).

nessa transação para a pessoa jurídica do fundo de investimento SALUS FIP, do qual tinha ampla influência no processo decisório, seja por ocupar o cargo de presidente do comitê de investimentos, que era quem tinha o poder regulamentar para aprovar os investimentos e desinvestimentos do fundo; seja por ser, juntamente com o cônjuge Mônica Bezerra Araripe, os detentores da totalidade das cotas emitidas pelo FIC FIM SALUS, o qual, por sua vez, era único cotista do SALUS FIP.

[...]

Assim, todos os elementos de prova e o que deles se pode extrair apontam para o fato de que a alienação das ações das companhias eólicas para o SALUS FIP, quando os acionistas já negociavam sua venda para a CPFL, se constitui em planejamento tributário sem qualquer razão de cunho econômico ou comercial, senão a de transferir a tributação do ganho de capital da pessoa física para a pessoa jurídica, postergando indevidamente o recolhimento do imposto de renda sobre ele incidente. (BRASIL, 2018h, p. 1.252)

Considerando que o feito em exame foi levado ao conhecimento do CARF mediante a interposição tanto de Recurso Voluntário quanto de Recurso de Ofício, o Conselheiro Relator concentrou seus esforços na "[...] análise do planejamento tributário sob o prisma de ocorrência (ou não) de abuso de direito e de existência (ou não) de propósito negocial nas operações de alienação de cotas das empresas [...]" (BRASIL, 2018h, p. 1.250) envolvidas, por entender se tratar de questão fundante, sem a qual impossível seria inferir o valor concernente à base de cálculo do ganho de capital.

Assim determinando-se, ofereceu o Relator uma importante contribuição à disciplina do planejamento tributário abusivo, que aqui se tem como aquele resultante dos negócios jurídicos qualificados por elusivos. Embora as razões de seu voto não veiculem expressões como "elusão fiscal" ou mesmo "planejamento tributário abusivo", há nelas o conteúdo de uma tipologia que não corresponde ao conceito de "evasão fiscal" adotado pela doutrina, assim não devendo ser confundido, portanto.

Por força do artigo 187 do Código Civil, a decisão de piso caracterizou as aludidas operações de transferência de cotas para o SALUS FIP e de posterior adjudicação para a CPFL Energias Renováveis S/A como abuso de direito, o que acarretou a compreensão de que o planejamento tributário efetuado pelo Recorrente não poderia ser oposto ao Fisco. Divergindo da conclusão a que chegara a DRF-SPO (no tocante à aplicação do citado dispositivo do Código Civil), o Conselheiro adicionou à sua avaliação uma nota conceitual que se não tende a confirmar a categorização empreendida neste trabalho — isto é, a localização do "abuso das formas jurídicas", ou simplesmente "abuso de formas", dentro de uma concepção mais ampla de fraude à lei tributária —, também não submete o planejamento fiscal em apreço à classe dos ilícitos típicos.

O que terminou por apresentar o voto condutor, em verdade, foi uma relação de proximidade entre as lições obtidas da Lei de Adaptação Tributária da Alemanha (*Steueranpassungsgesetz*) e o Direito Tributário Nacional. Não o fez, todavia, importando e aplicando de modo expresso a teoria alemã do abuso de formas, mas colhendo as bases dessa escola doutrinária na exegese do artigo 118 do CTN, assim como do parágrafo único do artigo 116, uma vez que não prosperara a positivação de dispositivo semelhante no ordenamento jurídico pátrio:

A definição legal do fato gerador é interpretada, nos termos do art. 118 do CTN, da validade jurídica dos atos efetivamente praticados pelos contribuintes, responsáveis, ou terceiros, bem como da natureza do seu objeto ou dos seus efeitos, bem assim dos efeitos dos fatos efetivamente ocorridos. Nessa perspectiva, se da ilicitude decorrer situação que, per se, não seja lícita, mas configure-se hipótese de incidência tributária, a ilicitude circunstancial é irrelevante e não trará prejuízo à relação jurídico-tributária.

Por sua vez, o parágrafo único do art. 116 do CTN faculta à autoridade administrativa a desconsideração de atos ou negócios jurídicos praticados com a finalidade de dissimular a ocorrência do fato gerador do tributo ou a natureza dos elementos constitutivos da obrigação tributária, observados os procedimentos a serem estabelecidos em lei ordinária. (BRASIL, 2018h, p. 1.250)

Acerca do parágrafo único do artigo 116, citando Tiago Conde Teixeira e Yann Santos Teixeira,[284] aduziu o Relator consistir o dispositivo em uma norma de caráter interpretativo que introduziu no Direito Tributário o instituto da "dissimulação" (simulação relativa) e instituiu, outrossim, um dever de investigação da realidade que prescinde da forma jurídica eventualmente adotada, do exame de validade de tal instrumento e da regulamentação de um procedimento administrativo especial para a sua desqualificação. A seu ver, deve a referida norma ser interpretada em consonância ao artigo 167 do Código Civil, o qual versa sobre a figura da simulação (objetiva e relativa).

Todo esse aparato teórico invocado no Acórdão se viu conjugado com o exame pertinente ao propósito negocial. O Relator compreendeu que a alienação de ações para o fundo de investimento em participações consistiu em um artifício utilizado sem qualquer propósito negocial, cuja pretensão exclusiva foi a de viabilizar a fruição de regime jurídico-tributário distinto e mais benéfico do que aquele a que estava obrigado o real contribuinte, o que se refletiu no diferimento do recolhimento do tributo pelo FIP.

Desse modo, constatada a situação efetivamente ocorrida, antes encoberta por roupagem insólita, declarou o Relator, na etapa do voto que interessa a este trabalho, ser da atribuição do Fisco providenciar a tributação do negócio real (e não do aparente), motivo pelo qual assim concluiu:

No caso concreto, resta evidenciado da leitura dos autos, com ênfase nos excertos doutrinários acima reproduzidos, que a conduta do Recorrente incorreu no uso abusivo das formas jurídicas de direito privado com o objetivo de reduzir a apuração do ganho de capital nas operações de alienação em tela, utilizando-se de artifício consubstanciado na alienação das ações das companhias eólicas para o fundo de investimento SALUS FIP (empresa veículo), sem qualquer propósito negocial, apenas para transferir a tributação do ganho de capital da pessoa física para a pessoa jurídica com a consequente postergação indevida do recolhimento de imposto de renda sobre ele incidente, caracterizando-se, no meu entender, hipótese clara de dissimulação a atrair a incidência do art. 116, parágrafo único, do

---

[284] Trata-se das considerações de Tiago Conde Teixeira e Yann Santos Teixeira contidas na obra *Direito Tributário Contemporâneo: 50 anos do Código Tributário Nacional* (2016, p. 247-248), cujos coordenadores foram Gilmar Ferreira Mendes e Sacha Calmon Navarro Coelho e os organizadores, Rafael Araripe Carneiro, Tiago Conde Teixeira e Francisco Mendes.

CTN c/c o art. 167 da Lei n. 10.406/2002 (Código Civil), e não de ato ilícito nos termos do art. 187 do Código Civil, como preconiza a decisão a aquo. (BRASIL, 2018h, p. 1.256, grifos acrescidos)

O julgamento em referência, todavia, não parece refletir fidedignamente a jurisprudência do CARF em um determinado ponto. Diferentemente das demais decisões lavradas pelo Conselho, conclusão alcançada em balanços efetuados por pesquisadores do quilate de Marciano Godoi (2012a), o voto vencedor optou por aplicar ao caso concreto o parágrafo único do artigo 116 do CTN, dispositivo que se encontra, ainda nos correntes dias, como já se demonstrou, envolto em profundos impasses doutrinários. Não fossem esses entraves, comum seria testemunhar sua instrumentalização em variadas situações nas quais restam configuradas estratégias fracassadas de planejamento tributário, erigidas, na origem, sobre negócios elusivos.

Porquanto oportuno, acrescenta-se mais um dado relativo a este julgamento da 2ª Turma Ordinária da 4ª Câmara da 2ª Seção do CARF: estando oito conselheiros presentes, a decisão se deu por voto de qualidade, o que também revela a dificuldade de se estabelecer acordos e entendimentos em torno do tema do planejamento tributário abusivo.

6.1.5.2 Caso "Tinto Holding" (Acórdão nº 9101-004.382)

Ao se perscrutar os argumentos invocados no Acórdão nº 9101-004.382, deliberado em sessão do dia 10 de setembro de 2019, verifica-se, com muita nitidez, que os esforços de percepção do fim negocial constituíram as primícias da análise fornecida pela 1ª Turma da Câmara Superior, sem as quais prejudicado teria sido o entendimento a que chegaram os conselheiros na ocasião. O *Caso Tinto Holding* tornou-se emblemático por ter suscitado uma inédita apreciação da Câmara Superior de Recursos Fiscais: foi a primeira vez que o órgão máximo do CARF se debruçou sobre situação envolvendo fundo de investimento em participações em fusões e aquisições, embora a temática já se fizesse presente entre as câmaras baixas do Tribunal, como se viu no julgado anterior (BRASIL, 2019g).

Segundo a fiscalização, a contribuinte "[...] realizou um conjunto de operações [em especial, a interposição fraudulenta da Bertin FIP] a fim de não oferecer à tributação o ganho de capital apurado na alienação de ações da BERTIN S.A. para o GRUPO JBS" (BRASIL, 2019g, p. 10.987). O valor cobrado, atualizado em quase quatro bilhões de reais, refere-se ao recolhimento de IRPJ e de CSLL, além de multa de ofício qualificada em 150% e juros de mora.

A CSRF considerou legítima a autuação fiscal sobre o ganho de capital resultante das operações societárias que viabilizaram a unificação do Grupo Bertin, controlado pela Tinto Holding Ltda., ao Grupo JBS. Em julgamento apertado, determinado por voto de qualidade, os membros do colegiado depreenderam que os atos formais de constituição da Bertin FIP pela Tinto Holding Ltda., bem como de participação no procedimento de associação de ações dos dois Grupos, representaram um simulacro jurídico, inoponível ao Fisco, portanto.

O voto vencedor, redigido pela Conselheira Edeli Pereira Bessa, atentou, entre outros fatores, para o fato de que a capitalização a valor contábil da Bertin FIP foi seguida da alienação, poucos dias depois, das ações com preço de mercado (com ganho de capital), assim como para a comprovação de que a operação societária desenvolvida por intermédio da participação formal do FIP foi avençada previamente à criação do próprio Fundo, não exercendo ele autonomia nem influindo na tomada de decisão quanto aos negócios que resultaram na incorporação da Bertin S.A. Retrato disso é que, no curso da operação, as ações da JBS sequer foram registradas em nome do FIP, mas em benefício direto da FB Participações S.A.

Outro apontamento de relevo diz respeito à "[...] permanência efêmera do Bertin FIP no Grupo Bertin, visto que as cotas do citado fundo chegaram a ser negociadas antes mesmo da concretização da alienação da Bertin S.A." (BRASIL, 2019g, p. 11.034), conforme alegação manifesta nas contrarrazões oferecidas pela Procuradoria Geral da Fazenda Nacional e acolhida pela CSRF. Percentual superior à metade das ações do Bertin FIP (mais precisamente, 66%), correspondente a cerca de três bilhões de reais, foi efetivamente transferido e cedido pelo valor irrisório de dez mil dólares à Blessed Holdings Limited Liability Company, empresa sediada em Delaware, jurisdição reconhecida como paraíso fiscal pela legislação brasileira (artigo 2º, inciso VII, da Instrução Normativa da Receita Federal Brasileira nº 1037/2010).

Para a 1ª Turma da Câmara Superior, que confirmou — no que tange à temática da ausência de propósito negocial — os termos do acórdão recorrido, restou provada a artificialidade dos atos formalizados: "O BERTIN FIP, portanto, foi criado para servir à reorganização societária, mas no que se refere aos seus efeitos tributários, e não para viabilizá-la" (BRASIL, 2019g, p. 11.034).

Daí não ser temerária a afirmação de que a desconsideração da alienação de ações via FIP, cerne da discussão em questão, somente pôde ser avistada em virtude da carência de motivação extrafiscal dos atos de criação e de interposição do fundo, constatação esta que permitiu, de acordo com a compreensão da CSRF, desvelar a manobra simulatória que envolvera o entremetimento do mesmo FIP na operação de incorporação societária com ganho de capital, *vide* o contido na ementa do julgado:

> *GANHO DE CAPITAL. INCORPORAÇÃO DE AÇÕES. INTERPOSIÇÃO DE FUNDO DE INVESTIMENTO. NECESSIDADE DE PROPÓSITO NEGOCIAL. A incorporação de ações por pessoa jurídica mediante a constituição de fundo de investimento, sem qualquer finalidade negocial ou societária, unicamente para diferir o pagamento de tributos devidos, não produz o efeito tributário, almejado pelo sujeito passivo.*
>
> MULTA QUALIFICADA. FRAUDE. Válida a aplicação da penalidade mais gravosa se presente o necessário aprofundamento da acusação fiscal para evidenciação dos vícios

nas operações realizadas e do real objetivo dos intervenientes em deixar de recolher os tributos incidentes sobre o ganho de capital auferido.

RESPONSABILIDADE DO SÓCIO. PESSOA JURÍDICA. AUSÊNCIA. O simples fato do sócio ser detentor da maioria das cotas do sujeito passivo, não é suficiente para atrair a "responsabilidade" prevista no artigo 124, I do CTN. (BRASIL, 2019g, p. 10.985, grifos acrescidos)

Vale aqui rememorar que essa decisão do CARF, por ser a primeira prolatada por sua instância superior, a CSRF, quanto à legitimidade de operações negociais executadas mediante fundos de investimento em participações, ainda se revela muito incipiente, carecendo o entendimento nela veiculado de confirmações reiteradas, no futuro, para se ter por consolidado pelo Conselho. Enquanto tal cenário não se materializa, multiplicam-se, nas câmaras ordinárias do CARF, decisões contraditórias acerca da mesma temática.

Embora o estudo do conjunto das condições fáticas seja crucial para justificar as resoluções fornecidas pelas turmas julgadoras em cada caso, em matéria de FIP, não deixa de provocar certo estranhamento as posições divergentes assumidas por um mesmo órgão fracionário. A título de exemplo, no que diz respeito ao Caso Tinto Holding, sabe-se que a análise apresentada pela 1ª Turma da 2ª Câmara da 1ª Seção de Julgamento, via Acórdão nº 1201-001.640, de 11 de abril de 2017, assinalou a inexistência de propósito negocial no ato de criação do Fundo, motivo pelo qual sua interposição nas transações estabelecidas entre os Grupos Bertin e JBS foi, para efeitos fiscais, desconsiderada (BRASIL, 2017b).[285]

---

[285] Este julgado foi assim ementado: "VENDA DE AÇÕES DE EMPRESA CONTROLADA. FUNDO DE INVESTIMENTO EM PARTICIPAÇÕES – FIP. ATO SIMULADO. SUJEITO PASSIVO. HOLDING ONTROLADORA. O sujeito passivo a ser tributado por ganho de capital na venda das ações de empresa controlada é a holding detentora e não o FIP constituído alguns dias antes da operação mediante a conferência das ações da empresa vendida, pois ato simulado não é oponível ao fisco, devendo receber o tratamento tributário que o verdadeiro ato dissimulado produz. FIP. AUSÊNCIA DE FINALIDADE NEGOCIAL. Desprovido de finalidade negocial o Fundo de Investimento em Participação – FIP, constituído por uma única investidora, com um único investimento ao qual não foi aportado qualquer investimento adicional ou ato de gestão visando seu crescimento/desenvolvimento ou saneamento e cuja permanência no FIP durou alguns dias. FIP. DESCONSIDERAÇÃO. LEGALIDADE. É desprovida de base a acusação de que a desconsideração do FIP afronta ao princípio da legalidade, dado que foi devidamente avaliado que a interposição do FIP no lugar da autuada tratou-se de manobra para evadir tributação de ganho de capital. MULTA QUALIFICADA. SONEGAÇÃO. SIMULAÇÃO. DOLO. Estando comprovada a prática deliberada de simulação, portanto, estando caracterizados o dolo e sonegação, cabe a qualificação da multa de ofício. JUROS DE MORA SOBRE MULTA. INCIDÊNCIA. A multa de ofício é parte integrante da obrigação ou crédito tributário e, quando não extinta na data de seu vencimento, está sujeita à incidência de juros. RESPONSABILIDADE SOLIDÁRIA. ADMINISTRADORA DE FUNDO DE INVESTIMENTO EM PARTICIPAÇÃO — FIP. Conclui-se que não há elementos para responsabilização tributária solidária com base no art. 135, III, e tampouco no 124, I do CTN, de administradora de FIP, que, formalmente, não detinha poderes de tomar as decisões que conduziram à autuação fiscal, por outro lado, não há informações concretas nos autos sobre se ofereceu consultoria à autuada e se a orientou a adotar a simulação identificada. RESPONSABILIDADE SOLIDÁRIA. EMPRESA CONTROLADORA. Cabe a responsabilização solidária com base no art. 124, I, do CTN, se a controladora detém 99,99% do capital acionário, o estatuto social determina que as decisões devem ser tomadas por no mínimo 75% do capital, e se os acionistas desta controladora, sociedade anônima fechada, são as mesmas pessoas que administram a autuada. STJ. SÚMULA 430. SIMULAÇÃO. DOLO. SONEGAÇÃO. A súmula nº 430 do STJ não se aplica se há comprovação da simulação e conduta dolosa, que levou à sonegação de IRPJ e CSLL devido. RESPONSABILIDADE SOLIDÁRIA. SÓCIOS-ADMINISTRADORES. Cabe a responsabilidade solidária nos termos do art. 124, I do CTN aos sócios administradores, tomadores das decisões

Essa mesma Turma, todavia, ao se defrontar com o Caso Hemava (BRASIL, 2018g), julgou que a estrutura organizada para viabilizar a venda do Hospital São Luiz para a Rede D'Or, que tinha na constituição de um FIP sua principal estratégia, era válida e, nesse sentido, oponível ao Fisco.[286] Assim como esses acórdãos rapidamente suscitados, outros são os posicionamentos que, conquanto antinômicos, coexistem no seio do Tribunal Administrativo sem que os critérios jurídicos de distinção entre eles sejam claramente descortinados.

6.1.6 Balanço crítico da jurisprudência do CARF

O painel histórico da jurisprudência do CARF, brevemente traçado nos tópicos anteriores, torna evidente como o antagonismo de orientações e o caráter contraditório que opôs (e opõe) muitas das decisões proferidas pelo Órgão acabaram por agravar, nas últimas duas décadas e meia, a insegurança jurídica que perturba a compreensão do tema dos limites do planejamento tributário. Todavia, não apenas a incoerência entre julgados consistiu em fator complicador à pacificação das controvérsias: significativa medida da insegurança jurídica apontada proveio — e até os dias atuais persiste — de premissas teóricas oblíquas adotadas pelo CARF para fundamentar muitos de seus posicionamentos.

Cabe, agora, retomar os entendimentos firmados no decurso do trabalho para criticamente examinar o acervo jurisprudencial que o CARF consolidou nesses últimos anos. Os eixos principais a nortear essa avaliação são (1) as terminologias empregadas pelo Órgão; (2) a regularidade jurídica do emprego do conceito de simulação; (3) a (i)legalidade da aplicação do artigo 116, parágrafo único, do CTN; (4) a legitimidade do uso das diferentes matrizes de reação a planejamentos tributários abusivos; (5) e as consequências jurídicas advindas das atuais compreensões perfilhadas pelo CARF.

Note-se que boa parte dessas notas críticas já foram antecipadas quando da abordagem teórica desse conjunto de questões, o que permitirá, neste tópico, apenas recobrá-las — de maneira telegráfica — em seus fundamentos.

A primeira crítica a ser endereçada aos entendimentos jurisprudenciais do CARF consiste na defasagem da terminologia utilizada no controle de legalidade de

---

que conduziram à autuação fiscal; e, tendo em vista a identificação de simulação, portanto, dolo e sonegação, também aplicável a responsabilização pelo art. 135, III do CTN" (BRASIL, 2017b, p. 4.364-4.366).

[286] O Acórdão nº 1201-002.278, publicado em 30 de agosto de 2018, recebeu a seguinte ementa: "GANHO DE CAPITAL. ALIENAÇÃO POR FIP. RAZÕES EXTRATRIBUTARIAS. PLANEJAMENTO SUCESSÓRIO. VALIDADE. OPONIBILIDADE AO FISCO A transferência de investimento para um Fundo de Investimento em Participações (FIP) por motivos de planejamento sucessório familiar e posterior alienação de tal investimento para terceiro com o conseqüente oferecimento do ganho de capital à tributação pela FIP é ato plenamente oponível ao Fisco desde que ausentes fraude, simulação ou abuso de direito. PLANEJAMENTO TRIBUTÁRIO. CARÁTER INDUTOR DA LEGISLAÇÃO TRIBUTÁRIA. UTILIZAÇÃO DE FIP. OPONIBILIDADE AO FISCO. POSSIBILIDADE. A legislação tributária ao criar tributação mais favorecida aos fundos de investimento induz o contribuinte a utilizar tal instrumento como forma de planejamento tributário válido que pode ser oponível ao Fisco desde que ausentes fraude, simulação ou abuso de direito" (BRASIL, 2018g, p. 3.974).

planejamentos tributários. Reside aí a fonte de boa parte das subsequentes celeumas. A exclusão da categoria de elusão fiscal é, nesse aspecto, a pior das disfunções: em pesquisa no repositório oficial de jurisprudência do CARF,[287] não se visualiza uma única decisão em que o termo elusão (ou qualquer de seus derivativos) tenha sido empregado para avaliar a licitude de arranjos negociais artificiosos.

Tem-se, então, à partida, um obstáculo de difícil superação, uma vez que toda a elaboração teórica acerca dos planejamentos tributários abusivos nas experiências europeias, que fortemente influenciaram a brasileira, centrou-se sobre a figura da elusão, a qual não se confunde nem com a elisão nem com a evasão tributárias, binômio classicamente utilizado pela doutrina e pela jurisprudência brasileiras.

A utilização de variações destas últimas duas categorias (evasão lícita, elisão eficaz, elisão abusiva etc.), com efeito, subtrai a clareza conceitual que deve balizar o trato de tão intrincado tema, porquanto nenhuma delas se mostra capaz de exprimir com perfeição a noção de ilicitude atípica, subjacente a qualquer regime jurídico de combate a estruturas negociais dissimulatórias. Nem mesmo o termo "elisão fiscal abusiva", que, entre os enquadramentos semânticos já utilizados pelo CARF, parece ser o mais adequado, se revela apto a suprir as incongruências que se está a assinalar.

Nesse sentido, tem-se que a elusão tributária é categoria com carga semântica própria, dotada de peculiaridades conceituais — já longamente explanadas — que deveriam interditar a fungibilidade das opções terminológicas (aparentemente) disponíveis. Não se trata de preciosismo acadêmico: somente ela (a categoria de elusão) pode garantir a precisão teórica requerida pela complexa avaliação de negócios jurídicos abusivos ao situar-se em posição mediana entre a elisão e a evasão fiscais, ou seja, entre licitude e ilicitude ostensivas e inerentes aos atos praticados.

Assim, se os órgãos fracionários do CARF inclinados a tomar por inoponíveis os planejamentos fiscais abusivos amparam-se, tal como o legislador brasileiro, nas experiências de Direito Comparado e nos aportes doutrinários que as tiveram como objeto — e as digressões, visualizadas em múltiplas decisões, para deslindar a gênese e o desenvolvimento de categorias e conceitos utilizados no corpo das fundamentações fazem prova dessa constatação —, é imperioso alinhar as bases terminológicas respectivas, ponto de partida necessário de qualquer análise de semelhante espécie.

É inválido, neste particular, o argumento legalista de que a ordem jurídica brasileira não previu a categoria da elusão. Isso porque tampouco a evasão e a elisão se encontram textualmente positivadas na legislação tributária. Uma das poucas condições que as equiparam é essa origem comum, isto é, o fato de constituírem produto de construções doutrinárias, e não de positivação legal expressa. Ademais, sobram razões a fundamentar e a confirmar a hipótese de que o intuito da Lei Complementar nº 104/2001 foi introduzir no ordenamento jurídico brasileiro uma *norma geral antielusiva*,

---

[287] Tal ferramenta de busca se encontra disponível no sítio oficial do CARF, no *link* que se segue: http://carf.fazenda.gov.br/sincon/public/pages/ConsultarJurisprudencia/consultarJurisprudenciaCarf.jsf. Acesso em: 10 abr. 2020.

e não antielisiva (o que implicaria inconstitucionalidade flagrante) ou antievasiva (o que tornaria supérflua a sua previsão).

Em suma, para prevenir análises deformadas dos planejamentos tributários, o rigor terminológico e a clareza teórico-metodológica, dois pressupostos de segurança jurídica, recomendam a incorporação, pelo CARF, da figura da elusão fiscal, com autonomia categorial em relação à elisão e à evasão tributárias, por entre elas haver, disse-se acima, relevantes singularidades conceituais que não cabe aqui reprisar.

Essa primeira crítica conduz à segunda, associada ao manejo inapropriado da categoria da simulação. A não utilização da elusão como centro de gravitação hermenêutica do parágrafo único do artigo 116, somada ao coro quase uníssono da doutrina tradicional acerca da suposta natureza antissimulação da norma consagrada no dispositivo, findou por potencializar a importância da figura da simulação fiscal. Foi esse o caminho trilhado pela jurisprudência do CARF desde o final da década de 1990.

Ocorre que o conceito causalista de simulação, ainda que prevalecente seja no direito privado (o que, aliás, ainda hoje não é possível sentenciar, em face das divergências da doutrina civilista), é incompatível com o Direito Tributário brasileiro. Em todo o CTN, pode-se deduzir à luz de uma interpretação sistemática, a simulação aparece vinculada a uma ideia de ilegalidade manifesta, expressiva de condutas incursas em evasão fiscal. Não é casual, nesse sentido, o fato de se quedar a simulação ladeada, no inciso VII do artigo 149, pelas figuras do dolo e da fraude. Não há, portanto, fundamento legal que ofereça sustentação a uma concepção ampliada de simulação.

Por isso defendeu-se neste trabalho que a simulação, nos lindes do Direito Tributário, para se consumar, pressupõe a manipulação ou o falseamento de aspectos relevantes (preço, objeto, parte) do ato ou negócio jurídico efetuado pelo contribuinte. Só um vício dessa magnitude é capaz de justificar a flexibilização da regra da imutabilidade do ato do lançamento, extraída do caráter excepcionalíssimo das hipóteses delineadas nos incisos do artigo 149 do CTN.

Nesse quadro, atrai críticas justas e mordazes o movimento jurisprudencial capitaneado pelo CARF de expandir o conceito de simulação para abranger, em seu escopo de controle, os atos e negócios artificiosos. No âmbito tributário, o critério da causa jurídica — ou da ausência dela — presta-se apenas à análise das condutas subsumidas ao espectro da *elusão fiscal*, de modo que a dilatação semântica da simulação fiscal operada jurisprudencialmente atenta contra a ordem constitucional tributária e sob nenhum ângulo poderia prosperar.

Esse cenário, obviamente, traz à baila a questão do parágrafo único do artigo 116 do CTN. Sedimentou-se alhures, em consonância com a melhor doutrina, a compreensão de que a consagração de uma norma geral antielusiva no ordenamento positivo acarreta, como efeito inexorável, a obrigatoriedade do Fisco de recorrer a essa via — e a nenhuma outra — para desconsiderar atos e negócios jurídicos elusivos. Dispõe-se, pois, de mais um fundamento para repreender a tendência dominante do CARF de lançar mão de uma concepção alargada de simulação como via oblíqua e, portanto, anômala para desconstituir operações realizadas pelo contribuinte.

Conquanto ambos sejam espécies de ato ilícito, há entre arranjos negociais dissimulatórios e arranjos negociais simulados uma notória diferença de grau (da opacidade das operações e da intensidade da antijuridicidade cometida), distinção essa que de nenhum modo pode ser secundarizada.

No caso dos primeiros (negócios dissimulatórios), reconheceu-se, em função de sua maior complexidade, a imprescindibilidade de serem os atos de requalificação submetidos a um rito processual próprio, ainda a ser elaborado pelo legislador. Desse modo, ao proceder à desconstituição de atos e negócios jurídicos à revelia da aplicação do parágrafo único do artigo 116, a atual jurisprudência do CARF subverte o modelo idealizado na legislação tributária, acentuando os riscos de abuso e ilegalidade nos processos de fiscalização, controle e repressão de condutas elusivas.

Foi à luz das melhores experiências internacionais — todas a evidenciar a tensão entre poderes-deveres da Administração e direitos do contribuinte no difícil contexto de enfrentamento às ilicitudes atípicas — que se concluiu pela necessidade de estabelecer, para a desconsideração de planejamentos tributários abusivos, moldes formais distintos daqueles já existentes no ordenamento jurídico positivo.

É por esse motivo que o entendimento desenvolvido neste trabalho opõe obstinada resistência à tese da autoaplicabilidade do artigo 116, parágrafo único, do CTN. Por se tratar a desconsideração de medida potencialmente agressiva aos direitos fundamentais titularizados pelo contribuinte, sustenta-se que somente pela sujeição ao procedimento especial ainda a ser editado pelo legislador é que se poderá conferir efetividade ao artigo 116, parágrafo único, do CTN, de tal sorte a propiciar um método de combate à elusão fiscal que guarde plena sintonia com os imperativos ínsitos ao devido processo administrativo e com a garantia constitucional de segurança jurídica.

Nessas circunstâncias, não subsiste conclusão diversa à da indevida construção jurisprudencial (sobretudo em esfera administrativa) de uma norma antielusiva alternativa — como faz hoje o CARF —, baseada na ampliação ilegal do conceito de simulação fiscal, para substituir a norma expressamente positivada na legislação tributária e, com isso, contornar os pressupostos formais que peremptoriamente condicionam a sua aplicação. Com efeito, até que suprida a quase vintenária omissão legislativa quanto ao dever de criação do procedimento especial a que se refere a parte final do parágrafo único do artigo 116 do CTN, restarão insuscetíveis de desconsideração os atos e negócios jurídicos dissimulatórios (elusivos).

Deve-se, também, pôr em questão a maneira pela qual o CARF hoje utiliza, em suas fundamentações, as diferentes matrizes de reação a planejamentos tributários abusivos. Viu-se que, em meio a divergências quanto à própria possibilidade de invocá-las no exame da legalidade de atos e negócios jurídicos tendentes a minimizar o pagamento de tributos, têm os órgãos fracionários do Conselho recorrido, vez ou outra, às categorias do abuso de direito, do abuso de formas jurídicas e da fraude à lei de modo aleatório, sem rigor teórico e sem critérios hermenêutico-conceituais precisos. Firme mesmo, embora nunca consensual, nas alas majoritárias da jurisprudência do CARF, é a eleição da ausência de propósito negocial como parâmetro analítico decisivo de definição da abusividade de um planejamento tributário.

Não há como excluir das merecidas diatribes direcionadas à jurisprudência administrativa fiscal a miscelânea de fundamentos a que dá forma, hoje, a heterogeneidade das orientações teóricas vigorantes no Conselho. São notoriamente conflitantes muitos dos julgados que assimilaram o abuso de direito, o abuso de formas e a fraude à lei em suas razões de decidir, não raro distorcendo os seus respectivos conceitos.

Sabe-se ser vã qualquer aspiração de estabilidade e previsibilidade máximas na jurisprudência do CARF, tendo em conta a híbrida e *sui generis* composição do Órgão. No entanto, é necessário que as variações e *nuances* das fundamentações expendidas por cada Conselheiro se verifiquem dentro de margens hermenêuticas traçadas a partir de critérios mínimos comuns.

Segundo defendido nesta pesquisa, a melhor moldura teórico-metodológica é aquela que assume a figura da fraude à lei tributária como gênero do qual derivam duas espécies: o abuso de formas jurídicas e a ausência de propósito negocial. O motivo de se conceber como gênero a fraude à lei é que o objetivo do contribuinte que lança mão de atos e negócios jurídicos dissimulatórios — seja abusando das formas que os revestem, seja ordenando-os sem qualquer causa extrafiscal a justificá-los — é sempre furtar-se artificiosamente à aplicação de normas tributárias imperativas. Essa construção histórica do conceito de fraude à lei tributária, portanto, acaba por abranger os critérios do abuso de formas e da ausência de propósito negocial, que constituem, em verdade, modalidades de defraudação de normas tributárias cogentes.[288]

Reforce-se que a apologia desse quadro interpretativo não se fez à míngua de previsão legal, tampouco apelando à aplicação analógica de dispositivos situados em outras searas do ordenamento (artigo 166, inciso VI, CC). Sua defesa decorreu de um esforço de elaboração hermenêutica acerca do sentido que buscou o legislador atribuir ao termo "dissimular" quando consagrou o artigo 116, parágrafo único, do CTN.

Dentro do modelo proposto, sustentou-se que a dissimulação fiscal consiste na conduta de programar atos e negócios jurídicos destituídos de causa jurídica com a finalidade exclusiva de eludir o pagamento de tributo, garantindo ao contribuinte uma via sinuosa de ação que lhe possibilite eximir-se, ardilosamente, à constituição de obrigações fiscais mediante o contorno de norma tributária imperativa.

Nesse sentido, o comportamento lesivo descrito no tipo legal do parágrafo único do artigo 116 amolda-se milimetricamente ao conceito de fraude à lei tributária, podendo ser levado a efeito tanto pela distorção da causa ou perfil objetivo do negócio

---

[288] Rememore-se que, no modelo proposto, optou-se por secundarizar a figura do abuso de direito em razão da sua demasiada amplitude, que prejudica a tarefa de traçar teoricamente, com especificidade e precisão, parâmetros claros de aferição da abusividade de planejamentos tributários, funcionalidade melhor desempenhada pelas categorias do abuso de formas e da ausência de propósito negocial.

jurídico (abuso de formas) quanto pela realização de operações destituídas de objetivos extrafiscais autênticos (ausência de propósito negocial), sem prejuízo da possibilidade (ou mesmo probabilidade) desses dois vícios se verificarem simultaneamente.

Dito isto, tem-se que não há ilegalidade na utilização, *per si*, do critério da ausência de propósito negocial, como hoje se vê na jurisprudência do CARF, haja vista que a exigência de finalidades extrafiscais, como pressuposto de validade de atos e negócios jurídicos, assoma como decorrência da própria vedação de operações carentes de causa jurídica (dissimulatórias/elusivas), consignada no parágrafo único do artigo 116 do CTN. Aliás, pode-se mesmo dizer que essa análise à luz da ausência de finalidades negociais se mostra imprescindível nas cada vez mais frequentes operações sequenciais (*step transactions*), que demandam uma avaliação sistemática, global, e não apenas dos atos parciais que as compõem.

O que macula a atuação das alas hoje majoritárias do Órgão, em realidade, é apenas a mobilização desse critério sem contornos teóricos e parâmetros metodológicos bem definidos, aptos a oferecer previsibilidade e segurança aos contribuintes cujos planejamentos tributários são submetidos ao escrutínio do Conselho. Isso tem levado, pontuou-se alhures, à prolação de decisões conflitantes em casos análogos, os quais acabam apreciados à luz de premissas distintas de compreensão da figura da ausência de propósito negocial, ao sabor das inclinações de cada órgão fracionário ou mesmo de cada conselheiro. Sem contar, obviamente, a problemática invocação de tal critério sem a aplicação do artigo 116, parágrafo único, do CTN, seu fundamento legal único e indispensável.

Como a demonstração e a comprovação dos propósitos negociais de uma transação constituem típica matéria de prova, reforça-se, uma vez mais, a imprescindibilidade de se sujeitar, como pressuposto de sua validade, o ato de desconsideração a um procedimento especial. Como se vem de dizer, dada a complexidade extraordinária dos arranjos negociais elusivos, o rito processual que conduz à sua desconstituição há de ser mais qualificado e, por isso, distinto dos ordinários, capaz de garantir o exercício da ampla defesa em um nível ainda mais apurado do que nestes últimos.

Em suma, para a escorreita aplicação do critério da ausência de propósito negocial, impõe-se oportunizar ao contribuinte a comprovação de que as *causas* que o levaram a efetuar a operação não se reduzem a um desiderato único de economia fiscal, de modo que, por exemplo, ele a concretizaria mesmo que não existisse a economia fiscal por ela propiciada, requisito formal que hoje não é observado pela jurisprudência fiscal administrativa.

Essa observação anda de par com uma última nota crítica que se pode endereçar às atuais orientações jurisprudenciais do CARF. Não são poucos os julgados a considerar que, para a consumação do abuso do planejamento tributário, basta que o objetivo de economizar tributos seja preponderante, e não necessariamente exclusivo. No entanto, conforme se argumentou em capítulo próprio, o entendimento que melhor compatibiliza o direito de livre conformação patrimonial do contribuinte e a prerrogativa do Fisco de defesa da ordem jurídico-tributária é o que interdita *apenas* as operações motivadas *exclusivamente* por interesses de atenuação de carga tributária.

Isso porque, se possível se faz verificar algum propósito negocial em uma dada transação, mesmo que não seja ele predominante, não se pode considerá-la desprovida de causa jurídica e, por conseguinte, dissimulatória/elusiva. Dito doutra maneira, havendo uma comprovada finalidade econômica — concorrente ou não com propósitos fiscais — a guiar a celebração de um negócio, independentemente de sua relevância na análise global do mesmo, quedar-se-á a operação absolutamente insuscetível de desconsideração pela Administração, posto que consonante com o legítimo exercício do direito fundamental de liberdade fiscal e de auto-organização patrimonial outorgado constitucionalmente aos agentes econômicos.

Feito esse balanço crítico da jurisprudência do CARF, cabe agora novamente pincelar as principais consequências jurídicas que decorrem dos atuais entendimentos.

A primeira é a abolição da separação que o legislador brasileiro pretendeu estabelecer entre dois regimes jurídicos distintos de combate a infrações tributárias: um destinado à coibição de ilicitudes típicas/evasivas (dolo, fraude, simulação, conluio etc.), que descobre no artigo 149, inciso VII, do CTN, o seu principal fundamento normativo; e outro vocacionado à repressão de ilicitudes atípicas/elusivas (dissimulação), cujo suporte legal é o artigo 116, parágrafo único, do mesmo diploma. Ao hiperbolizar o conceito de simulação fiscal, o CARF termina por cancelar essa crucial subdivisão e conferir um mesmo tratamento a condutas que não podem ser confundidas.

Dessa desfiguração do modelo brasileiro de reação a ilícitos fiscais resulta, num segundo plano, o risco do arbitramento de penalidades em contrariedade à lei. Considerando-se simulada uma conduta elusiva, abre-se a possibilidade, em tese, de virem a ser aplicadas ao contribuinte multas qualificadas, tendo em conta a capitulação da mesma em tipos legais evasivos, que, sob óticas mais punitivas, podem ser associadas automaticamente a ações dolosas. Num dos precedentes abordados, por exemplo, viu-se uma hipótese de caracterização de abuso de formas conduzir ao arbitramento de multa qualificada ao contribuinte (BRASIL, 2017e).

Assim, conquanto alguns órgãos fracionários do CARF venham estabelecendo uma diferenciação entre, nos termos de Godoi (2012a), "simulação-evasão" e "simulação-elusão" para fins sancionatórios, o risco de agravamento indevido de penas inevitavelmente recrudesce, o que não deixa de ser um efeito colateral de entendimentos distorcidos que hoje o Conselho perfilha e sustenta. Sem contar, evidentemente, a maior aproximação da figura da simulação, se comparada com as espécies de ilicitude atípica, com os tipos legais de crime previstos para tutelar a ordem tributária.

Com efeito, derivam de todo esse quadro jurisprudencial, evidentemente, graves violações a princípios constitucionais, como os da legalidade, do devido processo administrativo e da segurança jurídica. Tem-se argumentado neste estudo que o combate à elusão fiscal é imperativo e goza de legitimidade constitucional, ancorando-se em preceitos como o dever fundamental de pagar tributos e os princípios da solidariedade, da isonomia e da capacidade contributiva. Entretanto, o fomento a estes últimos não pode ser levado a cabo mediante agressão a outros valores constitucionais. Daí a necessidade de se buscar a harmonização entre os direitos e garantias fundamentais do contribuinte e o impreterível dever administrativo de tutela da higidez da legislação tributária.

Obviamente, nada pode ser feito ao arrepio da lei: esta constitui o balizador derradeiro tanto das ações do Fisco quando dos particulares. Viu-se, todavia, que desse ditame tem reiterativamente se descurado o CARF em muitas decisões e sob muitos aspectos. É, então, na procura de um ponto de equilíbrio nessa tensão entre valores constitucionais diversos, porém complementares — consoante a concepção sistêmica da Constituição —, que se pode evitar que a Administração, a pretexto de combater planejamentos tributários abusivos, exerça abusivamente as prerrogativas que o ordenamento jurídico-tributário lhe outorgou.

Eis o largo conjunto de tensões, fragilidades e atecnias, resumido neste último tópico, que conduz autores situados em espectros doutrinários tão antagônicos — como Marco Aurélio Greco (2008) e Martha Leão (2018) — a um raro e acertado consenso de que a jurisprudência administrativa do CARF tem sido, nos termos em que posta está hoje, incapaz de oferecer a segurança jurídica tão reclamada pela sensível problemática dos limites do planejamento tributário.

6.2 Jurisprudência dos tribunais brasileiros: análise e balanço crítico

Passando, agora, à análise do tema dos limites do planejamento tributário na jurisprudência dos tribunais brasileiros, será subdivida a seção presente em quatro etapas: (1) esboço de uma evolução histórica da questão dos limites do planejamento fiscal entre as Cortes nacionais; (2) estudo do "caso Transpinho Madeiras", de dezembro de 2019, julgado pela 2ª Turma do TRF-4, e da contradição dos entendimentos atuais daquela Corte Regional; (3) exame do julgamento (parcial) da ADI nº 2.446, iniciado pelo STF em junho de 2020, que se encontra atualmente suspenso por um pedido de vista; e, por último, (4) balanço crítico da jurisprudência dos tribunais no trato das problemáticas atinentes ao controle de abusividade dos planejamentos tributários e, por conseguinte, ao combate à elusão fiscal no Brasil.

6.2.1 Esboço de uma evolução histórica da questão dos limites do planejamento tributário na jurisprudência dos Tribunais brasileiros

Não é gratuito o emprego do termo "esboço" no título deste subtópico. A já tangenciada escassez de precedentes judiciais sobre a questão dos limites do planejamento tributário não permite mais do que *esboçar* uma evolução das compreensões historicamente edificadas pelos tribunais brasileiros. Ademais do pauperismo de decisões, consensualmente aferido por qualquer doutrinador que se dedique ao exame do tema, a intermitência e o largo espaçamento temporal entre os julgados quase que impossibilitam a tarefa de traçar, com segurança e clareza, conforme se procedeu em relação ao CARF, diferentes fases de desenvolvimento jurisprudencial que se tenham sucedido no tempo, capazes de fornecer a moldura de um panorama mais amplo, mais completo e mais complexo visto sob um tal ângulo de análise.

Não obstante, como se verá até o fim deste subtópico, é possível notar que se encetou, nos últimos dois anos, uma tendência de crescimento da judicialização das desconsiderações de planejamentos tributários, registrando-se, no interregno compreendido entre 2018 e 2020, um maior número de casos apreciados por Tribunais Regionais Federais — máxime o da 4ª Região — acerca dos limites dos atos e negócios jurídicos tendentes à redução, à supressão ou ao diferimento de carga tributária.

Os dois primeiros precedentes judiciais de maior relevo de que se tem notícia referem-se aos "casos Rexnord e Josapar", os quais, dada a sua importância, já mereceram ciosas análises da melhor doutrina (GODOI; FERRAZ, 2012). O primeiro, inclusive, foi abordado no tópico alusivo à jurisprudência do CARF, cujo julgamento, como lá se anotou, demarcou um importante ponto de inflexão nos entendimentos historicamente construídos pelo Conselho (BRASIL, 2009d). Ambos os casos versaram sobre a já explanada metodologia da incorporação às avessas e foram julgados pela 1ª (Rexnord) e 2ª (Josapar) Turmas do TRF-4, respectivamente, nos anos de 2005 e 2006, nos autos das Apelações Cíveis nº 2002.04.01.014021-6/RS e nº 2004.71.10.003965-9/RS.

Como assinala Marciano Godoi (2012a), os dois órgãos fracionários endossaram o conceito amplo e causalista de simulação que, à época, principiava a ganhar corpo na jurisprudência do CARF. Entenderam, ao apreciarem os litígios, que as condutas praticadas pelos contribuintes, nos casos em questão, desfiguraram o perfil objetivo, ou seja, a causa dos negócios jurídicos celebrados, os quais foram conduzidos com a finalidade privativa de atenuação de carga tributária, embora as terminologias empregadas não hajam exprimido com muita clareza essa compreensão. Aliás, algumas categorias lidas em ao menos uma das decisões (a da Josapar), à primeira vista, até contrastam com o encaminhamento analítico que a ela se pretendeu dar (BRASIL, 2006b).

No caso Rexnord, registrou-se uma série de incorporações sucessivas no decurso de vários anos (BRASIL, 2005). Como resume Godoi (2012a, p. 138), "uma mesma empresa (Rexnord Correntes) formalmente 'morria' (visto que era incorporada) e materialmente 'renascia' (pois a empresa incorporadora passava a adotar todas as características operacionais e societárias da empresa incorporada) várias vezes". O contribuinte, arrimado num conceito restritivo de simulação, insistia na afirmação de inexistência de vício, alegando que, além de ausência de norma expressa à época (as operações foram realizadas durante a década de 1980), as declarações sempre corresponderam aos fatos: as incorporações efetivamente ocorreram e as empresas incorporadas de fato desapareceram em cada operação, subsistindo seu nome e seu objeto por serem mais conhecidos. No entanto, entenderam diversamente os desembargadores:

> [...] Ora, se a incorporação é a operação "pela qual uma ou mais sociedades são absorvidas por outra, que lhes sucede em todos os direitos e obrigações", nos termos do art. 227 da Lei nº 6.404/76, a conclusão deveria ser a que a incorporadora é aquela sociedade que recebe o patrimônio da outra, e a incorporada é aquela sociedade que, por ter seu patrimônio assumido pela outra, desaparece após o ato de incorporação. A análise dos fatos ocorridos parece dar conta do inverso: sob o nome de incorporação, a empresa incorporada — sempre tendo prejuízos — remanesce com seu nome, sócios, objeto social, desparecendo, justamente, a empresa incorporadora, tudo sob a alegação de que a razão social da incorporada é mais conhecido e, por isto, deve ser mantida. (BRASIL, 2005, p. 05)

Adiante, lê-se no voto condutor: "se, contudo, como parecem demonstrar os documentos e a própria narrativa, a [empresa] incorporada, em realidade, é a incorporadora, estar-se-ia diante de uma simulação da realidade, nos termos do art. 149, VII, CTN e 102, CC" (BRASIL, 2005, p. 05). O acórdão ainda transcreveu trechos da sentença que restou confirmada no julgamento, os quais, vincados por feições notadamente objetivistas, indicaram que se configura inequívoca hipótese de simulação se a operação "não refletir a realidade econômica do negócio" ou se a transação for efetuada "com o único objetivo de permitir o aproveitamento de prejuízos fiscais ou de balanços negativos para a redução da carga tributária" (BRASIL, 2005, p. 06).

Já no caso Josapar, os fundamentos jurídicos aduzidos foram ainda mais explícitos. O quadro fático em muito se assemelha ao anterior: a empresa incorporadora (Supremo Industrial e Comercial LTDA) acumulou, em fevereiro de 2005, prejuízos fiscais da ordem de R$3.289.435,25; já a empresa incorporada (Suprarroz S/A), cujo patrimônio líquido superava o décuplo da anterior, registrou, em março de 1995, lucros acumulados de R$11.510.746,69. Ocorreu que a pessoa jurídica deficitária incorporou a superavitária, assumindo, no mesmo ato, a denominação desta última (Suprarroz), do que resultou o aproveitamento dos prejuízos acumulados pela empresa incorporadora (Supremo) para fins de aferição da base de cálculo da CSLL devida nos períodos ulteriores. Posteriormente, a empresa Suprarroz foi incorporada pela pessoa jurídica Josapar (Joaquim Oliveira S/A Participações), remanescendo, por fim, esta última denominação quando autuadas pelo Fisco as operações (BRASIL, 2006b).

Ao julgar o litígio, a 1ª Turma do TRF-4 chancelou a hipótese sustentada pelo Fisco, sintetizada na interpretação de que "a finalidade pretendida com a operação seria burlar o disposto no artigo 509 do RIR/94, que veda o aproveitamento de prejuízos fiscais de empresa incorporada pela incorporadora, mas não o inverso" (BRASIL, 2006b, p. 04). Nos termos do voto condutor, consumou-se no caso uma simulação perpetrada pela empresa contribuinte para reduzir o pagamento de tributos, dada a *inviabilidade econômica* da operação de incorporação efetuada, "tendo em vista que a aludida incorporadora existia apenas juridicamente, tendo servido apenas de 'fachada' para a operação, a fim de serem aproveitados seus prejuízos fiscais — cujo aproveitamento a lei expressamente vedava" (BRASIL, 2006b, p. 05). Noutro excerto, consignou-se que:

> Como se vê, tanto em razão social, como em estabelecimento, em funcionários e em conselho de administração, a **situação final** — após a incorporação — **manteve as condições e a organização anterior da incorporada** (SUPRARROZ), demonstrando-se claramente que, de fato, esta "absorveu" a deficitária e não o contrário, tendo-se formalizado o inverso apenas com o intuito de aproveitar os prejuízos fiscais da empresa SUPREMO, que não poderiam ter sido considerados caso tivesse sido ela a incorporada e não a incorporadora, restando evidenciada, portanto, a simulação. (BRASIL, 2006b, p. 05, grifos no original)

Nota importante visualizada no acórdão foi o escrúpulo conceitual do Desembargador Relator de diferenciar as figuras da simulação e da fraude, aduzindo que a utilização desta última como fundamento implicaria o agravamento da penalidade infligida, nos moldes do artigo 992, inciso II, do RIR/94. Em sua lição, "a simulação se dá por meio de declaração enganosa da vontade, com o objetivo de produzir efeito diferente daquele que nela se indica. A fraude, contudo, ocorre mediante abuso da confiança, em ação praticada de má-fé" (BRASIL, 2006b, p. 05). Postas as premissas, e após transcrever o artigo 167, §1º, do Código Civil, perorou e destacou:

> *In casu*, como visto, **se configura a simulação, pois, por meios indiretos, objetivou o contribuinte beneficiar-se de efeitos que a lei não lhe conferia**. De fato, em lugar de efetuar a incorporação da empresa deficitária pela superavitária, o contribuinte inverteu a operação, justamente a fim de aproveitar os benefícios fiscais da empresa deficitária (SUPREMO), que não poderiam ser aproveitados caso efetuada regularmente a operação, nos termos do artigo 509 do RIR/94. (BRASIL, 2006b, p. 05, grifos no original)

Aí fulgura a contradição da decisão: embora o Relator raciocine a todo tempo à luz da finalidade (a *causa*) do contrato de incorporação, ao final lançou-se mão de uma concepção de simulação teoricamente amparada num elemento voluntarista ("declaração enganosa da vontade") (BRASIL, 2006b, p. 05). A rigor, o contribuinte não falsificou nenhum aspecto relevante da operação: as empresas incorporadora e incorporada, a despeito dos insólitos métodos escolhidos, foram mesmo as indicadas nas transações, e as compensações tributárias procedidas não encontravam expressa interdição em lei. Portanto, sob o prisma da teoria volitiva da simulação, esta, seguramente, não ocorreu.

O caso Josapar, assim como o Rexnord, tratou de uma clássica hipótese de elusão fiscal: manobra artificiosa, consonante com a literalidade da lei, para em face dela praticar agressões oblíquas (transversais) propiciadoras de economia fiscal. As próprias palavras selecionadas no voto condutor explicitam essa percepção: "por meios indiretos, objetivou o contribuinte beneficiar-se de efeitos que a lei não lhe conferia" (BRASIL, 2006b, p. 05). Ao subsumir esta modalidade de transação ao espectro da "simulação", inexoravelmente se privilegiou um conceito ampliado desta última, tal qual preconizava a compreensão cujo processo de consolidação àquela época se encetava junto ao CARF.

Em mesma direção caminha Marciano Godoi ao examinar criticamente os dois acórdãos prolatados pelo TRF-4 nos casos Rexnord e Josapar:[289]

> A conclusão é que o TRF da 4ª Região julgou a questão aplicando um conceito ampliado de simulação, identificando a causa concreta das incorporações efetuadas pelas empresas Josapar e Rexnord, comparando-a com a causa típica do contrato de incorporação, para concluir — num tom claramente causalista — que "não é lícito que se realizem cisões, incorporações ou fusões levadas não pelo conteúdo próprio desses negócios, mas sim de modo diferente da forma que tais negócios normalmente se realizam, mediante incorporação das empresas deficitárias pelas lucrativas, das empresas de menor patrimônio pelas de maior patrimônio". Restou clara, assim, a adesão do tribunal a uma posição que se dispõe (independente do resultado a que se chegue em cada caso) a avaliar a operação no seu todo, levando em conta as circunstâncias que compõem a causa concreta do negócio, e dessa forma medir o quão artificioso foi o caminho escolhido pelo contribuinte (GODOI, 2012a, p. 138).

Como consideração última a tecer sobre esses dois paradigmáticos acórdãos, quadra pontuar se o parágrafo único do artigo 116 do CTN gozou de alguma relevância nos respectivos julgamentos. No que tange ao caso Josapar, adiante-se, é negativa a resposta: o dispositivo sequer foi mencionado na decisão.

Já no julgado alusivo ao caso Rexnord, o parágrafo único do artigo 116 chegou a ser referido, porém não pôde ser invocado como *ratio decidendi*, porquanto os fatos apreciados na espécie haviam se dado pregressamente ao princípio da vigência da norma. Ainda assim, apoiado na doutrina de Cesar Guimarães Pereira, o Desembargador Relator não deixou de consignar a sua posição: trata-se o dispositivo, em sua ótica, não de uma norma antielusiva (ou antielisiva), visto que a função que lhe outorgou o legislador é de natureza meramente *explicativa* da competência atribuída ao Fisco para coibir atos simulados, conforme autorização do artigo 149, inciso VII, do CTN. A norma, portanto, "nada agrega, mas '*estabelece condicionantes que reduzem, em lugar de ampliar a competência da Administração Tributária*'"[290] (BRASIL, 2005, p. 03).

Também acerca do parágrafo único do artigo 116 do CTN, foi proferida, em 2010, pelo STJ, decisão monocrática (Ministro Humberto Martins) que, malgrado não versasse sobre um planejamento tributário propriamente dito, aquiesceu uma interpretação bastante controversa dada à norma pelo TRF-4. Cuidava o caso — AgRg-REsp 1.070.292-RS (BRASIL, 2010c) — da não declaração, pelo contribuinte, de parcela percebida a título de complementação de aposentadoria vincenda, no bojo de transação

---

[289] Embora no caso Josapar o contribuinte tenha interposto recurso especial perante o STJ, cuja manifestação seria de grande relevância para a questão dos limites dos planejamentos tributários, a peça recursal acabou não conhecida por esbarrar no conteúdo preceptivo da Súmula nº 7 da Corte, que veda a pretensão de rediscussão de matéria fático-probatória (BRASIL, 1990a).

[290] Trata-se o trecho destacado em itálico de literal citação extraída da obra de César Pereira (2001, p. 237). Ao assumir a terminologia defendida pelo autor, a decisão opera com o binômio: "elisão eficaz" (lícita) e elisão ineficaz (ilícita, isto é, evasão). Em determinado trecho do acórdão, por exemplo, lê-se: "Aqui, não se trata de planejamento tributário, mas sim de evidente diminuição da base tributável, após ocorrido o fato gerador. Trata-se, portanto, de elisão ineficaz ou evasão fiscal" (BRASIL, 2005, p. 05).

em demanda trabalhista, para fins de imposto de renda. Apoiou-se o contribuinte na natureza supostamente indenizatória da verba, assim expressamente consignada no acordo trabalhista, o que, em tese, poderia avalizar a aplicação de isenção dantes prevista no artigo 6º da Lei nº 7.713/1988, mas que acabaria revogada pela Lei nº 9.250/1995.

No acórdão recorrido, da lavra — como dito — do TRF-4, considerou-se que o revestimento de valor auferido "como produto do trabalho" (BRASIL, 2010c, p. 04) da pretensa natureza de verba indenizatória caracterizou a ação de dissimular a ocorrência do fato gerador, prevista no artigo 116, parágrafo único, do CTN. Tratava-se, assinalou a Corte de origem, "da aplicação da teoria da interpretação econômica do fato gerador" (BRASIL, 2007, p. 04), a qual permitiria a desconsideração do disfarce e a incidência do imposto de renda sobre a verba em questão.

O Ministro Humberto Martins, reproduzindo este exato trecho[291] do acórdão objurgado, subscreveu a compreensão sustentada pelo TRF-4, argumentando que a obrigação patronal de complementar aposentadoria de seu empregado possui natureza trabalhista, a configurar hipótese de disponibilidade de renda oriunda de prestação laboral, passível, pois, da cobrança de imposto de renda.

A decisão monocrática, desse modo, além de *não negar a autoaplicabilidade do parágrafo único do artigo 116 do CTN*, aparentemente consentiu — já que o reproduziu sem ressalvas ou retificações — com o entendimento perfilhado pelo TRF-4, de que a norma em tela se vincula ao método da interpretação econômica do Direito Tributário. Esse precedente, ressalte-se, *exatamente pelo que deixou de dizer*, já foi citado em mais de um acórdão do CARF para justificar a imediata eficácia do parágrafo único do artigo 116 para fins de desconsideração de ato e negócios abusivos.

Nos dois anos subsequentes, em 2011 e 2012, registrou-se na jurisprudência do Tribunal de Justiça de Minas Gerais (TJMG) um conjunto de decisões que admitiram o critério da ausência de finalidade negocial como suporte legítimo para a desconsideração de planejamentos tributários abusivos. O enredo fático dos litígios apreciados foi, fundamentalmente, o mesmo: fragmentação artificial das atividades empresariais de um mesmo grupo econômico, distribuindo-as em várias sociedades menores, a fim

---

[291] "TRIBUTÁRIO. COMPLEMENTAÇÃO DE APOSENTADORIA VINCENDA. PERCEPÇÃO PAGA MEDIANTE TRANSAÇÃO EM DEMANDA TRABALHISTA. VERBA DE NATUREZA NÃO INDENIZATÓRIA. INCIDÊNCIA DE IMPOSTO DE RENDA. POSSIBILIDADE. AGRAVO REGIMENTAL PROVIDO. [...] Note-se que o montante pago teve por fim o cumprimento de prestações vincendas, ou seja, a partir de agosto de 1996. Isto deve ser frisado para que não se invoque a isenção anteriormente prevista no artigo 6º da Lei 7.713/88, mas que foi revogada pela Lei 9.250/95. Cabe, ainda, asseverar que o tópico do acordo, afirmando a natureza indenizatória do montante pago, nenhum efeito opera para o fisco. O reconhecimento da natureza indenizatória de determinada verba se impõe quando for possível constatar que aquela visava à recomposição de uma perda patrimonial, e não pela mera denominação de indenizatória (parágrafo único do artigo 116 do CTN: A autoridade administrativa poderá desconsiderar atos ou negócios jurídicos praticados com a finalidade de dissimular a ocorrência do fato gerador do tributo ou a natureza dos elementos constitutivos da obrigação tributária, observados os procedimentos a serem estabelecidos em lei ordinária). Trata-se, no caso, de aplicação da Teoria da Interpretação Econômica do Fato Gerador. A hipótese dos autos caracteriza a aquisição de disponibilidade de renda, assim entendido o produto do trabalho, nos exatos termos do art. 43 do CTN. Bem por isso, tal verba está sujeita à incidência de imposto de renda. [...]" (BRASIL, 2010c, p. 01-04).

de que os faturamentos individuais de cada uma não ultrapassassem os limites legais autorizados para a fruição do sistema de recolhimento fiscal do SIMPLES.

Porquanto demonstrado o *objetivo exclusivo de economia tributária* das operações, sem que se pudesse identificar qualquer escopo extrafiscal a motivá-las, ratificou a 6ª Câmara do TJMG, embora nem sempre por unanimidade, a legalidade das autuações efetuadas pelo Fisco, acentuando o caráter dissimulatório das mesmas. As divergências acerca da natureza do parágrafo único do artigo 116 do CTN e, por conseguinte, do seu objeto se fizeram, também aqui, presentes: num dos votos proferidos, afirmou-se a natureza de "norma geral antielisiva" do dispositivo; não obstante, prevaleceram os votos que sustentaram a sua natureza de "norma antievasão", enquadrando juridicamente como fraudes fiscais, nos moldes apregoados pelo artigo 72 da Lei nº 4.502/1964, as operações de seccionamento empresarial acima descritas (BRASIL, 2011c, 2011d).

Sob tais premissas, entendeu-se que, independentemente de os fatos geradores dos tributos apurados haverem ocorrido preteritamente à edição da Lei Complementar nº 104/2001 ou à sua regulamentação,[292] a ordem jurídica brasileira já repudiava a realização de atos e negócios jurídicos dissimulatórios pela regra veiculada no inciso VII do artigo 149 do CTN, dispositivo que serviu de base legal para que a Corte Estadual Mineira, em mais de uma oportunidade, validasse a desconsideração de planejamentos tributários impugnados pela Administração. Bastam duas ementas para ilustrar as interpretações triunfantes e a incorporação da categoria de propósito ou finalidade econômica/negocial no âmbito do TJMG:

> EMENTA: REEXAME NECESSÁRIO E APELAÇÃO CÍVEL – AÇÃO ANULATÓRIA DE DÉBITO FISCAL – GRUPO EMPRESARIAL DISSIMULADO FORMALMENTE EM PEQUENAS EMPRESAS, COM O ÚNICO OBJETIVO DE AFERIR ILICITAMENTE TRATAMENTO TRIBUTÁRIO PRIVILEGIADO E DIFERENCIADO RESERVADO À PEQUENAS EMPRESAS -- AUSÊNCIA DE PROVAS DE OBJETIVO ECONÔMICO OU NEGOCIAL DA FRAGMENTAÇÃO EMPRESARIAL – FRAUDE FISCAL – AUTORIZAÇÃO LEGAL PARA ATUAÇÃO FISCAL MESMO ANTES DO ADVENTO DA LC 104/2001, BASEADA NO ART. 149, VII, DO CTN – EVASÃO DEMONSTRADA – MANUTENÇÃO DA AUTUAÇÃO FISCAL – SENTENÇA REFORMADA EM REEXAME NECESSÁRIO, PARA JULGAR IMPROCEDENTE O PEDIDO INICIAL – PREJUDICADO RECURSO VOLUNTÁRIO. – Mesmo antes da LC 104/01, que alterou o art. 116, do CTN, O ordenamento jurídico brasileiro, já autorizava a desconsideração de negócios jurídicos dissimulados, a exemplo do disposto no art. 149, VII, do Código Tributário Nacional. – Demonstração, pelo Fisco, que a autora faz parte de uma só sociedade empresária, dissimulada, formalmente, em diversas empresas de pequeno porte, para fins de aferir ilicitamente o tratamento tributário diferenciado e privilegiado dado às pequenas empresas. – *Ausência de provas de qualquer finalidade econômica ou negocial na fragmentação empresarial. Demonstração de objetivo único de redução da carga tributária.* – Responsabilidade tributária do autora,

---

[292] A particularidade dos casos julgados pelo TJMG consiste no fato de que, no estado de Minas Gerais, o artigo 55-A da Consolidação da Legislação Tributária Administrativa (CLTA), introduzido pelo Decreto nº 43.784/2004, regulamenta o procedimento de desconsideração de atos e negócios jurídicos praticados com a finalidade de descaracterizar (artigo 205 da Lei Estadual nº 14.699/2003) ou dissimular (artigo 116, parágrafo único, do CTN) a ocorrência do fato gerador de tributo.

na medida em que usufruiu indevidamente do favor fiscal decorrente da *fragmentação dissimulada* – Evasão fiscal demonstrada. Manutenção da autuação fiscal. v.v.Norma de antielisão possui caráter material e, como tal, não pode abranger fatos pretéritos, salvo quando conferir benefícios ao contribuinte. Deve o fisco socorrer-se de procedimentos adequados para a apuração de fraudes. A ocorrência do fato gerador funcionará como o divisor de águas na conceituação da elisão e da fraude fiscal. A elisão tem atuação quando lei posterior vem definir a respeito do fato gerador; a fraude se dá em momento posterior, quando o ordenamento jurídico já prevê determinada conduta a ser observada pelo contribuinte, mas este a descumpre. (BRASIL, 2011c, p. 01, grifos acrescidos)

EMENTA: REEXAME NECESSÁRIO E APELAÇÃO CÍVEL – AÇÃO ANULATÓRIA DE DÉBITO FISCAL – GRUPO EMPRESARIAL DISSIMULADO FORMALMENTE EM PEQUENAS EMPRESAS, COM O ÚNICO OBJETIVO DE AFERIR ILICITAMENTE TRATAMENTO TRIBUTÁRIO PRIVILEGIADO E DIFERENCIADO RESERVADO À PEQUENAS EMPRESAS -- AUSÊNCIA DE PROVAS DE OBJETIVO ECONÔMICO OU NEGOCIAL DA FRAGMENTAÇÃO EMPRESARIAL – FRAUDE FISCAL – AUTORIZAÇÃO LEGAL PARA ATUAÇÃO FISCAL MESMO ANTES DO ADVENTO DA LC 104/2001, BASEADA NO ART. 149, VII, DO CTN – EVASÃO DEMONSTRADA – MANUTENÇÃO DA AUTUAÇÃO FISCAL – SENTENÇA REFORMADA EM REEXAME NECESSÁRIO, PARA JULGAR IMPROCEDENTE O PEDIDO INICIAL – PREJUDICADO RECURSO VOLUNTÁRIO. – Mesmo antes da LC 104/01, que alterou o art. 116, do CTN, O ordenamento jurídico brasileiro, já autorizava a desconsideração de negócios jurídicos dissimulados, a exemplo do disposto no art. 149, VII, do Código Tributário Nacional. – Demonstração, pelo Fisco, que a autora faz parte de uma só sociedade empresária, dissimulada, formalmente, em diversas empresas de pequeno porte, para fins de aferir ilicitamente o tratamento tributário diferenciado e privilegiado dado às pequenas empresas. – *Ausência de provas de qualquer finalidade econômica ou negocial na fragmentação empresarial. Demonstração de objetivo único de redução da carga tributária.* – Responsabilidade tributária da autora, na medida em que usufruiu indevidamente do favor fiscal decorrente da *fragmentação dissimulada*. – Evasão fiscal demonstrada. Manutenção da autuação fiscal. – Sentença reformada, em reexame necessário, para julgar improcedente o pedido inicial, prejudicado o recurso voluntário. (BRASIL, 2012a, p. 01, grifos acrescidos)[293]

Em sequência, no ano de 2013, foi apreciado pelo STJ, novamente sob relatoria do Ministro Humberto Martins, recurso especial interposto contra acórdão proferido pelo Tribunal de Justiça de Santa Catarina que, com base no artigo 116, parágrafo único, do CTN, reputou ilegal a operação efetuada por uma empresa de vigilância de seccionar um contrato de prestação de serviço para suprimir do seu valor total os custos relativos aos equipamentos utilizados (câmeras), os quais foram tomados como objeto de pactuação à parte (contrato de aluguel), reduzindo, com isso, o montante da base de cálculo de ISSQN.[294] O recurso especial impugnava precisamente a aplicação

---

[293] Decisão com ementa literalmente idêntica a esta já havia sido proferida pelo mesmo órgão fracionário do TJMG, também sob a relatoria da Desembargadora Sandra Fonseca, em 2011, nos autos da Apelação Cível nº 1.0145.09.562401-4/005, publicada em 08 de novembro de 2011 (BRASIL, 2011d).

[294] "O caso da empresa de vigilância é perfeitamente análogo: as câmaras são parte do equipamento que é utilizado pela sociedade Patrimonial Segurança Ltda. para a prestação do serviço de segurança, que é a sua atividade fim. As filmadoras ou sensores de movimento que sejam instaladas na residência do contratante sem que este as adquira integram o custo do serviço (situação diversa ocorreria se houvesse venda dos bens, caso em que a transferência de titularidade do bem ensejaria a incidência do ICMS. Não é, entretanto, o caso). Ao destacar do valor do serviço uma quantia correspondente a aluguel dos bens utilizados, a apelada incorreu em prática coibida pelo artigo 116, parágrafo único, do Código Tributário Nacional, que dispõe: 'A autoridade

do parágrafo único do artigo 116 antes de sua regulamentação legal, podendo ensejar uma importante manifestação do STJ, desta feita com maior clareza, sobre a questão da eficácia do dispositivo. No entanto, o apelo especial acabou não conhecido[295] por ausência de prequestionamento (Súmula nº 211 do STJ).[296]

Também em 2013, visualizou-se a prolação de um outro importante julgado no âmbito do TRF-4. Tratou-se de um dos múltiplos litígios apreciados pela Corte Regional nos últimos anos relacionados à atividade de produtor rural e o pagamento de salário-educação, contribuição prevista na Lei nº 9.424/1996 e regulamentada pelo Decreto Federal de nº 6.003/2006. Dispõe o artigo 2º deste último diploma:

> Art. 2º, Decreto nº 6.003/2006. São contribuintes do salário-educação as empresas em geral e as entidades públicas e privadas vinculadas ao Regime Geral da Previdência Social, entendendo-se como tais, para fins desta incidência, qualquer firma individual ou sociedade que assuma o risco de atividade econômica, urbana ou rural, com fins lucrativos ou não, bem assim a sociedade de economia mista, a empresa pública e demais sociedades instituídas e mantidas pelo Poder Público, nos termos do art. 173, §2º, da Constituição.

Antes de abordar o julgamento, convém laconicamente contextualizar a controvérsia que se põe em torno dessa matéria. Do supracitado dispositivo se depreende que só os empresários individuais, as sociedades empresárias, as sociedades simples, as empresas públicas e as sociedades de economia mista é que podem figurar como sujeitos passivos da contribuição em questão. Sucede que, no âmbito rural, a legislação brasileira admite que o produtor exerça suas atividades tanto sob a forma empresarial quanto sob a forma civil; na primeira hipótese, constitui-se o produtor em empresário individual ou sociedade empresária; na segunda, permanece atuando como pessoa física, sem registro na Junta Comercial.[297]

---

administrativa poderá desconsiderar atos ou negócios jurídicos praticados com a finalidade de dissimular a ocorrência do fato gerador do tributo ou a natureza dos elementos constitutivos da obrigação tributária, observados os procedimentos a serem estabelecidos em lei ordinária'. Com razão, assim, a Procuradoria do Município, ao afirmar que: 'A obrigação da apelada consiste em prestar um serviço de vigilância, uma obrigação de fazer portanto, sendo a denominação de 'locação de equipamento eletrônico' dada pela apelada uma forma de dissimular a ocorrência do fato gerador, que é a prestação do serviço'" (BRASIL, 2009a).

[295] Curiosa e estranhamente, alguns acórdãos do CARF fazem também alusão a este julgado para reforçar a tese da aplicabilidade imediata do parágrafo único do artigo 116, conquanto sequer tenha o STJ se manifestado sobre o mérito do recurso especial.

[296] Ementa do agravo em recurso especial que viria a ser interposto: "PROCESSUAL CIVIL E TRIBUTÁRIO. ART. 116, PARÁGRAFO ÚNICO, DO CTN. INEXISTÊNCIA DE REGULAMENTAÇÃO. AUTOAPLICABILIDADE. AUSÊNCIA DE PREQUESTIONAMENTO. SÚMULA 211/STJ. NÃO ALEGAÇÃO. DE VIOLAÇÃO DO ART. 535 DO CPC. AGRAVO CONHECIDO. RECURSO ESPECIAL A QUE SE NEGA SEGUIMENTO" (BRASIL, 2013a).

[297] Segundo Fábio Ulhoa Coelho (2005, p. 75-76), essa dupla possibilidade se explica pelo fato de que, no Brasil, as atividades rurais são historicamente exploradas tanto como agroindústria (agronegócio) quanto como agricultura familiar. Na primeira hipótese, são empregadas tecnologia avançada e mão de obra assalariada (temporária e/ou permanente), enquanto que, na segunda, laboram o proprietário da terra e seus parentes, às vezes com um número (reduzido) de empregados. Por isso é que buscou a lei brasileira facultar ao produtor rural, a julgar segundo a sua situação concreta, a opção pelo regime empresarial, constituindo-se como autêntico 'empresário', regularmente registrado na Junta Comercial, ou pelo regime próprio do direito civil (pessoa física ou sociedade simples).

Surge então a dúvida se o produtor rural pessoa física pode ser considerado sujeito passivo do salário-educação ou se a incidência desta se adstringe às formas empresariais de exercício das atividades rurais. Julgados houve que, para fins fiscais, equipararam à empresa os produtores rurais pessoas físicas que exercem a atividade de forma organizada e permanente (contando, por exemplo, com mão de obra assalariada), sob o argumento de que os conceitos jurídicos de empresa e de pessoa jurídica não se confundem. No entanto, hoje já se encontra pacificado na jurisprudência do STJ o entendimento de que o empregador rural pessoa física não é contribuinte do salário-educação se não se constituir como pessoa jurídica, mediante registro no CNPJ, o que não aperfeiçoa a sua obrigação de pagar a contribuição em tela.

Ocorre que, a título de planejamento tributário, muitos produtores rurais exercem tal atividade econômica simultaneamente sob as duas formas, o que lhes permite evitar a incidência do salário-educação (enquanto pessoa física) e reduzir o pagamento de outros tributos (enquanto pessoa jurídica). Dada essa recorrente prática, o Fisco, a interesse do Fundo Nacional de Desenvolvimento da Educação (FNDE), passou a desconsiderar tais operações, por inteligi-las abusivas, e a cobrar a contribuição de que pretendem se esquivar os produtores rurais de que desse arranjo lançam mão.

Foi este, exatamente, o caso da Apelação Cível nº 5008820-70.2012.404.7107/RS, julgada pela 2ª Turma do TRF-4 em agosto de 2013. Por unanimidade, nos termos do voto proferido pelo Desembargador Relator Rômulo Pizzolatti, o órgão fracionário entendeu se tratar, na espécie, de planejamento tributário abusivo, que deveria ser pela Administração desconstituído, eis que ordenado *"apenas com a finalidade de recolher menos tributos"* (BRASIL, 2013c, p. 03). Em importante excerto do voto, tem-se que:

> Desse modo, o produtor rural pode fazer a opção por organizar-se sob a forma civil ou sob a forma empresarial. O que não pode, sob pena de incorrer em planejamento fiscal abusivo, é usar *concomitantemente* das duas formas jurídicas, a civil e empresarial, *apenas com a finalidade de recolher menos tributos*. A respeito, são pertinentes as palavras de Marco Aurélio Greco, tributarista professor da FGV/SP:
>
> *"Com a tese do abuso de direito aplicado ao planejamento fiscal, o que se está dizendo é que, havendo exclusivamente o motivo de fugir à tributação, o negócio jurídico será abusivo e seus efeitos fiscais poderão ser neutralizados perante o Fisco. Ou seja, sua aplicação não se volta a obrigar ao pagamento de maior imposto, mas sim a 'inibir as práticas sem causa', que impliquem menor imposto"* (GRECO, M. A. **Planejamento fiscal e interpretação da lei tributária**. São Paulo: Dialética, 1998. p. 134).
>
> Ora, no caso dos autos, a parte autora, ao lado da condição de empregador rural pessoa física, compõe o quadro societário de pessoas jurídicas ativas, possuindo cadastrado como tal no Registro Nacional da Pessoa Jurídica desde novembro de 2002, sob o nº 05.423.101/0001-99 (GERMANO TEDESCO E COMPANHIA LTDA – ME) e desde abril de 2009, sob o nº 10.762.353/0001-82 (GT AGROTECNOLOGIA LTDA – ME) — evento 33, OUT2 a OUT4.
>
> Fica assim evidenciada a indevida e concomitante utilização pelo autor da forma de organização como pessoa física (Germano Tedesco – CPF nº 327.690.080-72) e da forma de organização como pessoa jurídica (Germano Tedesco e Companhia Ltda- ME e GT Agrotecnologia Ltda- ME – CNPJ nºs 05.423.101/0001-99 e 10.762.353/0001-82). (BRASIL, 2013c, p. 03-04, grifos no original)

Entendeu o Relator haver se configurado, no caso, "abuso das formas jurídicas, consistente em serem contratados os empregados pela pessoa física Germano Tedesco, com o que pretendia deixar de pagar ou pagar menos certos tributos, como ocorre com a contribuição do salário-educação" (BRASIL, 2013c, p. 04). Importa notar que a 2ª Turma do TRF-4, nesta decisão, não trouxe a lume a categoria da simulação ou qualquer outra modalidade de ilicitude típica (evasão), além de, implicitamente, a *contrario sensu*, ao citar a doutrina de Marco Aurélio Greco e referir-se à ilegitimidade da finalidade exclusiva de redução de tributos, abrir passagem, em tese, à cogitação da exigência de algum propósito extrafiscal como pressuposto de validade do planejamento tributário.

Daí a sua conclusão segundo a qual "o planejamento fiscal abusivo promovido pela parte autora é inegável, prescindindo-se de quaisquer outras provas", de sorte que "deve ser-lhe reconhecida a ineficácia, considerando-se o empregador rural pessoa física e o empresário individual uma só entidade para fins fiscais, com o que resulta devida por ele a contribuição do salário-educação" (BRASIL, 2013c, p. 05). Note-se que declaração da inoponibilidade do planejamento tributário foi declarada à revelia do parágrafo único do artigo 116 do CTN, dispositivo que sequer foi mencionado no acórdão, a despeito de versar o caso sobre uma cristalina hipótese de elusão tributária, do que faz prova a textual invocação da figura do "abuso de formas jurídicas".

É curioso observar que, nesse ínterim, foi publicado, em 2012, pela revista *Consultor Jurídico*, um "Anuário da Justiça Federal", intitulado *Entre o cidadão e o Estado*, propondo uma radiografia da jurisprudência dos Tribunais Regionais Federais brasileiros e tendo como um de seus eixos principais o tema dos planejamentos tributários. Mesmo ante a aparente ausência de dados empíricos seguros, ao menos pelo que se visualizava nos meios oficiais de pesquisa e pelo que se lia na doutrina, uma das chamadas anunciava: "Planejamento tributário não é fraude fiscal", detalhando que:

> Os desembargadores federais tendem a decidir a favor do contribuinte quando o assunto é planejamento tributário. Segundo levantamento feito a partir do Anuário da Justiça Federal, a posição predominante no segundo grau da Justiça Federal é de considerar a elisão fiscal como planejamento tributário, e não como simulação, o que caracterizaria sonegação, ou fraude (CONJUR, 2012).

O levantamento colheu interessantes depoimentos. Alguns deles enfatizando claramente uma ampla liberdade fiscal dos contribuintes diante de uma legislação tributária demasiadamente complexa e onerosa. O Desembargador Álvaro Eduardo Junqueira, do TRF-4, por exemplo, afirmou que "a elisão fiscal é perfeitamente admissível, e as empresas, diante do absurdo cipoal de normas tributárias e a carga fiscal injusta, destinada a financiar o Estado perdulário, não conseguiriam sobreviver sem planejamentos tributários [...]" (CONJUR, 2012, p. 187). O Desembargador Luís Carlos Hiroki Muta, então lotado no TRF-3, por sua vez, sublinhou que "A função de fiscalizar não deve se basear em presunções. Não se pode presumir a má-fé, a simulação e a fraude. Palavras como 'simulação' têm conceito próprio, nem a lei pode contrariar o 'sentido literal possível'" (CONJUR, 2012, p. 140). Num tom mais moderado, o Desembargador Nery Costa Júnior, também do TRF-3, alertou para os riscos do uso indiscriminado do conceito de simulação, pois, se assim sempre se proceder, "[...] não haveria elisão fiscal. Só é fraude ou antijurídico aquilo que afronta a norma. O fisco não pode deduzir em desfavor do contribuinte" (CONJUR, 2012, p. 140).

Sem embargo dessas declarações, a análise concreta do acervo de julgados infirma a abstrata assertiva de uma propensão geral dos juízes e tribunais a decidirem em favor do contribuinte, lida na chamada. Parece claro que essa oblíqua inferência se deve em grande parte ao indisfarçável enviesamento da indagação a que tiveram de responder os Desembargadores: "É possível desconsiderar planejamentos tributários atribuindo o conceito de simulação a todos os casos?". Evidentemente, só pode ser negativa a resposta, o que contaminou a conclusão do levantamento e a orientação sugerida pelo anuário no seio do debate sobre os limites do planejamento tributário na jurisprudência fiscal dos tribunais brasileiros.

Feita essa breve inflexão, retoma-se o fio da análise evolutiva da jurisprudência dos tribunais brasileiros.

O próximo precedente a avaliar data de 2017 e é da lavra do TRF-1, proferido nos autos da Apelação Cível nº 0004251-85.2016.4.01.9199/MG (BRASIL, 2017a). Discutia-se, no caso, a conhecida prática de alienação da participação de sócios da sociedade empresária, a fim de reduzir a alíquota do imposto de renda incidente sobre o ganho de capital apurado. Na espécie, sustentou o Fisco, ao autuar a operação, que tais alienações foram simuladas (realizadas mediante "roupagens distintas"), posto que vocacionadas apenas a reduzir o pagamento do aludido imposto (e, também, da CSLL). Entendeu a Desembargadora Relatora, porém, inexistir ilegalidade ou artificialidade nas operações efetuadas pelo contribuinte, valendo-se, para edificar um tal raciocínio, de um conceito restritivo e de cariz nitidamente voluntarista de simulação:

> [...] verifica-se que a controvérsia dos autos é saber se houve simulação (evasão), a justificar a autuação, ou se houve mero planejamento fiscal (elisão), perfeitamente admitido no ordenamento jurídico brasileiro.
> A linha divisória entre a elisão e a evasão fiscal é tênue, o que dificulta a distinção entre uma conduta que possa ser considerada contrária ao ordenamento jurídico e uma prática que leve à redução legítima da carga tributária.
> Assim, para uma melhor compreensão se faz necessário distinguir a evasão e da elisão fiscal.
> A evasão fiscal (simulação) é uma das formas de fraude fiscal, é um defeito do ato jurídico e está expressamente regulada nos arts. 102 a 105 do Código Civil.
> Desse modo, o ato jurídico simulado é nulo quando prejudicar terceiros ou violar disposição legal.
> Além disso, para que isso aconteça há necessidade dos seguintes requisitos:
> conluio entre as partes, na maioria dos casos configurando uma declaração bilateral de vontade;
> não correspondência entre a real intenção das partes e o negócio por elas declarado;
> intenção de enganar, iludir terceiros, inclusive o Fisco.

Por sua vez, na elisão fiscal, as partes que celebram o negócio, ainda que por meio de formas jurídicas alternativas, pretendem, efetivamente, realizá-la como estipulado. Não há uma falsa, aparente ou simulada declaração de vontade. A declaração é real, efetiva e verdadeira, condizente com a vontade das partes. Não se pretende, por outro lado, burlar, enganar ou ocultar algo do fisco. A conduta das partes é lícita, ao contrário da simulação, em que a conduta é ilícita. (BRASIL, 2017a, p. 10-11)

Foi também invocado no acórdão o parágrafo único do artigo 116 do CTN, assimilado pela Corte como uma norma que visa "a combater a evasão fiscal, configurada pela prática de atos fraudulentos pelo contribuinte como o intuito de dissimular, que significa ocultar, encobrir, fingir ou disfarçar algo, e não a elisão fiscal" (BRASIL, 2017a, p 11). Entendeu-se que o Fisco não se desincumbiu do ônus de provar a artificialidade das operações, as quais foram efetuadas de maneira transparente e harmônica com o ordenamento jurídico, não podendo a Administração presumir a simulação sem comprová-la, sob pena de ilegalidade do lançamento. Noutro trecho da fundamentação:

> In casu, da análise dos documentos juntados aos autos e do laudo pericial judicial, verifica-se que o contribuinte (Tavares e Filhos Administração e Participações S/A) utilizou efetivamente o planejamento tributário — com observância de todos os requisitos formais e materiais exigidos — para realizar a alienação de sua participação na sociedade Café Três Corações S/A.
> Observa-se, também, que o Fisco em nenhum momento demonstrou a existência de situações artificiais a configurar a simulação — como prejudicar terceiros ou violar disposição legal —, uma vez que todas as operações foram feitas de forma clara e transparente, inexistindo qualquer divergência entre o que foi declarado nos negócios jurídicos realizados e o que efetivamente pretendiam as partes, conforme o parecer pericial de fls. 963-1000.
> A corroborar tal assertiva, a retirada da multa de 150% — aplicada nos casos em que estão presente dolo, fraude ou simulação — na tramitação administrativa do auto de infração no CARF, ao argumento de que não foi provada a presença de alguma das figuras delituosas.
> Diante dessas considerações, apesar dos argumentos expostos no recurso da Fazenda Nacional, não logrou a apelante comprovar nenhuma irregularidade no ato jurídico e na Prova Pericial Judicial que foi contundente no item 43/44 ao informar que: todas as operações societárias e os respectivos lançamentos contábeis perpetrados pela Autora encontravam-se em consonância conforme exige a legislação tributária de regência, inclusive com as respectivas comunicações conforme as legislações Fiscais e Comerciais.
> Assim, não se pode presumir a existência de simulação, sendo necessária a efetiva demonstração da sua ocorrência, para fins de anulação ou desconstituição do ato ou negócio jurídico, o que não ocorreu no presente feito. (BRASIL, 2017a, p. 10-11)

Claro está que, ao revés do que se constatou no julgamento dos casos Rexnord e Josapar (BRASIL, 2005, 2006b), pelo TRF-4, o TRF-1 não operou com um conceito ampliado de simulação, adstringindo-o rigorosamente aos fundamentos da teoria voluntarista, do que necessariamente decorre um estreitamento do raio de ação do Fisco no plano da desconsideração de planejamentos tributários. Embora se trate de Tribunais distintos e de decisões que distam mais de uma década uma das outras, este é um fator que não pode escapar ao esquadrinhamento histórico dos fundamentos aventados pelas Cortes para proceder ao controle de legalidade de atos e negócios jurídicos tributários.

Em 2018, testemunhou-se também um outro relevante julgamento a cabo levado pelo TRF-2. Os fatos apurados remontavam ano-exercício de 1987 (ano-base 1986). Em suma, os sócios-proprietários da sociedade Bazar Nordeste LTDA, ao vislumbrarem que a receita bruta da mesma ultrapassaria o limite máximo para sujeição à tributação pelo lucro presumido, constituíram uma nova empresa (Casa do Chocolate LTDA) com os mesmos quadro societário, objeto social e nome fantasia da anterior, com o escopo de manter ambas as pessoas jurídicas sob regime fiscal mais benéfico.

Para a Administração Fazendária, consumou-se hipótese de abuso de forma na constituição da segunda empresa, caracterizando simulação, dado o objetivo exclusivo de recolher menos tributos, o que violaria os postulados da isonomia e da capacidade contributiva. A ausência de escrituração contábil comercial das sociedades foi uma das principais evidências apontadas pelo Fisco.

O acórdão correspondente foi proferido pela Turma Especial II do TRF-2, nos autos da Apelação Cível nº 0010827-18.1997.4.02.5001 (BRASIL, 2018e). O primeiro dado a destacar é que a Desembargadora Relatora, embora reconhecendo a impossibilidade de aplicação retroativa do parágrafo único do artigo 116 do CTN, fez consignar a natureza do dispositivo como "norma geral antielisiva":

> Para tanto, deve-se analisar se a criação de uma segunda pessoa jurídica, pelos mesmos sócios, como método de planejamento tributário, constitui evasão fiscal de forma a revestir de legalidade a autuação sofrida pela Apelada, levando-se em consideração que os fatos geradores remontam ao ano-exercício 1987 (ano-base 1986), antes, portanto da edição da LC 114/2001, de 01.01.2001, a norma geral antielisiva por excelência, que adicionou o parágrafo único do art. 116 do CTN, permitindo aos agentes da fiscalização determinar a desconsideração de atos e negócios jurídicos, que seriam considerados, dentro da esfera ético-jurídica de discricionariedade, objeto de fraude ou simulação contra a lei tributária. (BRASIL, 2018e, p. 05)

Prevaleceu no julgamento a compreensão de que o planejamento tributário efetuado pelos contribuintes foi legítimo. O ponto de partida do entendimento consistiu na insubsistência da irregularidade imputada pela Administração traduzida na ausência de escrituração contábil, porquanto o RIR/1980, vigente à época dos fatos, estatuía, em seu artigo 394, a desobrigação das pessoas jurídicas optantes pelo regime do lucro presumido de manterem a referida escrituração.

Ademais, como não houve comprovação de qualquer das hipóteses previstas no artigo 149, inciso VII, do CTN, entendeu a Desembargadora Relatora que inexistia, ao tempo dos fatos, norma autorizativa para desconsiderar a operação concretizada pelos contribuintes. Segundo ela, não houve evasão, mas apenas elisão fiscal, porquanto o fato gerador do IRPJ não foi ocultado; apenas se evitou licitamente a ocorrência do fato típico. Com isso, não perpetrado o vício do abuso de formas, concluiu-se que restou inquinada de ilegalidade a autuação efetuada pelo Fisco.

Em elucidativa passagem da fundamentação do acórdão, na qual se afirma a postura defensiva do Estado em face da elisão fiscal, visto que o Poder Público está sempre um passo atrás dos planejamentos ficais meticulosamente elaborados pelas empresas, tem-se que:

> Diferentemente da elisão, que é lícita, embora combatida pelo Estado, a evasão fiscal é sempre ilícita, decorrente de um ato fraudulento.
> Do acervo probatório dos autos não se constata evasão fiscal, porque o fato gerador do IRPJ não foi ocultado, apenas o fato típico foi licitamente evitado.
> A postura do Estado frente à elisão tributária vai ser sempre defensiva. O Poder Público está sempre um passo atrás do planejamento tributário das empresas. Vale dizer que administradores, advogados e contadores das empresas sempre acham um método para o menor recolhimento de tributos possível, obviamente, dentro da legalidade. Uma vez que o Estado verifique uma sistemática assim, cuida de logo criar uma norma antielisiva, para que a sistemática adotada seja inquinada evasão fiscal (ou elisão abusiva).
> [...]
> É justamente a questão que se apresenta a seguir. Cabe perquirir se a autoridade fiscal pode, de *per si*, determinar quando e como houve a prática de uma conduta ardilosa por parte do contribuinte, desconstituindo atos e negócios jurídicos, de forma a evitar e coibir a evasão fiscal.
> [...]
> A evasão fiscal ocorre pela finalidade única e exclusiva de burlar a lei tributária. Nessa seara, pode-se dizer que a fiscalização, ocorrida em 1991/1992, não detinha o poder para desconstituir o negócio jurídico de criação da segunda empresa, **Casa do Chocolate Ltda.**.
> Verifica-se, assim, ofensa aos postulados do contraditório e da ampla defesa. O agente fiscal considerou a má-fé da empresa autuada, por um critério ético-jurídico, inserido no arbítrio, e não na discricionariedade, o que não se admite em âmbito tributário, no qual a autoridade estatal deve obedecer à legalidade estrita.
> A legislação da época, o RIR/1980, em consonância com a Constituição de 1988, impede, por seus próprios alicerces legais, qualquer auto de infração desconstitutivo.
> [...]
> A este propósito, o parágrafo único do art. 116 do CTN, introduzido pela LC 104/2001, **não aplicável à espécie**, causou séria discussão doutrinária e é objeto da ADI 2.446, de Relatoria da Ministra Cármen Lúcia, pendente de julgamento. (BRASIL, 2018e, p. 08-09, grifos no original)

Ainda se viu na decisão uma referência ao método do sopesamento de bens constitucionais: "em ponderação de princípios, os postulados da capacidade contributiva e da isonomia, levantados pela União, não preponderam, em contraposição aos princípios da livre iniciativa, da proteção à propriedade privada, da segurança jurídica, e, principalmente, da separação dos poderes" (artigo 60, §4º, inciso II, c/c artigo 170, ambos da Constituição Federal). Ante as particularidades do caso — máxime a inaplicabilidade do parágrafo único do artigo 116 —, triunfaram as teses suscitadas pelos contribuintes no sentido da licitude do planejamento tributário executado.

Mais recentemente, em agosto de 2019, o TRF-4 tornou a apreciar litígio envolvendo a problemática do produtor rural e da sujeição passiva à obrigação tributária de recolher a contribuição de salário-educação, desta vez, todavia, agregando à análise um novo e importante elemento. Antes de explicitá-lo, convém reproduzir as linhas de contextualização apresentadas pela Corte acerca dos planejamentos tributários abusivos e as possibilidades de seu enfrentamento da ordem jurídica brasileira (o julgado em referência é o Agravo de Instrumento nº 5007893-75.2018.4.04.0000/SC):

> A figura do planejamento tributário abusivo, planejamento tributário agressivo, planejamento empresarial abusivo ou, ainda, planejamento fiscal abusivo tomou destaque no ordenamento jurídico brasileiro por meio da Medida Provisória nº 685, de 21/07/2015, com o objetivo de dar efetividade e suporte ao Programa Base Erosion and Profit Shifting – BEPS (Erosão da Base Tributável e Transferência de Lucros) da Organização para Cooperação e Desenvolvimento Econômico (OCDE).
> A referida Medida Provisória 685/2015 instituiu, no artigo 7º, a obrigação acessória de informar, anualmente, à administração tributária as operações e atos ou negócios jurídicos que acarretem supressão, redução ou diferimento de tributo. E, segundo o artigo 8º, quando a declaração relatar atos ou negócios jurídicos ainda não ocorridos, o contribuinte adotará a consulta à legislação tributária, nos termos dos artigos 46 a artigo 58 do Decreto 70.235, de 6 de março de 1972. A declaração antielusiva e a consulta preventiva antielusiva, diga-se de passagem, visam a reduzir riscos recíprocos, prevenir litígios e conferir segurança jurídica aos contribuintes. Cabe referir que os arts. 7º, 8º, 9º, 10, 11 e 12 da MP 685/2015, em suas redações originais, não foram recepcionados quando da conversão na Lei nº 13.202, de 8/12/2015, uma vez que tiveram seus conteúdos originais substancialmente alterados ou suprimidos. (BRASIL, 2019d, p. 02)

Advertiu, contudo, o Relator que a questão do combate a planejamentos tributários abusivos já vem sendo abordada há mais tempo no âmbito administrativo, com destaque para a jurisprudência do CARF. Pondera que o Fisco, valendo-se principalmente da figura do abuso de direito, tem desconstituído operações propiciadoras de economia fiscal nas quais se deixem observar indícios de simulação.

O novo elemento de referência incorporado a este julgado, no que concerne ao planejamento tributário efetuado pelo produtor rural para evitar a incidência do salário-educação, foi que não basta verificar apenas se a atividade é exercida concomitantemente sob as formas de pessoa física e pessoa jurídica: é necessário demonstrar que se constituiu abusivamente um ente único com propósitos tributários (confusões de personalidades física e jurídica patrimonial).

Nas palavras do Relator, a conclusão acerca da (in)existência de "planejamento empresarial abusivo deve se balizar não só pela simples existência concomitante do exercício de atividade empresarial juntamente com a de produtor rural, mas pela efetiva comprovação de que houve a formação de uma única entidade para fins fiscais" (BRASIL, 2019d, p. 03).

Com esse entendimento, recrudesce-se sensivelmente o ônus probatório suportado pelo Fisco para legitimamente impugnar um planejamento tributário reputado abusivo. Na espécie, por exemplo, prevaleceu a leitura de que a Administração desconstituiu as operações com base em mera presunção, desamparada de provas que justificassem a sua intervenção na esfera de liberdade fiscal do contribuinte:

> No caso concreto, da simples verificação do Quadro de Sócio e Administradores da pessoa jurídica Pescados Pinhal Ltda (CNPJ 14.038.858/0001-50) junto ao sítio da Receita Federal

do Brasil (consulta pública) é possível verificar que a empresa possui 11 (onze) sócios, dos quais apenas um, Maicon Rene Simioni, é o sócio administrador. Nesse contexto fático, é difícil concluir que Elias Savoldi, na qualidade de produtor rural, tenha formado com aquela empresa (e na qualidade de sócio) uma única entidade econômica para fins fiscais. Além disso, a decisão combatida incorreu em mera presunção: a) de que existia confusão entre atividades de pessoa física e pessoa jurídica; e b) de que os empregados da pessoa física também labutavam para a pessoa jurídica. A presunção deve ser afastada porque, comparando as GFIPs do empregador Elias Savoldi (originário, ev. 1 – OUT10) com o da empresa Pescados Pinhal Ltda – ME (ev. 1 – DECL2, fl.10), fica patente que não há identidade entre o quadro funcional de uma e de outra. (BRASIL, 2019d, p. 03)

Pode-se, com isso, asseverar que a inclusão dessa nova baliza analítica pelo TRF-4 logrou proteger um tanto mais o campo de liberdade usufruído pelos produtores rurais para organizarem suas atividades e, assim, amortecerem a carga tributária incidente sobre as mesmas. Na conclusão do julgamento, lê-se que, inexistentes elementos de convicção suficientes para afiançarem a conclusão de uma entidade única para fins fiscais, "deve ser afastada a hipótese de existência de planejamento fiscal abusivo e reconhecida a possibilidade de restituição das contribuições vertidas mesmo após a constituição da sociedade empresária" (BRASIL, 2019d, p. 04). E, novamente, o parágrafo único do artigo 116 do CTN sequer foi citado na fundamentação do acórdão.

Convém, por último, anotar, acerca da natureza desta última norma, que o STJ, em abril de 2020, ao apreciar recurso especial interposto contra um dos acórdãos prolatados pelo TJMG, abordados algumas páginas atrás, cuidou de assinalar que a Lei Complementar nº 104/2001 trouxe ao ordenamento brasileiro uma norma antielisiva.

Em trecho da decisão monocrática proferida pelo Ministro Og Fernandes, nos autos do REsp nº 1.388.855, lê-se, no tocante ao artigo 116, parágrafo único, do CTN, que "o recurso especial não deve ser conhecido, pois a análise da tese atinente à aplicação da *norma antielisiva* demandaria o exame de legislação local, tendo em vista que o Tribunal de origem adotou como fundamento do *decisum* a Lei Estadual de nº 14.699/2003" (BRASIL, 2020e, p. 02).

Pode não ter sido minuciosa a fundamentação neste ponto, mas a caracterização do parágrafo único do artigo 116 do CTN como norma antielisiva restou textualmente consignada na decisão, posicionamento que não pode ser ignorado.

6.2.2 O "Caso Transpinho Madeiras" e o refluxo do paradigma formalista na análise dos limites do planejamento tributário: contradições dos entendimentos recentes na jurisprudência do Tribunal Regional Federal da 4ª Região

Em dezembro de 2019, foi prolatada, pelo TRF-4, uma das mais importantes e, certamente, a mais completa das decisões relativas ao tema dos limites do planejamento tributário à luz da ordem jurídica brasileira. Tratou-se do caso Transpinho Madeiras, julgado pela 2ª Turma da Corte, sob relatoria do Desembargador Rômulo Pizzolatti, nos autos da apelação/remessa necessária nº 5009900-93.2017.4.04.7107/RS (BRASIL, 2019h).

Meticulosamente fundamentado, este é um precedente que pode fixar os vetores da compreensão do controle de legalidade/abusividade dos planejamentos tributários no Brasil, porquanto, como se verá adiante, suas premissas e conclusões coadunam-se com a orientação que está a um voto de se consolidar no âmbito do STF, no bojo da ADI nº 2.446 (BRASIL, 2020g), cujo julgamento se encontra atualmente suspenso por um pedido de vista. Principie-se com uma síntese do complexo caso.

Em dezembro de 2011, a Administração Fazendária encetou procedimento de fiscalização que redundou na lavratura de auto de infração em prejuízo da pessoa jurídica Transpinho Madeiras Ltda., no seio do qual se procedeu ao lançamento de ofício de créditos de IRPJ, CSLL, PIS e COFINS no valor total de R$29,3 milhões no ano de 2012, ademais de R$802 mil a título de contribuição previdenciária sobre a comercialização de produção rural e contribuição ao Serviço Nacional de Aprendizagem Rural (SENAR). Em sede administrativa, a contribuinte apresentou impugnação, cujos fundamentos, todavia, não restaram acolhidos. Nas instâncias superiores, foi negado provimento a todos os seus recursos (BRASIL, 2014c, 2014e, 2016g).

Nos autos se lê que a empresa Saiqui Empreendimentos Imobiliários Ltda. foi criada em 2005, como resultado de uma cisão parcial da Transpinho, que reverteu imóveis de sua propriedade à integralização do capital social da Saiqui. Posteriormente, mediante nova cisão da Transpinho, realizada em 2007, outros imóveis foram revertidos em favor da Saiqui, acarretando um aumento do capital social desta última. Os imóveis adquiridos em tais operações foram posteriormente alienados pela empresa Saiqui em três oportunidades: duas no ano de 2006 e outra em 2008 (BRASIL, 2014c, p. 691-692).

Entretanto, entendeu o Fisco que as vendas efetuadas pela Saiqui constituíram atos simulados, ensejadores de evasão tributária: a hipótese sustentada na autuação foi a de que a Saiqui consubstanciava, em verdade, interposta pessoa jurídica, o que reconduziu à desconsideração das transações realizadas por seu intermédio e à formação do crédito tributário, dado que os fatos geradores dos tributos afastados (ganho de capital e receita operacional) teriam sido praticados pela própria Transpinho (BRASIL, 2014c, p. 692-696).

A motivação das operações sob esses moldes realizadas seria a significativa minoração dos tributos incidentes na alienação dos imóveis. Como explanado no relatório do acórdão, "os imóveis que, via cisão, saíram do patrimônio da Transpinho para compor o capital social da Saiqui eram indicados na contabilidade da Transpinho como ativo permanente imobilizado, caso em que a alienação ensejaria receita não operacional", tributada, como se sabe, nas alíquotas normais de CSLL e IRPJ, além da contribuição previdenciária prevista no artigo 25 da Lei nº 8.870/1994.

De outra parte, a alienação por intermédio da Saiqui, cujo objeto social é exatamente a venda de imóveis, "geraria receita operacional, submetida a tributação na sistemática do lucro presumido, de modo que a CSLL e o IRPJ incidiriam sobre base de cálculo bem menor". Segundo o Fisco, essa configuração das transações tinha o fito de "mascarar o ganho de capital na alienação dos imóveis" (BRASIL, 2014c, p. 694-695).

As provas de evasão apontadas pela Administração Fazendária foram (1) a identidade de endereços comerciais da Transpinho e da Saiqui; (2) o compartilhamento de materiais entre ambas as sociedades; (3) o fato de a empresa Saiqui possuir somente dois funcionários contratados; (4) o fato de os valores auferidos com a alienação dos imóveis haverem sido distribuídos como lucros entre os sócios, sem posterior reinvestimento na empresa e tampouco reposição de estoque, o que indiciou que os imóveis que proporcionaram a integralização do capital social não atenderiam ao propósito de viabilizar a operação da empresa; e (5) o fato de a Saiqui, desde a sua criação em 2005 até o ano de 2010, haver lançado como receita operacional somente os valores provenientes da venda dos citados imóveis, bem como receitas oriundas da comercialização de madeiras produzidas nos imóveis ainda não alienados.

A partir desse conjunto de elementos indiciários/probatórios, o Fisco, ao qualificar juridicamente como simuladas as operações, enquadrou as contribuintes nas hipóteses legais de sonegação e fraude fiscal (artigos 71 e 72 da Lei nº 4.502/1964), concluindo que "a empresa Saiqui foi criada apenas para encobrir o real fato gerador da obrigação tributária e o verdadeiro vendedor dos imóveis com o objetivo único e exclusivo de pagamento a menor de tributos na alienação desses bens" (BRASIL, 2014c, p. 695). A ausência de propósito negocial foi, portanto, o fundamento determinante da impugnação do planejamento tributário realizado pelas empresas.

As razões apresentadas pelas contribuintes, em sede administrativa e judicial, para demostrar a ilegalidade da autuação, sob a alegação de ter sido perfeitamente lícito o planejamento tributário estruturado, a resultar apenas em elisão fiscal, foram as de que: (1) a constituição da Saiqui destinou-se ao exercício da atividade de comércio de imóveis e teve por objetivo a racionalização das atividades empresariais da Transpinho, possibilitando a sua centralização exclusivamente nas atividades produtivas; (2) todos os instrumentos mobilizados para realizar as operações foram lícitos, mediante legítimo exercício da autonomia da vontade; (3) a Saiqui permanece em atividade e efetuou a venda de outros imóveis além daqueles adquiridos a partir da cisão da Transpinho; (4) a Saiqui mantém regularmente estoque de imóveis, tendo realizado aquisições entre 2008 e 2011 e que ainda não foram por ela alienados; (5) a redução de carga tributária foi somente uma consequência legal da operação societária, e não sua finalidade precípua, tanto que dela poderiam ter decorrido, potencialmente, desvantagens fiscais; e (6) inexiste vedação legal de empresas integrantes de um mesmo grupo econômico compartilharem uma mesma estrutura física.

Em primeira instância, foi julgado procedente o pedido para declarar a nulidade dos créditos tributários apurados no procedimento de fiscalização (BRASIL, 2018c). Tornou-se ainda mais relevante a sentença porque condenou a União ao pagamento dos honorários de sucumbência em escalonados percentuais incidentes sobre o proveito econômico milionário obtido com a ação, nos termos do artigo 85, §3º c/c §5º, ambos do CPC, além de impor à União que arcasse com as custas processuais. Foi em face dessa decisão que a Fazenda Nacional interpôs recurso de apelação junto ao TRF-4 (BRASIL, 2019h).

As linhas de força que orientaram o desenvolvimento do voto condutor se fazem notar já nas laudas iniciais, quando o Desembargador Relator pontua a "imediata desconfiança" cultivada em relação aos planejamentos tributários e o que chama de "leniência" com que o Judiciário, segundo ele, vem tendo com os entendimentos perfilhados pelo Fisco (BRASIL, 2019h, p. 05). É, também, no introito da fundamentação que o Relator explicita seu desacordo com o pressuposto de validade do propósito negocial, tão valorizado pelo CARF. Convém, nesse mister, alguns parágrafos reproduzir:

> Assim alinhavadas as circunstâncias que permeiam a autuação, o que se verifica é que, da mesma maneira que acontece em outras searas do direito tributário [...], o tema "planejamento tributário" é cercado de mistificações e ilogismos decorrentes, em boa parte, da leniência que o Judiciário vem tendo com as razões apresentadas pela fiscalização.
> Com efeito, a ideia em voga aponta para uma imediata desconfiança com as práticas que visem à economia de tributos, ideia essa introjetada pelos órgãos responsáveis pela arrecadação tributária, que mediante um trabalho de convencimento bem elaborado, suprimiram da discussão a premissa de que parte o seu posicionamento, qual seja, a de que existiria a necessidade de um "propósito negocial" — ou seja, de alguma razão extratributária — nos arranjos e rearranjos societários. Trata-se, contudo, de evidente falácia, uma vez que a premissa é sim discutível, e o ardil foi colocá-la justamente fora de questionamento.
> É preciso, assim, reparar essa falha e examinar não só as circunstâncias a partir da necessidade desse etéreo "propósito negocial", mas sim e principalmente se esse "propósito negocial" é mesmo um requisito de validade das práticas de "planejamento tributário". (BRASIL, 2019h, p. 04-05)

É interessante notar que, no estudo deste julgado, se está a tratar do mesmo órgão fracionário (2ª Turma do TRF-4) e do mesmo Desembargador Relator (Rômulo Pizzolatto) que, em 2013, apreciaram a Apelação Cível nº 5008820-70.2012.4.04.7107, abordada no subtópico anterior, versada sobre produtor rural que exercia suas atividades simultaneamente como pessoa física e pessoa jurídica. Daquela feita, recorde-se, o colegiado considerou abusivo o planejamento tributário ordenado pelo contribuinte, enquadrando-o como "abuso de formas", dada a impossibilidade de se utilizar "concomitantemente das duas formas jurídicas, a civil e a empresarial, *apenas com a finalidade de recolher menos tributos*" (BRASIL, 2013c, p. 03). A doutrina invocada para fundamentar teoricamente o voto foi a de Marco Aurélio Greco e o excerto selecionado versava sobre a teoria do abuso de direito aplicado aos planejamentos fiscais.

Sabe-se, porém, que a censura ao emprego de configuração negocial insólita "apenas com a finalidade de recolher menos tributos" é a face reversa da exigência de propósito negocial ou, o que significa o mesmo, de motivação extratributária para a efetuação do ato ou negócio jurídico que reconduz à economia fiscal. Nesse sentido, parece claro haver se operado, nos quase seis anos que separam os julgados, um giro nos entendimentos da Turma e, também, do Relator. De toda sorte, retorne-se ao exame do acórdão proferido no caso Transpinho, a fim de avaliar a sequência da argumentação.

Assumidamente, o raciocínio desenvolvido pelo Relator baseou-se fundamentalmente no voto vencido, no âmbito do CARF, prolatado pelo Conselheiro Luís Flávio Neto. Após copiosa motivação, a questão nuclear a que se chegou — tanto no julgamento do CARF quanto no do TRF-4 — foi a seguinte: "qual a competência da administração fiscal e, ainda, dos Conselheiros do CARF, para desconsiderar os efeitos de atos praticados pelo contribuinte e que tenham como consequência a redução do ônus fiscal?" (BRASIL, 2019h, p. 08). É dessa indagação de que se partiu no voto condutor para avaliar a legalidade do planejamento tributário formulado pela Transpinho e para propor uma interpretação — pode-se afirmar — pouco ortodoxa do parágrafo único do artigo 116 do CTN.

Segundo o entendimento perfilhado pela 2ª Turma do TRF-4, o dispositivo em questão tem sido equivocadamente epitetado por alguns de "norma geral antielisiva". Sob essa ótica, ter-se-ia que os órgãos fiscais, em função da aparente pouca especificidade que vincaria a normatização da matéria no Direito Tributário brasileiro, haveriam tomado o parágrafo único do artigo 116 do CTN como um fundamento legal para discricionariamente fixar critérios de aferição da abusividade dos planejamentos tributários. No entanto, a crucial questão que precede esse posicionamento é saber se a Administração tem competência para assim proceder. Transcreve-se:

> Diz-se ser esse o ponto nodal [a indagação suprarreproduzida] para a solução do imbróglio justamente porque os órgãos fiscais, partindo da **aparente** pouca especificidade que marcaria a normatização do assunto no Direito brasileiro — erro evidenciado pelo apelido dado ao artigo 116, parágrafo único, do CTN: "norma geral antielisiva" —, entendeu [sic] possuir um salvo-conduto para o estabelecimento de critérios próprios para aferição do que seria um "planejamento tributário abusivo" — como é o caso da tal "ausência de propósito negocial" — residindo a controvérsia exatamente em saber se o Fisco tem ou não competência para agir dessa maneira. (BRASIL, 2019h, p. 05, grifo no original)

Consignou-se no acórdão a interpretação de que o parágrafo único do artigo 116 do CTN não outorga à Administração competência para desconsiderar planejamentos tributários reputados abusivos ou desprovidos de propósito negocial, consoante se tem observado na jurisprudência do CARF. Para o colegiado, o atributo da *generalidade* da norma em tela não se relaciona com o seu conteúdo ou com o seu método de aplicação (controle de ilicitudes atípicas), mas sim ao seu âmbito de incidência.

É dizer: essa *generalidade* da norma se traduz na aplicabilidade do parágrafo único do artigo 116 ao gênero "tributo", e não a uma ou outra de suas espécies particulares. Não obstante, em termos de controle de legalidade de planejamentos tributários, generalidade nenhuma pode subsistir: somente podem sofrer a ingerência do Fisco os atos e negócios jurídicos inquinados de dolo, fraude ou simulação (ilícitos típicos), consoante preconiza o artigo 149, inciso VII, do CTN. Conferindo-se novamente a palavra ao Desembargador Relator, lê-se que:

Como se vê do quanto explanado acima, não é que as regras contidas no CTN — em especial no artigo 116, parágrafo único — contemplem uma autorização genérica para que o Fisco se oponha a qualquer arranjo, negócio ou ato que entender como planejamento abusivo ou desprovido de propósito extratributário, mas sim que elas se aplicam à totalidade dos casos envolvendo o **gênero** "tributo", **desde que presente a hipótese específica nelas previstas**. A sua generalidade, em verdade, diz respeito ao seu âmbito de incidência — todos os tributos —, e não ao seu conteúdo — limitado aos casos de dolo, fraude ou simulação. Se há alguma contraposição com normas ditas "específicas", tal contraposição reside justamente no fato de essas últimas estarem previstas em legislação própria de uma determinada **espécie** tributária, sendo somente a ela aplicáveis.

[...]

Da leitura desses dispositivos [artigo 116, parágrafo único, e artigo 149, inciso VII, ambos do CTN], facilmente se percebe inexistir, como vinha sendo admitido sem maiores questionamentos, uma autorização genérica, ampla, inespecífica, para que a fiscalização desconsidere atos, negócios ou operações com base em critérios por ela aleatoriamente introduzidos, como o tal "propósito negocial", expressão aliás tão desprovida de conteúdo que poderia dar azo às mais diversas interpretações, até mesmo à interpretação de que a economia de tributos é em si um propósito negocial. Assim é que, como já referido anteriormente, está o Fico autorizado a desconsiderar *"planejamentos tributários"*, desde que, para a sua realização, empregue o contribuinte fraude, dolo ou simulação. (BRASIL, 2019h, p. 07-08, grifos no original)

A premissa subjacente a uma tal argumentação, extraída do voto vencido no julgamento do CARF (da lavra do Conselheiro Luís Flávio Neto), é que somente o legislador pode estabelecer restrições às liberdades constitucionais do contribuinte (econômica, de iniciativa etc.), e nunca a Administração, pois essa providência desborda a esfera de sua competência. Outra fosse a interpretação dada ao artigo 116, parágrafo único, do CTN, configurar-se-ia cristalina ofensa à Constituição, pois legitimaria a usurpação, pelo Fisco, de uma competência exclusiva do Poder Legislativo. Senão se veja mais esse importante trecho da fundamentação do acórdão:

O volume de tributos economizado, a ausência de propósitos extratributários, ou qualquer outra circunstância que, a despeito de causar espécie à administração tributária, não seja proibida e, portanto, não reflita um ato ilícito, não pode ser considerada como causa justificadora do lançamento suplementar, impondo-se o respeito à liberdade que tem o contribuinte, no exercício da autonomia privada garantida no artigo 170 da Constituição Federal, de "reestruturar a exploração do seu capital da forma mais eficiente, inclusive sob a perspectiva fiscal". Diante de **operações lícitas** que venham sendo utilizadas pelos contribuintes "como substitutas não tributadas, ou ainda menos onerosas", ou bem o legislador edita norma casuística proibindo o emprego desse expediente específico (ou ainda impedindo a economia pretendida), ou bem o Estado se conforma com o montante pago, não sendo aceitável que o Fisco, a pretexto de reparar o que parece uma injustiça fiscal aos seus olhos, desconsidere tal "planejamento", porque é do Poder Legislativo, e não da administração pública (por mais elevados que sejam os seus propósitos), a competência para **regular e interferir** no exercício das liberdades e do patrimônio dos indivíduos. (BRASIL, 2019h, p. 08, grifos no original)

A 2ª Turma do TRF-4, portanto, definiu com clareza que "a desconsideração de planejamentos tributários **pela administração pública** somente se legitima quando as operações empregadas forem dolosas, fraudulentas ou simuladas" (BRASIL, 2019h, p. 10, grifos no original). O colegiado simplesmente oblitera a possibilidade de controle de ilicitudes atípicas ou, se se preferir, de atos e negócios jurídicos artificiosos (elusão fiscal, tal como neste trabalho compreendida). Segundo o entendimento perfilhado pelo órgão julgador, caso queira o legislador proscrever determinada modalidade de transação que não se subsuma às espécies de ilicitude típica (evasão), a ele cabe "a edição de normas específicas que impeçam ou neutralizem eventual economia tributária" (BRASIL, 2019h, p. 10). Sob este prisma, outra natureza não há de ser atribuída ao parágrafo único do artigo 116 do CTN senão a de "norma antievasiva".

No acórdão foi, ainda, desferida uma crítica à tendência de ampliação (ou confusão) de conceitos para além do seu real significado nas "autuações que têm por base a prática de atos supostamente dolosos, fraudulentos ou simulados [...]", como se os conteúdos dessas categorias pudessem ser moldados "de acordo com critérios discricionários eleitos pela fiscalização" (BRASIL, 2019h, p. 10). Nesse ponto, destacou o voto condutor que "não existindo um conceito constitucional de 'simulação', está o legislador tributário autorizado a dar-lhe definição, conteúdo e alcance que lhe pareçam adequados" (BRASIL, 2019h, p. 11). No entanto, como não o fez, posto que silente a legislação tributária quanto a uma tal definição de "simulação fiscal", tem-se que "o instituto deve ser empregado conforme os contornos dados pelo direito privado" (BRASIL, 2019h, p. 11), a saber, segundo o disposto no artigo 167 do Código Civil.

Firme nessas premissas, a 2ª Turma do TRF-4 exarou seu entendimento quanto às operações efetuadas pelas empresas Transpinho e Saiqui:

> Assim vista a questão, é de se perguntar: o que haveria de simulado nas operações realizadas pelo contribuinte?
> Ora, considerando que houve, de fato, transmissão do patrimônio da Transpinho para a Saiqui e que a Saiqui realizou as vendas registradas, a resposta à pergunta só pode ser uma: não existe simulação. Há perfeita correspondência da substância das operações com as formas que foram adotadas para a sua realização. A Saiqui é pessoa jurídica efetivamente existente e que praticou os negócios jurídicos, sendo irrelevantes as constatações do Fisco acerca do pequeno número de funcionários ou até mesmo do local em que estaria estabelecida a sociedade, pela simples razão de o seu objeto social — transações imobiliárias — não exigir mais que singelas instalações e o trabalho dos seus sócios. (BRASIL, 2019h, p. 11)

Tecido esse esquadrinhamento dos fundamentos da decisão, é fácil concluir que a 2ª Turma do TRF-4, ao sedimentar uma tal compreensão, restringiu a possibilidade de controle de legalidade de planejamentos fiscais às hipóteses de violações frontais à legislação tributária, expressas no artigo 149, inciso VII, do CTN, convertendo o parágrafo único do artigo 116 em mera linha auxiliar daquele dispositivo. Trata-se, em suma, da revitalização do paradigma formalista que fincou profundas raízes na jurisprudência do CARF até o desfecho da década de 1990: em matéria de planejamento tributário, tudo vale, salvo evasão fiscal (dolo, fraude, simulação conluio etc.).

Consectária dessa leitura é a interdição da incorporação ao Direito Tributário brasileiro de figuras como o abuso de direito, o abuso de formas, a fraude à lei tributária e a ausência de propósito negocial, ao menos como concebidas neste trabalho, isto é, como categorias que expressam a realização de atos e negócios jurídicos artificiosos, desprovidos de causa jurídica, mediante violações indiretas à legislação tributária, com a exclusiva finalidade de reduzir, repelir ou diferir o pagamento de tributos.

Noutras palavras, a prevalecer o entendimento prestigiado no acórdão prolatado pela 2ª Turma do TRF-4 (por unanimidade), o qual transitou em julgado em março de 2020 — convertendo-se, pois, em precedente definitivo —, resta inviabilizado no Brasil o combate à elusão fiscal e a concepção do parágrafo único do artigo 116 do CTN como norma geral antielusiva, destinada a coibir planejamentos fiscais abusivos.

Não obstante, logo se saberia que as compreensões sustentadas pela 2ª Turma não jazem pacificamente na jurisprudência do próprio TRF-4. Isso porque, poucos meses depois, em maio de 2020, o outro órgão fracionário especializado em matéria tributária da Corte — a 1ª Turma — prolatou acórdão, também por unanimidade, ainda que mediante fundamentação menos minuciosa, amparando-se em orientação diversa, no sentido de admitir o controle de abusividade de planejamentos tributários (violações oblíquas à lei), e asseverando a natureza de norma antielisiva/antielusiva do parágrafo único do artigo 116 do CTN, conquanto ainda desprovida de eficácia por ausência de regulamentação do procedimento especial demandado pelo legislador.

Tratou-se de mais um caso envolvendo a sujeição passiva do produtor rural ao recolhimento de salário-educação. No caso, reafirmou-se o entendimento, consolidado no precedente pregressamente apreciado, segundo o qual "a abusividade do planejamento fiscal do produtor rural pessoa física não decorre automaticamente da simples presença em quadro societário de pessoas jurídicas" (BRASIL, 2020f, p. 05). Faz-se necessária a comprovação da "ocorrência de confusão entre as personalidades física e jurídica no desempenho da mesma atividade produtiva, considerando-se os enfoques de gestão administrativa, patrimonial e de recursos humanos" (BRASIL, 2020f, p. 05), num arcabouço probatório capaz de, com segurança, "indicar a intenção de dissimular os fatos relevantes à constituição da obrigação tributária da contribuição ao salário-educação" (BRASIL, 2020f, p. 05), o que se verificou nos autos daquela Apelação Cível nº 5000235-94.2019.4.04.7103/RS.

Em sequência, o Relator alinhou-se à interpretação de que é juridicamente viável o controle de abusividade dos planejamentos tributários, destacando que, na espécie, o contribuinte perpetrou violações indiretas (leia-se: por meios *prima facie* lícitos) aos princípios da igualdade e da solidariedade. Em sua percepção, a Lei Complementar nº 104/2001 teria acrescentado o parágrafo único ao artigo 116 do CTN precisamente para combater essa modalidade de conduta e, embora seja a norma ainda ineficaz pelo não disciplinamento do procedimento especial que condiciona a sua aplicação, há, hoje, seguro arrimo jurisprudencial para desconsiderar atos e negócios abusivos vocacionados a reconduzir o contribuinte ao pagamento de menor tributo.

No trecho principal da fundamentação do acórdão, que desconstituiu o planejamento tributário impugnado pelo Fisco, assim argumentou o Relator:

> De fato, a ocorrência de planejamento fiscal abusivo descaracterizaria a inexigibilidade da contribuição ao salário-educação por parte do produtor rural pessoa física, na medida em que o uso concomitante de duas formas jurídicas, a civil e a empresarial, se daria tão somente para o fim de minorar o montante da obrigação tributária. *Embora por meio de atos não diretamente ilícitos, a referida prática viola os princípios da igualdade e da solidariedade social, previstos no inc. I do art. 3º e inc. II do art. 150 da Constituição.*
> Nessa perspectiva, a LC 104/01 incluiu no Código Tributário Nacional o parágrafo único do artigo 116, denotando a intenção do legislador de coibir tal conduta:
> [...]
> Sob essa ótica, conquanto permaneça o dispositivo transcrito sem eficácia, especialmente porque o seu enunciado prescreve, de forma expressa, a necessidade de enunciação de lei ordinária que regerá a sua aplicação, há segura construção jurisprudencial em favor do reconhecimento da abusividade de determinados planejamentos fiscais. (BRASIL, 2020f, p. 04-05, grifos acrescidos)

Observa-se, pois, que neste precedente — o mais recente de que se tem notícia, até a finalização desta pesquisa, entre os Tribunais brasileiros em matéria de planejamento tributário (excetuado o início do julgamento da ADI nº 2.446 pelo STF, a seguir analisado) —, triunfou interpretação diametralmente oposta à invocada no julgamento do caso Transpinho.

Desta feita, legitimou-se a intervenção da Administração para desconsiderar operações que, não incursas em dolo, fraude ou simulação, foram concretizadas mediante agressões indiretas à legislação, a ressaltar, ainda que implicitamente, a natureza de norma geral antielisiva/antielusiva do parágrafo único do artigo 116. Chama, também, a atenção no acórdão a alusão aos princípios da solidariedade e da isonomia como importantes balizadores do controle de abusividade dos planejamentos fiscais, fundamentos não foram vislumbrados na larga maioria dos outros julgados.

Daí a conclusão de que, mesmo entre os órgãos fracionários do TRF-4, Corte Regional que tem constituído a vanguarda na consolidação de entendimentos acerca dos limites do planejamento tributário na jurisprudência brasileira, inexistem consensos a garantir o grau de segurança jurídica, legitimamente expectada pelos contribuintes e aplicadores das normas tributárias, que também o CARF não logrou oferecer.

6.2.3 O (parcial) julgamento da ADI nº 2.446 pelo Supremo Tribunal Federal: constitucionalidade, natureza e eficácia do parágrafo único do artigo 116 do CTN

Em 18 de abril de 2001, pouco mais de três meses após o início da vigência da Lei Complementar nº 104, foi ajuizada pela Confederação Nacional do Comércio a ADI nº 2.446, suscitando a inconstitucionalidade do parágrafo único do artigo 116 do CTN. Como a propositura da ação se deu no calor dos debates iniciais sobre a constitucionalidade, a natureza e a eficácia do dispositivo, logo em seguida à sua inserção no aludido diploma, grandes expectativas se formaram em torno do julgamento.

Esperava-se que, ao apreciar a matéria, o STF não apenas afirmasse a constitucionalidade ou a inconstitucionalidade da norma, dado o escopo da ação ajuizada, mas também adentrasse o campo minado das controvérsias que desde sempre tensionaram a doutrina tributarista, como a compatibilidade de uma norma geral antielusiva (ou antiabuso) com a principiologia tributária, a possibilidade jurídica de operação de uma sistemática de controle da ilicitude atípica na ordem jurídica brasileira, a clarificação de limites dos planejamentos tributários, entre outras questões.

No entanto, somente em junho de 2020, quase duas décadas após o ajuizamento da ação, é que teve início o esperado julgamento, sob relatoria da Ministra Cármen Lúcia, em substituição à Ministra Ellen Gracie, relatora originalmente designada, mas que se aposentou da judicatura em 2011. Até o arremate deste trabalho, cinco votos haviam sido proferidos no julgamento do mérito da ADI. O voto condutor da Ministra Cármen Lúcia, no sentido da improcedência do pedido pleito formulado na inicial, foi acompanhado pelos Ministros Marco Aurélio Mello, Edson Fachin, Alexandre de Moraes e Gilmar Mendes, que a ele nada acrescentaram. Em seguida, foi suspenso o julgamento após pedido de vista do Ministro Ricardo Lewandowski, o que adiou um provimento definitivo da Suprema Corte sobre a questão (BRASIL, 2020g).

É supérfluo pontuar a relevância deste julgamento para o tema dos limites do planejamento tributário no ordenamento brasileiro. O capítulo anterior já evidencia uma tal percepção. No entanto, antes de esquadrinhar os fundamentos do voto até aqui prevalecente, impõe-se sumariar, além da própria peça inicial, outras importantes manifestações registradas nos autos da ADI nº 2.446, como as da Presidência da República, do Senado Federal, da Procuradoria-Geral da República (PGR) e da Advocacia-Geral da União (AGU), tendo em conta que a então Ministra Relatora Ellen Gracie, ao encetar-se a tramitação da ação constitucional, adotou o rito previsto no artigo 10 da Lei nº 9.868/1999.

O eixo fundamental da peça vestibular apresentada pela Confederação Nacional do Comércio consiste na alegação de que o parágrafo único do artigo 116 do CTN acarreta violações frontais aos princípios constitucionais da estrita legalidade tributária, da tipicidade fechada e da reserva absoluta de lei formal, regentes do Direito Tributário brasileiro à luz do disposto nos artigos 5º, inciso II, 37 e 150, inciso I, da Constituição, além de afrontar o princípio igualmente constitucional da separação de poderes (ao, supostamente, patrocinar a usurpação, pela Administração, do poder de seleção dos fatos tributáveis, subtraindo-o da esfera original e exclusiva do Poder Legislativo), previsto no artigo 2º da Carta (BRASIL, 2020g, peça 2). Abusando dos argumentos *ad absurdum*, a autora da ADI sustenta que o objetivo da norma é fulminar a possibilidade de os contribuintes lançarem mão de planejamentos tributários. *Ipsis litteris*:

> Na prática a norma pretende eliminar a possibilidade dos contribuintes de fazerem o legítimo **planejamento tributário**, possibilitando que o "agente fiscalizador" utilize-se da interpretação econômica em direito tributário que consiste na prerrogativa dada ao fiscal de efetivar o lançamento tributário com base, **NÃO** nas operações realizadas pelos documentos e de acordo com a lei, mas no que tais operações podem estar encobrindo, ao ver do agente da administração pública, uma operação econômica tributável encoberta (disfarçada ou fingida) por uma (norma jurídica da qual resultasse um pagamento de tributo menor),
>
> Ao permitir a tributação com base na intenção do que poderia estar sendo supostamente encoberto por uma **forma jurídica**, totalmente legal, mas que estaria ensejando pagamento de imposto menor, tributando mesmo que não haja lei para caracterizar tal fato gerador, o parágrafo único do art. 116 introduzido pela LC 104/2001, testilhou com os <u>princípios constitucionais da estrita legalidade, da tipicidade fechada e da reserva absoluta da lei formal no direito tributário brasileiro insculpidos nos arts, 5º inciso37, e 150 inciso bem como no da separação dos poderes prevista no art. 2º da CF</u>. (BRASIL, 2020g, peça 2, p. 03, grifos no original)

Uma das principais hipóteses a sustentar a arguição da inconstitucionalidade do parágrafo único do artigo 116 do CTN pela Confederação Nacional do Comércio é a de que a referida norma pretendeu introduzir o *paradigma da interpretação econômica* no Direito Tributário brasileiro, o que lesaria o conjunto de princípios por ela citados. Na exordial também se lê que o dispositivo impugnado visa a autorizar a Administração a tributar, à míngua de previsão legal, espaços lacunosos na legislação tributária, os quais podem ser explorados pelo contribuinte no exercício de sua liberdade. Ter-se-ia, então, uma ofensa ao artigo 150, inciso I, da Carta — a interditar a elisão tributária e instaurar uma *"ditadura fiscal no país"* (BRASIL, 2020g, peça 2, p. 05) — sob três vieses:

> A) Pelo princípio da legalidade, porque permite que a autoridade fiscal tribute por fato gerador não ocorrido e previsto na lei;
> B) Viola o princípio da tipicidade fechada, que é o corolário da legalidade estrita, por consequente, caracteriza urna segunda infringência ao art. 150, I, da CF;
> C) Introduz a interpretação econômica no Direito Tributário brasileiro, ensejando tributação por analogia, também vedado pelo dispositivo legal, infringindo o princípio da certeza e segurança das relações jurídicas. E mais, autorizou o "agente fiscal", executivo por excelência, a desarvorar-se em legislador em evidente afronta ao princípio da separação dos poderes plasmado no art. 2º e ratificado no art. 60 §4º, III, como cláusula pétrea. (BRASIL, 2020g, peça 2, p. 09)

Em nome da Presidência da República e a título de prestação de informações solicitadas pelo STF, a AGU anexou aos autos manifestação exarada pelo então Consultor da União, Oswaldo Othon de Pontes Saraiva Filho, no sentido da constitucionalidade do parágrafo único do artigo 116 do CTN. Lê-se no documento que "o preceito legal impugnado não pretende afastar as formas lícitas de elisão ou de planejamento tributário, mas aspira atingir o abuso do exercício desse direito", haja vista que inexistem direitos absolutos, "de modo que dirige-se contra os casos de elisões ilícitas ou abusivas e, ao meu ver, mesmo contra casos de evasão" (BRASIL, 2020g, peça 7, p. 06).

A manifestação presidencial, além de sustentar a eficácia limitada do parágrafo único do artigo 116, alude à possibilidade de a Administração negar eficácia a "operações 'esquisitas', ou seja, condutas incomuns que o contribuinte realiza, sem nenhum propósito empresarial, com o único objetivo de mascarar ou esconder o fato gerador do tributo efetivamente ocorrido ou reduzir a carga tributária" (BRASIL, 2020g, peça 7, p. 06).

Ao enfatizar, com efeito, o equívoco das premissas a partir das quais a Confederação autora da ADI construiu sua fundamentação para impugnar o dispositivo em questão, o documento assevera a inexistência de malferimento aos princípios invocados na inicial, sob o argumento de que a legalidade tributária não carece de ser estrita e a tipicidade que dela decorre fechada, pois inexiste exigência dessa natureza. *In verbis*:

> Não há ferimento aos princípios da legalidade, da tipicidade, nem a não observância da reserva legal, nem há, na espécie, o uso de analogia integrativa, tendo em vista que o fato gerador e seus efeitos são todos previstos em lei, o que se autoriza à administração é negar eficácia aos atos dissimulados, ou seja, aptos a mascarar ou a esconder o fato gerador e os efeitos efetivamente ocorridos, aplicando-se, no máximo, a analogia interpretativa, que não sofre restrição nem mesmo do CTN.
>
> Parenteticamente, cabe mencionar que, embora, no Direito Constitucional Tributário, devam ser obedecidos os princípios da legalidade e da tipicidade, não há exigência para que essa legalidade seja estrita e que essa tipicidade seja fechada. (BRASIL, 2020g, peça 7, p. 06)

A manifestação do Senado Federal, a seu turno, concentrou-se, inicialmente, sobre duas questões de ordem formal que não convém aqui aprofundar: (1) a inexistência de pertinência temática entre a ação proposta e os objetivos institucionais da Confederação autora, a tornar imperativo o não conhecimento da ADI;[298] e (2) a impossibilidade jurídica do pedido em função de se tratar o parágrafo único do artigo 116 do CTN de dispositivo que, dependente de regulamentação por lei ordinária, integra um complexo normativo que ainda não se aperfeiçoou[299] (BRASIL, 2020g, peça 9).

Quanto ao mérito, o pronunciamento senatorial assinala que a norma impugnada em nenhum grau cerceia a liberdade de estruturação de planejamentos tributários, pois "nada mais faz do que positivar a intolerância à elisão abusiva sem o comprometimento de nenhum princípio do direito tributário-constitucional" (BRASIL, 2020g, peça 9, p. 15).

---

[298] Em excerto que sumaria tal fundamento, lê-se que: "Conforme se observa em seu Estatuto, a Confederação Nacional do Comércio compõe-se de pessoas jurídicas de natureza sindical, e tem por objetivo institucional básico a representação de interesses relativos a agentes comerciais privados. Em face deste objetivo básico, não se vislumbra qualquer pertinência entre os fins da CNC e o objeto da norma impugnada. Esta diz respeito a relação entre o Estado e o contribuinte, relação que se limita a informações essenciais ao exercício da Administração Tributária" (BRASIL, 2020g, peça 9, p. 39).

[299] Em suma: "A declaração de inconstitucionalidade do parágrafo único do art. 116 do CTN, em tese, seria apenas possível caso ele não dependesse de regulamentação. O parágrafo impõe como condição de sua aplicação a observância de 'procedimentos a serem estabelecidos em lei ordinária'. Onde está a inconstitucionalidade de uma norma que ainda não existe? A norma impugnada faz parte de um complexo normativo que sequer chegou a ser formado. É parte de um sistema em formação [...] Os procedimentos a serem estabelecidos em lei ordinária, sim, é que poderão ser constitucionais ou não. Mas isto está no futuro. Não há lugar em nosso ordenamento jurídico para controle de constitucionalidade de norma ainda não existente" (BRASIL, 2020g, peça 9, p. 11-12).

Ao revés, ao estabelecer um mecanismo de controle do abuso, o que o parágrafo único do artigo 116 do CTN verdadeiramente faz é propiciar a concretização dos princípios constitucionais da estrita legalidade,[300] da moralidade, da capacidade contributiva e da isonomia tributária.

No entanto, em simetria à própria natureza do órgão signatário da manifestação, em muitos momentos a defesa da constitucionalidade na norma assume um timbre notadamente político, como se observa neste excerto:

> O ato ou negócio jurídico realizado com o escopo de elisão fiscal viola os princípios da isonomia tributária, da capacidade econômica do contribuinte, da moralidade e da legalidade, no mínimo. Hoje, com certeza, os ricos se desviam de pagar tributos, através de incontáveis expedientes. Sucede que o preço da civilização tem de ser pago, e adivinhem, a carga tributária é suportada pelos contribuintes de menor capacidade contributiva, pelos trabalhadores e pessoas humildes, que assumem ônus excessivo, arcando de fato com os custos dos serviços prestados pelo Estado, serviços prestados principalmente para os que podem contratar excelentes advogados tributaristas.
> Acabar com a desigualdade tributária não é tão difícil como se pensa. Basta querer. Mas, enquanto a necessária reforma do sistema não vem, nada impede a adoção de paliativos, como a norma que se impugna no presente controle abstrato de normas, controle, diga-se de passagem, que deveria ser um instrumento de defesa dos menos favorecidos. (BRASIL, 2020g, peça 9, p. 19-20)

O documento subscrito pela Presidência do Senado ainda propõe uma argumentação dúplice, subdividida em níveis principal e eventual: pontua que o parágrafo único do artigo 116 do CTN não introduz na ordem jurídica brasileira a interpretação econômica do Direito Tributário e a possibilidade de tributação por analogia; porém, ainda que o tenha feito, "ele nem de longe é inconstitucional", pois "o direito não é estático: ele acompanha o evolver da história, sob pena de ser inútil" (BRASIL, 2020g, peça 9, p. 17).

Passa, então, a elencar uma série de experiências no direito comparado de combate à "elisão fiscal abusiva" e a citar uma plêiade de autores que sustentam a importância e a legitimidade de se coibir o abuso de direito, o abuso de formas, a fraude à lei e a ausência de propósito negocial. E conclui a manifestação: "Não há nenhuma inconstitucionalidade no parágrafo único impugnado, acrescentado pela LC 104. Inconstitucional é a ausência de um sistema que combata a fuga de impostos através de dissimulação" (BRASIL, 2020g, peça 9, p. 37).

---

[300] É curioso notar que, no documento em questão, a presidência do Senado Federal não se propõe a argumentar, como é usual, o anacronismo da noção de estrita legalidade e da necessidade de sua superação nos tempos atuais, mas a invoca literalmente, em sua acepção original, para fundamentar uma norma de proibição ao que chama "elisão fiscal abusiva". Nesse sentido, o seguinte trecho: "Em lugar nenhum a Constituição proíbe a criação de normas que impeçam a elisão fiscal dissimulada. A norma impugnada possibilita o legislador ordinário de prover o administrador fiscal dos meios necessários para impedir a elisão abusiva, em atendimento ao princípio constitucional da estrita legalidade administrativa, estabelecido no art. 37, caput, da CF, e principalmente ao princípio da moralidade, que a todos se aplicam indistintamente" (BRASIL, 2020g, peça 9, p.19).

Ainda mais substanciosa foi a manifestação da AGU nos autos, na qual o órgão tangenciou praticamente todas as polêmicas doutrinárias envolvendo a matéria dos limites do planejamento tributário. Em primeiro plano, sob um enfoque histórico, cuidou de sublinhar que o Estado brasileiro não é só de "Direito"; é também "Democrático", donde advém a sua obrigação constitucional de garantir não apenas a proteção individual do cidadão face ao exercício do poder, mas também de transformar a realidade social pela efetiva aplicação dos "princípios da igualdade, da capacidade contributiva, possibilitando a construção de uma sociedade livre, justa e solidária" (BRASIL, 2020g, peça 13, p. 02).

Em seguida, buscou contextualizar a importância de uma norma como a veiculada no parágrafo único do artigo 116 do CTN *vis à vis* o quadro atual de relações jurídicas e econômicas no mundo globalizado, além de frisar que o legislador não mais fez que exercer uma competência expressamente prevista na Constituição de 1988:

> Neste contexto, e tendo em vista a necessidade de transparência nas relações jurídicas que há, na economia globalizada de hoje, a exigir, como meio de enfrentar os variados problemas na atual sociedade de risco, passando, assim, essas relações jurídicas a ocorrer claramente, sem subterfúgios, sem fingimento, sem ocultação, sem opacidade, a Lei Complementar nº 104, de 10/1/2001, com supedâneo na Constituição Federal, de 1988, artigo 146, inciso III e alíneas a e b, que atribui competência à lei complementar para estabelecer normas gerais em matéria de legislação tributária, inclusive sobre a definição dos fatos geradores dos impostos e sobre obrigação tributária, acrescentou o parágrafo único ao artigo 116 do Código Tributário Nacional [...]. (BRASIL, 2020g, peça 13, p. 02)

Para afastar as alegações deduzidas na peça inicial, a AGU logo clarificou o objeto e o objetivo do parágrafo único do artigo 116 do CTN: não se trata de interditar o planejamento tributário, mas de combater a elisão ilícita ou abusiva, neste espectro inclusos os negócios jurídicos indiretos ou desprovidos de propósito negocial e todas as *nuances* do abuso de direito (abuso de formas, fraude à lei e hipóteses que ensejam a desconsideração da personalidade jurídica). A manifestação também explicita que as clássicas formas de evasão fiscal (simulação, dolo, fraude, conluio etc.), que também se destinam a ocultar a ocorrência do fato gerador, ficam reservadas à disciplina legal que já existia (artigos 118, 149, inciso VII, e 150, além do artigo 167, §1º do Código Civil). Pela sua importância, é relevante transcrever o trecho em questão:

> De logo, cumpre esclarecer que o preceito legal, em comento, a despeito do mens legislatoris, não veio para afastar as formas lícitas de elisão ou de planejamento tributário, mas aspira a atingir os abusos de forma e de exercício de direito, uma vez que não há mesmo, em canto algum e de espécie alguma, direito absoluto, de modo que se dirige contra os casos de elisão ilícita ou abusiva (negócio indireto ou falta de propósito negocial, bem como contra casos mais perceptíveis de abuso de direito —, considerando como tal o abuso de forma jurídica, a fraude ao espírito da lei e os casos que ensejam a desconsideração da personalidade jurídica); deixando os casos clássicos de evasão (simulação, dolo ou fraude, hipóteses previstas nos arts. 118, 149, VII; e 150, §4º, ambos do C.T.N., e art. 167, §1º, do

Código Civil), havendo, em todas as hipóteses, o fito de mascaramento da ocorrência do fato gerador, com a disciplina da legislação que já existia. (BRASIL, 2020g, peça 13, p. 05-06)

Observa-se, neste específico aspecto, que a interpretação sustentada pela AGU — a despeito das pontuais variações terminológicas — mostra-se convergente com a que neste trabalho se sustentou, traduzida na demarcação de campos normativos diferentes para o combate à evasão e à elisão abusiva (ou, na terminologia aqui perfilhada, à elusão fiscal). Entretanto, mesmo mostrando-se ciente da existência de normas gerais e específicas antielisivas (antiabuso ou antielusivas), a AGU — neste particular, em sentido oposto ao preconizado no presente trabalho — assevera que a natureza do parágrafo único do artigo 116 do CTN é de norma antievasiva, embora dotada de um mais largo espectro, capaz de adentrar o terreno dos "abusos". *In verbis*:

> Ciente de que não é aceitável a nova norma legal aprovada pelo Congresso Nacional seja tida como inócua, que viesse permitir o que já era permitido, estou que a regra, em comento, é, em verdade, uma norma antievasiva, mas explicitamente mais ampla do que as normas que já existiam, a abranger algo além da simulação, do dolo e da fraude, para alcançar ao abuso de forma jurídica como a fraude ao espírito da lei e a falta de propósito negocial, tudo entendido como nuances do abuso de direito. (BRASIL, 2020g, peça 13, p. 07)

Amparando-se fundamentalmente na doutrina de Lobo Torres, o então Advogado-Geral da União firmou posição na direção de que, "embora, no Direito Constitucional-Tributário, devam ser observados os princípios da legalidade e da tipicidade, não há exigência para que essa legalidade seja absolutamente estrita, nem que essa tipicidade seja totalmente fechada" (BRASIL, 2020g, peça 13, p. 10). Para a AGU,[301] longe de vulnerar, o parágrafo único do artigo 116 do CTN veio à luz para efetivar esses e outros princípios constitucionais, como os da igualdade e da capacidade contributiva:

> Não há ferimento aos princípios da legalidade, da tipicidade, nem a não observância da reserva legal, nem há, na espécie, o uso de analogia integrativa, tendo em vista que o fato gerador e seus efeitos são todos previstos em lei, o que se autoriza à administração é negar eficácia aos atos dissimulados, ou seja, aptos a mascarar ou a esconder o fato gerador e os efeitos efetivamente ocorridos, aplicando-se, no máximo, a interpretação extensiva ou a contra-analogia, ou a analogia interpretativa, que não sofrem restrições nem mesmo do CTN.
>
> [...]
>
> Insta notar que, em vez de agredir, o dispositivo do parágrafo único do artigo 116 do C.T.N., introduzido pela Lei Complementar nº 104/2001, veio, em verdade, a prestigiar o princípio da legalidade e seu corolário o princípio da tipicidade, além de atender aos reclamos do princípio da igualdade (C.F., arts. 5º, caput; e 150, II) e da capacidade

---

[301] A semelhança de vários dos excertos transcritos no texto com aqueles abordados quando da análise da prestação de informações pela Presidência da República — algumas linhas acima — se explica porque o então Consultor da União, Oswaldo Othon de Pontes Saraiva Filho, autor da peça encaminhada ao STF em nome da Presidência da República, assina como coautor também a manifestação apresentada pela AGU nos autos, o que esclarece a similitude e, em alguns trechos, até a identidade parcial das fundamentações dos documentos.

contributiva (C.F., art. 145, §1º), uma vez que visa a evitar que a norma legal de incidência de tributação ou mesmo a norma que preveja uma hipótese de não-tributação (isenção, etc.) fosse driblada, contornada, pelo contribuinte, com o expediente de realizar ato ou negócio jurídico formais, que viessem a servir de cobertura, com a finalidade, portanto, de tirar o contribuinte, com a sua manipulação, proveito contra o real fato gerador oculto e, consequentemente, contra o conteúdo econômico efetivo desses expedientes formais. (BRASIL, 2020g, peça 13, p. 08-10)

Evidenciando a completude de sua manifestação, a AGU também não deixou de se pronunciar sobre as polêmicas questões formais que cercam a norma impugnada. Ademais de afirmar se tratar de uma norma de eficácia limitada — inapta, portanto, à produção de efeitos até que disciplinado o procedimento especial exigido pelo legislador —, o órgão assentou seu entendimento sobre a questão do ônus da prova, desta feita socorrendo-se nas lições de Marco Aurélio Greco.

Para a AGU, ao revés do que se defendeu neste trabalho, para desconsiderar atos e negócios jurídicos dissimulatórios, deve a Administração se desincumbir de um duplo *onus probandi*, que somente a ela pode ser imputado: (1) a prova de que a hipótese de incidência do tributo, abstratamente prevista em lei, materializou-se (isto é, que se concretizou a ocorrência do fato gerador); e (2) a prova de que a operação impugnada foi praticada com a finalidade de dissimular o fato gerador real ("ou seja, que não havia motivos empresariais ou operacionais para justificar o ato ou negócio, e que o ato ou negócio foi praticado, apenas, para, burlando o princípio da capacidade contributiva, não pagar imposto, adiar ou reduzir o seu pagamento") (BRASIL, 2020g, peça 13, p. 08-10).

Forte nesses fundamentos e em uma série de precedentes jurisprudenciais colacionados — inclusive do próprio STF, em que pese bastante antigos (década de 1960) — a AGU asseverou a constitucionalidade do parágrafo único do artigo 116 do CTN e manifestou-se pela improcedência dos pedidos delineados na peça inicial da ADI.

Por fim, a última das manifestações que precederam o início do julgamento foi a da PGR, bem mais econômica em argumentos, mas consonante com as anteriores (BRASIL, 2020g, peça 15). Em síntese, rechaçou as alegações de violação aos princípios da legalidade e da tipicidade fechada, "porquanto não se pretende a tributação sem a ocorrência do fato gerador previsto em lei. Ao contrário, o dispositivo impugnado deixa claro que o exercício da competência nele prevista pressupõe a ocorrência de fato gerador legalmente definido e faticamente verificável" (BRASIL, 2020g, peça 115, p. 03). Por decorrência, rejeitou, também, o Ministério Público Federal a tese segundo a qual o parágrafo único do artigo 116 institui a interpretação econômica no Direito Tributário brasileiro e a possibilidade de o Fisco recorrer à analogia para fins de cobrança de tributo não delineado em lei.

No parecer exarado, consta que o real desiderato da norma hostilizada é "impedir a evasão fiscal, razão pela qual permite a desconsideração de ato ou negócio jurídico praticado com a finalidade de mascarar a efetiva ocorrência de fato gerador ou a natureza de elemento constitutivo da obrigação tributária"; por isso, "entende-se que o parágrafo único introduzido pela Lei Complementar nº 104/2001 constitui norma antievasiva, que pretende coibir a evasão fiscal nas suas mais variadas formas" (BRASIL, 2020g, peça 15, p. 04-05). São esses os motivos pelos quais opinou a PGR pela improcedência da ADI, esclarecendo, derradeiramente, que:

> [...] o planejamento tributário — processo de escolha de ação ou omissão que visa à economia de tributos — e a prática da elisão fiscal — conduta lícita que impede o surgimento da obrigação tributária — não estão ameaçados pela norma do parágrafo único do art. 116, do CTN; pois tanto um quanto o outro ocorrem em momento anterior à ocorrência do fato gerador; e a norma em questão trata da possibilidade de desconsideração de ato ou negócio jurídico praticado posteriormente ao fato gerador, com o propósito de dissimular sua ocorrência. (BRASIL, 2020g, peça 15, p. 05)

Chega-se, enfim, ao julgamento. Sem embargo de todas as *nuances* levantadas pelas diversas manifestações destinadas a instruir os autos da ADI nº 2.446, as quais, como já exaustivamente demonstrado em capítulos pretéritos, deram vazão a rios de tinta em décadas de debates doutrinários, o voto condutor prolatado pela Ministra Relatora Cármen Lúcia manteve-se à margem da larga maioria dessas discussões. Em singelas nove laudas, número incompatível com a complexidade que singulariza a matéria atinente ao parágrafo único do artigo 116 do CTN, a Ministra posicionou-se pela constitucionalidade do dispositivo em tela e, por conseguinte, pela improcedência do pedido formulado na inicial da ADI, mas sob argumentos inaptos a dar conta de muitos dos aspectos que, entende-se, deveriam ter sido pacificados pelo STF.

O principal fundamento ventilado no voto é o de que, ao revés do afirmado na inicial, o parágrafo único do artigo 116 do CTN não autoriza a tributação sem previsão legal e sem prévia ocorrência material do fato gerador. O que ele chancela, em verdade, é a desconsideração de atos e negócios jurídicos que tenham por finalidade *ocultar o fato imponível efetivamente concretizado*.

A Ministra Relatora reforça tal argumento com a posição topográfica da norma impugnada: salienta que o parágrafo único foi inserido no artigo 116, dispositivo este que, em seu *caput* e incisos, trata exatamente da *ocorrência do fato gerador*, donde a obliquidade da suposição de que o legislador, com a nova regra, teria legitimado a cobrança de tributo à revelia das hipóteses de incidência devida e precedentemente estabelecidas em lei. Transcreve-se:

> O fato gerador ao qual se refere o parágrafo único do art. 116 do Código Tributário Nacional, incluído pela Lei Complementar n. 104/2001, é, dessa forma, aquele previsto em lei.
> Faz-se necessária, assim, a configuração de fato gerador que, por óbvio, além de estar devidamente previsto em lei, já tenha efetivamente se materializado, fazendo surgir a obrigação tributária.
> Assim, a desconsideração autorizada pelo dispositivo está limitada aos atos ou negócios jurídicos praticados com intenção de dissimulação ou ocultação desse fato gerador.
> O parágrafo único do art. 116 do Código não autoriza, ao contrário do que argumenta a autora, "*a tributação com base na intenção do que poderia estar sendo supostamente encoberto*

*por um forma jurídica, totalmente legal, mas que estaria ensejando pagamento de imposto menor, **tributando mesmo que não haja lei para caracterizar tal fato gerador**"* (fl. 3, e-doc. 2, grifos nossos).
Autoridade fiscal estará autorizada apenas a aplicar base de cálculo e alíquota a uma hipótese de incidência estabelecida em lei e que tenha se realizado. (BRASIL, 2020g, p. 06)

Daí decorreu a conclusão de que é insubsistente a alegação de violação aos princípios constitucionais referidos pela parte autora da ADI. A inferência sustentada pela Ministra Relatora Cármen Lúcia, a rigor, aponta para sentido diametralmente oposto: "Tem-se, pois, que a norma impugnada visa conferir máxima efetividade não apenas ao princípio da legalidade tributária, mas também ao princípio da lealdade tributária" (BRASIL, 2020g, p. 07). Por isso, afirma também que, mesmo diante da vigência do parágrafo único do artigo 116, incólume se mantém a faculdade dos contribuintes de se valerem de planejamentos tributários insertos nos marcos da legalidade vigente para auferirem economias fiscais legítimas (elisão fiscal):

> Não se comprova também, como pretende a autora, retirar incentivo ou estabelecer proibição ao planejamento tributário das pessoas físicas ou jurídicas. A norma não proíbe o contribuinte de buscar, pelas vias legítimas e comportamentos coerentes com a ordem jurídica, economia fiscal, realizando suas atividades de forma menos onerosa, e, assim, deixando de pagar tributos quando não configurado fato gerador cuja ocorrência tenha sido licitamente evitada. (BRASIL, 2020g, p. 07)

Acerca da (auto)aplicabilidade do parágrafo único do artigo 116 do CTN, a Ministra Relatora foi taxativa: "A plena eficácia da norma depende de lei ordinária para estabelecer procedimentos a serem seguidos" (BRASIL, 2020g, p. 02). Portanto, ao menos neste ponto, as controvérsias estão definitivamente dirimidas: não poderão ser desconsiderados os atos e negócios jurídicos dissimulatórios enquanto não disciplinado em lei o procedimento especial textualmente exigido na parte final do dispositivo.

O voto é também explícito ao asseverar a inexistência de mácula ao princípio da separação de poderes, porquanto a norma impugnada não chancelou a suposta usurpação, pela Administração Pública, da competência atribuída, com foros de exclusividade, pela Constituição Federal, ao Poder Legislativo para selecionar as manifestações de capacidade contributiva tidas como tributáveis: "O art. 108 do Código Tributário Nacional não foi alterado pela Lei Complementar n. 104/2001, não estando autorizado o agente fiscal a valer se de analogia para definir fato gerador e, tornando-se legislador, aplicar tributo sem previsão legal" (BRASIL, 2020g, p. 08).

No mesmo passo, foi de plano rejeitada a tese de que o parágrafo único do artigo 116 do CTN logrou instituir um "espaço autorizado de interpretação econômica" (BRASIL, 2020g, p. 09). Comprova-se a assertiva pela posição topográfica do dispositivo: acaso fosse a pretensão do legislador alterar os parâmetros hermenêuticos do Direito Tributário brasileiro, a norma teria de ser inserida no Capítulo IV do CTN, intitulado "Interpretação e Integração da Legislação Tributária", o qual, todavia, remanesceu inalterado. A Relatora também destacou a imutação do artigo 110 do CTN, o qual impede o legislador tributário de modificar a definição, o conteúdo e o alcance de institutos, conceitos e formas de direito privado empregados em outros diplomas com o escopo de delinear ou limitar competências tributárias, opção que reforça o raciocínio por ela trilhado.

Na conclusão do voto, a Ministra Cármen Lúcia assinalou o equívoco em que incorreram muitos doutrinadores ao epitetar a norma vazada no parágrafo único do artigo 116 do CTN como "norma geral antielisão", baseando-se, no mais das vezes, na exposição de motivos do Projeto de Lei Complementar nº 77/1999, que faz expressa alusão ao imperativo de se combater planejamentos tributários praticados com abuso de forma ou de direito. Após traçar a fundamental diferenciação entre os fenômenos da elisão e da evasão fiscais, assim arrematou a Ministra a sua fundamentação: "A despeito dos alegados motivos que resultaram na inclusão do parágrafo único ao art. 116 do CTN, a denominação 'norma antielisão' é de ser tida como inapropriada, cuidando o dispositivo de questão de norma de combate à evasão fiscal" (BRASIL, 2020, p. 09).

Como se vê, o voto sequer tangenciou questões como: (1) o conceito de dissimulação empregado pelo parágrafo único do artigo 116 do CTN e suas (potenciais) relações com as categorias pertinentes na legislação civilista; (2) a viabilidade jurídica do controle de planejamentos tributários abusivos, incursos em ilicitude atípica; (3) a compatibilidade de figuras como o abuso de direito, o abuso de formas, a fraude à lei tributária e a ausência de propósito negocial com o Direito Tributário brasileiro; (4) as eventuais diferenças de escopo entre o parágrafo único do artigo 116 e outras normas preexistentes no próprio CTN igualmente destinadas à coibição da evasão tributária; (5) e a relação do enfrentamento de atos e negócios jurídicos reputados abusivos com princípios constitucionais tributários, como os do dever fundamental de pagar tributos, da solidariedade, da isonomia e da capacidade contributiva, em contraponto ao direito fundamental de liberdade e ao princípio da segurança jurídica.

Conquanto longamente abordados nas manifestações que instruíram os autos — sobretudo a da AGU —, termos como "abuso", "abusivo", "elisão abusiva", "solidariedade", "isonomia", "igualdade" e "capacidade contributiva" sequer foram mencionados no voto condutor, acompanhado por outros quatro Ministros da Corte, senão lateralmente, quando reproduzidos o *caput* do artigo 5º da Constituição Federal (em que consta a palavra "igualdade") e a exposição de motivos do Projeto de Lei Complementar nº 77/1999 (na qual aparece a vocábulo "abuso"). Os demais termos, sequer em alusões marginais, compareceram à fundamentação do voto.

Não obstante o censurável silêncio quanto a essas questões, das linhas e entrelinhas do voto é possível extrair o eixo fundamental que fornece as pistas de como a Corte tenderá a compreender, acaso prevaleça o entendimento trilhado no voto, a matéria dos limites do planejamento tributário. A Ministra Cármen Lúcia acentua, nas laudas iniciais de sua manifestação, a "estrita legalidade tributária" como "o principal instrumento de revelação e garantia da justiça fiscal", fazendo coro à lição doutrinária de Antonio Roque Carraza. Em sequência, invoca a clássica obra de Alberto Xavier para sustentar a tipicidade como "corolário do princípio da legalidade estrita", "a exigir definição precisa dos fatos que podem vir a resultar em tributação" (BRASIL, 2020g, p. 04). Aos dois autores, ajunta-se logo adiante Hugo Brito Machado, com reflexões atinentes ao tema do fato gerador (BRASIL, 2020g, p. 05-06).

Nesse sentido, malgrado não tenham claramente assomado à superfície da fundamentação do voto, os supostos teórico-metodológicos do raciocínio desenvolvido pela Ministra Relatora se deixam entrever sem maiores dificuldades. E são supostos que acenam nitidamente, assim como se observou no julgamento do *Caso Transpinho* pelo TRF-4 (BRASIL, 2019h), para o velho paradigma formalista, que monopolizou a elaboração doutrinária brasileira por décadas a fio.

O silêncio acerca de todas as fundamentais questões enumeradas em linhas pretéritas — postas em debate em todo o mundo nos tempos atuais (inclusive no plano das relações internacionais) —, a ênfase no caráter estrito da legalidade e da tipicidade e a alusão sequencial a autores notadamente adeptos das linhas formalista e hipergarantista sinalizam a restauração daquele tradicional paradigma junto à Corte.

As *potenciais* consequências dessa orientação, visto que o julgamento ainda não se findou, deseja-se discutir no subtópico seguinte, no quadro de um balanço crítico global da jurisprudência dos tribunais brasileiros e dos caminhos que a partir dela se projetam no que tange ao controle de abusividade dos planejamentos tributários no Brasil, campo no qual se definirão as linhas do combate à elusão fiscal no futuro.

6.2.4 Análise e balanço crítico da jurisprudência dos Tribunais brasileiros: o futuro do controle de planejamentos tributários abusivos e do combate à elusão fiscal no Brasil

A avaliação panorâmica da jurisprudência dos tribunais brasileiros, quando cotejada com uma análise de semelhante espécie relacionada ao CARF, revela, tal como se antecipou no prólogo deste capítulo, algumas semelhanças e algumas diferenças. O que se vê tanto lá como aqui — isto é, tanto no âmbito administrativo quanto no judicial — é campear a insegurança jurídica, expressa na inexistência de uniformidade de tratamento (terminológico, teórico-dogmático e metodológico) da matéria dos limites do planejamento tributário, com especial relevo para concepções demasiado contraditórias entre si da norma positivada pelo parágrafo único do artigo 116 do CTN. Já as discrepâncias, para além do aspecto quantitativo (opulência vs. escassez de precedentes), fulguram nas tendências que hoje ganham (ou já ganharam) corpo em um e noutro campos (substancialismo vs. formalismo), acentuando-se quando tomada a análise em termos prospectivos.

Como visto, as primeiras decisões estudadas (casos Rexnord e Josapar), proferidas pelo TRF-4 nos idos de 2005 e 2006, prestigiaram, embora sob fundamentação teórica claudicante (mixada com elementos volitivos), o conceito ampliado de simulação já tantas vezes criticado neste trabalho (BRASIL, 2005, 2006b). Lá se tratava de arranjos negociais (incorporações às avessas) de teor elusivo, mas que tiveram declarada a sua inoponibilidade perante o Fisco com base numa concepção de simulação fiscal que, a rigor, dada a sua dilatação semântica, o Direito Tributário brasileiro não comporta, especialmente desde a edição da Lei Complementar nº 104/2001. Aí se mostrou, portanto, uma primeira faceta, ainda incipiente, das compreensões jurisprudenciais pátrias.

As duas decisões monocráticas prolatadas pelo Ministro Humberto Martins, no âmbito do STJ, em 2010 (AgRg-REsp 1.070.292-RS) e 2013 (AREsp 323.808-SC), nenhum elemento agregaram ao debate (BRASIL, 2010c, 2013a). Nesta última, porque o mérito do recurso especial (autoaplicabilidade do parágrafo único do artigo 116 do CTN) sequer chegou a ser apreciado. Na primeira, porque o Ministro não se debruçou com especificidade sobre tão importante questão, embora uma nota crítica não possa deixar de ser feita: a transcrição de excertos do acórdão recorrido (prolatado pelo TRF-4 e que foi mantido no julgamento) que tratavam da aplicação imediata da referida norma e a sua suposta vinculação ao paradigma da interpretação econômica do Direito Tributário, desacompanhada dos reparos devidos, soou como uma aquiescência tácita[302] das teses perfilhadas pela Corte *a quo*, o que de nenhum modo poderia prevalecer por razões já amiúde explanadas.

As atecnias e incongruências teórico-metodológicas também não deixaram de comparecer aos acórdãos proferidos no âmbito do TJMG, entre 2011 e 2012. Além de o critério da ausência de propósito negocial haver sido mobilizado como fundamento para caracterizar como fraudes fiscais operações de feições elusivas, novamente se vislumbrou a confusão dos escopos dos artigos 116, parágrafo único, e 149, inciso VII, do CTN, sendo ambos considerados, no entendimento prevalecente (por maioria), normas antievasivas. Ao fim e ao cabo, o que se teve, uma vez mais, foi a desconstituição de planejamentos tributários abusivos sem a observância do procedimento especial exigido pelo legislador (BRASIL, 2011c, 2011d, 2012a).

No conjunto de julgados registrados entre 2013 e 2020, nos acervos jurisprudenciais dos Tribunais Regionais Federais, explicitam-se todas as incoerências que subtraem as razoáveis margens de segurança jurídica expectadas pelos contribuintes: decisões há que afirmam expressamente a natureza antievasiva na norma consagrada pelo parágrafo único do artigo 116 do CTN, enquanto outras a assimilam como uma norma geral antielisiva. Noutro prisma, viram-se precedentes que procederam ao controle de abusividade dos planejamentos fiscais impugnados (mediante aplicação, por exemplo, da teoria do abuso de formas jurídicas); ao passo que outros destacam ser juridicamente viável somente a desconsideração de planejamentos tributários incursos em evasão fiscal (ilicitudes típicas, como o dolo, a fraude e a simulação).

---

[302] Tanto é assim que, como se mencionou naquela parte do texto, este é um precedente que foi citado em mais de uma oportunidade em decisões do CARF com o fito de fortalecer a insustentável tese da eficácia imediata do parágrafo único do artigo 116 do CTN.

Outro fator a ser criticamente sublinhado consiste na desconstituição de atos e negócios jurídicos reputados abusivos (isto é, não incursos em ilícitos típicos) à revelia da aplicação do parágrafo único do artigo 116 do CTN. Tal se observou, por exemplo, na última decisão analisada (Apelação cível nº 5000235-94.2019.4.04.7103/RS), proferida pela 1ª Turma do TRF-4 em maio de 2020, a qual, malgrado tenha adotado a mais precisa interpretação do dispositivo (norma geral antielisiva/antielusiva vocacionada a combater violações indiretas à lei), contornou-o para desconsiderar o planejamento tributário questionado com esteio em "segura construção jurisprudencial" (BRASIL, 2020f). Contudo, como se buscou sublinhar, o reconhecimento da existência de uma norma antielusiva num ordenamento jurídico deve convertê-la em via exclusiva de coibição de operações abusivas (no caso brasileiro, denominadas "dissimulatórias").

A defasagem terminológica apontada com criticidade em relação à jurisprudência do CARF aqui deve ser repisada: em nenhuma decisão, o termo "elusão" foi empregado ou problematizado. Reitere-se, aqui, o fundamento da crítica para logo repelir as invectivas amparadas na imputação de preciosismos ou academicismos de qualquer espécie: além da obsolescência da binária oposição elisão-evasão, a invocação do termo "norma antielisiva" soa, à primeira vista, como norma de vedação à elisão fiscal, o que não se confirma, pois o objeto de sua incidência são os negócios jurídicos fundados em estratégias abusivas (dissimulatórias), e não os planejamentos tributários legitimamente ordenados.

Não há qualquer objeção possível à afirmação da inconstitucionalidade de uma norma geral proibitiva da elisão, fenômeno lícito por natureza, donde a importância de se incorporar à terminologia dominante uma terceira categoria que, em parte, desfaça o babelismo que neste trabalho tanto se censurou.

Um exame mais austero das decisões judiciais sobre os limites do planejamento tributário pode, também, denunciar, sem exageros, uma simplificação demasiada na apreciação das controvérsias à matéria atinentes, posto que incorporam muito pouco da sofisticada produção doutrinária acumulada nos últimos anos (o que vale, sobretudo, para o voto condutor proferido no julgamento da ADI nº 2.446 pelo STF). Salvo uma ou outra decisão, de caráter excepcionalíssimo, a ampla maioria dos precedentes sequer alude à principiologia de extração constitucional — princípios da solidariedade, da isonomia e da capacidade contributiva — dirigida a preservar a higidez do sistema tributário nacional. O dever fundamental de pagar tributos, categoria fortemente enfatizada neste estudo, não compareceu à fundamentação de qualquer dos acórdãos esquadrinhados ao final do presente capítulo.

De outra parte, há também que se ponderar que a atenuada diversidade de casos levados à apreciação do Poder Judiciário (como visto, muitas delas reduzem-se à problemática pertinente à sujeição passiva do produtor rural à contribuição do salário-educação) constitui fator que seguramente contribui para a travagem do desenvolvimento de entendimentos jurisprudenciais mais detalhados e abrangentes sobre o tema.

Talvez o incremento das judicializações testemunhado nos últimos dois anos, que propende a trazer a lume situações cada vez mais complexas e que requeiram mais esmeradas reflexões dos tribunais, auxilie nessa evolução qualitativa das abordagens. No entanto, mesmo considerada essa circunstância, a desaprovação da atenuada absorção dos contributos doutrinários para atualizar e aprimorar as apreciações judiciais carece de ser registrada.

A nota crítica final, como não poderia deixar de ser, reserva-se à visível tendência de revitalização do paradigma formalista, em âmbito judiciário,[303] no campo do controle de legalidade de planejamentos tributários. Neste ponto, são merecedores de críticas o acórdão proferido pela 2ª Turma do TRF-4 no caso Transpinho e o voto prolatado pela Ministra Cármen Lúcia (e acompanhado por outros quatro Ministros da Corte) nos autos da ADI nº 2.446, pelo retrocesso que patrocinam (neste último caso, não pela iminente conclusão do julgamento — constitucionalidade do parágrafo único do artigo 116 do CTN —, mas pelos fundamentos que a embasam: a natureza de norma antievasiva do dispositivo e a grave restrição de seu alcance) (BRASIL, 2019h, 2020g).

Restaurar, no termo cunhado por Godoi, o normativismo-conceitualista que vincou a jurisprudência do CARF no século passado significa tentar solucionar os complexos problemas destes tempos com teorias e métodos cujos fundamentos remontam a cinco ou seis décadas atrás, apegando-se a ilusórias pretensões de segurança jurídica máxima ou à dita "defesa intransigente" dos direitos e garantias do contribuinte, quando obviamente não é disso que se trata. Nenhum estudo sério há de legitimar a violação ao estatuto constitucional do contribuinte, conquista histórica assaz importante e devidamente consolidada na disciplina normativa da Constituição de 1988.

O que se busca, em verdade, é equilibrar bens e valores constitucionais, pois, se de um lado são invioláveis os direitos e garantias individuais, de outro repousam preceitos como os princípios da solidariedade, da igualdade, da capacidade contributiva e do dever fundamental de pagar tributos, sem os quais não se pode concretizar a faceta social-democrática que a modelagem institucional do Estado brasileiro logrou instituir.

O desiderato, aqui, não é, definitivamente, a rarefação dos direitos dos contribuintes, mas a coibição dos abusos que, se tolerados, implicam a penalização de outros contribuintes, à medida que se fragiliza o equilíbrio do sistema tributário nacional. Em uma palavra: trata-se de buscar, entre os extremos, o ponto de equilíbrio, onde reside, consoante uma conhecida filosofia grega, a verdadeira virtude (NABAIS, 2018).

Reduzir o parágrafo único do artigo 116 do CTN a mera norma antievasão, que, sob tal compreensão, nada de novo traz ao ordenamento jurídico brasileiro, implica condescender com as cada vez mais plurais e diversificadas infrações perpetradas

---

[303] A aludida discrepância de tendências, sob um prisma prospectivo, destacado inicialmente, entre as jurisprudências do CARF e dos tribunais brasileiros reside neste ponto: enquanto no âmbito administrativo, segue firme, embora com todos os seus tropeços e equívocos (a serem corrigidos), a orientação substancialista que permite combater abusos dos planejamentos fiscais segundo critérios materiais, no âmbito judicial ganha força a orientação oposta, de se restringir a sua análise a parâmetros puramente formalistas, notoriamente insuficientes para propiciar um controle efetivo da elusão fiscal.

contra o sistema tributário de maneira artificiosa, mediante distorções hermenêuticas da legislação tributária, e que grandes impactos fiscais podem trazer ao Estado Social e Democrático de Direito pactuado em 1988. O mundo hoje caminha em direção oposta, empenhando-se em estancar os intensivos processos de erosão das bases tributáveis por meio da coibição — no âmbito internacional — dos planejamentos tributários agressivos (*vide* os planos de ação do BEPS). É imperativo que o Brasil se sintonize a essas tendências internacionais e sob tais vetores articule as suas políticas fiscais.

A orientação sinalizada pelo STF no julgamento da ADI nº 2.446, que está a um voto de converter-se em definitivo precedente da Corte,[304] é grave sintoma de um Poder Judiciário e, por conseguinte, de uma ordem jurídica que fazem tábua rasa do combate à elusão fiscal. Parafraseando Casalta Nabais (2001, p. 20),[305] empreender essa luta eficaz contra as múltiplas e variadas formas de elusão constitui, nos tempos que correm, uma tarefa inadiável e verdadeiramente titânica para todos os governos assentados em alicerces democráticos; porém, trata-se de "uma luta que não pode deixar de ser travada [...] em termos de conseguirmos um mínimo de êxito, sob pena de vermos o próprio Estado democrático ir ao fundo sem apelo nem agravo".

É necessário, pois, refrear a crescente tendência de os contribuintes mais poderosos alcandorarem-se em relação às malhas regulares da tributação, a promover o tal "*apartheid* fiscal" de que fala o autor lusitano, ao passo que, desonerando-se a si próprios de modo abusivo do dever fundamental de pagar tributos, sobrecarreguem os demais contribuintes, os quais, "não podendo fugir aos impostos, se tornam verdadeiros reféns ou cativos do Fisco por impostos alheios" (NABAIS, 2018, p. 68-69).

Assim é que, somente enfrentando com alguma efetividade o flagelo da elusão fiscal, em suas cada vez mais complexas e sofisticadas faces, possível se fará a justa repartição dos encargos públicos (justiça fiscal) e a consecução do esperançoso programa constitucional urdido em 1988, a pavimentar as veredas para a construção de uma sociedade brasileira autenticamente livre, justa, solidária, igualitária e democrática no futuro. E a iminente decisão do STF na ADI nº 2.446 põe em xeque esse futuro. É isto que está em jogo.

---

[304] Reitere-se, neste ponto, que o foco da diatribe tecida no texto se concentra não na probabilíssima conclusão pela constitucionalidade do parágrafo único do artigo 116 do CTN, mas na sua caracterização como norma antievasão (inapta, portanto, ao controle de ilicitudes atípicas), sobretudo no atual momento em que, sob a égide do CPC de 2015, foi reanimado o debate acerca da eficácia vinculante (ou da transcendência) dos motivos determinantes das decisões em sede de controle concentrado de constitucionalidade (*vide* as ADIs nº 4.697 e nº 4.762, julgadas em 06 de outubro de 2016).

[305] A paráfrase deve-se ao fato de a reflexão referenciada no texto aludir, originalmente, ao fenômeno da evasão fiscal. Entretanto, em intervenções públicas posteriores, o próprio Casalta Nabais acresceu ao âmbito temático de tal reflexão — aproveitando, inclusive, passagens literais da mesma — o cenário dos planejamentos fiscais abusivos, o que se testemunhou, por exemplo, em sua palestra ministrada no 3º *Congresso Luso-Brasileiro de Auditores Fiscais e Aduaneiro*, realizado em novembro de 2018, na cidade do Porto, em Portugal, intitulada "Sobre a educação e cidadania fiscal" (NABAIS, 2018).

CONSIDERAÇÕES FINAIS

A quadra histórica atual externa claros sinais de que as ordens jurídicas contemporâneas já não podem reduzir-se a regimes unilaterais de direitos. O constitucionalismo do século XXI, incumbido da difícil tarefa de consolidar democraticamente os fundamentos regulatórios de sociedades humanas em franco processo de liquefação, dinamizadas por ritmos hiperacelerados e por vínculos interpessoais cada vez mais rarefeitos, somente poderá perenizar-se se lograr êxito na missão de incorporar os deveres fundamentais ao nível da consciência constitucional dos indivíduos.

As duas primeiras décadas do novo milênio, à vista das múltiplas convulsões e instabilidades que em seus estreitos limites já tiveram lugar — guerras permeadas por ameaças nucleares, catástrofes ambientais, conflitos geopolíticos, reacendimento de tensões étnico-raciais, crises humanitárias, recessões econômicas globais, crises de saúde de proporções pandêmicas etc. —, ofereceram evidências empíricas de que a concretização de direitos fundamentais está hipotecada, cada vez mais, ao cumprimento dos correspondentes deveres, constatação igualmente válida para os planos nacional e internacional.

Daí a urgência de se fazer coro ao eloquente apelo de José Casalta Nabais por um Estado Democrático de Direito cujos alicerces se sintetizem num programa constitucional capaz de reunir direitos e deveres fundamentais como partes autônomas, porém complementares de um mesmo estatuto, o "estatuto constitucional do indivíduo". A este caberá o desafio de equilibrar dinamicamente direitos e deveres, possibilitando a saudável reprodução das comunidades políticas organizadas sem a obliteração das liberdades fundamentais, pois é dessa conciliação entre valores comunitários e autodeterminação individual que há de se exprimir, em sua forma mais apurada, o ideal de dignidade humana enquanto núcleo axiológico das ordens jurídicas hodiernas.

Num tal quadro, ganha especial relevo o dever fundamental de pagar tributos, porquanto a sua satisfação traduz, nas condições de vida contemporâneas, um pressuposto da implementação de direitos (seja de que natureza forem — desde as liberdades negativas até os direitos sociais), do funcionamento do Estado, da garantia das liberdades humanas e, com efeito, da preservação de uma sociedade civilizada.

Não se pode deixar cair em olvido que a edificação do Estado Democrático de Direito, em todos os quadrantes do mundo ocidental, é a maior conquista civilizatória dos últimos séculos, sobretudo quando se põem em perspectiva todas as catástrofes testemunhadas no curso do século XX e que serviram de impulso histórico à sua construção. Somente concebendo os tributos como fontes legítimas de seu financiamento — sempre sujeitos, evidentemente, aos imperativos democráticos e aos fins constitucionais —, com o seu pagamento alçado à estatura de dever fundamental, é que se pode fazer jus à magnitude histórica dessa conquista histórica.

A Constituição Federal de 1988, marco da redemocratização brasileira, embora não tenha consagrado textualmente em suas disposições o dever fundamental de pagar tributos, acolheu todos os pressupostos que permitem afirmar a sua existência como categoria constitucional autônoma e dotada de força normativa no ordenamento jurídico nacional: (1) delineou a fisionomia fiscal do Estado brasileiro (fixando a arrecadação de tributos como a fonte principal de seu custeio material); (2) consagrou um modelo de economia de livre mercado (promovendo uma clara separação funcional entre as esferas do Estado e da sociedade civil); (3) assegurou a liberdade de iniciativa como um princípio estruturante da ordem econômica; e (4) positivou a soberania fiscal e o poder tributário do Estado, conquanto limitados constitucionalmente e subordinados, como dito, ao princípio da dignidade humana e aos ideais democráticos.

Uma interpretação sistemática da Constituição de 1988 trata de evidenciar a afinidade eletiva existente entre o dever fundamental de pagar tributos e os princípios da solidariedade, da igualdade e da capacidade contributiva. Juntos, tais preceitos formam um arcabouço principiológico que visa à garantia de um sistema tributário justo, equilibrado e democrático, que guarde coerência com os objetivos fundamentais da República de construir uma sociedade livre, justa e solidária e de erradicar a pobreza, a marginalização e reduzir as desigualdades sociais e regionais (artigo 3º, incisos I e III, CF). É sob tais postulados que o STF tem paulatinamente consolidado o dever fundamental de pagar tributos como preceito constitucional de realce em sua jurisprudência.

Não se pode deixar de sublinhar que, ao revés do que argumentam equivocamente certos segmentos doutrinários, o debate acerca da existência do dever fundamental de pagar tributos não se encontra encapsulado num teoricismo que nada tem de relevante a oferecer. Do reconhecimento de tal dever, decorrem consequências jurídicas e práticas de relevo, como: (1) a assimilação da força conformadora do dever fundamental de pagar tributos na moldagem da legislação tributária ordinária; (2) a incorporação do mesmo como vetor hermenêutico daquela legislação; (3) a configuração das relações limitativas do dever fundamental de pagar tributos com as liberdades constitucionais do contribuinte; (4) a tomada do mesmo como parâmetro para controle de constitucionalidade; (5) a necessidade de se municiar a Administração de ferramentas eficazes para exercer as suas atividades de fiscalização e cobrança de tributos (dimensão instrumental); (6) a justiciabilidade do dever fundamental de pagar tributos, expressa na possibilidade de reivindicação judicial do seu cumprimento; e (7) a aproximação do estudo das receitas e das despesas públicas, com o reforço da legitimidade democrática do controle social das atividades do Estado.

Dos sete consectários enumerados no parágrafo anterior, os três primeiros merecem especial destaque, porquanto se vinculam à dimensão mais importante (e inovadora) deste trabalho no terreno da dogmática constitucional: a afirmação do caráter principiológico dos deveres fundamentais. Rompendo com a hegemonia da teoria dos limites imanentes junto à doutrina situada neste campo, sustentou-se a natureza principiológica dos preceitos que consagram deveres fundamentais, segundo os pressupostos teórico-metodológicos analogicamente recolhidos da obra de Robert Alexy.

Em suma, afirmou-se a existência de uma homologia (equivalência estrutural ou isomorfismo) entre as normas de direitos fundamentais e as normas de deveres fundamentais, visto que estas, tal como aquelas, se caracterizam, em oposição ao que se observa no caso das regras, por instituírem deveres *prima facie* (em abstrato) e deveres definitivos (em concreto), traduzindo-se, também, como mandamentos de otimização, suscetíveis, pois, à lógica da ponderação.

Desse modo, é por se asseverar a natureza do dever fundamental de pagar tributos como *princípio constitucional* estruturante do Sistema Tributário Nacional que se pode concebê-lo como um vetor de conformação e de interpretação da legislação tributária, além de categoria autônoma que se apresenta como potencial restrição a direitos fundamentais (máxime os de liberdade), segundo o método do sopesamento.

Entretanto, viu-se, com Virgílio Afonso da Silva, que, na hipótese de o conflito normativo se manifestar entre um direito fundamental e uma regra ordinária ancorada num dever fundamental, consuma-se não uma hipótese de colisão, mas de *restrição legal constitucionalmente autorizada*. Neste caso, compreende-se que o próprio legislador realiza um sopesamento em abstrato entre dois bens constitucionais (o direito e o dever fundamentais), do qual resulta a instituição da regra restritiva, cuja aplicação obedece ao método da subsunção, em conformidade com a sua natureza normativa. Tem-se, em tais situações, uma exceção à dinâmica da ponderação entre direitos e deveres fundamentais, perfeitamente possível, como assinalado, em razão da natureza principiológica compartilhada por ambas as categorias constitucionais e da sua consequente qualificação como mandamentos de otimização.

Sucede que o reconhecimento do dever fundamental de pagar tributos, obviamente, não implica o aniquilamento das liberdades fundamentais. No campo do Direito Tributário, a Constituição Federal de 1988 inegavelmente outorgou aos contribuintes o direito fundamental de liberdade fiscal, expresso na ideia de auto-organização ou de livre conformação patrimoniais, ladeada com as liberdades contratuais e de iniciativa. Com efeito, é imperioso admitir a legitimidade *prima facie* dos planejamentos tributários, compreendidos como uma técnica de sistematização metódica e preventiva de atos e negócios jurídicos, embasada numa interpretação ampla e sistemática da legislação tributária, vocacionada a propiciar ao contribuinte a redução, a supressão ou o diferimento no pagamento de tributos dentro das margens da legalidade.

Sempre que o particular dessa técnica lança mão a partir de estratégias compatíveis com a ordem jurídica, legitimamente se aperfeiçoa o fenômeno da elisão (economia fiscal lícita). Entretanto, se as estratégias utilizadas pelo contribuinte implicam violações frontais à lei (simulação, dolo, fraude, conluio e sonegação), tem-se a figura da evasão fiscal (economia fiscal ilícita). A maioria da doutrina brasileira, com seu pendor formalista, compreende as condutas de resistência ao pagamento de tributos apenas segundo essas duas categorias, sustentando que o planejamento tributário pelo contribuinte formulado será insuscetível de censura no primeiro caso (elisão) e passível de desconsideração no segundo (evasão), a resultar na cobrança do tributo evadido.

Grandes controvérsias provocou na doutrina pátria a edição da Lei Complementar nº 104/2001, que adicionou ao artigo 116 do CTN um polêmico e frequentemente mal compreendido parágrafo único que assim dispõe: "A autoridade administrativa poderá desconsiderar atos ou negócios jurídicos praticados com a finalidade de dissimular a ocorrência do fato gerador do tributo ou a natureza dos elementos constitutivos da obrigação tributária, observados os procedimentos a serem estabelecidos em lei ordinária". Embora profundamente divergentes as interpretações do dispositivo, claro está que o desígnio do legislador foi estabelecer uma restrição à liberdade fiscal do contribuinte na estruturação de planejamentos tributários, considerando inoponíveis ao Fisco os atos e negócios jurídicos qualificados como "dissimulatórios".

Defendeu-se, no trabalho, que o legislador brasileiro, sintonizado com diversas experiências internacionais (e por elas inspirado), instituiu no ordenamento jurídico nacional uma *norma geral antielusiva*, isto é, uma norma destinada a combater a elusão fiscal. Nesta linha, conceituou-se este termo como a conduta de praticar atos ou negócios destituídos de causa jurídica legítima, mediante métodos artificiosos, com a exclusiva finalidade de economia tributária, de modo a acarretar violações indiretas e oblíquas à lei. Noutro dizer, trata-se de ações consonantes com a literalidade da lei para vulnerar o seu "espírito", por meio de distorções hermenêuticas da legislação tributária que ao contribuinte propiciam uma vantagem fiscal indesejada pela ordem jurídica. Em síntese, ante a textual alusão a operações dissimulatórias, entendeu-se que o legislador fez referência ao fenômeno da elusão tributária (e não à simulação relativa, como argumenta a maioria da doutrina).

De modo ainda mais específico, compreende-se que o artigo 116, parágrafo único, do CTN consagrou a figura da *fraude à lei tributária* como matriz de reação a planejamentos fiscais abusivos, assim concebidos aqueles assentados em ilicitudes atípicas (elusivas ou dissimulatórias). Como espécies de fraude à lei tributária, tem-se o abuso de formas jurídicas (distorção dos tipos negociais de direito privado para celebrar transações desprovidas de causa) e a ausência de propósito negocial (efetuação de operações destituídas de motivação extratributária, as quais igualmente acarretam uma ilegalidade por ausência de causa jurídica lídima do negócio). Consumadas essas hipóteses, pode a Administração desconsiderar os planejamentos tributários elaborados, posto que abusivos, com fulcro no parágrafo único do artigo 116 do CTN, e, por conseguinte, cobrar os tributos que pretendeu o contribuinte eludir.

Argumentou-se longamente que a edição dessa norma geral antielusiva, nos moldes interpretativos acima resumidos, não apenas é compatível com a Constituição, como é por ela estimulada, dada a sua aptidão para fomentar o dever fundamental de pagar tributos e, também, os princípios da solidariedade, da igualdade e da capacidade contributiva. Cogita-se, pois, de uma típica hipótese da exceção enunciada por Virgílio Afonso da Silva: a regra tipificada no parágrafo único do artigo 116 do CTN afigura-se produto de um sopesamento *in abstracto*, realizado pelo legislador, entre o dever fundamental de pagar tributos e o direito fundamental de liberdade fiscal, traduzindo uma legítima (constitucional) restrição à prerrogativa de auto-organização do contribuinte e de sua liberdade para ordenar planejamentos fiscais.

Com efeito, o que fez o legislador foi demarcar duas zonas normativas distintas: uma de combate à evasão tributária (ilícitos típicos), matrizada, sobretudo, no artigo 149, inciso VII, do CTN; e outra de coibição à elusão fiscal (ilícitos atípicos), centrada no artigo 116, parágrafo único, do mesmo diploma legal. Entende-se que essas duas zonas normativas não são intercambiáveis, pois possuem objetos, objetivos e métodos distintos: a primeira ataca os planejamentos tributários baseados em atos e negócios jurídicos incursos em simulação, dolo, fraude, conluio e sonegação, ensejando *diretamente* o lançamento de ofício do tributo; a segunda ataca os planejamentos tributários abusivos, isto é, praticados em fraude à lei tributária, mediante abuso de formas e/ou ausência de propósito negocial, mas que apenas pode ser operada *se observado o procedimento especial* exigido pelo parágrafo único do artigo 116.

Cuida-se, aqui, de um ponto de sensível importância, que também empolga candentes discussões doutrinárias. Ao contrário do que sustentam alguns autores, também infensos ao formalismo exacerbado que distingue a doutrina tradicional, advoga-se a interpretação segundo a qual a norma geral antielusiva brasileira é ineficaz até que regulamentado o parágrafo único do artigo 116, conforme textual exigência (disciplinamento de procedimento especial) lida na parte final de seu enunciado normativo.

Assim, até que suprida essa grave omissão legislativa, não poderão ser requalificadas e desconstituídas as transações concebidas como dissimulatórias, na medida em que, consoante corretamente assinalam Sérgio André Rocha e Marciano Godoi, a edição de uma norma geral antielusiva num dado ordenamento jurídico positivo converte-a em *via exclusiva* de desconsideração de atos e negócios elusivos.

Nesse sentido, todo ato administrativo de desconsideração que no parágrafo único do artigo 116 do CTN hoje se fundamenta, ignorando a sua não regulamentação por lei ordinária, para declarar a inoponibilidade de um planejamento fiscal, se despenha em ilegalidade. O legislador, reconhecendo a maior complexidade das operações elusivas, estabeleceu a necessidade de se assegurar ao contribuinte o contraditório e a ampla defesa num nível mais qualificado, em cujo exercício poderá ele comprovar que não abusou das formas jurídicas de que se revestiu a transação impugnada ou que o negócio possuía alguma motivação extrafiscal que o justificasse.

Esta última afirmação permite sublinhar um aspecto demasiado importante: para que se repute dissimulatória/elusiva uma determinada operação, a finalidade de reduzir, afastar ou diferir o pagamento de tributo há de ser exclusiva, e não apenas preponderante. Assim, na hipótese de haver motivações fiscais e extrafiscais concorrentes, não poderá ser arguida a fraude à lei tributária sob o argumento da ausência de propósito negocial, quedando-se imune o planejamento tributário estruturado, sob o aspecto em consideração,[306] a qualquer ingerência por parte do Fisco. Eis aí mais uma razão para se assegurar o procedimento especial que condiciona a eficácia do parágrafo único do artigo 116, posto que o exame de operações potencialmente elusivas envolve, invariavelmente, complexas matérias de índole probatória, essenciais à preservação dos postulados ínsitos ao devido processo administrativo.

Outras importantes conclusões destacadas no trabalho foram as de que: (1) o parágrafo único do artigo 116 do CTN em nada guarda relação com o paradigma da interpretação econômica do Direito Tributário, eis que a fenomenologia da incidência tributária permanece adstrita, exclusivamente, a *critérios hermenêuticos de natureza jurídica*; (2) o citado dispositivo não implica tributação por analogia ou por ficção jurídica, haja vista que a norma tributária incidível sobre a operação elusiva já existe e é eficaz, porém acaba contornada artificialmente pelo contribuinte infrator; (3) o ônus da prova no procedimento especial de desconsideração é dinâmico: cabe inicialmente ao Fisco, mas pode ser invertido por decisão fundamentada na hipótese em que a respectiva prova seja de difícil ou impossível produção pela Administração, a exemplo dos casos de comprovação de motivação extratributária para a prática da operação; (4) é dispensável a prova do elemento subjetivo (dolo) do contribuinte incurso em conduta elusiva, sujeitando-se o ato de desconsideração à regra geral enunciada pelo artigo 136 do CTN; (5) o comportamento elusivo, enquanto inequívoca espécie de ilícito, é passível

---

[306] Justifica-se essa ressalva pelo fato de o planejamento tributário, ainda que comprovada a existência de razões extrafiscais a impulsionar os atos e negócios que o compõem, poder incorrer na outra modalidade de fraude à lei tributária: o abuso de formas.

de penalização, mas não com as chamadas multas qualificadas, as quais se restringem às hipóteses de evasão fiscal dolosamente praticadas.

Não se ignora que o reconhecimento da natureza de norma geral antielusiva do artigo 116, parágrafo único, do CTN, supõe uma relativização dos clássicos princípios da legalidade estrita e da tipicidade fechada, cultuados pela doutrina tributarista tradicional. No entanto, sustentou-se que, sob o paradigma do neoconstitucionalismo e da consequente constitucionalização do Direito Tributário, é patente o anacronismo de tão reducionista leitura daqueles princípios, aprisionada à literalidade dos textos legais, como se os mesmos contivessem um sentido unívoco e predeterminado, cabendo ao intérprete apenas revelá-lo (e nunca, em alguma medida, construí-lo hermeneuticamente, tomando por ponto de partida necessário da atividade interpretativa os limites sintáticos e semânticos empregados no enunciado normativo).

O caráter principiológico e a força normativa do dever fundamental de pagar tributos, principal suporte constitucional do parágrafo único do artigo 116 (em aliança com os já mencionados princípios da solidariedade, da isonomia e da capacidade contributiva), além da natureza de *norma geral* de que se reveste este último, reforçam uma textura mais aberta (ou, se assim se preferir, uma abertura tipológica) das normas tributárias, tornando-as permeáveis aos imperativos constitucionais de democracia fiscal, justiça social, solidariedade, isonomia e capacidade contributiva. Interpretação oposta redundaria, inexoravelmente, no sacrifício de bens constitucionalmente tutelados em nome de um culto positivista às frias letras da lei, que não mais encontra lugar sob a égide dos postulados hermenêuticos ínsitos ao Estado Democrático de Direito.

Ademais, ao fim das contas, esse entendimento que, na superfície do texto, aparenta se constituir apenas como uma flexibilização da legalidade tributária, em verdade destina-se a defendê-la, porquanto garante, ao proibir as condutas elusivas, a blindagem da legislação não somente em face de violações diretas e frontais, mas também contra ofensas indiretas e transversais, proporcionadas por métodos artificiosos mobilizados pelo contribuinte ao estruturar planejamentos fiscais abusivos. Sem contar, outrossim, que a exigência de procedimento especial para aplicação do parágrafo único do artigo 116 do CTN, conforme acima argumentado, faz prova de que não se propõe, aqui, o aniquilamento da legalidade tributária, e sim a sua adaptação às dinâmicas socioeconômicas contemporâneas, que o Direito Tributário aspira regular.

Sedimentadas todas essas conclusões, propôs-se, no capítulo final do trabalho, uma análise panorâmica e um balanço crítico da jurisprudência fiscal brasileira. No âmbito do CARF, pôde-se observar um arcabouço de decisões demasiado heterogêneo e repleto de contradições, o que em alguma medida se deve — não se deixou de observar no texto — à *sui generis* composição (mista) do órgão. Historicamente, a tendência jurisprudencial mais visível foi a evolução de concepções profundamente formalistas, alinhadas ao normativismo-conceitualista da doutrina tradicional, até entendimentos substancialistas no exame da legalidade dos planejamentos tributários.

Na primeira fase de desenvolvimento da jurisprudência do CARF, que incólume se manteve até aproximadamente o final da década de 1990, entendia-se que somente poderiam ser desconsiderados os atos e negócios jurídicos incursos em vulnerações frontais da lei (evasão fiscal). Não se admitia a declaração de inoponibilidade ao Fisco de planejamentos tributários associados ao signo do abuso, ante as incontornáveis injunções dos princípios da estrita legalidade e da segurança jurídica. Em suma, esquadrinhavam-se os planejamentos tributários unicamente à luz de critérios formais, quedando-se válidas todas as operações e transações que não implicassem simulação, dolo, fraude, conluio ou sonegação.

Na entrada do novo século, a jurisprudência do Conselho começou a paulatinamente incorporar critérios materiais no escopo de controle de legalidade de atos e negócios jurídicos tendentes à redução de carga tributária. Essa gradativa virada de entendimento demarcou o início da segunda fase da jurisprudência fiscal administrativa, que até os dias atuais se estende. Tornou-se comum, nas fundamentações dos acórdãos, a alusão a preceitos de estatura constitucional, como a solidariedade, a igualdade, a capacidade contributiva, a justiça social, a verdade material e o dever fundamental de pagar tributos. Figuras como o abuso de direito, o abuso de formas jurídicas e a fraude à lei tributária também se fizeram presentes com maior constância nos precedentes. Mas a teoria hegemônica, que realmente matriza a jurisprudência do CARF há alguns anos, é a da *ausência de propósito negocial*, convertida em critério decisivo de aferição da artificialidade de planejamentos fiscais realizados pelos contribuintes.

É relevante notar que o parágrafo único do artigo 116 do CTN praticamente em nada influenciou, em termos práticos, o encetamento dessa nova tendência histórica de cariz substancialista, visto que permaneceu letra morta por aproximadamente uma década e meia desde a sua edição, em 2001. A via fundamental eleita pelo CARF para robustecer o combate a planejamentos tributários abusivos foi uma ampliação hermenêutica do conceito de simulação, assimilada segundo pressupostos causalistas (e não mais voluntaristas, como outrora), o que permitiu ao órgão desconsiderar transações consideradas artificiais diretamente com fulcro no artigo 149, inciso VII, do CTN.

Esse fator conduziu parte da doutrina, com especial destaque para Marciano Godoi, a considerar a existência de uma "norma geral antielusiva construída jurisprudencialmente", cujo fundamento consiste no conceito dilatado (causalista) de simulação. Daí a sua correta observação, junto a Andréa Karla Ferraz, de que, em última análise, os limites do planejamento tributário são hoje ditados, pelo CARF, em função do conceito de simulação e de sua amplitude, que acaba indevidamente mixado a categorias como abuso de direito, abuso de formas, fraude à lei e propósito negocial.

Entretanto, nos últimos anos, um crescente número de decisões passou a invocar, se bem que de maneira contraditória, o parágrafo único do artigo 116 do CTN como *ratio decidendi*. Na maioria desses vereditos, o referido dispositivo é concebido como linha auxiliar de combate à simulação — neste caso, especialmente à simulação relativa —, sendo escassos os votos que o tomam segundo sua real natureza: norma geral antielusiva (embora essas raras menções revelem predileção ao equívoco termo "norma geral antielisiva"). Não obstante, essa é uma tendência ainda em vias de consolidação: um olhar panorâmico das decisões do CARF exprime que o órgão faz ainda tábula rasa do dispositivo, a ele sequer fazendo menção na maioria dos seus precedentes, dada a primazia conferida à figura da simulação (como vício de causa).

Múltiplas são as críticas a endereçar à jurisprudência do CARF. A primeira delas é o recurso a essa concepção ampliada de simulação, incompatível com o Direito Tributário brasileiro, vez que viabilizadora do tratamento, sob idênticos parâmetros, de figuras substantivamente distintas entre si: a evasão e a elusão fiscais. Esse estandarte jurisprudencial turva a demarcação de campos normativos distintos a que acima se aludiu, regulando atecnicamente os diferentes tipos de planejamento tributário mediante a combinação de dispositivos que se destinam a finalidades distintas e que obedecem a dinâmicas metodológicas e procedimentais diversas (artigo 149, inciso VII, e artigo 116, parágrafo único, ambos do CTN).

Ao assim proceder, o que faz o CARF é contornar a via exclusiva de desconsideração de operações elusivas criada pela Lei Complementar nº 104/2001, permitindo ao Fisco manejar uma "norma geral antielusiva encapuçada" sem observar os procedimentos especiais que a lei exige. Neste ponto, em última análise, acaba-se por escancarar um paradoxo jurisprudencial intolerável: o *enfrentamento abusivo, pela jurisprudência, dos abusos imputados aos contribuintes*, ou — se se preferir — na *manipulação abusiva* de uma *cláusula geral antiabuso* indevidamente erigida pelo próprio Conselho.

É, também, criticável a forma com que tem utilizado o CARF o critério da ausência de propósito negocial, dada a inexistência de parâmetros claros e uniformes na sua invocação. Decisões há que aludem à impossibilidade de operações com *finalidades preponderantemente fiscais*, enquanto outras acentuam que somente a *exclusividade do desiderato de economizar tributos* pode autorizar a desconsideração.

Como se sustentou acima, não se verifica uma incompatibilidade entre a doutrina do *business purpose* e o Direito Tributário brasileiro, visto que a inexistência de motivação extratributária traduz atos e negócios jurídicos desprovidos de causa jurídica (dissimulatórios/elusivos) e, portanto, incursos em fraude à lei. No entanto, é necessário que se pacifiquem os fundamentos de sua utilização, a fim de ao contribuinte garantir previsibilidade e segurança jurídica no exercício de seu direito de liberdade fiscal.

Não se pode olvidar, porém, que uma das cruciais premissas fixadas neste trabalho é a da ineficácia do parágrafo único do artigo 116 do CTN até a edição do procedimento especial que condiciona a sua aplicação. Nesse sentido, todos os atos de desconsideração de planejamentos tributários reputados abusivos, fundados na disciplina dos ilícitos atípicos (abuso de direito, abuso de formas, fraude à lei e ausência de propósito negocial), são hoje ilegais, porquanto carecem do *insubstituível fundamento legal* que condiciona a sua validade. Assim, mesmo as raras decisões que concebem tal dispositivo, acertadamente, como uma norma geral antielusiva pecam ao dela lançar mão antes da regulamentação do procedimento especial demandado pela lei.

Na jurisprudência dos tribunais, o pauperismo de precedentes acerca dos limites do planejamento tributário — que só nos últimos anos começou a ser superado — torna dificultosa a tarefa de traçar grandes e abrangentes panoramas. Ainda assim, pode-se visualizar julgados diretamente conflitantes, às vezes proferidos por um mesmo tribunal em curtos intervalos cronológicos. Decisões houve que legitimaram o conceito ampliado de simulação preconizado pelo CARF, afiançando maiores dinamismo e fluidez às engrenagens de coibição dos planejamentos fiscais abusivos.

Outros julgados, entretanto, indicaram um retorno ao legalismo exacerbado de outrora, ao sustentarem que apenas são passíveis de desconsideração os planejamentos tributários incursos em violações frontais e imediatas à lei (evasão fiscal), o que põe em xeque a massa crítica acumulada nos últimos anos e, na contramão do mundo, o próprio futuro de um efetivo combate à elusão tributária no Brasil.

Robustece essa preocupação o julgamento em curso, no STF, da ADI nº 2446/2001, no seio do qual a Ministra Relatora Cármen Lúcia, malgrado tenha afirmado a constitucionalidade do parágrafo único do artigo 116 do CTN, concebeu-o somente como uma norma antievasão, sem pôr em causa a urgente questão do combate aos planejamentos fiscais abusivos e a possibilidade de desconsideração de atos e negócios jurídicos incursos em ilicitude atípica (fraude à lei tributária). O voto, já acompanhado por outros quatro Ministros da Suprema Corte em julgamento realizado pelo Plenário, sinaliza com clareza a restauração do paradigma formalista que, fundado em concepções absolutistas de (estrita) legalidade tributária e de segurança jurídica, acaba por interditar a eficaz repressão à elusão fiscal.

Buscando, pois, responder com objetividade os questionamentos formulados na introdução deste trabalho, pode-se afirmar que, considerando-se a existência do dever fundamental de pagar tributos como preceito constitucional autônomo e efetivo, o direito fundamental de liberdade fiscal, no contexto de conformação de planejamentos tributários, à luz do parágrafo único do artigo 116 do CTN, encontra limites na impossibilidade de serem praticados atos e negócios jurídicos desprovidos de causa (dissimulatórios), destinados a fraudar a lei tributária por meio de mecanismos artificiosos (abuso de formas e/ou ausência de propósito negocial), sob o desígnio exclusivo de supressão, redução ou diferimento do pagamento de tributos.

Além do dever fundamental de pagar tributos, também servem de fundamentos constitucionais a uma tal restrição os princípios da solidariedade, da igualdade e da capacidade contributiva, os quais impedem que a prerrogativa de auto-organização patrimonial do contribuinte seja exercida de forma absoluta, imune a qualquer forma de controle de legalidade.

Em síntese, pode-se afirmar, junto a Greco (2008), que a *exigência de causa jurídica legítima* como pressuposto de validade de atos e negócios dotados de repercussões tributárias configura o limite decisivo do exercício do direito fundamental de liberdade fiscal e, por conseguinte, da possibilidade de conformação, pelo particular, de suas atividades negociais e de seu patrimônio visando à atenuação de carga tributária.

Compreende-se que esse conjunto de preceitos acima citados confere *legitimidade constitucional ao combate à elusão fiscal*, incentivando e até compelindo o legislador ordinário, por força da eficácia normativa do dever fundamental de pagar tributos, a desenvolver mecanismos efetivos de controle de abusividade de planejamentos tributários. Nessa direção, tem-se que o parágrafo único do artigo 116 do CTN, assimilado como *norma geral antielusiva*, é perfeitamente compatível com a Constituição por amparar-se num tal dever e naquele leque de princípios constitucionais tributários e, via reversa, por fomentá-los e concretizá-los no plano da legislação ordinária.

Não obstante, todo ato administrativo de desconsideração de negócios jurídicos dirigidos a dissimular a ocorrência do fato gerador do tributo ou a natureza dos elementos constitutivos da obrigação tributária deve obedecer a métodos e parâmetros de índole formal, sintetizados, fundamentalmente, como já dito, na sujeição da Administração a um procedimento especial ainda a ser editado pelo legislador.

Há que ser ressaltada a urgência do suprimento dessa omissão legislativa de quase duas décadas, porquanto a regulamentação do dispositivo logrará fomentar, a um só tempo, o dever fundamental de pagar tributos, ao viabilizar a desconsideração e requalificação de operações elusivas, e o direito fundamental de liberdade fiscal, ao claramente fixar as balizas a que deverá se submeter a Administração para, do ponto de vista procedimental, exercer o controle de legalidade da prerrogativa de auto-organização patrimonial. Isso garantirá aos particulares razoáveis margens de segurança para conformar as suas atividades negociais e licitamente otimizá-las do ponto de vista da incidência tributária.

No bojo de um tal procedimento, deverá ser plenamente assegurado ao contribuinte o contraditório e a ampla defesa, em especial a oportunidade de comprovar que o planejamento tributário por ele formulado não se quedou incurso em fraude à lei tributária, isto é, não teve por desiderato contornar artificiosamente a aplicação de normas tributárias cogentes e, com isso, esterilizar a efetividade da lei fiscal, sob pena de desconsideração das operações que o compõem e da cobrança dos tributos eludidos, acompanhados da aplicação das penalidades cominadas pela legislação de regência.

A precisa demarcação dos limites do planejamento tributário, portanto, é tarefa ainda inconclusa no Direito brasileiro. E, por certo, continuará indefinidamente a sê-lo. A contraposição de interesses tão candentes — arrecadação vs. economia fiscal —, comumente expressos na forma de uma reducionista oposição entre "fiscalistas e pró-contribuintes", torna demasiado penosa a tarefa de encontrar um ponto de equilíbrio, *perfeitamente possível*, que garanta a coexistência harmônica dos direitos individuais e dos preceitos destinados a garantir a higidez do Sistema Tributário Nacional.

Não se cultiva a velha ilusão de uma segurança jurídica absoluta no Direito Tributário, que a realidade histórica já cuidou de reduzir a uma etérea e eterna quimera. Todavia, a saturação de controvérsias que hoje instabilizam extraordinariamente a problemática dos limites do planejamento tributário impede que o imperativo constitucional de segurança jurídica exerça todas as suas (limitadas) potencialidades em matéria tributária.

Num tal ambiente de incessante conflagração teórica e jurisprudencial, cabe à doutrina prosseguir em sua incansável e inesgotável tarefa de lançar luzes sobre as obscuridades que ainda persistem e dirimir ao máximo as celeumas que a tal providência se mostrem suscetíveis, renovando debates, atualizando concepções, superando dogmas fossilizados e agregando às reflexões novos referenciais, como se buscou proceder neste estudo, em especial com a matéria dos deveres fundamentais. Compreende-se, então, que o dever fundamental de pagar tributos, expurgadas as mistificações que seus detratores equivocadamente lhe imputam, pode constituir um novo e importante farol hermenêutico a iluminar a tortuosa temática dos limites constitucionais do planejamento tributário.

Aqui reside, crê-se, uma marca de contribuição desta obra: ademais de sustentar — até onde se sabe — pioneiramente o caráter principiológico do *dever fundamental de pagar tributos* (a partir de um referencial teórico — a obra de Robert Alexy — exótico aos autores que se dedicam a tal campo de estudos), logrou-se tomá-lo como o alicerce primordial da elaboração de uma proposta de interpretação e aplicação do parágrafo único do artigo 116 do CTN, que não só embasa constitucionalmente o seu escopo de combate ao flagelo da elusão fiscal, como legitima a incorporação de categorias teóricas controversas (fraude à lei tributária, abuso de formas e ausência de propósito negocial) que lhe garantam efetividade. Pensar o tema dos *limites do planejamento tributário à luz do dever fundamental de pagar tributos e de sua natureza de princípio constitucional estruturante do Sistema Tributário Nacional*: eis uma inovadora contribuição que se pretendeu modestamente oferecer neste trabalho.

Acrescente-se, outrossim, que a invocação do dever fundamental de pagar tributos — em aliança com os multicitados princípios da solidariedade, da igualdade e da capacidade contributiva —, do primeiro ao último capítulos, serviu não ao propósito de legitimar "a opressão fiscal" ou a "neutralização das liberdades fundamentais dos contribuintes" — com as quais ele pode harmonicamente conviver —, mas sim de assegurar a existência de um sistema tributário justo, solidário, equilibrado, democrático e coerente com os eixos estruturantes de um autêntico Estado Democrático de Direito, atributos inseparáveis do objetivo precípuo da Nova República de construir uma sociedade mais livre, justa, fraterna, solidária e, por conseguinte, menos desigual.

Entende-se que, ao fim e ao cabo, esta é a missão decisiva da doutrina e de uma prática acadêmico-científica consciente de suas responsabilidades: promover a atilada defesa da efetividade e da supremacia dos preceitos consagrados na Constituição de 1988, pedra angular e marco civilizatório que propicia a proteção da dignidade humana e, a partir disso, o contínuo aperfeiçoamento da sociedade brasileira.

REFERÊNCIAS

ABRAHAM, Marcus. *O planejamento tributário e o direito privado*. São Paulo: Quartier Latin, 2007.

ABRAHAM, Marcus. A segurança jurídica e os princípios da legalidade e da tipicidade aberta. *In*: RIBEIRO, Ricardo Lodi; ROCHA, Sérgio André (Coord.). *Legalidade e Tipicidade no Direito Tributário*. São Paulo: Quartier Latin, 2008. p. 112-134.

ABRAHAM, Marcus. Os 10 anos da norma geral antielisiva e as cláusulas do propósito negocial e da substância sobre a forma presentes no direito brasileiro. *Revista Dialética de Direito Tributário*, São Paulo, n. 192, p. 79-93, set. 2011.

ABRAHAM, Marcus. *Curso de Direito Financeiro Brasileiro*. 3. ed. Rio de Janeiro: Forense, 2015.

ABRAHAM, Marcus. Ética fiscal no planejamento tributário. *Revista TCMRJ-Tribunal de Contas do Município do Rio de Janeiro*, v. 68, p. 14-17, 2017.

ABRAHAM, Marcus. Valores e Princípios nas Lições de Ricardo Lobo Torres e o Planejamento Tributário. *Revista Brasileira de Direito Tributário e Finanças Públicas*, v. 69, p. 71-87, 2018.

ABREU, Paula Santos de. A abusividade nos planejamentos fiscais: uma análise da jurisprudencia do CARF. *In*: GOMES, Marcus Livio; ROCHA, Sergio André; FARIA, Aline Cardoso de (Org.). *Planejamento tributário sob a ótica do CARF*: análise de casos concretos. Rio de Janeiro: Lumen Juris, 2019. p. 393-432.

ALEXY, Robert. *El concepto y la validez del derecho*. 2. ed. Barcelona: Gedisa, 2004.

ALEXY, Robert. *Constitucionalismo discursivo*. Porto Alegre: Livraria do Advogado, 2007.

ALEXY, Robert. *Teoria dos Direitos Fundamentais*. São Paulo: Malheiros Editores, 2017.

ALTOÉ, Marcelo Martins. *Direito versus dever tributário*: colisão de direitos fundamentais. São Paulo: Ed. Revista dos Tribunais, 2009.

ALTOÉ. Marcelo Martins; COURA, Alexandre de Castro. "Nada sobre nós, sem nós": reflexões acerca da (in)constitucionalidade da exclusão de pessoas com deficiencia da hipótese de isenção prevista na Lei 8.989/1995. *Revista dos Tribunais*, São Paulo, v. 1014, p. 251-281, abr. 2020.

AMARAL, Francisco. *Direito Civil*: introdução. 6. ed. Rio de Janeiro: Renovar, 2008.

AMARO, Luciano. *Direito tributário brasileiro*. 13. ed. São Paulo: Saraiva, 2007.

ANDRADE, José Carlos Vieira de. *Os direitos fundamentais na Constituição Portuguesa de 1976*. 3. ed. Coimbra: Almedina, 2004.

ANDRADE FILHO, Edmar Oliveira de. *Planejamento tributário*. São Paulo: Saraiva, 2009.

ARAGÃO, Alexandre Santos de. A concepção pós-positivista do principio da legalidade. *Revista de Direito Administrativo*, Rio de Janeiro, n. 236, p. 51-64, abr./jun. 2014.

ARESPACOCHAGA, Joaquín de. *Planificación fiscal internacional*. Madrid: Marcial Pons, 1996.

ASSIS, Karoline Marchiori de. *Segurança jurídica dos benefícios fiscais*. 2013. 560 f. Tese (Doutorado em Direito Econômico e Financeiro) – Faculdade de Direito da Universidade de São Paulo, São Paulo, 2013.

ASCARELLI, Tullio. *Problemas das sociedades anônimas e direito comparado*. Campinas: Bookseller, 2001.

ATIENZA, Manuel; MANERO, Juan Ruiz. *Ilícitos atípicos*: sobre o abuso de direito, fraude à lei e desvio de poder. São Paulo: Marcial Pons, 2014.

ÁVILA, Humberto. *Teoria dos princípios*: da definição à aplicação dos princípios jurídicos. 3. ed. São Paulo: Malheiros, 2004a.

ÁVILA, Humberto. Eficácia do Novo Código Civil na Legislação Tributária. *In*: GRUPENMACHER, Betina Treiger (Coord.). *Direito Tributário e o novo Código Civil*. São Paulo: Quartier Latin, 2004b.

ÁVILA, Humberto. Planejamento tributário. *Revista de Direito Tributário*, São Paulo, n. 98, 2007.

AYALA, Perez de. *Las ficciones en el derecho tributario*. Madrid: Editorial de Derecho Financiero, 1970.

AZEVEDO. Álvaro Villaça. *Teoria geral dos contratos típicos e atípicos*. São Paulo: Atlas, 2002.

AZEVEDO, Antônio Junqueira de. *Negócio jurídico e declaração negocial*. Tese de Titularidade – Universidade de São Paulo, São Paulo, 1986.

BALEEIRO, Aliomar. *Limitações constitucionais ao poder de tributar*. 7. ed. Atualizada por Misabel Abreu Machado Derzi. Rio de Janeiro: Forense, 1998.

BARCELOS, Ana Paula de. Neoconstitucionalismo, Direitos fundamentais e controle das políticas públicas. *Revista de Direito Administrativo*, Rio de Janeiro, v. 240, p. 83-105, abr. 2005. Disponível em: http://bibliotecadigital.fgv.br/ojs/index.php/rda/article/view/43620. Acesso em: 02 ago. 2019.

BARRETO, Paulo Ayres. *Elisão tributária*: limites normativos. São Paulo: Dialética, 2008.

BARROS, Benjamin. Property and freedom. *NYU Journal of Law & Liberty*, New York University, n. 36, p. 01-20, 2009.

BARROSO, Luís Roberto. Neoconstitucionalismo e constitucionalização do Direito (O triunfo tardio do direito constitucional no Brasil). *Revista de Direito Administrativo*, Rio de Janeiro, v. 240, p. 1-42, abr. 2005. Disponível em: http://bibliotecadigital.fgv.br/ojs/index.php/rda/article/view/43618. Acesso em: 2 ago. 2019.

BARROSO, Luís Roberto. *Curso de direito constitucional contemporâneo*: os conceitos fundamentais e a construção do novo modelo. 5. ed. São Paulo: Saraiva, 2014.

BATISTA JUNIOR, Onofre Alves. A fraude à lei tributária e os negócios jurídicos indiretos. *Revista Dialética de Direito Tributário*, São Paulo, n. 61, p. 98-108, 2000.

BAUMAN, Zygmunt. *Modernidade líquida*. Rio de Janeiro: Zahar, 2001.

BECK, Ulrich. *Sociedade de risco*: rumo a uma outra modernidade. São Paulo: Ed. 34, 2011.

BEDÊ JÚNIOR, Américo. Restrição a direitos fundamentais: questão da interpretação de e-mail e a reserva de jurisdição. *Revista de Informação Legislativa*, v. 43, n. 171, p. 55-62, jul./set. 2006.

BEDÊ JÚNIOR, Américo. *A retórica do direito fundamental à privacidade*: a validade da prova obtida mediante filmagens nos ambientes público e privado. Salvador: JusPODIVM, 2015.

BERMAN, Marshall. *Tudo que é sólido se desmancha no ar*: a aventura da modernidade. São Paulo: Companhia das Letras, 1986.

BERTI, Natália. Da autonomia da vontade à autonomia privada: um enfoque sob o paradigma da pós-modernidade. *Revista de Direito Privado*, São Paulo, Revista dos Tribunais, v. 57, p. 69-94, jan./mar. 2014.

BETTI, Emilio. *Teoria geral do negócio jurídico*. Campinas: Servanda, 2008.

BEVILÁQUA, Clóvis. *Teoria geral do direito civil*. 4. ed. Ministério da Justiça, 1972.

BIAGI, Cláudia Perotto. *A garantia do conteúdo essencial dos direitos fundamentais na jurisprudência constitucional brasileira*. Porto Alegre: Sérgio Antonio Fabris, 2005.

BIANCO, João Francisco. Segurança Jurídica e o Princípio da Legalidade no Direito Tributário. *Revista Direito Tributário Atual*, São Paulo, n. 19, 2005.

BISI, Adriana de Oliveira Gonzaga. *(In)justiça de segurança nacional*: a criminalização do comunismo no Brasil entre 1935-1945. 2016. 324 f. Tese (Doutorado em Direito) – Faculdade de Direito de Vitória – FDV, Vitória.

BLUMENSTEIN, Ernst. *Sistema di diritto delle imposte*. Milano: Giuffrè, 1954.

BOBBIO, Norberto. *A era dos direitos*. Rio de Janeiro: Elsevier, 2004.

BOROWSKI, Martin. *Grundrechte als prinzipen*: die interscheidung von prima-facie position und definitivee position aks fundamentaler Konstruktionsgrundsatz der Grundrechte. Baden-Baden: Nomos, 1998.

BOROWSKI, Martin. La restricción de los derechos fundamentales. *Revista Española de Derecho Constitucionale*. v. 59, p. 29-56, maio/ago. 2000.

BRANCO, Paulo Gustavo Gonet. Teoria Geral dos Direitos Fundamentais. *In*: MENDES, Gilmar Ferreira; BRANCO, Paulo Gustavo Gonet. *Curso de Direito Constitucional*. 12. ed. São Paulo: Saraiva, 2017.

BRASIL. Lei nº 4.502, de 30 de novembro de 1964. *Diário Oficial [da] República Federativa do Brasil*, Poder Executivo, Brasília, DF, 19 jul. 1965.

BRASIL. Lei nº 5.172, de 25 de outubro de 1966 (Código Tributário Nacional). *Diário Oficial [da] República Federativa do Brasil*, Poder Executivo, Brasília, DF, 27 out. 1966. Seção 1, Parte 1.

BRASIL. Decreto nº 70.235, de 6 de março de 1972. *Diário Oficial [da] República Federativa do Brasil*, Poder Executivo, Brasília, DF, 7 mar. 1972.

BRASIL. Lei nº 6.404, de 15 de dezembro de 1976. *Diário Oficial [da] República Federativa do Brasil*, Poder Executivo, Brasília, DF, 17 dez. 1976a.

BRASIL. Decreto-Lei nº 1.510, de 27 de dezembro 1976. *Diário Oficial [da] República Federativa do Brasil*, Poder Executivo, Brasília, DF, 27 dez. 1976b.

BRASIL. Decreto nº 85.450, de 04 de dezembro de 1980. *Diário Oficial [da] República Federativa do Brasil*, Poder Executivo, Brasília, DF, 4 dez. 1980.

BRASIL. Lei nº 7.450, de 23 de dezembro de 1985. *Diário Oficial [da] República Federativa do Brasil*, Poder Executivo, Brasília, DF, 24 dez. 1985.

BRASIL. Decreto-Lei nº 2.341, de 29 de junho de 1987. *Diário Oficial [da] República Federativa do Brasil*, Poder Executivo, Brasília, DF, 30 jun. 1987.

BRASIL. Constituição da República Federativa do Brasil. *Diário Oficial [da] República Federativa do Brasil*, Assembleia Nacional Constituinte, Brasília, DF, 5 out. 1988a. Seção 1, p. 1-32.

BRASIL. Lei nº 7.713, de 22 de dezembro de 1988. *Diário Oficial [da] República Federativa do Brasil*, Poder Legislativo, Brasília, DF, 23 dez. 1988b.

BRASIL. Superior Tribunal de Justiça (Corte Especial). *Súmula nº 7*, de 3 de julho de 1990a. Disponível em: http://www.stj.jus.br/docs_internet/SumulasSTJ.pdf. Acesso em: 19 jul. 2020.

BRASIL. Lei nº 8.137, de 27 de dezembro de 1990. *Diário Oficial [da] República Federativa do Brasil*, Poder Executivo, Brasília, DF, 28 dez. 1990b.

BRASIL. Lei nº 8.218, de 29 de agosto de 1991. *Diário Oficial [da] República Federativa do Brasil*, Poder Executivo, Brasília, DF, 30 ago. 1991a.

BRASIL. Lei nº 8.383, de 30 de dezembro de 1991. *Diário Oficial [da] República Federativa do Brasil*, Poder Executivo, Brasília, DF, 31 dez. 1991b.

BRASIL. Lei nº 8.666, de 21 de junho de 1993. *Diário Oficial [da] República Federativa do Brasil*, Poder Executivo, Brasília, DF, 22 jun. 1993.

BRASIL. Decreto nº 1.041, de 11 de janeiro de 1994. *Diário Oficial [da] República Federativa do Brasil*, Poder Executivo, Brasília, DF, 12 jan. 1994a. Seção 1, p. 481-564.

BRASIL. Lei nº 8.870, de 15 de abril de 1994. *Diário Oficial [da] República Federativa do Brasil*, Poder Executivo, Brasília, DF, 16 abr. 1994b.

BRASIL. Lei nº 8.870, de 15 de abril de 1994. *Diário Oficial [da] República Federativa do Brasil*, Poder Legislativo, Brasília, DF, 16 maio 1994c.

BRASIL. Lei nº 9.250, de 26 de dezembro de 1995. *Diário Oficial [da] República Federativa do Brasil*, Poder Legislativo, Brasília, DF, 27 dez. 1995. Seção 1, p. 22.304-22.307.

BRASIL. Lei nº 9.311, de 24 de outubro de 1996. *Diário Oficial [da] República Federativa do Brasil*, Poder Executivo, Brasília, DF, 25 out. 1996a.

BRASIL. Lei nº 9.424, de 24 de dezembro de 1996. *Diário Oficial [da] República Federativa do Brasil*, Poder Legislativo, Brasília, DF, 26 dez. 1996b. Seção 1, p. 28.442-28.444.

BRASIL. Lei nº 9.430, de 27 de dezembro de 1996. *Diário Oficial [da] República Federativa do Brasil*, Poder Executivo, Brasília, DF, 30 dez. 1996c.

BRASIL. Conselho Administrativo de Recursos Fiscais (Sexta Câmara do Primeiro Conselho de Contribuintes). *Recurso nº 06.102/SP. Acórdão nº 106-09.343*. Recorrente: Luiz Augusto Sacchi. Recorrida: Delegacia da Receita Federal de Julgamento em Campinas/SP. Relator: Conselheiro Genésio Deschamps. Brasília, 18 de setembro de 1997.

BRASIL. Superior Tribunal de Justiça (Corte Especial). *Súmula nº 211*, de 3 de outubro de 1998. Disponível em: http://www.stj.jus.br/docs_internet/SumulasSTJ.pdf. Acesso em: 19 jul. 2020.

BRASIL. Lei nº 9.784, de 29 de janeiro de 1999. *Diário Oficial [da] República Federativa do Brasil*, Poder Executivo, Brasília, DF, 01 fev. 1999a.

BRASIL. *Projeto de Lei Complementar nº 77*, de 13 de outubro de 1999b. Disponível em: https://www.camara.leg.br/proposicoesWeb/fichadetramitacao?idProposicao=2574. Acesso em: 19 jul. 2020.

BRASIL. Lei nº 9.868, de 10 de novembro de 1999. *Diário Oficial [da] República Federativa do Brasil*, Poder Executivo, Brasília, DF, 11 nov. 1999c.

BRASIL. Supremo Tribunal Federal (Tribunal Pleno). *Mandado de Segurança nº 23.452/RJ. Acórdão*. Impetrante: Luiz Carlos Barretti Junior. Impetrado: Presidente da Comissão Parlamentar de Inquérito. Relator: Ministro Celso de Mello. Brasília, 12 de maio de 2000. Disponível em: https://jurisprudencia.stf.jus.br/pages/search/sjur20720/false. Acesso em: 20 jul. 2020.

BRASIL. Lei nº 10.174, de 09 de janeiro de 2001. *Diário Oficial [da] República Federativa do Brasil*, Poder Executivo, Brasília, DF, 10 jan. 2001a.

BRASIL. Lei Complementar nº 104, de 10 de janeiro de 2001. *Diário Oficial [da] República Federativa do Brasil*, Poder Executivo, Brasília, DF, 11 jan. 2001b. Seção 1, p. 1.

BRASIL. Supremo Tribunal Federal (Tribunal Pleno). *Ação Declaratória de Constitucionalidade n.º 16. Acórdão*. Requerente: Governador do Distrito Federal. Relator: Ministro Cezar Peluso. Brasília, 9 de setembro de 2001c. Disponível em: http://redir.stf.jus.br/estfvisualizadorpub/jsp/consultarprocessoeletronico/ConsultarProcessoEletronico.jsf?seqobjetoincidente=2497093. Acesso em: 19 jul. 2020.

BRASIL. Lei nº 10.406, de 10 de janeiro de 2002 (Código Civil). *Diário Oficial [da] República Federativa do Brasil*, Poder Legislativo, Brasília, DF, 11 jan. 2002a. Seção 1, p. 1-74.

BRASIL. Medida Provisória nº 66, de 29 de agosto de 2002. *Diário Oficial [da] República Federativa do Brasil*, Poder Executivo, Brasília, DF, 30 ago. 2002b.

BRASIL. Lei nº 10.637, de 30 de dezembro de 2002. *Diário Oficial [da] República Federativa do Brasil*, Poder Executivo, Brasília, DF, 31 dez. 2002c.

BRASIL. Superior Tribunal de Justiça (Segunda Turma). *Recurso Ordinário em Mandado de Segurança nº 15.166. Acórdão*. Recorrente: G e G Móveis Máquinas e Equipamentos Ltda. Recorrido: Estado da Bahia. Relator: Ministro Castro Meira. Brasília, 8 de setembro de 2003a. Disponível em: https://ww2.stj.jus.br/processo/revista/documento/mediado/?componente=ITA&sequencial=419301&num_registro=200200942657&data=20030908&formato=PDF. Acesso em: 21 jul. 2020.

BRASIL. Supremo Tribunal Federal (Tribunal Pleno). *Habeas Corpus nº 82.424/RS. Acórdão*. Paciente: Siegfried Ellwanger. Impetrantes: Werner Cantalício, João Becker e outra. Coator: Superior Tribunal de Justiça. Relator: Ministro Moreira Alves. Brasília, 30 de setembro de 2003b. Disponível em: http://redir.stf.jus.br/paginadorpub/paginador.jsp?docTP=AC&docID=79052. Acesso em: 22 jul. 2020.

BRASIL. Tribunal Regional Federal da Quarta Região (Primeira Turma). *Apelação Cível nº 2002.04.01.014021-6/RS. Acórdão*. Apelante: Rexnord Correntes Ltda. Apelada: União Federal (Fazenda Nacional). Relatora: Desembargadora Federal Maria Lúcia Luz Leiria. Porto Alegre, 22 de junho de 2005. Disponível em: https://www2.trf4.jus.br/trf4/processos/visualizar_documento_gedpro.php?local=trf4&documento=302050&hash=c92cf552937a47e4cfbb238a4a659439. Acesso em: 18 jul. 2020.

BRASIL. Conselho Administrativo de Recursos Fiscais (Quarta Câmara do Primeiro Conselho de Contribuintes). *Recurso nº 145.996. Acórdão nº 104-21.498*. Recorrente: Paulo Celso Dihl Feijó. Recorrida: Quarta Turma da Delegacia da Receita Federal de Julgamento em Porto Alegre/RS. Relatora: Conselheira Maria Helena Cotta Cardozo. Brasília, 2 de junho de 2006a.

BRASIL. Tribunal Regional Federal da Quarta Região (Segunda Turma). *Apelação Cível nº 2004.71.10.003965-9/RS. Acórdão*. Apelantes: Josapar Joaquim Oliveira S/A Participações e União Federal (Fazenda Nacional). Apeladas: Josapar Joaquim Oliveira S/A Participações e União Federal (Fazenda Nacional). Relator: Desembargador Federal Dirceu de Almeida Soares. Porto Alegre, 6 de setembro de 2006b. Disponível em: https://www2.trf4.jus.br/trf4/processos/visualizar_documento_gedpro.php?local=trf4&documento=1254430&hash=0dd6c69b36abc1239526e96f1248a34f. Acesso em: 18 jul. 2020.

BRASIL. Decreto nº 6.003, de 28 de dezembro de 2006. *Diário Oficial [da] República Federativa do Brasil*, Poder Executivo, Brasília, DF, 29 dez. 2006c. Seção 1, p. 37-38.

BRASIL. Tribunal Regional Federal da Quarta Região (Primeira Turma). *Apelação Cível nº 2004.71.00.001416-1/RS. Acórdão*. Apelantes: Antônio Lopes Farias Filho e União Federal (Fazenda Nacional). Apeladas: Antônio Lopes Farias Filho e União Federal (Fazenda Nacional). Relatora: Juíza Federal Convocada Taís Schilling Ferraz. Porto Alegre, 3 de outubro de 2007. Disponível em: https://www2.trf4.jus.br/trf4/processos/visualizar_documento_gedpro.php?local=trf4&documento=1863675&hash=3bd3e27480eecd8807c99194ce8b30ed. Acesso em: 18 jul. 2020.

BRASIL. Conselho Administrativo de Recursos Fiscais (Quarta Câmara do Primeiro Conselho de Contribuintes). *Recurso Voluntário nº 148.192. Acórdão nº 104-23.129*. Recorrente: Alceu Paz de Albuquerque. Recorrida: Quarta Turma da Delegacia da Receita Federal de Julgamento em Porto Alegre/RS. Relatora: Conselheira Heloísa Guarita Souza. Brasília, 22 de agosto de 2008.

BRASIL. Tribunal de Justiça de Santa Catarina (Terceira Câmara de Direito Público). *Apelação Cível nº 2007.038899-8. Acórdão*. Apelante: Município de Concórdia. Apelada: Patrimonial Segurança Ltda. Relator: Desembargador Pedro Manoel Abreu. Florianópolis, 9 de fevereiro de 2009a.

BRASIL. Conselho Administrativo de Recursos Fiscais (Segunda Câmara do Primeiro Conselho de Contribuintes). *Recurso Voluntário nº 148.618. Acórdão nº 102-49.480*. Recorrente: Maxitel S.A. Recorrida: Terceira Turma da Delegacia da Receita Federal de Belo Horizonte/MG. Relator: Conselheiro Alexandre Naoki Nishioka. Brasília, 13 de maio de 2009b.

BRASIL. Lei nº 11.941, de 27 de maio de 2009. *Diário Oficial [da] República Federativa do Brasil*, Poder Executivo, Brasília, DF, 28 maio 2009c. Seção 1, p. 3-12.

BRASIL. Conselho Administrativo de Recursos Fiscais (Câmara Superior de Recursos Fiscais). *Recurso RD/101-0.910. Acórdão CSRF/01-02.107*. Recorrente: Rexnord Correntes Ltda. Recorrida: Primeira Câmara do Primeiro Conselho de Contribuintes. Relator: Conselheiro Verinaldo Henrique da Silva. Brasília, 29 de dezembro de 2009d.

BRASIL. Supremo Tribunal Federal (Tribunal Pleno). *Recurso Extraordinário nº 600.010/SP. Acórdão*. Recorrente: Caixa de Assistência dos Advogados de São Paulo - CAASP. Recorrido: Estado de São Paulo. Relator: Ministro Joaquim Barbosa. Brasília, 19 de março de 2010a. Disponível em: http://redir.stf.jus.br/paginadorpub/paginador.jsp?docTP=AC&docID=609564. Acesso em: 21 jul. 2020.

BRASIL. Conselho Administrativo de Recursos Fiscais (Primeira Turma Ordinária da Primeira Câmara da Segunda Seção de Julgamento). *Recurso Voluntário nº 154.498. Acórdão nº 2101-000.332*. Recorrente: Roberto Tessmann. Recorrida: Quarta Turma da Delegacia da Receita Federal de Porto Alegre/RS. Relatora: Conselheira Silvana Mancini Karam. Brasília, 12 de agosto de 2010b.

BRASIL. Superior Tribunal de Justiça (Segunda Turma). *Agravo Regimental no Recurso Especial nº 1.070.292/RS. Decisão Monocrática*. Agravante: Fazenda Nacional. Agravado: Antônio Lopes Farias Filho. Relator: Ministro Humberto Martins. Brasília, 23 de novembro de 2010c. Disponível em: https://ww2.stj.jus.br/processo/revista/documento/mediado/?componente=MON&sequencial=13008850&tipo_documento=documento&num_registro=200801416386&data=20101123&formato=PDF. Acesso em: 16 jul. 2020.

BRASIL. Supremo Tribunal Federal (Tribunal Pleno). *Recurso Extraordinário nº 253.472/SP. Acórdão*. Recorrente: Companhia Docas do Estado de São Paulo - CODESP. Recorrido: Município de Santos. Relator: Ministro Marco Aurélio. Brasília, 1º de fevereiro de 2011a. Disponível em: http://portal.stf.jus.br/processos/detalhe.asp?incidente=1775353. Acesso em: 20 jul. 2020.

BRASIL. Supremo Tribunal Federal (Tribunal Pleno). *Ação Cautelar nº 33/PR. Acórdão*. Autora: GVA Indústria e Comércio S/A. Ré: União. Relator: Ministro Marco Aurélio. Brasília, 10 de fevereiro de 2011b. Disponível em: https://jurisprudencia.stf.jus.br/pages/search?classeNumeroIncidente=%22AC%2033%22&base=acordaos&sinonimo=true&plural=true&page=1&pageSize=10&sort=_score&sortBy=desc&isAdvanced=true. Acesso em: 20 jul. 2020.

BRASIL. Tribunal de Justiça de Minas Gerais (Sexta Câmara Cível). *Apelação Cível nº 1.0145.09.562367-7/004. Acórdão.* Apelante: Fazenda Pública do Estado de Minas Gerais. Apelada: Beta Calçados Ltda. Relator: Desembargador Antônio Sérvulo. Belo Horizonte, 23 de agosto de 2011c. Disponível em: https://www4.tjmg.jus.br/juridico/sf/relatorioAcordao?numeroVerificador=10145095623677004201110 9847. Acesso em: 19 jul. 2020.

BRASIL. Tribunal de Justiça de Minas Gerais (Sexta Câmara Cível). *Apelação Cível nº 1.0145.09.562401-4/005. Acórdão.* Apelante: Estado de Minas Gerais. Apelada: Calçados e Confecções Tab Ltda. Relatora: Desembargadora Sandra Fonseca. Belo Horizonte, 8 de novembro de 2011d. Disponível em: https://www4.tjmg.jus.br/juridico/sf/relatorioAcordao?numeroVerificador=10145095624014005201119 9459. Acesso em: 19 jul. 2020.

BRASIL. Tribunal de Justiça de Minas Gerais (Sexta Câmara Cível). *Apelação Cível nº 1.0145.09.562369-3/003. Acórdão.* Apelante: Estado de Minas Gerais. Apelada: Rocal Ltda. Relatora: Desembargadora Sandra Fonseca. Belo Horizonte, 27 de abril de 2012a. Disponível em: https://www4.tjmg.jus.br/juridico/sf/relatorioAcordao?numeroVerificador=10145095623693003201220 2547. Acesso em: 19 jul. 2020.

BRASIL. Conselho Administrativo de Recursos Fiscais (Primeira Turma Ordinária da Primeira Câmara da Primeira Seção de Julgamento). *Recurso Voluntário. Acórdão nº 1101-00.710.* Recorrente: Gerdau Aços Especiais S.A. Recorrida: Fazenda Nacional. Relatora: Conselheira Edeli Pereira Bessa. Brasília, 22 de maio de 2012b.

BRASIL. Superior Tribunal de Justiça (Segunda Turma). *Agravo em Recurso Especial nº 323.808/SC. Decisão Monocrática.* Agravante: Patrimonial Segurança Ltda. Agravado: Município de Concórdia. Relator: Ministro Humberto Martins. Brasília, 27 de maio de 2013a. Disponível em: https://ww2.stj.jus.br/processo/revista/documento/mediado/?componente=MON&sequencial=28951766&tipo_documento=documento&num_registro=201300988574&data=20130527&formato=PDF. Acesso em: 21 jul. 2020.

BRASIL. Conselho Administrativo de Recursos Fiscais (Segunda Turma Especial da Terceira Seção de Julgamento). *Recurso Voluntário. Acórdão nº 3802-001.553.* Recorrente: Rojana Calçados Ltda. Recorrida: Fazenda Nacional. Relator: Conselheiro Francisco José Barroso Rios. Brasília, 7 de junho de 2013b.

BRASIL. Tribunal Regional Federal da Quarta Região (Segunda Turma). *Apelação Cível nº 5008820-70.2012.4.04.7107. Acórdão.* Apelante: Germano Tedesco. Apelado: Fundo Nacional de Desenvolvimento da Educação - FNDE. Relator: Desembargador Federal Rômulo Pizzolatti. Porto Alegre, 15 de agosto de 2013c. Disponível em: https://eproc.trf4.jus.br/eproc2trf4/controlador.php?acao=acessar_documento_publico&doc=41376486978637581030000000217&evento=490&key=3d8cc47a615ec060c0b924bffc611fcc526ce7b01f48259f6b21bc45b58fde6f&hash=01959e7a82c590fd84111ff61d456330. Acesso em: 19 jul. 2020.

BRASIL. Conselho Administrativo de Recursos Fiscais (Primeira Turma Ordinária da Quarta Câmara da Primeira Seção de Julgamento). *Recurso Voluntário nº 000.001. Acórdão nº 1401-001.059.* Recorrente: Banco Mercedes Benz do Brasil S/A. Recorrida: Fazenda Nacional. Relator: Conselheiro Alexandre Antônio Alkmim Teixeira. Brasília, 6 de janeiro de 2014a.

BRASIL. Conselho Administrativo de Recursos Fiscais (Segunda Turma Ordinária da Quarta Câmara da Primeira Seção de Julgamento). *Recurso Voluntário. Acórdão nº 1402-001.404.* Recorrente: Lupatech S/A (sucessora de Tecval Válvulas Industriais Ltda.). Recorrida: Fazenda Nacional. Relator: Conselheiro Paulo Roberto Cortez. Brasília, 23 de janeiro de 2014b.

BRASIL. Conselho Administrativo de Recursos Fiscais (Terceira Turma Ordinária da Primeira Câmara da Primeira Seção de Julgamento). *Recurso Voluntário. Acórdão nº 1103-000.836.* Recorrente: Transpinho Madeiras Ltda. Recorrida: Fazenda Nacional. Relator: Conselheiro Sergio Luiz Bezerra Presta. Brasília, 16 de maio de 2014c.

BRASIL. Conselho Administrativo de Recursos Fiscais (Segunda Turma Ordinária da Terceira Câmara da Segunda Seção de Julgamento). *Recurso Voluntário. Acórdão nº 2302-003.144.* Recorrente: Valenza Calçados - Indústria e Comércio Ltda. Recorrida: Fazenda Nacional. Relator: Conselheiro Luís Mársico Lombardi. Brasília, 10 de junho de 2014d.

BRASIL. Conselho Administrativo de Recursos Fiscais (Terceira Turma Ordinária da Primeira Câmara da Primeira Seção de Julgamento). *Recurso de Embargos. Acórdão nº 1103-001.091.* Embargantes: Transpinho Madeiras e Saiqui Empreendimentos Imobiliários Ltda. Interessada: Fazenda Nacional. Relator: Conselheiro Eduardo Martins Neiva Monteiro. Brasília, 18 de setembro de 2014e.

BRASIL. Supremo Tribunal Federal. *Recurso Extraordinário nº 844.232/RS. Decisão Monocrática.* Recorrente: Leda Lurdes Milan Frare. Recorrida: União. Relatora: Ministra Carmén Lúcia. Brasília, 5 de novembro de 2014f. Disponível em: http://portal.stf.jus.br/processos/downloadPeca.asp?id=275751249&ext=.pdf. Acesso em: 20 jul. 2020.

BRASIL. Supremo Tribunal Federal (Tribunal Pleno). *Recurso Extraordinário n° 614.406/RS. Acórdão*. Recorrente: União. Recorrido: Geraldo Tedesco. Relatora: Ministra Rosa Weber. Brasília, 27 de novembro de 2014g. Disponível em: http://portal.stf.jus.br/processos/downloadPeca.asp?id=283074056&ext=.pdf. Acesso em: 20 jul. 2020.

BRASIL. Supremo Tribunal Federal (Tribunal Pleno). *Recurso Extraordinário n° 240.785/MG. Acórdão*. Recorrente: Auto Americano S/A Distribuidor de Peças. Recorrida: União. Relator: Ministro Marco Aurélio. Brasília, 16 de dezembro de 2014h. Disponível em: http://redir.stf.jus.br/paginadorpub/paginador.jsp?docTP=AC&docID=630123. Acesso em: 20 jul. 2020.

BRASIL. Conselho Administrativo de Recursos Fiscais (Segunda Turma Ordinária da Terceira Câmara da Segunda Seção de Julgamento). *Recurso Voluntário. Acórdão n° 2302-003.309*. Recorrente: Vilar Comércio de Bebidas Ltda. Recorrida: Fazenda Nacional. Relator: Conselheiro Arlindo da Costa e Silva. Brasília, 29 de janeiro de 2015a.

BRASIL. Lei n° 13.105, de 16 de março de 2015 (Código de Processo Civil). *Diário Oficial [da] República Federativa do Brasil*, Poder Legislativo, Brasília, DF, 17 mar. 2015b.

BRASIL. Conselho Administrativo de Recursos Fiscais (Segunda Turma Ordinária da Terceira Câmara da Segunda Seção de Julgamento). *Recurso Voluntário n° 003.729. Acórdão n° 2302-003.729*. Recorrente: Olico S/A Produtos Elétricos. Recorrida: Fazenda Nacional. Relator: Conselheiro Arlindo da Costa e Silva. Brasília, 15 de junho de 2015c.

BRASIL. Medida Provisória n° 685, de 21 de julho de 2015. *Diário Oficial [da] República Federativa do Brasil*, Poder Executivo, Brasília, DF, 22 jul. 2015d.

BRASIL. Conselho Administrativo de Recursos Fiscais (Primeira Turma Ordinária da Segunda Câmara da Primeira Seção de Julgamento). *Recursos de Ofício e Voluntário. Acórdão n° 1201-001.136*. Recorrentes: MMX Mineração e Metálicos S/A e Fazenda Nacional. Relator: Conselheiro Marcelo Cuba Netto. Brasília, 17 de agosto de 2015e.

BRASIL. Lei n° 13.202, de 08 de dezembro de 2015. *Diário Oficial [da] República Federativa do Brasil*, Poder Executivo, Brasília, DF, 09 dez. 2015f.

BRASIL. Supremo Tribunal Federal (Tribunal Pleno). *Recurso Extraordinário n° 601.314/SP. Acórdão*. Recorrente: Marcio Holcman. Recorrida: União. Relator: Ministro Edson Fachin. Brasília, 26 de fevereiro de 2016a. Disponível em: http://redir.stf.jus.br/estfvisualizadorpub/jsp/consultarprocessoeletronico/ConsultarProcessoEletronico.jsf?seqobjetoincidente=2689108. Acesso em: 20 jul. 2020.

BRASIL. Conselho Administrativo de Recursos Fiscais (Segunda Turma Ordinária da Segunda Câmara da Segunda Seção de Julgamento). *Recurso Voluntário. Acórdão n° 2202-003.135*. Recorrente: Marcelo Wainberg Rodrigues. Recorrida: Fazenda Nacional. Relator: Conselheiro Marcio Henrique Sales Parada. Brasília, 29 de fevereiro de 2016b.

BRASIL. Conselho Administrativo de Recursos Fiscais (Primeira Turma Ordinária da Quarta Câmara da Primeira Seção de Julgamento). *Recurso Voluntário n° 999.999. Acórdão n° 1401-001.575*. Recorrente: Plena Comercial Atacadista Ltda. Recorrida: Fazenda Nacional. Relator: Conselheiro Antonio Bezerra Neto. Brasília, 24 de março de 2016c.

BRASIL. Conselho Administrativo de Recursos Fiscais (Segunda Turma Ordinária da Quarta Câmara da Primeira Seção de Julgamento). *Recurso Voluntário. Acórdão n° 1402-002.125*. Recorrentes: Pimaco Autoadesivos Ltda. Recorrida: Fazenda Nacional. Relator: Conselheiro Fernando Brasil de Oliveira Pinto. Brasília, 12 de abril de 2016d.

BRASIL. Conselho Administrativo de Recursos Fiscais (Primeira Turma Ordinária da Quarta Câmara da Primeira Seção de Julgamento). *Recursos de Ofício e Voluntário. Acórdão n° 1401-001.535*. Recorrentes: TRW Automotive Ltda. e Fazenda Nacional. Relator: Conselheiro Fernando Luiz Gomes de Mattos. Brasília, 13 de maio de 2016e.

BRASIL. Conselho Administrativo de Recursos Fiscais (Primeira Turma Ordinária da Quarta Câmara da Primeira Seção de Julgamento). *Recurso Voluntário. Acórdão n° 1401-001.675*. Recorrente: Parati S.A. e outros. Recorrida: Fazenda Nacional. Relator: Conselheiro Ricardo Marozzi Gregorio. Brasília, 12 de setembro de 2016f.

BRASIL. Conselho Administrativo de Recursos Fiscais (Primeira Turma da Câmara Superior de Recursos Fiscais). *Recurso Especial do Contribuinte. Acórdão n° 9101-002.429*. Recorrente: Transpinho Madeiras Ltda. e

Saiqui Empreendimentos Imobiliários Ltda. Interessada: Fazenda Nacional. Relator: Conselheiro Marcos Aurélio Pereira Valadão. Brasília, 4 de outubro de 2016g.

BRASIL. Supremo Tribunal Federal (Tribunal Pleno). *Ação Direta de Inconstitucionalidade nº 2.390/DF (Julgamento conjunto das ADI's nº 2.859, nº 2.386 e nº 2.397). Acórdão*. Requerentes: Partido Social Liberal e Confederação Nacional da Indústria. Relator: Ministro Dias Toffoli. Brasília, 21 de outubro de 2016h. Disponível em: http://portal.stf.jus.br/processos/downloadPeca.asp?id=310576122&ext=.pdf. Acesso em: 20 jul. 2020.

BRASIL. Tribunal Regional Federal da Primeira Região (Oitava Turma). *Apelação Cível nº 0004251-85.2016.4.01.9199. Acórdão*. Apelante: Tavares e Filhos Administração e Participações S.A. Apelante: Fazenda Nacional. Relatora: Desembargadora Federal Maria do Carmo Cardoso. Brasília, 24 de fevereiro de 2017a.

BRASIL. Conselho Administrativo de Recursos Fiscais (Primeira Turma Ordinária da Segunda Câmara da Primeira Seção de Julgamento). *Recurso Voluntário. Acórdão nº 1201-001.640*. Recorrente: Tinto Holding Ltda. Recorrida: Fazenda Nacional. Relatora: Conselheira Eva Maria Los. Brasília, 29 de maio de 2017b.

BRASIL. Lei nº 13.647, de 13 de julho de 2017. *Diário Oficial [da] República Federativa do Brasil*, Poder Executivo, Brasília, DF, 14 jul. 2017c.

BRASIL. Supremo Tribunal Federal (Tribunal Pleno). *Ação Direta de Inconstitucionalidade nº 1.055/DF. Acórdão*. Requerente: Confederação Nacional da Indústria. Relator: Ministro Gilmar Mendes. Brasília, 01 de agosto de 2017d. Disponível em: http://portal.stf.jus.br/processos/downloadPeca.asp?id=312309228&ext=.pdf. Acesso em: 20 jul. 2020.

BRASIL. Conselho Administrativo de Recursos Fiscais (Segunda Turma Ordinária da Terceira Câmara da Segunda Seção de Julgamento). *Recurso Voluntário. Acórdão nº 2302-003.634*. Recorrente: Agromen Sementes Agrícolas Ltda. Recorrida: Fazenda Nacional. Relator: Conselheiro Leonardo Henrique Pires Lopes. Brasília, 31 de outubro de 2017e.

BRASIL. Conselho Administrativo de Recursos Fiscais (Primeira Turma Ordinária da Quarta Câmara da Primeira Seção de Julgamento). *Recursos de Ofício e Voluntário. Acórdão nº 1401-002.196*. Recorrentes: Arainvest Participações S.A. e Fazenda Nacional. Relator: Conselheiro Abel Nunes de Oliveira Neto. Brasília, 16 de abril de 2018a.

BRASIL. Tribunal de Justiça de São Paulo (Décima Oitava Câmara de Direito Público). *Agravo de Instrumento nº 2025734-89.2018.8.26.0000. Acórdão*. Agravante: Chavel Participações Ltda. Agravado: Prefeito Municipal de Taquarituba. Relator: Desembargador Wanderley José Federighi. São Paulo, 24 de abril de 2018b. Disponível em: https://esaj.tjsp.jus.br/pastadigital/abrirDocumentoEdt.do?origemDocumento=M&nuProcesso=2025734-89.2018.8.26.0000&cdProcesso=RI004EW5U0000&cdForo=990&tpOrigem=2&flOrigem=S&nmAlias=SG5TJ&cdServico=190201&ticket=qRrezB3POO3KX1w9%2BoFMpjbDmGLf%2FMwTyeWqRiDkbRiCy4IUZbNOKN4F0xYudKlvDu7Hasn9dYE8raAwvwXkAn01dlp92%2BGHI0iHgKWVoS2vkQg%2Fd2Uzp%2BGny%2BKR%2BYOwuTd5gBE17nK8ACfcvdctvpXYmzgLD2nf%2FCm2bOvazir4fCSM5MploZgtEePPcRLEbaXRURa2dwayOVyAm4yh%2BK69i6STN3aZLYkoZAdlbrslNQoWf%2BSkMiGU37ipFBOKUqZgRXiFaa7DI0yI7K5XXcb232VGqUoF3MfoNHH2IrVHLcJKNLPbTzQ%2BMSa9lsPfvHOpj2xPlH1%2BiWZAXhkn0GJOtozm%2FFYQ0Ry1cjjA%2FPLAuHRJuqK1txgmVtS%2BEI1M75kh7i5CxvHC7g4QOoPeSA%3D%3D. Acesso em: 20 jul. 2020.

BRASIL. Justiça Federal (Primeira Vara Federal de Erechim). *Procedimento Comum nº 5009900-93.2017.4.04.7107/RS. Sentença*. Autoras: Saiqui Empreendimentos Imobiliários Ltda. e Transpinho Madeiras Ltda. Ré: União - Fazenda Nacional. Julgador: Juiz Federal Substituto Joel Luis Borsuk. Erechim, 21 de maio de 2018c. Disponível em: https://eproc.jfrs.jus.br/eprocV2/controlador.php?acao=acessar_documento_publico&doc=7-1152693180742145113041735203 7&evento=817&key=9e9da5623fff27ac51a14a11aaf65b7fab2a1b4931f7b558a4f7f103a4d3abea&hash=d197f5b8d4bd70739d6db8b5f6902400. Acesso em: 19 jul. 2020.

BRASIL. Supremo Tribunal Federal. *Reclamação nº 30.634/SP. Decisão Monocrática*. Reclamante: Município de Itapetininga. Reclamado: Tribunal Regional do Trabalho da Décima Quinta Região. Relator: Ministro Ricardo Lewandwski. Brasília, 12 de junho de 2018d. Disponível em: http://portal.stf.jus.br/processos/downloadPeca.asp?id=314556126&ext=.pdf. Acesso em: 19 jul. 2020.

BRASIL. Tribunal Regional Federal da Segunda Região (Quarta Turma Especializada). *Apelação Cível nº 0010827-18.1997.4.02.5001. Acórdão*. Apelante: União Federal (Fazenda Nacional). Apelados: Bazar Nordeste Ltda. e outros. Relatora: Desembargadora Federal Letícia de Santis Mello. Rio de Janeiro, 19 de julho de 2018e.

BRASIL. Conselho Administrativo de Recursos Fiscais (Primeira Turma da Câmara Superior de Recursos Fiscais). *Recurso Especial do Contribuinte. Acórdão nº 9101-003.447*. Recorrente: MMX Mineração e Metálicos S.A. Interessado: Fazenda Nacional. Relator: Conselheiro Luís Flávio Neto. Brasília, 13 de agosto de 2018f.

BRASIL. Conselho Administrativo de Recursos Fiscais (Primeira Turma Ordinária da Segunda Câmara da Primeira Seção de Julgamento). *Recursos de Ofício e Voluntário*. Acórdão nº 1201-002.278. Recorrentes: Hemava Administração e Empreendimentos S.A. e Fazenda Nacional. Relatora: Conselheira Eva Maria Los. Brasília, 30 de agosto de 2018g.

BRASIL. Conselho Administrativo de Recursos Fiscais (Segunda Turma Ordinária da Quarta Câmara da Segunda Seção de Julgamento). *Recursos de Ofício e Voluntário*. Acórdão nº 2402-006.696. Recorrente: Mário Araújo Alencar Araripe. Recorrida: Fazenda Nacional. Relator: Conselheiro Luís Henrique Dias Lima. Brasília, 5 de novembro de 2018h.

BRASIL. Supremo Tribunal Federal (Segunda Turma). *Agravo Regimental no Recurso Extraordinário com Agravo nº 1.023.465/SC. Acórdão*. Agravante: Osni Muccelin Arruda. Agravada: União. Relator: Ministro Ricardo Lewandowski. Brasília, 6 de dezembro de 2018i. Disponível em: http://portal.stf.jus.br/processos/downloadPeca.asp?id=15339183280&ext=.pdf. Acesso em: 20 jul. 2020.

BRASIL. Conselho Administrativo de Recursos Fiscais (Segunda Turma Ordinária da Terceira Câmara da Primeira Seção de Julgamento). *Recurso de Ofício*. Acórdão nº 1302-003.229. Recorrente: Fazenda Nacional. Interessada: EMSA Empresa Sul Americana de Montagens S.A. Relator: Conselheiro Paulo Henrique Silva Figueiredo. Brasília, 9 de janeiro de 2019a.

BRASIL. Conselho Administrativo de Recursos Fiscais (Segunda Turma Ordinária da Terceira Câmara da Primeira Seção de Julgamento). *Recurso Voluntário*. Acórdão nº 1302-003.290. Recorrente: Videplast Indústria de Embalagens Ltda. Recorrida: Fazenda Nacional. Relator: Conselheiro Marcos Antonio Nepomuceno Feitosa. Brasília, 28 de janeiro de 2019b.

BRASIL. Conselho Administrativo de Recursos Fiscais (Segunda Turma Ordinária da Quarta Câmara da Terceira Seção de Julgamento). *Recurso Voluntário*. Acórdão nº 3402-005.853. Recorrente: Petróleo Brasileiro S/A Petrobrás. Recorrida: Fazenda Nacional. Relator: Conselheiro Diego Diniz Ribeiro. Brasília, 1 de fevereiro de 2019c.

BRASIL. Tribunal Regional Federal da Quarta Região (Primeira Turma). *Agravo de Instrumento nº 5007893-75.2018.4.04.0000/SC. Acórdão*. Agravante: Elias Savoldi. Agravado: União (Fazenda Nacional). Relator: Juiz Federal Convocado Francisco Donizete Gomes. Porto Alegre, 29 de agosto de 2019d. Disponível em: https://eproc.trf4.jus.br/eproc2trf4/controlador.php?acao=acessar_documento_publico&doc=41566990715060-656526108921671&evento=490&key=f9df7ab0556fa39c40862a56f8f1f8cec43fde578f3aedc0aa015e8375090891&hash=d6968e94ad7e809e3cb1cace43a44a94. Acesso em: 19 jul. 2020.

BRASIL. Conselho Administrativo de Recursos Fiscais (Primeira Turma Ordinária da Segunda Câmara da Terceira Seção de Julgamento). *Recurso Voluntário*. Acórdão nº 3201-005.540. Recorrente: Petróleo Brasileiro SA Petrobrás. Recorrida: Fazenda Nacional. Relator: Conselheiro Charles Mayer de Castro Souza. Brasília, 11 de setembro de 2019e.

BRASIL. Lei nº 13.869, de 27 de setembro de 2019. *Diário Oficial [da] República Federativa do Brasil*, Poder Executivo, Brasília, DF, 27 set. 2019f, Sessão Extra A, p. 01.

BRASIL. Conselho Administrativo de Recursos Fiscais (Primeira Turma da Câmara Superior de Recursos Fiscais). *Recurso Especial do Contribuinte*. Acórdão nº 9101-004.382. Recorrente: Tinto Holding Ltda. Recorrida: Fazenda Nacional. Relator: Conselheiro Demetrius Nichele Macei. Brasília, 4 de novembro de 2019g.

BRASIL. Tribunal Regional Federal da Quarta Região (Segunda Turma). *Apelação Cível nº 5009900-93.2017.4.04.7107/RS. Acórdão*. Apelante: União – Fazenda Nacional. Apeladas: Saiqui Empreendimentos Imobiliários Ltda. e Transpinho Madeiras Ltda. Relator: Desembargador Federal Rômulo Pizzolatti. Porto Alegre, 11 de dezembro de 2019h. Disponível em: https://www2.trf4.jus.br/trf4/controlador.php?acao=consulta_processual_resultado_pesquisa&txtValor=50099009320174047107&selOrigem=TRF&chkMostrarBaixados=&todaspartes=S&selForma=NU&todasfases=&hdnRefId=&txtPalavraGerada=&txtChave=&numPagina=1. Acesso em: 16 jul. 2020.

BRASIL. Supremo Tribunal Federal (Tribunal Pleno). *Recurso Ordinário em Habeas Corpus nº 163.334/SC. Acórdão*. Recorrentes: Robson Schumacher e Vanderleia Silva Ribeiro Schumacher. Relator: Ministro Luís Roberto Barroso. Brasília, 31 de janeiro de 2020a. Disponível em: http://portal.stf.jus.br/processos/detalhe.asp?incidente=5562955. Acesso em: 20 jul. 2020.

BRASIL. Conselho Administrativo de Recursos Fiscais (Terceira Turma da Câmara Superior de Recursos Fiscais). *Recurso Especial do Procurador*. Acórdão nº 9303-010.058. Recorrente: Fazenda Nacional. Interessada: Petróleo Brasileiro S/A Petrobrás. Relator: Conselheiro Jorge Olmiro Lock Freire. Brasília, 27 de fevereiro de 2020b.

BRASIL. Conselho Administrativo de Recursos Fiscais (Terceira Turma da Câmara Superior de Recursos Fiscais). *Recurso Especial do Procurador. Acórdão nº 9303-010.059*. Recorrente: Fazenda Nacional. Interessada: Petróleo Brasileiro S/A Petrobrás. Relator: Conselheiro Jorge Olmiro Lock Freire. Brasília, 27 de fevereiro de 2020c.

BRASIL. Conselho Administrativo de Recursos Fiscais (Segunda Turma Ordinária da Quarta Câmara da Segunda Seção de Julgamento). *Recurso Voluntário. Acórdão nº 2402-008.111*. Recorrente: Indústria Mineira de Fraldas Ltda. Interessada: Fazenda Nacional. Relator: Conselheiro Luís Henrique Dias Lima. Brasília, 28 de fevereiro de 2020d.

BRASIL. Superior Tribunal de Justiça (Segunda Turma). *Recurso Especial nº 1.388.855/MG. Decisão Monocrática*. Recorrente: Elano Calçados Ltda. Recorrido: Estado de Minas Gerais. Relator: Ministro OG Fernandes. Brasília, 7 de abril de 2020e. Disponível em: https://ww2.stj.jus.br/processo/revista/documento/mediado/?component e=MON&sequencial=108269133&tipo_documento=documento&num_registro=201300485489&data=2020040 7&formato=PDF. Acesso em: 19 jul. 2020.

BRASIL. Tribunal Regional Federal da Quarta Região (Primeira Turma). *Apelação Cível nº 5000235-94.2019.4.04.7103. Acórdão*. Apelante: Ana Maria Ormazabal Moura. Apelada: União – Fazenda Nacional. Relator: Juiz Federal Convocado Alexandre Gonçalves Lippel. Porto Alegre, 4 de maio de 2020f. Disponível em: https://www2.trf4.jus.br/trf4/controlador.php?acao=consulta_processual_resultado_pesquisa&txtValor =50002359420194047103&selOrigem=TRF&chkMostrarBaixados=&todasfases=&selForma=NU&todaspartes =S&hdnRefId=&txtPalavraGerada=&txtChave=&numPagina=1. Acesso em: 16 jul. 2020.

BRASIL. Supremo Tribunal Federal (Tribunal Pleno). *Ação Direta de Inconstitucionalidade nº 2.446. Julgamento parcial*. Requerente: Confederação Nacional do Comércio. Relatora: Ministra Cármen Lúcia. Brasília, 30 de junho de 2020g. Disponível em: http://redir.stf.jus.br/estfvisualizadorpub/jsp/consultarprocessoeletronico/ ConsultarProcessoEletronico.jsf?seqobjetoincidente=1930159. Acesso em: 23 jun. 2020.

BRASIL. Tribunal Superior do Trabalho. Súmula nº 331, de 27, 30 e 31 de maio de 2011. In: _____. *Súmulas, Orientações Jurisprudenciais (Tribunal Pleno/Órgão Especial, SBDI-I, SBDI-I Transitória, SBDI-II e SDC) e Precedentes Normativos*. Brasília: Coordenação de Serviços Gráficos – CSG/SEG/TJDFT, 2020h. Disponível em: http://www.tst.jus.br/documents/10157/63002/LivroInternet+%281%29.pdf/f24990a5-a0b3-f2b3-131a-504c08dace3f?t=1591316052743. Acesso em: 19 jul. 2020.

BUFFON, Marciano. *A tributação como instrumento de densificação do princípio da dignidade da pessoa humana*. 2007. 371 f. Tese (Doutorado em Direito) – Universidade do Vale do Rio dos Sinos, São Leopoldo, 2007.

BULOS, Uadi Lammêgo. *Curso de Direito Constitucional*. 7. ed. São Paulo: Saraiva, 2012.

CALIENDO, Paulo. *Direito Tributário*: três modos de pensar a tributação – elementos para uma teoria sistêmica do Direito Tributário. Porto Alegre: Livraria do Advogado: 2009a.

CALIENDO, Paulo. *Direito tributário e análise econômica do direito*. Rio de Janeiro: Elsevier, 2009b.

CAMPOS, Carlos Alexandre de Azevedo. O dever fundamental de pagar "tributos" na Constituição de 1988. In: ROCHA, Sergio André; GODOI, Marciano Seabra de (Org.). *O dever fundamental de pagar impostos*: o que realmente significa e como vem influenciando nossa jurisprudência. Belo Horizonte: Editora D'Plácido, 2017. p. 135-183.

CAMPOS, Francisco. *O Estado Nacional*. 2002. Disponível em: http://bibliotecadigital.puc-campinas.edu.br/ services/e-books/Francisco%20Campos-1.pdf. Acesso em: 15 fev. 2019.

CAMPOS, Roberto. *O século esquisito*. Rio de Janeiro: Topbooks, 1990.

CANOTILHO, José Joaquim Gomes. *Direito Constitucional*. 5. ed. Coimbra: Almedina, 1993.

CANOTILHO, José Joaquim Gomes. *Direito Constitucional e Teoria da Constituição*. 7. ed. Coimbra: Almedina, 2003.

CANOTILHO, José Joaquim Gomes; MOREIRA, Vital. *Fundamentos da Constituição*. Coimbra: Coimbra Ed., 1991.

CARDOSO, Alessandro Mendes. *O dever fundamental de recolher tributos no Estado Democrático de Direito*. Porto Alegre: Livraria do Advogado Ed., 2014.

CARDOSO, Alessandro Mendes. O descortinamento do dever fundamental de recolher tributos pela doutrina de Casalta Nabais. In: ROCHA, Sergio André; GODOI, Marciano Seabra de (Org.). *O dever fundamental de pagar impostos*: o que realmente significa e como vem influenciando nossa jurisprudência. Belo Horizonte: Editora D'Plácido, 2017. p. 213-227.

CARVALHO, José Murilo de. *Cidadania no Brasil*: o longo caminho. 24. ed. Rio de Janeiro: Civilização Brasileira, 2018.

CARVALHO, Thiago Fabres de. *Criminologia, (in)visibilidade e reconhecimento*: o controle penal da subcidadania no Brasil. Rio de Janeiro: Revan, 2014.

CARVALHO, Paulo de Barros. Entre a forma e o conteúdo na desconstituição dos negocios jurídicos. *Revista da Faculdade de Direito da Universidade de São Paulo*, São Paulo, v. 105, p. 409-431, jan./dez., 2010.

CARVALHO, Paulo de Barros. *Derivação e positivação no Direito Tributário*. São Paulo: Noeses, 2011. v. 1.

CASTRO, Torquato. *Da causa no contrato*. Recife: Imprensa Universitária, 1996.

CATARINO, João Ricardo. *Para uma teoria política do tributo*. 2. ed. Lisboa: Cadernos de Ciência e Técnica Fiscal, 2009.

CAVALCANTI, Themístocles; DE BRITO, Luiz Navarro; BALEEIRO, Aliomar. *Constituições Brasileiras – 1967*. v. 6. 3. ed. Brasília: Senado Federal, Subsecretaria de Edições Técnicas, 2012. Disponível em: http://www2.senado.leg.br/bdsf/bitstream/handle/id/137604/Constituicoes_Brasileiras_v6_1967.pdf. Acesso em: 20 fev. 2019.

CHULVI, Cristina Pauner. *El deber constitucional de contribuir al sostenimiento de los gastos públicos*. Madri: Centro de Estudios Políticos y Constitucionales, 2001.

CIANCI, Mirna; ALMEIDA, Gregório Assagra de. *Direito Processual Constitucional do Controle de Constitucionalidade*. São Paulo: Saraiva, 2011.

CIPOLLINA, Silvia. *La legge civile e la legge fiscale* – il problema dell'elusione fiscale. Padova: Cedam, 1992.

COELHO, Fábio Ulhoa. *Curso de Direito Comercial*. 9. ed. São Paulo: Saraiva, 2005. v. 1.

COÊLHO, Sacha Calmon Navarro. *Comentários à Constituição de 1988*: sistema tributário. Rio de Janeiro: Forense, 1996.

COÊLHO, Sacha Calmon Navarro. *Teoria geral do tributo, da interpretação e da exoneração tributária*. São Paulo: Dialética, 2003.

COÊLHO, Sacha Calmon Navarro. *Curso de Direito Tributário Brasileiro*. 9. ed. Rio de Janeiro: Forense, 2006a.

COÊLHO, Sacha Calmon Navarro. *Evasão e Elisão*: O parágrafo **único** do Art. 116, CTN, e o Direito Comparado. Rio de Janeiro: Forense, 2006b.

COHEN, Sarah Amarante de Mendonça. A interpretação da lei tributária nos direitos francês e brasileiro: estudo de casos. *Revista Meritum*, Belo Horizonte, v. 9, n. 1, p. 341-390, jan./jun. 2014.

CONJUR, Anuário da Justiça Federal 2012. *Entre o cidadão e o Estado*. São Paulo, Consultor Jurídico, abr. 2012.

CONSTANT, Benjamin. *Da liberdade dos antigos comparada à dos modernos*. Textos e documentos do Departamento de História da Faculdade de Filosofia e Ciências Humanas da Universidade Federal de Minas Gerais. Minas Gerais: UFMG, 1980. Disponível em: http://www.fafich.ufmg.br/~luarnaut/Constant_liberdade.pdf. Acesso em: 12 jul. 2020.

CONTIPELLI, Ernani. *Solidariedade social tributária*. São Paulo: Almedina, 2010.

COSTA, Regina Helena. *Praticabilidade e Justiça Tributária*. São Paulo: Malheiros, 2007.

COSTA, Regina Helena. Tributação e Direitos Fundamentais: uma visão contemporânea. *In*: PARISI, Fernanda Drummond; TORRES, Heleno Taveira; MELO, José Eduardo Soares de (Coord.). *Estudos de Direito Tributário em homenagem ao professor Roque Antônio Carrazza*. São Paulo: Malheiros, 2014.

COURA, Alexandre. *Hermenêutica Jurídica e Jurisdição (In)Constitucional*: para uma análise crítica da "Jurisprudência dos Valores" à luz da Teoria Discursiva de Habermas. Belo Horizonte: Mandamentos, 2009.

COURINHA, Gustavo Lopes. *A cláusula geral anti-abuso no direito tributário*. Coimbra: Almedina, 2009.

D'AMICO, Giovanni. *Libertá di scelta del tipo contrattuale e frode alla legge*. Milano: Giuffré, 1993.

DAVID, Cyrille. L'abus de droit en Allemagne, en France, en Italie, aux PaysBas et au Royaume-Uni. *Rivista de Diritto Finanziario e Scienza delle Finanze*. Milano: Giuffrè, 1993.

DERZI, Misabel Abreu Machado. A desconsideração dos atos e negocios jurídicos dissimulatórios, segundo a Lei Complementar nº 104, de 10 de janeiro de 2001. *In*: ROCHA, Valdir de Oliveira (Coord.). *O Planejamento Tributário e a Lei Complementar nº 104*. São Paulo: Dialética, 2001.

DERZI, Misabel Abreu Machado. O principio da preservação das empresas e o direito à economia de imposto. *In*: ROCHA, Valdir de Oliveira (Org.). *Grandes Questões Atuais do Direito Tributário*. São Paulo: Dialética, 2006. v. 10.

DIMOULIS, Dimitri; MARTINS, Leonardo. Deveres fundamentais. *In*: LEITE, George Salomão; SARLET, Ingo Wolfgang; CARBONELL, Miguel (Coord.). *Direitos, deveres e garantias fundamentais*. Salvador: JusPodivm, 2011.

DIMOULIS, Dimitri; MARTINS, Leonardo. *Teoria geral dos direitos fundamentais*. 5. ed. São Paulo: Atlas, 2014.

DINIZ, Maria Helena. *Curso de Direito Civil Brasileiro*: teoria das obrigações contratuais e extracontratuais. 27 ed. São Paulo: Saraiva, 2011.

D'OLIVEIRA, Augusto Fiel Jorge. Planejamento tributário em reorganizações patrimoniais de natureza imobiliária. *In*: GOMES, Marcus Livio; ROCHA, Sergio André; FARIA, Aline Cardoso de (Org.). *Planejamento tributário sob a ótica do CARF*: análise de casos concretos. Rio de Janeiro: Lumen Juris, 2019. p. 123-147.

DÓRIA, Antonio Roberto Sampaio. *Elisão e Evasão Fiscal*. São Paulo: Bushatsky, 1977.

DREWS, Claudia. *Die Wesensgehaltsgarantie des Art. 19 II GG*. Baden-Baden: Nomos, 2005.

DUQUE, Bruna Lyra; PEDRA, Adriano Sant'Ana. Os deveres fundamentais e a solidariedade nas relações privadas. *Revista de Direitos Fundamentais e Democracia*, Curitiba, v. 14, n. 14, jul./dez. de 2013, p. 147-161.

DURKHEIM, Émile. *As regras do método sociológico*. São Paulo: Martins Fontes, 2007.

DURKHEIM, Émile. *Da divisão do trabalho social*. São Paulo: Martins Fontes, 2010.

DWORKIN, Ronald. *Levando os direitos a sério*. 2. ed. São Paulo: Martins Fontes, 2007.

DWORKIN, Ronald. *A raposa e o porco-espinho*: justiça e valor. São Paulo: WMF Martins Fontes, 2014.

ELIAS, Norbert. *O processo civilizador*: formação do estado e civilização. Rio de Janeiro: Zahar, 1994.

EZCURRA, Marta Villar. Elusión fiscal: la experiencia de España. *Revista Ciencia e Tecnica Fiscal*, n. 404, p. 51-89, 2011.

FALCÓN Y TELLA, Ramón. El fraude a la ley tributaria como mecanismo para gravar determinadas economías de opción. *Revista Técnica Tributaria*, Madrid, n. 31, p. 55-74, 1999.

FARIAS, Cristiano Chaves de; ROSENVALD, Nelson. *Curso de Direito Civil. Contratos*. Volume IV. Salvador/BA: JusPodivm, 2012.

FAUSTO, Boris. *História do Brasil*. São Paulo: Edusp/FDE, 1994. Disponível em: https://vivelatinoamerica.files.wordpress.com/2015/11/fausto-boris-historia-do-brasil.pdf. Acesso em: 20 fev. 2019.

FAVEIRO, Vitor. *O Estatuto do Contribuinte* – A pessoa do contribuinte no Estado Social de Direito. Coimbra: Coimbra Ed., 2002.

FERNANDES, Florestan. *A integração do negro na sociedade de classes*: o legado da "raça branca". 5. ed. São Paulo: Globo, 2008a. v. 1.

FERNANDES, Florestan. *A integração do negro na sociedade de classes*: no limiar de uma nova era. 5. ed. São Paulo: Globo, 2008b. v. 2.

FERRARA, Francisco. *A simulação dos negócios jurídicos*. Campinas: Red Livros, 1999.

FERRARO, Carolina Cantarelle. Existe o dever fundamental de pagar impostos no sistema tributário brasileiro? *In*: ROCHA, Sergio André; GODOI, Marciano Seabra de (Org.). *O dever fundamental de pagar impostos*: o que realmente significa e como vem influenciando nossa jurisprudência. Belo Horizonte: Ed. D'Plácido, 2017. p. 41-64.

FERRAZ JR., Tércio Sampaio. *Introdução ao estudo do Direito*. São Paulo: Atlas, 1990.

FERRAZ JR., Tércio Sampaio. Simulação e negócio jurídico indireto no Direito Tributário e à luz do novo Código Civil. *Revista Fórum de Direito Tributário*, Belo Horizonte, ano 8, n. 48, p. 09-25, nov./dez. 2010.

FERRI, Luigi. *La autonomía privada*. Madrid: Editorial Revista de Direito Privado, 1969.

FLÁVIO NETO, Luís. *Teorias do "abuso" no planejamento tributário*. 2011. 266 f. Dissertação (Mestrado em Direito Tributário) – Faculdade de Direito da Universidade de São Paulo, São Paulo, 2011.

FLÁVIO NETO, Luís. Segregação operacional e societária de fontes produtoras de rendimentos: "planejamento tributário" ou "evasão fiscal"?. *In*: GOMES, Marcus Livio; ROCHA, Sergio André; FARIA, Aline Cardoso de (Org.). *Planejamento tributário sob a ótica do CARF*: análise de casos concretos. Rio de Janeiro: Lumen Juris, 2019. p. 265-291.

FOLLONI, André. Planejamento tributário e norma antielisiva no direito brasileiro. *In*: MACHADO, Hugo de Brito (Coord.). *Planejamento tributário*. São Paulo: Malheiros, 2016.

FRANCISCO NETO, João. *Sistema tributário nacional na atualidade e a evolução histórica dos tributos*. São Paulo: Impactus, 2008.

FRANCO, Afonso Arinos de Melo. *Curso de Direito Constitucional Brasileiro*: Formação Constitucional do Brasil. Rio de Janeiro: Forense, 1960. v. 2.

FURLAN, Anderson. Obrigações tributárias romanas. *Revista da Associação dos Juízes Federais do Brasil – AJUFE*, n. 87, p. 61-80, primeiro trimestre de 2007.

FRIEDMAN, Milton. *Capitalismo e liberdade*. São Paulo: Nova Cultural, 1985.

GARGARELLA, Roberto. *As teorias da justiça depois de Rawls*: um breve manual de filosofia política. São Paulo: Martins Fontes, 2008.

GASPAR, Tarcísio de Souza. Derrama, boatos e historiografia: o problema da revolta popular na Inconfidência Mineira. *Revista Topoi*, v. 11, n. 21, p. 51-73, jul.-dez. 2010.

GIANETTI, Leonardo Varella. *O dever fundamental de pagar tributos e suas possíveis consequências práticas*. 2011. 295 f. Dissertação (Mestrado em Direito) – Pontifícia Universidade Católica de Minas Gerais, Minas Gerais, 2011.

GIANETTI, Leonardo Varella. O dever fundamental de pagar tributos em tempo de crise fiscal. *In*: ROCHA, Sergio André; GODOI, Marciano Seabra de (Org.). *O dever fundamental de pagar impostos*: o que realmente significa e como vem influenciando nossa jurisprudência. Belo Horizonte: Ed. D'Plácido, 2017. p. 229-264.

GIDDENS, Anthony. *As consequências da modernidade*. São Paulo: Unesp, 1991.

GIOTTI, Daniel. Solidariedade, Moralidade e Eficiência como critérios de Justiça Tributária. *In*: FUX, Luiz; QUEIROZ, Luiz Cesar Souza de; ABRAHAM, Marcus (Org.). *Tributação e Justiça Fiscal*. Rio de Janeiro: Editora GZ, 2014. p. 131-158.

GODOI, Marciano Seabra de. A figura da fraude à lei tributária prevista no parágrafo único do art. 116 do CTN. *Revista Dialética de Direito Tributário*, São Paulo, n. 68, p. 101-123, 2001.

GODOI, Marciano Seabra de. A figura da fraude à lei tributária na jurisprudencia do Supremo Tribunal Federal. *Revista Dialética de Direito Tributário*, São Paulo, n. 79, p. 75-85, 2002.

GODOI, Marciano Seabra de. Tributo e solidariedade social. *In*: GRECO, Marco Aurélio; GODOI, Marciano Seabra de (Coord.). *Solidariedade social e tributação*. São Paulo: Dialética, 2005.

GODOI, Marciano Seabra de. O quê e o porquê da tipicidade tributária. *In*: RIBEIRO, Ricardo Lodi; ROCHA, Sérgio André (Coord.). *Legalidade e Tipicidade no Direito Tributário*. São Paulo: Quartier Latin, 2008. p. 71-97.

GODOI, Marciano Seabra de. Estudo comparativo sobre o combate ao planejamento tributário abusivo na Espanha e no Brasil: sugestão de alterações legislativas no ordenamento brasileiro. *Revista de Informação Legislativa*, Brasília, ano 49, n. 194, p. 117-146, abr./jun. 2012a.

GODOI, Marciano Seabra de. Crítica à visão libertarista do tributo e do direito tributário. *In*: GASSEN, Valcir (Org.). *Equidade e eficiência da matriz tributária brasileira*: diálogos sobre Estado, Constituição e Direito Tributário. Brasília: Consulex, 2012b, p. 193-205.

GODOI, Marciano Seabra de. O que realmente mudou no perfil da tributação brasileira nos 25 anos de vigência da Constituição? *Revista de Informação Legislativa*, v. 50, n. 200, out./dez., 2013.

GODOI, Marciano Seabra de. O que está em jogo com a afirmação de que o pagamento de tributos é um dever fundamental? *In*: ROCHA, Sergio André; GODOI, Marciano Seabra de (Org.). *O dever fundamental de pagar impostos*: o que realmente significa e como vem influenciando nossa jurisprudência. Belo Horizonte: Ed. D'Plácido, 2017. p. 185-211.

GODOI, Marciano Seabra de. A Unilever e o planejamento tributário da década. *In*: GOMES, Marcus Livio; ROCHA, Sergio André; FARIA, Aline Cardoso de (Org.). *Planejamento tributário sob a ótica do CARF*: análise de casos concretos. Rio de Janeiro: Lumen Juris, 2019. p. 319-344.

GODOI, Marciano Seabrea de; FERRAZ, Andréa Karla. Planejamento tributário e simulação: estudo e análise dos casos Rexnord e Josapar. *Revista Direito GV*, São Paulo, n. 8 (1), p. 359-280, jan./jun. 2012.

GODOI, Marciano Seabra de; ROCHA, Sergio André (Org.). *Planejamento tributário*: limites e desafios concretos. Belo Horizonte: Ed. D'Plácido, 2018.

GOLDSMITH, J. C. Relatório Nacional – França. *Cahiers de droit fiscal international*. Deventer: Kluwer Law and Taxation, 1983.

GOMES, Marcus Livio; ROCHA, Sergio André; FARIA, Aline Cardoso de (Org.). *Planejamento tributário sob a ótica do CARF*: análise de casos concretos. Rio de Janeiro: Lumen Juris, 2019.

GOMES, Marcus Livio. From The Guiding Principle to the Principal Purpose Test: the Burden of Proof and Legal Consequences. *In*: GOMES, Marcus Livio; ROCHA, Sergio André; FARIA, Aline Cardoso de (Org.). *Planejamento tributário sob a ótica do CARF*: análise de casos concretos. Rio de Janeiro: Lumen Juris, 2019.

GOMES, Marcus Livio. O relacionamento do Brasil com a OCDE e os impactos futuros em matéria tributária. Palestra ministrada no XXII Congresso Internacional de Direito Tributário, *Associação Brasileira de Direito Tributário (ABRADT)*, 2018. Disponível em: https://www.youtube.com/watch?v=fUEn10nYBss. Acesso em: 20 jul. 2020.

GOMES, Orlando. *Introdução ao Direito Civil*. Rio de Janeiro: Forense, 1974.

GOMES, Orlando. *Contratos*. 12. ed. Rio de Janeiro: Forense, 1987.

GONÇALVES, Luísa Cortat Simonetti; FABRIZ, Daury César. Dever fundamental: a construção de um conceito. *In*: MARCO, Cristhian Magnus de; PEZZELLA, Maria Cristina Cereser; STEINMETZ, Wilson. *Direitos Fundamentais Civis*: teoria geral e mecanismos de efetividade no Brasil e na Espanha. Joaçaba: Unoesc, 2013. t. I.

GONÇALVES, José Artur Lima. Planejamento tributário internacional. *In*: IBET. *Justiça tributária*. São Paulo: Max Limonad, 1998.

GONÇALVES, José Artur Lima. Planejamento Tributário: certezas e incertezas. *In*: ROCHA, Valdir de Oliveira (Org.). *Grandes Questões Atuais do Direito Tributário*. São Paulo: Dialética, 2006. v. 10, p. 262-275.

GRADVOHL, Michel André Bezerra Lima. Deveres fundamentais: conceito, estrutura e regime. *Revista Controle* (Tribunal de Contas do Estado do Ceará), v. VII, n. 2, p. 251-275, dez. 2009.

GRAUBERG, Tambet. Tambet. *Anti-tax-avoidance Measure and Their Compliance with Community Law*. *In*: JURÍDICA INTERNACIONAL XVI, 2009. Disponível em: https://www.juridicainternational.eu/public/pdf/ji_2009_1_141.pdf. Acesso em: 15 nov. 2019.

GRECO, Marco Aurelio. *Planejamento fiscal e interpretação da lei tributária*. São Paulo: Dialética, 1998.

GRECO, Marco Aurelio. Solidariedade social e tributação. *In*: GRECO, Marco Aurelio; GODOI, Marciano Seabra de (Coord.). *Solidariedade social e tributação*. São Paulo: Dialética, 2005. p. 168-189.

GRECO, Marco Aurelio. *Planejamento tributário*. 2. ed. São Paulo: Dialética, 2008.

GRECO, Marco Aurelio. Crise do formalismo no Direito Tributário brasileiro. *Revista da PGFN*, Brasília, ano 1, n. 1, jan./jul. 2011.

GUASTINI, Riccardo. *La 'constitucionalización' del ordenamiento jurídico*: el caso italiano. Edición de Miguel Carbonell. Madrid: Ed. Trotta, 2005.

HÄBERLE, Peter. *La libertad fundamental em el Estado Constitucional*. Lima: Fondo Editorial de la Pontificia Universidad Católica Del Perú, 1997.

HÄBERLE, Peter. *La garantía del contenido essencial de los derechos fundamentales em la Ley Fundamental de Bonn*. Madri: Dykinson, 2003.

HABERMAS, Jürgen. *Direito e democracia*: entre facticidade e validade. Rio de Janeiro: Tempo Brasileiro, 1997. v. 1.

HAYEK, Friedrich. *Law, legislation and liberty*. Chicago: University of Chicago Press, 1976. v. 2.

HECK, Luís Afonso. Regras, princípios jurídicos e sua estrutura no pensamento de Robert Alexy. *In*: LEITE, George Salomão (Org.). *Dos princípios constitucionais*: considerações em torno das normas principiológicas da Constituição. São Paulo: Malheiros, 2003.

HENSEL, Albert. *Diritto Tributario*. Milano: Giuffrè, 1956.

HERBERT, George. *Der Wesengehalt der Grundrechte*. EuGRZ 12, 1985.

HERRERA MOLINA, Pedro. *Metodología des derecho financeiro y tributario*. Mexico: Porrúa, 2004.

HESSE, Konrad. *Grundzüge des Verfassungsrechts*. Heidelberg, 1988.

HESSE, Konrad. *A força normativa da Constituição*. Porto Alegre: Sergio Antonio Fabris, 1991.

HOBBES, T. *Leviatã ou matéria, forma e poder de um Estado eclesiástico e civil*. São Paulo: Nova Cultural, 2004.

HOBSBAWM, Eric. *A era dos extremos* – O breve século XX: 1914-1991. São Paulo: Companhia das Letras, 1995.

HOLMES, Stephen; SUNSTEIN, Cass. *The cost of rights*: why liberty depends on taxes. New York: W.W. Norton, 1999.

HONNETH, Axel. Duas perguntas para Axel Honneth. *Revista Cult*. São Paulo, mar. 2010. Disponível em: https://revistacult.uol.com.br/home/duas-perguntas-para-axel-honneth/. Acesso em: 28 jun. 2018.

HONNETH, Axel. *O direito da liberdade*. São Paulo: Martins Fontes, 2015.

HUCK, Marcelo Hermes. *Evasão e elisão*: rotas nacionais e internacionais do planejamento tributário. São Paulo: Saraiva, 1997.

JELLINEK, Georg. *Teoria general del Estado*. México/DF: Fondo de Cultura Económica, 2002.

JEVEAUX, Geovany Cardoso. *O conceito de princípio na teoria dos direitos fundamentais de Robert Alexy*, 2004.

JUSTEN FILHO, Marçal. Sistema Constitucional Tributário: uma aproximação ideológica. *Revista da Faculdade de Direito da UFPR*, Curitiba, n. 30, p. 215-233, 1998.

KANT, Immanuel. *Fundamentação da metafísica dos costumes*. Lisboa: Edições 70, 2009.

KELSEN, Hans. *Teoria pura do Direito*. 7 ed. São Paulo: Martins Fontes, 2006.

KELSEN, Hans. *Jurisdição Constitucional*. São Paulo: Martins Fontes, 2013.

KEYNES, John Maynard. *The General Theory of Employment, Interest and Money*. New York: Prometheus Books, 1997.

KRUSE, Heinrich Wilhelm. *Il risparmio d'imposta, l'elusione fiscal e l'evasione*. Coord. Andrea Amatucci. Padova: Cedam, 1994. v. III. t. I.

LAPATZA. José Juan Ferreiro. Economia de opción, fraude de ley, sanciones y delito fiscal. *Revista Tecnica Tributaria*, Madrid, n. 52/47, 2001.

LAPATZA. José Juan Ferreiro. *Direito Tributário*: teoria geral do tributo. Barueri: Manole, 2007.

LARENZ, Karl. *Metodologia da ciência do Direito*. Lisboa: Fundação Calouste Gulbenkian, 1997.

LARRAZ, José. *Metodología aplicativa del derecho tributario*. Madrid: Revista de Derecho Privado, 1952.

LASH, Scott. *Another Modernity*: a diferente rationality. California: Blackwell, 1999.

LASSALLE, Ferdinand. *A essência da Constituição*. 6. ed. Rio de Janeiro: Lumen Juris, 2001.

LEAL, Victor Nunes. *Coronelismo, enxada e voto*: o município e o regime representativo no Brasil. 7. ed. São Paulo: Companhia das Letras, 2012.

LEÃO, Martha Toribio. *O direito fundamental de economizar tributos*: entre legalidade, liberdade e solidariedade. São Paulo: Malheiros, 2018.

LEITE, George Salomão (Org.). *Dos princípios constitucionais*: considerações em torno das normas principiológicas da Constituição. São Paulo: Malheiros, 2003.

LIMA, João Franzen de. *Curso de Direito Civil Brasileiro*. São Paulo: Saraiva, 1980.

LOCKE, John. *Segundo Tratado sobre o Governo Civil*. 4. ed. Petrópolis: Vozes, 2006.

LOPES, Ana Maria D'Ávila. A garantia do conteúdo essencial dos direitos fundamentais. *Revista de Informação Legislativa*, Brasília, ano 41, n. 164, out./dez. 2004.

LOPES, Ana Maria D'Ávila. O conteúdo essencial dos direitos fundamentais no direito comparado. *Revista do Curso de Mestrado em Direito da UFC*, Fortaleza, v. 24, jan./dez. 2005.

LUHMANN, Niklas. *Legitimação pelo procedimento*. Brasília: Ed. UnB, 1980.

MACHADO, Brandão. Prefácio. *In*: WILHELM. *Interpretação da lei tributária*: conteúdo e critérios do conteúdo econômico. São Paulo: Resenha Tributária, 1993.

MACHADO, Hugo Brito. A Norma Antielisão e o Princípio da Legalidade: Análise Crítica do Parágrafo Único do Art. 116 do CTN. *In*: ROCHA, Valdir de Oliveira (Org.). *O Planejamento Tributário e a Lei Complementar nº 104*. São Paulo: Dialética, 2001. v. 1, p. 103-116.

MACHADO, Hugo Brito. *Introdução ao planejamento tributário*. São Paulo: Malheiros, 2014.

MACK, Eric. Non-absolute rights and libertarian taxation. *In*: PAUL, Ellen Frankel; MILLER JR., Fred D.; PAUL, Jeffrey (Coord.). *Taxation, Economic Prosperity and Distributive Justice*. Cambridge University Press: Cambridge, 2006.

MAQUIAVEL, Nicolau. *O Príncipe*. Porto Alegre: L&PM, 2010.

MARINONI, Luiz Guilherme. *Técnica processual e tutela dos direitos*. São Paulo: Ed. RT, 2004.

MARTINEZ, Gregorio Paces-Barba. Los deberes fundamentales. *Doxa*, n. 4, p. 329-341, 1987.

MARTÍNEZ-PUJALTE, Antonio-Luis. *La garantia del contenido esencial de los derechos fundamentales*. Madrid: Centro de Estudios Constitucionales, 1997.

MARTINS, Ives Gandra da Silva. *Teoria da imposição tributária*. 2. ed. São Paulo: LTr, 1998.

MARTINS, Ives Gandra da Silva. Norma antielisão é incompatível com o sistema constitucional brasileiro. *In*: ROCHA, Valdir de Oliveira (Coord.). *O planejamento tributário e a lei complementar nº 104*. São Paulo: Dialética, 2001.

MARTINS, Ives Gandra da Silva. Uma teoria do tributo. *In*: _____ (Coord.). *O tributo* – Reflexão multidisciplinar sobre sua natureza. Rio de Janeiro: Forense, 2007.

MARTINS, José de Souza. *O cativeiro da terra*. São Paulo: Hucitec, 2010.

MARTINS, Marcelo Guerra. *Democracia fiscal e seus fundamentos* à luz do Direito & Economia. 2009. 399 f. Tese (Doutorado em Direito do Estado) – Faculdade de Direito da Universidade de São Paulo, São Paulo, 2009.

MARTINS-COSTA, Judith. *Pessoa, personalidade e dignidade*. Tese (Livre-Docência em Direito Civil). Universidade de São Paulo, São Paulo, 2003.

MARX, Karl; ENGELS, Friedrich. *O Manifesto Comunista*. São Paulo: Boitempo, 2005.

MARX, Karl; ENGELS, Friedrich. *A ideologia alemã*. São Paulo: Boitempo, 2007.

MATTOS, FERNANDO AUGUSTO MANSOR DE. Elementos Explicativos da Expansão Econômica Virtuosa dos Anos Dourados (1945-1973). *Brazilian Journal of Political Economic*, São Paulo, v. 25, n. 1, p. 29-52, mar. 2005.

MELO, José Eduardo Soares de. Planejamento tributário e a Lei Complementar 104. *In*: ROCHA, Valdir de Oliveira (Coord.). *O Planejamento Tributário e a Lei Complementar nº 104*. São Paulo: Dialética, 2001.

MELLO, Marcos Bernardes de. *Teoria do Fato Jurídico*: Plano da Existência. 12. ed. São Paulo: Saraiva, 2003.

MENDES, Gilmar Ferreira. *Direitos fundamentais e controle de constitucionalidade*: estudos de direito constitucional. 3. ed. São Paulo: Saraiva, 2009.

MENDES, Gilmar Ferreira. Limitações dos direitos fundamentais. *In*: _____; BRANCO, Paulo Gustavo Gonet. *Curso de Direito Constitucional*. 12. ed. São Paulo: Saraiva, 2017.

MENDES, Gilmar; BRANCO, Paulo Gustavo Gonet. *Curso de Direito Constitucional*. 12. ed. São Paulo: Saraiva, 2017.

MENDONÇA, Maria Luiza Vianna Pessoa de. *Os direitos fundamentais e o dever fundamental de pagar tributo*: a igualdade e o imposto. 2002. 581 f. Tese (Doutorado) – Universidade Federal de Minas Gerais, Belo Horizonte, 2002.

MENDONÇA, Sônia Regina de. As bases do desenvolvimento capitalista dependente. In LINHARES, Maria Yedda L. (org). *História geral do Brasil*. Campus: Rio de Janeiro, 1990.

MENEZES, José Lima de. *Deveres fundamentais na Constituição do Brasil*: o tributo. 2003, 190 f. Dissertação (Mestrado em Direito) – Universidade Federal de Pernambuco, Recife, 2003.

MILL, John Stuart. *On Liberty*. Cambridge Texts in the History of Political Thought: Cambridge University Press, 2005.

MONTEIRO, Washington de Barros. *Curso de Direito Civil*. São Paulo: Saraiva, 2011.

MONTESQUIEU, Charles Louis de Secondat, Baron de la. *Do espírito das leis*. São Paulo: Abril Cultural, 1979.

MORAES, Maria Celina Bodin de. A causa do contrato. *Revista Eletrônica de Direito Civil*. Rio de Janeiro, ano 2, n. 4, p. 01-24, out./dez. 2013.

MORTATI, Constantino. *Istituzioni di diritto pubblico*. Padova: Cedam, 1969.

MURPHY, Liam; NAGEL, Thomas. *O mito da propriedade*: os impostos e a justiça. São Paulo: Martins Fontes, 2005.

NABAIS, José Casalta. *Algumas reflexões sobre o actual Estado fiscal*. In: SIMPÓSIO INTERNACIONAL SOBRE SIGILO BANCÁRIO. 2001, Brasília. Texto base da palestra proferida no Simpósio Internacional sobre Sigilo Bancário. Brasília: Centro de Estudos Victor Nunes Leal/AGU, 2001.

NABAIS, José Casalta. *Direito Fiscal*. 2. ed. Coimbra: Almedina, 2003.

NABAIS, José Casalta. A face oculta dos direitos fundamentais: os deveres e os custos dos direitos. *Revista Direito Mackenzie*, ano 3, n. 2, p. 09-30, 2004.

NABAIS, José Casalta. Da sustentabilidade do Estado Fiscal. *In*: _____; SILVA, Suzana Tavares da (Coord.). *Sustentabilidade fiscal em tempos de crise*. Coimbra: Almedina, 2011. p. 11-59.

NABAIS, José Casalta. *Introdução ao Direito Fiscal das Empresas*. Coimbra: Almedina, 2013.

NABAIS, José Casalta. *O dever fundamental de pagar impostos*: contributo para a compreensão constitucional do Estado Fiscal contemporâneo. Coimbra: Almedina, 2015.

NABAIS, José Casalta. Entrevista a Sérgio André Rocha. *In*: ROCHA, Sérgio André; GODOI, Marciano Seabra de (Org.). *O dever fundamental de pagar impostos*: o que realmente significa e como vem influenciando nossa jurisprudência. Belo Horizonte: Ed. D'Plácido, 2017. p. 265-279.

NABAIS, José Casalta. Sobre a educação e cidadania fiscal. *In*: BARROSO, Susana (Coord.). CONGRESSO LUSO-BRASILEIRO DE AUDITORES FISCAIS E ADUANEIRO. 3., 2018, Porto. *Anais do 3º Congresso Luso-Brasileiro de Auditores Fiscais e Aduaneiros*: em busca de justiça fiscal. Porto: APIT, 2018.

NABAIS, José Casalta; SILVA, Suzana Tavares da (Coord.). *Sustentabilidade fiscal em tempos de crise*. Coimbra: Almedina, 2011.

NAVES, Bruno Torquato de Oliveira. *O Direito pela perspectiva da autonomia privada*: relação jurídica, situações jurídicas e teoria do fato jurídico na segunda modernidade. 2. ed. Belo Horizonte: Arraes Editores, 2014.

NAWIASKY, Hans. *Cuestiones fundamentales de derecho tributario*. Madrid: Instituto de Estudios Fiscales, 1982.

NISHIOKA, Alexandre. *Planejamento fiscal e elusão tributária na constituição e gestão de sociedades*: os limites da requalificação dos atos e negócios jurídicos pela administração. 2010. 225 f. Tese (Doutorado em Direito Econômico e Financeiro) – Faculdade de Direito da Universidade de São Paulo, São Paulo, 2010.

NORONHA, Fernando. *O direito dos contratos e seus princípios fundamentais*: autonomia privada, boa-fé e justiça contratual. São Paulo: Saraiva, 1994.

NOVOA, Cesar García. *El fraude de ley en derecho tributario*. Madrid: Marcial Pons, 2003.

NOZICK, Robert. *Anarquia, Estado e utopia*. Rio de Janeiro: Jorge Zahar, 1991.

OLIVEIRA, Regis Fernandes de. Histórico dos tributos: desenvolvimento da política financeira. *Revista Tributária e de Finanças Públicas*, n. 63, p. 176-191, jul./ago. 2005.

OLIVEIRA, Regis Fernandes de. *Curso de Direito Financeiro*. 2. ed. São Paulo: Revista dos Tribunais, 2008.

OLIVEIRA, Wagner Pires de; OLIVEIRA, Ana Lúcia Gatto de. O dever fundamental de pagar tributos. *Fórum Administrativo – FA*, Belo Horizonte, v. 3, n. 17, p. 914-915, jul. 2002.

OLIVO, Paulo Vital. *Ato anormal de gestão e tributação*: identificação, controle. 2011. 209 f. Dissertação (Mestrado em Direito) – Pontifícia Universidade Católica de São Paulo, São Paulo, 2011.

OKUMA, Alessandra de Souza. *Normas anti-elusivas domésticas e internacionais no Direito Tributário Internacional*. 2009. 273 f. Tese (Doutorado em Direito Tributário) – Pontifícia Universidade Católica de São Paulo, São Paulo, 2009.

PAULO NETTO, José. *Pequena história da ditadura brasileira (1964-1985)*. São Paulo: Cortez, 2014.

PECZENIK, Aleksander. *Principles of law*. The Search for Legal Theory. Rechtstheorie 2, 1971.

PEDRA, Adriano Sant'Ana. Justificação e proteção dos direitos fundamentais. *Revista de direitos e garantias fundamentais*, Vitória, v. 10, p. 9-13, 2012.

PEDRA, Adriano Sant'Ana. A importância dos deveres humanos na efetivação de direitos. *In*: ALEXY, Robert et al. (Org.). *Níveis de efetivação dos direitos fundamentais civis e sociais*: um diálogo Brasil e Alemanha. Joaçaba: Ed. Unoesc, 2013. p. 281-301.

PEREIRA, Caio Mário da Silva. *Instituições de direito civil*. 19. ed. rev. e atual. Rio de Janeiro: Forense, 1998. v. I.

PEREIRA, Cesar Guimarães. *Elisão tributária e função administrativa*. São Paulo: Dialética, 2001.

PEREIRA, Jane Reis Gonçalves. *Interpretação constitucional e direitos fundamentais*: uma contribuição ao estudo das restrições aos direitos fundamentais na perspectiva da teoria dos princípios. Rio de Janeiro: Renovar, 2006.

PÉREZ-LUÑO, Antonio-Enrique. *Los Derechos Fundamentales*. 6. ed. Madrid: Tecnos, 1995.

PÉREZ-LUÑO, Antonio-Enrique. *Dimensiones de la igualdad*. 2. ed. Madrid: Dykinson, 2007.

PIEROTH, Bodo; SCHLINK, Bernhard. *Direitos fundamentais*. São Paulo: Saraiva, 2012.

PISTONE, Pasquale. *Abuso del diritto ed elusione fiscale*. Genova: Cedam, 1995.

PONTES DE MIRANDA, Francisco Cavalcanti. *Tratado de direito privado*: parte geral. Rio de Janeiro: Borsoi, 1954. t. I.

PUGLIATTI, Salvatore. *La simulazione dei negozi unilaterale*: Diritto Civile: metodo – teoria – pratica. Milano: Giuffrè, 1951.

PULIDO, Carlos Bernal. *El principio de proporcionalidad y los derechos fundamentales*: el principio de proporcionalidad como criterio para determinar el contenido de los derechos fundamentales vinculante al legislador. 3. ed. Madrid: Centro de Estudios Politicos e Constitucionalies, 2007.

QUEIROZ, Mary Elbe. O imposto sobre a renda das pessoas físicas e as distorções na sua incidência – injustiça fiscal? *In*: MARTINS, Ives Gandra da Silva (Coord.). *O tributo – reflexão multidisciplinar sobre sua natureza*. Rio de Janeiro: Forense, 2005.

QUINTINO, Jessica Priscilla; MACEI, Demetrius Nichele. O propósito negocial no planejamento tributário sob a ótica do CARF. *Revista Jurídica da Presidência*. Brasília, v. 17, n. 113, p. 579-604, out./jan. 2015.

RAWLS, John. *Uma teoria da justiça*. 3. ed. São Paulo: Martins Fontes, 2008.

RIBEIRO, Ricardo Lodi. *Temas de Direito Constitucional Tributário*. Rio de Janeiro: Lumen Juris, 2009.

RIBEIRO, Ricardo Lodi. Da legalidade à juridicidade tributária. *In*: GUERRA, Sérgio; FERREIRA JR., Celso Rodrigues (Org.). *Direito Administrativo*: estudos em homenagem ao professor Marcos Juruena Villela Souto. Belo Horizonte: Fórum, 2015a.

RIBEIRO, Ricardo Lodi. Tributação, segurança e risco. *Revista Nomos*, Rio de Janeiro, v. 35, n. 1, jan./jun. 2015b, p. 291-327.

ROCHA, Sérgio André. Deslegalização no Direito Tributário Brasileiro Contemporâneo: Segurança Jurídica, Legalidade, Conceitos Indeterminados, Tipicidade e Liberdade de Conformação da Administração Pública. *In*: RIBEIRO, Ricardo Lodi; ROCHA, Sérgio André (Coord.). *Legalidade e Tipicidade no Direito Tributário*. São Paulo: Quartier Latin, 2008. p. 219-259.

ROCHA, Sérgio André. *Tributação Internacional*. São Paulo: Quartier Latin, 2013.

ROCHA, Sérgio André. Os contribuintes perderam o bonde da história? *In*: _____. *Estudos de Direito Tributário Internacional*. Rio de Janeiro: Lumen Juris, 2016. p. 81-88.

ROCHA, Sérgio André. O dever fundamental de pagar impostos: direito fundamental a uma tributação justa. *In*: ROCHA, Sergio André; GODOI, Marciano Seabra de (Org.). *O dever fundamental de pagar impostos*: o que realmente significa e como vem influenciando nossa jurisprudência. Belo Horizonte: Ed. D'Plácido, 2017a. p. 15-40.

ROCHA, Sérgio André. *Da lei* à *decisão*: A Segurança Jurídica Tributária Possível na Pós-Modernidade. Rio de Janeiro: Lumen Juris, 2017b.

ROCHA, Sérgio André. Para que serve o parágrafo único do artigo 116 do CTN afinal? *In*: GODOI, Marciano Seabra de; ROCHA, Sergio André (Org.). *Planejamento tributário*: limites e desafios concretos. Belo Horizonte: Ed. D'Plácido, 2018. p. 487-513.

ROCHA, Sérgio André. *Planejamento tributário na obra de Marco Aurélio Greco*. Rio de Janeiro: Lumen Juris, 2019.

ROCHA, Sérgio André. Planejamento tributário, falsas controvérsias e terraplanismo fiscal. *Revista Eletrônica Consultor Jurídico*. São Paulo, 24 de setembro de 2019b. Disponível em: https://www.conjur.com.br/2019-set-24/sergio-rocha-planejamento-tributario-terraplanismo-fiscal. Acesso em 22 jul. 2020.

RODI, Michael. *Die Rechtfertigung von Steuern als Verfassungsproblem*: dargestekkt am Beispiel der Gewerbesteuer. München: Beck, 1994.

ROSEMBUJ, Tulio. *El fraude de ley, la simulación y el abuso de las formas em el derecho tributário*. Barcelona: Marcial Pons, 1999.

ROUSSEAU, Jean-Jacques. *Emílio ou da educação*. 3 ed. Rio de Janeiro: Difel, 1979.

ROUSSEAU, Jean-Jacques. *Do contrato social*. Rio de Janeiro: Nova Fronteira, 2011.

SALDANHA SANCHES, José Luís. *Os limites do planejamento fiscal*: substância e forma no direito fiscal português, comunitário e internacional. Coimbra: Coimbra Ed., 2006.

SANCHEZ, Manoel González. *El fraude de ley em materia tributaria*. Salamanca: Plaza Universitaria, 1993.

SANTI, Eurico Marcos Diniz de et al. (Coord.). *Repertório analítico de jurisprudência do CARF*. São Paulo: Max Limonad, 2016.

SANTOS, Ramon Tomazela; FAJERSZTAJN, Bruno. Planejamento tributário – entre o positivismo formalista e o pós-positivismo valorativo: a nova fase da jurisprudência administrativa e os limites para a desconsideração dos negócios jurídicos. *Revista Dialética de Direito Tributário*, v. 223, p. 49, 2014.

SARLET, Ingo Wolfgang. *A eficácia dos direitos fundamentais*. 9. ed. Porto Alegre: Livraria do Advogado, 2008.

SARLET, Ingo Wolfgang. *A eficácia dos direitos fundamentais*: uma teoria geral dos direitos fundamentais na perspectiva constitucional. 11. ed. Porto Alegre: Livraria do Advogado, 2010.

SARLET, Ingo Wolfgang; MARINONI, Luiz Guilherme; MITIDIERO, Daniel. *Curso de direito constitucional*. São Paulo: Ed. Revista dos Tribunais, 2012.

SARMENTO, Daniel. Os princípios constitucionais e a ponderação de bens. *In*: TORRES, Ricardo Lobo (Org.). *Teoria dos direitos fundamentais*. 2. ed. Rio de Janeiro: Renovar, 2001.

SARMENTO, Daniel. Os princípios constitucionais da liberdade e da autonomia privada. *B. Cient. ESMPU*, Brasília, ano 4, n. 14, p. 167-217, jan./mar. 2005.

SARMENTO, Daniel. *Dignidade da pessoa humana*: conteúdo, trajetórias e metodologia. Belo Horizonte: Fórum, 2016.

SCHMITT, Carl. *Teoría de la Constituición*. Madrid: Alianza Ed., 1996.

SCHMITT, Carl. *Teologia política*. Belo Horizonte: Del Rey, 2006.

SCHMITT, Carl. *O guardião da Constituição*. Belo Horizonte: Del Rey, 2007.

SCHOUERI, Luís Eduardo. *Planejamento fiscal através de acordos de bitributação (treaty shopping)*. São Paulo: Ed. Revista dos Tribunais, 1995.

SCHOUERI, Luís Eduardo. Tributação e liberdade. *In*: PIRES, Adilson Rodrigues; TÔRRES, Heleno Taveira (Coord.). *Princípios de Direito Financeiro e Tributário*: estudos em homenagem ao Professor Ricardo Lobo Torres. Rio de Janeiro: Renovar, 2006.

SCHOUERI, Luís Eduardo. Planejamento tributário: limites à norma antiabuso. *Revista Direito Tributário Atual*, São Paulo, v. 24, 2010.

SCHOUERI, Luís Eduardo. O refis e a desjudicialização do planejamento tributário. *Revista Dialética de Direito Tributário*, São Paulo, n. 2015, p. 103-115, 2015.

SCHOUERI, Luís Eduardo. *Direito Tributário*. 7. ed. São Paulo: Saraiva, 2017.

SCHOUERI, Luís Eduardo (Coord.); FREITAS, Rodrigo (Org.). *Planejamento tributário e o "propósito negocial"*: Mapeamento das decisões do Conselho de Contribuintes de 2002 a 2008. São Paulo: Quartier Latin, 2010.

SCHWARTZ, Gustavo Carvalho Gomes. A teoria do dever fundamental de pagar impostos no Brasil: uma análise da doutrina tributária brasileira. *In*: ROCHA, Sergio André; GODOI, Marciano Seabra de (Org.). *O dever fundamental de pagar impostos*: o que realmente significa e como vem influenciando nossa jurisprudência. Belo Horizonte: Ed. D'Plácido, 2017. p. 65-100.

SEIXAS FILHO, Aurélio Pitanga. Legalidade e tipicidade tributária. *In*: RIBEIRO, Ricardo Lodi; ROCHA, Sérgio André (Coord.). *Legalidade e Tipicidade no Direito Tributário*. São Paulo: Quartier Latin, 2008. p. 13-27.

SILVA, Luiz Felipe Scholante. Breves apontamentos históricos sobre tributação no mundo e no Brasil. *Revista Âmbito Jurídico*, São Paulo, n. 173, ano XXI, jun. 2019.

SILVA, José Afonso da. *Curso de Direito Constitucional Positivo*. 15. ed. São Paulo: Malheiros, 1998.

SILVA, Virgílio Afonso da. Princípios e regras: mitos e equívocos acerca de uma distinção. *Revista Latino-Americana de Estudos Constitucionais*, v. 1, p. 607-630, 2003.

SILVA, Virgílio Afonso da. *A constitucionalização do direito*: os direitos fundamentais nas relações entre particulares. São Paulo: Malheiros, 2008.

SILVA, Virgílio Afonso da. *Direitos fundamentais*: conteúdo essencial, restrições e eficácia. São Paulo: Malheiros, 2009.

SIQUEIRA, Julio Pinheiro Faro Homem de. Elementos para uma teoria dos deveres fundamentais: uma perspectiva crítica. *Revista Direito Constitucional e Direitos Humanos*, v. 95, p. 01-30, abr./jun. 2016.

SMITH, Adam. *A riqueza das nações*. São Paulo: Nova Cultural, 1996. v. 1.

SOUFEN, Raquel Arruda. *Planejamento tributário, erosão da base tributável e o plano de ação do BEPS*: uma análise acerca das possíveis implicações do Plano de Ação da OCDE na legislação brasileira. 2016. 116 f. Dissertação (Mestrado em Direito Tributário) – Pontifícia Universidade Católica de São Paulo, São Paulo, 2016.

SOUSA, Rubens Gomes de. *Compêndio de legislação tributária*. Rio de Janeiro: Ed Financeiras, 1960.

STEINMETZ, Wilson. *A vinculação dos particulares a direitos fundamentais*. São Paulo: Malheiros, 2004.

STELZER, Manfred. *Das Wesensgehaltsargumentum und der Grundsatz der VerhältnismäBigkeit*. Wien: Springer, 1991.

STRECK, Lenio. *Verdade e consenso*: Constituição, Hermenêutica e Teorias Discursivas. Rio de Janeiro: Lumen Juris, 2007.

STREECK, Wolfgang. A Crise de 2008 começou há 40 anos. *In*: RODRIGUES, João (Org.). *De Pé ó Vítimas da Dívida*. Rio de Janeiro, 2015. p. 19-33.

TABOADA, Carlos Palao. El fraude a la ley em derecho tributario. *Revista de Derecho Financiero y Hacienda Publica*, Madrid, n. 63, 1966.

TABOADA, Carlos Palao. Existe el fraude a la ley tributaria? *Revista Estudios Financieros*, Madrid, n. 23, 1998.

TABOADA, Carlos Palao. Algunos problemas que plante ala aplicación de la norma española sobre el fraude a la ley tributaria. *Revista Crónica Tributaria*, Madrid, n. 98/11, 2001.

TAVARES, André Ramos. *Curso de Direito Constitucional*. 10. ed. São Paulo: Saraiva, 2012.

TELES, Galderise. *Planejamento tributário e normas antielisivas*: uma análise a partir da perspectiva de nosso sistema constitucional. 2014. 274 f. Dissertação (Mestrado em Direito Tributário) – Pontifícia Universidade Católica de São Paulo, São Paulo, 2014.

TEIXEIRA, Daniel Alves. Constitucionalismo democrático e a transição da legalidade para a juridicidade no direito tributário. *Revista de Finanças Públicas, Tributação e Desenvolvimento*. v. 2, n. 2, p. 1-16, 2014.

TEIXEIRA, Yann Santos; TEIXEIRA, Tiago Conde. O parágrafo único do artigo 116 do Código Tributário Nacional e sua natureza jurídica. *In*: MENDES, Gilmar Ferreira; COELHO, Sacha Calmon Navarro (Org.). *Direito Tributário Contemporâneo*: 50 anos do Código Tributário Nacional. São Paulo: Revista dos Tribunais, 2016.

TIPKE, Klaus. *Moral Tributaria del Estado y de los Contribuyentes*. Madrid: Marcial Pons, 2002.

TIPKE, Klaus; LANG, Joachim. *Direito Tributário*. Porto Alegre: Sergio Antonio Fabris, 2008. v. 1.

TIPKE, Klaus; YAMASHITA, Douglas. *Justiça fiscal e princípio da capacidade contributiva*. São Paulo: Malheiros, 2012.

TÔRRES, Heleno Taveira. *Direito tributário internacional*: planejamento tributário e operações transnacionais. São Paulo: Ed. Revista dos Tribunais, 2001.

TÔRRES, Heleno Taveira. *Direito tributário e direito privado*: autonomia privada, simulação e elusão tributária. São Paulo: Editora Revista dos Tribunais, 2003.

TÔRRES, Heleno Taveira. *Direito constitucional tributário e segurança jurídica*: metódica da segurança jurídica do sistema constitucional tributário. São Paulo: Ed. Revista dos Tribunais, 2012.

TORRES, Ricardo Lobo. *A ideia de liberdade no Estado Patrimonial e no Estado Fiscal*. Rio de Janeiro: Renovar, 1991.

TORRES, Ricardo Lobo. Solidariedade e justiça fiscal. *In*: _____ (Coord.). *Estudos de Direito Tributário*: homenagem à memória de Gilberto de Ulhôa Canto. Rio de Janeiro: Forense, 1998.

TORRES, Ricardo Lobo. A cidadania fiscal múltipla. *In*: REZENDE, Condorcet. *Estudos Tributários*. Rio de Janeiro: Renovar, 1999. p. 459-498.

TORRES, Ricardo Lobo. *Curso de Direito Financeiro e Tributário*. 7. ed. Rio de Janeiro: Renovar, 2000.

TORRES, Ricardo Lobo. *Normas de interpretação e integração do direito tributário*. 4. ed. Rio de Janeiro: Renovar, 2006.

TORRES, Ricardo Lobo. *Tratado de Direito Constitucional Financeiro e Tributário*: os Tributos na Constituição. Rio de Janeiro: Renovar, 2007. v. 4.

TORRES, Ricardo Lobo. *Tratado de Direito Constitucional Financeiro e Tributário*: Constituição Financeira, Sistema Tributário e Estado Fiscal. Rio de Janeiro: Renovar, 2009. v. 1.

TORRES, Ricardo Lobo. *Planejamento tributário*: elisão abusiva e evasão fiscal. 2. ed. Rio de Janeiro: Elsevier, 2013.

VALDÉS, Garzón. Los deberes positivos generales y la determinación de sus limites. *Doxa*, n. 3, 1986.

VICENTINO, Cláudio; DORIGO, Gianpaolo. *História do Brasil*. São Paulo: Scipione, 1997.

VIEIRA, Oscar Vilhena. *Direitos fundamentais*: uma leitura da jurisprudência do STF. São Paulo: Malheiros, 2006.

VINHOSA, Érico Teixeira. Dever fundamental de pagar tributos: uma abordagem à luz da jurisprudência do Supremo Tribunal Federal e do Superior Tribunal de Justiça. *In*: ROCHA, Sergio André; GODOI, Marciano Seabra de (Org.). *O dever fundamental de pagar impostos*: o que realmente significa e como vem influenciando nossa jurisprudência. Belo Horizonte: Ed. D'Plácido, 2017. p. 101-132.

VINHOSA, Érico Teixeira. Planejamento tributário: a desconstrução de mitos como premissa para a construção da segurança jurídica e da justiça possíveis, à luz da constituição de 1988. *In*: GODOI, Marciano Seabra de; ROCHA, Sergio André (Org.). *Planejamento tributário*: limites e desafios concretos. Belo Horizonte: Ed. D'Plácido, 2018.

VOGEL, Klaus. *Klaus Vogel on double taxation conventions*: a commentary to the OCDE, UN and US model conventions for the avoidance of double taxation on income and capital with particular reference to German treaty practice. Londres: Kluwer Law International Ltd, 1997.

XAVIER, Alberto. *Do Lançamento*: Teoria Geral do Ato, do Procedimento e do Processo Tributário. São Paulo: Forense, 2001.

XAVIER, Alberto. *Tipicidade da tributação, simulação e norma antielisiva*. São Paulo: Dialética, 2002.

WEBER, Max. *Economia y sociedad*: esbozo de sociologia comprensiva. México: Fondo de Cultura Económica, 1997.

WEBER, Max. *A ética protestante e o espírito do capitalismo*. São Paulo: Pioneira Thomson Learning, 2005.

YAMASHITA, Douglas (Coord.). *Planejamento Tributário à Luz da Jurisprudência*. São Paulo: Lex, 2007.

ZENKNER, Marcelo. *Integridade governamental e empresarial*: um espectro da repressão e da prevenção à corrupção no Brasil e em Portugal. Belo Horizonte: Fórum, 2019.